Axel C. Hüntelmann
Hygiene im Namen des Staates
Das Reichsgesundheitsamt 1876-1933

Axel C. Hüntelmann
Hygiene im Namen des Staates
*Das Reichsgesundheitsamt
1876 – 1933*

WALLSTEIN VERLAG

Gedruckt mit Unterstützung der FAZIT-Stiftung

*Für meine Mutter
Margret Hüntelmann,
geborene Kröger*

Bibliografische Information der Deutschen Nationalbibliothek
Die Deutsche Nationalbibliothek verzeichnet diese Publikation in der
Deutschen Nationalbibliografie; detaillierte bibliografische Daten
sind im Internet über http://dnb.d-nb.de abrufbar.

© Wallstein Verlag, Göttingen 2008
www.wallstein-verlag.de
vom Verlag gesetzt aus der Adobe Garamond
Umschlaggestaltung: Basta Werbeagentur, Steffi Riemann, unter Verwendung
einer Photographie des Hauptgebäudes des Reichsgesundheitsamtes
und einer lithographischen Darstellung von Krankheitserregern
Druck: Hubert & Co, Göttingen
ISBN: 978-3-8353-0343-0

Inhalt

Einleitung 9
   Definition von Zeit, Raum und historischem Objekt 12
   Quellen 14
   Forschungsstand 17
   Fragestellung und Gliederung der Arbeit 24

1 Die Gründung einer »medicinalpolizeilichen Centralbehörde« . 27
  1.1 Die gesellschaftlichen Wandlungsprozesse
     bis zur Reichsgründung. 28
  1.2 Professionalisierung der Ärzte
     und die Eroberung der Gesundheit. 34
  1.3 Die Diskussion über die Organisation
     und Verwaltung der öffentlichen Gesundheitspflege 41
  1.4 Die Gründung des Kaiserlichen Gesundheitsamtes 55
  1.5 Zusammenfassung I:
     Die Gründung des Kaiserlichen Gesundheitsamtes –
     Antriebsmotor und gesellschaftliches Umfeld 70

2 Das Kaiserliche Gesundheitsamt/Reichsgesundheitsamt.
   Die institutionelle Entwicklung von 1876 bis 1933. 76
  2.1 Der institutionelle »Kampf ums Dasein« –
     Die erste Dekade des Kaiserlichen Gesundheitsamtes. . . . 78
     2.1.1 Die schwierigen Jahre der »Ära Struck« 78
     2.1.2 Die Denkschrift von 1878 87
     2.1.3 Trendwende – Konsolidierung des Gesundheitsamtes 93
  2.2 Die institutionelle Entwicklung des
     Kaiserlichen Gesundheitsamtes
     im gesellschaftlichen Kontext zwischen 1885 und 1905 . . . 102
     2.2.1 Die »Ära Köhler« – Modernisierung und Aufstieg
         in der Schwellenzeit zur Moderne 102
     2.2.2 »Science in Context« – Das gesellschaftliche und
         wissenschaftliche Umfeld des Kaiserlichen
         Gesundheitsamtes im Deutschen Kaiserreich 110
  2.3 Die »Ära Bumm« – Besitzstandswahrung
     in den »Krisenjahren der Klassischen Moderne« 123

2.4 Das Reichsgesundheitsamt in den 1920er Jahren
bis zum Ende der Weimarer Republik 143
   2.4.1 Eine »Hochburg der Hygiene«? –
       Das Jubiläum von 1926 143
   2.4.2 Das gesundheitspolitische Umfeld
       in der Weimarer Republik 148
   2.4.3 Die »Ära Hamel« –
       Das Reichsgesundheitsamt im Wandel? 155
2.5 Das Reichsgesundheitsamt im Nationalsozialismus –
Ein Ausblick 168
2.6 Zusammenfassung II:
Die Entwicklung des Gesundheitsamtes von einem
»Zeitschriftenauswertungsbüro«
zu einem Quasiministerium 170

3 Organisation und Aufgaben des Gesundheitsamtes
im Kaiserreich und in der Weimarer Republik 177
3.1 Die Organisation des Gesundheitsamtes 177
   3.1.1 Gesundheitspolitik und die Verwaltungsstruktur
       des Medizinalwesens auf der Ebene
       des Deutschen Reiches 178
   3.1.2 Die formale Organisation des Gesundheitsamtes
       seit der Jahrhundertwende 182
3.2 Die Arbeiten des Gesundheitsamtes 1876-1926:
Eine Skizze 190
   3.2.1 Die Ausbildung und Organisation
       des Heil- und Krankenpflegepersonals 192
   3.2.2 Die Abwehr und Bekämpfung
       »gemeingefährlicher« Krankheiten 193
   3.2.3 Das Apotheken- und Arzneimittelwesen 201
   3.2.4 Die »Hygiene der Lebensmittel
       und Gebrauchsgegenstände« 201
   3.2.5 Die »Hygiene der Wohnstätten« 207
   3.2.6 Die Tätigkeit des Gesundheitsamtes auf dem Gebiet
       der Wohlfahrtspflege und der Gesundheitsfürsorge . . 208
   3.2.7 Gewerbehygiene 211
   3.2.8 Hygienische Volksbelehrung und -erziehung 212
   3.2.9 Die Medizinalstatistik 213

3.3 Das Gesundheitsamt und die »Bekämpfung der
    Volksseuchen« am Beispiel der Diphtherie 214
  3.3.1 »Die Diphtheritis im Deutschen Reich« 216
  3.3.2 Die Erforschung der Diphtherie und die Forschung
        zu deren Heilung 224
  3.3.3 Die staatliche Kontrolle der Arzneimittel
        am Beispiel des Diphtherieserums 238
3.4 Zusammenfassung III:
    Die Arbeit im Verborgenen zum Wohl der Volksgesundheit 261

4 Einbindung des Gesundheitsamtes in die Interessen
  und strategischen Ziele des Staates 265
4.1 Nationalökonomie und Menschenökonomie –
    Fiskalische Aspekte der öffentlichen Gesundheitspflege . . . 267
4.2 Militär, Medizin, Militärmedizin –
    Medizin und der nationale »Kampf ums Dasein« 272
4.3 Denken und Selbstverständnis der Medizinalbeamten . . . 285
4.4 Indirekte Herrschaft und öffentliche Hygiene –
    Das Gesundheitsamt als institutionalisierte Biopolitik 294
4.5 Zusammenfassung IV: Krieg und Frieden 301

5 Die Handlungsstrategien des Gesundheitsamtes 305
5.1 Innenleben und Netzwerke 306
  5.1.1 Das Netzwerk – ein Hybrid 306
  5.1.2 Aus der Not eine Tugend machen –
        Das Gesundheitsamt als Lehranstalt 310
  5.1.3 Fluktuation als Diffusion
        von bakteriologischem Wissen 313
  5.1.4 Personelle Netzwerke 317
  5.1.5 Institutionelle Netzwerke 323
  5.1.6 Symmetrische Reziprozität –
        Wirtschaft und Wissenschaft 325
  5.1.7 Kommunale Gesundheitsämter
        und vertikale Netzwerke 328
  5.1.8 Standortpolitik als anthropographisches Netzwerk . . 331
  5.1.9 Beziehungsverwaltung und Organisation 333

5.2 Gesundheit, Wissenschaft, Gesundheitswissenschaft –
Die Verwissenschaftlichung der Hygiene 338
    5.2.1 Die Ausdifferenzierung der Bakteriologie 339
    5.2.2 Bakteriologische Denkstilbildung. 343
    5.2.3 Wissenschaftliche Widersprüche
          und konkurrente Konflikte 349
    5.2.4 Nationale wissenschaftliche Konkurrenz 352
    5.2.5 Ausdifferenzierung – Diffusion – Konkurrenz:
          Hygiene – Bakteriologie – Sozialhygiene –
          Rassenhygiene 354
    5.2.6 Bakteriologische Deutungsmacht. 362
5.3 Macht und Zahl –
Die Rolle der Statistik in Verwissenschaftlichungsprozessen
und Normalisierungsdiskursen 366
    5.3.1 Die Medizinalstatistik. 366
    5.3.2 Normalwissenschaft. 387
    5.3.3 Volk – Gesundheit – Volksgesundheit.
          Die Geburt des »Volkskörpers« 398
5.4 Zusammenfassung V:
Wissen ist Macht – Hygiene als Wissenschaft 402

Resümee. Medizin und Politik – Ambivalenz und Moderne 408

Dank 417

Verzeichnisse 419
    Abkürzungen 419
    Abbildungen 420
    Archivalien 421
    Periodika 421
    Veröffentlichungen bis 1945. 422
    Veröffentlichungen nach 1945. 437

Tabellenanhang 461
    Tabelle 1: Die Organisationsstruktur des Reichsgesundheitsamtes
    von der Jahrhundertwende bis 1926. 461
    Tabelle 2: Der Etat des Gesundheitsamtes 1876-1931 463
    Tabelle 3: Außerordentliche Mitglieder
    des Kaiserlichen Gesundheitsamtes 478

Register 484

Einleitung

»Ein Blick auf Entstehung und Entwicklung des Reichsgesundheitsamtes, auf sein Wirken und Schaffen während der fünfzig Jahre seines Bestehens wird vielleicht manchem willkommen sein.«[1] Der fünfzigste Jahrestag der Gründung des Kaiserlichen Gesundheitsamtes bot Anlass zu offiziellen Feierlichkeiten. In einem Festakt mit geladenen Gästen des öffentlichen Lebens, in einer Festschrift und mit einem »Festband« der institutseigenen Zeitschrift wurde die vielfältige Tätigkeit der Behörde und ihrer Mitarbeiter der vergangenen Dezennien beschrieben und gewürdigt. Weitere fünfzig Jahre später war es Heinz Goerke zum hundertjährigen Jubiläum ein Anliegen, auf die gesundheitspolitische Bedeutung der obersten Gesundheits- und veterinärtechnischen Fachbehörde der Bundesrepublik Deutschland hinzuweisen, da man »in der Öffentlichkeit immer nur sehr wenig von der Arbeit, den Aufgaben, der Bedeutung und den Möglichkeiten des Reichsgesundheitsamtes gewusst hat«.[2]

Der Mangel an historiographischen Arbeiten und die Tatsache, dass dem Gesundheitsamt im kollektiven Gedächtnis kein Erinnerungswert beigemessen wurde, ließe sich dadurch erklären, dass man die Behörde als bedeutungslos erachtete und deren Tätigkeit auf dem Gebiet der Medizinalverwaltung als nachgeordnet einschätzte. Eine andere Begründung für das öffentliche Desinteresse und die Vernachlässigung des Gesundheitsamtes in der historischen Forschung liegt möglicherweise darin, dass dessen Wirken nach eigenen Angaben »der Allgemeinheit nur in bescheidenem Maße bekannt zu werden« pflegt, »was das Reichsgesundheitsamt arbeitet, weil diesem verfassungsmäßig eine unmittelbar eingreifende oder anordnende Tätigkeit nicht zukommt«.[3] Die Unkenntnis über das Reichsgesundheitsamt mag in der Arbeit der Behörde selbst angelegt gewesen sein und ist für Heinz Goerke keineswegs überraschend, »arbeiten doch Berater und insbesondere Wissenschaftler in Beraterfunktion in aller Regel in der gebotenen Stille«[4] und im »wesentlichen Abseits der Öffent-

---

1 RGA, Festschrift 1926, S. III.
2 Goerke, 100 Jahre Forschung 1977, S. 187.
3 RGA, Festschrift 1926, S. III; ähnlich bereits in der Festschrift zum zehnjährigen Bestehen KGA, Festschrift 1886, S. 9; Reiter (Hg.), Ziele 1936, S. 2; Goerke, 100 Jahre Forschung 1977, S. 187; Holsten, Gesundheitsamt 1977, S. 1.
4 Vgl. Goerke, 100 Jahre Forschung 1977, S. 187.

lichkeit«.⁵ Obzwar das Gesundheitsamt kaum wahrnehmbar im Hintergrund wirkte, hatte es für den Staat eine besondere Bedeutung – oder anders herum, gerade weil das Gesundheitsamt unauffällig und reibungslos funktionierte und die gesundheitspolitischen Experten der Behörde »abseits der Öffentlichkeit« agierten, konnte es eine staatstragende Bedeutung entfalten, wie in der vorliegenden Arbeit zu zeigen sein wird.

Das Kaiserliche Gesundheitsamt wurde 1876 als oberste Reichsbehörde für das Medizinalwesen gegründet. Nach dem Ersten Weltkrieg wurde die Behörde offiziell in Reichsgesundheitsamt umbenannt und erneut nach Ende des Zweiten Weltkrieges als Bundesgesundheitsamt »neugegründet«.⁶ Nach der deutschen Wiedervereinigung wurde das Bundesgesundheitsamt 1994 aufgelöst.⁷ In seiner fast hundertzwanzigjährigen Geschichte bestand die Aufgabe der Behörde kontinuierlich in der gesundheitspolitischen Beratung der Regierung. Bis 1994 hatte die Behörde alle Staatsformwechsel, von kleineren Läsionen in den jeweiligen Übergangszeiten abgesehen, unbeschadet überstanden. Trotz der Kontinuität und der zentralen gesundheitspolitischen Bedeutung der Behörde bleibt die Institution Gesundheitsamt⁸ seltsam amorph. Von beiläufigen Erwähnungen in verschiedenen Untersuchungen abgesehen, haben das Kaiserliche Gesundheitsamt und seine Nachfolgeinstitutionen in der Historiographie kaum Beachtung gefunden. In den Publikationen

---

5 Vgl. das Vorwort in Fülgraff (Hg.), Bewertung 1977, S. VII.
6 Vgl. BGA (Hg.), 100 Jahre Forschung 1976.
7 Vgl. das »Gesetz über die Neuordnung zentraler Einrichtungen des Gesundheitswesens«, in: BGBl. I (1994), S. 1416-1424. Das BGA wurde aufgesplittet in das Bundesinstitut für Infektionskrankheiten (Robert-Koch-Institut), in das Bundesinstitut für Verbraucherschutz und Veterinärmedizin (Max von Pettenkofer-Institut/ Robert von Ostertag-Institut) und das Bundesinstitut für Arzneimittel und medizinische Produkte. Die Auflösung des BGA war nach offizieller Lesart Teil von Umstrukturierungsmaßnahmen im Gesundheitswesen, die durch die deutsche Wiedervereinigung und die Integrierung von Gesundheitsinstituten der DDR notwendig geworden waren. Der Anlass für die Auflösung war 1993 die Verstrickung des BGA in den HIV-Blutspendenskandal, http://www.dhm.de/lemo/html/1993.
8 Die Bezeichnung der obersten Medizinalbehörde im Deutschen Reich wurde nicht einheitlich verwendet. In den Schriftstücken des Gesundheitsamtes selbst und des RAI waren seit dessen Gründung die Bezeichnungen »Kaiserliches Gesundheits-Amt«, »Reichsgesundheitsamt« oder »Kaiserliches Reichsgesundheitsamt« gebräuchlich, nach 1918 firmierte die Behörde als »Reichsgesundheitsamt«. Das erste Periodikum aus dem Gesundheitsamt hieß 1877 »Veröffentlichungen des Kaiserlich Deutschen Gesundheitsamtes«. In dieser Arbeit werden in den Zitaten die Bezeichnungen aus der Quelle übernommen, ansonsten wird im Fließtext die Bezeichnung »Kaiserliches Gesundheitsamt«, »Reichsgesundheitsamt« oder »Gesundheitsamt« verwendet.

zur Geschichte der Medizin, zur Gesundheitspolitik oder zur Verwaltungsgeschichte sucht man eine fundierte historische Untersuchung zum Gesundheitsamt vergebens.

Die vorliegende Arbeit will die historiographische Lücke schließen und die unsichtbare Behörde sichtbar und deren Bedeutung deutlich machen. Die Geschichte des Gesundheitsamtes vermag Aufschluss über die Verflechtung von Gesundheit, Politik, Wissenschaft, Gesellschaft, Verwaltung und deren gegenseitige Wechselbeziehung zu geben und die daraus resultierenden Probleme zu analysieren. In der Geschichte des Gesundheitsamtes spiegelt sich wie in einem Brennglas die Geschichte des Deutschen Reiches wider. Die Entwicklung des Gesundheitsamtes vermittelt einen Eindruck von der Modernität des Kaiserreichs. Weiterhin lässt sich aufzeigen, wie das Deutsche Reich als Reich über seine Institutionen über einen Zeitraum von mehreren Dekaden den Einzelstaaten im Gesundheitswesen Kompetenzen abzutrotzen vermochte und wo die Grenzen und Schwierigkeiten dieser Machtverschiebung lagen. Darüber hinaus kann die Institution des Gesundheitsamtes Aufschluss geben, wie über die Handlungen staatlicher und öffentlicher Institutionen sowie multipler Akteursnetzwerke die Bevölkerung indirekt regiert und Macht ausübt wird.[9] Schließlich verweist die Geschichte des Gesundheitsamtes als institutionalisierte Gesundheitspolitik auf die Ursprünge der gegenwärtigen Diskurse zum Humankapital bzw. zu Human Resources und dem gesellschaftlichen Trend einer zunehmenden Unterwerfung des Menschen unter (menschen)ökonomische und biopolitische Verwertungsinteressen[10] – bereits im Vorfeld der Gründung des Kaiserlichen Gesundheitsamtes wurde die Beschneidung von Einzelinteressen »im Namen des Staates« und im Interesse des Gemeinwohls kritisiert.[11]

Vor dem Hintergrund der allgemeinen gesellschaftlichen Entwicklung soll das Gesundheitsamt im Beziehungsgeflecht zwischen Wissenschaft,

---

9 Vgl. Foucault, Gouvernementalität 2000; Planert, Körper 2000; Gottweis u. a., Verwaltete Körper 2004.
10 Allgemein bietet die Untersuchung von Institutionen des Gesundheitswesens die Möglichkeit, gegenwartsbezogen nach der Rolle des Staates zu fragen, der sich einerseits aus seiner Verantwortung im Bereich der Gesundheitsfür- und -vorsorge zurückzieht, andererseits zur Sicherstellung gouvernementaler und ökonomischer Interessen indirekt über gesundheitspolitische Kontroll- und Steuerungsmaßnahmen und öffentliche Institutionen die Einflussnahme auf den Einzelnen ausweitet.
11 Vgl. die Abschlussdiskussion zur dritten Lesung des Impfgesetzes in den SB des Reichstages, 2. LP, 1. Session 1874, 17. Sitzung vom 14.3.1874, und den Kommentar des Abgeordneten Dr. Merkle.

Medizin, Politik und Gesellschaft exemplarisch in Bezug auf Machtstrukturen, das Funktionieren von Einflussnahme, politisches Durchsetzungsvermögen und die Wirksamkeit der hierzu generierten Handlungsstrategien untersucht werden. Die »Institutionengeschichte« des Gesundheitsamtes soll als die Geschichte eines »Netzwerkes« beschrieben werden. Ein Netzwerk ist nicht in sich kohärent abgeschlossen, sondern impliziert die Einbindung in andere gesellschaftliche Strukturen. Es geht einerseits um die Konstituierung und Entwicklung dieser gesundheitspolitischen obersten Reichsbehörde, andererseits um die Ausbalancierung von Machtverhältnissen zwischen den paktierenden und konfligierenden politischen und gesellschaftlichen Interessengruppen.

Die Geschichte des Gesundheitsamtes wird eingebettet in den Modernisierungsprozess und die übergreifenden gesellschaftlichen Veränderungen des 19. und des beginnenden 20. Jahrhunderts:[12] vor allem mit dem Aufstieg der Naturwissenschaften und der »Verwissenschaftlichung des Sozialen«, mit der Urbanisierung und Industrialisierung die katastrophale Verschlechterung der Wohn-, Lebens- und Arbeitsverhältnisse der Unterschichten in den anwachsenden Städten sowie der damit einhergehenden sozialpolitischen Probleme, schließlich der Formierung des Nationalstaates und der daraus resultierenden Konflikte mit den Einzelstaaten des Deutschen Reiches.[13] Mit der Medikalisierung der Gesellschaft als »Volkskörper« und der Verwissenschaftlichung sozialer Probleme in Kaiserreich und Republik sowie institutionell mit der Gründung und Konstituierung des Gesundheitsamtes präsentierte der Staat seine gouvernementalen, biopolitischen Lösungsvorschläge zur Behebung der drängenden sozialen Missstände.

Definition von Zeit, Raum und historischem Objekt

Das enorme Gebiet »Gesundheitsamt« zwingt zur Reduktion. Der untersuchte Zeitraum umfasst die bei Detlev J. K. Peukert definierte Sattelzeit und erstreckt sich von der Gründung des Deutschen Reiches bis zum Ende der Weimarer Republik[14] – konkret von der Gründung des Kaiser-

---

12 Zur »Verortung der Institutionen in die großen Prozesse der Zeit« vom Bruch, Wissenschaft 2000, S. 46.
13 Die methodischen Überlegungen basieren auf Raphael, Verwissenschaftlichung 1996; Szöllösi-Janze, Umgestaltung 2002; dies., Wissensgesellschaft 2004.
14 Für einen Beginn der Zeitgeschichte »mit den Entwicklungsschüben um die Jahrhundertwende« zwischen 1880 bis 1930 plädiert Szöllösi-Janze, Umgestaltung

lichen Gesundheitsamtes 1876 bis zur nationalsozialistischen »Machtübernahme« 1933 mit dem Wechsel des bisherigen Präsidenten Carl Hamel zum Nationalsozialisten Hans Reiter. Bis zum Ende der Weimarer Republik war das Reichsgesundheitsamt unangefochten die oberste Reichsbehörde für das Medizinalwesen und hat maßgeblich die Gesundheitspolitik der Reichsregierung mitbestimmt. Diese Position hat das Reichsgesundheitsamt nach 1933 verloren. Eine weiterführende Geschichte der Gesundheitspolitik auf der Ebene des Reiches könnte den Fokus daher nicht mehr allein auf das Reichsgesundheitsamt legen, sondern müsste gleichfalls die nationalsozialistischen Gesundheitsinstitutionen einbeziehen. Die Zäsur am Ende der Weimarer Republik soll nicht den Abschluss eines Diskurses oder gar des Hygieneparadigmas andeuten, sondern die mit dem politischen Machtwechsel einhergehenden diskursiven und medizinalpolitischen Veränderungen berücksichtigen.

In Abhängigkeit vom Zeitraum ist auch der Untersuchungsgegenstand zu definieren. Neben dem Kaiserlichen Gesundheitsamt bzw. Reichsgesundheitsamt gab es noch die »Landesgesundheitsämter« diverser Einzelstaaten und die kommunalen Gesundheitsämter. Die Reichs-, Landes- und kommunalen Gesundheitsämter waren rechtlich formal voneinander getrennt und unterschieden sich in der Trägerschaft und ihren Aufgaben. Gleichwohl standen die Gesundheitsämter sowohl vertikal als auch horizontal miteinander in Kontakt und waren in der Aufgabenverteilung miteinander verzahnt. In dieser Arbeit wird allein die zentrale oberste Reichsbehörde analysiert. Das Reichsgesundheitsamt wurde 1923 um die Kaiser-Wilhelm-Akademie für das militärärztliche Bildungswesen erweitert. Im Jahr 1935 wurde das Reichsgesundheitsamt zusammen mit dem Robert-Koch-Institut für Infektionskrankheiten und der Preußischen Landesanstalt für Wasser-, Boden- und Lufthygiene in Personalunion vom Präsidenten des Reichsgesundheitsamtes geführt und die drei wissenschaftlichen Behörden de facto unter dem Dach des Reichsgesundheitsamtes vereinigt. Eine den Zeitraum nach 1933 einschließende Untersuchung müsste auch diese wissenschaftlichen Institutionen in der Analyse mit berücksichtigen. In der vorliegenden für die Zeit bis 1933 relevanten Arbeit sollen diese Institutionen nur da Berücksichtigung erfahren, wo sie als eigenständige Einrichtungen den Weg des Gesundheitsamtes kreuzten.

Neben der zeitlichen und gegenständlichen Einschränkung ist eine inhaltliche Konzentration der Arbeit notwendig. Es geht in dieser Untersuchung zwar um die Generierung von Wissen, jedoch weniger unter

2002; dies., Wissensgesellschaft 2004, S. 278, 286-300; mit Bezug auf Nitschke u. a. (Hg.), Jahrhundertwende 1990.

epistemologischen Fragestellungen, wie im Gesundheitsamt an der Erforschung von Krankheiten gearbeitet wurde oder welche Erkenntnisprozesse die Forschungen vorangebracht haben, als vielmehr um den Aspekt der Organisation und Institutionalisierung von hygienischem Wissen und Gesundheitswissenschaft. Im Mittelpunkt stehen die politischen, kulturellen und gesellschaftlichen Wechselbeziehungen bei der Generierung von Wissen. In diesen Wechselbeziehungen richtet sich der Fokus auf die Institution »Gesundheitsamt«. Aus diesem Grund wird verallgemeinernd vom Gesundheitsamt als Akteur gesprochen. Im Austausch mit externen Akteuren trat das Gesundheitsamt meist als eine geschlossene Einheit auf, die vom Vorsteher der Behörde vertreten wurde.

Quellen

Zur Erörterung der skizzierten Fragestellung werden drei Quellengattungen herangezogen: erstens die Denk- und Festschriften des Gesundheitsamtes, zweitens das Archivmaterial zum Gesundheitsamt und drittens die publizierten wissenschaftlichen Arbeiten der Behörde. Die Heranziehung von Denk- und Festschriften des Gesundheitsamtes erscheint aus zweierlei Gründen sinnvoll. Einerseits boten die Denk- und Festschriften der sonst eher im Hintergrund arbeitenden Behörde die Möglichkeit, die Öffentlichkeit über die Aufgaben und Ziele des Gesundheitsamtes aufzuklären und dessen Bedeutung für die Gesellschaft und den Staat herauszustreichen. Die Denkschriften sind daher als Mittel der Repräsentation und Legitimation und als Instrument zur Durchsetzung von Interessen zu bewerten. Darüber hinaus dienen Festschriften und Jubiläen innerinstitutionell der referentiellen Selbstvergewisserung. Die historische Orientierung soll Identität stiften und der Rückbezug auf die Vergangenheit die Bedeutung für die Gegenwart festschreiben.[15] Andererseits wurden in den Festschriften die jahrelangen Forschungen und zahlreiche wissenschaftliche Veröffentlichungen auf wenige Seiten verständlich zusammengefasst und auf das Essentielle komprimiert.[16] Ausgangs- und Endpunkt dieser Arbeit bilden daher die Denkschrift des ersten Direktors des

---

15 Zur Kultur und Funktion von Jubiläen vgl. den Sammelband von Müller u. a. (Hg.), Jubiläum 2004, insbesondere die Einleitung; sowie Münch (Hg.), Jubiläum 2005, besonders die Beträge von Paul Münch, Claire Gantet und Aleida Assmann; zur Erinnerungskultur in den Wissenschaften siehe den Sammelband von Abir-Am/Elliott (Hg.) Commemorative Practices 1999.
16 Die wissenschaftlichen Um- und Irrwege kamen in den Denkschriften nicht zur Darstellung. Da in der vorliegenden Arbeit nicht die Erforschung epistemischer

Kaiserlichen Gesundheitsamtes von 1878 und die Festschrift von 1926 zum fünfzigjährigen Bestehen der Behörde.

Bereits zwei Jahre nach Gründung des Gesundheitsamtes verfasste der erste Direktor Heinrich Struck eine für die Abgeordneten des Reichstages bestimmte Denkschrift. Die Denkschrift sollte die Abgeordneten von der Notwendigkeit überzeugen, im Reichstag einer Verdopplung des Haushaltsetats des Gesundheitsamtes zuzustimmen.[17] In dieser Denkschrift definierte Heinrich Struck die Tätigkeitsfelder für die kommenden Dekaden. Der Präsident des Bundesgesundheitsamtes stellte 1956 fest, dass »die von Struck aufgezeigten Grundsätze bis zum Untergang des Deutschen Reiches die Grundlage für die Arbeit des Reichsgesundheitsamtes geblieben« seien.[18]

Einige Jahre später bot die 59. Versammlung Deutscher Naturforscher und Ärzte 1886 in Berlin Anlass, eine Festschrift zum zehnjährigen Jubiläum des Kaiserlichen Gesundheitsamtes zu verfassen. Die Festschrift wurde allen teilnehmenden Medizinern überreicht.[19] Die nächste allein repräsentativen Zwecken dienende Publikation war der gemeinsam mit dem Kaiserlichen Statistischen Amt herausgegebene Sammelband »Das Deutsche Reich in gesundheitlicher und demographischer Beziehung«. Der Band war »den Teilnehmern am XIV. Internationalen Kongresse für Hygiene und Demographie« in Berlin gewidmet und gab nicht nur den beiden Behörden die Gelegenheit, ihre Tätigkeit allgemeinfasslich darzustellen, sondern war auch willkommener Anlass, die gesundheits- und bevölkerungspolitischen Entwicklungen des Deutschen Reiches anschaulich vor aller Welt zu entfalten.[20]

Zum fünfzigjährigen Bestehen 1926 gab es eine weitere Festschrift. Die Jubiläumsfeier war verbunden mit einem offiziellen Festakt. In der Festschrift wurden die Tätigkeit des Gesundheitsamtes in den vorangegangenen Jahren und die Organisation der Behörde ausführlich dargestellt.[21] Außerdem wurde die Gelegenheit genutzt, die erfolgte Umstrukturierung öffentlichkeitswirksam publik zu machen. Den gleichen Zweck erfüllte auch die zehn Jahre später erschienene Festschrift zum sechzigsten Jubiläum. Sie war angelehnt an die erste Denkschrift von Heinrich Struck und sollte die nationalsozialistische Neuausrichtung des Gesundheits-

---

Prozesse bei der Generierung von Wissen im Vordergrund steht, wird diese Unschärfe billigend in Kauf genommen.
17 Vgl. Struck, Denkschrift 1878.
18 Vgl. BGA, 100 Jahre Forschung 1976, S. 28.
19 Vgl. KGA, Festschrift 1886.
20 Vgl. KGA/KSA (Hg.), Das Deutsche Reich 1907.
21 Vgl. RGA, Festschrift 1926.

amtes repräsentieren.²² Das Engagement Reiters im Nationalsozialismus bescherte dem Bundesgesundheitsamt eine weitere »Denk«-Schrift. Auf Druck der Öffentlichkeit wurde Ende der 1980er Jahre im Gebäude des Bundesgesundheitsamtes eine Ausstellung zur Geschichte der Behörde im Nationalsozialismus organisiert.²³ Abschließend seien noch die beiden Publikationen zum hundertsten Jubiläum des Gesundheitsamtes genannt²⁴ sowie die Festschriften zur Einweihung des neuen Instituts für Arzneimittel 1983²⁵ und der 1992 herausgegebene Sammelband anlässlich der Einweihung des neuen veterinärmedizinischen Instituts.

Um die Handlungsstrategien des Gesundheitsamtes besser erschließen zu können, wurden zusätzlich »aus dem Alltagsleben« die Aktenbestände aus dem Geheimen Preußischen Staatsarchiv und dem Bundesarchiv hinzugezogen. Der Bestand des Reichsgesundheitsamtes (R 86) im Bundesarchiv Berlin umfasst mehr als fünftausend Akten zu allen Bereichen des Gesundheitswesens. Chronologisch beginnt die Aktenführung mit der Gründung des Gesundheitsamtes 1876 und endet Anfang der 1930er Jahre. Das Hauptgebäude des Reichsgesundheitsamtes mit der darin enthaltenen Registratur wurde 1944 ausgebombt, so dass ein Großteil der in den 1930er Jahren gebräuchlichen Akten verloren gegangen ist. Ergänzend wurden weiterhin die Bestände der vorgesetzten Behörden eingesehen.²⁶ Für die Fallstudie »Diphtherie« wurden ferner die entsprechenden Bestände im Archiv des Paul-Ehrlich-Instituts, im Behring-Archiv und im Höchst-Archiv berücksichtigt.

Die Akten des Bestandes R 86 umfassen in der Regel mehrere Hundert Blatt. Aus dem reichhaltigen Bestand musste daher eine gezielte Auswahl getroffen werden. Es wurden nur die Akten herangezogen, die über die Organisation und den Aufbau der Behörde Aufschluss zu geben versprachen, sowie Akten, die das Deutsche Reich betrafen. Bei Durchsicht der Akten hat sich gleichfalls herausgestellt, dass die in den Akten enthaltenen Schriftstücke und Manuskripte später in den Publikationsorganen der Behörde publiziert wurden. Um Aufschluss über das Tätigkeitsfeld der Behörde zu gewinnen, wurden sämtliche Zeitschriften der Behörde eingesehen.²⁷ Erleichtert wurde diese Arbeit durch die Nutzung der his-

---

22 Vgl. Reiter, Ziele 1936; drei Jahre später folgte Reiter, Reichsgesundheitsamt 1939.
23 Vgl. BGA (Hg.), Reichsgesundheitsamt 1989.
24 Vgl. BGA, 100 Jahre Forschung 1976; Fülgraff, Bewertung 1977.
25 Vgl. BGA (Hg.), Jahrhundert 1983; Gerigk u. a. (Hg.), Veterinärmedizin 1992.
26 Reichsamt des Innern/Reichsinnenministerium R 15.01 und Reichskanzleramt R 14.01.
27 Wöchentliche Zeitschriften: VKGA, RGBl. und jährlich bzw. vierteljährlich erscheinende Zeitschriften: MKGA, AKGA, ARGA, TAKGA, MSM.

torischen Bibliothek im Robert-Koch-Institut, die über alle Publikationsreihen des Gesundheitsamtes verfügt. Weiterhin wurden zahlreiche Jahrgänge der Deutschen Vierteljahresschrift für öffentliche Gesundheitspflege und der Zeitschrift für Medizinalbeamte durchgesehen.

Forschungsstand

Abgesehen von den behördeneigenen Publikationen gibt es bis auf einen kleinen Beitrag von Dietrich Tutzke weder zur Geschichte des Kaiserlichen Gesundheitsamtes noch zu dessen Nachfolgeorganisationen eine fundierte historiographische Untersuchung.[28] Dietrich Tutzke hatte zum hundertjährigen Gründungsjubiläum des Gesundheitsamtes 1976 das ostdeutsche Korrektiv zu der westdeutschen Festliteratur geschrieben. Während in der Jubiläumsschrift des Bundesgesundheitsamtes die nationalsozialistische Geschichte sorgfältig ausgespart wurde, prangerte Tutzke umso deutlicher an, »daß sich das Reichsgesundheitsamt bedingungslos in den Dienst der faschistischen Gesundheitspolitik« gestellt hatte.[29]

Allgemein beklagt Dorothea Zöbl in ihrer anthropogeographischen und städtebaulichen Studie zu den Bundes- und Reichsbehörden im Berlin des Kaiserreichs den Mangel an historischen Untersuchungen über Reichsämter.[30] Die sechsbändige *Deutsche Verwaltungsgeschichte* reduziert das Gesundheitsamt auf dürre sieben Zeilen.[31] In Rudolf Morseys Studie zur obersten Reichsverwaltung während der Bismarck-Ära wird das Kaiserliche Gesundheitsamt in dem Kapitel »Die übrigen obersten Reichsbehörden« nur in einer Fußnote erwähnt,[32] und bei Ernst Rudolf Huber vermisst man die Erwähnung des Gesundheitsamtes als Reichsbehörde überhaupt.[33]

Eine Ausnahme bildet die Untersuchung zur Geschichte der Physikalisch-Technischen Reichsanstalt im Deutschen Kaiserreich von David Cahan. Wenngleich es sich nicht um ein Reichsamt handelte, sondern um eine Reichsanstalt, so weist die Physikalisch-Technische Reichsanstalt in ihrer historischen Entwicklung zahlreiche Parallelen zur Geschichte

---

28 Vgl. Tutzke, Entwicklung 1968.
29 Vgl. BGA, 100 Jahre Forschung 1976, S. 51; Tutzke, Entwicklung 1976, S. 100.
30 Vgl. Zöbl, Zentrum 2001, S. 21. Alfons Labisch und Florian Tennstedt beklagen die »Vernachlässigung institutioneller Kontexte«, vgl. Labisch/Tennstedt, Gesundheitsamt 1991, S. 35; Szöllözi-Janze, Wissensgesellschaft 2004 moniert fehlende Untersuchungen über Wissen produzierende Institutionen, S. 282.
31 Vgl. Jeserich u. a. (Hg.), Deutsche Verwaltungsgeschichte 1984.
32 Vgl. Morsey, Reichsverwaltung 1957.
33 Vgl. Huber, Verfassungsgeschichte 1988; ders., Verfassungsgeschichte 1969.

des Gesundheitsamtes auf. Die Initiative zur Errichtung der Anstalt ging, ebenso wie beim Gesundheitsamt, nicht vom Staat aus. Die Gründung erfolgte auf Betreiben der Industrie und wurde unterstützt von Vertretern der sich institutionell ausformierenden Physik und der Metrik. Beide Institutionen gingen aus der Verbindung von Staat, Wissenschaft und Wirtschaft hervor. Zudem konkurrierten beide Institute um finanzielle Mittel aus dem Etat des Reichsamtes des Innern.[34] Die Studie von David Cahan wird daher als institutionelle Vergleichsgröße herangezogen.

Die vorliegende Arbeit baut auf verschiedene Studien auf, die bereits Teilbereiche des Gesundheitsamtes untersucht haben. Erika Hickel hat Mitte der 1970er Jahre in einem kleinen Beitrag die Beziehungen der chemisch-pharmazeutischen Industrie zum Kaiserlichen Gesundheitsamt untersucht.[35] Ebenfalls aus der Pharmaziegeschichte stammt die Studie von Jürgen Holsten, der in seiner Dissertation die Überarbeitung des fünften Deutschen Arzneibuches im Kaiserlichen Gesundheitsamt dargestellt und die Zusammenarbeit der an der Überarbeitung beteiligten Akteure im Spannungsfeld verschiedener Interessengruppen nachvollzogen hat.[36]

Zum Reichsgesundheitsrat, einem dem Gesundheitsamt beigeordneten externen Gremium von Sachverständigen, gibt es zwei Studien. Die 1960 erstellte Monographie von Kurt Glaser bewegt sich zeitlich und inhaltlich selbst an der Grenze zwischen Forschungsliteratur und Quelle.[37] Den Einfluss des Reichsgesundheitsrates und des Preußischen Landesgesundheitsrates auf die Gesundheitspolitik Preußens und des Deutschen Reiches in der Weimarer Republik hat Thomas Saretzki in seiner Dissertation nachgezeichnet.[38] Die Studie beschränkt sich jedoch darauf, die Sitzungen des Landes- und des Reichsgesundheitsrates und die dort gefassten Beschlüsse allein deskriptiv zusammenzutragen, ohne eine weitergehende gesellschaftliche Einbettung oder historiographische Analyse vorzunehmen.

Michael Hubenstorf hat die personellen und institutionellen Veränderungen des Reichsgesundheitsamtes, des Instituts für Infektionskrankheiten und der preußischen Landesanstalt für Wasser-, Boden- und Lufthygiene vor und nach 1933 und die interinstitutionelle Verflechtung dieser drei Behörden untersucht.[39] Die Teilstudien zum Gesundheitsamt

---

34 Vgl. Cahan, Meister 1992.
35 Vgl. Hickel, Gesundheitsamt 1977.
36 Vgl. Holsten, Gesundheitsamt 1977.
37 Vgl. Glaser, Reichsgesundheitsrat 1960.
38 Vgl. Saretzki, Reichsgesundheitsrat 2000.
39 Vgl. Hubenstorf, Exodus 1994.

und die Arbeiten zum Reichsgesundheitsrat leisten zusammen mit den Denk- und Festschriften der Behörde wertvolle Vorarbeiten, um die Geschichte des Gesundheitsamtes rekonstruieren und die Aufgaben der Behörde darstellen zu können.

Hervorzuheben ist darüber hinaus der Band von Peter Lundgreen u. a. über staatliche Forschung in Deutschland. Das Gesundheitsamt wird als eine Behörde auf Reichs- bzw. Bundesebene skizziert, die für das öffentliche Gesundheitswesen zuständig war.[40] Lundgreen u. a. geht es um das Verhältnis von Wissenschaft und Staat. Die Interpretation von »Wissenschaft als ›Ressource‹ im Dienst des Staates« bietet in ihrem Bezug zur Entwicklung und Genese des modernen Staates und den »Rückwirkungen der staatlichen Verwertung von Wissenschaft auf die Wissenschaft« Anknüpfungspunkte für die vorliegende Arbeit.[41] Die Vereinnahmung von Wissenschaft durch den Staat ist jedoch zu einseitig. Auch bilden Politik und Wissenschaft in ihrer wechselseitigen Bezugnahme mehr als nur Ressourcen füreinander.[42] Der Staat als totalisierende Globalinstitution umfasst neben Politikern, Wissenschaftlern und Verwaltungsbeamten eine Vielzahl weiterer Akteure. Die Durchdringung und Verschmelzung von Staat und Gesundheitswissenschaft soll an der Geschichte des Gesundheitsamtes aufgezeigt werden.

In den Studien, die das Gesundheitsamt en passant streifen, lesen wir von einer einflussreichen Behörde. In »Tod in Hamburg« von Richard J. Evans treten das Gesundheitsamt und Robert Koch einer verantwortungslosen Gruppe von Patriziern als Antagonisten gegenüber, bekämpfen erfolgreich die Cholera und beenden schließlich mit der »Verpreußung« Hamburgs die »Honoratiorenpolitik alten Stils«.[43] Bei Christoph Gradmann »entdeckt« das Mitglied des Kaiserlichen Gesundheitsamtes, Robert Koch, im Wettlauf mit der französischen Forschergruppe den Erreger der Cholera und wird als nationaler Held in Deutschland gefeiert.[44] Alfons Labisch präsentiert uns in seinem »Homo Hygienicus« eine Behörde, die »während der Diskussion des Impfgesetzes eingerichtet« wurde und deren Aufgaben sich »rasch und erheblich« ausweiteten.[45] Auch in Dorothea Zöbls anthropogeographischer Studie zur Standortgeschichte

---

40 Vgl. Lundgreen u. a., Forschung 1986, S. 59-65. Lundgreen u. a. legen in ihrer Untersuchung den Schwerpunkt auf das BGA. Der Rückblick auf RGA bezieht sich vor allem auf Struck, Denkschrift 1878; und RGA, Festschrift 1926.
41 Die Zitate in Lundgreen u. a., Forschung 1986, S. 13.
42 Vgl. Ash, Wissenschaft 2002.
43 Vgl. Evans, Tod 1990.
44 Vgl. Gradmann, Krankheit 2005, S. 268-297.
45 Vgl. Labisch, Homo Hygienicus 1992, S. 152 f.

Berliner Regierungsbehörden findet sich eine Behörde, die von Neubau zu Neubau immer gewaltigere Ausmaße annahm.[46]

Gleichfalls stoßen wir in der Studie von Lutz Sauerteig zur Bekämpfung der Geschlechtskrankheiten im wilhelminischen Kaiserreich und in der Weimarer Republik auf eine Behörde, die aktiv an der Erarbeitung des Gesetzes zur Bekämpfung von Geschlechtskrankheiten und an der Erarbeitung von Broschüren und Aufklärungsmaterial beteiligt war.[47] Eine ähnliche Rolle spielt das Kaiserliche Gesundheitsamt in der Dissertation von J. Andrew Mendelsohn bei der »Bekämpfung des Typhus« im Südwesten des Deutschen Reiches.[48] Einen breiten Raum nimmt das Gesundheitsamt gleichfalls in der Arbeit von Jutta Grüne zur staatlichen Lebensmittelüberwachung ein.[49] Die Wechselbeziehungen zwischen Epidemie, institutionalisierter Wissenschaft, Gesellschaft und Kultur stehen in der kulturhistorischen Studie zur Cholera von Olaf Briese im Vordergrund.[50]

Das Gesundheitsamt war neben dem Institut für Infektionskrankheiten eine von vielen Institutionen, die an der Bekämpfung von Infektionskrankheiten erfolgreich mitwirkten. Das Gesundheitsamt war als beratende Behörde an der Ausarbeitung von Gesetzen die öffentliche Gesundheitspflege betreffend sowie deren Umsetzung beteiligt. Folglich wird die Behörde in ihrem Wirken positiv bewertet. Diese positive Wertung und die Annahme einer linearen institutionellen Entwicklung wird bei Erika Hickel, Gerd Göckenjan und Thomas Saretzki durchbrochen. Hickel weist in ihrem Aufsatz auf die geringe Bedeutung des Gesundheitsamtes in den ersten Jahren ihres Bestehens hin.[51] Bei Göckenjan ist das Kaiserliche Gesundheitsamt »zunächst nicht viel mehr als eine Institution auf Probe, mit Minimalausstattung und Minimalkompetenz, mehr ein Zeitschriftenauswertungsbüro mit Anhörungsrecht bei der Ministerialbürokratie«.[52] In seiner Studie über den Reichsgesundheitsrat konstatiert Thomas Saretzki, dass die Medizinalgesetzgebung weitestgehend und die Ausführung vollständig in den Händen der Länder lag. Ihn wundert daher nicht, dass dem Gesundheitsamt im Bereich der Ge-

---

46 Vgl. Zöbl, Zentrum 2001.
47 Vgl. Sauerteig, Krankheit 1999, passim.
48 Vgl. Mendelsohn, Cultures 1996.
49 Vgl. Grüne, Anfänge 1994.
50 Vgl. Briese, Angst 2003. Allgemein zur Kulturgeschichte der Seuchen Winkle, Kulturgeschichte 1997.
51 Vgl. Hickel, Gesundheitsamt 1977, S. 69.
52 Das Gesundheitsamt bei Göckenjan, Kurieren 1985, S. 327-335, das Zitat S. 327.

setzgebung letztlich kein Erfolg beschieden war.⁵³ Mit seinem Urteil einer insgesamt gescheiterten Entwicklung des Gesundheitsamtes steht Saretzki in der Forschung allein da.

Die angeführten Studien analysieren jeweils verschiedene Aspekte der Gesundheitspolitik im Deutschen Reich. Die Arbeiten geben dort, wo das Gesundheitsamt involviert ist, detailliert Auskunft über das Tätigkeitsfeld der Behörde. Das Gesundheitsamt ist in den Studien zusammen mit privaten Vereinen, wissenschaftlichen und wirtschaftlichen Interessengruppen sowie Institutionen auf Reichs- und Landesebene ein Akteur unter vielen. Die Arbeiten geben ferner Aufschluss darüber, wie das Gesundheitsamt in der Gesundheitspolitik agierte und mit anderen Institutionen koexistierte, kooperierte oder konkurrierte. Aus dem Agieren der Behörde lassen sich insofern Rückschlüsse über die Handlungsstrategien der Behörde ableiten.

Die Gesundheitspolitik des Deutschen Reiches wird umfassend in dem Standardwerk von Paul J. Weindling »Health, Race and German Politics« dargestellt und bietet mannigfaltige Anknüpfungspunkte.⁵⁴ Wie bereits der Titel vermuten lässt, wird die Entwicklung der Rassen- und Sozialhygiene ausführlich erörtert. Das Reichsgesundheitsamt als oberste Medizinalbehörde des Reiches wird jedoch nur am Rande abgehandelt. Die Marginalisierung des Gesundheitsamtes erklärt sich auch dadurch, dass die Behörde bis 1933 der Sozial- und Rassenhygiene eher abwartend und kritisch gegenüberstand – wie zu zeigen sein wird – und folglich in einer auf die Rassenhygiene fokussierten Geschichte des Gesundheitswesens nur am Rande vorkommen kann.⁵⁵ Die Arbeit von Weindling reiht sich in die Vielzahl von Publikationen zur Medizingeschichte des 19. und 20. Jahrhunderts ein, die auf die Zeit des Nationalsozialismus ausgerichtet sind und versuchen, die Entstehung des NS-Staates zu erklären, wobei die Rassenhygiene als ideologischer Wegbereiter interpretiert wird. Dabei gerät jedoch das Gesundheitsamt aus dem Blickfeld.⁵⁶

---

53 Vgl. Saretzki, Reichsgesundheitsrat 2000, S. 20.
54 Vgl. Weindling, Health 1989.
55 Dies ändert sich nach 1933. Unter dem Präsidenten Hans Reiter wurde das RGA umfassend umstrukturiert und rassenhygienische, erbbiologische und bevölkerungspolitische Themen aufgenommen.
56 Nach dem Zweiten Weltkrieg wurde von den Medizinalbeamten des öffentlichen Gesundheitsdienstes vor dem Hintergrund des Nürnberger Ärzteprozesses die Tätigkeit der Gesundheitsämter auf dem Gebiet der Medizinalverwaltung und der traditionelle Forschungsschwerpunkt auf dem Gebiet der Epidemiologie betont. Dies trifft umso mehr auf das RGA zu, das sich bis 1933 auf dem Gebiet der Rassenhygiene nie exponiert hatte. Der Reduzierung auf Zu- und Verwaltungs-

Nimmt man das Reichsgesundheitsamt als oberste Medizinalbehörde des Deutschen Reiches ins Visier, so erscheint das Aufkommen der Rassenhygiene als Staatsideologie keineswegs als zwangsläufig.

In der deutschen Gesundheitspolitik spielten die Kommunen eine bedeutende Rolle. Dies heben besonders Wolfgang Woelk und Jörg Vögele in der Einleitung ihres Sammelbandes über die »Geschichte der Gesundheitspolitik in Deutschland« hervor.[57] Das gesundheitspolitische Engagement der Kommunen liegt unter anderem darin begründet, dass die Städte von den Auswirkungen der Urbanisierung und der Industrialisierung unmittelbar betroffen waren.[58] Die so genannte öffentliche Gesundheitspflege zielte folglich über Maßnahmen wie die »Sanierung« der Städte auf die Beseitigung der Missstände bzw. die Verbesserung der hygienischen Zustände ab. Die vermeintlich aus den sozialen Problemen resultierenden Volkskrankheiten sollten durch kommunale wohlfahrtsstaatliche Einrichtungen bekämpft werden. Ferner betonen Woelk und Vögele die Zersplitterung der Gesundheitsverwaltung auf Reichs- und Länderebene,[59] so dass die Kommunen die Probleme in Eigenregie lösen mussten. Sowohl dem Reich als auch den Einzelstaaten fehlten die Exekutivorgane vor Ort, so dass die auf Reichs- und Länderebene getroffenen Gesetze von den Kommunen umgesetzt werden mussten. Während die sozialen und sanitären Probleme der Städte und die gesundheitspolitische Bedeutung der Kommunen in der Trias von Staat, Ländern und Städten in den letzten Jahren in zahlreichen Studien untersucht wurden,[60] blieben die Institutionen auf der Reichsebene unberücksichtigt. Denn obwohl die Maßnahmen auf kommunaler Ebene umgesetzt wurden, wurden die übergeordneten Programme und die fachlichen Diskurse auf der Ebene des Reiches und der Einzelstaaten diskutiert und formuliert.[61]

---

arbeiten lag die erfolgreiche Vermittlung zugrunde, dass man in die medizinischen Verbrechen des Nationalsozialismus nicht verwickelt gewesen sei, so dass das RGA bzw. die kommunalen Gesundheitsämter auch in den vergangenen Dekaden nicht in den Fokus der Medizingeschichte gerieten, die die medizinischen Verbrechen während des Nationalsozialismus untersuchte, vgl. Vossen, Einleitung 2006.

57 Vgl. Woelk/Vögele (Hg.), Geschichte 2002.
58 Vgl. Toyka-Seid, Gesundheit 1996; Vögele/Woelk (Hg.), Stadt 2000; Vögele, Sozialgeschichte 2001.
59 Vgl. Woelk/Vögele, Einleitung 2002, S. 21.
60 Ebd.; weiterhin Rodenstein, Licht 1988; Münch, Stadthygiene 1993; Witzler, Großstadt 1995. Ergänzend zu den sozialgeschichtlichen Arbeiten siehe die kulturhistorischen Studien von David L. Pike, Pamela K. Gilbert und David S. Barnes über Abwasser- und Abfallentsorgung in London und Paris (Part II: Sanitation and the City) in Cohen/Johnson (Hg.) Filth 2005.
61 Vgl. Rudloff, Wohlfahrtsstadt 1998, S. 16.

Die vorliegende Arbeit greift die Ergebnisse der Studien zur »Stadthygiene« und zu den sanitären und sozialen Problemen der Kommunen auf, um die Probleme zu verstehen, die zur Gründung des Gesundheitsamtes geführt und die die institutionelle Entwicklung beeinflusst haben, sowie weiterhin, um die Arbeitsweise des Gesundheitsamtes im Verbund mit anderen Akteuren zu skizzieren. An der Schnittstelle zwischen den Kommunen und dem Reichsgesundheitsamt lagen die kommunalen Untersuchungsstationen bzw. die kommunalen Gesundheitsämter.

Für die kommunalen Gesundheitsämter stellt Johannes Vossen gleichfalls ein Forschungsdefizit fest. Eine zusammenfassende Monographie zur Geschichte der städtischen und kommunalen Gesundheitsämter ist bislang Desiderat der Forschung.[62] Die Einzelstudien vermögen eindrucksvoll die Bedeutung der kommunalen und städtischen Gesundheitsämter bei der Umsetzung staatlicher Gesundheitspolitik auf lokaler Ebene zu belegen, insbesondere wird die zentrale Rolle der Gesundheitsämter bei der Verwirklichung der nationalsozialistischen Rassenpolitik deutlich.[63] Über die einzelnen Studien hinaus kann die weitgefasste Arbeit von Johannes Vossen über die kommunalen Gesundheitsämter in Westfalen in der ersten Hälfte des 20. Jahrhunderts als grundlegend gelten, zumal sich Vossen nicht allein auf die Zeit des Nationalsozialismus beschränkt, sondern auch die Bedeutung der Gesundheitsämter in der Weimarer Republik und der frühen Bundesrepublik analysiert und die personellen und fachlichen Kontinuitäten im Gesundheitswesen deutlich machen kann. Die kommunalen Gesundheitsämter stellen im institutionellen Netzwerk des Reichsgesundheitsamtes und bei der Umsetzung gesundheitspolitischer Maßnahmen einen wichtigen Verbündeten dar.

Analog zum breitgefächerten Aufgabenspektrum des Gesundheitsamtes basiert die vorliegende Arbeit auf zahlreichen mentalitäts-, kultur- und wissenschaftshistorischen Untersuchungen und versucht die bestehenden losen Fäden und unterschiedlichen Ansätze miteinander zu verknüpfen und Kultur- und Wissenschaftsgeschichte miteinander zu verbinden.[64]

---

62 Vgl. Vossen, Gesundheitsämter 2001, S. 23. Neuerdings der Sammelband von Hüntelmann/Vossen/Czech (Hg.), Gesundheit 2006; einen Überblick über die Einzelstudien und einen detaillierten Forschungsstand in der Einleitung ebd. von Johannes Vossen.
63 Beispielsweise die Arbeit von Herwig Czech über die Abteilung »Erb- und Rassenpflege« des Hauptgesundheitsamtes Wien, vgl. Czech, Erfassung 2003; Donhauser, Gesundheitsamt 2007.
64 Die Verbindung von Geschichtswissenschaft und Wissenschaftsgeschichte wird programmatisch eingefordert bei Trischler, Geschichtswissenschaft 1999; auf

Fragestellung und Gliederung der Arbeit

Die Gliederung orientiert sich an fünf Fragenkomplexen, die entsprechend in fünf Kapiteln erörtert werden. Es ist erstens zu klären, mit welchen Motiven die Errichtung einer zentralen Medizinalbehörde gefordert und wie das gesellschaftliche Umfeld war, in dem die Gründung vollzogen wurde. Das erste Kapitel beschreibt die sanitären Probleme in den Städten und hieraus resultierend die Forderung von Medizinern und Kommunalbeamten nach einer konstitutionell verankerten öffentlichen Gesundheitspflege. Antriebsmotor der Initiativen war die sich professionalisierende deutsche Ärzteschaft, die gleichzeitig bestrebt war, ihren politischen Einfluss auszuweiten. Ferner werden die mit der Gründung verbundenen politischen Debatten im Reichstag und die der Gründung unmittelbar vorausgehende Organisation geschildert. Das Kapitel endet mit der Gründung des Kaiserlichen Gesundheitsamtes.

Zweitens wird die Geschichte des Gesundheitsamtes »rekonstruiert«. Dieser Rekonstruktion liegen Fragen nach der institutionellen Entwicklung der Behörde zwischen 1876 und 1933 zugrunde und nach den gesellschaftlichen Faktoren, die die Entwicklung des Gesundheitsamtes beeinflussten. Die Untergliederung des zweiten Kapitels orientiert sich an den leitenden Beamten des Gesundheitsamtes: Heinrich Struck in den schwierigen Jahren nach der Gründung der Behörde, Karl Köhler in den 1880er und 1890er Jahren der institutionellen Expansion des Gesundheitsheitsamtes, Franz Bumm in den zwei Jahrzehnten zwischen 1905 und 1926 in einer Zeit, die durch die finanziellen Einsparungen nach der Jahrhundertwende, den Ersten Weltkrieg, die Wirren der Nachkriegszeit und den Staatsformwechsel gekennzeichnet ist. Der Abschnitt über die »Ära Hamel« umfasst die 1920er Jahre bis zum nationalsozialistischen Machtwechsel.

Wie die Behörde organisiert war und welches Aufgabenfeld das Gesundheitsamt bearbeitete, wird in einem separaten Kapitel beantwortet. Im dritten Kapitel werden die Organisation des Gesundheitsamtes und die konstitutionelle Verankerung der Gesundheitspolitik auf der Ebene des Deutschen Reiches abgehandelt. Weiterhin wird die Bandbreite der im Gesundheitsamt bearbeiteten Aufgaben skizziert. Hierbei würde eine

---

Trischler Bezug nehmend Goschler, Wissenschaft 2000. Die gegenseitige Bezugnahme von Naturwissenschaft – Geisteswissenschaft – Kulturwissenschaft erörtern die Beiträge in Oexle (Hg.), Naturwissenschaft 1998; Bödeker u. a., Einleitung 1999; die Wissenschaftsgeschichte als Teil der Kulturgeschichte bei Daniel, Kompendium 2002; die Diskussion über Kultur und Gesellschaft, Kultur- und Sozialgeschichte gebündelt in Hardtwig/Wehler (Hg.), Kulturgeschichte 1996.

chronologische Aneinanderreihung der behördlichen Tätigkeiten zwischen 1876 und 1933 zu Redundanzen führen, da viele Aufgaben kontinuierlich verrichtet wurden oder sich in regelmäßigen Intervallen wiederholten. Aus diesem Grund werden die Aufgaben und die Tätigkeit der Behörde über einen Zeitraum von fünfzig Jahren als Überblick dargestellt.[65] Darüber hinaus soll die Arbeitsweise und das Vorgehen der Behörde vertiefend durch eine Fallstudie veranschaulicht werden.

Aus den vorangehenden Kapiteln ergibt sich das Bild einer Behörde, deren Personalbestand, Aufgaben und Etat über eine longue durée kontinuierlich gewachsen sind. Unter dieser Annahme werden in den nachfolgenden Kapiteln die Bedeutung des Gesundheitsamtes für den Staat und die Handlungsstrategien der Behörde untersucht. Das vierte Kapitel diskutiert die Fragen, welche Interessen der Staat mit der Errichtung einer zentralen Medizinalbehörde verfolgte. Welche Erwartungen wurden vom Staat an das Gesundheitsamt und die dort agierenden Medizinalbeamten herangetragen? Welche impliziten Funktionen hatte das Gesundheitsamt über die explizit formulierten hinaus? In je einem Unterkapitel werden die tatsächlichen und virtuellen Verknüpfungen der Medizin zum Militär, die von der Reichsregierung geforderte nationalkonservative Grundhaltung der Beamten und der Beitrag des Gesundheitsamts zur Herrschaftssicherung und inneren Befriedung der Gesellschaft untersucht.

Im fünften Kapitel werden die Handlungsstrategien des Gesundheitsamtes analysiert.[66] Welche Strategien haben die Akteure des Gesundheitsamtes bewusst oder unbewusst konzipiert, um die an die Behörde gestellten Ziele und Aufgaben zu erreichen? Wie sind die Medizinalbeamten des Gesundheitsamtes bei der Verfolgung dieser Strategien vorgegangen? An welchen Notwendigkeiten waren die Handlungsstrategien auszurichten? Wie funktionieren Institutionen im Wechselspiel mit anderen Akteuren bei der Durchsetzung von Zielen, Strategien und Macht? In je einem Unterkapitel werden auf organisationaler Ebene das Knüpfen von Netzwerken, die Verwissenschaftlichung und die Institutionalisierung der Gesundheit und der Hygiene zu einer eigenständigen Gesundheitswissenschaft und die Generierung einer Medizinalstatistik als Instru-

---

65 Die Tätigkeit der Behörde wird außerhalb des dritten Kapitels dort dargestellt und herangezogen, wo sie die institutionelle Entwicklung beeinflusst oder zur Analyse der Handlungsstrategien herangezogen werden muss. Dies führt zwangsläufig zu Wiederholungen in der Darstellung, auf die jedoch nicht verzichtet werden kann.
66 Zum »Denken von Institutionen« wegweisend Douglas, Institutionen 1991.

ment zur Gewinnung von Informationen über die Gesundheit der Bevölkerung untersucht.

Ausgerichtet an diesen Fragestellungen stellt die vorliegende Studie weniger eine kohärente Geschichte des Gesundheitsamtes dar, als vielmehr eine Skizze, deren unterschiedliche Schwerpunkte ein Gesamtbild der Behörde zeichnen und deren biopolitische Bedeutung veranschaulichen sollen.

1 Die Gründung einer »medicinalpolizeilichen Centralbehörde«

»Es darf mir zur Freude und Genugtuung gereichen«, schrieb Friedrich Wilhelm Beneke 1872, »dass das, wofür ich mich seit 20 Jahren in Schrift und Wort und unter den entmuthigendsten Erfahrungen bemüht habe, jetzt zur vielseitigen Würdigung und, wie es den Anschein gewinnt, zu einer rascheren Ausführung gelangt, als man noch vor wenigen Jahren hoffen konnte.«[1] Beneke sah sich durch das vielseitige Verlangen nach einer »Association der Aerzte« und dem Wunsch nach »Einsetzung einer Centralbehörde für die öffentliche Gesundheitspflege des deutschen Reiches« am Ziel seiner langjährigen Arbeit.

Um das notwendig erscheinende Bedürfnis nach einer »medizinisch-wissenschaftlichen Centralbehörde« erklären zu können, muss man weit in die Vergangenheit zurückblicken – eine Zäsur ist nur schwer zu begründen. Ich möchte Beneke folgen und die Grenze ziehen mit der Revolution von 1848 und dem Beginn der postrevolutionären so genannten Reaktionszeit.[2] Diese Demarkationslinie ist da durchlässig, wo Erklärungsmodelle über die Revolution hinausgehen bzw. diese erläutern, denn die darzulegenden Entwicklungen stellen Teile eines Trends dar, der Ende des 18. Jahrhunderts mit der Verbreitung von Hygienestandards einsetzte[3] und sich im letzten Drittel des 19. Jahrhunderts entfaltete.[4] Die »hygienische Revolution«[5] hatte sich im Denken der Bürger bis zur Mitte des Jahrhunderts so weit manifestiert, dass die öffentliche Gesundheitspflege zur unverhohlen geäußerten Forderung in den Revolutionswirren werden konnte.[6]

---

1 Beneke, Frage 1872, S. III; ders., Geschichte 1870, S. 3; ders., Mittheilungen 1857. Zu Benekes Bemühungen um eine allgemeine Morbiditätsstatistik Huerkamp, Aufstieg 1985, S. 139. Zu dem Balneologen und Professor der Pathologie Friedrich Wilhelm Beneke in Marburg kurz Jütte, Entwicklung 1997, S. 36 f.
2 Die Grenzziehung 1848 setzt auch BGA, 100 Jahre Forschung 1976, S. 14. Nach BGA und Brand, Vierteljahrsschrift 1986, S. 130 ist die »Gründung [des Gesundheitsamtes] ohne die Kenntnis der Forderungen der medizinischen Reformer der 1840er Jahre nicht zu verstehen«.
3 Vgl. zum Anfang Frey, Bürger 1997, S. 143; frühe hygienische Diskurse im 18. Jahrhundert beschreibt Hardy, Ärzte 2005, Kap. 2.
4 Meist beziehen die Autoren das gesamte 19. Jahrhundert mit ein, vgl. Frevert, Krankheit 1984; Huerkamp, Aufstieg 1985; Sarasin, Maschinen 2001; im europäischen Vergleich Hudemann-Simon, Eroberung 2000.
5 Frey, Bürger 1997, S. 19.
6 Vgl. Jütte, Entwicklung 1997, S. 31.

1.1 Die gesellschaftlichen Wandlungsprozesse bis zur Reichsgründung

Aufgestaute nationale Enttäuschung, der in Preußen schwelende Streit um eine Verfassung und soziale Unruhen führten im März 1848 zum Ausbruch der »großen deutschen Revolution«.[7] Hinter dieser Triade von Krisen verbirgt sich jeweils ein vielschichtiges Konglomerat von politischen und gesellschaftlichen Problemen. Die eng miteinander verschränkten nationalpolitischen Einigungsbestrebungen und die Verfassungsdiskussionen wurden verstärkt durch den »Übergang von der alten zur modernen Gesellschaft«. Dieser soziale Wandlungsprozess soll zu Lasten der politischen Problemfelder weiterverfolgt und deren Ursachen begründet werden.[8]

Beginnen soll die zu knüpfende Kausalkette mit der strukturellen Veränderung der »Bevölkerungsweise«. Die Aufhebung zwangszölibatärer Beschränkungen und die Lösung der Ehe als legaler Ort der Reproduktion von der Bindung an eine »Stelle« ermöglichte auch den einkommensschwächeren Bevölkerungsschichten die Heirat. Mit den vermehrten Vermählungen stieg die Geburtenrate. Am anderen Ende der Lebensspanne sank aufgrund einer verbesserten persönlichen Hygiene und dem verminderten Auftreten von Seuchen die Sterblichkeit. Infolge der moderat sinkenden Mortalität und der steigenden Geburtenrate wuchs in der ersten Hälfte des 19. Jahrhunderts die Bevölkerungsrate auf dem Gebiet des späteren Deutschen Reiches jährlich durchschnittlich um ein Prozent.[9] Aus ökonomischer Sicht bedeutete das Bevölkerungswachstum ein steigendes Angebot an Arbeitskraft. Die einsetzenden Rationalisierungsmaßnahmen in der Produktion und in der Landwirtschaft verringerten auf der anderen Seite des Arbeitsmarktes den Bedarf an Arbeitskräften. Dieser Überhang konnte durch die beginnende Industrialisierung noch nicht aufgefangen werden – im Gegenteil wurde durch die Verdrängung tradi-

---

7 Nipperdey, Bürgerwelt 1998, S. 595.
8 Die Revolution kann hier nur als Ausgangspunkt genannt und nicht umfassend dargelegt werden, ausführlich Hachtmann, Berlin 1997; ders., Epochenschwelle 2002; Mommsen, 1848 1998; Dipper/Speck (Hg.), 1848 1998; über den nationalen Kontext hinausgehend zahlreiche Beiträge in dem Sammelband von Hardtwig (Hg.), Revolution 1998, besonders Kaelble; Dowe u. a. (Hg.), Europa 1998; ferner Botzenhart, Europa 1998; die Revolution als unterschiedlich erfahrene Revolutionen Jansen/Mergel (Hg.), Revolutionen 1998; die Zitate aus Nipperdey, Bürgerwelt 1998, S. 396-402, 595-673, hier S. 400.
9 Vgl. Nipperdey, Bürgerwelt 1998, S. 102-110.

tioneller Handwerkerberufe die soziale Not verschärft. Es entstand eine Arbeitsplatzlücke.[10]

Das aus der Arbeitslosigkeit resultierende Armutsproblem in seiner Ausprägung als Massenverarmung konnte auf dem Land von der dörflichen Sozialgemeinschaft nicht mehr bewältigt werden. In der Hoffnung auf Arbeit kam es zu »Bevölkerungsbewegungen« von landwirtschaftlich dominierten Gebieten in industrielle Zentren. Die »Bevölkerungsbewegung« bildete die Grundlage für die beginnende Verstädterung. Eine andere Folge der Nachfragelücke auf dem Arbeitsmarkt war das sinkende Preisniveau für den Faktor Arbeit. Verschärft wurde diese Krise durch die Choleraepidemie zu Beginn der 1830er Jahre und die Hungerkrisen in der darauf folgenden Dekade sowie die Preissteigerungen für Nahrungsmittel. Die Einkommenseinbußen und der reale Kaufkraftverlust trafen besonders die »Unterschichten« der Gesellschaft.[11] Die zunehmende »Nahrungslosigkeit« auf dem Land und die »Massenarmut breiter Bevölkerungsschichten« in der Stadt – der Pauperismus – wurden zum dominierenden gesellschaftspolitischen Problem.[12]

Die in der bürgerlichen Schicht geführte Pauperismus-Debatte speiste sich aus zwei Quellen. Der durch die Massenarmut verursachte Unmut äußerte sich sporadisch in Bauernunruhen und Hungerrevolten – so 1844 in dem berühmten Weberaufstand und in zahlreichen Hungerunruhen zwischen 1845 und 1847[13] – und manifestierte in den konservativen Kreisen mit Blick auf Frankreich die Angst vor Revolution und Umsturz.[14] Trotz der Diskrepanz zwischen gefühlten Krisenängsten und einer de facto zu konstatierenden Krise lag der »eschatologischen Revolutionsfurcht« ein permanentes Bedrohungspotential zugrunde.[15]

Die zweite Ursache verweist auf den Zusammenhang von Armut und Krankheit. Die Choleraepidemie von 1831/1832 forderte die meisten Opfer in den Elendsquartieren der Städte. Von dort breitete sich die Seuche auf das ganze Stadtgebiet ohne Rücksicht auf Stand und Ansehen aus.

---

10 Vgl. Tilly, Zollverein 1990, S. 10-12.
11 Ebd.; Nipperdey, Bürgerwelt 1998, S. 110-114, zum Begriff der Unterschichten S. 219-221; eine Ausdifferenzierung bei Hachtmann, Berlin 1997, S. 71.
12 Zusammenfassend Frevert, Krankheit 1984, S. 13 f., 116-125.
13 Zu den Hungerunruhen Tilly, Zollverein 1990, S. 11, 19-27; konkret zur Berliner »Kartoffelrevolution« Hachtmann, Berlin 1997, S. 82-84; Nipperdey, Bürgerwelt 1998, S. 222 f.
14 Ute Frevert konstatiert, »daß eine große Angst vor Umsturz, Unordnung und Ausbruch der Unterschichten aus ihrer ständischen Gebundenheit in der wohlhabenden Bevölkerung präsent war«, vgl. Frevert, Krankheit 1984, S. 124.
15 Zu dieser Diskrepanz Hachtmann, Berlin 1848, S. 84.

Die Angst vor Ansteckung lenkte die Aufmerksamkeit der bürgerlichen Öffentlichkeit auf die hohe Anfälligkeit der »pauperisierten Unterschichten«. Massenarmut und Massenkrankheit bedrohten in ihrem wechselseitigen Bezug die Stabilität der bürgerlichen Ordnung, da sie sich nicht mehr eingrenzen und beschränken ließen.[16] »Bei dem innigen Zusammenhang, welcher zwischen der Gesundheit der Gesellschaft und der Gesundheit der einzelnen Mitglieder stattfindet, ist es leicht begreiflich, daß das Unrecht, das dem Einzelnen widerfährt, sowohl moralisch, als auch physisch, das allgemeine Wohl gefährdet.«[17]

Die eingeleiteten Maßnahmen zur ›Eingrenzung‹ der Epidemie verstärkten das Konfliktpotential allerdings noch, anstatt es abzumildern. Die von der Epidemie betroffenen Gebiete wurden durch einen *cordon sanitaire* militärisch abgeriegelt und konnten nur über Quarantänestationen verlassen werden. In den so genannten Kontumanzen wurden die Reisenden mitunter für Wochen isoliert und mussten sich einer ausgiebigen Desinfektionsprozedur unterziehen. Die Einschränkung des Personenverkehrs und des Handels trafen besonders die ärmeren Bevölkerungsschichten und erhöhten den Unmut gegen das die Quarantänemaßnahmen verteidigende Militär.[18] Zudem erwiesen sich sowohl der Seuchenkordon als auch die medizinischen Therapien als nahezu wirkungslos. Die Bekämpfung der Seuchen sollte daher nicht auf Quarantänemaßnahmen beschränkt bleiben, sondern durch die Verbesserung der hygienischen Bedingungen in den Elendsvierteln sollte der Ausbruch von Seuchen präventiv verhindert werden.[19] Die Gefahr der »Ansteckung von unten«[20]

---

16 Mit der neuen Mobilität wurde die »Entgrenzung« weiter forciert. Die Gefahr einer gesellschaftlichen Destabilisierung durch Epidemien beschreiben Evans, Epidemics 1988; Winkle, Kulturgeschichte 1997, S. 165-187; Briese, Angst 2003, S. 198-204.

17 Neumann, Gesundheitspflege 1847, S. 67. Mit Neumann wird zwar ein Zeuge ins Feld geführt, der weniger die bestehende Ordnung zu verteidigen beabsichtigte, jedoch drückt das Zitat exakt das Bedrohungsmoment des Einzelnen für die Gesellschaft – sei sie nun demokratisch oder monarchisch – aus. Zu den »pauperisierten Unterschichten als Krankheitsträger« Frevert, Krankheit 1984, S. 125-133.

18 Durch den eingeschränkten Handelsverkehr stiegen in den abgesperrten Gebieten die Lebensmittelpreise rapide an. Die ihren Lebensunterhalt an wechselnden Orten verdienenden Tagelöhner und Handwerker litten besonders unter den Einschränkungen des Personenverkehrs, vgl. Hardy, Ärzte 2005, Kap. 3.1; die Praxis der Cholerabekämpfung Stolberg, Theorie 1994; die Rolle und der Aufstieg des Militärs bei der Seuchenbekämpfung Briese, Defensive 1997; ders., Angst 2003.

19 Vgl. Hardy, Ärzte 2005, Kap. 3.1.

20 Zur »Gefahr von unten« Briese, Angst 2003, S. 198-204.

führte zu einer Schwerpunktverlagerung von der privaten zur öffentlichen Hygiene. Diese Sorge um die öffentliche Gesundheit hatte jedoch weniger altruistische Motive, vielmehr lag ihr die Überlegung zugrunde, dass der Bürger »in der Gesundheit des ärmeren Mitbruders seine eigene [Gesundheit] schützt«.[21] Die Deutungshoheit über die öffentliche Gesundheit und die Medikalisierung der Unterschichten beanspruchte eine speziell dafür ausgebildete Berufsgruppe: die Ärzte.

Durch den unmittelbaren Kontakt mit der sozialen Frage sensibilisiert und resultierend aus den Erfahrungen der Cholera- und Typhusepidemien der 1830er und 1840er Jahre, die das Bewusstsein für soziale Ursachen als Auslöser von Krankheiten schärfen gelehrt hatten, sahen sich zahlreiche Ärzte zur politischen Mitwirkung im Vorfeld der Revolution nicht nur berechtigt, sondern auch verpflichtet.[22] Die Politik sei »weiter nichts als Medizin im Großen«.[23] Die im Revolutionsjahr in Berlin ausgebrochene Cholera mag sie in ihrem Engagement bestätigt haben.[24] Solchermaßen politisiert forderten die Ärzte eine Reform der öffentlichen Medizinalangelegenheiten, durch die sozial- und standespolitische Ziele verwirklicht werden sollten: Zum einen wurde die Verbesserung der medizinischen Versorgung für ärmere Bevölkerungsschichten angestrebt, zum anderen das Mitspracherecht der Ärztevereine in Medizinalangelegenheiten und die Gewährung beruflicher Autonomie. Weiterhin beinhaltete die Medizinalreform die Forderung nach einer in der zu konstituierenden Verfassung garantierten öffentlichen Gesundheitspflege[25] – »*salus populi lex suprema esto*«.[26]

---

21 So der Arzt G. A. Königsfeld in seinem Bericht über den *Typhus abdominalis* in Düren 1841, das Zitat bei Frevert, Krankheit 1984, S. 133. Den Prozess der Schwerpunktverlagerung bei Frey, Bürger 1997, S. 141 f. Die Argumentation lebt fort in der Wortmeldung des Abgeordneten Dr. Löwe, in den SB über die Verhandlungen des Reichstages des Norddeutschen Bundes, 1. LP, Session 1870, 36. Sitzung vom 6.4.1870; oder in der Denkschrift des Landrates Dr. Hammerschmidt von 1901 anlässlich der Typhusepidemie in Gelsenkirchen zur Errichtung eines Instituts zur Bekämpfung der Volkskrankheiten im Ruhrkohlengebiet, die Denkschrift befindet sich in BA Berlin, R 86/2827.
22 Vgl. Jütte, Entwicklung 1997, S. 28-33.
23 »Die Medicin ist eine soziale Wissenschaft, und die Politik ist weiter nichts als Medicin im Grossen.« Das von Salomon Neumann entlehnte Zitat bei Rudolf Virchow, Der Armenarzt (1848), zitiert in: Deppe/Regus (Hg.), Seminar 1975, S. 175-179.
24 Vgl. Frevert, Krankheit 1984, S. 129, 132.
25 Vgl. Jütte, Entwicklung 1997, S. 28-33; Hardy, Ärzte 2005, Kap. 4.2.2.
26 Vgl. Jütte, Entwicklung 1997, S. 31. Das Zitat bei Neumann, Gesundheitspflege 1847, S. 63.

»Doch vermeiden wir die Region einer idealen Zukunft. [...] Bleiben wir in der praktischen Wirklichkeit.«[27] Die Wirklichkeit holte demokratische Revolutionäre und Medizinalreformer rasch ein. Noch im Februar 1849 entwarfen Rudolf Virchow, Rudolf Leubuscher und Robert Remak in der neu gegründeten *Medicinischen Reform* die »Grundsätze einer neuen Medizinalordnung« und forderten die Herstellung der öffentlichen Gesundheitspflege zur »Erhaltung und Vermehrung der Gesundheit in möglichst größtem Umfange«. Doch bereits Ende Juni desselben Jahres musste die *Medicinische Reform* ihr Erscheinen einstellen, und ihre Herausgeber waren genötigt, Preußen zu verlassen.[28] Die Revolution war gescheitert.[29]

Auf die Revolution folgte in den 1850er Jahren die Dekade der so genannten Reaktion. Die Reaktionszeit bescherte dem in Einzelstaaten zergliederten Deutschland nicht nur politische Repression, sondern auch, ausgenommen von einem konjunkturellen Einbruch zwischen 1857 und 1859, eine Zeitspanne der wirtschaftlichen Prosperität in einer weiter fortschreitenden »Take-off-Phase« der Industrialisierung.[30] Dass dem nationalliberalen Bürgertum der ökonomische Erfolg als Kompensation für die erlittene politische Niederlage gegolten haben mag, ist eine mögliche Sichtweise. Eine andere bietet die Überlegung, dass das Scheitern der Revolution die Voraussetzung für eine Fokussierung auf augenscheinlich Unpolitisches war.[31] Die von der politischen Entwicklung enttäuschten Mediziner zogen sich in die innere Emigration zurück und widmeten sich vornehmlich ihrer beruflichen Karriere.[32] Zweifelsohne begünstigte der Rückzug in die private Sphäre und die Konzentration auf wissenschaftliche Fragestellungen die bahnbrechenden medizinischen Entwicklungen der 1850er und 1860er Jahre – hier sei nur hingewiesen auf die Fortschritte der empirisch-experimentellen Physiologie, der Pharmazie und der Nahrungsmittel- und Stoffwechselchemie, die Gründung der

---

27 Neumann, Gesundheitspflege 1847, S. 110.
28 Vgl. Jütte, Entwicklung 1997, S. 34, die Zitate S. 31; die *Medicinische Reform* als Zeitschrift und Bewegung in Hardy, Ärzte 2005; zu Rudolf Virchow während der Revolution von 1848 siehe Goschler, Virchow 2002, S. 58-92.
29 Zum Scheitern der Revolution Hardtwig, Nationalismus 1994, S. 177-180; Nipperdey, Bürgerwelt 1998, S. 661-670; Hachtmann, Epochenschwelle 2002, S. 174-177. Das Ausmaß des Scheiterns in der Retrospektive ebd., S. 9.
30 Vgl. Nipperdey, Bürgerwelt 1998, S. 182-210; Tilly, Zollverein 1990, S. 49-58.
31 Vgl. Winkler, Geschichte 2000, S. 131.
32 Zu Emil Du Bois-Reymond siehe Lenoir, Politik 1992, S. 36. Zu Revolutionären in der nachrevolutionären Epoche Jansen, Einheit 2000. Die Konzentration auf Industrie und Wissenschaft bei Bayertz, Siege 1987, S. 173.

Zellularpathologie durch Rudolf Virchow oder die Entwicklung der Anästhesie in der Chirurgie sowie die Anti- und Asepsis.[33]

Darüber hinaus förderte die durch den reaktionären Staat erzeugte Bedrohungssituation die Vereinheitlichungs- und Professionalisierungstendenzen in der Ärzteschaft. Mit Beginn der 1860er Jahre wandelte sich der politische Stil. In der »Neuen Ära« konnten liberale Politiker und die Medizinalreformer an die Forderungen der Revolutionszeit anknüpfen und deren Erfüllung einfordern.[34]

Mit dem wirtschaftlichen Aufschwung und der einsetzenden Industrialisierung wuchsen auch die Städte und die sanitären, sozialen und hygienischen Probleme in den Kommunen. Ingenieure, Ärzte und Kommunalpolitiker suchten nach Lösungen, wie man die Versorgung der städtischen Bevölkerung mit Trinkwasser sichern und die Entsorgung der Abfälle und der Abwässer bewerkstelligen konnte. Hierfür waren im Rahmen der kommunalen Selbstverwaltung die Städte zuständig. Der Schmutz in den Straßen und der Gestank der von Fäkalien verunreinigten Gewässer hatte immer wieder Anlass zu Klagen gegeben, doch bis Mitte des 19. Jahrhunderts wurden in den Kommunen keine wesentlichen städtebaulichen Maßnahmen zur Verbesserung der öffentlichen Hygiene ergriffen. Der weiterhin stetig steigende Zustrom von Menschen vom Land in die Städte verschärfte die Probleme in der zweiten Jahrhunderthälfte zunehmend, so dass man mit vereinzelten Maßnahmen wie der Aushebung zentraler Fäkaliengruben, der Spülung von Rinnsteinen oder der privatwirtschaftlichen Entsorgung der Abfälle durch so genannte Kummerwagen nicht mehr Herr werden konnte. Die Versorgung der Bevölkerung mit Grundwasser oder halbwegs genießbarem Oberflächenwasser, das aus den verunreinigten Flüssen geschöpft und über veraltete hölzerne Rohrleitungen verteilt wurde, schien überhaupt nicht mehr gewährleistet. Anne I. Hardy betont, dass in der zwischen 1840 und 1860 geführten Diskussion zur Stadthygiene und Kanalisation vor allem Ingenieure die Initiative ergriffen hatten und Vorschläge zur Behebung der Misere machten. Die Diskussion zur Trinkwasserversorgung wurde besonders durch den Gestank des Trinkwassers angestoßen, wobei der Geruch und das Aussehen des Wassers als Indikator für die Genießbarkeit bewertet wurden. Die Cholera-Epidemien fachten die Diskussion weiter

---

33 Vgl. Eckart, Geschichte 1994, S. 213-228, 239-246; Nipperdey, Bürgerwelt 1998, S. 488-492; Hudemann-Simon, Eroberung 2000, S. 13-27.

34 Zur »Neuen Ära« Nipperdey, Bürgerwelt 1998, S. 697-715; ausführlich die Jahre zwischen Revolution und Reichsgründung bei Winkler, Geschichte 2000, S. 131-212.

an und verliehen der Notwendigkeit zum Handeln Nachdruck. Die schlechten hygienischen Bedingungen in den Städten Mitte des 19. Jahrhunderts wurden als Ursache für zahlreiche Krankheiten der Unterschichten betrachtet. Die von Edwin Chadwick in Großbritannien angestoßene Diskussion wurde zeitlich verzögert auch in Deutschland geführt. Durch die geregelte Entsorgung der Abwässer und deren Reinigung sowie die zentrale Sammlung der Abfälle sollte die Verschmutzung beseitigt werden. Hierfür war der Bau einer städtischen Kanalisation notwendig, die die Abwässer aus der Stadt herausleiten sollte. Außerhalb der Stadt sollten die Abwässer grob gereinigt und anschließend unterhalb der Stadt in einen Flusslauf eingespeist oder auf Rieselfelder und Sandfiltrationsanlagen ausgebracht werden. Obwohl die Pläne zum Bau einer Kanalisation zwischen 1840 und 1860 nur von wenigen Städten umgesetzt werden konnten, da sie zu kostspielig waren, wurde doch die Diskussion angestoßen, soziale Probleme durch sanitäre Reformen zu bekämpfen, die bis zum Ende des 19. Jahrhunderts wirkmächtig blieb und das Interesse der Kommunalpolitiker und Ingenieure für hygienische Probleme wachhielt. Im Umfeld der um die Kanalisation der Städte geführten Diskussion entspannen sich in der Folgezeit kontroverse Debatten über die soziale oder hygienische Bedingtheit von Krankheiten und die damit verbundenen Ansteckungsgefahren sowie deren Bekämpfung.[35] Eine Facette dieser Diskussion war die Gründung einer medizinischen Zentralbehörde, die bei der Lösung der umfangreichen und über das materielle und konzeptionelle Vermögen der Kommunen hinausgehenden Probleme behilflich sein sollte. An den Diskussionen beteiligten sich besonders Ärzte, die jedoch nicht nur mit den Ingenieuren kooperierten, sondern mit ihnen auch um die Deutungshoheit über die Bekämpfungsstrategien und Lösungsvorschläge sowie um politischen Einfluss konkurrierten.[36]

1.2 Professionalisierung der Ärzte und die Eroberung der Gesundheit

Die deutsche Ärzteschaft war ein wesentlicher zur Gründung des Gesundheitsamtes beitragender Antriebsmotor.[37] Die Entwicklung dieser

---

35 Zur Verbindung von körperlichem und moralischem Schmutz siehe die Beiträge in Cohen/Johnson (Hg.), Filth 2005.
36 Zu diesem Abschnitt weiter unten Kap. 2.2.2 »Science in Context« und ausführlich Hardy, Ärzte 2005, Kap. 4 f.; sowie Münch, Stadthygiene 1993.
37 Die meisten staatlichen Forschungseinrichtungen gingen auf private Initiativen zurück: das KGA wurde auf Betreiben der Ärzte, die PTR und die Kaiser-Wilhelm-

Berufsgruppe soll daher parallel zu dem gesellschaftlichen Wandlungsprozess ab dem zweiten Drittel des 19. Jahrhunderts bis zur Reichsgründung skizziert werden. Claudia Huerkamp knüpft in ihrer Analyse zum Wandel des Arztberufes im 19. Jahrhundert an soziologische Studien zur Professionalisierung an. *The Rise of Professionalism* als Element des Modernisierungsprozesses ist abstrakt durch folgende Kriterien gekennzeichnet: Als erstes Merkmal sind die Normierung professionellen Verhaltens und die Herausbildung bestimmter Kodizes und einer eigenen Berufsethik zu nennen. Diese Normierung gilt es zweitens durch eine standardisierte wissenschaftliche Ausbildung und die Kontrolle über die Berufszulassung sowie die Abgrenzung gegenüber anderen, konkurrierenden Berufsgruppen abzusichern. Ausbildung und Normierung sind drittens vor der Einflussnahme fremder Interessengruppen zu schützen. Schließlich ist ein viertes Merkmal der Versuch, das eigene Tätigkeitsfeld zu monopolisieren und zu erweitern.[38] Auch wenn die Adaption dieser idealtypischen Konstruktion Probleme aufwerfen mag, scheint die Übernahme dieses soziologischen Modells für eine sozialgeschichtliche Betrachtung der ärztlichen Professionalisierung im 19. Jahrhundert besonders geeignet.[39]

Das Konzept der Professionalisierung bietet eine plausible Erklärung für die Motivation der Ärzte, eine medizinische Zentralbehörde zu gründen. Die geforderte Zentralbehörde sollte die Interessen der Ärzteschaft auf der Ebene des Reiches vertreten, wie man zuvor auf regionaler oder einzelstaatlicher Ebene die Interessen über Vereine gebündelt hatte. Ferner konnte über eine Zentralbehörde die Standardisierung der ärztlichen Ausbildung und die Festlegung einheitlicher Prüfungsnormen weiter vorangetrieben werden. Weiterhin kann die Ausweitung der ärztlichen Tätigkeit auf die Gesundheit und in Kooperation mit dem Staat auf die öffentliche Gesundheitspflege auch als die Ausweitung des Tätigkeitsfeldes interpretiert werden, wie dies im Konzept der Professionalisierung enthalten ist.

Gesellschaft auf Betreiben der Industrie und schließlich die KBA auf Betreiben der Landwirtschaft gegründet, vgl. Lundgreen u. a., Forschung 1986, S. 94.

38 Vgl. Freidson, Ärztestand 1979 (OA 1970), Teil I und II; Rüschemeyer, Professionalisierung 1980; Spree, Ungleichheit 1981, S. 138 f.; Huerkamp, Aufstieg 1985, S. 17 f.; Drees, Ärzte 1988, S. 21-24; Jütte, Entwicklung 1997, S. 17. Zur Gefahr der teleologischen Verkürzung, wenn mit dem Erklärungsmodell der »Professionalisierung« soziologische Theorien übernommen und von der Gegenwart in die Vergangenheit übertragen werden, Stolberg, Heilkundige 1998, S. 70 f.

39 Einwand und Übernahme des Modells bei Spree, Ungleichheit 1981, S. 138. Die Professionalisierung der Ärzte beschreibt für Preußen und das Deutsche Reich Huerkamp, Aufstieg 1985; für Württemberg Drees, Ärzte 1988; die medizinische Vergesellschaftung in Baden bei Loetz, Kranken 1993.

Zur Mitte des 19. Jahrhunderts fasste die wissenschaftliche Medizin endgültig Fuß, während in der ersten Hälfte mit letzten Ausläufern der Galen'schen Humoralpathologie, dem Vitalismus oder dem Mesmerismus unterschiedlichste naturphilosophische Theorien vorherrschten, die weniger heilten als vielmehr den Patienten sedierten.[40] Mit Johannes Müller und seinen Schülern etablierte sich in den 1840er Jahren die experimentelle Physiologie und mit Justus Liebig die organische Chemie.[41] Parallel zur Durchsetzung einer einheitlichen, auf Empirie basierenden wissenschaftlichen Lehrmeinung in der Medizin und den sich dadurch abzeichnenden Erfolgen rückten die sich in Vereinen formierenden Ärzte mit der Schaffung eines eigenen kollegialen Berufsstandes dichter zusammen.

Die ärztlichen Vereine waren vordergründig zum wissenschaftlichen und kollegialen Austausch gegründet worden und wirkten so normierend auf ärztliches Verhalten und die wissenschaftliche Lehrmeinung.[42] Darüber hinaus bündelte die ärztliche Korporation die verschiedenen Interessen, um diese nachhaltig gegenüber staatlichen Stellen vertreten zu können. Ferner boten die Vereine während der 1850er Jahre ein Diskussionsforum zum Austausch gesundheitspolitischer Ideen unbehelligt von polizeistaatlicher Beaufsichtigung. Der Erfolg der rasch wachsenden Vereine war die Voraussetzung für die Autonomiebewegung der Ärzte und führte zur Bildung eines einheitlichen Ärztestandes in Deutschland in den ersten beiden Dritteln des 19. Jahrhunderts.[43]

Unterstützt wurde dieser Prozess der Homogenisierung durch die Manifestierung der gymnasialen Vorbildung als Studienvoraussetzung sowie

40 Vgl. Huerkamp, Ärzte 1980, S. 351, Anm. 3; die Revolution in der medizinischen Wissenschaft Drees, Ärzte 1988, S. 61-80. Zu den Entwicklungslinien in der Medizin Eckart, Geschichte 1994, Kap. 8; im internationalen Kontext Hudemann-Simon, Eroberung 2000, S. 13-27; als Körpergeschichte Sarasin, Maschinen 2001, Kap. 1.
41 Toellner, Ausbildung 1988, S. 199 spricht von der »wilden Entschlossenheit, aus der Heilkunst eine Wissenschaft zu machen«. Als »Zeitzeuge« schildert Hermann von Helmholtz, Denken 1877, die Entwicklungen der vergangenen Jahrzehnte. Eine anschauliche Beschreibung vermittelt auch Emil Du Bois-Reymond über die Studienzeit als Schüler Müllers in seiner Rede »Der physiologische Unterricht sonst und jetzt« zur Eröffnung des neuen Physiologischen Instituts 1877.
42 Zum Vereinswesen bis zur Revolution vgl. aus dem Sammelband von Otto Dann den Aufsatz von Hardtwig, Strukturmerkmale 1984, und den Aufsatz von Tenfelde, Entfaltung 1984. Beispielsweise wurde 1852 der »Verein für gemeinschaftliche Arbeiten für die rationale Heilkunde« gegründet, siehe Beneke, Geschichte 1870, S. 5-20.
43 Vgl. Huerkamp, Aufstieg 1985, S. 241-254; Jütte, Entwicklung 1997, S. 19-27, 35 f.

durch die Vereinheitlichung und staatliche Reglementierung der beruflichen Zulassungsvoraussetzung. Zuvor gab es mannigfache medizinische Berufe, deren Spannbreite vom (natur)philosophisch gelehrten Medikus über den Wundarzt bis hin zum heilkundigen Schäfer reichte und die mit ihrem Wissen in Konkurrenz zueinander standen.[44] Die Verschärfung der Prüfungsordnung und eine daran gekoppelte Zulassungsbeschränkung nichtapprobierter Mediziner hatte die stärkere Trennung von universitär ausgebildeten Medizinern einerseits und praktischen Wundärzten andererseits zur Folge.[45] Die durch die formalisierte Qualifikation vermeintlich besser ausgebildeten Ärzte wurden gegenüber dem praktisch und »handwerklich« arbeitenden »volksnahen« Heilpersonal aufgewertet. In der Konsequenz wurden die traditionellen medizinischen Heilmethoden durch eine rationale, empirisch fundierte naturwissenschaftliche Medizin verdrängt.[46]

Die Reorganisation der medizinischen Ausbildung hinsichtlich einer höheren Vorbildung und einer schwierigeren Abschlussprüfung als Zulassungsvoraussetzung, die Beanspruchung einer Vormachtstellung bei Gesundheitsleistungen und die privilegierte Position gegenüber konkurrierenden Berufsgruppen stärkten das Selbstbewusstsein der Ärzte und das Sozialprestige des Berufsstandes »Arzt« gegenüber anderen gesellschaftlichen Gruppen. Vor allen Dingen verkehrte sich die Beziehung zwischen Arzt und Patient in ihr Gegenteil. Anfang des 19. Jahrhunderts standen die Ärzte oftmals in einem patronageähnlichen Abhängigkeitsverhältnis zu »ihren« begüterten Kranken. Die durch den Prozess der Verwissenschaftlichung bedingten umfassenderen medizinischen Kenntnisse stärkten das Vertrauen des Patienten in die Fähigkeit des Arztes und verschafften dem Mediziner gegenüber dem nichtapprobierten Mitbewerber einen Wettbewerbsvorteil. Eine Umkehrung des Verhältnisses zwischen Arzt und Patienten mit Dominanz auf den mit einer größeren Autorität ausgestatteten Arzt – den Experten – zu Ungunsten des Patienten – des Laien – ergab sich weiterhin aus der quantitativen und qualitativen Ausweitung medizinischer Dienstleistungen. Huerkamp beschreibt die Ausweitung des Marktes durch die Ausdehnung der Krankenversicherung und die Entstehung des »modernen Kassenarztes«. Die in Krankenkassen

---

44 Vgl. Huerkamp, Aufstieg 1985, S. 22-59, zum heilkundigen Schäfer S. 132.
45 Ausführlich Huerkamp, Aufstieg 1985, S. 60-118; das Beispiel Württemberg Drees, Ärzte 1988, S. 100-120; zur wissenschaftlichen Ausbildung im internationalen Vergleich Hudemann-Simon, Eroberung 2000, S. 29-68.
46 Vgl. Huerkamp, Ärzte 1980, S. 350-360; Spree, Ungleichheit 1981, S. 140-145; Jütte, Entwicklung 1997, S. 17-23.

organisierten Arbeiter mussten sich im Krankheitsfall von einem Arzt ihre Krankheit bestätigen lassen. Andererseits nahmen die Arbeiter im Krankheitsfall die Möglichkeit zum Arztbesuch wahr, den sie sich vorher nicht leisten konnten und der jetzt von der Krankenkasse bezahlt wurde. Der Herrschafts- und Deutungsanspruch des akademischen Mediziners bzw. allgemein der Medizin gegenüber dem Laien dehnte sich dahingehend aus, dass der kranke Körper ärztlicher Kontrolle zu unterstellen ist und der Kranke den Anweisungen des Experten »Arzt« zur Wiederherstellung seiner Gesundheit Folge zu leisten hat.[47]

Eine weitere Möglichkeit der Ausdehnung des Marktes war die Erweiterung des Tätigkeitsfeldes nicht auf die Krankheit, sondern auf die Gesundheit des Menschen. In Kooperation mit der Gesundheitsadministration definierte der approbierte Arzt den Zustand von Gesundheit und Krankheit neu. Gesundheitsschädlich erscheinende Verhaltensweisen wurden ausgegrenzt und hygienische Normen durchgesetzt.[48] Die Einhaltung dieser Normen galt als Gradmesser sozialer Integration und Zivilisierung. Gleichzeitig wurde mit dem Markt auch die Einflusssphäre des Arztes über den Patienten ausgeweitet. Der von der Bevölkerung akzeptierte »Experte« Arzt beanspruchte nicht nur das Monopol medizinischer Dienstleistungen, sondern den absoluten Zugriff auf den menschlichen Körper. Dieser Zugriff machte nicht vor der Herrschaft über den Körper halt, er erstreckte sich in der Psychiatrie über den Geist und wurde schließlich ausgedehnt auf zukünftige Generationen und somit auf die Fortpflanzung und Reproduktion.[49] Die Ärzte konnten über den Prozess der Medikalisierung[50] ihren Einfluss auf den Einzelnen vergrö-

---

47 Vgl. Frevert, Krankheit 1984, S. 267 f., 283-286; Huerkamp, Ärzte 1980, S. 351; ausführlich dies., Aufstieg 1985, S. 131-166. Zur Kritik an diesem bei Huerkamp dargelegten Verhältnis, das nach Meinung Toellners nur die karikierenden Projektionen eines Vorurteils – »am Fuße des Berges der unter der Patientenknute geknechtete Arztgelehrte, auf dem Gipfel der von der Laienkontrolle losgelöste medizinische Experte, der vom Patienten Unterwerfung fordert« – darstellt, Toellner, Ausbildung 1988, S. 198, Anm. 30 f. Das unzureichend reflektierte Bild des Kassenarztes bei Göckenjan, Kurieren 1985, S. 341-406; ders., Medizin 1986.
48 Vgl. Frevert, Krankheit 1984, S. 15 f.; Frevert, Medizin 1985, S. 42; Huerkamp, Aufstieg 1985, S. 12.
49 Vgl. Stolberg, Heilkundige 1998, S. 76.
50 Franciska Loetz differenziert die konzeptionellen Unterschiede des Begriffes Medikalisierung in der deutschen, englischen und französischen Forschung. Die deutsche sozialhistorische Forschung geht in ihrer Interpretation auf Michel Foucault zurück und legt den Schwerpunkt auf die politischen Konflikte, die entstehen, wenn der Staat mittels Medizinalgesetzgebung, Armenversorgung oder Seuchenschutz der Bevölkerung medizinische und disziplinierende Verhaltensstandards aufoktroyiert. Das deutsche Konzept betont die Politisierung des Problems

ßern. Im Modell der Modernisierung sind Disziplinierungsprozesse aufeinander bezogen.[51] Dem Staat bot sich mit der Vereinnahmung der Ärzteschaft die Möglichkeit, indirekt auch den Einzelnen gesundheitspolitisch zu disziplinieren. Die bei der Umsetzung von Disziplinierungsmaßnahmen helfenden Ärzte wiederum profitierten durch die staatlich sanktionierte Aufwertung ihrer Profession.

Als ein weiteres die Professionalisierung kennzeichnendes Kriterium beschreibt Huerkamp die Bildung einflussreicher Berufsorganisationen zur Durchsetzung standespolitischer Ziele. Seit den Revolutionswirren galt die »Association« der Ärzte auf Bundesebene als *die* Möglichkeit zur Erwirkung von Mitspracherechten in Medizinalangelegenheiten und zur Verwirklichung der weitgesteckten gesundheitspolitischen Ziele.[52] Unter dem Eindruck der schweren Choleraepidemie während des Deutsch-Österreichischen Krieges und motiviert durch die Gründung des Norddeutschen Bundes war 1867 nach mehrjähriger Vorbereitung die Sektion für öffentliche Gesundheitspflege und Medizinalreform in der Gesellschaft deutscher Naturforscher und Ärzte eingerichtet worden. Die Gründung dieser Sektion sollte der Forderung nach einer öffentlichen Gesundheitspflege Ausdruck verleihen und dem Wunsch der deutschen Ärzteschaft nach einer bundesweiten Standesvertretung gerecht werden.[53]

Parallel zur Herausbildung eines einheitlichen ärztlichen Berufsstandes versuchte sich die organisierte Ärzteschaft aus der Einflussnahme des Staates zu befreien. In Preußen unterstanden sowohl die Medizinalbeamten[54]

Krankheit und beschreibt die Medikalisierung als einen Rationalisierungs- und Bürokratisierungsprozess, während in der französischen Forschung Medikalisierung einen Vorgang bezeichnet, in dem der Bevölkerung durch die Mediziner medizinische Verhaltensmuster aufoktroyiert werden, um deren medizinische »Mentalität« zu formen. Der britische Ansatz beschreibt mit dem Begriff der Medikalisierung den Prozess der »Verärztlichung« von Gesundheitsfragen aus der Sicht des Kranken, vgl. Loetz, Kranken 1993, S. 26-28, 44 f.; dies., Medikalisierung 1994. Zur Kritik am deutschen Konzept der Medikalisierung dies., Kranken 1993, S. 25, 45-50, 56, 258, 282, 302 f., 317, 322; zur Forschungsdiskussion S. 33-40.

51 Vgl. Frey, Bürger 1997, S. 23-28; als Teil eines umfassenden gesellschaftlichen und politischen »Modernisierungsprozesses« bei Stolberg, Heilkundige 1998, S. 80.
52 Zur Entwicklung des ärztlichen Vereinswesens Jütte, Entwicklung 1997, S. 17-23, 27 f., 33-42; zur »Macht der Association« Neumann, Gesundheitspflege 1847, S. 78, 96.
53 Die Choleraepidemie von 1866 in Winkle, Kulturgeschichte 1997, S. 210-213; Briese, Angst 2003, S. 294-298. Die Gründung der Sektion »Öffentliche Gesundheitspflege« in der Versammlung der deutschen Naturforscher und Ärzte in Jütte, Entwicklung 1997, S. 40 f.
54 In Preußen standen 1842 knapp vierzig Prozent der Mediziner in einem besonderen Beamtenverhältnis. Huerkamp, Ärzte 1980, S. 361 führt von der Gesamtzahl

als auch die nichtbeamteten Mediziner bis 1869 staatlichen Kontroll- und Reglementierungsmechanismen. Die staatliche Einflussnahme erstreckte sich von der Anforderung von Berichten über den Gesundheitszustand der Bevölkerung des jeweiligen Bezirkes, den Kurierzwang bis hin zu disziplinarischen Rügen und der Entziehung der staatlich verliehenen Approbation. Auf Betreiben ärztlicher Abgeordneter im Norddeutschen Reichstag und der Berliner Medizinischen Gesellschaft wurde 1869 die ärztliche Tätigkeit anderen Gewerbetätigkeiten gleichgesetzt und staatlicher Einflussnahme entzogen. Nur der Titel »Arzt« blieb geschützt.[55] Allerdings war die Petition der Berliner Medizinischen Gesellschaft in der Ärzteschaft nicht unumstritten.[56] Die Ärzte waren zwar bestrebt, sich von den staatlichen Verpflichtungen und der staatlichen Einflussnahme zu befreien und das untergeordnete Verhältnis zum Staat aufzukündigen, gleichzeitig suchte die Ärzteschaft die besondere Protektion des Staates und forderte eine staatliche Zentralbehörde, die ihre Interessen wahrnehmen sollte.[57]

Nach der im Handstreich erwirkten Gewerbefreiheit für medizinische Tätigkeiten schien eine ärztliche Interessenvertretung auf Bundesebene unabdingbar. Auf der 43. Versammlung deutscher Naturforscher und Ärzte in Innsbruck 1869 wurde von Mitgliedern der Sektion für öffentliche Gesundheitspflege und Medizinalreform in einem zentralen Programm neben der Bildung von »ärztlichen Associationen« in ganz Deutschland weiterhin die Gesundheitserziehung für alle Bevölkerungsschichten und schließlich eine Zentralbehörde für das Gesundheitswesen im Geltungsbereich des Norddeutschen Bundes gefordert und in einer Petition an

    der Ärzte I. Klasse 2948 und II. Klasse 775 als Medizinalbeamte 1076 bzw. 404 Personen an.

55 Vgl. Huerkamp, Ärzte 1980, S. 361-366; dies., Aufstieg 1985, S. 254-261. Nach einer relativ kurzen Diskussion wurde gegen die von der Regierung geäußerten Bedenken am 25. Mai 1869 die ärztliche Tätigkeit zum Gewerbe erklärt, das jeder ausüben konnte. Mit der Gewerbefreiheit entfielen der so genannte Kurierzwang (§ 200 preußisches StGB), das Kurpfuschereiverbot (§ 199 preußisches StGB) und der Diensteid. Ferner konnten die Medizinalbehörden den Ärzten nicht mehr das Approbationsrecht entziehen. Die neue Gewerbeordnung trat am 21. Juni 1869 in Kraft.

56 In den folgenden Jahren wurde der »Kuhhandel« – die Befreiung von staatlicher Reglementierung und im Gegenzug der Verlust staatlicher Protektion – zunehmend kritisiert, wohl auch vor dem Hintergrund einer wachsenden Konkurrenz durch das »Kurpfuschertum«. Spätere Versuche zur Revision scheiterten, ausführlich Huerkamp, Aufstieg 1985, S. 254-261.

57 Die auf den ersten Blick antagonistischen Ziele der Ärzteschaft lassen sich unter der Formel: keine besonderen Pflichten aber besondere Rechte, zusammenfassen.

den Reichstag adressiert.[58] »Ungeahnt [der] rasch erfolgten staatlichen Neugestaltung Deutschlands« habe sich die »Lage der Verhältnisse wesentlich geändert«.[59] Aufgrund der politischen Veränderungen fühlten sich die Petenten nach der 44. Versammlung deutscher Naturforscher und Ärzte in Rostock bemüßigt, eine weitere, nahezu gleichlautende Eingabe an den Reichstag zu richten.[60] Mit der »Wiedergeburt des Deutschen Reiches«, so beginnt hoffnungsfroh die Denkschrift von Friedrich Wilhelm Benecke, müsse nun auch die Organisation der öffentlichen Gesundheitspflege institutionell verankert werden.[61]

1.3 Die Diskussion über die Organisation und Verwaltung der öffentlichen Gesundheitspflege

Im folgenden Kapitel soll die Perspektive gewechselt und der Blick von den handelnden Subjekten – der Ärzteschaft – auf das Objekt und Desiderat – das Kaiserliche Gesundheitsamt als die institutionalisierte Verwaltung der öffentlichen Gesundheitspflege – gelenkt werden. Das Panorama beginnt kurz vor der Gründung des Deutschen Reiches und endet mit dem Beschluss des Bundesrates zur Errichtung einer dem Reichskanzler untergeordneten medizinischen Zentralbehörde. Blickfänge dieses Panoramas sind die Petitionen der Sektion für öffentliche Gesundheitspflege und Medizinalreform der 43. Versammlung der deutschen Naturforscher und Ärzte 1869 in Innsbruck und der 44. Versammlung 1871 in Rostock an den Deutschen Reichstag, das 1870 in Auftrag gegebene Gutachten des Bundeskanzlers an die wissenschaftliche Deputation für das Medizinalwesen, der Sachstandsbericht und die Empfehlung des Reichskanzlers 1872 an den Bundesrat und schließlich die Debatten im Reichstag zur Organisation und Verwaltung der öffentlichen Gesundheitspflege sowie die Beschlüsse des Bundesrates. Doch es sollen weniger die Ereignisse chronologisch aneinandergereiht als vielmehr die Diskussionen, die sich über eine Zeitspanne zwischen 1870 und 1873 hinzogen,

---

58 »Als ein weiterer Schritt in Richtung einer gemeinsamen Interessenvertretung« waren die zentralen Thesen zu der Petition im Juni ausgearbeitet worden und wurden im September 1869 auf der 43. Versammlung deutscher Naturforscher und Ärzte verabschiedet, vgl. Jütte, Entwicklung 1997, S. 40-42.
59 »Die Petition der Herrn Zülzer und Genossen an den deutschen Reichstag wegen Errichtung eines Centralinstituts für medicinische Statistik«, abgedruckt in der DVÖG 3 (1871), S. 575-579, hier S. 576.
60 Vgl. Deutscher Reichstag, 1. LP, 2. Session 1871, DS Nr. 68: Fünfter Bericht der Kommission für Petitionen.
61 Vgl. Beneke, Frage 1872, S. III.

zusammengefasst werden – zumal sich die Diskussion zur Gründung einer neuen Zentralbehörde zu einer wenig wissenschaftlichen Fehde zwischen den reichsweiten Anhängern einer solchen Behörde und den Mitgliedern der preußischen Deputation für das Medizinalwesen ausweiten sollte. Die Diskussionen drehten sich um die Organisation der öffentlichen Gesundheitspflege und wurden begrenzt von den Antagonismen Einzelinteresse versus (Volks-)Gemeinschaft sowie Dezentralisation versus Zentralisation. Die letzten beiden Pole umfassten nicht nur die Kompetenzverteilung zwischen den Einzelstaaten und dem Reich, sondern überhaupt die Frage, inwieweit öffentliche Gesundheitspflege staatlicher Eingriffe bedarf oder im Extremfall der Dezentralisierung von privaten Vereinigungen organisiert wird.

Im Reichstag des Norddeutschen Bundes wurden 1867 die Angelegenheiten der Medizinal- und Veterinärpolizei der Obliegenheit des Bundes zugewiesen und dessen Zuständigkeit im Interesse des Gesamtwohls und zur Pflege des »Nationalcapitals« in der Verfassung des Norddeutschen Bundes verankert.[62] Das Gesundheitswesen und die Medizinalangelegenheiten dagegen fielen in die Kompetenz der Einzelstaaten. Die kuriose Konstruktion war vor dem Hintergrund der 1866 wütenden Choleraepidemie und der an der Ostgrenze des Bundes grassierenden Rinderpest augenscheinlich der Einsicht geschuldet, dass bestimmte medizinalpolizeiliche Maßnahmen zur Abwehr der so genannten Volks- und Viehseuchen nicht von einem Bundesstaat alleine geleistet werden konnten.[63] Die Verfassung des Norddeutschen Bundes wurde nach der Gründung des Deutschen Reiches in modifizierter Form übernommen und die Zuweisung der medizinal- und veterinärpolizeilichen Angelegenheiten – Maßregelung, Beaufsichtigung, Gesetzgebung – in die Zuständigkeit des Reiches in Artikel 4 Absatz 15 der Verfassung fortgeschrieben.[64]

Die konstitutionelle Verankerung der Medizinalpolizei und die Forderungen der Sektion für öffentliche Gesundheitspflege und Medizinalreform spiegeln bezüglich der Ausgestaltung der öffentlichen Gesundheitspflege die verschiedenen konzeptionellen Strömungen in der Ärzteschaft

---

62 Vgl. die Anträge der Abgeordneten Baumstark und des Grafen Schwerin-Putzar in den SB über die Verhandlungen des Reichstages des Norddeutschen Bundes, 17. Sitzung vom 31.3.1867.
63 Für die Abwehr der Rinderpest an der Ostgrenze des Bundes bzw. des Reiches wurden für Kontrollorgane und Gendarmen seit 1867 jährlich zwischen 800.000 und 1,2 Millionen Mark aufgewendet, die zur Hälfte vom Reich getragen wurden, vgl. den Etat im BA Berlin, R 86/767.
64 Die Verfassung des Deutschen Reiches vom 16. April 1871 abgedruckt in vom Bruch/Hofmeister (Hg.), Kaiserreich 2000, Dokument 1.

wider. Die in der Verfassung konstituierte öffentliche Gesundheitspflege stand in der Tradition der Frank'schen »Medicinischen Polizey« – eines paternalistischen medizinischen Überwachungssystems im Dienst des Staates, welches die Fürsorge der Untertanen zu gewähren beanspruchte.[65] Das andere Extrem bildeten die Ärzte, die an die sozialmedizinischen Forderungen der Medizinalreform von 1848 anzuknüpfen gedachten. Das Gros der Ärzte befand sich in der goldenen Mitte. Sie wähnten einen Teil der Forderungen von 1848 bereits erfüllt. Die Umsetzung der Medizinalreform sahen sie als ein bloßes Instrument zur Beförderung ihrer Professionalisierungsbestrebungen.[66] Sie waren zur Verwirklichung ihrer Interessen zu einer Koalition mit den konservativen Kräften bereit – dabei blieben die »weitergehenden Forderungen nach einer ›demokratischen Medizin‹ auf der Strecke«.[67] Die verschiedenen Strömungen in der Ärzteschaft ließen sich in ihren verschiedenen Ausprägungen nicht klar voneinander abgrenzen, sondern sie flossen ineinander. Trotz aller Differenzen unterstützte die große Majorität der Ärzteschaft die Errichtung einer zentralen Medizinalbehörde zur öffentlichen Gesundheitspflege – es gab nur unterschiedliche Vorstellungen über deren Aufgaben und die Organisation einer solchen auf Reichsebene angesiedelten Institution.

Konsens herrschte mehrheitlich darüber, dass zur Interessenvertretung private Initiativen als Agitationsforum nicht mehr ausreichen. Aus eigener leidvoller Erfahrung resümierte Friedrich Wilhelm Beneke, »dass private Unternehmungen hier nicht zum Ziele führen, sondern die Beihülfe des Staates und die Einsetzung oberster Centralbehörden von Seiten dieses ein Erforderniss für die praktische Durchführung der Aufgaben bildet«.[68] Die Medizin habe in den 1850er und 1860er Jahren zwar rasante Fortschritte erzielt, jedoch gleichzeitig zur Zersplitterung des Faches geführt. Ebenso unterhöhle der »Mangel an Einmüthigkeit und Sonderbestrebungen einzelner Mitglieder« das »gemeinsame Arbeiten in gemeinsamen

---

65 Beispielsweise unterstanden die so genannten Medizinalämter der Freien und Hansestadt Bremen als eigenständige Abteilung der Polizeidirektion, vgl. den für das RKA bestimmten Bericht der Bürgerschaft Bremen über die Organisation ihrer Gesundheitsbehörden im Juli 1874, BA Berlin, R 1401/954. Allgemein zur alle Lebensbereiche umfassenden medizinischen Polizei Dinges, Policey 2000; zur Genese des Medizinalwesens zwischen Polizei und Verwaltung siehe die Beiträge in dem Sammelband von Wahrig/Sohn (Hg.), Aufklärung 2003.
66 Vgl. Bayertz, Siege 1987.
67 Vgl. Hubenstorf, Reform 1987, S. 50-53, das Zitat S. 53.
68 Beneke, Geschichte 1870, S. 42. Noch 1857 hatte Beneke die freiwillige Tätigkeit der Ärzte aus mehrfachen Gründen der staatlichen vorgezogen, vgl. Beneke, Mittheilungen 1857, S. 13.

Rahmen«.[69] Darüber hinaus läge das Scheitern privater Bemühungen in der Organisation von Kommissionen und »Wanderversammlungen« begründet; die geographische und den Austausch erschwerende Entfernung der Mitglieder, der Wechsel der leitenden Persönlichkeiten, die Schwierigkeit der »Cooperation mit staatlichen Behörden, der schwer vermeidliche Mangel einer Uniformität der Arbeiten« und schließlich der »Mangel an unerlässlich nothwendigen Mitteln zur Ausführung der erforderlichen Arbeiten« wirkten privaten Initiativen entgegen.[70]

Die »Erhaltung der Volksgesundheit« vermöge daher nur ein Staatswesen herbeizuführen. »Ein grosser Staat hat aber nicht nur die Macht, sondern auch die durch sein eigenes Interesse gebotene Pflicht dazu, weil seine Wohlfahrt in erster Linie auf der Gesundheit der Nation beruht.«[71] Als Beweggrund für ihre Petitionen von 1870 und 1871 nannten die Antragsteller die Entwicklung der ärztlichen Wissenschaft, die »ihre höchste Aufgabe« nicht mehr in der Heilung, sondern vielmehr in der Prävention von Krankheiten suche. Besonders die »den Nationalwohlstand auf das Tiefste« schädigenden Cholera- und Typhusepidemien gelte es zu verhüten. Während allerdings die Medizin Fortschritte erzielt habe, sei die Gesetzgebung und die öffentliche Gesundheitspflege zurückgeblieben.[72]

Die von insgesamt 3.700 Unterschriften, »darunter neben ganzen Vereinen die Namen von 38 Professoren der Medizin, über tausend Aerzten, sowie vieler Mitglieder kommunaler Behörden«[73] unterstützte Petition von 1870 wurde ergänzt – oder konterkariert[74] – von zahlreichen anderen Bitt-

---

69 Beneke, Geschichte 1870, S. 29.
70 Ebd., S. 42.
71 »Die Petition an den Reichstag, betreffend die Verwaltungsorganisation der öffentlichen Gesundheitspflege im Norddeutschen Bund« nebst Motiven und einer kurzen Erläuterung in der DVÖG 2 (1870), S. 132-139, 284-288, das Zitat S. 134 f.
72 Ebd. Zur Diskussion über die Gründung eines Gesundheitsamtes in der DVÖG Brand, Vierteljahrsschrift 1986, S. 130-148. Die Antragsteller waren die Mediziner Hermann E. Richter aus Dresden, Gustav Adolf Spiess und Georg Varrentrapp aus Frankfurt, Hermann Wasserfuhr aus Stettin und der Berliner Stadtbaurat James Hobrecht.
73 Deutscher Reichstag, 1. LP, 2. Session 1871, DS Nr. 68: Fünfter Bericht der Kommission für Petitionen, S. 1. Eine detaillierte Auflistung und Unterscheidung nach Herkunftsort und Beruf der Unterzeichneten in der »Petition an den Reichstag, betreffend die Verwaltungsorganisation der öffentlichen Gesundheitspflege im Norddeutschen Bund« nebst Motiven und einer Erläuterung in der DVÖG 2 (1870), S. 132-139, hier S. 137-139.
74 Vgl. zur »Petition der Herrn Zülzer und Genossen an den deutschen Reichstag wegen Errichtung eines Centralinstituts für medicinische Statistik« den Kommentar der Redaktion in der DVÖG 3 (1871), S. 575-579, die den Vorstoß Zülzers als einen »gründlichen Stoss aus dem Hinterhalt« bewertete, S. 577.

schriften. Die Petition von Wilhelm Zülzer »und Genossen« forderte die beschleunigte »Errichtung eines Centralinstituts für medicinische Statistik«,[75] und der nationalliberale Abgeordnete Ferdinand von Götz verlangte in der Plenardebatte des Reichstages eine gesonderte Statistik zur Wirksamkeit der Schutzimpfung bei Pockenerkrankungen. Unterstützung fanden die Petitionen zur Gründung einer Zentralbehörde augenscheinlich auch beim Kronprinzen Friedrich und seiner Frau Victoria.[76] Dem Kronprinzen sei bekannt geworden, dass es Bestrebungen zur Gründung eines öffentlichen Gesundheitsamtes im Reichstag gebe. Der Kronprinz empfahl Bismarck die Angelegenheit zur »wohlwollenden Beachtung«. Dort, wo derartige Institutionen errichtet worden seien, hätten sie sich bewährt und günstige Resultate erzielt.[77] »Ich zweifle nicht, daß Sie dem Gegenstande der Petition gern Ihr Interesse aufwenden und Gelegenheit nehmen werden, die in derselben angeregten Frage eingehend zu prüfen.«[78] Der Kronprinz äußerte zudem den Wunsch, dass Bismarck die wissenschaftliche Deputation für das Medizinalwesen zu einer gutachterlichen Stellungnahme veranlassen möge. Diesem Wunsch Folge leistend, aber sicher auch zur eigenen Orientierung hinsichtlich der unterschiedlichen Petitionen, forderte Bismarck im März 1870 die wissenschaftliche Depu-

---

75 Die Antragsteller Wilhelm Zülzer, Richard Pfeiffer, Franz Wigard und der Medizinalbeamte Schwartz vom Central-Buereau des deutschen Vereins für medizinische Statistik argumentierten, dass die Gründung einer zentralen Medizinalbehörde größere Chancen auf eine schnelle Verwirklichung hätte, wenn man die Aufgaben der Behörde auf eine Medizinalstatistik reduzieren würde, zum Deutschen Verein für medizinische Statistik und Wilhelm Zülzer siehe Tutzke, Entwicklung 1968, S. 85 f.
76 Zu der unrichtigen Aussage, dass die spätere Kaiserin Victoria die ersten Anregungen zur Gründung des RGA gegeben habe, lässt sich Gustav A. Leinhaas in seiner verklärenden Biographie der Kaiserin verleiten, siehe Leinhaas, Kaiserin Friedrich. 1914, Kap. VIII.
77 Der für seine anglophilie bekannte Friedrich wird zweifellos das Beispiel England vor Augen gehabt haben, auf das sich auch die Petenten bezogen, zu Friedrich III. siehe die Biographie von Neumann, Friedrich III. 2006.
78 Das Schreiben an den Bundeskanzler vom 19.2.1870 in BA Berlin, R 1401/953. Der Absender ist nicht eindeutig identifizierbar, das Antwortschreiben ist jedoch an den Kronprinzen gerichtet, der auch über die weiteren vom Bundeskanzleramt getroffenen Maßnahmen informiert werden sollte, so dass man auf den Kronprinzen als Urheber des Briefes vom 19.2.1870 schließen kann. Die Existenz des fürsorglich mahnenden Schreibens und der Unterton lassen jedoch vermuten, dass der Kronprinz durchaus Zweifel hatte, ob der Bundeskanzler den Bestrebungen zur Errichtung eines öffentlichen Gesundheitsamtes das notwendige Interesse entgegenbringen würde.

tation für das Medizinalwesen zur Erstellung eines Gutachtens über die Verwaltungsorganisation der öffentlichen Gesundheitspflege auf.[79]

Die Zusammenfassung des Reichskanzlers an den Bundesrat basierte neben dem Gutachten und den zahlreichen Petitionen auch auf dem Beitrag Benekes zur »Förderung der öffentlichen und privaten Gesundheitspflege«.[80] Die zu erfüllende Aufgabe der öffentlichen Gesundheitspflege lag nach Beneke in der Ermittlung der die Lebensdauer und »die Leistungsfähigkeit der Menschen« beeinträchtigenden Ursachen und deren Beseitigung, »um auf diesem Wege sowohl die Lebensdauer, als auch die Leistungsfähigkeit des Einzelnen, wie der Gesamtheit zu erhöhen«.[81] Die genauen Ursachen ließen sich im Wesentlichen durch die Erstellung einer Mortalitäts- und einer Morbiditätsstatistik ermitteln. Als mögliche Krankheitsursachen identifizierte Beneke »die sämmtlichen den Menschen umgebenden äusseren Verhältnisse« sowie die Störung von Körperfunktionen und psychischen Vorgängen.[82] Die jeweiligen Gesundheitsstörungen müssten nicht nur benannt, sondern auch geprüft und deren Beziehung zum schädigenden Einfluss zweifelsfrei nachgewiesen werden können. Schließlich erfordere die aus den Aufgaben der öffentlichen Gesundheitspflege resultierende Vielseitigkeit die Ausweitung und Reform der medizinischen Ausbildung und die Einrichtung eines akademischen Lehrfaches »Öffentliche Gesundheitspflege.«[83]

Die unklare Definition der Aufgaben eines neu zu gründenden »Reichs-Gesundheits-Amtes« bot den Gegnern eine breite Angriffsfläche. Das Gutachten der wissenschaftlichen Deputation monierte die Schema-

---

79 Das Gutachten wurde der Zusammenfassung des Reichskanzlers an den Bundesrat beigefügt, vgl. die Verhandlungen des Bundesrates des Deutschen Reiches, Session 1872, DS Nr. 40; u. a. wurde es abgedruckt in der Vierteljahrsschrift für gerichtliche Medicin und öffentliches Sanitätswesen 17 (1872), S. 82-87.
80 Vgl. Beneke, Geschichte 1870 und die Verhandlungen des Bundesrates des Deutschen Reiches, Session 1872, DS Nr. 40. Die Bemühungen Benekes werden auf S. 1 f. geschildert. Beneke hatte dem RKA seine Schriften von 1857, 1870 und später von 1872 zugesandt mit dem Verweis, dass er sich schon seit 17 Jahren für die Belange der öffentlichen Gesundheitspflege eingesetzt habe, die Schriftwechsel und die Weiterleitung der Schriften an das MGUMA in BA Berlin, R 1401/953.
81 Vgl. Beneke, Frage 1872, S. 12.
82 Ebd., S. 17.
83 Ebd., S. 30; Emmert, Gesundheitspflege 1877, S. 4, 7 f. trennt explizit zwischen Öffentlicher Gesundheitspflege als wissenschaftlichem Lehrfach und deren Realisierung als praktische Sanitätspolizei. »Die öffentliche Gesundheitspflege als Wissenschaft gehört der Hochschule an, die öffentliche Gesundheitspflege als Staatsrichtung fällt den Gesundheitsämtern zu, wie solche bereits in einzelnen Ländern, z. B. in England und Frankreich, durch besondere Einrichtungen und Organe vermittelt sind.«

tisierung der Aufgabenstellung. »Nicht einmal wissenschaftlich sind die einschlagenden Fragen so sehr geklärt, dass es als wünschenswerth erscheinen könnte, durch allgemeine Verordnungen der Autonomie und der fortschreitenden Erfahrung der Einzelstaaten Schranken zu setzen.«[84] In einem Schlagabtausch mit Georg Varrentrapp, Initiator der Petitionen und Mitherausgeber der *Deutschen Vierteljahrsschrift für öffentliche Gesundheitspflege*,[85] kritisierte Rudolf Virchow die ungenauen Forderungen der Petition – »eine schlechter ausgeführte und motivierte Petition« sei wohl selten vorgelegt worden.[86]

Die Petitionskommission im Reichstag des Norddeutschen Bundes konnte zwar nicht allen Spezialanträgen zustimmen, gleichwohl habe sie anerkennen müssen, »daß es überall an der Zeit ist, die Verfassungsbestimmung, die in dem Artikel 4 sub Nr. 15 enthalten ist, auf das Gebiet der öffentlichen Gesundheitspflege anzuwenden«.[87] Bei aller Unklarheit zeichnete sich eine Fülle von Aufgaben ab: »Die öffentliche Gesundheitspflege berührt fast alle Zweige der staatlichen Verwaltung; kirchliche und

---

84 Verhandlungen des Bundesrates des Deutschen Reiches, Session 1872, DS Nr. 40, S. 10.
85 Die DVÖG wurde von den Mitgliedern der 1867 gegründeten Sektion für Hygiene der Gesellschaft deutscher Naturforscher und Ärzte als Publikationsorgan herausgegeben. Von den Mitgliedern der Sektion für öffentliche Gesundheitspflege war sie als Bindeglied zwischen Wissenschaft und Praxis konzipiert worden. In diesem Periodikum lancierte man die Angriffe gegen die preußische Medizinaldeputation, die eine reichsweite medizinische Zentralbehörde ablehnte. Die betonte Praxisorientierung der Sektion für öffentliche Gesundheitspflege und der DVÖG sowie die Einbindung von Nichtmedizinern wie Architekten oder Kommunalbehörden führte in den Folgejahren zu Konflikten. Aus der Sektion für öffentliche Gesundheitspflege ging 1873 der Deutsche Verein für öffentliche Gesundheitspflege hervor. Die Mitglieder dieser Sektion unterstützten die Petitionen und die Gründung eines Gesundheitsamtes, vgl. Brand, Vierteljahresschrift 1986, S. 50-70; Witzler, Großstadt 1995, S. 12, Anm. 9; Hardy, Ärzte 2005, Kap. 7.1. Virchow kritisierte die Dominanz Varrentrapps in der Sektion für öffentliche Gesundheitspflege. Die Sitzungen seien für »Jeden, der nicht Hrn. Varrentrapp blind anhängt, eine unleidliche Aufgabe geworden«, vgl. Virchow, Bemerkungen 1872, S. 89. Biographische Angaben zu Varrentrapp in Brand, Vierteljahrsschrift 1986, S. 169-171; Labisch/Tennstedt, Weg 1985, S. 506 f.
86 Vgl. Virchow, Bemerkungen 1872, S. 89.
87 Die Petition der Sektion für öffentliche Gesundheitspflege und Medizinalreform erfreute sich der »allgemeinste[n] Teilnahme im ganzen Gebiete des Norddeutschen Bundes« und wurde ergänzt durch nachträgliche Bestimmungserklärungen aus Stettin, Altona, Elbing, Berlin, Leer, Emden, Norden, Aurich, Hamburg – »theils von Aerzten, theis [sic!] von Gemeinde-Beamten« –, vgl. den Bericht der Petitionskommission in den SB über die Verhandlungen des Reichstages des Norddeutschen Bundes, 1. LP, Session 1870, 36. Sitzung vom 6.4.1870, S. 687.

Schuleinrichtungen, die Gemeindeverwaltung, die Baupolizei und das gesammte Gebiet der Medizinalpolizei bieten gleich zahlreiche Gelegenheiten zu einer Einwirkung im Interesse der öffentlichen Gesundheitspflege.«[88] Man stelle Forderungen, »wie sie bisher nur für das Heerwesen in Anspruch genommen worden sind«.[89]

In Anlehnung an das englische Vorbild, das 1848 gegründete und mit umfassenden Kompetenzen ausgestattete *General Board of Health*,[90] wurde von den Petenten eine aktiv handelnde Behörde gewünscht, die »Maßregeln der Medicinalpolizei« veranlasst, »zur Ausführung bringt« und überwacht. Der Berichterstatter Albrecht fasste den Anspruch der neuen Behörde zusammen. Es müsse »da eingegriffen werden in die Privatsphäre des Einzelnen, der Einzelne muß beengt werden und muß bestimmt werden, gewisse Grenzen inne zu halten, die nothwendig sind vom Standpunkte des allgemeinen Wohles«.[91] Die zu bewältigende Aufgabe berge zahlreiche Probleme und es müsse mit »höchster Rücksicht vorgegangen werden«. Die Notwendigkeit zur Rücksichtnahme lag in der prekären Ambivalenz zwischen Privatsphäre und Gemeinwohl begründet. Der Reichskanzler forderte angesichts »eines in die Privat-Interessen so tief eingreifenden Gegenstandes durch materielle reichsgesetzliche Vorschriften« eine »größere[r] Klärung der Ansichten« ein.

> »Die Frage, bis zu welchem Grad der Staat befugt sei, im Interesse der öffentlichen Gesundheitspflege in die Privatrechte der Einzelnen einzugreifen, ist auch in England noch eine bestrittene; in Deutschland ist sie in ihrer vollen Tragweite kaum zum Bewußtsein der gebildeten Kreise gekommen, da sie erst seit wenigen Jahren die öffentliche Aufmerksamkeit zu beschäftigen beginnt.«[92]

---

88 Verhandlungen des Bundesrates des Deutschen Reiches, Session 1872, DS Nr. 40, S. 4.
89 Ebd., S. 9.
90 Auf das Vorbild Englands wird in nahezu allen Petitionen und Gutachten – auch in der Empfehlung Bismarcks an den Bundesrat – Bezug genommen. Zur Vorbildfunktion Englands Beneke, Geschichte 1870, S. 8 f., 14; ausführlich Finkelnburg, Gesundheitspflege 1874; ders., Entwicklung 1896, S. 13. Den Einfluss von Edwin Chadwick auf die deutsche Hygiene-Bewegung beschreibt Hardy, Ärzte 2005, Kap. 4.2.1.
91 Alle Zitate in den SB über die Verhandlungen des Reichstages des Norddeutschen Bundes, 1. LP, Session 1870, 36. Sitzung vom 6.4.1870, S. 687 f.
92 Verhandlungen des Bundesrates des Deutschen Reiches, Session 1872, DS Nr. 40, S. 5. Auf die Frage des Eingriffs in die Privatsphäre verwies der Reichskanzler auch 1875 in seiner »Denkschrift, betreffend den Etat des Gesundheitsamtes«, BA Berlin, R 86/767.

Die Einengung privater Rechte wurde in den folgenden Jahren in der politischen Öffentlichkeit besonders im Zusammenhang mit der Einführung des Impfgesetzes – oder wie der Abgeordnete Matthias Merkle es polemisch bezeichnete: des »Impfzwangsgesetzes« – und der Zwangsimpfung »im Namen des Staates« diskutiert.[93] Den Widerstreit zwischen Einzel- und Gemeininteressen möchte auch der nationalliberale Abgeordnete Georg von Bunsen detailliert austariert wissen. Es handele sich »um eine fortwährende und sehr bedeutend einschneidende Beschränkung des freien Willen des Einzelnen und der Kommune, und auf diesem Gebiete ist es unsere Pflicht, sehr wachsamen Auges aufzupassen«.[94]

In seiner Mahnung verwies der Abgeordnete von Bunsen auf den zweiten Problemkomplex – das Spannungsdreieck zwischen Bund, Ländern und Gemeinden und die Dichotomie zwischen Zentralisation und Dezentralisation. Im Gegensatz zu der unklaren Aufgabenstellung wurde die formale Organisation der öffentlichen Gesundheitspflege in den Bitt- und Denkschriften ausführlich diskutiert. Über die Ausgestaltung der Organisation gab es unterschiedliche Meinungen. Die Vertreter der einen Seite befürworteten nicht nur die Errichtung einer zentralen Gesundheitsbehörde im Reich, sondern forderten auch die Einrichtung von Gesundheitsräten in jeder größeren Gemeinde – ohne jedoch die inhaltliche Ausgestaltung dieser Gesundheitsbehörden näher zu erläutern. Georg Varrentrapp schlug auf kommunaler Ebene eine Organisation von gewählten »Ortsgesundheitsräthen« vor. Durch die Einbindung weiter Kreise ließe sich das Interesse an und das Vertrauen in die öffentliche Gesundheitspflege gewinnen.[95]

Ein solches Organisationsmodell mit gewählten und rotierenden Mitgliedern hielt Friedrich Wilhelm Beneke für zu aufwendig. Der »Organismus der öffentlichen Gesundheitspflege« sei so einfach wie möglich zu

---

93 Vgl. die Abschlussdiskussion zur dritten Lesung in den SB des Reichstages, 2. LP, 1. Session 1874, 17. Sitzung vom 14.3.1874, die Zitate in der Meldung des Abgeordneten Dr. Merkle. Ursprünglich hatte das Impfgesetz als »Gesetz über den Impfzwang« verabschiedet werden sollen, wurde jedoch nach einem Änderungsantrag in »Impfgesetz« umbenannt, vgl. BA Berlin, R 1401/953. Die Bedenken kamen gleichfalls zum Tragen während der Diskussionen zum Etat des Gesundheitsamtes, vgl. die SB des Reichstages, 2. LP, 3. Session 1875/1876, 14. Sitzung vom 23.11.1875, Wortmeldung des Abgeordneten Freiherr von Schorlemer-Alst. Zur Diskussion um das Impfgesetz Maehle, Präventivmedizin 1990.

94 SB über die Verhandlungen des Reichstages des Norddeutschen Bundes, 1. LP, Session 1870, 36. Sitzung vom 6.4.1870, S. 690.

95 Vgl. Varrentrapp, Bedeutung 1870; zur Frage der zentralen Steuerung oder einer kommunalen Selbstverwaltung der öffentlichen Gesundheitspflege und dem Modell der Ortsgesundheitsräte zusammenfassend Hardy, Ärzte 2005, Kap. 6.2.3 f.

gestalten.⁹⁶ An der Notwendigkeit dezentraler Orts- oder Kreisgesundheitsämter hielt Beneke gleichwohl fest. Die zu erledigenden Aufgaben auf kommunaler Ebene solle der – bezahlte – Kreisphysikus übernehmen. Analog zu Varrentrapp entwarf Beneke mit seinen »Kreisphysici« und den »Regierungsbezirks-Sanitätsräthen« einen Plan, wie er bei der späteren Reform der Kreisärzte und der Bildung von Gesundheitskommissionen verwirklicht werden sollte. In einer hierarchischen Gliederung sind die »Regierungsbezirks-Sanitätsräthe« wiederum den Sanitätsräten der Einzelstaaten unterstellt. »Ihnen vorgesetzt und als Centralorgan für die gesammte Gesundheitspflege des deutschen Reiches würde dann schließlich das ›Centralamt für öffentliche Gesundheitspflege in Berlin‹ bestehen, ein Centralamt, welches direkt unter der Leitung des deutschen Reichskanzlers stehen müsste.«⁹⁷

In der Debatte des Reichstages hielt der Abgeordnete von Bunsen in seiner ausführlichen Wortmeldung die in den Petitionen diskutierten Entwürfe für verfrüht. Er meine, »das Kleid kommt nach dem Körper, wir müssen den Inhalt geben und dann die Form dazu, wir müssen nicht, wie in der Petition geschehen ist, mit der Form anfangen und glauben, daß aus der Form nachher der Inhalt zu finden sei«.⁹⁸ Man solle nicht glauben, »durch eine gänzlich in der Luft schwebende Centralbehörde eine schöpferische Kraft zu gewinnen, welche im Stande wäre, überall ärztliche Associationen zu zeugen und sie mit eigenem Leben zu versehen.«⁹⁹

Neben Bunsen vermisste auch die wissenschaftliche Deputation für das Medizinalwesen klare Prinzipien, nach denen die Kompetenzgrenzen des Amtes zu ziehen seien. Die Deputation vertrat eine den Ansichten der Befürworter eines »Reichs-Gesundheits-Amtes« diametral entgegengesetzte Anschauung. In ihrem vierseitigen Gutachten geizten die Deputationsmitglieder nicht mit Kritik und lehnten die Errichtung einer solchen Reichsgesundheitsbehörde ab. Die Errichtung besonderer Verwaltungsorgane des Reiches greife tief in die innere Verwaltung des Bundes, der Einzelstaaten und der Kommunen ein und führe zu Kompetenzstreitigkeiten zwischen den Reichs- und Landesbehörden.¹⁰⁰ Auf etwaig sich einstellende Widerstände der Einzelstaaten, wenn »gerade ein Gesundheitsamt in die Freiheit der Staatsregierungen« eingreife, hatte be-

---

96 Das Zitat bei Beneke, Frage 1872, S. 44.
97 Beneke, Geschichte 1870; ders., Frage 1872, S. 34-47, das Zitat auf S. 44.
98 SB über die Verhandlungen des Reichstages des Norddeutschen Bundes, 1. LP, Session 1870, 36. Sitzung vom 6.4.1870, S. 690.
99 Verhandlungen des Bundesrates des Deutschen Reiches, Session 1872, DS Nr. 40, S. 11.
100 Ebd., S. 9.

reits der Abgeordnete von Bunsen in der Reichstagsdebatte aufmerksam gemacht. Der Zentrumsabgeordnete Windthorst ereiferte sich gar und agitierte mit Zustimmung von rechts gegen die fortschreitende Zentralisierung und Kompetenzausweitung des Bundes. Auf eine weitere zu überwindende Schwierigkeit, dass gleichfalls die Kommunen sich den Anweisungen einer medizinalpolizeilichen obersten Zentralbehörde widersetzen könnten, weil sie die Kosten für die Ausführung der Maßnahmen tragen müssten, hatte der Berichterstatter Albrecht hingewiesen. Er empfahl daher zur Vermeidung von Widerständen weniger eine obrigkeitsstaatliche Aufoktroyierung als vielmehr eine »fördernde, helfende Wirksamkeit der Staatsgewalt, eine aufklärende wird hier richtiger sein, als eine positiv zwingende«.[101]

Unberücksichtigt zukünftiger Konfliktlinien sei die zentrale Reichsgewalt nach Meinung der Deputierten für das Medizinalwesen zur administrativen Zusammenfassung der öffentlichen Gesundheitspflege nicht im Stande. Allein »ein wissenschaftliches Centralorgan für die Bearbeitung der medicinischen Statistik« und allgemeiner Gesundheitsberichte hielten sie für sinnvoll. Nach Ansicht der Deputation sei die praktische Entwicklung und die wissenschaftliche Pflege der öffentlichen Gesundheitseinrichtungen nicht Sache des Reiches, sondern Aufgabe und Pflicht der Einzelstaaten – auch wenn freimütig eingeräumt wurde, »dass in dieser Beziehung Vieles versäumt worden ist«.[102]

Die Kritik der Medizinaldeputation war 1870 nicht zu erwarten gewesen. »Niemand sonst« schien Georg Varrentrapp »zur Abgabe eines Gutachtens befähigter« als die königlich preußische Deputation für das Medizinalwesen.[103] Er sollte sich getäuscht sehen. Die Kritik der Deputierten basierte jedoch weniger auf sachlichen Argumenten als vielmehr auf der Angst vor drohendem Machtverlust und gekränkter Eitelkeit. In den Erörterungen im Reichstag konstatierte der nationalliberale Abgeordnete Leopold von Winter sein Befremden darüber, dass man Sachverständige um Rat ersuche, die in einem Gutachten über die Organisation der öffentlichen Gesundheitspflege ihrem eigenen Interessenstandpunkt Nachdruck zu verleihen Gelegenheit erhielten – der Reichskanzler würde

---

101 SB über die Verhandlungen des Reichstages des Norddeutschen Bundes, 1. LP, Session 1870, 36. Sitzung vom 6.4.1870, Windthorst S. 695 f., von Bunsen S. 690 f., Albrecht S. 688.
102 Verhandlungen des Bundesrates des Deutschen Reiches, Session 1872, DS Nr. 40, S. 10.
103 Vgl. Varrentrapp, Bedeutung 1870, S. 351.

sich schließlich auch nicht bei einem zu erlassenden Bankgesetz von Bankiers beraten lassen.[104]

Bereits 1870 schied in der Debatte des Reichstages ein Modell zur Organisation der öffentlichen Gesundheitspflege aus: die beratende Deputation. In den Ausführungen zur Verwaltung der öffentlichen Gesundheitspflege verwarf der Berichterstatter Albrecht das für die Zwecke des Bundes ungenügende Modell der wissenschaftlichen Deputation. Bei der wissenschaftlichen – preußischen – Deputation für das Medizinalwesen handelte es sich um eine konsultative Behörde, deren technisch sachverständige Mitglieder auf Anfrage der ihnen vorgesetzten Obrigkeit Gutachten zu medizinalpolizeilichen Problemen erstellten und Berichte erstatteten.[105] Die Deputation habe als Konsultativorgan keine unmittelbare Einwirkung auf das, »was praktisch in der Verwaltung und in der Gesetzgebung zu geschehen hat«.[106] Der Abgeordnete von Winter behauptete gar, die preußische Deputation habe »niemals die Initiative ergriffen und ergreifen können; sie hat daher für die Förderung der öffentlichen Gesundheitspflege durch Anbahnung praktischer Reformen auch nie etwas geleistet«.[107]

Der nationalliberale Abgeordnete Wilhelm Wehrenpfennig konkretisierte die »ganz außerordentliche Hilfslosigkeit [sic!]« einer beratenden Behörde am Beispiel der wissenschaftlichen Deputation in dem »größten deutschen Bundesstaate, in Preußen« und kritisierte deren Arbeit in zwei weiteren wesentlichen Punkten. Zum einen sei die wissenschaftliche Deputation dem Amtsgeheimnis verpflichtet. Doch »mit dem Amtsgeheimniß werden Vorgänge bedeckt« – hier ist besonders an die Feststellung epidemischer Krankheiten oder die katastrophalen sanitären Verhältnisse der Städte zu denken – »die möglichst rasch an's Licht gezogen werden sollten«. Darüber hinaus prangerte Wehrenpfennig die Langsamkeit dieser Behörde an. Ein im Juli 1865 vom preußischen Handelsminister ange-

---

104 SB des Reichstages, 1. LP, 2. Session 1871, 32. Sitzung, Wortmeldung von Winter. Leopold von Winter war seit 1866 Mitglied des preußischen Herrenhauses und seit 1871 Abgeordneter des Reichstages. Als Oberbürgermeister von Danzig förderte er die Interessen der öffentlichen Gesundheitspflege und war Mitherausgeber der DVÖG; biographische Angaben zu Winter in Brand, Vierteljahresschrift 1986, S. 173; Labisch/Tennstedt, Weg 1985, S. 513 f.
105 Als Beispiel die dem preußischen MGUMA untergeordnete königliche wissenschaftliche Deputation für das Medizinalwesen, eine Beschreibung des Geschäftskreises in Guttmann (Hg.), Medicinalwesen 1887, S. 4.
106 SB über die Verhandlungen des Reichstages des Norddeutschen Bundes, 1. LP, Session 1870, 36. Sitzung vom 6.4.1870, Wortmeldung Albrecht.
107 SB des Reichstages, 1. LP, 2. Session 1871, 32. Sitzung, Wortmeldung von Winter.

fordertes Gutachten über die Entfernung von Auswurfstoffen aus der Stadt Berlin sei erst Ende Oktober 1867 abgegeben worden. Das sich in Allgemeinheiten verlierende Gutachten sei vom »Medicinalminister« zur Kenntnis genommen und augenscheinlich zu den Akten gelegt worden. Wehrenpfennig schloss seine Rede mit der Bitte, »daß Sie uns in Preußen aus dem heutigen Zustand der Hilflosigkeit befreien, indem Sie die Petition zur Berücksichtigung überweisen und den Bund veranlassen zu einer neuen Organisation zu schreiten«.[108]

Die Hoffnung von Wehrenpfennig, dass das Gutachten jener eben gescholtenen Deputation über »unsere Petitionen« rascher als das von ihm geschilderte Beispiel eingehen würde, wurde enttäuscht. Auf die ungeduldige Rückfrage aus dem Reichskanzleramt im August 1871, ob nunmehr nicht mit dem Eingang des Gutachtens betreffend die Organisation des öffentlichen Gesundheitswesens gerechnet werden dürfe, gestand der preußische Kultusminister, dass sich die Medizinaldeputation noch nicht geäußert habe. Man werde aber »auf die thunlichste Beschleunigung des Ergebnisses hinwirken«, soweit es »ohne Beeinträchtigung der Gründlichkeit der Berathung geschehen kann«.[109] »Die wissenschaftliche Deputation für das Medicinalwesen«, begann der Abgeordnete Franz Wigard im November 1871 seine Rede, »hat einen Zeitraum von mehr als 1 ½ Jahren gebraucht, um endlich [...] ihr Gutachten über diese so hochwichtige Angelegenheit abzugeben.«[110]

»Die wissenschaftliche Deputation für das Medicinalwesen, in der, wenn man den Zeitungen glauben darf, in diesem Augenblick eine Art von Strike ausgebrochen ist, hat durch die Art und Weise, in der sie bisher die von ihr verlangten Gutachten hinzuhalten gewußt hat, in der That über ihre Bedeutung für die öffentliche Gesundheitspflege den Stab gebrochen.«[111]

Die negative Haltung der Deputierten gegenüber den Petitionen und gegenüber einer geforderten Zentralbehörde erklärt sich nicht nur aus einer etwaig drohenden Konkurrenzsituation, sondern auch aus den gegenseitigen Anfeindungen. Rudolf Virchow als Deputationsmitglied verlor sich in der *Vierteljahrsschrift für gerichtliche Medicin und öffentliches*

---

108 SB über die Verhandlungen des Reichstages des Norddeutschen Bundes, 1. LP, Session 1870, 36. Sitzung vom 6.4.1870, Wortmeldung Wehrenpfennig.
109 RK an MGUMA, Heinrich von Mühler, 15.8.1871 und die Antwort MGUMA an RK, 29.8.1871, weitere Rückfragen aus dem RKA bereits im Oktober 1870 und erneut im November 1871, BA Berlin, R 1401/953.
110 SB des Reichstages, 1. LP, 2. Session 1871, 32. Sitzung, Wortmeldung Wigard.
111 Ebd., Wortmeldung von Winter.

Sanitätswesen – herausgegeben unter Mitwirkung der königlichen Deputation für das Medizinalwesen – in Haarspaltereien. Er fühlte sich als Reichsfeind diffamiert[112] und bezichtigte Varrentrapp der wissenschaftlichen Illoyalität und der geistigen Verwirrung.[113] Varrentrapp wiederum verschärfte mit seiner Replik – »Darf ein von Herrn Prof. Virchow verfasstes Gutachten kritisiert werden?« – den Konflikt und entzweite die Kontrahenten weiterhin.[114] Die Lösung – aber nicht Befriedung – der Auseinandersetzung lag in den Händen des Reichskanzlers.

Trotz aller Kritik und Widersprüche befürworteten die Redner im Reichstag die Petitionen. Dem Antrag der Kommission stimmte 1870 und – unterbrochen durch die politische Entwicklung – erneut im November 1871 die »sehr große Majorität des Hauses« zu und überwies die Petitionen zur weiteren Beachtung und zur Erarbeitung einer Gesetzesvorlage an den Reichskanzler. Dieser vertrat eine dritte – dialektische – Position. Ohne den einzelnen Bundesstaaten das Mandat für die Gesundheitspflege entziehen zu wollen, plädierte Bismarck in einem an den Bundesrat gerichteten Gutachten im April 1872 für die Einrichtung einer die Reichsregierung in Angelegenheiten der öffentlichen Gesundheitspflege beratende Zentralbehörde, die jedoch eine »mehr beobachtende als sichtbar eingreifende« Aufgabe erfüllen sollte. Die Schaffung eines eigenen Reichsministeriums lehnte Bismarck ab.[115] Der Bundesrat folgte dem Gutachten Bismarcks und beschloss im Juni 1873 die Errichtung einer dem Reichskanzleramt unmittelbar untergeordneten Behörde und außerdem die Anbahnung einer medizinischen Statistik für das Gebiet des Deutschen Reiches.[116]

---

112 Bezüglich einer tatsächlichen Diffamierung als Reichsfeind oder einer subjektiv als solche empfundenen Anfeindung war Virchow sehr sensibel. Seine freundschaftlichen Beziehungen zu französischen Parlamentariern und seine Bemühungen um Abrüstung Ende der 1860er Jahre brachten Virchow auf deutscher Seite – besonders nach dem Deutsch-Französischen Krieg – den Vorwurf eines Vaterlandsverräters ein. Sogar Jahrzehnte später wurde ihm vorgeworfen, er habe Deutschland in entscheidender Stunde wehrlos machen wollen, vgl. Goschler, Virchow 2002, S. 274.

113 Vgl. Virchow, Bemerkungen 1872; ders., Reichs-Gesundheits-Amt 1872; ders., Antwort 1872.

114 Vgl. Varrentrapp, Gutachten 1872. Zum Konflikt zwischen Varrentrapp und Virchow ausführlich Hardy, Ärzte 2005, Kap. 6.2.5.

115 Verhandlungen des Bundesrates des Deutschen Reiches, Session 1872, DS Nr. 40.

116 Vgl. hierzu die Protokolle über die Verhandlungen des Bundesrates des Deutschen Reiches, Session 1873, § 474; die Gründungsdebatten kurz in Tutzke, Entwicklung 1976.

1.4 Die Gründung des Kaiserlichen Gesundheitsamtes

Die Mühlen der Verwaltung mahlen langsam, und die Behörden des jungen Deutschen Reiches arbeiteten auch nicht schneller als diejenigen Preußens. Bis das Kaiserliche Gesundheitsamt seine Arbeit aufnehmen konnte, vergingen drei weitere Jahre. Das Reichskanzleramt war bis Mitte 1874 vornehmlich damit beschäftigt, Informationen über die Gesundheitsbehörden der Einzelstaaten des Deutschen Reiches zu sammeln. Was wie eine Bestandsaufnahme des staatlichen Gesundheitswesens anmutet, ging originär auf eine Anfrage der US-amerikanischen Regierung zurück, in der Informationen über die Organisation des deutschen Gesundheitswesens erbeten wurden. Die von den »verbündeten Regierungen« erstatteten Berichte lieferten ein kläglichen Bild über die fragmentarische Organisation der öffentlichen Gesundheitspflege, die in den kleineren Bundesstaaten überhaupt nicht existierte und in den größeren Bundesstaaten in den Händen des Innenministeriums lag.[117] Allein in Preußen gab es für die »Medizinalangelegenheiten« ein gesondertes Kultusministerium. Die Regierungen der größeren Bundesstaaten wie Baden, Württemberg oder Sachsen wurden in Fragen der öffentlichen Gesundheitspflege sporadisch von so genannten Medizinalkollegien oder in Preußen von der Medizinaldeputation beraten. Auf der Ebene der Regierungsbezirke und Kreise waren Medizinalräte konsultativ tätig. Für die praktische Umsetzung der medizinalpolizeilichen Maßnahmen zeichneten die Kreisphysicii und die lokalen Polizeibehörden verantwortlich.[118]

---

[117] Als Beispiel sei kurz der Bericht Bremens zusammengefasst. In der Freien und Hansestadt Bremen stand die obere Leitung des Medizinalwesens dem Senat zu. Der Medizinalkommission des Senats als Aufsichtsbehörde stand ein aus fünf Ärzten und einem Apotheker gebildeten Gesundheitsrat zur Seite. Neben diesem wurde die Medizinalkommission von einer Sanitätsbehörde unterstützt, der zusätzlich zum Gesundheitsrat noch sechs von der Bürgerschaft gewählte Mitglieder angehörten. Als Aufgabe beider Institutionen wurde die »Förderung des öffentlichen Gesundheitszustandes« definiert. Für das gesamte Staatsgebiet gab es weiterhin einen Gerichtsarzt. Als Exekutivbehörden fungierten die als eine eigene Abteilung der Polizeidirektion unterstellten Medizinalämter. In Bremen gab es zwei Polizeiärzte und in den Hafenstädten je einen Polizeiarzt – außerdem stand das gesamte Polizeipersonal »im Dienst der öffentlichen Gesundheitspflege«, vgl. den für das RKA bestimmten Bericht der Bürgerschaft Bremen über die Organisation ihrer Gesundheitsbehörden im Juli 1874, BA Berlin, R 1401/954, Bl. 40 f.
[118] Es handelt sich hier um eine sehr vereinfachende Überblicksdarstellung, ausführlich die Berichte der Einzelstaaten in BA Berlin, R 1401/954; die Organisation des Medizinalwesens im Deutschen Reich in Börner (Hg.), Medicinalwesen 1885; Guttmann, Medicinalwesen 1887; Saretzki, Reichsgesundheitsrat 2000, S. 55 f.

Seit Sommer 1873 befasste sich das Reichskanzleramt zudem mit der Einrichtung einer medizinischen Statistik. Die Bundesregierungen waren aufgefordert worden, über bestehende medizinalstatistische Einrichtungen auf ihrem Staatsgebiet zu berichten und ferner im Sinne einer Soll-Vorgabe Anregungen hinsichtlich der zu erhebenden Daten zu geben.[119] Die Äußerungen der Landesregierungen spiegelten analog zur Organisation der öffentlichen Gesundheitspflege ein ähnlich inhomogenes Bild wider. Während die kleinen Staaten keine medizinalstatistischen Daten erhoben, konnte Baden als vielzitiertes Vorbild auf langjährige Erfahrungen bei der Erstellung der Medizinalstatistik zurückblicken.[120] Einige Bundesstaaten hatten zwar punktuell für einzelne Jahre eine medizinische Statistik erstellt, diese jedoch nicht kontinuierlich über einen längeren Zeitraum fortgesetzt, so dass eine diachrone Vergleichbarkeit nicht gegeben war – ganz zu schweigen von einem Vergleich zwischen den Einzelstaaten. Wurde eine Statistik über Jahre hinweg fortgeführt, so handelte es sich meist um einzelne Krankheiten oder um eingegrenzte räumliche oder fachliche Gebiete, so dass die Statistik nur eingeschränkt aussagefähig war.[121] Als Problem stellten sich für die kleineren Staaten der

---

119 Vgl. die Protokolle über die Verhandlungen des Bundesrates des Deutschen Reiches, Session 1873, § 474. Weiterhin wurden die Bundesregierungen in Punkt B.3 aufgefordert, sich darüber zu äußern, inwieweit sie sich an der Beschaffung von Daten für eine reichsweite Medizinalstatistik beteiligen könnten. In der Beantwortung dieser dritten Frage verwiesen allerdings die meisten Landesregierungen auf den ersten Punkt – sie könnten nur Datenmaterial im Rahmen der bereits bestehenden Einrichtungen zur Verfügung stellen, vgl. BA Berlin, R 1401/1022 f.
120 Vgl. den Bericht Badens in BA Berlin, R 1401/1022. Die vom badischen Innenministerium herausgegebenen »Beiträge zur Statistik der inneren Verwaltung des Großherzogthums Baden« umfassten unter anderem die Bevölkerungsbewegung und die Medizinische Statistik der Jahre 1852-1855 (Heft 2) und 1856-1863 (Heft 18) sowie eine Statistik der Heil- und Pflegeanstalt Illenau. Eine separate Publikation stellte die 1871 veröffentlichte Statistik über den Zustand des Medizinalwesens im Großherzogtum Baden im Jahre 1869 dar.
121 Beispielsweise hatte Preußen 1851 Erhebungen über einzelne Krankheiten angestellt, jedoch kam laut den Berichten die Anzeigenpflicht seit einer langen Reihe von Jahren nicht mehr zur Anwendung. 1869 hatte man eine Krankenhausstatistik und 1871 eine Bevölkerungsstatistik erstellt. Insgesamt listet das Kultusministerium acht Statistiken auf: 1. einen regelmäßigen summarischen und namentlichen Nachweis der Medizinalpersonen; 2. einen summarischen Nachweis der in den öffentlichen und privaten Irren- und Pflegeanstalten behandelten Patienten und Patientinnen; 3. eine Statistik der Blinden und Taubstummen; 4. eine Schutzpocken-Statistik; 5. eine Statistik der Selbstmorde; 6. eine Morbiditäts- und Mortalitätsstatistik für Cholera und Pocken; 7. eine Krankenhaus-Statistik; und 8. eine allgemeine Mortalitätsstatistik für Berlin, vgl. den Bericht des

nicht unerhebliche Aufwand der Datenerfassung und die damit verbundenen Kosten dar. Hinsichtlich der Desiderata wurde von einigen Staaten geäußert, dass das Zivilstandsregister von den Kommunen geführt und dass die verschiedenen Statistiken vereinheitlicht werden müssten.[122] Auf Basis der eingegangenen Berichte wurde eine Kommission ins Leben gerufen, die in Zusammenarbeit mit dem 1872 gegründeten Kaiserlichen Statistischen Amt eine Reichs-Medizinalstatistik erarbeiten sollte.[123]

Das Bedürfnis nach einer vergleichbaren reichsweiten Medizinalstatistik, die auf objektiven und unanfechtbaren Daten basierte, wurde in der Diskussion über die Einführung eines »Impfgesetzes zum Schutz vor der Pockenkrankheit« deutlich. Während der kontroversen Debatte über eine allgemeine Pflicht zur Pockenschutzimpfung und Revakzination auf dem Gebiet des Deutschen Reiches bzw. über die reichsweite Ausdehnung des in einigen Bundesstaaten bestehenden Impfzwanges beriefen sich sowohl Gegner als auch Befürworter auf statistisches Material – welches die Gegenseite verwarf.[124] Im Zusammenhang mit der gesetzlichen Einführung der Impfpflicht wurde der Aufgabenbereich des Gesundheitsamtes bereits vor dessen Gründung auf die so genannte technische Überwachung des Impfgeschäftes ausgeweitet.[125]

Die Zeit zwischen 1872 und 1875 ließen die betroffenen Interessengruppen nicht ungenutzt verstreichen. Das Reichskanzramt sah sich zahlreichen Versuchen ausgesetzt, Einfluss auf die Aufgaben und die Organisation des neuen Amtes und die öffentliche Gesundheitspflege überhaupt zu nehmen. Bereits im Mai 1872 hatte der Vorstand des niederrheinischen Vereins für öffentliche Gesundheitspflege dem Reichskanzler die Zusammenarbeit des Vereins angeboten, von dessen langjährigen Erfahrungen der Kanzler profitieren könne. Der Vorstand betonte, der Verein selbst könne nur erfolgreich wirken, »wenn ihm auf dem immer mehr und mehr sich ausdehnenden Felde seiner Thätigkeit staatlicher Schutz und staatliche Hülfe durch Gesetze, welche den jetzigen berechtigten Anforderungen entsprechen, zur Seite stehen«.[126]

MGUMA, BA Berlin, R 1401/1023; zur frühen preußischen Statistik Schneider, Medizinalstatistik 2006.
122 Ausführlich die Berichte der Einzelstaaten in BA Berlin, R 1401/1021-1023.
123 Vgl. die Protokolle über die Verhandlungen des Bundesrates des Deutschen Reiches, Session 1875, § 377; die Ergebnisse der Kommission wurden publiziert als Bericht 1874. Zur Medizinalstatistik ausführlich Kap. 5.3.
124 Zum Reichsimpfgesetz Maehle, Präventivmedizin 1990.
125 Vgl. die Protokolle über die Verhandlungen des Bundesrates des Deutschen Reiches, Session 1874, § 207.
126 Vorstand des NVÖG an den RK, 20.5.1872, BA Berlin, R 1401/953, Bl. 55.

Da die Errichtung einer medizinalpolizeilichen Reichsbehörde nur langsam und stockend vollzogen wurde und diese darüber hinaus auch nicht die aktiv handelnde Behörde zu werden versprach, die sich die Initiatoren erhofft hatten, kam es zur Gründung privater Organisationen auf der Ebene des Deutschen Reiches. Ausschlaggebend für die 1873 erfolgte Gründung des Deutschen Vereins für öffentliche Gesundheitspflege waren zahlreiche Konflikte innerhalb der Sektion für öffentliche Gesundheitspflege und Medizinalreform und innerhalb der Gesellschaft deutscher Naturforscher und Ärzte über die Ausgestaltung der Gesundheitspolitik und der daran zu beteiligenden Berufsgruppen. Der Deutsche Verein für öffentliche Gesundheitspflege wurde zum Sammelbecken derjenigen pragmatisch und realpolitisch orientierten Ärzte und Hygieniker, die maßgeblich die Errichtung eines Gesundheitsamtes gefordert und unterstützt hatten.[127] Ein anderer Teil der Ärzteschaft bemühte sich um eine private Vereinigung, die frei jedweder staatlicher Kuratel explizit als Gegengewicht zu einer staatlichen Gesundheitsbehörde fungieren sollte. Als Dachverband für die zahlreichen lokal und regional wirksamen Ärztevereine konstituierte sich im September 1873 der Deutsche Ärztevereinsbund.[128]

Die Gründung einer privaten Dachorganisation spiegelt einmal mehr die verschiedenen Strategien der deutschen Ärzteschaft zur Interessendurchsetzung wider. Während der Deutsche Verein für öffentliche Gesundheitspflege die staatliche Gesundheitspolitik auch weiterhin unterstützen wollte, war die Intention des Deutschen Ärztevereinsbundes die Abgrenzung von einer zu gründenden staatlichen Gesundheitsbehörde. Die Errichtung einer privaten und einer staatlichen Institution auf Reichsebene war allerdings nicht als ein »Entweder-oder«, sondern ergänzend als ein »Sowohl-als-auch« konzipiert. Den Initiatoren des Deutschen Ärztevereinsbundes schwebte eine paritätische Partnerschaft zwischen einer starken privaten ärztlichen Interessenvertretung und dem Gesundheitsamt als direktem Ansprechpartner seitens der Regierung vor. Der Geschäftsführer des Deutschen Ärztevereinsbundes, Eduard Graf, stellte dem Reichskanzleramt den Dachverband als ein berechtigtes Organ vor, dessen Stimme als die wirkliche Vertretung des ärztlichen Standes gelten

---

127 Vgl. zur Gründung der DVÖG Brand, Vierteljahrsschrift 1986; Hardy, Ärzte 2005.
128 Die einzelnen Ärztevereine wurden Mitglied des Deutschen Ärztevereinsbundes, die von einem Delegierten vertreten wurden, vgl. Herold-Schmidt, Interessenvertretung 1997, S. 46-49. Die Gründung des Deutschen Ärztevereinsbundes stand personell und ideell in der »Tradition« der erreichten Gewerbefreiheit für Ärzte.

dürfe. Der Einfluss der Ärzteschaft auf die öffentliche Gesundheitspflege werde am wirksamsten dadurch angestrebt, dass »die gesetzliche Regelung der ärztlichen Pflichtbeziehungen zum Staate unter offizieller Mitwirkung einer möglichst umfassenden ärztlichen Standesrepräsentation in sämtlichen Staaten des Deutschen Reiches gefordert« werde. Als Zusammenschluss von einhundert ärztlichen Vereinen mit rund sechstausend deutschen Ärzten wolle man sicherstellen, dass Anregungen und Petitionen »an maßgebender Stelle Gehör finden«.[129]

Um Gehör bemühte sich auch der Verein der deutschen Irrenärzte. Bezug nehmend auf das von Bismarck für den Bundesrat verfasste Gutachten waren die Interessenvertreter der deutschen Irrenärzte der Ansicht, dass »wegen der mannigfachen Beziehungen des Irrenwesens zu den Gebieten des staatlichen Lebens« unter den Mitgliedern des neu zu schaffenden Amtes auch ein Psychiater vertreten sein müsse. Zweifellos werde bei der Vereinheitlichung der deutschen Gesetzgebung auch ein allgemeines Gesetz das Irrenwesen betreffend zur Debatte stehen, zu dessen Vorbereitung ein Psychiater unerlässlich sein werde. Dieser könne sich sowohl an den wissenschaftlichen Aufgaben als auch an der juristischen Vorbereitung von Gesetzesvorlagen gewinnbringend beteiligen und somit die »practische Hebung der allgemeinen Irrenfürsorge« bewirken. Als weitere Motive für ihre Petition nannte der Vorstand des Vereins deutscher Irrenärzte die Notwendigkeit zur Regelung des reichsweit uneinheitlichen Irren- und Anstaltswesens sowie die erforderliche Einbeziehung des psychiatrischen Unterrichts in das medizinische Studium. Ferner würde bei der Erstellung einer medizinischen Statistik sichergestellt, dass die besonderen Belange der Psychiatrie Berücksichtigung fänden.[130]

Während sich die deutschen Irrenärzte bereits mit einem Psychiater als Mitglied in der neuen Reichsbehörde zufriedengegeben hätten, forderten die deutschen Tierärzte nicht weniger als eine eigene, gleichwertige Institution. Um den Humanmedizinern in nichts nachzustehen, hatten die Veterinärmediziner im April 1874 einen reichsweiten Verband aller bestehenden tierärztlichen Vereine gegründet: den Deutschen Veterinärrat.[131] Unter Berufung auf Artikel 4 Absatz 15 der Reichsverfassung – mit Be-

---

129 Der Geschäftsführer des Deutschen Ärztevereinsbundes, Eduard Graf, an das RKA, 7.4.1875, BA Berlin, R 1401/954. Herold-Schmidt, Interessenvertretung 1997, resümiert auf S. 49, dass den zur Wahrnehmung der Standesinteressen eingesetzten Instrumenten wie Petitionen und Denkschriften nur ein begrenzter Erfolg beschieden war.
130 Der Vorstand des Vereins deutscher Irrenärzte an das RKA, 1.10.1872, BA Berlin, R 1401/953.
131 Die Resolution des Deutschen Veterinärrats im BA Berlin, R 1401/954.

tonung auf die Angelegenheit der veterinärpolizeilichen Maßnahmen – forderten sie die Errichtung eines Reichs-Veterinäramtes. Als handlungsleitende Motive nannte der frisch geküre Präsident des Deutschen Veterinärrates, Carl Dammann,[132] die Förderung der Interessen der Landwirtschaft und das Gedeihen der Volkswohlfahrt. Das Reichs-Veterinäramt sollte eine Vielzahl von Aufgaben erfüllen, die wenige Jahre zuvor hinsichtlich der Errichtung des Reichsgesundheitsamtes bereits diskutiert worden waren. Zweck der Behörde sollte neben der Beratung des Reichskanzlers und der Vorbereitung von Gesetzen betreffend das Veterinärwesen die Erarbeitung einer Tierseuchenstatistik sein. Ferner sollte das Reichs-Veterinäramt die erlassenen Gesetze kontrollieren und wissenschaftlich an der Bekämpfung der Viehseuchen arbeiten.[133] Wenngleich man die Gründung einer veterinärpolizeilichen Behörde im Reichskanzleramt augenscheinlich nicht weiterverfolgt hat,[134] wurde bei der späteren Besetzung der beiden Mitgliederstellen in Betracht gezogen, neben einem Mediziner auch einen Veterinärmediziner als Mitglied der Behörde zu ernennen.[135]

Auf eine Resolution des Reichstages hin sollte der Reichskanzler durch den Bundesrat im Frühjahr 1874 aufgefordert werden, die »Errichtung eines Reichsgesundheitsamtes thunlichst zu beschleunigen«.[136] Im Juli 1874 holte Bismarck im Kanzleramt Erkundigungen ein, wie man bei der Besetzung der Direktorenstelle zu verfahren gedenke. Aus dem Kanzleramt musste er allerdings erfahren, dass man dieser Frage noch nicht nähergetreten sei. Der Direktor des Kanzleramtes, Rudolph Delbrück, habe sich vorbehalten, nach seiner Rückkehr aus dem Urlaub darüber weitere

132 Vgl. auch Dammann, Gesundheitspflege 1902. Carl Dammann war von 1883 bis 1913 Rektor der Tierärztlichen Hochschule in Hannover.
133 Vgl. die Resolution des Deutschen Veterinärrates vom 1.7.1874 im Anhang des Schreibens von Dr. Dammann, Präsident des Deutschen Veterinärrats, an das RKA, 7.7.1874, BA Berlin, R 1401/954.
134 Auf die Bitte, ihm eine Audienz im RKA zu gewähren, wurde Dammann knapp mitgeteilt, dass man ihn derzeit nicht empfangen könne, RKA an Dammann, 9.7.1874, BA Berlin, R 1401/954. Ein weiteres abschlägiges Schreiben aus September 1874, ebd.
135 Bei der Besetzung der beiden Mitgliederstellen wurde von Anfang an nach einem Mediziner und nach einem Veterinärmediziner gesucht, vgl. BA Berlin, R 1501/110860.
136 Der Änderungsentwurf der Resolution befindet sich in BA Berlin, R 1401/953. Der Wunsch nach Beschleunigung stand in Zusammenhang mit der gesetzlichen Einführung der Impfpflicht. Die Resolution wurde zwar so im Reichstag verabschiedet, doch der Bundesrat hat die Aufforderung etwas diplomatischer formuliert, siehe das Protokoll über die Verhandlungen des Bundesrates des Deutschen Reiches, Session 1874, § 207.

Bestimmungen zu treffen.¹³⁷ Wie lange der Urlaub gedauert haben mag, ist ungewiss, Bewegung geriet erst wieder im März 1875 in die Sache, als der Reichskanzler Informationen über eine mögliche Verwendung des Professors Dr. Karl Skrzeczka als Direktor des Reichsgesundheitsamtes erbat.¹³⁸ Im Vergleich zur bisherigen Aktivität könnte man die Reaktion auf eine Meldung der *Nationalzeitung* Mitte November 1875, die die Ernennung Skrzeczkas zum »Vorsitzenden« des neuen Reichsgesundheitsamtes kolportiert hatte, als geradezu hektisch bezeichnen. In einem an die Redaktion der *Nationalzeitung* gerichteten Dementi beteuerte man, dass dem Reichskanzleramt hierzu nicht das Geringste bekannt sei.¹³⁹ In einem weiteren Schreiben an den Reichskanzler, der in einem Telegramm sein Befremden über die Zeitungsmeldung zum Ausdruck gebracht hatte, versicherte das Reichskanzleramt, dass in der Frage der Stellenbesetzung noch nichts geschehen sei. Indirekt hatte der Reichskanzler zum Ausdruck gebracht, dass er nunmehr selbst die Initiative zu ergreifen gedenke.¹⁴⁰ Mit der Bewilligung von Etatmitteln für die zu gründende Behörde wurde die Suche nach geeigneten Personen dafür umso dringlicher.

Am 23. November 1875 wurde im Reichstag für das Rechnungsjahr 1876 im Etat des Reichskanzleramtes unter Kapitel 8 für das neu zu errichtende Gesundheitsamt ein Betrag von 48.440 Mark veranschlagt.¹⁴¹ Der Haushaltsentwurf enthielt im Anhang die »Denkschrift, betreffend den Etat des Gesundheitsamtes«. Dort wurden die zur Gründung führenden Motive kurz erläutert und auf Artikel 4 Nr. 15 der Reichsverfassung und die Notwendigkeit zur einheitlichen Handhabung des Impfwesens verwiesen. Zur Vermeidung von Kompetenzkonflikten zwischen den Reichs- und Landesbehörden – »deren Befugnisse schwer gegeneinander abzugrenzen sind« – wurde von einer weitergehenden reichsgesetzlichen Regelung der Verwaltung der öffentlichen Gesundheitspflege abgesehen, zumal sich die »Vielgestaltigkeit der in den Bundesstaaten

---

137 Vgl. die Mitteilung aus dem RKA an den RK, 14.7.1874, BA Berlin, R 1401/954.
138 Eulenburg an den DRKA, 12.3.1875, ebd.
139 RKA an die Redaktion der Nationalzeitung, 16.11.1875, ebd.
140 Das Telegramm vom 17.11.1875 und die Antwort aus dem RKA in BA Berlin, R 1401/954. Bismarck hatte sich hinsichtlich der Stellenbesetzung die Präjudizierung der in Frage kommenden Personen verboten. Die Anweisung, dass man jede Initiative vorerst vertagen solle und sich Bismarck den Vortrag vor dem Kaiser persönlich vorbehalte, scheint bei der Antriebsarmut der ihm unterstellten Behörde in dieser Sache jedoch überflüssig gewesen zu sein. Nach Ablehnung seines Rücktrittsgesuches war Bismarck von Juni bis zum 20. November 1875 in Varzin, um sich zu erholen, siehe Pflanze, Bismarck Reichskanzler 1998, S. 50 f.
141 Vgl. die Übersicht über den Etat des Gesundheitsamtes im Anhang.

bestehenden Verwaltungs-Einrichtungen« einem umfassenden Einschreiten der Reichsgesetzgebung kaum anpassen ließe. Ebenso seien die Eingriffe in das Privatrecht nicht hinreichend geklärt.

»Daraus folgt aber nicht, daß das Reich sich jeder Einwirkung auf diese Angelegenheit zu enthalten habe«, vielmehr solle sich die neu zu schaffende Behörde auf die Erstellung einer umfassenden medizinischen Statistik konzentrieren. »Die Erfolglosigkeit aller bisherigen darauf gerichteten Bestrebungen ist wesentlich dem Umstande zuzuschreiben, daß es bisher an einer Stelle gefehlt hat, welche im Stande wäre, die auseinandergehenden Bestrebungen zu einheitlichem Handeln zu vereinigen und namentlich das ärztliche Personal zu gemeinsamer Thätigkeit zu verbinden.« Darüber hinaus solle das Gesundheitsamt die Reichsregierung über die Zweckmäßigkeit zu treffender gesundheitspolitischer Maßnahmen informieren.

»Seine Aufgabe wird sein, das Reichskanzler-Amt sowohl in der Ausübung des ihm verfassungsmäßig zustehenden Aufsichtsrechts über die Ausführung der in den Kreis der Medizinal- und Veterinärpolizei fallenden Maßregeln, als auch in der Vorbereitung der weiter auf diesem Gebiete in Aussicht zu nehmenden Gesetzgebung zu unterstützen, zu diesem Zwecke von den hierfür in den einzelnen Bundesstaaten bestehenden Einrichtungen Kenntniß zu nehmen, die Wirkungen der im Interesse der öffentlichen Gesundheitspflege ergriffenen Maßnahmen zu beobachten und in geeigneten Fällen den Staats- und den Gemeindebehörden Auskunft zu ertheilen, die Entwicklung der Medizinalgesetzgebung in außerdeutschen Ländern zu verfolgen, sowie eine genügende medizinische Statistik für Deutschland herzustellen. Was die Stellung dieses Organs betrifft, so soll dasselbe dem Reichskanzler-Amte unmittelbar untergeordnet sein und einen lediglich berathenden Karakter tragen.«

Es sei jedoch über die Mitglieder des Gesundheitsamtes hinaus notwendig, bei der Vorbereitung besonders wichtiger Maßnahmen Sachverständige aus den einzelnen Bundesstaaten zur Beratung hinzuzuziehen.[142]

Die in der Denkschrift definierten Aufgaben und Ziele unterschieden sich nur unwesentlich von denen, die Bismarck bereits 1872 in dem an den Bundesrat gerichteten Gutachten formuliert hatte. Im Vergleich mit verschiedenen an den Reichstag gerichteten Petitionen ist der Aktionsradius des Gesundheitsamtes jedoch anders definiert. In den Petitionen

---

142 Alle vorangehenden Zitate aus der kommentierten Denkschrift im BA Berlin, R 86/767, Bd. 1.

und Publikationen zur öffentlichen Gesundheitspflege wurde eine aktiv handelnde Behörde gefordert, dagegen beschränkte sich das tatsächliche Handlungsvermögen der neu zu errichtenden Behörde allein auf Verwaltungsarbeiten – die Erstellung von Statistiken und die juridische Vorbereitung von Gesetzen – und Beratung. Folglich war das Echo in der medizinischen Öffentlichkeit zurückhaltend. Man erachtete einerseits die Kompetenzen des neuen Amtes in ihrer Unklarheit als nicht ausreichend definiert und andererseits den Etat als zu gering veranschlagt. Der nationalliberale Abgeordnete Friedrich Karl August Zinn bezweifelte im Reichstag trotz aller persönlichen Unterstützung die Lebensfähigkeit der neuen Behörde »zweiter oder dritter Klasse«.[143]

Die Besetzung des dem neuen Amte vorstehenden Direktors erwies sich als ein schwieriges Unterfangen. Der Abgeordnete Dr. Zinn prognostizierte in der Debatte des Reichstages zum Haushaltsetat des Gesundheitsamtes, dass sich kein Arzt würde finden lassen, der ein mit so geringen Mitteln ausgestattetes Amt würde leiten wollen – geschweige denn, dass sich ein Arzt »unter die Fuchtel eines Verwaltungsbeamten« stellen würde.[144] Bismarck zeigte sich von diesen Zweifeln bei der Personalplanung unbeeindruckt. Bei der zu errichtenden Behörde käme es wesentlich darauf an, schrieb der Reichskanzler dem Kaiser am 22. Februar 1876, für die Stelle des Direktors »eine Persönlichkeit zu gewinnen, welche auf dem vielseitigen Gebiete der medizinischen Wissenschaften und insbesondere auf dem Gebiete der öffentlichen Gesundheitspflege als allgemein anerkannte Autorität gilt«, um dem Amt in ärztlichen Kreisen das erforderliche Ansehen zur verschaffen. Als eine solche Autorität galt der Geheime Medizinalrat und Professor Rudolf Virchow, der sich sowohl »als Mitglied der wissenschaftlichen Deputation für das Medizinalwesen« und der technischen Deputation für das Veterinärwesen als auch »auf dem Gebiete der pathologischen Anatomie, der Chirurgie, der Medizinalstatistik und insbesondere der öffentlichen Gesundheitspflege« ausgezeichnet habe. Mit Rücksicht auf Virchows »politische Haltung« wolle Bismarck jedoch das Plazet des Kaisers abwarten, bevor er in Ver-

---

143 Zum Presseecho vgl. BGA, 100 Jahre Forschung 1976, S. 19, 22; Paul Börner, Das Reichsgesundheitsamt, in: DMW vom 27.11.1875; Notiz zur Öffentlichen Gesundheitspflege in der DMW vom 4.12.1875; Paul Börner, Das neue Reichsgesundheitsamt, in: DMW vom 25.12.1875. Die Kritik des Abgeordneten Dr. Zinn in den SB des Reichstages, 2. LP, 3. Session, 31. Sitzung vom 18.12.1875.

144 Abgeordnete Dr. Zinn in den SB des Reichstages, 2. LP, 3. Session, 31. Sitzung vom 18.12.1875; Unterstützung fand er bei Paul Börner, Das Reichsgesundheitsamt, in: DMW vom 27.11.1875.

handlungen mit Virchow trete.¹⁴⁵ Der Kaiser lehnte die Ernennung Virchows jedoch ab und bat den Reichskanzler, für die Stelle des Direktors eine Person zu finden, die der Reputation Virchows nahekam, jedoch nicht wie dieser, in »eine[r] prinzipiell widerstrebenden politischen Haltung« gegenüber dem Kaiser stand.¹⁴⁶

Als Alternative bemühte sich Bismarck um den Hygieniker Max von Pettenkofer. Pettenkofer hatte seit 1865 den in Deutschland ersten Lehrstuhl für Hygiene an der Universität München inne und galt als »eine der anerkanntesten Autoritäten im Fach der Hygiene«. Doch Pettenkofer lehnte unter »Hinweis auf sein vorgerücktes Alter, sowie auf besondere Verpflichtungen gegen die königlich bayerische Regierung« ab.¹⁴⁷ Ebenso scheiterte der Versuch, den praktischen Arzt Dr. Wilhelm Loewe, Mitglied des deutschen Reichstages, für das Amt des Direktors zu gewinnen.¹⁴⁸ »Unter diesen Umständen glaube ich Eurer Majestät den Oberstabs- und Regiments-Arzt des Kaiser Franz-Garde-Grenadier-Regiments No. 2, Sanitätsarzt Dr. Struck hierselbst zur Ernennung als Direktor des Gesundheits-Amts in Vorschlag bringen zu dürfen. Allerdings kann Dr. Struck den Ruf einer medizinischen Celebrität, wie solchen namentlich die Doktoren Virchow und von Pettenkofer genießen, nicht in Anspruch nehmen.« Bismarck habe allerdings die Tüchtigkeit Strucks auf einer langen Reise erproben können und war zu der Überzeugung gelangt, »daß er den praktischen und den wissenschaftlichen Anforderungen des Amtes entsprechen« werde, zumal auch seine politische Haltung tadellos sei.¹⁴⁹

Heinrich Struck wurde am 9. Oktober 1825 in Borgloh bei Hannover geboren. Nach Besuch der militärärztlichen Bildungsanstalt in Berlin

---

145 RKA an den Kaiser, 22.2.1876, GStA PK Berlin, I. HA, Rep. 89, Nr. 24184, Bl. 1 f.

146 Der Kaiser an das RKA, 1.3.1876, Abschrift, GStA PK Berlin, I. HA, Rep. 89, Nr. 24184, Bl. 3. Zu Virchow vgl. die Biographien von Goschler, Virchow 2002; Andree, Virchow 2002.

147 Am 2.3.1876 wurde der preußische Gesandte in München beauftragt, mit Pettenkofer in vertraulicher Form Fühlung aufzunehmen, am 11.3.1876 sagte Pettenkofer nach »reiflicher Überlegung« ab, der Schriftwechsel in BA Berlin, R 1501/110860. Sein als Begründung angeführtes vorgerücktes Alter – Pettenkofer war 57 – hinderte ihn jedoch nicht daran, 1879 die Leitung des ersten Hygiene-Institutes im deutschsprachigen Raum in München zu übernehmen und diese bis zu seinem Ruhestand 1894 auszuüben. Zur Biographie Breyer, Pettenkofer 1980; Weyer-von Schoultz, Pettenkofer 2006.

148 Wilhelm Löwe hatte am 25.4.1876 zu seinem lebhaften Bedauern abgesagt, BA Berlin, R 1501/110860.

149 Alle Zitate aus dem Schreiben des RKA an den Kaiser, 26.4.1876, GStA PK Berlin, I. HA, Rep. 89, Nr. 24184, Bl. 4-6. Die Prüfung der politischen Haltung bei höheren Beamten Morsey, Reichsverwaltung 1957, S. 262-270.

wurde er 1850 zum Unterarzt ernannt und durchlief nach seiner Promotion 1854 die militärärztliche Laufbahn. Mit kurzen privatärztlichen Intermezzi war er in unterschiedlichsten Regimentern sowie im Krieg in den Feldlazaretten Böhmens tätig gewesen. Struck lebte einige Jahre in Frankfurt am Main und sei dort als »Stockpreuße« bekannt gewesen.[150] 1867 wurde er nach Berlin versetzt und dort 1872 zum Sanitätsrat ernannt.[151] An »den Bestrebungen für öffentliche Gesundheitspflege« habe Struck bislang allerdings »keinen sichtbaren Antheil genommen«, vermerkte die *Berliner Klinische Wochenschrift*.[152] Die besondere Befähigung Strucks mag in seiner Tätigkeit als »Leibarzt des Fürsten Bismarcks« gelegen haben.[153]

Die augenscheinlich vierte Wahl des ersten Direktors entpuppt sich unter diesem Gesichtspunkt für Bismarck als erste Wahl. Von Struck musste er keinen unkontrollierbaren politisch aktivistischen Eifer befürchten, wie dies beispielsweise unter Virchow zu erwarten gewesen wäre. Es wäre daher zu erörtern, ob die Nominierung Virchows von Bismarck nur vorgeschoben wurde – besonders hinsichtlich der eifersüchtigen Verteidigung seines Führungsmonopols gegenüber Staatssekretären und Reichsbehörden[154] – oder ob er durch die Einbindung opponierender Kräfte in das Regierungssystem diese zu neutralisieren trachtete, wie er dies beispielsweise ein Jahr später auch mit Rudolf von Bennigsen versuchen sollte.[155] Gegen die letzte These spricht die persönliche Abneigung, die

---

150 Augenscheinlich war Heinrich Struck in Frankfurt nicht sehr beliebt, siehe den Artikel zum fünfzigjährigen Jubiläum des RGA in der *Vossischen Zeitung* vom 24.6.1926. Aus seiner Zeit in Frankfurt wird Struck auch Georg Varrentrapp gekannt haben.
151 Vgl. BGA, 100 Jahre Forschung 1976, S. 21 f. Trotz intensiver Suche konnte weder in den Beständen des RGA, noch in denen des RKA und des RAI als der dem Gesundheitsamt vorgesetzten Behörde eine Personalakte zu Struck oder auch zu dessen Nachfolger gefunden werden.
152 BKW vom 15.5.1876.
153 Vgl. hierzu den Zeitungsausschnitt in GStA PK Berlin, I. HA, Rep. 89, Nr. 24184, Bl. 3; sowie BGA, 100 Jahre Forschung 1976, S. 22. Struck war mindestens seit Ende der 1860er Jahre Bismarcks Leibarzt und verblieb in dieser Position bis zum Juni 1881, siehe Pflanze, Bismarck Reichsgründer 1998, die erstmalige Erwähnung Strucks S. 432, Strucks Kündigung nach einem Streit mit Bismark im Juni 1881, weil er aufgrund eigener gesundheitlicher Schwierigkeiten die Erschütterungen im Hause Bismarck nicht mehr ertragen könne, in ders., Bismarck Reichskanzler 1998, S. 318. An anderer Stelle schreibt Pflanze, Bismarck Reichsgründer 1998, S. 567, Struck sei bis 1882 Leibarzt Bismarcks gewesen.
154 Vgl. Nipperdey, Machtstaat 1998, S. 101, 114.
155 Unter dem Eindruck der wirtschaftlichen Krise hatte Bismarck den Wandel von

Bismarck gegen den progressiven Politiker und Mitbegründer der Fortschrittspartei Virchow hegte, den er 1865 sogar zum Duell gefordert haben soll.[156]

Unabhängig von der Frage, ob die Nominierung Virchows von Bismarck vorgeschoben war oder nicht, bleibt offen, ob Virchow eine Nominierung auch angenommen oder ob er sie – wie Pettenkofer – abgelehnt hätte. Entgegen seiner 1848 formulierten Forderung zur »Errichtung eines deutschen Reichsministeriums für öffentliche Gesundheitspflege«[157] sprach sich Virchow als Mitglied der wissenschaftlichen Deputation für das Medizinalwesen gegen die Errichtung einer Zentralbehörde aus.[158] Man kann daher annehmen, dass Virchow einen Direktorenposten an diesem von ihm nicht befürworteten Amt abgelehnt hätte – schon allein aus finanziellen Gründen.[159] Die alternative Nominierung Pettenkofers

---

einer Freihandelspolitik hin zur Einrichtung von Schutzzöllen beschlossen. Die dem Reich zustehenden Einnahmen aus Zöllen machte das Reich zudem von den Nationalstaaten unabhängiger. Den Kurswechsel in der Wirtschaftspolitik drohten allerdings die Politiker der Nationalliberalen Partei, unter ihnen Bennigsen, nicht mitzutragen. Aus diesem Grund, vermutet Winkler, habe Bismarck Bennigsen und zwei weiteren Parteimitgliedern Ministerposten in der preußischen Regierung und in den Reichsämtern angeboten mit dem Ziel, die Nationalliberale Partei in ihrem Spagat zwischen Regierungsbeteiligung und Parteimaxime zu spalten. Bennigsen lehnte das Ansinnen Bismarcks ab, vgl. Winkler, Geschichte 2000, S. 236-239; Gall, Bismarck 2002, S. 624-642; Pflanze, Bismarck Reichskanzler 1998, S. 103-110, besonders 105 f. Nipperdey, Bürgerwelt 1998, bezeichnet auf S. 801 die Korrumpierung des Gegners durch die Teilhabe am Erfolg als den »Höhepunkt des Bismarckschen Machiavellismus«. Ein ähnliches Ansinnen könnte Bismarck auch zu der Nominierung Virchows bewogen haben.

156 Das Duell wird beschrieben in Stern, Gold 2000, S. 97.
157 Zitiert nach BGA, Geschichte 1983, S. 166.
158 Vgl. BGA, 100 Jahre Forschung 1976, S. 16. Den Wandel Virchows erklärt Bayertz, Siege 1987, S. 176-178, 181 mit dem gesellschaftlichen Wandel, der die revolutionären Forderungen von 1848 nach der Reichsgründung obsolet erscheinen ließen. Bayertz Interpretation ist hinsichtlich der Wandlung Virchows nur partiell zuzustimmen. Sicherlich wird Virchow als Mitglied der preußischen Medizinaldeputation einen anderen Blick auf seine Forderungen von 1848 gehabt haben. Gleichwohl wird er an der Forderung nach einer demokratischen Medizinalreform bis zur Reichsgründung festgehalten haben, auf jeden Fall waren seine Vorstellungen eines Reichsgesundheitsministeriums nicht mit einer »von oben« aufoktroyierten Behörde vereinbar.
159 Nach Goschler, Virchow 2002, S. 94 f. betrugen die Einnahmen Virchows aus Gehalt und Honoraren bereits in Würzburg 8.500 Mark p. a. Goschler geht davon aus, dass Virchow in Berlin Anfang der 1870er Jahre 7.200 Mark p. a. an Gehalt verdiente zuzüglich nicht exakt bezifferbarer Professorenhonorare, die eher im oberen Spektrum von 20.000 Mark gelegen haben werden.

hielt die *Deutsche Medizinische Wochenschrift* für gänzlich abwegig. Man habe bei dem Etat, dem Gehalt und dem Zuschnitt der Aufgaben nie ernsthaft an eine Zusage Pettenkofers glauben können.[160] Ebenso erscheint es unwahrscheinlich, dass Bismarck mit Wilhelm Löwe als Direktor zufrieden gewesen wäre, der eine ähnlich prominente Rolle wie Virchow während der Revolution von 1848 gespielt hatte und 1849 in die USA hatte emigrieren müssen.[161] Abseits aller Interpretationen machen die Absagen Pettenkofers und Löwes deutlich, wie schwierig die Besetzung einer Führungsposition auf Reichsebene war.[162]

Die Nominierungen nähren daher die Spekulation, Bismarck habe allen vermeintlichen Versuchen zum Trotz eigentlich nur seinen eigenen Favoriten, Heinrich Struck, durchsetzen wollen, um einer Verselbständigung des Amtes vorzubeugen.[163] Die hier vertretene These einer Bevor-

---

160 »Das Reichsgesundheitsamt und einige seiner Aufgaben« in: DMW vom 15.4.1876. Das RKA hatte schon gegenüber dem mit der Kontaktaufnahme betrauten Auswärtigen Amt Bedenken geäußert, ob Pettenkofer seine Münchener Stellung für ein so gering dotiertes Amt in Berlin aufgeben werde, RKA an Auswärtiges Amt, 2.3.1876, BA Berlin, R 1501/110860.

161 Der Arzt Wilhelm Loewe war Vizepräsident des Stuttgarter »Rumpfparlaments«, nach dessen gewaltsamer Auflösung 1849 floh er in die USA. Nach seiner Rückkehr 1863 wurde er für die Fortschrittspartei erst ins preußische Abgeordnetenhaus und 1867 in den Reichstag gewählt. 1874 trat er aus der Fortschrittspartei aus und wechselte zehn Jahre später zu den Nationalliberalen, vgl. die Notiz in der DBE, Bd. 6.

Rekurrierend auf die dilatorische Vorbereitung bei der Besetzung der Direktorenstelle wäre der Vollständigkeit halber eine dritte – allerdings äußerst unwahrscheinliche – Lesart, dass man sich im RKA überhaupt keine Gedanken gemacht und einfach einen prominenten Hygieniker oder Befürworter der neu zu errichtenden Behörde als Direktor vorgeschlagen hat. Auf jeden Fall hatte man bei der Besetzung der beiden Mitgliederstellen nur begrenzte Vorstellungen über mögliche Kandidaten und wandte sich diesbezüglich vertrauensvoll an das MGUMA mit der Bitte um Vorschläge, vgl. BA Berlin, R 1501/110860. Angesichts der Bismarck'schen Machtpolitik könnte man jedoch eher mutmaßen, ob sich hinter der dilatorischen Vorbereitung nicht auch eine Strategie verbarg, die Gründung einer konkurrierenden Reichsbehörde möglichst lange hinauszuzögern.

162 Morsey, Reichsverwaltung 1957, weist auf S. 257-261 darauf hin, dass eine Stellung im Reichsdienst nicht unbedingt als vorteilhaft beurteilt wurde und es auch in zahlreichen anderen Behörden mehrerer Anläufe zur Stellenbesetzung bedurfte.

163 Unterstützung findet diese Hypothese auch darin, dass die DMW bereits am 1.4.1876 meldete, die Ernennung Strucks stünde kurz bevor: »Der Leibarzt des Fürsten Bismarck, Oberstabsarzt Dr. Struck, ist nunmehr definitiv zum Direktor des Reichsgesundheitsamtes berufen worden und hat die Lösung seines Verhältnisses zur königlichen Armee bereits angebahnt«, vgl. »Der neue Vorsitzende des Reichsgesundheitsamtes«, in: DMW vom 1.4.1876. Mit Bezugnahme auf

zugung Strucks soll jedoch keinesfalls suggerieren, Bismarck habe keine Veränderungen in der öffentlichen Gesundheitspflege gewollt – Veränderungen sollten nur in seinem Sinn durchgesetzt werden.¹⁶⁴ Eine Verselbständigung von unten über »Ortsgesundheitsräthe« – ein quasi republikanisches Modell –, wie sie Varrentrapp vorschwebte, wäre unter Bismarck nicht denkbar gewesen.¹⁶⁵

Die *Berliner Klinische Wochenschrift* zweifelte nicht, »dass Struck sich der Schwere der von ihm übernommenen Aufgabe in vollem Masse bewusst ist und in sich die Kraft fühlt, ihr zu genügen. Wir hoffen und wünschen, er möge bald durch die That zeigen, dass er der rechte Mann am rechten Fleck ist.«¹⁶⁶ Rückblickend sollte sich jedoch zeigen, das Struck weder die Kraft hatte noch – zumindest nicht im Sinne einer öffentlichen Gesundheitspflege, wie Börner sie vertreten sehen wollte – die geeignete Person für dieses Amt war.

Die Schwierigkeiten bei der Bestallung der beiden Mitglieder setzten sich in den nächsten zwei Monaten fort. Ende März 1876 hatte der

---

diese Zeitungsnotiz wurde Bismarck daraufhin zu einer Äußerung und einen Bericht an den Kaiser aufgefordert, siehe GStA PK Berlin, I. HA, Rep. 89, Nr. 24184, Bl. 3. Bismarck hatte bereits am 22.3.1876 dem preußischen Kriegsminister, Georg von Kameke, mitgeteilt, dass er beabsichtige, den Sanitätsrat Heinrich Struck als DKGA vorzuschlagen. Struck hätte auch schon seine Bereitschaft hierzu signalisiert – dieser Satz war im Briefentwurf durchgestrichen, siehe BA Berlin, R 1501/110860. Die Zeitungsmeldung zur fehlgeschlagenen Berufung Pettenkofers erschien am 15.4.1876 in der DMW. Erst am 26.4.1876 wurde Struck beim Kaiser in Vorschlag gebracht, GStA PK Berlin, I. HA, Rep. 89, Nr. 24184, Bl. 3-6.

164 Nipperdey, Machtstaat 1998, S. 46 nennt die Strategie Bismarcks »Modernisierung unter konservativem Vorzeichen«. Bismarck hatte trotz seiner angeschlagenen Gesundheit und seiner vielfach geäußerten Beschwerden ein gespanntes Verhältnis zu Medizinern, die er auch als Quacksalber beschimpfte und deren Rat er, zum Leidwesen seiner Ärzte, ignorierte. Erst der Nachfolger von Heinrich Struck als Leibarzt Bismarcks, Ernst Schweninger, konnte Pflanze zufolge das Vertrauen des Reichskanzlers gewinnen, Bismarcks Klagen über seine mangelhafte Gesundheit in Pflanze, Bismarck 1998 – beide Bände, passim und Bismarcks Gesundheitszustand in ders., Bismarck Reichskanzler 1998, S. 564-568.

165 Der Initiator der Petitionen zur Errichtung einer medizinischen Zentralbehörde – Georg Varrentrapp – ist als Leiter des Gesundheitsamtes nie in Betracht gezogen worden. Die Wahrscheinlichkeit einer zu erwartenden Zusage seitens Varrentrapp wäre zumindest größer gewesen als bei Pettenkofer oder Virchow. Der in Frankfurt wirkende Varrentrapp würde seine »Republik der Wissenschaften« sicher auch auf politische Verhältnisse ausgedehnt wissen wollen und war Bismarck somit in jedem Sinne zu entfernt, das Zitat in Varrentrapp, Virchow 1872, S. 372.

166 BKW vom 15.5.1876.

Reichskanzler sich beim preußischen Kultusminister, Adalbert Falk, Informationen über Johann Wilhelm Schütz und Wilhelm Zülzer erbeten, die für die zu besetzenden Stellen in Aussicht genommen werden sollten. Schütz sei Dozent an der Tierarzneischule und Mitglied der technischen Deputation für das Veterinärwesen und Zülzer habe als Medizinalstatistiker einen gewissen Bekanntheitsgrad erreicht und arbeite als dirigierender Arzt an der Charité. Sollten Bedenken gegen die vorgeschlagenen Personen geltend gemacht werden, wäre man für die Bekanntmachung anderer geeigneter Persönlichkeiten dankbar.[167]

Mitte April teilte Falk mit, dass sich Wilhelm Zülzer 1859 in Preußen mit der Note »gut« approbiert habe – dies sei die niedrigste Note, die in Preußen möglich sei. Hinsichtlich der wissenschaftlichen Arbeiten könne man sich kein Urteil anmaßen, jedoch ließen die Akten den Schluss zu, »wonach es mindestens zweifelhaft sein könnte, ob ihm nicht ein Mangel an dem Takt eigen sei, der Behufs Uebernahme einer so wichtigen Stellung als der eines Mitgliedes des Reichs-Gesundheits-Amts nothwendig bei ihm vorausgesetzt werden müsste«.[168] Hinsichtlich des erbetenen Vorschlages einer geeigneten Person für die Stellung als Mitglied im Kaiserlichen Gesundheitsamt könne man keine direkte Aussage treffen, da die in Aussicht genommenen Aufgaben und die Organisation der Behörde nicht klar seien. Als Personen, die sich auf dem Gebiet der öffentlichen Gesundheitspflege Meriten erworben hätten, wurden schließlich Eduard Lent aus Köln, Eduard Graf aus Elberfeld, Friedrich Sander aus Bremen sowie Professor Karl Maria Finkelnburg aus Bonn empfohlen.[169]

Die Besetzung der als Statistiker deklarierten Stelle mit dem letztgenannten Karl Maria Finkelnburg ging nunmehr rasch und ohne Schwierigkeiten vonstatten. Finkelnburg qualifizierte sich durch Kenntnisse in der öffentlichen Gesundheitspflege, insbesondere über Großbritannien.[170] Die Berufung der zweiten Mitgliedstelle verzögerte sich allerdings. Während der in Augenschein genommene Veterinärmediziner Johann

---

167 RK an MGUMA, 26.3.1876, BA Berlin, R 1501/110860.
168 MGUMA an RK, 11.4.1876, BA Berlin, R 1501/110860. Zur Prüfung der politischen Haltung bei höheren Beamten Morsey, Reichsverwaltung 1957, S. 262-270.
169 MGUMA an RK, 11.4.1876, BA Berlin, R 1501/110860. Biographische Kurzprofile zu Lent, Graf und Sander in Labisch/Tennstedt, Weg 1985, S. 417 (Graf), S. 452 (Lent), S. 485 f. (Sander).
170 Vgl. das Bestallungsgesuch des Reichskanzlers an den Kaiser, GStA PK Berlin, I. HA, Rep. 89, Nr. 24184, Bl. 6. Nach seiner Berufung im KGA trat Finkelnburg eine Studienreise nach England an, BGA, 100 Jahre Forschung 1976, S. 22.

Wilhelm Schütz dem Gesundheitsamt abgesagt hatte,[171] erstreckten sich die anschließenden Verhandlungen mit dem Kandidaten Friedrich Roloff über mehrere Wochen. Obwohl man den anerkannten Veterinärmediziner schließlich für das Gesundheitsamt gewinnen konnte, versah er seine Mitgliedsstelle de facto nur im Nebenamt. Bis zum März 1877 lehrte er noch in Halle, und ab April 1877 arbeitete er am »bedeutendsten veterinärwissenschaftlichen Institut Preußens und Deutschlands«, der Tierarzneischule in Potsdam, deren Leitung er 1878 übernahm.[172] Mit der Besetzung Finkelnburgs und Roloffs sowie einiger Kanzleidiener war das Gesundheitsamt komplettiert.

1.5 Zusammenfassung I:
Die Gründung des Kaiserlichen Gesundheitsamtes – Antriebsmotor und gesellschaftliches Umfeld

Die Wurzeln des Gesundheitsamtes liegen tief und sind weit verzweigt. Das notwendig erscheinende Bedürfnis nach einem Gesundheitsamt erschließt sich nicht unmittelbar aus den Reichstagsdebatten und Petitionen zwischen 1870 und 1875. Die Debatten, wissenschaftlichen Streitschriften und Petitionen verweisen zurück auf das Revolutionsjahr 1848 und die dort aufgestellte Forderung nach einer öffentlichen Gesundheitspflege. Der Rückgriff auf die 1840er Jahre mag zwar weit hergeholt erscheinen, die Rückbindung – so skizzenhaft die gesellschaftliche Entwicklung an dieser Stelle auch bleiben muss – ist zum Verständnis unabdingbar. Der geschilderte strukturelle Wandlungsprozess begann Ende des 18. Jahr-

---

171 Die Informationen über Schütz aus dem preußischen Landwirtschaftsministerium fielen positiv aus, das Schreiben an das RKA vom 2.5.1876. Schütz wollte allerdings nur zusagen, wenn er weiterhin seinen wissenschaftlichen Arbeiten nachgehen und als Dozent an der Tierarzneischule bleiben könne, Schütz an RKA, 2.6.1876. Diese Pläne durchkreuzte allerdings das Landwirtschaftsministerium, so dass Schütz schließlich absagte, die Korrespondenz in BA Berlin, R 1501/110860. Schütz wurde später, wie auch Pettenkofer, außerordentliches Mitglied des KGA.

172 Zum Lebenslauf Roloffs und zur kaiserlichen »Zustimmung zur Änderung des Roloffschen Dienstverhältnisses« die zahlreichen Briefwechsel zwischen Kaiser und RKA im GStA PK Berlin, I. HA, Rep. 89, Nr. 24184, Bl. 7-9, 12-19 und BA Berlin, R 1501/110860. Zur Diskussion um die Einstellung Roloffs in der medizinischen Öffentlichkeit BGA, 100 Jahre Forschung 1976, S. 23. Die wochenlangen Verhandlungen zur Einstellung Roloffs und die Ausnahmegenehmigungen sind m. E. der Tatsache geschuldet, dass man sich nach der Absage Schütz' mit der Präsentation eines dritten Kandidaten nicht die Blöße geben und weiteren Schaden des Amtes abwenden wollte.

hunderts und wirkte weit über die Revolution und die Reichsgründung hinaus. Die gesellschaftlichen Probleme blieben auch nach 1848 virulent und trotz des weitgespannten zeitlichen Rahmens rechtfertigt sich ihre Darstellung aus ihrer Kontinuität. Aus der Krisentriade 1848 – Verfassungskonflikt, Einigungsbestrebungen und Pauperismus – wurde zwar der Verfassungskonflikt in Preußen mit der vom König oktroyierten Verfassung vom 31. Januar 1850 gelöst, doch wandelte sich der nationale Einigungswunsch zur »Deutschen Frage« und die »Pauperismus-Debatte« im Prozess der Industrialisierung zur »Sozialen Frage«, deren Variablen Bevölkerungswachstum, Verstädterung, Massenarmut und Massenkrankheit sich nur in ihren Dimensionen veränderten. Die Dimensionen dieser Veränderungen werden bei Richard J. Evans am Beispiel Hamburgs eindringlich geschildert.[173]

Mit der politischen Entspannung knüpften in den 1860er Jahren viele »Alt-48er« an die Forderungen der Revolution an. Die einstigen programmatischen Forderungen nach einer sozialen und demokratischen Medizin wurden allerdings nur noch von einem verschwindend geringen Teil der Ärzteschaft vertreten. Die revolutionären Ideen von 1848 hatten sich verändert und waren zu einem in die standespolitischen Interessen eingebundenen medizinischen Reformprojekt umfunktioniert worden. Die Majorität der Mediziner verfolgte zwischen den beiden Extremen – staatliche Medizinalpolizei hier und radikaldemokratische Sozialmedizin dort – eine pragmatische Medizinalpolitik. Die Ärzteschaft hatte keine Bedenken, zur Durchsetzung ihrer Ziele mit der Reichsregierung zu koalieren. Fossile Relikte und koalitionsunwillige Mediziner sollten in der Sektion für öffentliche Gesundheitspflege und Medizinalreform mit dem zur Diskussion stehenden Mehrheitsverfahren überstimmt werden.[174] Entweder ließen sich die Unterlegenen vereinnahmen und schlossen sich der Mehrheit an, oder sie wurden von der Mehrheit ausgeschlossen. Dies führte zu der paradoxen Entwicklung, dass der federführende Revolutionär von 1848, Rudolf Virchow, die Verwirklichung und Umsetzung der einstigen Forderung: nationale Einheit, eine demokratische Verfassung und öffentliche Gesundheitspflege – freilich unter anderen Vorzeichen – dreißig Jahre später ablehnte.

Antriebsmotor zur Errichtung einer Zentralbehörde für das Medizinalwesen war die Majorität der deutschen Ärzteschaft. Nach dem Schei-

---

173 Vgl. Evans, Tod 1990, besonders die ersten drei Kapitel.
174 Die strittige Einführung von Majoritätsbeschlüssen in der Sektion für öffentliche Gesundheitspflege der Versammlung der deutschen Naturforscher und Ärzte beschreibt Hubenstorf, Reform 1987, S. 57 f.

tern privater Initiativen zur einheitlichen Organisation und Verwaltung der öffentlichen Gesundheitspflege forderten Ende der 1860er Jahre zahlreiche Petitionen eine zentrale Reichsbehörde für das Medizinalwesen. Die Meinungen zur Ausgestaltung einer solchen Behörde differierten zwischen genereller Ablehnung und der Implementierung eines hierarchisch gestaffelten und Kommunen, Einzelstaaten und das Reich einbeziehenden Organisationsmodells. Als Kern der Diskussionen kristallisierte sich der Gegensatz zwischen Einzelinteresse und Gemeinwohl sowie die Konkurrenz zwischen Reich und Einzelstaaten heraus. Stellvertretend für den größten deutschen Einzelstaat agitierte die preußische Deputation für das Medizinalwesen in ihrem Publikationsorgan gegen eine zentrale Reichsgesundheitsbehörde. Auf Reichsebene war es die Sektion für öffentliche Gesundheitspflege und Medizinalreform der Gesellschaft deutscher Naturforscher und Ärzte, die in ihrer Veröffentlichung die Gründung eines Reichsgesundheitsamtes propagierte. Die diskutierte Zentralbehörde wurde Spielball erbittert ausgetragener Streitigkeiten zwischen Gegnern und Befürwortern. Schiedsrichter in diesem Konflikt war der Reichskanzler. Bismarck konnte sich den zahlreichen Petitionen nicht widersetzen, und schließlich sollte Varrentrapp frohlocken: »Das Centralgesundheitsamt wird kommen, trotz zahmen Verschiebens, trotz schroffen Widerspruchs.«[175] Des einen Freud – des anderen Leid. »Dass es Männern von so unruhiger und verworrener Denkungsart, wie Hr. Varrentrapp sich darstellt, gelungen ist, den Reichskanzler so weit zu treiben«, dass dieser dem Bundesrat entgegen dem Gutachten der preußischen Medizinaldeputation die Errichtung eines Gesundheitsamtes empfahl, ließ Virchow an der »Organisation des Deutschen Reiches in ihrer gegenwärtigen autokratischen Zuspitzung« zweifeln.[176]

Der allseits beklagten Langsamkeit der preußischen Medizinaldeputation stand das Reichskanzleramt in nichts nach. Zwischen dem Beschluss des Bundesrates zur Errichtung eines Gesundheitsamtes und der Besetzung der Behörde mit Mitarbeitern vergingen drei Jahre. Wenngleich sich in dieser Zeit immer wieder andere Aufgaben in den Vordergrund geschoben haben, wie die Vorbereitung der reichsweiten Medizinalstatistik, die Kompilation von Informationen über das deutsche Gesundheitswesen oder die Diskussion um die Einführung eines Impfgesetzes, so drängt sich aufgrund der dilatorischen Behandlung der Stellenbesetzung der Verdacht auf, das Reichskanzleramt habe kein wirkliches Interesse an der neuen Behörde gehabt oder ähnlich wie die preußische Medizinal-

---

[175] Varrentrapp, Centralgesundheitsamt 1872, S. 145.
[176] Virchow, Reichs-Gesundheits-Amt 1872, S. 142.

deputation in der neuen Behörde mehr Konkurrenz als Unterstützung gesehen. Die gesundheitspolitische Interimszeit wurde von den betroffenen Interessengruppen genutzt, um sich selbst im Umfeld der Gründung in Position zu bringen und die eigenen Ansprüche auf Mitsprache an die neue Behörde deutlich zu formulieren. Mit der Gründung privater Vereine wurde jedoch gleichzeitig die Dynamik aus der gesamtstaatlichen Entwicklung genommen, und der mit Verve begonnene Prozess geriet alsbald ins Stocken. Das von Beneke gewünschte »gemeinsame Arbeiten in gemeinsamen Rahmen«[177] blieb nur eine kurze Episode.

Auch die Gründung der Physikalisch-Technischen Reichsanstalt ein Jahrzehnt später verlief nicht reibungslos. Die Planungen zur Errichtung eines mechanischen Instituts zogen sich mehr als ein Jahrzehnt hin, und bis zur konkreten Beschlussfassung und endgültigen Gründung der Anstalt gingen weitere Jahre ins Land, obwohl Werner von Siemens einen Teil der finanziellen Mittel beisteuern wollte. Ähnlich stellten sich auch die Probleme hinsichtlich der Hoheit und Zuständigkeit über die Anstalt dar, da eine wissenschaftlich ausgerichtete technisch-physikalische Anstalt eigentlich in die Kompetenz der Länder und nicht in die des Reiches fiel. Eine weitere Parallelität bei der Gründung der beiden Institutionen war die Bemühung nationaler und nationalökonomischer Argumente, die die Gründung der Institutionen untermauern sollten. Schließlich setzte sich auch im Fall der Physialisch-Technischen Reichsanstalt der Kronprinz für die Gründung der Anstalt ein.[178] Die Schwierigkeiten bei der Errichtung des Gesundheitsamtes scheinen daher kein singuläres Phänomen zu sein, sondern sie finden auf der Ebene des Deutschen Reiches ihr Pendant in der Geschichte der Physikalisch-Technischen Reichsanstalt.

Bismarck wollte das Gesundheitsamt. Er unterstützte die Gründung einer medizinischen Zentralbehörde, obwohl die Mitglieder der preußischen Medizinaldeputation davon abrieten. Er konnte die zahlreichen Eingaben im Reichstag und die immer mächtiger werdende Interessenvertretung der Mediziner und deren Professionalisierungsbestrebungen nicht ignorieren, zumal die Petitionen der Mediziner und der Kommunen auch beim Kronprinzen Unterstützung und einen Fürsprecher fanden. Der Reichskanzler wollte das 1869 verlorene Terrain der Einflussnahme zurückgewinnen und die Mediziner in seine Politik einbinden – und

---

177 Beneke, Geschichte 1870, S. 29.
178 Vgl. Cahan, Meister 1992, S. 73-106. Nationale und nationalökonomische Gründe spielten auch bei der Errichtung der Kaiser-Wilhelm-Gesellschaft eine wesentliche Rolle, siehe Wendel, Kaiser-Wilhelm-Gesellschaft 1975.

sich nicht von ihnen für ihre Interessen einspannen lassen. Hier stößt die Professionalisierungsstrategie auf Grenzen. Während bei Huerkamp die erfolgreiche Einflussnahme auf staatliche Entscheidungen beispielsweise bei der Zugangsbeschränkung für das medizinische Studium oder in der Sozialversicherung im Vordergrund steht, könnte man die Versuche der Einflussnahme auch umkehren und nach der Vereinnahmung der neuen Profession zur Herrschaftssicherung durch den Staat fragen.

»Reform war an der Zeit« und Bismarck habe die Reformen steuern und leiten wollen. Der Reichskanzler sei wider Willen zum modernisierenden Reformer geworden, der an die liberale Tradition der preußischen Bürokratie anknüpfte. »Das war Modernisierung unter konservativem Vorzeichen – unter dem Vorbehalt der Begrenzung.« Im Zusammengehen mit den (National-) Liberalen sei Bismarck an die Spitze des gesellschaftlichen Fortschritts getreten.[179] Die Kooperation zwischen Bismarck und den Nationalliberalen in der Gründungsphase des Deutschen Reiches fand ihren erfolgreichen Niederschlag auch in der Errichtung des Kaiserlichen Gesundheitsamtes. Bei der politischen Umsetzung der gesundheitspolitischen Forderung nach einer institutionalisierten öffentlichen Gesundheitspflege der nationalliberalen Abgeordneten Zinn, Varrentrapp, von Götz, von Bunsen, von Winter und Wehrenpfennig kam Bismarck eine Schlüsselrolle zu. Entgegen dem Gutachten der preußischen Medizinaldeputation entschied sich Bismarck für die Errichtung einer Zentralbehörde für das Medizinalwesen.

Durch die den Hygienikern eigene pragmatische Politik der kleinen Schritte[180] wurde mit der Errichtung des Kaiserlichen Gesundheitsamtes 1876 eine weitere Forderung aus den Revolutionsjahren verwirklicht. Doch wie bei der Gründung des Deutschen Reiches waren auch hier die Ziele der Petenten mit denen Bismarcks nicht identisch. Bismarck hatte nicht deren Forderungen erfüllt, sondern eine Behörde empfohlen, die allein den Reichskanzler in Angelegenheiten der öffentlichen Gesundheitspflege beraten und weniger eine aktiv handelnde Wirkung entfalten sollte. In dieser Funktion stand die neu gegründete Behörde in direkter Konkurrenz zur preußischen Deputation für das Medizinalwesen. Als Reichsbehörde war sie gleichzeitig bei der Erledigung ihrer Aufgaben abhängig und angewiesen auf die Unterstützung der entsprechenden preußischen Ministerien. Diese unglückliche Konstellation ließ Virchow befürchten,

---

179 Nipperdey, Machtstaat 1998, S. 46. Zu den Reformprojekten Bismarcks Pflanze, Bismarck Reichskanzler 1998, S. 50-82, 173-179; der Wandel in den 1870er Jahren in Gall, Bismarck 2002, S. 606-682.
180 So die Charakterisierung bei Hardy, Ärzte 2005, passim.

es handle sich um die »Gründung einer neuen unverantwortlichen Behörde, deren Thätigkeit der schon jetzt seinen vielen Aufgaben gegenüber auf die Autorität untergeordneter Personen angewiesene Reichskanzler zu überwachen und zu leiten kaum im Stande sein dürfte«.[181]
In diesem Kräftefeld wurde in einem Prozess der Ausbalancierung von Macht das Maß der gegenseitigen Vereinnahmung und Instrumentalisierung austariert. In diesem spannungsgeladenen Gewitterfeld agierte das Gesundheitsamt in den ersten zehn Jahren seines Bestehens.

---

181 Das Abschlusswort hat Virchow, Reichs-Gesundheits-Amt 1872, S. 142.

2 Das Kaiserliche Gesundheitsamt/ Reichsgesundheitsamt
Die institutionelle Entwicklung von 1876 bis 1933

»Aber unzweifelhaft hat das Reichsgesundheitsamt von Jahrzehnt zu Jahrzehnt mehr und mehr die geistige Führung der dem Reiche obliegenden Arbeiten auf gesundheitlichem Gebiete übernommen, so daß die Auffassung, die das Amt in den Mittelpunkt der öffentlichen Gesundheitspflege des Reiches stellt, berechtigt erscheint.«[1] Im Zeitraffer stellt sich die Geschichte des Gesundheitsamtes als eine Erfolgsgeschichte dar. Von einer Institution mit »Minimalausstattung und Minimalkompetenz« mit »Anhörungsrecht bei der Ministerialbürokratie«[2] avancierte die Behörde innerhalb von fünf Dekaden zu einer »Hochburg der Hygiene«,[3] einem »Großbetrieb der Wissenschaft«,[4] einem Quasi-Gesundheitsministerium. In der Nahaufnahme verliert die historische Entwicklung der Behörde an Eindeutigkeit und Gradlinigkeit. Die institutionellen Rückschläge wurden vergessen oder durch Festschriften vergessen gemacht, die darüber hinwegtäuschten, dass die »geistige Führung« des Gesundheitsamtes auf dem Gebiet der öffentlichen Gesundheitspflege in der Zeit nach Gründung der Behörde oder Mitte der 1920er Jahre durchaus angezweifelt wurde.

In dem folgenden Kapitel soll daher die Entwicklung des Gesundheitsamtes im Kaiserreich und in der Weimarer Republik in einem historischen Längsschnitt beschrieben und in den gesellschaftlichen Kontext eingebettet werden. In dem historischen Überblick soll auf die fortlaufende Darstellung der inhaltlichen Arbeiten, der einzelnen bakteriologischen Experimente, der Untersuchungen auf dem Gebiet der Hygiene, der Ausarbeitung von Gesetzen oder Gutachten verzichtet werden. Eine solch detaillierte Darstellung würde vom Umfang den Rahmen dieser Arbeit sprengen und zudem ständig zu Wiederholungen führen, da sich verschiedene Arbeiten über Jahre und Jahrzehnte hinzogen. Der Schwerpunkt in diesem Kapitel liegt auf der personellen, finanziellen und institutionellen Entwicklung der Behörde.[5]

1 Vgl. die Pressestimmen zum fünfzigjährigen Jubiläum des RGA, hier den Artikel in der MMW, BA Berlin, R 86/853.
2 Vgl. Göckenjan, Kurieren 1985, S. 327.
3 »Eine Hochburg der Hygiene«, in: Preußische Kreuzzeitung vom 30.6.1926.
4 Im übertragenen Sinne Harnack, Großbetrieb 1905.
5 Die Aufgaben und die Tätigkeit des Gesundheitsamtes werden im dritten Kapitel als Querschnitt dargestellt. Der Fortgang der Arbeiten kann in den Publikationen

Im ersten Unterkapitel wird die der Festschrift von 1886 vorangehende Dekade analysiert (2.1). Besonders nach der langwierigen Gründungsphase soll in einer mikrohistorischen Perspektive die Behörde untersucht werden. Eine erfolgversprechende Entwicklung des Gesundheitsamtes im Sinne seiner Initiatoren oder der ihr vorgesetzten Reichsbehörde schien bis 1885 zweifelhaft. Das steigende Prestige war ein Produkt zermürbender institutioneller Kämpfe, die sich in den Akten des Gesundheitsamtes niedergeschlagen haben. Die Schriftstücke der Gründungszeit werden daher besonders berücksichtigt.

Seit Mitte der 1880er Jahre ändert sich der Charakter der Akten: Sie beinhalten überwiegend Schriftverkehr des täglichen Geschäftsbetriebes und spiegeln die Etablierung des Gesundheitsamtes als Institution wider. Im zweiten Teil des Kapitels (2.2) wird die Entwicklung des Gesundheitsamtes zwischen 1885 und 1905 in der »Ära Köhler« in groben Linien skizziert. In dieser Zeit expandierte die Behörde personell, räumlich und finanziell. Ähnlich hohe Zuwachsraten im Etat der Behörde erreichte das Gesundheitsamt später nicht mehr wieder. Institutionell können die Jahre bis nach der Jahrhundertwende als die erfolgreichsten bewertet werden. Auch wissenschaftlich erlebte die Behörde in den 1880er und 1890er Jahren ihre Glanzzeit. Darüber hinaus soll der die Entwicklung der Behörde beeinflussende gesellschaftliche Kontext dargestellt werden.

Der dritte Abschnitt beschreibt die »Ära Bumm« (2.3). Die zwei Dekaden während Amtszeit des Präsidenten Franz Bumm umfassen nach der Expansionsphase die Zeit des Ersten Weltkrieges und die schwierigen Nachkriegsjahre. Möchte man die Entwicklung des Gesundheitsamtes an bestimmten Personen festmachen, so ließe sich nach der schwierigen »Ära Struck« die »Ära Köhler« als eine Zeit der Expansion und die »Ära Bumm« als eine Periode der Bestandssicherung und des drohenden Niedergangs charakterisieren.

Das darauf folgende Unterkapitel stellt die institutionelle Entwicklung des Reichsgesundheitsamtes in den 1920er Jahren bis zum Ende der Weimarer Republik dar (2.4). Die Jahre zwischen dem Kaiserreich und dem Nationalsozialismus sollen – wie die Anfangsjahre der Behörde – eingehender analysiert werden, um die Geschichte und die ambivalente Entwicklung der Behörde zusammenfassend beurteilen zu können. Einerseits wurde das Gesundheitsamt zu seinem fünfzigjährigen Jubiläum als

und Zeitschriftenreihen der Behörde im Einzelnen nachverfolgt werden. Auf die Darstellung der einzelnen Experimente, Prüfungen und der wissenschaftlichen Arbeiten mit Verweis auf die behördeneigene Publikationsreihe der Physikalisch-Technischen Reichsanstalt verzichtet auch Cahan, Meister 1992, S. VIII f.

»Hochburg der Hygiene« gefeiert, während man gleichzeitig die Untätigkeit und die Unfähigkeit der Behörde auf dem Gebiet der öffentlichen Gesundheitspflege kritisierte. Um diesen offensichtlichen Gegensatz aufzuklären, soll das gesundheitspolitische Umfeld in der Weimarer Republik dargestellt werden. Die »Ära Hamel« spiegelt am ehesten die Gegensätze in der Hygiene und die Widersprüche der Moderne. Das letzte Unterkapitel skizziert die Entwicklung des Reichsgesundheitsamtes in der Zeit des Nationalsozialismus (2.5).

2.1 Der institutionelle »Kampf ums Dasein« – Die erste Dekade des Kaiserlichen Gesundheitsamtes

2.1.1 Die schwierigen Jahre der »Ära Struck«

Im Juli 1876 konnte das Gesundheitsamt seine Arbeit unweit der Charité in der Luisenstraße 19 aufnehmen. Zu Beginn des Jahres 1877 waren die Arbeiten so weit gediehen, dass erste Ergebnisse in der eigens dafür herausgegebenen, wöchentlich erscheinenden Zeitschrift *Veröffentlichungen des Kaiserlich Deutschen Gesundheitsamtes* der Öffentlichkeit präsentiert werden konnten. Die Publikationsreihe diente dem Zweck, »alle diejenigen thatsächlichen Mittheilungen von allgemeinerem Interesse, welche dem Gesundheitsamte bezüglich der jeweiligen Erkrankungs- und Sterblichkeits-Verhältnisse und der dieselben beeinflussenden Ursachen im In- und Auslande zu Gebote stehen, für alle an der öffentlichen Gesundheitspflege Interesse nehmenden Kreise möglichst schnell und vollständig zugängig zu machen.« Ferner sollten »alle vorbereitenden und ausführenden Verhandlungen und Erlasse über Fragen der öffentlichen Gesundheitspflege sowohl im Deutschen Reiche wie in den Deutschen Einzelstaaten« veröffentlicht werden. Darüber hinaus sollte in einer statistischen Beilage die »Beziehung des herrschenden Krankheits-Charakters zu den Witterungseinflüssen leichter zur Anschauung« gebracht werden. Neben statistischen Mitteilungen und der Veröffentlichung von die medizinische Praxis betreffenden Gesetzestexten sollten auch Anregungen von ärztlichen Vereinen zur Verbesserung der öffentlichen Gesundheitspflege aufgegriffen werden, jedoch nur insoweit zur Besprechung gelangen, »als dies ohne Eingehen in rein wissenschaftliche Ausführungen oder Kontroversen möglich ist.«[6] Die *Veröffentlichungen des Kaiserlich Deutschen Gesundheitsamtes* erschienen fortan wöchentlich, und schon nach Halb-

---

6 Alle Zitate im Vorwort VKGA vom 6.1.1877.

jahresfrist waren die Herausgeber von dem Erfolg dieser Zeitschrift überrascht.[7]
Doch fernab dieser publizistischen Erfolge stellte sich Unmut ein. »Trotz des guten Willens aller Beteiligten«, resümiert Manfred Stürzbecher, »gab es bei dieser neuen Zentralbehörde Anfangsschwierigkeiten.«[8] Die Ursachen der Schwierigkeiten waren vielfältig. Die Errichtung des Gesundheitsamtes wurde von der Bürokratie im Reichskanzleramt sowie von verschiedenen obersten Medizinalbehörden mit Missgunst und Misstrauen beobachtet.[9] Bei der Erarbeitung einer Denkschrift über die Aufgaben und Ziele des Gesundheitsamtes hatte sich Heinrich Struck über die mangelnde Dienstwilligkeit von Reichs- und Landesbehörden und zudem über unwillkommene Verfügungen und Entscheidungen der vorgesetzten Instanz beklagt.[10]

Schon nach Ablauf eines halben Jahres gab es die ersten Zwistigkeiten mit der vorgesetzten Behörde. Das Kaiserliche Gesundheitsamt musste in den ersten Jahren zahlreiche Akten aus der Registratur des Reichskanzleramtes ausleihen, um sich über verschiedene zu bearbeitende Sachverhalte zu informieren. Anfang Dezember 1876 setzte der Geheime Oberregierungsrat Starke aus der Geheimen Registratur B des Reichskanzleramtes den Direktor des Kaiserlichen Gesundheitsamtes in einem vertraulich gehaltenen Schreiben darüber in Kenntnis, dass an das Gesundheitsamt abgegebene Akten in »verheftetem« Zustand wieder zurückgegeben worden seien.[11] Systematisch abgeheftete Akten waren insofern wichtig, als die in einer zentralen Registratur verwalteten Akten an verschiedene Personen herausgegeben wurden, die sich – vorausgesetzt, sie waren mit der Systematik vertraut – problemlos in den Schriftstücken zurechtfinden

---

7 Vgl. VKGA im Juni 1877.
8 Vgl. BGA, 100 Jahre Forschung 1976, S. 23.
9 Vgl. die Klage des Abgeordneten Dr. Zinn in den SB des Reichstages, 3. LP, 2. Session, 12. Sitzung vom 2.3.1878.
10 Einige Landesbehörden würden sich weigern oder nur unter lästigen Nebenbedingungen die notwendige Einsicht in ihre Akten gewähren, vgl. den ersten Entwurf der Denkschrift, die Aufgaben und Ziele des Gesundheitsamtes betreffend, BA Berlin, R 1501/110849, in der Denkschrift Bl. 50 R. Die Denkschrift, so die Antwort aus dem RKA, sei in dieser Form nicht geeignet, an den Bundesrat übergeben zu werden. Polemik sei gänzlich zu vermeiden. Bei der Überarbeitung der Denkschrift müsse die einheitliche Haltung, die die Reichsbehörden nach außen hin wahrzunehmen hätten, beachtet werden. Klagen gehörten nicht in eine Denkschrift, sondern seien unter vollständiger Begründung der vorgesetzten Instanz vorzutragen, vgl. RKA an DKGA, 10.10.1878, ebd. Zur Denkschrift siehe auch Kap. 2.1.2.
11 Der Schriftwechsel in BA Berlin, R 1401/954.

Abb. 1 Heinrich Struck

konnten.¹² Aus Sicht des verantwortlichen Registraturbeamten, auf den die Unordnung zurückfallen würde, handelt es sich daher mitnichten um ein Kavaliersdelikt.

Der Direktor des Kaiserlichen Gesundheitsamtes wies die Anschuldigungen weit von sich, umso mehr, da Struck das betreffende Aktenstück selbst bearbeitet hatte. Kurzerhand drehte der Direktor des Gesundheitsamtes den Spieß um: Struck meinte sich zu erinnern, dass die Anordnung der Akte zu wünschen übrig gelassen habe und es schwergefallen sei, sich in dem Aktenstück rasch zurechtzufinden. Die Angelegenheit sei zu wichtig, so schloss Struck seinen Brief an Starke, um als vertraulich behandelt zu werden. In einem weiteren Bericht rollte Starke den Prozess der hausinternen Registratur und das Ergebnis seiner weiteren – akribischen – Ermittlungen auf. Das *Corpus delicti*, die mehrbändigen Mitteilungen über ansteckende Krankheiten in fremden Ländern, war dem Gesundheitsamt im September 1876 zur Verfügung gestellt und Mitte Oktober wieder zurückgegeben worden.

12 Für die Behandlung und das Verfassen von Schriftstücken, für das Verfassen von Gutachten und Protokollen sowie den Schriftverkehr mit anderen Behörden gab es dezidierte Anweisungen, die jede Behörde in einer eigenen Geschäftsordnung niederlegte, vgl. für das KGA die »Bestimmungen über den Geschäftsbetrieb im Kaiserlichen Gesundheitsamt« – »Nur für den inneren Dienst!« aus März 1904, BA Berlin, R 86/2585.

»Bei Gelegenheit einer Ende voriger Woche genommenen Einsicht des Volumen 2 dieser Akten fand sich, daß dasselbe zum Theil verheftet war. Diese Wahrnehmung gab Veranlassung, auch die übrigen Bände derselben einer hierauf bezüglichen Prüfung zu unterwerfen und es ergab sich das Resultat, daß in 2 Volumen je 20 bis 25 Piecen und in einem 3. 3-4 Piecen verheftet waren. Unterzeichnete kann auf das Bestimmteste versichern, daß z. B. der Band 2 mit dem Eingangsstück B 2717 [72] schloß, während die Verfügung zu demselben an einer anderen Stelle eingeheftet war und daß die Nummern [...] vom Jahr 1872 welche der No B 2717 folgen mussten, zerstreut an verschiedenen Stellen eingeheftet waren.

Hier [im Reichskanzleramt, ACH] sind die Akten nicht verheftet worden, da jedes Aktenstück nach dem jedesmaligen Einheften einer Piece nochmals revidirt wird; auch wäre hier solche Unordnung längst bemerkt worden, da die in Rede stehenden Akten sich oft im Geschäftsgang befunden haben. Die verhefteten Piecen waren übrigens theilsweise mit doppelten Fäden geheftet, ein Umstand, der mit Gewissheit darauf schließen läßt, daß die Akten von fremder Hand zertrennt worden sein müssen, da es in der Registratur des Reichskanzler-Amtes bisher nicht üblich gewesen ist, Akten mit doppelten Fäden zu heften.«[13]

Die Anschuldigungen kamen vermutlich in einem mündlichen Vortrag Strucks vor dem Präsidenten des Reichskanzleramtes zur Sprache und wurden geklärt, da die Angelegenheit Mitte Dezember 1876 in der Aktenüberlieferung abbricht.[14] Wer letztlich die Akten »verheftet« hat, bleibt der Spekulation überlassen. Als sicher gelten darf jedoch, dass solche administrativen Schwierigkeiten der gedeihlichen Zusammenarbeit zwischen dem Kaiserlichen Gesundheitsamt und der vorgesetzten Ministerialbürokratie kaum zuträglich waren.[15] Den Schaden trug langfristig das Kaiserliche Gesundheitsamt davon, denn der Direktor musste sich in der ersten

---

13 Der Bericht von GORR Starke in BA Berlin, R 1401/954.
14 »Eine dienstliche Angelegenheit, welche sich auf schriftlichem Wege nicht gut erledigen läßt, macht es mir sehr wünschenswerth, dieselbe Eure Excellenz im mündlichen Vortrag unterbreiten zu dürfen.« DKGA an PRKA, 18.12.1876, BA Berlin, 1401/954.
15 Als ein weiteres Beispiel sei die Unstimmigkeit zwischen dem PRKA und dem DKGA hinsichtlich der Weisungsbefugnis genannt. Struck hatte angezweifelt, ob Karl von Hofmann ihm gegenüber Anordnungen treffen könne. Bismarck habe ihm persönlich versichert, dass das RKA nicht als Zwischeninstanz zwischen »Seiner Durchlaucht« und dem KGA zu betrachten sei, sondern dass das KGA dem Kanzler unmittelbar ressortiere. In der weiteren Korrespondenz zwischen Kanzler, dem KGA und dem RKA stellte Bismarck klar, dass das KGA durchaus

Dekade alle wichtigen personellen und monetären Entscheidungen von der vorgesetzten Behörde genehmigen lassen und war nach wie vor auf den Aktenfundus des Reichskanzleramtes angewiesen.[16] Eine Erleichterung sowohl der Verwaltungsabläufe als auch der Arbeit selbst mag der geplante Erwerb wissenschaftlicher Hilfsquellen und einer Bibliothek 1878 geschaffen haben.[17]

Auch innerhalb der Behörde gab es Spannungen. Im Herbst 1879 hatte der Direktor des Kaiserlichen Gesundheitsamtes die bestehende Fassung der »Ordnung für den Geschäftsbetrieb« überarbeitet. Durch die neuen Bestimmungen sahen sich die Mitglieder der Behörde in ihrer amtlichen Stellung und Wirksamkeit beeinträchtigt.[18] Die betroffenen Personen[19] wandten sich, ohne den Direktor des Gesundheitsamtes vorher konsultiert zu haben, in einer gemeinsamen Resolution an den Präsidenten des Reichskanzleramtes mit der Bitte um Schlichtung.[20] Heinrich Struck fühlte sich düpiert, wenn nicht hintergangen. Ende Oktober 1879 beschwerte sich seinerseits Struck über das ungebührliche und ordnungs-

dem als Exekutivorgan des Kanzlers fungierenden RKA unterstehe, der Schriftwechsel aus Juli 1878 in BA Berlin, R 1501/110849.

16 Dies ist der Eindruck, der sich aus den Akten zum Etat und aus den Akten zu den Beamten des KGA, des RKA und des RAI ergibt; zum Etat siehe weiter unten. Hinsichtlich des Personals konnte der DKGA vorerst nur die subalternen Beamten einstellen. Bei der Einstellung von Mitgliedern wurden vom DKGA in Frage kommende Personen vorgeschlagen. Daraufhin erteilte das RKA dem DKGA die Vollmacht, Fühlung mit den Kandidaten aufzunehmen. Vertragsbedingungen und persönliche Gespräche wurden rapportiert und vom RKA gutgeheißen. Die Ernennung erfolgte durch den Kaiser.

17 Für das Haushaltsjahr 1877/1878 war für die Anschaffung einer Bibliothek ein einmaliger Betrag in Höhe von 16.400 Mark vorgesehen, BA Berlin, R 86/767.

18 Die neue Geschäftsordnung sah unter anderem vor, dass die Stellvertreter des Direktors in dessen Abwesenheit Angelegenheiten hinsichtlich des Personals oder der behördlichen Organisation weder herbeiführen noch anregen dürften. Die Mitglieder der Behörde befürchteten jedoch, dass sie hierdurch in Konflikt mit der vorgesetzten Behörde geraten könnten. Auf kollegialen Versammlungen hatten die Mitarbeiter zudem gleiches Stimmrecht wie der Direktor gefordert, vgl. hierzu die zahlreichen Schriftwechsel von September bis November 1879 in BA Berlin, R 1401/955.

19 Es handelte sich um die Mitglieder des KGA Karl Maria Finkelnburg, Friedrich Roloff und die im Januar 1879 eingestellten Eugen Sell und Gustav Wolffhügel.

20 Hinsichtlich der neuen Geschäftsordnung argumentierte Bismarck als Schlichtungsinstanz, dass letztlich der Direktor die getroffenen Entscheidungen seiner Behörde gegenüber dem Reichskanzler zu verantworten habe. Letztlich seinen eigenen Führungsstil skizzierend schrieb Bismarck hierzu: »Ich bin jeder kollegialischen Beschlussfassung in allen Stadien entschieden abgeneigt, denn ich halte sie für unpraktisch.« RK an RKA, 29.11.1879, BA Berlin, R 1401/955.

widrige Verhalten der ihm unterstellten Mitarbeiter. Der Direktor forderte die Berichte zur Einsicht und bat, die Mitarbeiter wegen ihres despektierlichen Verhaltens zur Rechenschaft ziehen zu dürfen.[21] Das Ausscheiden Finkelnburgs – der sich in dieser Angelegenheit besonders exponiert hatte – aus dem Gesundheitsamt im März 1880 steht aller Wahrscheinlichkeit nach in unmittelbarem Zusammenhang mit den personellen Querelen.[22] Die internen und externen Konflikte blieben auch außerhalb der Behörde nicht unbemerkt. Im März 1880 sah man sich veranlasst, einen Artikel in der *Magdeburger Zeitung* zu dementieren:

»Vollständig unwahr und eine böswillige Erfindung war das Gerücht, das den Chef mit seinen Collegen in flagrantestem Zwiespalt schilderte und eben so unrichtig ist die Annahme, die Professor Hirsch bekräftig haben sollte, daß sich das Gesundheitsamt in schlechtem Einvernehmen mit seiner vorgesetzten Behörde, dem Reichsamt des Innern befände. [...] Unrichtig ist aber auch die Mittheilung in dem qu. Artikel, nach welcher die Thätigkeit des Amtes jetzt wie gelähmt stehen solle.«[23]

Auch ohne eine tatsächliche oder vermeintliche Lähmung waren die Aufgaben in ihrer Vielfältigkeit sehr umfangreich und kaum zu bewältigen. Zu dieser unabsehbaren »Last der compliziertesten Arbeiten« gesellten sich zahlreiche ungeahnte Schwierigkeiten bei der technischen Bearbeitung von Gesetzesvorlagen und Gutachten.[24] Im April 1878 beschwerte sich Bismarck über die zähen Fortschritte in der öffentlichen Gesundheitspflege. Er habe geglaubt, »dass die Herstellung des Reichsgesundheitsamtes als Aufsichtsamt den Mängeln abhelfen könnte. Die Erfahrung hat aber nur gezeigt, wie ohnmächtig das Reich an sich und wie stark der Territorialstaat ist: Das Reichsgesundheitsamt ist eine begutachtende, berathende, bittende Behörde geworden, die sehr viel schreibt und thut, ohne dass ihr jemand Folge leistet, und der eine Beschäftigung zugefallen ist,

---

21 StsdI an DKGA, 23.12.1881, BA Berlin, R 86/2549.
22 Im Juli 1879 war Finkelnburg von Struck aufgrund seiner außerordentlichen Verdienste zur Ordensverleihung vorgeschlagen worden. Anfang März bat Finkelnburg aufgrund seines gesundheitlich angeschlagenen Zustands um die Versetzung in den Ruhestand, GStA PK Berlin, I. HA, Rep. 89, Nr. 24184, Bl. 27 f., 32. Gleichfalls sorgte der ungeschickte Versuch Strucks, den im Nebenamt tätigen Roloff zwangsweise in den Ruhestand zu versetzen, allenthalben für Unzufriedenheit, der Vorgang in BA Berlin, R 1501/110860.
23 Magdeburger Zeitung Nr. 115, Eingangsstempel 15.3.1880, BA Berlin, R 1501/110849. Struck hat mindestens gegen drei Zeitungsartikel prozessiert.
24 DKGA an Bismarck, 16.10.1879, BA Berlin, R 86/21.

bei der ich die ausgezeichneten Kräfte, die sich ihr gewidmet haben, nur mit Mühe von der Entmuthigung bewahren kann, mit der jede erfolglose und angestrengte Thätigkeit verbunden ist.«[25]

Nicht nur die Ausstattung mit geringen Kompetenzen oder nur mit allernotwendigsten Machtbefugnissen – gleich einem »Messer ohne Klinge«[26] – und die von Bismarck angedeutete zermürbende Aufreibung zwischen der Reichsbehörde und den Behörden der Einzelstaaten bildeten den Kern der anfänglichen Probleme. Darüber hinaus wähnte der Direktor des Gesundheitsamtes auch Kräfte innerhalb der *scientific community* am Werk, die dem neuen Amt alles andere als wohlwollend, sondern geradezu feindselig gegenüberstanden und den gutgläubig um Rat ersuchenden Struck auflaufen ließen oder gar sabotierten. In einem vertraulichen Bericht an den Reichskanzler im Oktober 1879 fasste er seine während der Erarbeitung des so genannten Nahrungsmittelgesetzes[27] gemachten Erfahrungen zusammen. Das Gesundheitsamt müsse in Ermangelung eines einheitlichen Untersuchungsverfahrens seine Arbeitszeit und Kraft für zahllose Kontrolluntersuchungen verwenden.

»Dazu kommt, daß eine gewisse Klasse von Chemikern, nicht ohne politische Nebenabsichten, fortdauernd eine sehr böswillige Agitation gegen das Zustandekommen dieses Gesetzes in Scene setzt und so eine Verwirrung in die Sache hineinbringt, welche das Gesundheits-Amt zur peinlichsten Gewissenhaftigkeit auffordert und ihm eine Menge von Controlarbeiten verursacht, welche unter anderen Verhältnissen nicht nothwendig gewesen wären. [...] Ich hatte mich der Hoffnung hingegeben, daß nach Publikation des betreffenden Gesetzes sich eine lebhafte Betheiligung für die Sache in Gelehrtenkreisen zeigen und so eine Arbeitstheilung möglich sein würde, von der sich manche Erleichterung hätte erwarten lassen können. Diese Hoffnung hat sich aber nicht erfüllt. Wenn auch, was diesseits wohl bekannt ist, viele sehr competente Fachmänner auf diesem Gebiete gearbeitet haben, so halten sie Alle mit ihren Resultaten zurück und was sonst die Fach-

---

25 Bismarck im April 1878, zitiert in BGA, 100 Jahre 1976, S. 23 f.
26 So bezeichnet das Mitglied des Reichstages Busse die Stellung des Reichstages in der Nationalzeitung vom 1.5.1878.
27 Gesetz betreffend den Verkehr mit Nahrungsmitteln, Genußmitteln und Gebrauchsgegenständen. Das Gesetz wurde am 14.5.1879 im Reichstag zum Schutz gegen die Fälschung von Nahrungs- und Genussmitteln verabschiedet. Kurz nannte man das Gesetz auch »Nahrungsmittelgesetz«. Fortan wird im Fließtext ohne weitere Kennzeichnung der Begriff Nahrungsmittelgesetz und in den Anmerkungen die Abkürzung NMG verwendet.

presse an Ergebnissen dieser Art bisher gebracht hat, hat sich fast ausnahmslos als unbrauchbar erwiesen. Der von meiner Seite gemachte Versuch dieserhalb mit Fachgelehrten in eine nutzbringende Berathung zu treten, war meistens theils vergeblich und hatte oftmals sehr demüthigende Folgen für das Gesundheits-Amt, da die hierbei erhaltenen Rathschläge sich als falsch und vom entschiedensten Uebelwollen eingegeben herausstellten. Es dürfte daher nicht zweckmäßig sein, von diesem Mittel noch ferner Gebrauch zu machen.«[28]

Die langwierigen experimentellen Forschungsarbeiten und die dadurch entstandenen Kosten führten schließlich zu einer geharnischten Rüge aus dem Reichsamt des Innern. Von dort erhielt der Direktor des Kaiserlichen Gesundheitsamtes kurz vor Weihnachten ein besonderes Geschenk. In einer die bisherigen Arbeiten zum Nahrungsmittelgesetz betreffenden Generalkritik wurde Struck vom Staatssekretär des Innern die Fähigkeit zur Leitung des Gesundheitsamtes – im Sinne der vorgesetzten Behörde – abgesprochen und der Direktor indirekt der Unfähigkeit bezichtigt.

»Das Kaiserliche Gesundheitsamt ist nicht dazu berufen, wissenschaftliche Probleme zu lösen oder nur Untersuchungsapparate zu konstruieren, sondern es liegt demselben auf dem technischen Gebiete im Wesentlichen die Aufgabe ob, die Fortschritte der wissenschaftlichen Forschung zu verfolgen und die Ergebnisse derselben im Bedarfsfalle kritisch zusammenzustellen, damit übersehen werden kann, welcher praktische Werth diesen Ergebnissen beizumessen ist. Daß aus diesem Anlaß unter Umständen Versuche im Laboratorium anzustellen sind, ist unzweifelhaft; dieselben haben sich aber in den engsten, durch die nächsten praktischen Ziele gezogenen Grenzen zu halten, und es ist dabei der Versuchung, über diese Grenzen hinauszugehen, rechtzeitig und mit voller Entschiedenheit entgegenzutreten. Wären diese Grenzen stets inne gehalten worden, so hätten insbesondere die Vorarbeiten [zu den Ausführungsverordnungen des Nahrungsmittelgesetzes, ACH] nicht so im Rückstande bleiben können, wie es thatsächlich der Fall ist. Gerade der Umstand aber, daß die beim Erlaß des Nahrungsmittelgesetzes als besonders dringend empfunden und deshalb dem Verordnungswege überwiesene einheitliche Regelung […] noch in keinem Punkte durchgeführt worden ist, läßt erkennen, wie wenig es der Eurer Hochwohlgeboren unterstellten Behörde gelungen ist, die bei Errichtung derselben gehegte Hoffnung zu rechtfertigen, daß mit Hülfe einer solchen Reichsstelle die dem Reiche

---

28 DKGA an Bismarck mit dem Vermerk »Sekret!« 16.10.1879, BA Berlin, R 86/21.

auf dem Gebiete der öffentlichen Gesundheitspflege obliegenden Aufgaben schneller gelöst werden würden, als es durch die bis dahin ausschließlich sich darbietende Wirksamkeit der einzelstaatlichen Organe möglich war.«[29]

Der Anlass der Zurechtweisung war die Überschreitung des Budgets. Die zu geringe Ausstattung mit finanziellen Mitteln engte den Aktionsradius des Gesundheitsamtes erheblich ein und begründete über alle Anfeindungen hinaus eine weitere Quelle von Konflikten. Bereits nach dem ersten Amtsjahr zeichnete sich die zu geringe Ausstattung mit finanziellen Mitteln und personellen Ressourcen ab. Der in behördlicher Verwaltungsarbeit ungeübte Direktor Struck hatte die einzelnen in seiner Verfügungsgewalt befindlichen Fonds ohne vorherige Absprache mit dem Reichskanzleramt überschritten bzw. bereits im November die bereitgestellten Mittel für das laufende Haushaltsjahr ausgeschöpft.[30] Die Etatüberschreitung wurde zwar noch im Dezember 1877 bewilligt, gleichwohl folgte im Januar des nächsten Jahres eine Zurechtweisung und Belehrung aus dem Reichskanzleramt. Dessen Präsident, Karl von Hofmann, sah sich zu der Bemerkung veranlasst, dass bereits vor der Überziehung des Budgets die Einholung einer Genehmigung hätte erfolgen müssen.»Es ist in Zukunft streng darauf zu halten, daß die vorkommenden Ausgaben in der Rechnung über dasjenige Etatsjahr, in welchem sie entstanden sind, nachgewiesen werden.« Schließlich wurde Struck noch darauf hingewiesen, dass der Rechnungshof bereits moniert habe, dass das »Rechnungswesen maßgebenden Grundsätzen« nicht entspreche.[31] In dem Briefwechsel zwischen dem Kaiserlichen Gesundheitsamt und der vorgesetzten Reichsbehörde zeichnen sich einmal mehr die zwischen diesen beiden Behörden in der »Ära Struck« herrschenden Animositäten ab, die ein Grund für die gehemmte Entfaltung des Gesundheitsamtes in der ersten Dekade seines Bestehens sein könnten.

29 StsdI an DKGA, 23.12.1881, BA Berlin, R 86/2549. Das Schreiben wurde aus der fortlaufenden Akte »Etat« herausgenommen und in die Akte »Secrete Sachen betreffend« eingeordnet. Der Hinweis auf die Versuche in den Laboratorien ist ein doppelter Seitenhieb auf Struck, denn der Direktor des Gesundheitsamtes hatte in den ersten Jahren seiner Amtszeit viele experimentelle Arbeiten in Ermangelung personeller Ressourcen selbst ausgeführt, vgl. die Geschäftsberichte der ersten Jahre in BA Berlin, R 86/10.
30 Vgl. den Briefwechsel zwischen DKGA und PRKA vom 15.11.1877, 2.12.1877, 14.12.1877 und 19.12.1877, alle in BA Berlin, R 86/767. Das vom Kalenderjahr abweichende Haushaltsjahr begann am 1. April und endete am 31. März des nächsten Jahres.
31 PRKA an DKGA, 17.1.1878, BA Berlin, R 86/767.

2.1.2 Die Denkschrift von 1878

Da der veranschlagte Haushaltsetat auch im nächsten Jahr nicht ausreichte, wurde für das Haushaltsjahr 1878/1879 die Verdoppelung des Budgets in Aussicht gestellt. Zur Begründung dieser Etaterhöhung verfasste Heinrich Struck die »Denkschrift über die Aufgaben und Ziele die sich das kaiserliche Gesundheitsamt gestellt hat und über die Wege, auf denen es dieselben zu erreichen hofft«, die nach mehrmaliger Überarbeitung dem Präsidenten des Reichstages im Februar 1878 vorgelegt wurde.[32] Die von Struck verfasste Denkschrift stellt weniger eine Novität als vielmehr die Zusammenfassung der bisherigen Literatur zum Thema öffentliche Gesundheitspflege dar.[33] Die Denkschrift sollte die langfristigen »Ziele und Aufgaben eines Gesundheitsamtes überhaupt« darstellen.[34] Ihren Status als Schlüsseltext erhält sie dadurch, dass der Vorsteher einer zentralen Reichsbehörde vor dem Reichstag mit der Denkschrift als Absichtserklärung ein Programm entwarf, wie dies die vorherigen Schriften als allgemeine Forderungen ohne Aussicht auf Umsetzung formulierten.

»Bei den Vertretern der medizinischen Wissenschaft ist in Folge der exakteren Forschungsweisen die Ueberzeugung immer mehr zur Geltung gelangt, daß es nicht mehr genügen könne, den Krankheiten von

---

32 Die Denkschrift ging ursprünglich auf die Initiative des DKGA zurück, der im Dezember 1876 gegenüber dem RK/PRKA die Bitte geäußert hatte, eine »Entwicklungsgeschichte« der ihm unterstellten Behörde schreiben zu dürfen. Im Anschluss an die Reichstagsdebatte bezüglich der dem Gesundheitsamt zugedachten Etaterhöhung im Frühjahr 1877 hatte der Reichstag am 14.4.1877 beschlossen, man möge für die nächstjährige Etatsdiskussion eine Denkschrift vorlegen. Der erste Entwurf der Denkschrift geriet allerdings – im Gegensatz zu der Skizze im Dezember 1876, BA Berlin, R 1401/954 – zu einer Generalabrechnung mit den im ersten Jahr gemachten Erfahrungen. Der erste Entwurf wurde daher vom PRKA wegen seiner an der Organisationsstruktur und der Zusammenarbeit mit den Reichsbehörden geäußerten Kritik gerügt mit der Aufforderung, die Denkschrift zu überarbeiten, PRKA an DKGA, 10.10.1877, BA Berlin, R 86/9; die Gegenüberlieferung im RKA in BA Berlin, R 1501/110849. Nach einem zweiten Entwurf verfasste man im RKA eine eigene kurze, in Kapiteln gegliederte Denkschrift, die wiederum Bismarck verwarf. Der Kanzler meinte, dass der ausführliche Entwurf von Struck einen besseren Eindruck auf die Abgeordneten machen würde und zweckdienlicher sei, RK an PRKA, 11.1.1878, BA Berlin, R 1501/110849. Die endgültige amtliche Denkschrift als DS des Reichstages Nr. 13, 3. LP, 2. Session 1878.
33 So auch seine eigene Stellungnahme als Kommissarius des Bundesrates im Deutschen Reichstag, vgl. die SB des Reichstages, 3. LP, 2. Session, 12. Sitzung vom 2.3.1878.
34 Struck in der Reichstagsdebatte, ebd.

Fall zu Fall mit der Absicht der Heilung gegenüber zu treten, sondern daß die mit der fortschreitenden Umgestaltung der sozialen Zustände der Menschen eng verbundene Verschlechterung der allgemeinen Gesundheitsverhältnisse dringend dazu auffordere, die Entstehungs- und Verbreiterungsursachen der vermeidbaren Krankheiten möglichst genau zu erforschen und in möglichst wirksamer Weise zu bekämpfen. Diese allgemeine Ueberzeugung führte in den sich für die öffentliche Gesundheitspflege interessierenden, besonders den ärztlichen Kreisen zu einer Agitation, welche den Zweck hatte, das Reich zur Uebernahme der Verwaltung der öffentlichen Gesundheitspflege zu veranlassen, ebenso aber auch die Ausbildung der öffentlichen Gesundheitspflege zu einer förmlichen Wissenschaft, wie eine Anerkennung derselben als solche zu erstreben.«[35]

Die bisherigen Versuche der Einzelstaaten seien bereits bei den Ermittlungsarbeiten gescheitert und folglich sei vorauszusehen, dass ihnen auch die Umsetzung der erforderlichen reichsweiten öffentlichen Gesundheitsmaßnahmen nicht gelänge. Aus diesem Grund habe sich die Ärzteschaft für eine medizinisch-wissenschaftliche Zentralbehörde eingesetzt, »welcher die Autorität des Reichs zur Seite stehen müsse, damit sie die vielfach auseinandergehenden Bestrebungen auf diesem Gebiete zu einem gedeihlichen einheitlichen Fortgange geleitet könne«.[36]

Die Aufgaben des Gesundheitsamtes unterteilten sich einerseits in Ermittlungsarbeiten und andererseits – darauf aufbauend – die Anwendung dieser Ermittlungsarbeiten sowie die Umsetzung wissenschaftlicher Forschungsresultate. Das erste Jahr seiner Tätigkeit habe das Gesundheitsamt dazu genutzt, um sich umfangreich auf dem Gebiet der Medizinalgesetzgebung zu informieren und den wissenschaftlichen Stand auf dem Gebiet der öffentlichen Gesundheitspflege zu studieren. Den Beginn aller Ermittlungsarbeiten müsse die Erstellung einer umfassenden Medizinalstatistik markieren.[37]

»Die Medizinalstatistik ist ein integrirender Theil der Gesundheitswissenschaft überhaupt und mit ihr auf das Innigste verwachsen.« Das Gesundheitsamt habe die »gesundheitsstatistische Aufgabe« in Zusammenarbeit mit dem Kaiserlichen Statistischen Amt und im Einvernehmen mit dem Reichskanzler begonnen und erfasse nach einem festgelegten Schema die Bevölkerungsbewegungen in den Städten mit mehr als 15.000 Ein-

---

35 Struck, Denkschrift 1878, S. 1.
36 Alle Zitate ebd., S. 1 f.
37 Ebd., S. 3. Siehe auch den Geschäftsbericht für das erste Jahr in BA Berlin, R 86/10.

wohnern und dokumentiere diese wöchentlich in den »Veröffentlichungen des Kaiserlichen Gesundheitsamtes«. Das besondere Augenmerk gelte bei allen statistischen Arbeiten den Kinder- und Säuglingssterblichkeitsverhältnissen im Deutschen Reich. Über diese Mortalitätsstatistik hinaus bereite das Gesundheitsamt die Grundlagen einer sich über das ganze Reich erstreckenden Erkrankungs- und Medizinalstatistik vor. »Von hohem Werthe würde die Ausdehnung der Erkrankungsberichterstattung auf die sämmtlichen unter Armenunterstützung lebenden Bewohner des Reiches sein [...].« Durch die Morbiditätsstatistik gewänne man einen Eindruck von der Beschaffenheit der allgemeinen Gesundheits- und Kräfteverhältnisse der Bevölkerung hinsichtlich ihrer physischen Entwicklung und könne somit die Rekrutierungsstatistik erweitern.[38]

Außerdem wurde in der Denkschrift als weitere wesentliche, auf den statistischen Erhebungen aufbauende Aufgabe des Gesundheitsamtes die Ergründung der Entstehungsbedingungen und der Verbreitungswege der so genannten Volksseuchen genannt. So sei mit der Reichs-Cholera-Kommission bezüglich der Abwehrmaßnahmen eine Vorlage zu einem direkten Erhebungsverfahren im Falle einer neuen Epidemie erarbeitet worden. Die Rückverfolgung der Ansteckungswege diene dazu, die Übertragung ansteckender Krankheiten zu erforschen. Die Einführung der obligatorischen Leichenschau böte ein anerkanntes Instrument, um die Erforschung der Krankheitsursachen voranzutreiben. Gelänge es nicht, den Erreger der Krankheit ausfindig zu machen, so könne man zumindest der »Wanderseuche« den Weg abschneiden.

Als Präventivmaßnahme zur Vermeidung von Epidemien habe man dem Gesundheitsamt auch die technische Überwachung und Ausführung des Impfgeschäftes sowie deren einheitliche Organisation übertragen. Ferner gelte es auch, sich den die Verbreitung der Epidemien begünstigenden Verhältnissen zuzuwenden und die Ätiologie der Krankheiten zum Gegenstand der Forschungen zu machen. Alle die den Menschen umgebenden äußeren Verhältnisse müssten auf ihre krankheitsfördernde Wirkung hin untersucht werden. Als begünstigende – eine gewisse Prädisposition hervorrufende – Verhältnisse führt Struck ungünstige klimatische Bedingungen, die Verunreinigung des Trinkwassers und des Bodens sowie von Flussläufen, eine mangelhafte Abfallentsorgung und schließlich die gesundheitsgefährdende Beschaffenheit von Wohnraum an. Diesen Anforderungen Rechnung zollend, habe das Gesundheitsamt eine Erhebung über die Trinkwasserversorgung in Städten mit mehr als 15.000 Einwohnern angestellt und plane diese zu den Mortalitätsstatisti-

---

38 Alle Zitate in Struck, Denkschrift 1878, S. 4-7; zur Statistik ausführlich Kap. 5.3.

ken in Bezug zu setzen. Ebenso gelte es bei der zunehmenden Konzentration der menschlichen Niederlassungen auf eng begrenztem Raum ähnliche Untersuchungen bezüglich der Abfallentsorgung, der Verunreinigung von Flüssen mit Abwässern und der Verpestung von Grund und Boden durch Industrieabfälle anzustellen.[39]

Zur Prävention von Epidemien solle die Desinfektion als prophylaktische Maßnahme weiter untersucht und verbessert werden, um deren Wirkungsweise zu optimieren. »Das Gesundheits-Amt hat diesen Gegenstand in den Bereich seiner Arbeiten gezogen und hofft mit den Resultaten seiner Untersuchungen dereinst einen namhaften Beitrag zu Lösung dieser Frage liefern zu können.« Mittels Desinfektion besonders gefährdeter Stätten und Wohnungen wie Krankenhäusern, Gefängnissen, Waisenhäusern aber auch Schlachthöfen hoffe man, infektiöse Einflüsse unschädlich machen zu können. Neben der Erforschung der »Volksseuchen« wolle man gleichfalls der Entstehung, Verbreitung und Abwehr von Tierseuchen größte Aufmerksamkeit schenken.[40]

Mit der Bekämpfung von Tierseuchen und der Wahrnehmung veterinärpolizeilicher Maßnahmen wandte sich Struck einem weiteren Hauptthema des Gesundheitsamtes zu: dem Schutz der Nahrungsmittel. Zu diesem Zweck habe das Gesundheitsamt mehrere Gutachten erstellt und dem Reichskanzler zur Kenntnis gebracht. Das erste erläuterte die Zweckmäßigkeit des Schlachthauszwanges in Städten mit mehr als 10.000 Einwohnern. Die Einführung des Schlachthauszwanges sollte die Bevölkerung vor dem Verzehr schlechten Fleisches schützen und den Verkauf von Fleisch kranker und alter Tiere verhindern helfen. Ein weiteres befürwortendes Gutachten forderte aus dem gleichen Grund die obligatorische Einführung einer allgemeinen Trichinenschau. Ferner war vom Gesundheitsamt ein Gesetz gegen die Verfälschung der Nahrungs- und Genussmittel entworfen worden.[41]

»Der Fortschritt der medizinischen Wissenschaften überhaupt« erfordere eine grundlegende Revision der human- und veterinärmedizinischen Studiengänge, da die bisher an die Prüfungen gestellten Anforderungen »nicht mehr gleichen Schritt halten mit den Fortschritten der Wissenschaft«. Zur Überarbeitung der Prüfungsordnung sei eine vom Gesundheitsamt berufene »Kommission von Fachgelehrten« im Reichskanzleramt zusammengetroffen und habe über eine Neuordnung des Prüfungsverfahrens beraten. Darüber hinaus hatte das Gesundheitsamt

39 Ebd., S. 7 f., 11.
40 Alle Zitate ebd., S. 8 f.
41 Alle Zitate ebd., S. 11 f.

Anteil an der »in Fluß befindlichen Frage der Neugestaltung des Apothekerwesens«.[42]

Über die bereits begonnenen Arbeiten hinaus werde sich das Gesundheitsamt für den Gesundheitsschutz der Kinder und der Irren sowie die Hygiene der Fabrikarbeiter engagieren. Die Beschreibung der Aufgaben schließt Struck mit der Versicherung, dass es keinen Zweig der öffentlichen Gesundheitspflege gäbe, welchem das Gesundheitsamt »nicht seine Aufmerksamkeit zuzuwenden sich für verpflichtet hielte, und daß dasselbe im fortwährenden Studium der Fortschritte der Gesundheitswissenschaft wie dem der Sozialökonomie, soweit dieselbe in seinen Thätitgkeitsbereich hineingreift [...] sich diejenige Leistungsfähigkeit anzueignen bemüht sein wird, welche ihm nothwendig ist, um seiner Aufgabe genügen zu können«.[43]

Ein wesentliches Instrument zur Durchsetzung der gesetzten Aufgaben stelle die »Errichtung von technischen Untersuchungsstationen« dar. Diese Untersuchungsstationen sollten in größeren Städten vor Ort durch vereidigte Beamte die Gesetze überwachen, die Zusammensetzung und Reinheit der Nahrungsmittel prüfen, Gutachten erstellen und das statistische Material erheben und kontrollieren. Ferner werde ihre Aufgabe die Beobachtung der lokalen Krankheitsfälle und die Anzeige von verdächtigen Erkrankungen sein, deren Krankheitsverlauf und Genealogie man gegebenenfalls nachzuforschen hätte. Um die Vielzahl unterschiedlicher Aufgaben wahrnehmen zu können, empfehle sich die Zusammenarbeit mit anderen Sachverständigen der Hygiene an den Universitäten und außeruniversitären Instituten sowie aus den einzelnen Bundesstaaten.[44]

Damit die Vielzahl der genannten Aufgaben vom Gesundheitsamt ohne »Arbeitsstockung« bewältigt werden könne, sei neben der Berufung von zehn außerordentlichen Mitgliedern auch die Einstellung von zwei neuen ordentlichen Mitgliedern – welche sich »als Spezialgelehrte für die von ihnen zu bearbeitenden Fächer so bewährt haben, daß sie vor der Welt als unantastbare Autoritäten dastehen« – im Gesundheitsamt erforderlich. Darüber hinaus erfordere die Verrichtung unterschiedlichster Untersuchungen für das in Aussicht gestellte Gesetz zum Schutz gegen die Fälschung von Nahrungs- und Genussmitteln auch die Einrichtung eines hygienischen Labors in den Räumen des Kaiserlichen Gesundheitsamtes.[45]

42 Alle Zitate ebd., S. 12 f.
43 Alle Zitate ebd., S. 10, 13.
44 Alle Zitate ebd., S. 13-21.
45 Alle Zitate ebd., S. 21-23.

Die Denkschrift konnte nicht alle Mitglieder des Reichstages überzeugen. Einige Abgeordnete hielten die Realisierung der skizzierten Aufgaben für utopisch, andere wollten das Gesundheitsamt auf eine rein beratende Funktion beschränkt sehen. Die Erarbeitung wissenschaftlicher Grundlagen hielten die meisten Wortführer für überflüssig. Der Zentrumsabgeordnete Franz Peter Reichensperger befürchtete bei einer Bewilligung der Etaterhöhung sogar, dass sich das Gesundheitsamt zu einer »finanziellen Aufsaugungsmaschine« entwickeln könnte. Dieser Sorge traten die Abgeordneten Zinn und von Winter entgegen. Eine Etaterhöhung sei bei der Gründung des Amtes bereits in Aussicht gestellt worden. Sie rückten die geforderten Ausmaße gerade und relativierten die Etaterhöhung.[46] Die Etatposition betrage nur ein Fünftausendstel des gesamten Reichsbudgets bzw. fordere das Reichsgesundheitsamt »nur den viertausend dreihundert und fünfzigsten Theil« des Militär- und Marineetats. Trotz dieser geringen Aufwendungen bezweifelte August Bebel die Umsetzung dieses vortrefflichen Programms und prophezeite dem Direktor des Gesundheitsamtes »noch manch bittere Enttäuschung, sowohl seitens seiner Vorgesetzten, wie der Reichstagsmajorität«.[47]

Die Reichstagsmajorität strafte Bebels Vorhersage Lügen. Die weitere Beratung in einer Budgetkommission wurde zwar abgelehnt, doch die Abstimmung zugunsten der Etaterhöhung fiel so knapp aus, dass der Präsident des Reichstages eine Gegenprobe vornehmen lassen musste. Der Etat wurde um 44.525 Mark auf insgesamt 109.875 Mark verdoppelt. Im darauf folgenden Haushaltsjahr wurde das Budget erneut auf insgesamt 124.240 Mark erhöht und verharrte auf diesem Niveau bis zum Haushaltsjahr 1886/1887. Für das um die neu zu schaffenden Laboratorien vergrößerte Gesundheitsamt wurde 1879 in der Luisenstraße 57 für einen Gesamtbetrag in Höhe von 312.000 Mark ein Privathaus aufgekauft und für die Bedürfnisse des Gesundheitsamtes eingerichtet. Nichtsdestotrotz musste der Direktor des Gesundheitsamtes jährliche Überschreitungen in den unterschiedlichen Titeln bewilligen lassen, bis sich das Reichsamt des Innern im Dezember 1881 dazu veranlasst sah, Struck erneut zurechtzuweisen und auf die Einhaltung der Etatdisziplin zu pochen.[48]

---

46 Die Debatte im Reichstag in den SB des Reichstages, 3. LP, 2. Session, 12. Sitzung vom 2.3.1878.
47 Vgl. Bebel, Reichs-Gesundheitsamt 1878, die Zitate S. 20.
48 Vgl. die Schreiben aus dem RAI an DKGA, 23.12.1881 und 20.1.1882, BA Berlin, R 86/767 und R 86/2549.

2.1.3 Trendwende – Konsolidierung des Gesundheitsamtes

Mit der Etaterhöhung war die Schaffung von zwei ordentlichen Mitgliederstellen verbunden. Die Stellen wurden im Januar 1879 mit Eugen Sell und Gustav Wolffhügel besetzt. Eugen Sell hatte Naturwissenschaften und Mathematik studiert und nach seiner Habilitation in Bonn als Privatdozent Chemie gelehrt. Seit 1870 war er zudem Lehrer für analytische Chemie an der Gewerbe-Akademie. Sell hatte bereits seit Juni 1877 als remunerierter Hilfsarbeiter am Gesundheitsamt die technische Leitung des Laboratoriums inne und hatte sich in dieser Stellung bewährt.[49] Gustav Wolffhügel hatte sowohl Medizin als auch Chemie studiert und am Institut für Hygiene in München als Assistent Pettenkofers gearbeitet und sich dort auf dem Gebiet der öffentlichen Gesundheitspflege hervorgetan.[50]

Als wichtigste Neubesetzung kann allerdings rückblickend die Bestallung Robert Kochs gelten, wenngleich die Besetzung zum damaligen Zeitpunkt nicht unumstritten und der Erfolg nicht vorhersehbar war.[51] Am 31. März 1880 war Koch bereits zum außerordentlichen Mitglied im Kaiserlichen Gesundheitsamt ernannt worden. Wenige Monate später wurde Koch auf Geheiß des Gesundheitsamtes vom Reichsamt des Innern als Nachfolger für den aus dem Amt scheidenden Finkelnburg vorgeschlagen. Der Kreisphysikus aus Wollstein zeichne sich durch vorzügliche Leistungen auf dem Gebiet der Infektionskrankheiten – besonders der Entdeckung des Milzbranderregers – und mikroskopischer Forschungen aus.[52] Darüber hinaus erfreute sich Koch auch der Unterstützung und Empfehlung aus wissenschaftlichen Kreisen.[53]

Für Koch wurde ein eigenes bakteriologisches Labor eingerichtet. Der dafür erforderliche Raum sowie die finanziellen und personellen Ressourcen wurden zu Lasten der Medizinalstatistik und der übrigen Laborato-

---

49 Sell dozierte weiterhin im Nebenamt an der Universität und an der Gewerbe-Akademie, vgl. zur Bestallung von Sell den Schriftwechsel im GStA PK Berlin, I. HA, Rep. 89, Nr. 24184, Bl. 21-25. Sell und Finkelnburg waren beide im NVÖG aktiv.
50 Vgl. zur Bestallung von Wolffhügel den Schriftwechsel im GStA PK Berlin, I. HA, Rep. 89, Nr. 24184, Bl. 21 f.
51 Zur Biographie Kochs siehe Heymann, Koch 1932; ders., Koch 1997; Möllers, Koch 1950; Brock, Koch 1988; Gradmann, Krankheit 2005. Zu den Konflikten Kap. 5.2.3.
52 Vgl. zur Bestallung Kochs den Schriftwechsel zwischen dem RKA und dem Kaiser, GStA PK Berlin, I. HA, Rep. 89, Nr. 24184, Bl. 43 f.
53 Vgl. BGA, 100 Jahre Forschung 1976, S. 32. Koch wurde auf Vermittlung von Julius Cohnheim, Professor in Breslau, an das Gesundheitsamt berufen, Gradmann, Krankheit 2005, S. 23 f.

rien eingespart.⁵⁴ Das ursprünglich für die Einberufung der außerordentlichen Mitglieder gedachte Budget für Reisekosten wurde vom Direktor des Gesundheitsamtes zweckentfremdet und für den Unterhalt der Laboratorien abgezweigt. Eine reguläre Erhöhung des Haushaltsetats war nicht denkbar. Das Engagement des Direktors zeigte Erfolg. Mit seinem Vortrag zur Ätiologie der Tuberkulose⁵⁵ und der Entdeckung des Tuberkel-Bazillus als Erreger der Tuberkulose und seinen späteren wissenschaftlichen Entdeckungen verschaffte Koch dem Gesundheitsamt die bisher versagt gebliebene Anerkennung und internationales Renommee.

Bereits die für den Bundesrat bestimmte Denkschrift von 1872 sah zur Erledigung der Aufgaben und Erweiterung des Tätigkeitsfeldes die Einberufung von außerordentlichen Mitgliedern als externe Sachverständige vor.⁵⁶ Struck hatte die Notwendigkeit hierzu in seiner Denkschrift von 1878 bekräftigt. Die Fülle der Aufgaben und die begrenzte Anzahl der Mitglieder müsse über eine zeitweise Ernennung hinausgehen, damit sich zwischen den ordentlichen Mitgliedern und den auswärtigen Fachgelehrten eine für die Bewältigung der anstehenden organisatorischen Aufgaben im Hinblick auf ein gleichmäßigeres Wirken innigere Beziehung ausbilden könne, als dies bisher bei der Einberufung von Kommissionen der Fall gewesen sei.⁵⁷ Nach fast zweijährigen Planungen und Verhandlungen präsentierte das Gesundheitsamt im Frühjahr 1880 der Öffentlichkeit 24 Persönlichkeiten unterschiedlicher Provenienz,⁵⁸ die für einen Zeitraum von drei Jahren durch den Kaiser zu außerordentlichen Mitgliedern ernannt wurden. Dieses Gremium setzte sich aus Vertretern der entsprechenden Reichs- und Landesministerien sowie kommunaler Körperschaften, aus Sachverständigen und Fachgelehrten der öffentlichen Gesundheitspflege und Vertretern der Ärzte- und Apothekervereinigungen zusammen.⁵⁹ Zu den Aufgaben der außerordentlichen Mitglieder zählte erstens die Unterrichtung des Gesundheitsamtes über

---

54 Vgl. KGA, Festschrift 1886, S. 8. Koch in der »Denkschrift über die Notwendigkeit der Errichtung eines hygienischen Reichsinstituts«, zitiert in Opitz, Ansichten 1994, S. 374.
55 Vgl. Robert Koch, Die Aetiologie der Tuberculose (Nach einem in der physiologischen Gesellschaft zu Berlin am 24. März cr. gehaltenen Vortrage), in: BKW vom 10.4.1882; ders., Aetiologie 1884.
56 Verhandlungen des Bundesrates des Deutschen Reiches, Session 1872, DS Nr. 40, S. 6.
57 Vgl. Struck, Denkschrift 1878, S. 21 f.
58 Vgl. hierzu die Liste der außerordentlichen Mitglieder im Anhang sowie Kap. 5.1.
59 Vgl. GStA PK Berlin, I. HA, Rep. 89, Nr. 24184, Bl. 33-42; BA Berlin, R 86/21 sowie die Gegenüberlieferung in BA Berlin, R 1501/110934-110938.

die Entwicklungen in den entsprechenden Fachgebieten; zweitens die Beratung der ordentlichen Mitglieder des Gesundheitsamtes; und drittens konnte sie der Direktor des Gesundheitsamtes mit der Erstellung schriftlicher Gutachten zu Problemen der öffentlichen Gesundheitspflege beauftragen.[60]

Mit der Ernennung Robert Kochs zum ordentlichen Mitglied und der Berufung von außerordentlichen Mitgliedern verringerte sich die Kritik an der Arbeit des Kaiserlichen Gesundheitsamtes. Im Jahr 1881 erschien neben den *Veröffentlichungen des Kaiserlichen Gesundheitsamtes* ein weiteres Publikationsmedium – die *Mittheilungen aus dem Kaiserlichen Gesundheitsamte* –, in dem die ersten wissenschaftlichen Arbeitsergebnisse präsentiert wurden.[61] Als das preußische Ministerium der geistlichen, Unterrichts- und Medizinal-Angelegenheiten zur 59. Versammlung Deutscher Naturforscher und Ärzte eine Beschreibung der naturwissenschaftlichen und medizinischen Staatsanstalten in Berlin zu veröffentlichen beabsichtigte, wurde auch das Kaiserliche Gesundheitsamt zu einer Selbstdarstellung aufgefordert. Das Gesundheitsamt schlug daraufhin dem Reichsamt des Innern vor, zum zehnjährigen Bestehen des Amtes eine eigene Festschrift herauszugeben.[62]

Die Veröffentlichung der Festschrift war eine der wenigen Möglichkeiten, die Arbeit des Gesundheitsamtes in seiner gesamten Bandbreite einem allgemeineren Publikum zugänglich zu machen. Eine weitere Gelegenheit stellte die Beteiligung an Ausstellungen sowie die Teilnahme einzelner Mitglieder des Gesundheitsamtes an Kongressen dar.[63] Ferner

---

60 Vgl. BA Berlin, R 86/21.
61 In dem ersten Band veröffentlichte Koch Arbeiten über pathogene Organismen und über die Ätiologie des Milzbrandes. Ferner gab es fünf Beiträge über Desinfektion und über unterschiedliche Desinfektionsmethoden, einen Beitrag Loefflers zur Immunitätsfrage und einige praktische Beiträge über Luft- und Wasseranalyse sowie über die polizeiliche Kontrolle der Milch, siehe MKGA 1 (1881). Carl Flügge, später zusammen mit Robert Koch Herausgeber der Zeitschrift für Hygiene, beurteilte in der DVÖG die Beiträge in den *Mittheilungen* als äußerst wertvoll, die Rezension in der DVÖG 14 (1882), S. 488-499. Zur Verwissenschaftlichung der Hygiene siehe Kap. 5.2.
62 Vgl. zu den Erscheinungsumständen der Festschrift von 1886 BA Berlin, R 86/11. Die Festschrift wurde unentgeltlich an die Mitglieder der Gesellschaft deutscher Naturforscher und Ärzte verteilt.
63 Das Gesundheitsamt beteiligte sich am Kongress für Demographie und Hygiene 1878 in Paris, am Internationalen medizinischen Kongress in London 1881 und am Internationalen hygienischen Kongress 1882 in Genf durch die Entsendung eines Mitgliedes und an der Allgemeinen deutschen Ausstellung auf dem Gebiet der Hygiene und des Rettungswesens durch Berichterstattung im Auftrag des RAI, vgl. KGA, Festschrift 1886, S. 12 f.

boten die Publikationsorgane des Kaiserlichen Gesundheitsamtes, weniger die *Veröffentlichungen des Kaiserlichen Gesundheitsamtes* in ihrem begrenzten Rahmen als statistischer und gesetzlicher Informationsträger ohne eigenen wissenschaftlichen Gehalt als vielmehr die *Arbeiten aus dem Kaiserlichen Gesundheitsamte* die Möglichkeit zur prestigeträchtigen Darstellung neuester wissenschaftlicher Ergebnisse.

In der Festschrift wurden die Ergebnisse der ersten zehn Jahre zusammengefasst. Neben zahlreichen Gutachten für Reichs- und Landesbehörden konnte das Gesundheitsamt mit den in der Denkschrift von 1878 vorgezeichneten Aufgaben beginnen. Als erstes Arbeitsresultat konnte das Gesundheitsamt auf die seit 1877 wöchentlich erscheinende Medizinalstatistik verweisen. Die zahlreichen Gutachten des Gesundheitsamtes zum Schutz von Nahrungs- und Genussmitteln sowie Gebrauchsgegenständen vor gesundheitsschädigenden Verfälschungen mündeten am 14. Mai 1879 in das Nahrungsmittelgesetz. Die aufwendigen Vorarbeiten und Untersuchungen hatten sich jedoch äußerst schwierig und langwierig gestaltet, da es keine Richtlinien für die Inhaltsstoffe und die Zusammensetzung der Lebensmittel – nicht einmal verlässliche Prüfungsmethoden zu deren sicheren Bestimmung – gab.[64] Bei der Revision des zweiten Deutschen Arzneibuches 1882 konnte das Gesundheitsamt die volle gesetzgebende Kompetenz erlangen.[65] Das Gesundheitsamt war federführend an der Erstellung einer reichsweiten humanmedizinischen und veterinärmedizinischen Prüfungsordnung beteiligt. Die ärztliche Prüfungsordnung trat nach mehrjährigen im Gesundheitsamt stattfindenden Beratungen 1883 in Kraft.[66]

Ein weiterer von Struck in seiner Denkschrift definierter Aufgabenkomplex war die Ergründung, der Schutz und die Bekämpfung der so genannten Volksseuchen. Mit der Koch'schen Entdeckung des Tuberkulose- und Cholera-Erregers drang man entschieden auf die Fortentwicklung der Bakteriologie. Das Gesundheitsamt beschäftigte sich mit der Ätiologie der Cholera, der Pest, der Pocken, des Typhus und der Tuberkulose. Bei Ausbruch der Cholera 1883 wurde zur umfassenden Erforschung der Krankheit eine wissenschaftliche Expedition, bestehend aus Mitgliedern des Gesundheitsamtes, in das Krisengebiet nach Ägypten

---

64 Vgl. die Klage Strucks an Bismarck mit dem Vermerk »Secret!« 16.10.1879, BA Berlin, R 86/21; Meyer/Finkelnburg (Hg.), Gesetz 1880; Hüntelmann, Kooperation 2006.

65 Vgl. Hickel, Gesundheitsamt 1977, S. 69.

66 Vgl. zu diesem Absatz KGA, Festschrift 1886, passim; die inhaltlichen Arbeiten des KGA ausführlich in Kap. 3.

entsendet.⁶⁷ Die Erforschung der Epidemie bot nach Meinung des Direktors eine gute Gelegenheit, die Leistungsfähigkeit des Kaiserlichen Gesundheitsamtes unter Beweis zu stellen.⁶⁸ In einem von der Öffentlichkeit vielbeachteten Wettlauf zwischen den deutschen und den französischen Forschern gelang dem beharrlicheren Koch die »Entdeckung« des Cholera-Erregers. Er wurde bei seiner Rückkehr mit Auszeichnungen überhäuft und als nationaler Held gefeiert.⁶⁹ Auf die Resultate bauten weitere Forschungen zu den Übertragungswegen und der Virulenz ansteckender Krankheiten auf. Außerdem wurden zum Schutz vor Infektionskrankheiten Forschungsarbeiten über Desinfektion aufgenommen und unterschiedliche Desinfektionsverfahren getestet. Darüber hinaus wurden auch die Krankheitsursachen der Viehseuchen erforscht. Sie galt es nicht nur wegen der aus den Epizootien resultierenden hohen wirtschaftlichen Schäden zu bekämpfen, sondern wegen der bis dahin ungeklärten Übertragungswege und Ansteckungsgefahren.⁷⁰

Die konkreten Maßnahmen zur Bekämpfung der so genannten Volksseuchen beschränkten sich auf die Erstellung von Gutachten, die Vorbereitung von Gesetzesvorlagen und die beratende Teilnahme an unterschiedlichen Kommissionen. Vertreter des Gesundheitsamtes nahmen an den Sitzungen der Reichs-Cholera-Kommission teil, und nach Beendigung ihrer Arbeit 1879 wurden die Akten an das Kaiserliche Gesundheitsamt überwiesen. Weiterhin wurde wiederholt im Auftrag des Reichskanzleramtes über ein Reichsgesetz zur Regelung der Anzeigenpflicht bei gemeingefährlichen Krankheiten beraten.⁷¹ Die Pflicht des Gesundheitsamtes sei es auch, sich denjenigen Verhältnissen zuzuwenden, die eine fördernde Wirkung auf die Verbreitung von Seuchen ausüben und die Beneke in seiner Definition von Gesundheitsstörungen unter »die sämmtlichen den Menschen umgebenden äusseren Verhältnisse« summierte.⁷² Diese Pflichterfüllung musste allerdings in den ersten Jahren seit Bestehen des Gesundheitsamtes zugunsten der geschilderten Schwerpunkte zurücktreten.⁷³

67 Vgl. den dritten Band der AKGA (1887) von Robert Koch und Georg Gaffky.
68 Struck an RAI, 4.8.1883, zitiert nach Gradmann, Krankheit 2005, S. 269.
69 Der Wettlauf zwischen Pasteur und Koch in Evans, Tod 1990, S. 340-342; zur Cholera-Expedition ausführlich Gradmann, Labor 2003; ders., Krankheit 2005, Kap. V.2; Briese, Angst 2003, S. 312-314.
70 Vgl. KGA, Festschrift 1886, passim; ausführlich Kap. 4.3.
71 Vgl. KGA, Festschrift 1886, S. 34, 37, 46-49.
72 Der Anspruch bei Struck, Denkschrift 1878, S. 8; das Zitat in Beneke, Frage 1872, S. 17.
73 Die Schilderung vereinzelter Maßnahmen in KGA, Festschrift 1886, S. 65-72.

Die Selbstdarstellung des Gesundheitsamtes täuschte darüber hinweg, wie wenig Echo die Arbeiten der Behörde bis Anfang der 1880er Jahre in wissenschaftlichen und nichtwissenschaftlichen Kreisen fand.[74] Von diesen beabsichtigten oder unbeabsichtigten Differenzen in der Außen- und Innensicht abgesehen, lenkte die Festschrift von den geschilderten Schwierigkeiten ab, mit denen das Gesundheitsamt gerade in den ersten Jahren zu kämpfen hatte. Das Gesundheitsamt konnte den hochgesteckten Hoffnungen nicht gerecht werden. Der Spagat zwischen öffentlichen Erwartungen und ministeriellen Anforderungen einerseits und der ungenügenden Ausstattung mit Personal und Mitteln andererseits musste zwangsläufig ein Klima der Unzufriedenheit provozieren, wie es exemplarisch in den beiden Artikeln der *Vossischen Zeitung* und der *Posener Zeitung* artikuliert wurde. Die *Posener Zeitung* lästerte, dass die Initiative des Gesundheitsamtes zum Nahrungsmittelgesetz »den Witzblättern die ergiebigste Ausbeute liefert«.[75] Das Gesundheitsamt solle sich, kritisierte die *Vossische Zeitung* anlässlich der Eröffnung des Reichstages, weniger um eine Strafverschärfung für Nahrungsmittelfälscher kümmern als lieber um ein Leichenschau-Gesetz oder die sich ausbreitende Cholera. »Was hat das Reichsgesundheitsamt für eine bessere Gesundheitspolizei, für Reinigung der Städte und anderer Wohnplätze, für Desinficierung gethan, um Deutschland möglichst gegen das Uebel [die sich ausbreitende Cholera, ACH] zu rüsten? Solche positive Schöpfungen scheinen uns wichtiger und des Amtes würdiger als die Erfindung neuer Strafen. Der Reichstag wird sich nach dem Befinden des Gesundheitsamtes erkundigen müssen.«[76]

Zur Kritik seitens medizinischer Promotoren der öffentlichen Gesundheitspflege in den ersten Jahren des Bestehens gesellte sich mit dem Durchbruch der modernen Bakteriologie eine innerwissenschaftliche Auseinandersetzung zwischen den so genannten Lokalisten und den Kontagionisten.[77] Diesem vielfachen Druck und den teilweise auf dem

---

74 Vgl. Müller, Jubiläum 2004.
75 Der Artikel muss 1877/1878 erschienen sein, der Ausschnitt in BA Berlin, R 1501/110849. Die Zeitung bzw. der Autor wurde wegen Verunglimpfung einer Reichsbehörde verklagt.
76 Vossische Zeitung vom 7.2.1878.
77 Vgl. BGA, 100 Jahre 1976, S. 32; Eckart, Geschichte 1994, S. 235 f.; Gradmann, Krankheit 2005, S. 35-46. Die Auseinandersetzung währte bereits seit Jahrhunderten, wurde jedoch durch die Choleraepidemien zu Beginn der 1830er Jahre neu entfacht. Stolberg unterscheidet »Die Lehre vom Kontagion«, die davon ausgeht, dass der unsichtbare Ansteckungsstoff – Tiere oder Pflanzen – unmittelbar durch den Menschen weitergegeben wird und die infizierte Person ein identi-

Rücken des Gesundheitsamtes ausgetragenen Konflikten hielt der erste Direktor des Kaiserlichen Gesundheitsamtes schließlich nicht mehr stand. Die anstrengende Arbeit, resümierte der Staatssekretär des Innern von Boetticher, habe Struck schließlich die Gesundheit geraubt.[78] Nachdem Struck bereits im Juni 1884 wegen »dauernder Beeinträchtigung der Sehkraft« und einem »unheilbaren inneren Leiden« den Staatssekretär des Innern um einen halbjährigen Urlaub ersucht hatte, bat er einen Monat später mit Rücksicht auf seine eingeschränkte Gesundheit um die endgültige »Versetzung in den Ruhestand mit Pension«.[79]

Die Leitung des Gesundheitsamtes übernahm provisorisch von Juni 1884 bis zur Neubesetzung im Februar 1885 Robert Koch. Er stand jedoch nicht für den Posten des Direktors zur Verfügung. Für seine eigene Karriere hatte Koch andere Pläne. Im Gesundheitsamt stießen die Ambitionen Kochs an ihre Grenzen. Der Betrieb der Laboratorien war nach wie vor finanziell nicht abgesichert, und die Bakteriologen arbeiteten mit der ständigen Furcht, dass die originär für Reisegelder vorgesehenen Mittel durch Tagungen der außerordentlichen Mitglieder aufgezehrt und somit den Forschern und ihrer Arbeit die materielle Grundlage entzogen werden würde. Darüber hinaus hatte der Staatssekretär des Innern bereits Anfang September 1884 im Anschluss an eine Besprechung mit Robert Koch angedeutet, dass man als Nachfolger für Struck – nachdem Koch keine besondere Neigung habe erkennen lassen – einen »Administrationsbeamten« einsetzen wolle.[80]

Robert Koch schwebte für seine bakteriologischen Forschungen ein selbständiges Reichs-Hygiene-Institut vor. Die theoretischen Forschungs-

---

sches Krankheitsbild entwickelt. Diese Theorie wurde von Koch vertreten. Sein theoretischer Gegenspieler Pettenkofer stand stellvertretend für die »Lehre vom Miasma«. Diese geht davon aus, dass die Krankheit durch die Fäulnis erregenden Ausdünstungen des Bodens verursacht wird. Das dritte epidemiologische Paradigma war die »Lehre von der epidemischen Konstitution«. Im Unterschied zur Miasmenlehre berücksichtigte die »Lehre von der epidemischen Konstitution« auch die Empfänglichkeit der einzelnen Personen für bestimmte Ansteckungsstoffe. Diese Empfänglichkeit war jedoch regionalen und saisonalen Schwankungen und »kosmo-telluro-meteorologischen« Faktoren unterworfen, vgl. Stolberg, Theorie 1994, S. 57-59; ferner Briese, Angst 2003, S. 131-158; die verschiedenen Erreger-Theorien im britischen Kontext Worboys, Spreading Germs 2000.

78 Der Reichskanzler an den Kaiser, 3.10.1884, GStA PK Berlin, I. HA, Rep. 89, Nr. 24184, Bl. 64 f.
79 Der StsdI an den Kaiser, 17.8.1884, ebd.
80 Vgl. Opitz, Ansichten 1994, S. 365 f.; die Ablehnung Kochs, dauerhaft die Leitung des Amtes zu übernehmen, in dem Brief des StsdI an den Kaiser, 27.1.1885, GStA PK Berlin, I. HA, Rep. 89, Nr. 24184, Bl. 75.

interessen wurden jedoch bei allem Erfolg vom Reichsamt des Innern mit Misstrauen betrachtet. Man befürchtete, die bakteriologische Abteilung könne sich in theoretischen Forschungen verlieren und die »Fragen des praktischen Lebens« vernachlässigen.[81] Bismarck lehnte die Errichtung eines neuen Reichsinstituts ab. Als Alternative war Koch nach dem Tod von Julius Cohnheim die Professur für allgemeine Pathologie und pathologische Anatomie an der Leipziger Universität vom sächsischen Kultusministerium angetragen worden. Da Robert Koch dem Staatssekretär des Innern für die weitere Ausbildung der Reichs-Medizinalgesetzgebung und die Abwehr von Infektionskrankheiten unentbehrlich schien, wurden Verhandlungen mit dem preußischen Ministerium für geistliche, Unterrichts- und Medizinalangelegenheiten aufgenommen und die Errichtung eines eigenen Hygiene-Instituts an der Berliner Universität in Aussicht gestellt. Nach Verhandlungen mit dem preußischen Minister von Goßler fand sich Koch nolens volens als Professor für Hygiene an der Berliner Universität wieder.[82] Dem Gesundheitsamt blieb Robert Koch als ordentliches Mitglied im unbesoldeten Nebenamt erhalten.[83]

Die Konflikte zwischen dem Direktor des Gesundheitsamtes und der vorgesetzten Behörde, dem Reichsamt des Innern, traten bei der Neubesetzung dieser Stelle noch einmal in aller Deutlichkeit zu Tage.

»Bei der ersten Besetzung der Direktorstelle im Kaiserlichen Gesundheits-Amte ist der Gesichtspunkt maßgebend gewesen, daß für diese Stelle die Wahl einer Persönlichkeit von medizinischer Vorbildung und erprobter Erfahrung auf dem Gebiete der Heilkunde räthlich sei. Demgemäß wurde der damalige Oberstabs- und Regimentsarzt, Sanitätsrath Dr. Struck zu Leitung des neuen Amtes berufen. Ich habe die

---

81 Aufzeichnung des StsdI nach dem Gespräch mit Koch vom 1.9.1884, zitiert in Opitz, Ansichten 1994, S. 364; vgl. auch die Generalkritik von Boetticher an Struck, 23.12.1882, BA Berlin, R 86/2549; und die Akten in R 1501/111727.
82 Robert Koch besaß weder Lehrerfahrung, noch war ihm die medizinische Fakultät geneigt. Der die medizinische Fakultät dominierende Doyen Virchow und Koch pflegten seit ihrer ersten Begegnung 1878 eine gegenseitige Antipathie, vgl. Möllers, Koch 1950, S. 110 f.; anekdotisch Jäckel, Charité 2001, S. 518-520; die Berufung an die Berliner Universität bei Gradmann, Krankheit 2005, S. 26 f. Briese hingegen bewertet die von Koch »ersehnte Professur an der Berliner Universität« als Belohnung für die erfolgreiche Cholera-Expedition, Briese, Angst 2003, S. 314. Dem ist nicht zuzustimmen. Vor dem Hintergrund von Kochs Bemühungen, ein eigenes Reichs-Institut für Hygiene zu gründen, muss die Berufung an die Universität – wie Christoph Gradmann herausgearbeitet hat – wohl eher als eine enttäuschende Notlösung bewertet werden.
83 StsdI an von Goßler, 27.3.1885, zitiert in Möllers, Koch, S. 164 f.

Verdienste dieses Mannes auch Eurer Majestät gegenüber noch bei seinem Ausscheiden aus dem Reichsdienste anerkannt. Gleichwohl durfte ich mich schon seit längerer Zeit der Wahrnehmung nicht verschließen, daß eine wesentlich vom technischen Gesichtspunkte bestimmte, der administrativen Schulung entbehrende Leitung nicht in vollem Maße der Aufgabe gerecht zu werden vermag, welche dem Gesundheitsamte gestellt ist. Die Unterstützung, welche das Amt dem Reichskanzler auf dem Gebiete der medizinal- und veterinärpolizeilichen Interessen zu leisten hat, ist ungeachtet des guten Willens der betheiligten Beamten deshalb nicht selten eine unzureichende gewesen, weil dem Direktor das administrative Geschick und die nöthige Vorbildung in dem Bereiche des öffentlichen Rechts und des Polizeiwesens mangelte. Gegenwärtig, nachdem die Stelle des Direktors zur Erledigung gelangt ist, haben meine Bedenken gegen eine fernere Leitung des Amtes von medizinisch-technischen Gesichtspunkten aus sich noch gefestigt und mich zu dem Entschlusse bestimmt, Eurer Majestät nunmehr einen Administrationsbeamten für die Stelle allerunterthänigst in Vorschlag zu bringen. [...] Demgemäß gestatte ich mir, Eurer Majestät für die Stelle als Direktor des Kaiserlichen Gesundheitsamtes den vortragenden Rath im Reichsamt des Innern, Geheimen Regierungsrath Carl Julius Wilhelm Köhler allerunterthänigst in Vorschlag zu bringen.«[84]

Der Grundstein für den internationalen Erfolg – die Einstellung Kochs und die vorbehaltlose Unterstützung und der Ausbau der Bakteriologie als eine eigene Wissenschaft durch das Kaiserliche Gesundheitsamt –, mit dem in der Festschrift von 1886 geworben wurde, war in den ersten Jahren unter schwierigen Bedingungen gelegt worden. Struck selbst konnte diesen Erfolg nur aus der Distanz verfolgen. Nach seiner Pensionierung war er in Berlin noch einige Zeit als Arzt tätig. Er verstarb am 7. Dezember 1902.[85]

84 RAI an den Kaiser, 27.1.1885, GStA PK Berlin, I. HA, Rep. 89, Nr. 24184, Bl. 73-78.
85 Vgl. BGA, 100 Jahre 1976, S. 32.

2.2 Die institutionelle Entwicklung des Kaiserlichen Gesundheitsamtes im gesellschaftlichen Kontext zwischen 1885 und 1905

2.2.1 Die »Ära Köhler« – Modernisierung und Aufstieg in der Schwellenzeit zur Moderne

Zum Nachfolger im Amt des Direktors des Kaiserlichen Gesundheitsamtes wurde der 1847 geborene Karl Köhler ernannt. Köhler wurde nach dem Studium der Jurisprudenz und mehrjähriger Tätigkeit im preußischen Staatsdienst 1878 »Hülfsarbeiter« im Reichskanzleramt. Bereits ein Jahr später wechselte Köhler in das Reichsamt des Innern und wurde dort zum Kaiserlichen Regierungsrat und 1881 zum Geheimen Regierungsrat befördert.[86] Im Reichsamt des Innern bearbeitete er die medizinal- und veterinärpolizeilichen Angelegenheiten und war folglich »mit der Entwicklung und den Aufgaben des Gesundheits-Amtes genau vertraut« – zumal er bereits 1880 zum außerordentlichen Mitglied des Amtes ernannt worden war. Darüber hinaus hatte er sich im Laufe seiner Beschäftigung im Reichsdienst »als zuverlässiger, fleißiger und umsichtiger Beamter erwiesen« und besitze »eine hervorragende Begabung und die für die Leitung einer Behörde wie das Gesundheitsamt erforderlichen Charaktereigenschaften«.[87]

Die Reaktion auf die Ernennung Köhlers war ambivalent. Der Abgeordnete des Reichstages Heinrich Eduard Greve – ein Mediziner – beklagte sich in der Debatte zum Haushaltsetat des Gesundheitsamtes darüber, dass jetzt an der Spitze dieser Behörde ein Jurist an Stelle eines Mediziners stünde. Er halte die Besetzung für verfehlt und wolle den Wunsch aussprechen, dass an der Spitze des Gesundheitsamtes ein technischer, ärztlicher Direktor stehe. »Ja, meine Herren, das braucht nicht immer der Hausarzt des Herrn Reichskanzlers zu sein, wie es früher gewesen ist.«[88] Dagegen begrüßte die *Berliner Klinische Wochenschrift* die Ernennung Köhlers als das Ende eines Provisoriums. Mit Köhler sei die Leitung einer »hervorragenden Kraft anvertraut, von deren Thätigkeit

---

86 Die Ausdifferenzierung der Arbeiten des RKA bewogen Bismarck 1879, die Aufgaben funktional zu trennen und eigene Verwaltungseinheiten zu schaffen. Das RKA wurde aufgeteilt in das Reichsschatzamt und in das RAI – die »Mutter der obersten Reichsbehörden«. Bereits zwei Jahre zuvor war das Reichsjustizamt verselbständigt worden, vgl. Morsey, Reichsverwaltung 1957, S. 84-218, das Zitat S. 210.
87 RAI an den Kaiser, 27.1.1885, GStA PK Berlin, I. HA, Rep. 89, Nr. 24184, Bl. 73-78.
88 Meldung des Abgeordneten Dr. Greve, SB des Reichstages, 6. LP, 2. Session, 17. Sitzung vom 14.12.1885.

Abb. 2 Karl Köhler

wir eine lebhafte Förderung der Aufgaben des Reichs-Gesundheitsamtes erhoffen dürfen«.[89] Und das durfte man. Köhler war nicht nur mit den amtlichen Gepflogenheiten und Verfahrensweisen vertraut, sondern auch mit dem Amt und den Regierungsräten der ihm direkt vorgesetzten Behörde – dem Reichsamt des Innern und dem Staatssekretär des Innern.[90] Die Entwicklung des Haushaltsetats in den kommenden Jahren und die nur noch verhaltene Kritik an den jährlichen Titelüberschreitungen verwundert unter diesem Gesichtspunkt nur wenig. Der Haushaltsplan enthielt die Positionen Personal- und Personalnebenkosten, Hilfsleistungen und Sächliche Ausgaben. Der ordentliche Etat des Gesundheitsamtes betrug zwischen 1879/1880 und 1885/1886 ungefähr 125.000 Mark und stieg in der zweiten Hälfte der 1880er Jahre langsam an. Trotz der jährlichen Erhöhung wurde der Etat regelmäßig überzogen. Bereits für das Haushaltsjahr 1886/1887 wurde der

89 BKW vom 16.2.1885.
90 Dies mag auch erklären, warum die jährlichen Geschäftsberichte des DKGA an das RAI 1885 mitten in der Akte abrupt aussetzen und erst 1899 fortgeführt wurden, vgl. BA Berlin, R 86/10. Die Stelle Köhlers, als außerordentliches Mitglied das RAI vertretend, blieb nach seiner Ernennung zum DKGA bis zur nächsten Ernennungsperiode unbesetzt.

Etat um 35.498, im folgenden Jahr um 39.197 und im nächsten Jahr um weitere 41.187 Mark überschritten. Die gravierenden Etatüberschreitungen scheinen vorher abgesprochen gewesen zu sein, da man weder Rügen noch ausführliche Begründungen in den Akten des Gesundheitsamtes findet. Erst Anfang der 1890er Jahre setzte der Schriftwechsel zwischen dem Reichsamt des Innern und dem Gesundheitsamt wieder ein, in dem die Behörde die Überziehung des Etats erklären musste. Den Ermahnungen zur Sparsamkeit aus dem Reichsamt des Innern setzte Köhler selbstbewusst entgegen, die Überschreitungen seien unerlässlich gewesen, da die Anpassungen des Haushaltsetats im Folgejahr nicht entsprechend den Bedürfnissen des Gesundheitsamtes vorgenommen worden waren. Es seien in den vergangenen Jahren realiter immer mehr Kosten verursacht worden als geplant. Statt einer Anpassung an die real verauslagten Kosten habe man nur einen Bruchteil im darauf folgenden Jahr im Etat berücksichtigt. Dieser Nachlässigkeit sei die notwendigerweise sich ergebende neuerliche Überschreitung geschuldet.[91] In den Etatjahren 1889/1890 und 1890/1891 blieb das Budget letztmalig in zwei aufeinanderfolgenden Jahren konstant – bei 158.715 Mark. Fortan stieg der Etat des Gesundheitsamtes im Betrachtungszeitraum jährlich an, unberücksichtigt der zusätzlichen de facto Überschreitungen. Um die Jahrhundertwende standen dem Reichsgesundheitsamt bereits 541.370 Mark zur Verfügung. Die finanzielle Grundlage der Behörde hatte sich somit innerhalb einer Dekade weit mehr als verdreifacht, die durchschnittliche Steigerungsrate betrug knapp 25%. Ein weiteres Jahrzehnt später wurden im Etat 838.840 Mark veranschlagt bei insgesamt sinkenden Steigerungsraten.[92]

Dieser Trend deckt sich mit der Entwicklung der anderen unmittelbaren Reichsbehörden – beispielsweise des Statistischen Amtes, des Patentamtes oder der Physikalisch-Technischen Reichsanstalt –, deren Haushalt ebenfalls an die Überschreitungen angepasst wurde. Zusätzlich zum ordentlichen Etat des Gesundheitsamtes waren in den allgemeinen Fonds oder den außerordentlichen einmaligen Zahlungen des Reichsinnenamtes Beträge versteckt, die gleichfalls dem Gesundheitsamt zuflossen.[93] Darüber hinaus wurden dem Gesundheitsamt auch von anderen

---

91 DKGA an das RAI, 14.6.1894, BA Berlin, R 86/4395.
92 BA Berlin, R 86/767 und R 86/4395-R 86/4402; zum Etat vgl. auch die Übersicht im Anhang.
93 Beispielsweise gab es für die Expeditionen einen eigenen Expeditionsfonds; weiterhin einen Fonds zur Bekämpfung des Typhus (1908, 1909: 200.000 Mark p. a.; 1910: 175.000 Mark; 1911-1914: 150.000 Mark); einen eigenen Fonds zur Unterstützung der Protozoenforschung (1908, 1909: 16.000 Mark; 1910-1915: 10.000

Ämtern, Institutionen, Verbänden und einzelstaatlichen Ministerien Gelder zugespielt, wenn Untersuchungen und Gutachten erstellt werden sollten, die nicht im planmäßigen Aufgabenbereich des Amtes vorgesehen waren.[94] Zu dem jährlichen Etat müssen daher noch weitere, schwer zu verifizierende Summen hinzugerechnet werden.

Die immer bessere finanzielle Ausstattung des Gesundheitsamtes resultierte überwiegend aus der steigenden Anzahl an Mitgliedern und Mitarbeitern in der Behörde. Der Mitarbeiterstab bestand 1876 aus einem Direktor, zwei so genannten ordentlichen Mitgliedern und insgesamt sieben Bürobeamten, Kanzleisekretären und -dienern. Die Anzahl der ordentlichen Mitglieder wurde nach der Denkschrift von 1878 um zwei ordentliche Stellen aufgestockt und blieb bis 1887 konstant, die Zahl der subalternen Beamten erhöhte sich auf 16. 1888 und 1892 wurde jeweils ein neues Mitglied ernannt,[95] doch ab Mitte der 1890er Jahre gab es mehrere Ernennungsschübe, so dass zur Jahrhundertwende und mit der Aufwertung des Direktoriums zum Präsidium die Anzahl der ordentlichen Mitglieder 18 und die der Beamtenschar insgesamt 47 betrug.[96] Weitere zehn Jahre später belief sich neben einem Präsidenten und vier Abteilungs-

---

Mark); einen Fonds zur Förderung der Syphilisforschung (1908: 50.000 Mark; 1909: 30.000 Mark); einen Fonds zur Bekämpfung der Tuberkulose (1908, 1909: 120.000 Mark; 1910-1912: 100.000 Mark; 1913-1915: 150.000 Mark); auf dem Veterinärmedizinischen Gebiet ab 1911 einen Fonds zur wissenschaftlichen Erforschung der Brustseuche der Pferde in Höhe von 30.000 Mark p. a. und schließlich auf dem Gebiet der so genannten Gewerbehygiene einen mit 100.000 Mark dotierten Fonds zur »Prüfung der Endlaugenfrage« und einen Fonds zur Untersuchung der Gesundheitsverhältnisse der Arbeiter in der Schwefel-, Salz-, Salpetersäure und Sodaindustrie. Die letztgenannten Fonds wurden jedoch nach Kriegsbeginn gesperrt. Die Fonds wurden im Gesundheitsamt geführt und waren auf die nächsten Jahre übertragbar, vgl. BA Berlin, R 86/4396.

94 Beispielsweise die Schaffung einer neuen Mitgliedsstelle für die Bedürfnisse des Reichskolonialamtes und die Deckung der hierdurch entstandenen jährlichen Kosten in Höhe von 5.000 Mark durch dieses Amt, vgl. das Schreiben des PKGA an den StsdI, 8.7.1911, BA Berlin, R 86/4396.

95 Lt. Reichs-Medicinal-Kalender betrug 1889 neben dem Direktor die Anzahl der ordentlichen Mitglieder fünf (zzgl. im Nebenamt Robert Koch), fünf Technische Räte, sechs Sekretäre und fünf an das Gesundheitsamt kommandierte Militärärzte.

96 Lt. Reichs-Medicinal-Kalender betrug 1904 neben dem Präsidenten und drei Direktoren die Anzahl der ordentlichen Mitglieder 17, die Anzahl der wissenschaftlichen Hilfskräfte 15 nebst 15 technischen Hilfskräften. Die Anzahl der Verwaltungsmitarbeiter wurde nicht mehr angegeben. Hinzu kamen sieben zeitweilig an das KGA kommandierte Militärärzte.

direktoren die Zahl der ordentlichen Mitglieder auf 21 und die Zahl der Verwaltungsbeamten auf 61.[97]

Zu den ordentlichen Mitgliedern und festen »Hülfsarbeitern« – wissenschaftlichen Assistenten – gesellte sich eine den Bedürfnissen des Amtes angelehnte Anzahl an so genannten remunerierten Hülfsarbeitern, die quasi in Werkverträgen ohne Pensionsansprüche und festen Anstellungsvertrag für einen festen Tagessatz den ordentlichen Mitgliedern assistierten. Ihre Anzahl betrug um die Jahrhundertwende abhängig von den Aufgaben zwischen zwanzig und dreißig Personen. Schließlich sind zu diesen bezahlten Mitarbeitern und Hilfskräften noch eine Anzahl von Militärärzten und zivilen Medizinern, Naturwissenschaftlern, Studenten sowie ausländischen Gästen hinzuzurechnen, die zum Gesundheitsamt kommandiert wurden, dort ein Praktikum absolvierten oder im Austausch mit anderen Reichsbehörden Erfahrungen zu sammeln beabsichtigten.

Das personelle Wachstum ergab sich aus der kontinuierlich zunehmenden Expansion der Arbeitsfelder der Reichsbehörde. Seit Ende der 1880er Jahre beschäftigte sich das Gesundheitsamt auch mit entomologischen und phytomedizinischen Problemen mit dem Ziel, die Ausbreitung des Kartoffelkäfers,[98] der San-José-Schildlaus, der gemeinen Reblaus und anderer importierter »Pflanzenschädlinge«[99] im Deutschen Reich einzudämmen.[100] Zu diesem botanischen Aufgabengebiet zählten neben der Erforschung von »Schädlingsbefall« und der (Kultur-)Pflanzenpathologie auch Forschungen zu den die Land- und Forstwirtschaft beeinflussenden Umweltfaktoren wie industrielle Emissionen und die Mikrobiologie des Bodens.[101] Die seit 1898 fest institutionalisierte Biologische Abteilung setzte sich zusammen aus unterschiedlichen botanischen, zoologischen und agrikultur-chemischen Laboratorien und Versuchsfeldern in Dahlem.[102]

Die Ausweitung des Amtes führte um die Jahrhundertwende zu einer umfangreichen Veränderung der Organisationsstruktur. Das bestehende chemische, hygienische und bakteriologische Laboratorium wurde 1896 um ein toxikologisch-pharmakologisches und ein physiologisch-chemi-

---

97 Die Zahlen wurden aus dem jährlichen Etat zusammengestellt, vgl. die Übersicht im Anhang und die jährlichen Angaben im Reichs-Medicinal-Kalender.
98 Zur Einschleppung des Kartoffelkäfers in Europa Winning, Kartoffelkäfer 1949.
99 Zur Doppeldeutigkeit des Schädlingsbegriffes und zur Geschichte der Entomologie in Deutschland siehe Jansen, Schädlinge 2003.
100 Vgl. Jansen, American Insect 2000.
101 Eine ausführliche Darstellung der Aufgaben und des wissenschaftlichen Profils bei Schlumberger, Wesen 1949, S. 8-10; Sucker, Anfänge 1998, S. 139-147. Zur Gründungsgeschichte ders., Phytomedizin 1999.
102 Vgl. RGA Festschrift 1926, S. 9; Sucker, Anfänge 1998.

sches Laboratorium erweitert. Um den Direktor des Gesundheitsamtes zu entlasten, fasste man die Laboratorien zu einer Naturwissenschaftlichen Abteilung mit einer eigenständigen Leitung zusammen. Von dieser Organisation rückte man bald wieder ab. Aus der Auflösung der Naturwissenschaftlichen Abteilung gingen 1902 die Chemisch-Hygienische Abteilung und die Medizinische Abteilung mit je einem verantwortlichen Direktor hervor. Mit der Fertigstellung eines neuen Laboratoriums in Dahlem entstand 1903 die Bakteriologische Abteilung. Als letzte wurde 1908 die Veterinärmedizinische Abteilung verselbstständigt. Die 1898 gegründete Biologische Abteilung wurde bereits 1905 in eine eigenständige Reichsinstitution, die Kaiserliche Biologische Anstalt für Land und Forstwirtschaft, umgewandelt.[103] 1900 wurde der Vorsteher der Behörde in den Stand eines Präsidenten versetzt – analog zum Status des Reichsversicherungsamtes und des Kaiserlichen Patentamtes.[104] Gleichfalls wurde 1901 die Berufung der außerordentlichen Mitglieder des Gesundheitsamtes im Rahmen des Reichsseuchengesetzes in eine feste an das Gesundheitsamt gekoppelte Institution – den Reichsgesundheitsrat – überführt.[105]

Für die Unterbringung dieses »Großbetriebes« staatlicher Forschung mit seinen zahlreichen wissenschaftlichen Einrichtungen, Laboratorien, Versuchsanlagen und -feldern reichte das Dienstgebäude in der Luisenstraße 57 nicht mehr aus. Seit 1889 bemühte sich der Direktor des Gesundheitsamtes mit Unterstützung des Staatssekretärs des Innern um einen den Bedürfnissen des Amtes genügenden Neubau. In einer an Bismarck gerichteten Denkschrift bemängelte Köhler die interne Arbeitsfunktionalität. Für die neu geschaffenen Mitgliedsstellen fehle es an Räumen, die überbordende Bibliothek böte weder Platz zum Lesen noch für neu anzuschaffende Bücher, die Laboratorien seien zu klein und die Absonderung der Versuchstiere könne wegen fehlender Stallanlagen nicht separat voneinander entsprechend den Versuchsreihen gewährleistet und eine gegenseitige Infizierung und somit die Verfälschung von Forschungsergebnissen nicht ausgeschlossen werden.[106] Dies erhöhe den Kontroll-

---

103 Vgl. RGA, Festschrift 1926, S. 7-9.
104 Vgl. den Vorschlag zur Ernennung in RAI an den Kaiser, 21.11.1899, GStA PK Berlin, I. HA, Rep. 89, Nr. 24185, Bl. 35-37.
105 Vgl. KGA/KSA (Hg.), Das Deutsche Reich 1907, S. 1-4; Glaser, Reichsgesundheitsrat 1960; Saretzki, Reichsgesundheitsrat 2000.
106 In einem weiteren Bericht an den StsdI, Karl Heinrich von Boetticher, konkretisierte der DKGA die Probleme. Köhler wies darauf hin, dass sich Tuberkulose und Rotz auch auf solche Versuchstiere übertragen habe, die für diese Versuche nicht vorgesehen waren. Die beengten Arbeitsverhältnisse der Behörde schilderte Köhler anhand eines Zimmers, »welches gegenwärtig die Drogen und Prä-

aufwand bei den Forschungen und belaste die Arbeit des Amtes insgesamt.[107] Im Etatentwurf für das Haushaltsjahr 1893/1894 wurden die Mittel für einen Neubau gebilligt und 1894 in der Klopstockstraße 18 am Tiergarten ein über fünftausend Quadratmeter großes Gelände für 678.000 Mark gekauft und zwischen 1894 und 1896 ein Gebäude für knapp 1,7 Millionen Mark errichtet.[108]

Mit Gründung der Biologischen Abteilung und deren Versuchsanlagen und Gewächshäusern in Dahlem zeigte sich schon kurz nach Fertigstellung der neuen Gebäude in der Klopstockstraße die ungenügende Größe und der Bedarf zu weiteren, unfern der botanischen Versuchsanlagen gelegenen Räumen und Laboratorien. Ebenso erforderte in der Bakteriologischen Abteilung die Ausdehnung der serodiagnostischen und serotherapeutischen Untersuchungsmethoden auf größere Tiere wie Schweine und Rinder einen erhöhten Raumbedarf und die Auslagerung der Stallanlagen in eine vorstädtische und weniger besiedelte Gegend. Mit der 1902 vorgenommenen Reorganisation erhielt die Biologische Abteilung in der Königin-Luise-Straße 17-19 und ein Jahr darauf die Bakteriologische Abteilung in der Potsdamer Chaussee je ein eigenes und nach den – im Urteil der Zeitgenossen – modernsten wissenschaftlichen Erfordernissen ausgestattetes Dienstgebäude sowie Laboratorien mit Versuchsfeldern und Teichanlagen in Dahlem. In die Ausstattung mit Gas, Elektrizität, Dampf-, Gefrier- und Bruträumen wurden allein für die Bakteriologische Abteilung insgesamt fast zwei Millionen Mark investiert.[109]

Es wäre nun verfehlt, den steigenden Haushalt allein den guten Beziehungen zwischen dem Direktor Köhler und dem Reichsamt des Innern zuzuschreiben – wenngleich diese die einsetzende Entwicklung begünstigt und unterstützt haben mögen. Erleichtert wurde die Expansion des Gesundheitsamtes auch durch einen Wechsel an der Spitze der Reichsregierung. Mit Caprivi wurde – zum Nachteil des Kanzleramtes – nach Bismarck ein Reichskanzler ernannt, der den nachgeordneten Reichsämtern einen erweiterten Spielraum überließ und einen kollegialen Führungsstil pflegte.[110]

---

paratesammlung beherbergt und gleichzeitig als Durchgang, Garderobe und Frühstückszimmer für die wissenschaftlichen Hilfsarbeiter sowie als Zimmer zum Auslegen neuer Zeitschriften und Bücher dient« und darüber hinaus behelfsmäßig »für das bakteriologische Laboratorium benutzt werden mußte«, den Entwurf des Briefes vom DKGA an StsdI, 26.2.1889, BA Berlin, R 86/794.

107 Zöbl, Zentrum 2001, S. 221 f.
108 Ebd., S. 223-226.
109 Vgl. RGA, Festschrift 1926, S. 5-12; Zöbl, Zentrum 2001, S. 274-279.
110 Vgl. Morsey, Geschichte 1971.

Abb. 3 Das Hauptgebäude in der Klopstockstraße 18 in Berlin

2.2.2 »Science in Context« –
Das gesellschaftliche und wissenschaftliche Umfeld des Kaiserlichen Gesundheitsamtes im Deutschen Kaiserreich

Die Expansion des Gesundheitsamtes muss betrachtet werden vor dem Hintergrund der tiefgreifenden gesellschaftlichen Veränderungen und Modernisierungsprozesse im Deutschen Kaiserreich. Eine Vielzahl dieser Umwälzungen hatte sich seit den 1840er Jahren angebahnt, war seit der Reichsgründung verstärkt zum Tragen gekommen und trat in den 1890er Jahren in eine neue Entwicklungsphase. An erster Stelle ist die Bevölkerungsexplosion zu nennen.[111] Seit der Reichsgründung war die Bevölkerung bis zum Ausbruch des Ersten Weltkrieges von 41 auf 67 Millionen Menschen gewachsen. Dieses Wachstum vollzog sich in zwei Phasen. In der ersten zwischen den 1860er und 1890er Jahren währenden Phase stieg die gesamte Bevölkerung überproportional aufgrund sinkender Sterblichkeit bei gleichbleibend hoher Geburtenrate an. Die sinkende Mortalität resultierte aus den hygienischen Entwicklungen und der verbesserten medizinischen Versorgung sowie den Fortschritten in der landwirtschaftlichen Produktion und steigenden Ernteerträgen. In der zweiten Phase verringerte sich der Wachstumsschub, da sich die Geburtenrate an die niedrige Sterblichkeitsrate anglich, wenngleich die Bevölkerung nach wie vor – allerdings degressiv – im Wachsen begriffen war.[112]

Mit der demographischen Explosion stieg auch die räumliche Mobilität. Ein Teil der »Bevölkerungsüberschüsse«[113] wanderte nach Übersee aus. Kanalisiert wurde der »Bevölkerungsüberfluss« weiterhin durch die Binnenwanderung von Ost nach West und von Agrargebieten in urbane Zentren. Die seit Mitte des 19. Jahrhunderts einsetzende Verstädterung erhielt in den Jahrzehnten um die Jahrhundertwende enormen Auftrieb. Gab es 1870 nur 75 Mittel- und acht Großstädte, so zählte man 1910 bereits 48 Groß- und 223 Mittelstädte mit einer Einwohnerzahl zwischen Zwanzig- und Einhunderttausend. Somit lebte ein Drittel aller Deutschen in Mittel- oder Großstädten. Mit der beschleunigten Urbanisie-

---

[111] Susanne Heim und Ulrike Schaz dechiffrieren diesen Begriff in ihrer Analyse zum Überbevölkerungsdiskurs als eine Metapher für ungelöste soziale Probleme, deren Lösung auf menschenökonomische Konzepte hinauslaufen, vgl. Heim/Schaz, Berechnung 1996.

[112] Das KGA war in Zusammenarbeit mit dem KSA wesentlich an der Erarbeitung der statistischen Werte beteiligt, vgl. KGA/KSA (Hg.), Das Deutsche Reich 1907, S. 9-12; Reulecke, Geschichte 1985, S. 68 f.; Vögele/Woelk, Stadt 2000.

[113] Die diskursive Ökonomisierung von Menschen im Sinne einer Bilanzierung wird kritisch in Kap. 4.1 diskutiert.

rung verstärkten sich die sozialen und sanitären Probleme in den mit den strukturellen Veränderungen nicht mehr Schritt haltenden urbanen Zentren.[114] Das Bevölkerungswachstum stellte die Städte vor enorme Probleme. Allein in Berlin verdoppelte sich die Bevölkerung zwischen 1880 und 1910 von einer auf zwei Millionen Einwohner. »Was geschieht mit der ›überschüssigen‹ Bevölkerung? Wo soll sie wohnen? Wo arbeiten? Vor allem: wie soll sie sich ernähren?«[115] Die Versorgung mit Trinkwasser, Abfall- und Abwasserentsorgung, Schaffung von Wohnraum und die ausreichende Versorgung der städtischen Bevölkerung mit Nahrungsmitteln stellte die Kommunen vor Aufgaben, deren Scheitern eine Katastrophe bedeuten musste. Eine solche Katastrophe trat für Hamburg mit dem Ausbruch der Cholera 1892 ein.[116] Die Eingrenzung der Epidemie auf die Hansestadt durch die aufoktroyierten bakteriologischen Bekämpfungskonzepte und die Bewältigung dieser Krise verinnerlichte die Daseinsberechtigung des Gesundheitsamtes nachhaltig.

Ein existielles Problem war die Versorgung mit Trinkwasser. Bis zur Reichsgründung wurde in vielen Städten das Trinkwasser aus Oberflächengewässern und privaten Brunnen geschöpft. Dies führte mit der einsetzenden Urbanisierung zu Problemen. Gewerbliche Abwässer leitete man ungeklärt in Flussläufe, mit Hausrat verdreckte Rinnsteine ergossen sich gleichfalls in die Flüsse, und Aborte lagen in unmittelbarer Nachbarschaft zu privaten Brunnen. Die Hamburg durchziehenden Fleete verwandelten sich im Sommer in Jauchegruben, aus denen die Bewohner trotz ekelerregenden Gestanks ihr Trinkwasser schöpften.[117] Die bis in die zweite Hälfte des 19. Jahrhunderts »herrschenden, mittelalterlich anmutenden sanitären Verhältnisse gaben immer wieder zu Klagen und Beschwerden« Anlass. Die drängenden Probleme führten dazu, dass in den Großstädten des Deutschen Reiches zwischen 1849 und 1883 zentrale Systeme für die Trinkwasserversorgung errichtet wurden.[118]

114 Vgl. Dießenbacher, Umbrüche 1982; Reulecke, Geschichte 1985, S. 68-78; Ullmann, Kaiserreich 1995, S. 16, 105-108; Witzler, Großstadt 1995, S. 9-23; Nipperdey, Arbeitswelt 1998, S. 9-11; im europäischen Vergleich Zimmermann, Zeit 1996, S. 13-24; sowie zahlreiche Beiträge in dem Sammelband von Vögele/Woelk (Hg.), Stadt 2000.
115 Das Zitat und die Zahlen für Berlin in Dießenbacher, Umbrüche 1982, S. 11.
116 Vgl. Evans, Tod 1990.
117 Ebd., S. 194-213.
118 Als erstes Hamburg 1849, das beim Wiederaufbau der Stadt nach dem großen Brand von 1842 ein Versorgungssystem mit ungeklärtem Elbwasser installierte – die Versorgung mit Wasser sollte vordringlich im Falle eines erneuten Brandes

Den Impuls zum Bau einer städtischen Kanalisation gab die Cholera. Nach Meinung des Hygienikers Max von Pettenkofer seien Cholerakeime in verunreinigten Böden vorzufinden, und die Krankheitskeime vermehrten sich dort infolge von Gärungsprozessen bei der Zersetzung flüssiger Exkrementteile in dem feuchten Boden. Cholera und Typhus würden durch die aus dem Keimboden aufsteigenden Gase verursacht. Die Krankheitskeime waren an den sie hervorbringenden Ort gebunden. Das daraus resultierende Konzept zur Bekämpfung der Epidemien zielte unterirdisch auf die Trockenlegung und Assanierung des Bodens ab und oberirdisch auf die städtebauliche Formel: »Mehr Licht, mehr Luft«. Breitangelegte Straßen und Parks sollten die Miasmen in der Luft zerstreuen. Zusammen mit dem Aufbau eines Trinkwassernetzes wurden zentrale Kanalisationssysteme zur Abwasserentsorgung eingeführt.[119] Die Einleitung ungeklärter Abwässer verschmutzte die Gewässer dergestalt, dass sich die Anrainer stromabwärts über die Verschlechterung der Wasserqualität beschwerten. Mit den zunehmenden ökologischen Problemen und den Rechtsstreitigkeiten zwischen einzelnen Kommunen begannen die Städte seit Ende der 1880er Jahre mit dem Bau von Kläranlagen und Rieselfeldern. In die Installation öffentlicher Trinkwassernetze und städtischer Kanalisationen investierten die von Beate Witzler untersuchten Städte über öffentliche Anleihen bis 1900 jeweils zweistellige Millionenbeträge.[120]

das Löschwasserreservoir sichern, zehn Jahre später folgte Frankfurt mit einem Wasserpumpwerk, 1866 Leipzig, 1872 Köln, 1875 Dresden, 1883 München, zur Trinkwasserversorgung Witzler, Großstadt 1995, S. 66-81; Hardy, Ärzte 2005, Kap. 9 f.

119 Die Kanalisationsdebatte um die Vor- und Nachteile verschiedener Kanalisationssysteme und Anlagen der Trinkwasserversorgung in Hardy, Arzt 2005.

120 Die Leistungsfähigkeit deutscher Gemeinden bei der Installation öffentlicher Netzwerke für die Trinkwasserversorgung und der Abwasserentsorgung im Vergleich zu britischen oder US-amerikanischen Gemeinden erklärt John C. Brown aus dem größeren Potential an Möglichkeiten, die Kanalisationsprojekte zu finanzieren. Die deutschen Gemeinden hätte eine höhere Flexibilität bei der örtlichen Steuerpraxis gehabt und einen größeren Spielraum bei der Aufnahme neuer Kredite. In Deutschland warfen die Wasserwerke sogar Gewinne ab, mit denen wiederum andere städtische Projekte finanziert wurden, vgl. Brown, Stadt 2000. Viele größere Städte verfügten bereits seit den 1880er Jahren über Rieselfelder. Die erste deutsche Kläranlage entstand 1887 in Frankfurt, vgl. zur Kanalisation und Sanierung der Städte Rodenstein, Licht 1988; dies., Licht 1992; Witzler, Großstadt 1995, S. 81-91; Weyer-von Schoultz, Hygiène 1998; Hardy, Arzt 2005. Kaelble, Industrialisierung 1983, S. 152 bezeichnet die Cholera als »Schlüsselerfahrung für die Entwicklung der Medizin«. Der Rechtsstreit über die Verursachung der Typhusepidemie im Ruhrgebiet im Sommer 1901 als *final*

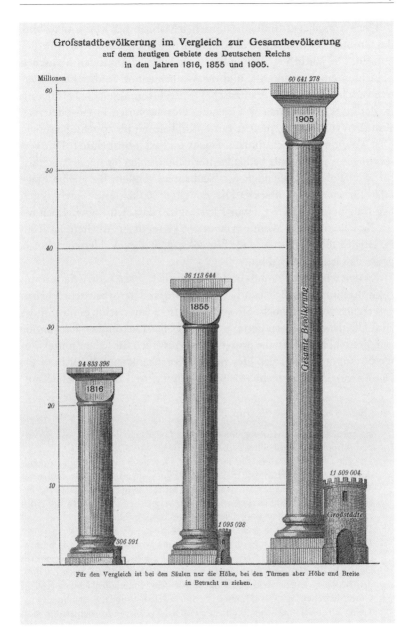

Abb. 4 Großstadtbevölkerung im Vergleich zur Gesamtbevölkerung – aus der Festschrift zum Internationalen Kongress für Hygiene und Demographie in Berlin 1907, herausgegeben vom Kaiserlichen Gesundheitsamt zusammen mit dem Kaiserlichen Statistischen Amt.

Doch trotz aller gesundheitspolitischen Maßnahmen lebte und wohnte der Großteil der städtischen Bevölkerung unter den schlechtesten Bedingungen. Die jährlich zu Tausenden in die Städte drängenden Menschen brauchten eine Unterkunft, und die Wohnsituation in den Elendsvierteln verschlechterte sich dramatisch. Die Bevölkerungsdichte betrug 1910 in Berlin 75,9 Bewohner je Gebäude. Dort wohnten in ein oder zwei Zimmern zusammengepfercht ganze Familien mit bis zu zehn Personen. Die Wohnungen waren dunkel, feucht und schlecht belüftet. Die Versorgung mit Trinkwasser bedeutete mitnichten einen separaten Anschluss für jede Wohnung, allenfalls für Neubauten, sondern für je eine Etage oder für einen Wohnblock. Die sanitären Verhältnisse waren durch Schmutz und Ungeziefer derart katastrophal, dass sich Robert Koch bei der Besichtigung von Wohnungen in den Hamburger Arbeiterquartieren im August 1892 zu der Aussage hinreißen ließ: »Meine Herren, ich vergesse, daß ich in Europa bin.«[121]

Zu den schlechten Wohn- und Lebensverhältnissen kamen die schwierigen und unmenschlichen Arbeitsbedingungen. Die Arbeitszeiten betrugen täglich zehn und mehr Stunden, und trotzdem reichte es nur für das zum Überleben Notwendigste. Je niedriger das Einkommen der Familie war, desto höher waren die prozentualen Ausgaben für Lebensmittel. Reserven konnten nicht gebildet werden. Im Krankheitsfall mussten die Familienangehörigen mehr arbeiten oder hungern. Die gesetzliche Kran-

---

showdown zwischen »Contagionisten versus Lokalisten« inszeniert von Weyer-von Schoultz, Typhusepidemie 2000.

121 Das Zitat Kochs in Evans, Tod 1990, S. 398. Dort auch die eindringliche Schilderung der Wohnverhältnisse in den Hamburger Gängevierteln. Die Zahlen zur Wohnbelegung in Berliner Mietskasernen in Sachße/Tennstedt, Krankenversicherung 1982, S. 278-281. Eine Darstellung ohne vergleichende Daten hat nur einen eingeschränkten Aussagewert. Die kurze Schilderung soll nur die Lebens- und Wohnverhältnisse der so genannten Unterschichten skizzieren. Im Vergleich zu Berlin geben Sachße/Tennstedt für Bremen eine Wohndichte von 7,83 Bewohnern je Haus an. Dieser Vergleich hinkt, weil die Bremer Häuser wesentlich kleiner als die Berliner Mietskasernen waren. In Berlins größter »Mietskaserne«, dem Meyer-Hof in der Ackerstraße mit seinen sechs Hinterhöfen, lebten 1932 über 2.500 Menschen, vgl. Geist/Kürvers, Berliner Mietshaus 1984, S. 413. Vergleichszahlen zur sozial ungleichen Wohnsituation bei Kaelble, Industrialisierung 1983, Kap. 5. Bar jeder Vergleiche liefern die Photographien der Wohnung-Enquête der Berliner Ortskrankenkasse eindringliche Einblicke in Berliner Wohnungselend zwischen 1901 und 1920, vgl. Asmus (Hg.), Hinterhof 1982. »Proletarisches« Wohnungselend im Vergleich zur herrschaftlichen Wohnung in Geist/Kürvers, Miethaus 1984. Zur Wohnungshygiene Treue, Haus 1969; und Goerke, Wohnhygiene 1969. Zur Bauhygiene Hardy, Ärzte 2005, Kap. 8.

kenversicherung konnte die Not der anfangs nur wenigen Versicherten allenfalls lindern.[122]

Ein weiteres Problem war die Versorgung der Bevölkerung mit quantitativ und qualitativ ausreichenden Nahrungsmitteln. Mit der Urbanisierung kam es zur Trennung von Produktion und Konsumtion von Nahrungsmitteln. Gleichzeitig vermochte die im Entstehen begriffene Nahrungsmittelindustrie die Lebensmittel zu konservieren und über einen längeren Zeitraum haltbar zu machen. Mit der Veränderung traditioneller Strukturen löste sich die zentrale Vermarktung der Lebensmittel auf. Die Händler folgten ihren potentiellen Kunden und siedelten sich in bevölkerungsdichten Wohngegenden an. Die Versorgung der städtischen Bevölkerung über Zwischenhändler und die Entwicklung chemischer Verfahren zur Beeinflussung der Nahrungsmittelqualität eröffneten indes neue Möglichkeiten der Verfälschung von Lebensmitteln.[123] Die Verfälschung von Nahrungsmitteln nahm seit den 1870er Jahren eklatant zu, und von Jahr zu Jahr wurden die »Klagen über Verfälschung der zum Verkaufe feilgehaltenen Nahrungs- und Genußmittel lauter«.[124]

Die Verfälschungen bestanden in den meisten Fällen darin, einen hochwertigen Nahrungsbestandteil durch einen geringerwertigen zu ersetzen, das Nahrungsmittel zu strecken, schlechtere Qualitäten als bessere zu verblenden, verdorbene Mittel als frisch zu verkaufen. Die Verfälschungen waren im harmlosesten Fall beschönigend und changierten über ekelerregend bis stark gesundheitsgefährdend. Mehl, Milch und Zucker wurden mit Gips versetzt; Mehl mit minderwertigem Kartoffelmehl vermischt; Wurst aus Mehl, Wasser, Fleischabfällen und der Farbe Fuchsin hergestellt. Obwohl eine gewisse Beimischung von Mehl als handelsüblich zu erwarten war, »hört bei einer gewissen Menge Wurst auf, das zu sein, als was sie bezeichnet wird«.[125] Verdorbenes Fleisch wurde als frisch feilgeboten und Pferdefleisch als Rindfleisch verkauft.[126] Milch wurde

122 Vgl. Sachße/Tennstedt, Krankenversicherung 1982.
123 Vgl. Teuteberg/Wiegelmann, Wandel 1972; die Beiträge in Heischkel-Artelt (Hg.), Ernährung 1976; die Einführung von Teuteberg, Problemfeld 1987; zeitgenössisch bezweifelt Kohlmann, Errichtung 1880, ob die Zwischenhändler in der Lage seien, die Qualität der Lebensmittel überhaupt zu beurteilen.
124 Vgl. Meyer/Finkelnburg, Gesetz 1880, S. 4.
125 Das Zitat von Joseph König, Chemie der menschlichen Nahrungs- und Genussmittel, zitiert in Grüne, Anfänge 1994, S. 37.
126 Über die ›Produktion‹ von Fleisch um die Jahrhundertwende in den USA informiert anschaulich der 1905 erschienene Roman von Upton Sinclair »Der Dschungel« (Kap. 3). Abgesehen von den dort geschilderten erbärmlichen Lebens- und Arbeitsverhältnissen des »Proletariats«, wird dem Leser Einblick gewährt in die Schlacht- und Produktionspraktiken in den Schlachthöfen von

mit Wasser vermischt und zur Herstellung der originären Konsistenz mit fremden Zutaten – Zucker, Kreide, verschiedene Mehlarten oder Seife – versetzt. Auf diese Weise wurde auch verdorbene Milch »aufgefrischt« oder die Milch kranker Kühe geschönt. »Die Verfälschung der Milch stellte in großen Städten eine Selbstverständlichkeit dar, so daß der Begriff der reinen, unverfälschten Milch dem Konsumenten teilweise abhanden gekommen war.«[127] Butter wurde mit tierischen Fetten vermengt und zur Täuschung äußerlich mit Butter »umrahmt«. Anstelle von Wein gab es Flüssigkeiten, die eine Traube nie gesehen hatten und deren Rezepte über chemische Firmen vertrieben wurden, so dass der Reichskanzler klagte, man könne keine Verbindung mehr herstellen »zwischen diesen Flüssigkeiten und dem was man sonst Bier und Wein nennt«.[128] Konditoreien bezeichnete der Direktor des Kaiserlichen Gesundheitsamtes als »Ateliers für eine fast gewerbsmässige Anwendung von Giften«.[129]

Allen Unbilden zum Trotz nahm zwischen 1870 und 1910 die Lebenserwartung der deutschen Bevölkerung um elf bis zwölf Jahre zu.[130] Mit Chicago. In tayloristischer Massenproduktion wurden jährlich »acht bis zehn Millionen Lebendtiere zu Fleisch verarbeitet«. Kurz gefasst wurde am Eingang das lebende Tiere in die Schlachthäuser getrieben, und am Ausgang rollten verpackte Schinken, Konserven mit Büchsenfleisch, Würste, Suppen, Pasten sowie Kunstdünger und Leder aus der Fabrik heraus. Jedes Körperteil fand Verwendung. Für die Verarbeitung kranker Tiere und verdorbener Ware gab es eigene Fabrikhallen und gesonderte »Behandlungen«. Interessant sind nicht nur die schockierenden hygienischen Zustände bei der Fertigung, sondern auch die Schilderung über die amtlichen Lebensmittelkontrollen. Die seltenen – lange zuvor angekündigten – Kontrollen wurden unsorgfältig und unter Anleitung eines Werkleiters vorgenommen – meist von korrumpierten Beamten. Zweifelsohne handelt es sich um eine Information, die uns die Festschriften des Gesundheitsamtes vorenthalten würden. Das Buch hatte nach seiner Veröffentlichung einen beachtlichen Erfolg – allerdings wurde es mit sozialpolitischer Intention geschrieben. Die Verhältnisse im Deutschen Reich werden zwar zur Jahrhundertwende weniger ekelerregend gewesen sein, die Versuche zu Ersatzlebensmitteln zeigen jedoch, dass die Hemmschwelle gleichfalls sehr niedrig war. Die aktuell immer wieder an die Öffentlichkeit dringenden »Gammelfleischskandale« lassen allerdings befürchten, dass auch im 21. Jahrhundert noch einiges im Argen liegt.

127 Grüne, Anfänge 1994, S. 37.
128 Vgl. die SB des Deutschen Reichstages, 3. LP, 1. Session 1877, 9. Sitzung am 14.3.1877, S. 151.
129 Das Zitat in der DS Nr. 98 der SB des Reichstages, 3. LP, 2. Session 1878, S. 777; desgl. DVÖG 10 (1878); Meyer/Finkelnburg, Gesetz 1880; RGA, Festschrift 1926; Grüne, Anfänge 1994, S. 35-40.
130 Bei Frauen stieg die Lebenserwartung von 38,5 auf 50,7 Jahre und bei Männern von 35,6 auf 47,7 Jahre, Spree, Ungleichheit 1981, S. 19.

der Abnahme epidemischer Krankheiten aufgrund der geschilderten sanitären Maßnahmen in den Kommunen stieg auch die Lebenserwartung der sozial schwächeren Bevölkerung an.[131] »Der Rückzug des Todes« verlief jedoch nicht gleichmäßig. In den Jahren zwischen 1860 und 1880 verschärfte sich bei stagnierender Mortalitätsrate die soziale Ungleichheit vor Krankheit und Tod. Einkommensstärkere Schichten wurden älter als sozial schlechter gestellte Bevölkerungsschichten. Über den gesamten Zeitraum blieb die Sterblichkeit von Säuglingen und Kleinkindern unverändert hoch und erreichte zwischen 1880 und 1890 einen Höhepunkt. Die Säuglingssterblichkeit war von Beruf und sozialem Status der Eltern, den Ernährungsgewohnheiten und der Wohngegend in den Städten abhängig. Mit dem einsetzenden Geburtenrückgang rückte die Säuglingssterblichkeit im ersten Jahrzehnt des 20. Jahrhunderts in das öffentliche Interesse.[132]

Die Bevölkerungsdichte, die schlechten Lebensverhältnisse und die hohe Sterblichkeit, die offenkundige Ungleichheit von Besitzenden und Besitzlosen schufen ein Klima der Unzufriedenheit und Unruhe. »Nun wäre es naiv zu glauben, diese sozialgeschichtlichen Umbrüche seien mehr oder weniger friedlich, ohne Unruhen, Kämpfe, ohne Unterdrückung und Widerstand unter den beteiligten Akteuren verlaufen. Ganz im Gegenteil: Herrschende und Beherrschte, Besitzende und Besitzlose [...] stehen sich im unversöhnlichsten Interessengegensatz gegenüber. Vielleicht ist dieses die dramatischste Erscheinung der Zeit.«[133] Die bei Richard J. Evans am Hamburger Beispiel geschilderte »Bedrohung von unten« äußerte sich jedoch nicht offen, sondern formierte sich in sozialen Bewegungen. Nur ein kleiner Anlass genügte – wie etwa die Schließung einer Fabrik –, und die aufgeheizte Stimmung schlug in Gewalt um. Als kennzeichnend für die Übelstände in den Berliner Mietskasernen bezeichnet Wilhelm Treue die Mieterrevolten, gefährliche Reibereien zwischen Hauswirten und Mietern, die sich beinahe jedes Quartalsende wiederholten.[134] In Extremsituationen artikulierte sich der Unmut in offenem Aufruhr, Streik, Straßenunruhen, Tumulten und Menschenansammlungen. Der Zerfall der modernen Gesellschaft in zwei antagonistische Klas-

---

131 Zumal die Nahrungsversorgung aufgrund unterschiedlicher Gründe – rationellere Landwirtschaft, Zufuhr von billigen Lebensmitteln aus dem Ausland – gesichert war und Hungersnöte ausblieben.
132 Ausführlich Spree, Entwicklung 1980; Spree, Ungleichheit 1981; ders., Rückzug 1992; Kaelble, Industrialisierung 1983, Kap. 6; Frevert, Belagerung 1985; Imhof, Implications 1992; Witzler, Großstadt 1995, Kap. 1.
133 Dießenbacher, Umbrüche 1982, S. 15.
134 Vgl. Treue, Haus 1969, S. 37.

sen musste mit Blick auf die Revolution von 1848, dem Pariser Kommuneaufstand 1871 und die Programme der Arbeiterpartei in den Augen der bürgerlichen »Klasse« bedrohlich wirken. Die Antworten der Regierung auf die »soziale Frage« waren einerseits Repression (Beispiel: Sozialistengesetz) und andererseits ein auf die Abmilderung der Konflikte zielendes Entgegenkommen (Beispiel: gesetzliche Sozialversicherung).[135] Der wirtschaftliche Aufschwung, der Wechsel in der Politik und der Reichsregierung sowie die Wirkung erster sozialstaatlicher Maßnahmen entschärfte zwar die Konflikte – ihr Bedrohungspotential blieb allerdings bestehen.[136]

Mit der »Neuen Ära« zu Beginn der 1860er Jahre hatte der preußische Staat begonnen, sich aus der direkten Regulierung von Wirtschaft und Gesellschaft zurückzuziehen, und sich bis zum Ende der »Liberalen Ära« 1878/1879 auf indirekte Eingriffe und rahmensetzende Maßnahmen sowie polizeiliche Reglementierungen beschränkt. Unter dem Eindruck der wirtschaftlichen Depression – der Gründerkrise – und der die Industrialisierung begleitenden sozialen Konflikte in der Gesellschaft sah sich der Staat genötigt, sowohl wirtschaftlich als auch sozialpolitisch aktiv zu werden, um die Stabilität des politischen Systems nicht zu gefährden. Die Maßnahmen basierten auf einer mittels Bürokratie und Polizei durchgesetzten intensiveren staatlichen Durchdringung der Gesellschaft. »Der aufkommende Interventions- und Sozialstaat schuf sich verschiedene Instrumente, mit denen er seinen Zugriff auf die Gesellschaft zu verstärken suchte.«[137] Als ein solches »Instrument« expandierte besonders die Verwaltung. Die Zahl der Staatsdiener wuchs vergleichsweise schneller als die Bevölkerung oder das Militär. Dieser nichtmilitärische staatliche Gewaltapparat dehnte sich auf die Finanz- und Wirtschaftspolitik sowie besonders auf die Sozialpolitik und die Wohlfahrt aus. Seit den 1880er Jahren wurden neben den wenigen bestehenden zahlreiche weitere Reichsämter ins Leben gerufen.[138]

Eine weitere wesentliche und mit dem Bevölkerungswachstum in Wechselbeziehung stehende Veränderung war der Wandel von einer überwiegend agrarisch geprägten Volkswirtschaft hin zu einer Industrie-

---

135   Vgl. Ritter, Sozialversicherung 1983, S. 28; ferner ders., Sozialstaat 1989.
136   Vgl. Tennstedt, Sozialgeschichte 1981, S. 139-142; sozialkämpferisch Dießenbacher, Umbrüche 1982; das Beispiel Hamburg Evans, Tod 1990, S. 115-150; Nipperdey, Arbeitswelt 1998, Kap. VIII.
137   Vgl. Ullmann, Kaiserreich 1995, S. 173-181, das Zitat auf S. 174.
138   Zur Expansion der Verwaltung Hintze, Beamtentum 1981 (OA 1911), S. 71; Morsey, Reichsverwaltung 1957; Fenske, Bürokratie 1985; Wunder, Geschichte 1986; Ellwein, Staat 1993; ders., Staat 1997; Stichweh, Wissenschaft 1994 spricht von der prototypischen Professionalisierung des Beamtentums.

wirtschaft. Die seit Mitte des 19. Jahrhunderts einsetzende und sich seit der Gründerzeit beschleunigende Industrialisierung erreichte mit einer Umbruchphase ab 1890 die Hochphase des Take-off. Dieser ermöglichte einerseits einen immensen ökonomischen Aufschwung, andererseits sah sich die Gesellschaft mit sozialen Problemen unbekannten Ausmaßes konfrontiert. Industrialisierung und Urbanisierung forcierten die erbärmlichen Arbeits- und Lebensbedingungen des »Proletariats« und verschafften der Forderung nach staatlicher Gesundheits- und Gewerbeaufsicht zur Behebung der desolaten Zustände Geltung. Diesen Nachteilen standen die Vorteile der Industrialisierung gegenüber: Das rasche wirtschaftliche Wachstum führte zu einem steigenden Volkseinkommen und trotz zunehmender Bevölkerung auch zu einem steigenden Pro-Kopf-Einkommen. Hans-Peter Ullmann resümiert: »Mithin war das wichtigste Ergebnis der Industrialisierung, daß es den Deutschen materiell besser ging.«[139] Darüber hinaus verfügte der Fiskus bedingt durch den wirtschaftlichen Aufschwung über höhere Steuereinnahmen, die schließlich auch in den Ausbau des Kaiserlichen Gesundheitsamtes flossen.[140]

Im 19. Jahrhundert veränderten sich Qualität und Quantität des Wissens und die Wissenschaftslandschaft grundlegend. Durch die Vergesellschaftung der Forschung und vice versa die Verwissenschaftlichung der Gesellschaft, den Prozess der Säkularisierung von Wissenschaft und Gesellschaft und der damit einhergehenden »Modernisierung« kam es zu einem exponentiellen Anstieg von Forschungsvorhaben und -ergebnissen.[141] Die Forschungsvorhaben wuchsen sowohl in ihrer Zahl als auch in ihrer Materialität sowie in ihrem finanziellen und organisatorischen Umfang.[142] Darüber hinaus differenzierte sich »das Wissen« zunehmend weiter aus und wurde komplexer und immer spezieller. Um sich dieses Wissen anzueignen, musste sich der Wissenschaftler spezialisieren.[143] Der universelle Gelehrte wurde zum spezialisierten Experten, dem als Ratgeber in

---

139 Ullmann, Kaiserreich 1995, S. 95-105, das Zitat auf S. 105; Tilly, Zollverein 1990; allgemein Wehler, Kaiserreich 1988.
140 Vgl. Ullmann, Steuerstaat 2005, S. 56-96. Defizite konnten zudem durch die Möglichkeit der Schuldenaufnahme ausgeglichen werden.
141 Vgl. Solla Price, Little Science, 1974 (OA 1963).
142 Vgl. Ritter, Großforschung 1992, S. 13-23; Nye, Big Science 1996.
143 Der Wissenschaftler wird an das von der Wissenschaft produzierte Wissen angeglichen, er wird normiert, insofern könnte man Stichwehs systemtheoretischer Studie von der Autopoiesis der Wissenschaft zustimmen, Stichweh, Wissenschaft 1994, S. 15-98, denn gleichzeitig wird der Wissenschaftler »das Wissen« weiter ausdifferenzieren, das sich wiederum andere Wissenschaftler aneignen müssen. Diese Aneignung – man könnte auch von Ermächtigung sprechen – impliziert nicht nur, mittels Wissen Macht ausüben zu können, sondern auch Macht

Politik und Gesellschaft ein besonderer Wert beigemessen wurde.[144] Das Wechselverhältnis von Politik und Wissenschaft verfestigte sich in dem Maß, wie sich der Experte als politischer Berater betätigte bzw. herangezogen wurde und dies einerseits zu einer »Politisierung der Wissenschaften« und andererseits zu einer »Verwissenschaftlichung der Politik« führte. Der wissenschaftliche Experte und der Politiker waren zunehmend voneinander abhängig: Der Experte war an die Wertschätzung der Politik gebunden, wie der Politiker ohne die wissenschaftliche Beratung des Experten die komplexen gesellschaftlichen Probleme nicht mehr zu lösen vermochte.[145] Dem Staat erwuchsen aus der steigenden Zahl der Forschungsvorhaben und dem zunehmenden Aufwand für die Forschung und deren für den wissensbasierten Interventionsstaat relevanten Forschungsergebnisse immer neue Aufgaben der Leistungsverwaltung, Standardisierung, Zukunftssicherung und Versorgung.[146] Diese Anforderung zu erfüllen, gründete das Deutsche Reich, angestoßen von privaten Initiativen, Forschungsinstitute und Normierungsbehörden und intensivierte seine Anstrengung in die staatliche Forschung.[147]

Neben den gesellschaftlichen Veränderungen waren es weiterhin die vom Gesundheitsamt angestoßenen Fortschritte in der Medizin und den Naturwissenschaften, die die Ausweitung dieser Behörde begünstigten. Besonders der Aufstieg der Hygiene und der Bakteriologie sowie die Herausbildung dieser Wissenschaftszweige als universitäre Lehrfächer wurden vom Gesundheitsamt mitinitiiert und wirkten wiederum nach deren Institutionalisierung in der Wissenschaftslandschaft auf die Entwicklung des Gesundheitsamtes ein.[148] Die Lebenswissenschaften dehnten sich auf

      über Wissen zu gewinnen. Zur Wissenschaft als Machtinstrument und Verwissenschaftlichung als Handlungsstrategie des Gesundheitsamtes siehe Kap. 5.2.
144 Vgl. Fisch/Rudloff (Hg.), Experten 2004; Kurz-Milcke/Gigerenzer (Hg.), Experts 2004, dort insbesondere den Beitrag von Michael Hau zur Krise der Medizin in der Weimarer Republik; die Anfänge dieser Entwicklung in Engstrom u. a. (Hg.), Figurationen 2005. Zur Bedeutung von Wissen und Macht, Wissenschaft und Macht in der Wissensgesellschaft siehe die zahlreichen Beiträge in den Sammelbänden von Ernst u. a. (Hg.), Wissenschaft 2004; Collin/Horstmann (Hg.), Wissen 2004. Zur Wissensgesellschaft Böhme/Stehr (Hg.), Knowledge Society 1986; ein Überblick liefert Szöllöszi-Janze, Wissensgesellschaft 2004, S. 283-285; der Experte in der Wissensgesellschaft in Stehr, Arbeit 2004, Kap. 8.
145 Vgl. Szöllösi-Janze, Politisierung 2004.
146 Vgl. Trischler, Wachstum 2002, S. 241-243; Lundgreen u. a., Forschung 1986, S. 22-24.
147 Vgl. Lundgreen u. a., Forschung 1986, S. 17-26.
148 Dieses sich selbst perpetuierende Kreislaufmodel bei Stichweh, Wissenschaft 1994.

alle Bereiche der menschlichen Existenz aus, boten ihre Konzepte zur Lösung der gesellschaftlichen Probleme an und beanspruchten zunehmend auch die Deutungshoheit über die Problemlösungsstrategien.[149] Beeinflusst von Robert Malthus' Bevölkerungstheorien projizierte Charles Darwin das drohende Szenario eines Konkurrenz- und Verdrängungswettbewerbes auf das Naturreich. Nur die von der Umwelt am meisten begünstigten Arten setzten sich Darwin zufolge in diesem Wettbewerb durch. Dies führe zu einer natürlichen Auslese der Lebewesen, in der nur die Stärksten und Bestangepassten bestehen könnten.[150] Wenngleich Darwin eine teleologische Entwicklung in seiner Theorie negierte, wurde besonders von den deutschen Darwinisten ein »Fortschreiten vom Niederen zum Höheren« postuliert. Die Evolutionstheorie stellte in der englischen Forschung keine Überraschung dar, vielmehr konkurrierte und ergänzte sie sich mit den Ergebnissen von Herbert Spencer, Alfred Russel Wallace, Thomas Henry Huxley und Francis Galton.[151] Die Analogie der natürlichen Ordnungsbildung zur ökonomischen Ordnungsbildung sicherte Darwins Theorien auch in der breiten Öffentlichkeit eine große Resonanz.[152] Im Kaiserreich erlebte die Evolutionstheorie zusammen mit der Verwissenschaftlichung von Biologie und Hygiene ihren Aufstieg. Besonders Justus von Liebig, Hermann von Helmholtz, Ernst Haeckel und August Weismann gehörten zu den prominentesten Protagonisten der in Deutschland als revolutionär empfundenen neuen Theorie.[153]

Im Sozialdarwinismus wurde das an die menschliche Gesellschaft angelehnte Analogiemodell nach der Projektion auf die Tierwelt wieder zu-

---

149 Vgl. Ullmann, Kaiserreich 1995, S. 181, 188-192; zur Deutungsmacht der Medizin Labisch, Gesundheitskonzepte 1989; Weindling, Hygienepolitik 1989.
150 Sehr verkürzt, ausführlich zu Darwin (in seiner Zeit) der Sammelband von Baumunk/Riess (Hg.), Darwin 1994; dort der Beitrag von Rieß, Darwin 1994; der Einfluss der Biologie auf die einzelnen (geistes)wissenschaftlichen Disziplinen im 19. Jahrhundert im Sammelband Mann (Hg.), Biologismus 1973; Sozialbiologismus als politische Grundposition bei Marten, Sozialbiologismus 1983; personengebunden Becker, Sozialdarwinismus 1990; zur Geschichte des Darwinismus mit genauer Differenzierung Bowler, Darwinism 1993; Rezeption und Folgen im Deutschen Reich bei Weindling, Health 1989, S. 11-60; Weingart u. a., Rasse 1996; Schott, Biologisierung 2002.
151 Spencer hatte bereits vor Darwin den Begriff der »Evolution« und »Survival of the fittest« geprägt; zur Konkurrenz mit Wallace Rieß, Darwin 1994, S. 70.
152 Vgl. Sieferle, Sozialdarwinismus 1994, S. 134.
153 Vgl. Weingarten, Darwinismus 1994; Gradmann, Bazillen 1996, S. 82. Selbst Wissenschaftler wie der Biologe Oscar Hertwig, die dezidiert die Darwinisten kritisierten, argumentierten in ihrem gesellschaftlichen Gegenentwurf organisch-biologistisch, wie Weindling, Darwinism 1991 nachgewiesen hat.

rück auf die menschliche Gesellschaft übertragen. Die Vermischung von Politik, Gesellschaft und Naturwissenschaft führte sukzessive zu einer Transformation der ursprünglichen Entwicklungshypothese und mutierte zu einer Weltanschauung mit vorgeblich naturwissenschaftlichem Fundament. Allgemein wurden im Sozialdarwinismus unter quasinomologischen Prämissen soziale Probleme biologisiert und mit gesellschaftlichen Mitteln zu lösen versucht. Der »Kampf ums Dasein« fand nach Meinung der Sozialdarwinisten innerhalb der Gesellschaften und zwischen den Nationalstaaten statt.[154] Auf diesem Boden gediehen die Ängste vor einer Entartung des Erbgutes und der Degeneration der Bevölkerung. Ebenso ist die Furcht vor einer Verschlechterung der Rekrutierungsstatistiken durch die nach Meinung der Zeitgenossen zunehmende Wehruntauglichkeit vieler Jugendlicher zu beurteilen. Der Nationalismus bediente sich schließlich wortmächtig darwinistischer Argumentationsmuster, und imperiale Ziele wurden mit Verweis auf den nationalen »Kampf ums Dasein« formuliert.

Das Kaiserliche Gesundheitsamt stand als reichsweite Institution zu diesem Nationalismus in wechselseitiger Beziehung. Auf der einen Seite profitierte das Gesundheitsamt von diesem Nationalismus – allein seine Existenz beruhte auf dem Wunsch nach einer nationalen, reichsweiten, zentralen Medizinalbehörde. Die Tätigkeit des Gesundheitsamtes zielte auf die Hebung der Volksgesundheit ab, aus der Erfüllung dieser Aufgabe bezog die Behörde ihre Legitimation. Auf der anderen Seite vermochte das Gesundheitsamt ein nationales Identifikationsmoment zu bieten und die Einigung des Reiches zu befördern.[155] Das Gesundheitsamt beteiligte sich darüber hinaus personell an der medizinischen Kolonialisierung der »Schutzgebiete«.[156]

Bei der Vielzahl der zu bewältigenden Probleme griff der Staat auf das Angebot der Wissenschaften zurück und bezog diese in die Ausweitung der staatlichen Administration mit ein. Von dieser doppelten Expansion – der Einflussnahme von Staat und Medizin auf das öffentliche Leben – profitierte insbesondere das Gesundheitsamt, das beide Geltungsansprüche in sich bündelte und diese »Staatsmedizin« idealiter unauffällig umsetzte. Die geschilderten gesellschaftlichen strukturellen Veränderungen bildeten den Hintergrund, vor dem die positive institutionelle Entwick-

---

154 Vgl. Sieferle, Sozialdarwinismus 1994.
155 Vgl. Jessen/Vogel, Naturwissenschaften 2002. Zur Geschichte der öffentlichen Gesundheitspflege in Australien und zur Verbindung von Biopolitik und Nationalismus Bashford, Imperial Hygiene 2004.
156 Ausführlich Eckart, Medizin 2001, zum Nationalismus Kap. 4.

lung des Kaiserlichen Gesundheitsamtes ablief. Mit der Zuspitzung der sozialen und sanitären Probleme in der einsetzenden Hochphase der Industrialisierung wuchs auch die Bedeutung des Gesundheitsamtes. Jenseits allgemeiner Trends war es vor allem der Ausbruch der Cholera 1892, die erfolgreiche Entwicklung neuer serologischer Therapieformen und die drohende Pestepidemie um die Jahrhundertwende, die dem Gesundheitsamt einen gewaltigen Auftrieb an personellen und materiellen Ressourcen mit zunehmendem Einfluss bescherte, den das Gesundheitsamt in seinem Sinne ausgestaltete.

2.3 Die »Ära Bumm« – Besitzstandswahrung in den »Krisenjahren der Klassischen Moderne«

Mit der Verselbständigung der Biologischen Abteilung des Gesundheitsamtes zur Kaiserlich Biologischen Anstalt für Land- und Forstwirtschaft und mit dem Wechsel an der Spitze der Behörde kam es 1905 zu bedeutenden institutionellen Veränderungen. Der bisherige Präsident Karl Köhler hatte aus gesundheitlichen Gründen seine Versetzung in den Ruhestand beantragt. Seine Nachfolge trat Franz Bumm an. Der Auswahl Bumms gingen aufgeregte Briefwechsel und Telegramme zwischen dem Königlich Geheimen Civil-Kabinett, dem Reichsamt des Innern und dem Leibarzt des Kaisers, General-Stabsarzt der Armee, Dr. Rudolph von Leuthold, voraus.[157]

Der 1861 in Würzburg geborene Bumm begann nach dem Jurastudium 1892 seine Laufbahn im Reichsamt des Innern. Bereits fünf Jahre später wurde er zum Kaiserlichen Geheimen Regierungsrat und 1901 zum Ober-Regierungsrat befördert. Dort muss sich Bumm in seiner Funktion bewährt haben. Der Staatssekretär des Innern hielt ihn »für einen Mann von umfassendem Wissen auf dem Gebiete aller Aufgaben des Reichsgesundheitsamtes, er ist von seltenem Eifer und Fleiß beseelt und eine Persönlichkeit von hervorragenden Eigenschaften des Charakters [...] und überdem ein Mann von erprobter Zuverlässigkeit«. Arthur von Posadowsky-Wehner hielt Bumm »nach seinen persönlichen Beziehungen« zu den »Nobilitäten Deutschlands« für »besonders geeignet, die Leitung des Reichsgesundheitsamtes zu übernehmen«, und er schloß mit der Bitte: »Euer Exzellenz [Lucanus, ACH] wäre ich dankbar, wenn Sie die Güte

---

157 Briefwechsel und Telegramm zwischen Posadowsky, von Leuthold und Lucanus vom 30.9.1905 bis zum 18.10.1905, GStA PK Berlin, I. HA, Rep. 89, Nr. 24185, Bl. 139-147.

hätten, diese meine Auffassung bei Gelegenheit seiner Majestät dem Kaiser zum Ausdruck zu bringen.«[158] Bumm selbst waren die Aufgaben des Gesundheitsamtes vertraut, da er seit Gründung des Reichsgesundheitsrates Mitglied dieses Gremiums war.[159]

Franz Bumm konnte in den ersten Jahren nach seiner Ernennung nahtlos an die Erfolge seines Vorgängers anknüpfen. Er war bereits als Mitglied des Reichsgesundheitsrates mit der 1901 initiierten Kampagne zur Bekämpfung des Typhus im Südwesten des Deutschen Reiches vertraut, die bis zum Beginn des Ersten Weltkrieges fortgeführt wurde. Im Grenzbebiet zu Frankreich und Belgien waren immer wieder Typhuserkrankungen registriert worden. Da die Landstriche im Schlieffen-Plan als Aufmarschgebiet vorgesehen waren, wurden von verschiedenen Reichs-, Landes- und Militärmedizinalbehörden wie dem Institut für Infektionskrankheiten und dem Reichsgesundheitsamt unter der Koordination von Robert Koch Sanierungsmaßnahmen eingeleitet, um die endemisch auftretende Seuche »auszurotten«. Die Maßnahmen waren einerseits auf die Versorgung der Bevölkerung mit keimfreiem Trinkwasser ausgerichtet und zielten andererseits auf die Medikalisierung und die kurative Behandlung von Typhuskranken ab. Bereits 1907 waren Erfolge bei der Typhusbekämpfung zu verzeichnen.[160]

Die Maßnahmen zur Bekämpfung des Typhus im Südwesten des Reiches standen in mittelbarem Zusammenhang mit der deutschen Kolonialpolitik. In Deutsch-Südwest-Afrika befürchtete man nach den Erfahrungen der britischen Armee während des Burenkrieges zwischen 1899 und

---

158 Posadowsky an Lucanus, 18.10.1905, GStA PK Berlin, I. HA, Rep. 89, Nr. 24185, Bl. 143 f. Zu Bumm vgl. Kap. 5.1.4; zur Bedeutung Posadowskys Ullmann, Kaiserreich 1995, S. 148 f.
159 Franz Bumm hatte unter anderem an der Bekämpfung des Typhus im Südwesten des Reiches mitgewirkt. Der kaiserliche Leibarzt und Generalstabsarzt der Armee Rudolph von Leuthold wurde von Posadowsky am 17.10.1905 in einem persönlichen Schreiben gebeten, etwaige Vorbehalte gegen eine Ernennung Bumms als Nachfolger Köhlers auszuräumen. Leuthold schrieb daraufhin eine Empfehlung an Lucanus, er kenne Bumm persönlich von der Zusammenarbeit bei der Typhusbekämpfung. »Auf Grund meiner bei diesen Anlässen gemachten Wahrnehmungen kann ich den betreffenden Herrn als eine sehr sympathische, formgewandte Persönlichkeit bezeichnen und habe bei ihm nicht nur ein stetiges, reges Interesse, sondern auch ein nicht ganz gewöhnliches Verständnis für Fragen des Gesundheitsdienstes wahrgenommen. Bei einzelnen diesbezüglichen Conferenzen, in denen er den Vorsitz hatte, legte er unverkennbares Geschick und Talent in Leitung der Debatten an den Tag.« Die Schreiben in GStA PK Berlin, I. HA, Rep. 89, Nr. 24185, Bl. 142-145.
160 Ausführlich Mendelsohn, Cultures 1996; KGA, Denkschrift 1912; zur Typhusbekämpfung siehe auch weiter unten Kap. 3 und 4.

Abb. 5 Franz Bumm, Präsident des Reichsgesundheitsamtes (1905-1926)

1902 und den krankheitsbedingten hohen Verlusten an Menschenleben durch den Ausbruch von Typhus eine Schwächung der »Kaiserlichen Schutztruppe«.[161] Nachdem sich die Herero-Nama 1904 gewaltsam gegen die Besetzung ihres Landes zur Wehr gesetzt hatten, erschien die Einleitung wirksamer Maßnahmen gegen die Krankheit umso dringender erforderlich. Im Sommer 1904 waren Versuche an freiwilligen Soldaten während der Überfahrt nach Afrika und »Eingeborenen« vor Ort vorgenommen worden, und bereits im Januar 1905 bat das Oberkommando der Schutztruppen das Sanitätsamt in Südwest-Afrika um die regelmäßige monatliche Bereitstellung von Impfstoff für jeweils 2.000 Soldaten.[162] Die im Südwesten des Deutschen Reiches gewonnenen Erfahrungen über Impfung, Impfstoff, Impfschutz und Revakzination, Nebenwirkung und die durch die Impfung kurzfristig bewirkte körperliche Beeinträchtigung konnten in der Folgezeit mit denen im Kolonialgebiet in Deutsch-Südwest-Afrika abgeglichen werden. Die bei der Imp-

---

161 Zu den Verlusten aufgrund von Typhuserkrankungen im Burenkrieg Winkle, Kulturgeschichte 1997, S. 418.
162 Vgl. den Schriftverkehr in GSTA PK, HA 1, Rep. 76 VIII B, Nr. 4245, weiter Nr. 4246-4247. Bei der Herstellung von Impfstoffen und der Impfung von Soldaten dienten die Erfahrungen der britischen Kolonialarmee als Bezugspunkt. Zur Kolonialmedizin Eckart, Medizin 1997.

fung großer Menschenmengen – wie sie im Fall der Soldaten praktiziert und den Bewohnern in Südwest-Afrika geplant war – gesammelten Erfahrungen gaben wiederum wertvolle Hinweise für die Maßnahmen im Aufmarschgebiet des Schlieffen-Planes.

Über den Gesundheitszustand der Kaiserlichen Schutztruppe gaben zahlreiche Artikel in den *Arbeiten des Kaiserlichen Gesundheitsamtes* Aufschluss, in dem für einige Jahre die Berichte von abkommandierten Militärmedizinern des Reichskolonialamtes publiziert wurden.[163] Neben kleineren Expeditionen zur Erforschung von Trypanosomen und anderen exotischen Parasiten[164] war das Gesundheitsamt an der Planung und Durchführung der Schlafkrankheit-Expedition beteiligt, die Robert Koch zusammen mit Medizinalbeamten des Instituts für Infektionskrankheiten und des Gesundheitsamtes von 1906 bis 1907 nach Ostafrika unternahmen und die als großer Erfolg gefeiert wurde.[165]

Eine Möglichkeit zur Repräsentation der durch die öffentliche Hygiene im Deutschen Reich erwirkten Erfolge boten die Ausstellung »Volkskrankheiten und ihre Bekämpfung« von 1903, die Ausrichtung des XIV. Internationalen Kongresses für Hygiene und Demographie in Berlin 1907 und die Internationale Hygieneausstellung in Dresden 1911. Während der für die Teilnehmer des Hygienekongresses 1907 bestimmte Festband vornehmlich die Tätigkeitsschwerpunkte des Kaiserlichen Gesundheitsamtes und die Bevölkerungsstatistik des Statistischen Amtes widerspiegelte, wurde 1911 die gesamte Bandbreite der öffentlichen Hygiene publikumswirksam in Szene gesetzt.[166]

Trotz weiterer Erfolge bei der Implementierung des Reichsviehseuchengesetzes 1909 oder der Überarbeitung des fünften Deutschen Arz-

---

163 Vgl. zum Beispiel die Serie »Mittheilungen aus den deutschen Schutzgebieten« in den AKGA von 1897 bis 1904.
164 Beispielsweise berichten Schuberg/Böing, Weg 1926, darüber, dass sie die Versuchsprotokolle bei Ausbruch des Ersten Weltkrieges in Afrika hatten zurücklassen müssen, die Expedition Schubergs im Juni 1914 an das Institut für Seuchenbekämpfung nach Darsessalam BA Berlin, R 86/2885.
165 Vgl. Gradmann, Krankheit 2005, S. 297-336; die Korrespondenz und Schriftwechsel betreffend das KGA im BA Berlin, R 86/2631.
166 Vgl. Brecht, Publikum 1999; KGA/KSA (Hg.), Das Deutsche Reich 1907; und die zahlreichen Sonderkataloge mit Exponanten der verschiedenen Abteilungen der Hygieneausstellung in Dresden 1911, beginnend mit den Auswirkungen von Luft, Boden Klima auf die Gesundheit, der Nahrungsmittel- und Milchhygiene, Gewerbehygiene, Körper- und Kleiderhygiene, Schulhygiene, Rassenhygiene (Vererbung und Fortpflanzung), Tropenhygiene, Wohlfahrtsfürsorge (Trinker-, Irren- und Tuberkulösenfürsorge), Infektionskrankheiten und Desinfektionswesen, das Rettungs- und Sanitätswesen oder die Medizinalstatistik.

neibuches 1910 machten sich zu diesem Zeitpunkt Schwierigkeiten bemerkbar. Materiell und personell scheint das Gesundheitsamt spätestens ab 1910 eine Sättigungsphase erreicht zu haben und das Aufgabenfeld bestellt zu sein. Wenngleich sich der Personalbestand und der Haushaltsetat nach der Jahrhundertwende kontinuierlich erhöht hatten, zeichneten sich die Steigerungsraten im Vergleich zu den Vorjahren nur noch durch ein geringes Wachstum aus. Der relative Bedeutungsverlust resultierte aus der expansiven Entwicklung des Gesundheitsamtes selbst und der von ihr initiierten Verwissenschaftlichung der Hygiene. Mit der Aufgabenausweitung war das Gesundheitsamt an seine Grenzen gestoßen. Geographisch und fachlich war die Aufgabenverteilung über die Landesmedizinalbehörden und die sich bildenden Lehrstühle für Hygiene eingeschränkt.[167] Weiterhin wurden zahlreiche private Organisationen, gemeinnützige Vereine und Gesellschaften gegründet, beispielsweise die Deutsche Gesellschaft zur Bekämpfung der Geschlechtskrankheiten, die Deutsche Gesellschaft für Bevölkerungspolitik, die Deutsche Gesellschaft für Hygiene oder die Deutsche Gesellschaft für Rassenhygiene, die sich auf Reichsebene in gesundheitspolitischen Angelegenheiten engagierten.[168]

Institutionelle Konkurrenz erwuchs dem Gesundheitsamt besonders aus Forschungsinstitutionen, die gesundheitspolitisch gleichfalls auf dem Gebiet des Deutschen Reiches tätig waren: das Institut für experimentelle Therapie in Frankfurt am Main (1896/1899), das Institut für Schiffs- und Tropenkrankheiten in Hamburg (1900), das Institut für Krebsforschung in Heidelberg (1906) und die Reichsanstalt zur Bekämpfung der Säuglingssterblichkeit im Kaiserin Auguste Victoria Haus in Berlin (1909).[169] Unter dem Dach der 1911 gegründeten Kaiser-Wilhelm-Gesellschaft zur Förderung der Wissenschaften wurden weitere lebenswissenschaftliche Institutionen gegründet.[170] Fernerhin bemühten sich die

---

167 Zu den preußischen Institutionen vgl. die 1907 vom MGUMA herausgegebene Festschrift zu den medizinischen Anstalten auf dem Gebiete der Volksgesundheitspflege in Preußen.

168 Einen fundierten Überblick hierzu in Weindling, Health 1989. Das Gesundheitsamt habe besonders private Organisationen unterstützt, weil es über keine Kompetenzen verfügt und zudem die Meinung vertreten habe, dass die Umsetzung von Hygienemaßnahmen in den Bereich des Privaten gehöre, ebd., S. 196.

169 Die Liste mit reichsweit tätigen Institutionen, unabhängig von der jeweiligen Finanzierung und Verantwortlichkeit der Institutionen, in Hubenstorf, Exodus 1994, S. 371.

170 Beispielsweise das KWI für medizinische Forschung in Heidelberg (1930), das KWI für experimentelle Therapie in Berlin (1913-1926), die Gastabteilung für

Psychiater, die gewachsene Bedeutung ihres Faches institutionell zu untermauern. Der Gießener Professor für Psychiatrie, Robert Sommer, forderte 1911 in einer Petition an den Reichstag eine separate psychiatrische Abteilung am Kaiserlichen Gesundheitsamt.[171] Die Petition Sommers wurde im Reichstag mit der Begründung abgelehnt, dass die Schaffung und Unterhaltung klinischer Institute nicht im Bereich der Reichstätigkeit liege und sich mit der Einrichtung einer klinischen Abteilung für Psychiatrie Zweck und Ziel des Reichsgesundheitsamtes gänzlich verschieben würde[172] und »Sommers Organisationsplan mancherlei einschließt, was dem jetzigen Wirkungskreise des Reichsgesundheitsamtes so völlig fremd ist«.[173] Nach dem Scheitern der Petition drängten die deutschen Psychiater auf die Errichtung eines Reichsinstituts für Psychiatrie, das schließlich 1917 als Deutsche Forschungsanstalt für Psychiatrie gegründet wurde.[174]

Die Beziehung des Gesundheitsamtes zu diesen und anderen Institutionen des Reiches und der Einzelstaaten oszillierte zwischen Kooperation

    Zellzüchtung am KWI für Biologie in Berlin (1927-1930) und das KWI für Anthropologie, menschliche Erblehre und Eugenik (1927), vgl. Hubenstorf, Exodus 1994, S. 371.

171 Trotz der anfänglichen Kooperation zwischen dem KGA und dem Verein deutscher Irrenärzte war es nie zu einer weitergehenden wissenschaftlichen Zusammenarbeit gekommen, geschweige denn, dass ein Spezialist für Psychiatrie ordentliches Mitglied der Behörde geworden wäre. Überhaupt zeigte das KGA nur geringes Interesse an der wissenschaftlichen Erforschung der »psychischen Hygiene«. Dies sollte sich nach Meinung von Vertretern der Psychiatrie ändern. Angeregt durch die Diskussion auf dem »Internationalen Kongress zur Fürsorge für Geisteskranke« forderte Robert Sommer eine psychiatrische Abteilung im Reichsgesundheitsamt mit den Aufgabengebieten Statistik und Anstaltswesen, klinische Ursachenforschung, forensische Psychiatrie, Erforschung der Vererbung von psychischen Erkrankungen und schließlich die »psychische Hygiene« im allgemeinen, vgl. Sommer, Psychiatrische Abteilung 1910/1911.

172 Die Paraphrasierung der Reichstagsverhandlung vom 25.1.1911 in Sommer, Frage 1911/1912.

173 So auch die Beurteilung Alzheimers, der dessen ungeachtet den Antrag Sommers unterstützte, vgl. Alzheimer, Einrichtung 1911, S. 243. Alternativ könne man auch ein Reichsinstitut für Psychiatrie gründen, um die beachtenswerten Vorschläge von Emil Kraepelin und Ernst Rüdin zur Generierung einer zielgerichteten Statistik »über die Häufigkeit und Zunahme psychischer und nervöser Krankheiten« umzusetzen.

174 Auch die 1911 gegründete Kaiser-Wilhelm-Gesellschaft zur Förderung der Wissenschaften lehnte die Errichtung eines psychiatrischen Instituts unter ihrem Dach ab. Erst die Spende von James Loeb ermöglichte 1917 die Gründung der Deutschen Forschungsanstalt für Psychiatrie, vgl. Weber, Forschungsinstitut 1991.

und Konkurrenz.[175] Mit der Gründung staatlicher und universitärer Institutionen auf dem Gebiet der experimentell-wissenschaftlichen Hygiene verringerte sich der Anteil der Forschung am Gesundheitsamt, während im Gegenzug die Organisation und Verwaltung des hygienischen Wissens zunahmen. Mit der Verlagerung von wissenschaftlichen zu administrativen Arbeiten war das Gesundheitsamt bei der Erfüllung seiner Aufgaben auf die Kooperation mit den spezialisierten Forschungseinrichtungen angewiesen. Gleichzeitig wetteiferte die Reichsbehörde mit den beschriebenen Institutionen um Einfluss, Personal und monetäre Mittel.[176] Die Staatseinnahmen konnten nicht beliebig erhöht und die zur Verfügung stehenden knappen monetären Mittel mussten nach dem Minimalprinzip auf die bestehenden Einrichtungen verteilt und zur Realisierung eines fest definierten Aufgabenkreises eingesetzt werden. Gegen Ende der ersten Dekade des 20. Jahrhunderts waren die finanziellen Mittel des Staates ausgeschöpft, zumal nicht nur die zahlreichen neu gegründeten Reichsbehörden und -institutionen den Fiskus belasteten, sondern vor allem das maritime Wettrüsten gewaltige Summen verschlang.

175 Die institutionellen Verflechtungen und Netzwerke in Kap. 5.1.5.
176 Selbst wenn Institutionen wie die Kaiser-Wilhelm-Gesellschaft, das Institut für experimentelle Therapie oder das Institut für Schiffs- und Tropenmedizin sich ganz oder teilweise aus privatwirtschaftlichen Mitteln oder aus dem Haushalt der Einzelstaaten finanzierten und der jeweilige Etat sich aus verschiedenen Quellen speiste, war das Verhältnis auch in fiskalischer Hinsicht von Konkurrenz geprägt. Bestimmte Aufgaben konnten von mehreren Institutionen alternativ erledigt werden. Die mit der Erledigung dieser Aufgabe betraute Institution wurde auch mit den dafür notwendigen Mitteln – sei es aus privaten Ressourcen, aus Mitteln der Einzelstaaten oder des Reiches – ausgestattet. Das Institut für Schiffs- und Tropenhygiene wurde unter anderem deswegen in Hamburg errichtet – entgegen der Intention Kochs, das Institut in Berlin anzusiedeln, weil die Stadt Hamburg in jedem Fall ein Institut für Schiffshygiene errichten wollte. Das Reich verzichtete pragmatisch auf die Errichtung eines eigenen Instituts für Tropenhygiene und teilte sich die finanzielle Unterhaltung des zusammengelegten Instituts für Schiffs- und Tropenhygiene mit dem Stadtstaat Hamburg, vgl. Mannweiler, Geschichte 1998. Durch die Delegierung der Serumprüfung an den Staat Preußen musste das Reich überhaupt keine Mittel für das Institut für experimentelle Therapie aufbringen. Hierdurch wurden jedoch nicht nur Kosten, sondern auch Kompetenzen an den Einzelstaat delegiert, die Zusammensetzung des Etats des Instituts für experimentelle Therapie in GStA PK, 1. HA, Rep. 76 Vc, Sekt. 1, Tit. XI, Teil II, Nr. 21. Trotz der privatwirtschaftlichen Stiftungsfinanzierung wurden die Kaiser-Wilhelm-Gesellschaft oder einzelne Institute aus Reichsmitteln unterstützt, siehe Möllers (Hg.), Gesundheitswesen 1923, S. 12 f. Die Finanzierung der Kaiser-Wilhelm-Gesellschaft in der Zwischenkriegszeit in Witt, Wissenschaftsfinanzierung 1990.

In dieser Zeit mehrten sich die Zirkulare des Reichsinnenamtes und des Reichsschatzamtes zur desolaten Haushaltslage und die Mahnungen zur Sparsamkeit.[177] Im September 1909 machte das Reichsschatzamt in einem Zirkular alle nachgeordneten Reichsbehörden auf die Schwierigkeiten und die »politisch höchst unerwünschten Erörterungen« aufmerksam, die die Bewilligung des Nachtragshaushaltes im Reichstag bereite. Es gelte daher unbedingt, eine Überschreitung der angesetzten Budgets zu vermeiden, und es wurde angedroht, bei Missachtung der Sparsamkeitsprinzipien die entsprechenden Beamten zu Regressansprüchen heranzuziehen.[178] Die Reichsbehörden wurden angehalten, die Fonds ständig zu überwachen und unvermeidliche Überschreitungen frühzeitig und unter Angabe der Gründe dem Reichsamt des Innern anzumelden. Dies führte zu immer detaillierteren Kostenaufstellungen und Budgetierungen in den einzelnen Abteilungen und Laboratorien des Gesundheitsamtes. Doch blieben trotz der steten Kontrollen und Ermahnungen Überschreitungen der einzelnen Titel nicht aus, deren Bewilligung langwierige Schriftwechsel mit und Erklärungen gegenüber dem Reichsamt des Innern nach sich zogen und deren missbilligender Tonfall keinen Zweifel über den geringen Spielraum ließ.[179]

Mit Kriegsbeginn verschärften sich die Sparmaßnahmen. Außerordentliche Fonds wurden gesperrt und jede Behörde angewiesen, ihren Etat auf etwaiges Einsparungspotential hin zu prüfen. Über finanzielle Restriktionen hinaus musste sich das Gesundheitsamt personell einschränken, da zahlreiche Mitarbeiter ihren Kriegsdienst versahen.[180] Der Ausbruch des Krieges bot jedoch gleichfalls die Möglichkeit, die staatsrelevante Funktion der eigenen Behörde zu demonstrieren.

Trotz einer risikoreichen Außenpolitik hatte die Reichsregierung keine Veranlassung gesehen, Vorkehrungen für den Kriegsfall zu treffen. Bei Ausbruch des Krieges war man im Deutschen Reich vom raschen Sieg überzeugt und wurde von der Dauer der Auseinandersetzung völlig überrascht. Einen »modernen« Krieg konnte man jedoch nur erfolgreich führen, wenn es gelang, die Soldaten mit ausreichend Material und Lebensmittel zu versorgen.[181] Die Radikalisierung des Krieges erzwang

---

177 Vgl. kurz Ullmann, Kaiserreich 1995, S. 207; ders., Steuerstaat 2005.
178 Vgl. das Schreiben des Staatssekretärs des Reichsschatzamtes an die nachgeordneten Reichsbehörden, 25.9.1909, BA Berlin, R 86/4396; ähnlich aus dem RAI am 19.3.1910.
179 Vgl. hierzu die zahlreichen Schriftwechsel im BA Berlin, R 86/4396.
180 Zu den Sparmaßnahmen vgl. BA Berlin, R 86/4397.
181 Margarine und Erbswurst erlebten mit dem Deutsch-Französischen Krieg ihren steilen Aufstieg als preiswerte Ersatz-Nahrungsmittel erst der Soldaten und nach

die Mobilisierung aller gesellschaftlichen und wirtschaftlichen Ressourcen. Unter den Folgen litten nicht nur die Soldaten an der Front, sondern, bedingt durch den lange währenden Wirtschaftskrieg, auch die Zivilbevölkerung. Als Folge der englischen Seeblockade ergaben sich wirtschaftliche Engpässe vornehmlich bei der Rohstoffbeschaffung für die Rüstungsindustrie und bei der Lebensmittelversorgung. Zur Behebung dieser Mängel wurden in Kooperation von Staat und Wirtschaft zahlreiche halbstaatliche Institutionen gegründet und diese 1916 einerseits für die Rüstungsindustrie im Kriegsamt und andererseits für die Nahrungsmittelversorgung im Kriegsernährungsamt zusammengeführt.[182]

Dem Kriegsernährungsamt und seinen einzelnen Ausschüssen standen das Gesundheitsamt und zahlreiche Mitglieder des Gesundheitsrates zur Seite. Zu den Beratern zählten beispielsweise neben dem Präsidenten des Gesundheitsamtes[183] auch der Ernährungsphysiologe und Hygieniker Max Rubner, seit 1895 außerordentliches Mitglied des Gesundheitsamtes,[184] und der Direktor der Chemisch-Hygienischen Abteilung im Gesundheitsamt, Wilhelm Kerp. Den Beamten und Wissenschaftlern bot sich an der Heimatfront die Gelegenheit, ihr Scherflein in einem »nie erlebten [...] Wirtschaftskampf« um das Vaterland beizutragen. Den Mitstreitern im Labor erwuchsen hieraus »Aufgaben von zum Teil nie gekannter Art und nie geahnter Schwierigkeit«.[185] Das Gesundheitsamt

---

dem Krieg der sozial schwächeren Einkommensschichten, vgl. zur Kunstbutter Pelzer/Reith, Margarine 2001, S. 19 f., zum Büchsenfleisch der Firma Knorr Mellinger, Fleisch 2000, S. 104 f.

182 Das Kriegsernährungsamt. Begründung, Organisation, bisherige Tätigkeit und die dem Kriegsernährungsamt unterstellten Kriegswirtschaftsstellen. (Nur für Mitglieder des Beirates bestimmt), ca. Sommer 1916, BA Berlin, R 86/2049. Allgemein Ullmann, Kaiserreich 1995, S. 235-241; Chickering, Deutsche Reich 2002, S. 48-61; zur Ernährungslage während des Weltkrieges Faulstich, Hungersterben 1998, S. 25-32. Aus der Vielzahl der jüngst erschienenen Publikationen zum Ersten Weltkrieg sei neben Roger Chickering nur die Monographie von Salewski, Erste Weltkrieg, Paderborn 2003 angeführt.

183 Vgl. zur Ernennung des PKGA in den Beirat des KEA das Schreiben des Stellvertreters des Reichskanzlers an den PKGA, 2.7.1916, BA Berlin, R 86/2049. Dort befinden sich auch Programme für die Beiratssitzungen.

184 Den Vorschlag zur Ernennung Max Rubners als außerordentliches Mitglied im GStA PK Berlin, I. HA, Rep. 89, Nr. 24184, Bl. 181-184. Zur Biographie von Max Rubner, Bumms Stellvertreter als Vizepräsident im RGR, und seiner Rolle im Krieg vgl. Wildt/Wildt, Rubner 1978; Jeschal, Politik 1978, passim; Pietzka, Physiologe 1981; zur Funktion Rubners Kap. 5.1.4.

185 RGA, Festschrift 1926, S. 17. Diese Motivation findet sich beispielsweise auch bei dem Mediziner Ludwig Aschoff, der zur Serumbehandlung der Diphtherie

bemühte sich um die Behebung der Lebensmittelknappheit, war verantwortlich für Projekte zur Erforschung und Beurteilung von Ersatzlebensmitteln und trug Sorge »für den Lebensunterhalt der gesamten Bevölkerung in der Heimat«.[186]

Der tatsächlichen Entwicklung konnte der Aktivismus der Ernährungswissenschaftler nicht Einhalt gebieten, er konnte sie allenfalls bremsen. Der Erfolg des Kriegsernährungsamtes blieb bescheiden.[187] Die Lebensmittelknappheit nahm weiter zu, und infolge der Diskrepanz zwischen Angebot und Nachfrage stiegen die Preise für Lebensmittel rapide an. Binnen eines Jahres stieg der Preisindex für 27 ausgewählte Nahrungsmittel von Mai 1914 bis zum Mai 1915 um 52 %.[188] Preisfestlegungen lösten das Problem nicht, sondern leiteten die Angebotsmenge auf den Schwarzmarkt um. Die hier angebotenen Preise waren für die Masse der Bevölkerung unerschwinglich. Auch die eingeführte Lebensmittelrationierung konnte die wenigen Nahrungsmittel nur unzureichend verteilen. Nach dem Kohlrübenwinter 1916/1917 fiel die Rationierung auf 1.400 Kalorien pro Tag. Auch die Rationierungen konnten den Hunger nicht eindämmen, und infolge der Unzufriedenheit nahmen die Spannungen zwischen den Bevölkerungsschichten sowie zwischen Stadt und Land zu. Im Kohlrübenwinter und im letzten Kriegswinter brachen Hungerunruhen aus, die im Januar 1918 nur noch schwer abzuwiegeln waren.[189] Mit der Quantität der Lebensmittel verschlechterte sich auch die Qualität der Nahrung. Durch Unterernährung und Mangelerscheinungen verursacht, nahm in der Bevölkerung die Anfälligkeit für Krankheiten wie Tuberkulose in den Kriegsjahren zu.

An der Front kämpften Mitglieder des Kaiserlichen Gesundheitsamtes für die »Erhaltung der Gesundheit und Leistungsfähigkeit der im Fein-

---

forschte und sich so als »vollwertiges Mitglied der deutschen Armee« definieren konnte, vgl. Schmiedebach, Sozialdarwinismus 1987, S. 103-108, das Zitat S. 105. Schmid (Hg.), Deutsche Naturwissenschaft 1919, nutzte die Gelegenheit, den Beitrag der einzelnen Wissenschaftszweige zur Verteidigung des Vaterlandes darzustellen.

186 Zur Ernährung im Ersten Weltkrieg zeitgenössisch Rubner, Volksernährung 1916; ders., Ernährungswesen 1928; »Das Reichsgesundheitsamt während des Weltkrieges« in RGA, Festschrift 1926, S. 17-19, die Zitate auf S. 17; ausführlich Kap. 4.2.
187 Vgl. Ullmann, Kaiserreich 1995, S. 241.
188 Vgl. Jeschal, Politik 1978, S. 76; Roerkohl, Lebensmittelversorgung 1987.
189 Vgl. Jeschal, Politik 1978, S. 80; Ullmann, Kaiserreich 1995, S. 250 f., 260; die Auswirkungen von Hunger und Kälte analysiert Chickering, Deutsche Reich 2002, S. 170-178, 189-195.

desland stehenden Truppen«.[190] Kriegsbedingt wurden vermehrt epidemische Krankheiten wie Bazillenruhr, Pocken, Typhus und Cholera angezeigt.[191] Besonders das epidemische Auftreten von Fleckfieber stellte die Hygieniker im Feld und im Labor vor große Probleme, da es kein wirksames Heilmittel gegen Fleckfieber gab und die Ausbreitung der durch die Kleiderlaus übertragenen Krankheit durch die katastrophalen hygienischen Bedingungen im Krieg trotz rigider Desinfektions- und sanitätspolizeilicher Maßnahmen nur schwer zu unterbinden war.[192] Zur präventiven und kurativen Anwendung gegen Cholera, Ruhr und Typhus wurden im Gesundheitsamt Impfseren für das Militär hergestellt. Darüber hinaus galt die Aufmerksamkeit des Gesundheitsamtes der grassierenden Zunahme von Geschlechtskrankheiten innerhalb des Militärs. Die während des Krieges auftretende »Seuchengefahr« und der Ausbruch »gemeingefährlicher Krankheiten« konnte durch die Ergreifung geeigneter Maßnahmen wie Impfung, Krankenisolierung und Desinfektion allerdings regional begrenzt werden.[193] Während des Ersten Weltkriegs, konstatiert J. Andrew Mendelsohn, standen die Bakteriologen auf dem Höhepunkt ihres Erfolges.[194] Dem Ausbruch und den

190 RGA, Festschrift, S. 17.
191 Ausführlich Hofmann (Hg.), Hygiene 1922; zum erneuten Auftreten der Pocken Breger, Pocken 1924.
192 Die »Bekämpfung des Fleckfiebers« bestand vor allem in der eindeutigen Diagnose, der Meldung von Krankheitsfällen, Reinigung des Körpers sowie aller Kleidungs- und Gebrauchsgegenstände und der Desinfektion, Quarantäne und der Isolierung von Kranken als klassischen seuchenpolizeilichen Maßnahmen. Die Bekämpfungsmaßnahmen zielten auf die »Vertilgung« der Kleiderlaus als Krankheitsvektor ab. Betroffen waren vor allem Soldaten und Kriegsgefangene (und nach dem Krieg polnische Wanderarbeiter) – bei Auftreten von Erkrankungen mussten sich meist alle Insassen eines Gefangenenlagers bzw. der Heereseinheit den rigiden Desinfektions- und Entlausungsprozeduren unterziehen. Die »Hygienisierung« und Entlausung russischer Kriegsgefangener zur Prävention von Fleckfieber bei Weindling, Wahrnehmung 1997. Die Anzeigen nach dem Auftreten von Fleckfieber 1915 bis 1919 in BA Berlin, R 86/1039, 4547-4550; die vom KGA herausgegebene Anweisung zur Bekämpfung des Fleckfiebers (Flecktyphus), Anhang: Ratschläge an Ärzte für die Bekämpfung des Fleckfiebers (Flecktyphus), Berlin 1914 (und überarbeitete spätere Auflagen), in BA Berlin, R 86/1040, 4556, 4558, 4559; ferner die Beiträge von Richard Otto (Fleckfieber), August Gärtner (Einrichtung und Hygiene der Kriegsgefangenenlager), Heinrich Hetsch (Sanierungsanstalten an der Reichsgrenze) und Albrecht Hase (Ungeziefer) in Bd. 7 des Handbuches der ärztlichen Erfahrungen im Weltkriege 1914/1918 hg. von Hofmann, Hygiene 1922.
193 Vgl. RGA, Festschrift 1926, S. 17-19.
194 Vgl. Mendelsohn, Ausrottung 1999, S. 229. Diese Entwicklung war kein linearer Prozess. Dem Erfolg der Bakteriologen ging eine schwere Krise um die Jahrhun-

Auswirkungen der Grippe-Pandemie am Ende des Krieges waren die deutschen Bakteriologen allerdings genauso hilflos ausgeliefert wie ihre gegnerischen Kollegen.[195]

Auch nach den entbehrungsreichen Kriegsjahren stellte sich für das Gesundheitsamt keine Besserung der materiellen und personellen Situation ein. Gleichwohl meinte man im Gesundheitsamt keine finanziellen Kürzungen befürchten zu müssen. In einer Notiz zum Haushalt heißt es:

»Im Allgemeinen eignet sich der Haushalt für das Reichsgesundheitsamt am wenigsten für Streichungen. Ausgaben für gesundheitliche Zwecke, zum Schutze und zur Förderung der Volksgesundheit werden von den gesetzgebenden Faktoren gern bewilligt. Wird das Unterbleiben gesundheitlicher Fürsorge, oder Abwehrmassregeln mit dem Mangel an Geldmitteln begründet, so werden in der Oeffentlichkeit wie in den Parlamenten meist heftige Vorwürfe wegen Verweigerung der dazu benötigen Geldmittel erhoben.«[196]

Im Unterschied zum fiskalischen Status quo konnte das Gesundheitsamt seinen Kompetenzbereich formal ausweiten. Nachdem das Reich bislang nur für Angelegenheiten der Medizinal- und Veterinärpolizei zuständig war, wurden in der Weimarer Republik die Kompetenzen des Reiches verfassungsrechtlich auch auf die Bereiche soziales Versicherungswesen und öffentliche Gesundheitspflege ausgedehnt. Die bereits bestehenden Zuständigkeiten des Reiches wurden um die Bevölkerungspolitik, Mutterschafts- und Kinderfürsorge, Arbeitsrecht, Versicherung und Schutz von Arbeiter und Angestellten, Wohlfahrtspflege und das Bodenrecht, Bodenverteilung, das Siedlungswesen und das Wohnungswesen erweitert. Die neu hinzugewonnenen Kompetenzen wurden auf verschiedene Ministerien verteilt: das Reichsarbeits- sowie das Reichsinnenministerium und in geringem Umfang das Reichswirtschaftsministerium. Als technisch beratende Behörde des Innenministeriums fielen dem Reichsgesundheitsamt folglich neue wohlfahrtsstaatliche, sozialpolitische und – im zeitgenössischen Duktus – sozialhygienische Arbeitsbereiche zu.

---

dertwende voraus, vgl. Mendelsohn, Cultures 1996, S. 522-536. Die Krise der Bakteriologie wird ausführlich geschildert in Kap. 5.2.3. Zu Medizin und Krieg vgl. allgemein den Sammelband von Bleker/Schmiedebach (Hg.), Medizin 1987; Medizin und der Erste Weltkrieg Eckart/Gradmann (Hg.), Medizin 1996.

195 Zur Grippe-Pandemie Barry, Influenza 2004; zur Grippe im Deutschen Reich Bogusat, Influenza-Epidemie 1923.

196 Undatierte Notiz zum Haushalt, ca. 1920, BA Berlin, R 86/768.

Um dem verfassungsrechtlichen Auftrag nachkommen zu können, wurde 1923 ein eigenes gewerbehygienisches Labor in der Medizinischen Abteilung des Gesundheitsamtes eingerichtet. Im selben Jahr wurde auch die ehemalige Kaiser-Wilhelm-Akademie für das militärärztliche Bildungswesen an das Gesundheitsamt angegliedert,[197] 1924 wurde das Sozialhygienische Archiv aus der früheren Zentralstelle für Volkswohlfahrt in das Gesundheitsamt überführt und die Opiumstelle des Reiches in den Korpus des Gesundheitsamtes einverleibt.

Die verfassungsrechtliche Ausweitung der Zuständigkeiten und die institutionelle Vergrößerung des Gesundheitsamtes schien einigen Politikern indes nicht ausreichend, um die zahlreichen sozialen Probleme bewältigen zu können und auch um die Chancen zum Umbau der Gesellschaft nutzen zu können, die das neue demokratische Staatsgebilde versprach. In der Weimarer Republik und besonders zwischen 1919 und 1922 gab es zahlreiche Initiativen im Reichstag, die rekurrierend auf Virchows Pläne von 1848 die Errichtung eines Reichsgesundheitsministeriums forderten.[198] Die Petenten – unter ihnen Alfred Grotjahn, Adolf Gottstein, Magnus Hirschfeld, Julius Moses – verlangten eine selbständige Behörde »aus Fachleuten, nicht aber aus Juristen und Bureaukraten«. Sie kritisierten die Zersplitterung im Gesundheitswesen ebenso wie die bisher geleistete Tätigkeit des Gesundheitsamtes, die bislang jedwede Aktivität auf dem Gebiet der Sozialhygiene habe vermissen lassen.[199] Das zu bildende Gesundheitsministerium sollte nicht mehr nur beratend, sondern praktisch ausführend tätig werden.[200] In einer Besprechung im

197 Nach Kriegsende war die Kaiser-Wilhelm-Akademie für das militärärztliche Bildungswesen umbenannt worden in die Kaiser-Wilhelm-Akademie für ärztlichsoziales Versorgungswesen. Mit Auflösung des preußischen Kriegsministeriums gehörte die Kaiser-Wilhelm-Akademie in den Zuständigkeitsbereich des Reichsarbeitsministeriums. Dort wurden 1922 Überlegungen angestellt, die Kaiser-Wilhelm-Akademie in eine Reichsanstalt für medizinische Arbeitsforschung umzugestalten, vgl. die hierzu ausgearbeitete Denkschrift und den Organisationsplan im Archiv zur Geschichte der Max-Planck-Gesellschaft, Abt. I, Rep. 1A, Nr. 1352.
198 Eine andere im Reichstag eingereichte Petition forderte 1928 die Umwandlung des Reichsgesundheitsamtes in ein Volksgesundheitsamt. Dieses sollte eine kontrollierende, handlungsfähige »Hauptreichsbehörde« mit vermehrten Zuständigkeiten und Befugnissen sein. Die Petenten forderten eine stärkere Berücksichtigung von Naturheilverfahren, siehe BA Berlin, R 86/4267.
199 Vgl. die Diskussion im Reichstag in den SB des RT, 1. LP 1920/1922, 139. Sitzung vom 13.3.1922.
200 Alfred Grotjahn forderte als weitere Alternative die Zusammenlegung des RGA mit dem Arbeitsministerium und die Umwandlung in ein Reichsministerium für Volkswohlfahrt und Volksgesundheit, vgl. die Abschrift des Artikels von Al-

April 1919 beteuerte Carl Hamel als Vertreter des Reichsministeriums des Innern, dass man sich »nichts sehnlicher herbeiwünschen könne, als die Errichtung einer mit Exekutivgewalt ausgestatteten zentralen Behörde, die planmäßig die Volksgesundheit« fördere.[201] Der Reichsminister des Innern stand den Initiativen nach eigenen Aussagen zwar positiv gegenüber und betonte, dass die Gesundheitspflege und soziale Hygiene langfristig in die öffentliche Hand überführt werden müsse,[202] lehnte allerdings die Schaffung eines Gesundheitsministeriums unter den gegebenen Umständen gleich aus mehreren Gründen ab. In der Argumentation des Reichsinnenministerums wurde immer wieder betont, dass man mit dem Reichsgesundheitsamt eine Institution habe, die bislang hervorragende Arbeit auf dem Gebiet der öffentlichen Gesundheitspflege geleistet habe.[203] Die Bestrebungen zur Errichtung eines Reichsgesundheitsministeriums würden die gegebenen bundesstaatlichen und verfassungsrechtlichen Verhältnisse nicht berücksichtigen. Die Schwierigkeiten lägen hierbei besonders in den partikularistischen Bestrebungen der Einzelstaaten begründet.[204] Wo die Länder zur Abgabe von Kompetenzen und zur

fred Grotjahn in der Zeitschrift »Soziale Praxis und Archiv für Volkswohlfahrt« in BA Berlin, R 86/4266; ähnlich auch die Abgeordnete des Reichstages Martha Arendsee (KPD). Arbeit und Gesundheit seien unmittelbar miteinander verbunden, daher sollte das RGA mit dem Reichsversicherungsamt zusammengefasst werden, siehe die SB des RT, 3. LP, 79. Sitzung am 20.6.1925.

201 Die Zitate und Denkschriften in Nemitz, Bemühungen 1981.
202 Die Aussage des RMI Erich Koch in der 101. Sitzung der Nationalversammlung am 17.10.1919, zitiert in Nemitz, Bemühungen 1981, S. 428 f.; sowie die Aussage des RMI Adolf Köster im Reichstag am 3.4.1922, SB des RT, 1. LP, 201. Sitzung am 3.4.1922.
203 Siehe RMI Erich Koch im Reichstag am 16.3.1921, SB des RT, 1. LP, 86. Sitzung am 16.3.1921.
204 Siehe beispielsweise die Ausführungen des RMI Erich Koch am 10.3.1921, SB des RT, 1. LP, 80. Sitzung am 10.3.1921; sowie ein Jahr später des RMI Adolf Köster im Reichstag am 3.4.1922, SB des RT, 1. LP, 201. Sitzung am 3.4.1922 und in der 203. Sitzung am 5.4.1922. Die Argumentation, dass die Bestrebungen zur Kompetenzausweitung des RGA an den Interessen der Bundesstaaten scheitern würden, findet sich sowohl am Anfang der Weimarer Republik als auch Ende der 1920er Jahre, siehe Nemitz, Bemühungen; und die Stellungnahme des PRGA 1928/1929 zu der Petition, das RGA in ein mit exekutiven Kompetenzen ausgestattetes Volksgesundheitsamt umzuwandeln, BA Berlin, R 86/4267. Die gesetzgebende Kompetenz für das Medizinalwesen teilten sich Bund und Länder, wobei die Ausführung und Umsetzung der Gesetze in den Händen der Länder lag, zur Kompetenzüberschneidung siehe das Kap. 3.1.2. Die »partikularistischen Bestrebungen der Einzelstaaten« haben auch der frühen Bundesrepublik keine Freude beschert. Der Ministerialdirektor aus dem Bundesministerium des Innern, J. Stralau, fragt im ersten Jahrgang des BGBl. 1958 zweifelnd: ob man be-

Aufgabe ihrer bisherigen Selbständigkeit bereit seien,»verlangen sie, daß das Reich auch die Kosten der Neuordnung trage«, dass die Gesetze vom Reich durchgeführt und folglich auch die für die Exekution aufzubringenden Kosten vom Reich getragen werden müssten[205] – hieran scheiterte zum Beispiel auch die Verabschiedung eines reichseinheitlichen Tuberkulosegesetzes.[206] Darüber hinaus würde die Vermehrung der Ministerien weitere Verwaltungskosten verursachen und zudem dazu führen, die Geschäfte unübersichtlich zu gestalten.[207]

Der Reichsminister des Innern hatte ehedem Schwierigkeiten, die Begehrlichkeiten anderer Fachressorts an der ihm unterstellten Reichsbehörde abzuwehren – folglich wird der Minister allen Beteuerungen zum Trotz auch nicht an einer Umwandlung des Gesundheitsamtes in ein Ministerium interessiert gewesen sein, welches die Bedeutung des Innenministeriums weiter geschmälert hätte. Bereits 1917 war das Wirtschaftsressort als ein eigenständiges Reichswirtschaftsamt aus dem Reichsamt des Innern ausgegliedert worden.[208] Die anfänglichen Schwierigkeiten hinsichtlich der Zuweisung von Kompetenzen des neuen Reichsamtes setzten sich in der Weimarer Republik fort. So scheiterte der Versuch des Gesundheitsamtes, nach Auflösung des neu geschaffenen Reichsernäh-

wusst das »besonders wertvolle Gut Gesundheit in die starken Arme der Länder gelegt« habe, Stralau, Aufgaben 1958.
205 Siehe die Ausführungen des PRGA in den SB des RT, 1. LP, 304. Sitzung am 21.2.1923.
206 Das Gesetz war zwischen 1919 und 1923 im RGA ausgearbeitet und im RGR beraten worden. Es sah die Meldepflicht jeder Tuberkuloseerkrankung und die Anzeigepflicht bei Wechsel des Wohnortes von erkrankten Personen vor. Weiterhin sollten reichsweit Fürsorgestellen in ausreichender Anzahl errichtet werden, wogegen die Länder protestierten, da sie zur Übernahme der Kosten nicht bereit waren. Das Reich hätte im Rahmen des Finanzausgleiches die dafür notwendigen Mittel bereitstellen müssen. Der RMF bat 1923 aufgrund der angespannten Haushaltssituation den RMI, das Reichstuberkulosegesetz nicht weiterzuverfolgen, siehe Möllers, Tuberkulosegesetzgebung 1931; Saretzki, Reichsgesundheitsrat 2000, S. 394-398.
207 Die Argumentation des RMI in Nemitz, Bemühungen 1981. Durch die Ausgliederung der Ressorts Wirtschaft, Arbeit sowie Ernährung und Landwirtschaft aus dem Reichsamt des Innern war in zahlreichen Problemen und Gesetzesvorlagen die Abstimmung zwischen den Ressorts notwendig. Dies erforderte einen höheren Koordinationsaufwand. An den bilateralen grenzübergreifenden Staatsverträgen zur Bekämpfung der Viehseuchen zwischen dem Deutschen Reich und seinen Nachbarstaaten, den so genannten Tierseuchenabkommen, waren beispielsweise die Ressorts Inneres, Wirtschaft sowie Ernährung und Landwirtschaft beteiligt.
208 Zur Entstehung des Reichswirtschaftsamtes Hubatsch, Entstehung 1978, S. 9-39, besonders S. 18-20.

rungsministeriums die Zuständigkeit für die Ersatzmittelabteilung zu erlangen, mit der man während des Krieges eng zusammengearbeitet hatte. Mit der Eingliederung des Ernährungsministeriums in das Wirtschaftsministerium wurde auch die Ersatzmittelabteilung dem Wirtschaftsministerium unterstellt.[209]

Nach erneuter Ausgründung des Reichministeriums für Ernährung und Landwirtschaft im März 1920[210] machte das neue Reichsministerium dem Innenministerium sogleich die Zuständigkeit der Veterinärangelegenheiten mit dem Argument streitig, dass der Viehbestand den bedeutendsten Teil des landwirtschaftlichen Besitzes darstelle und dass eine Trennung in gesundheitspolitische und wirtschaftliche Belange nicht nachvollziehbar sei.[211] Der Innenminister beharrte darauf, dass die Veterinärangelegenheiten eine ausgeprägt gesundheitspolitische Seite hätten, und verwies auf den innigen Zusammenhang zwischen Veterinärfragen und Humanmedizin. Dies würden die stets erneut auftauchenden Fragen nach der Übertragbarkeit von Tierkrankheiten auf den Menschen belegen. Das Polizeiministerium und das Gesundheitspolizeiministerium sei aber das Reichsministerium des Innern.

Schließlich hob der Innenminister die herausragende Bedeutung des Gesundheitsamtes hervor, der einzigen Fachbehörde des Deutschen Reiches auf dem Gebiet der Human- und Veterinärmedizin. Diese dem Innenministerium unterstellte Behörde werde bei allen einschlägigen Fragen beratend hinzugezogen und sei in seiner wissenschaftlichen Tätigkeit vollkommen ungehindert. Im Ernährungsministerium verfüge man dagegen nur über Fachreferenten. Bei einer Verlegung der Veterinärangelegenheiten in das Reichsministerium für Ernährung und Landwirtschaft stünde zu befürchten, dass die dortigen Fachreferenten als Leiter der wissenschaftlichen Arbeiten den Mitgliedern des Gesundheitsamtes übergeordnet wären und diese mehr auf die Stellung von Gehilfen zurück-

---

209 Die gescheiterten Bemühungen des Gesundheitsamtes im BA Berlin, R 86/2049.
210 Die wechselvolle Entwicklung kurz im Überblick: Das 1916 gegründete KEA wurde im November 1918 in Reichsernährungsamt umbenannt und »zivilisiert«. Das Reichsernährungsamt wurde im März 1919 in ein eigenständiges Reichsernährungsministerium umgewandelt, aber bereits im August 1919 wieder aufgelöst und kurzfristig in das Reichswirtschaftsministerium als Hauptabteilung B eingegliedert. Im März 1920 wurde die Behörde erneut ausgegliedert und als Reichsministerium für Ernährung und Landwirtschaft verselbständigt, in Ermangelung detaillierter institutioneller Studien siehe die Einführung in das Findbuch des Bundesarchivs, Bestand R 3601.
211 RMEL an RMI, 18.8.1921, BA Berlin, R 86/4266.

gedrängt und mit weniger wichtigen Arbeiten beschäftigt würden. »Daß dadurch die Tätigkeit des Gesundheitsamts als Behörde erheblich beeinträchtigt und sein Ansehen in der wissenschaftlichen Welt sehr herabgemindert werden würde, lässt sich kaum bezweifeln, ebenso wie Konflikte zwischen den Referenten in beiden Behörden sich kaum würden ganz vermeiden lassen.«[212] Das derartig hofierte Gesundheitsamt konnte dem Schreiben der vorgesetzten Behörde nur zustimmen. Der Präsident des Gesundheitsamtes bezweifelte, inwieweit das Ernährungsministerium, das sich hauptsächlich mit ökonomischen Fragen auseinanderzusetzen habe, die Bewegungsfreiheit habe, sich um den Schutz des Viehbestandes vor Einschleppung von Seuchen zu kümmern.[213]

Das Ernährungsministerium brachte in den folgenden Jahren die Verlegung der Veterinärangelegenheiten immer wieder ins Gespräch und bemühte sich, das Gesundheitsamt von der Notwendigkeit einer Ressortverlegung zu überzeugen und die Befürchtung, dass die Bedeutung der Behörde geschmälert würde, zu zerstreuen. Der Staatssekretär des Ernährungsministeriums, Dr. Hagedorn, stellte bei einer Unterredung mit dem Präsidenten des Gesundheitsamtes 1925 werbend in Aussicht, dass die wissenschaftliche Bedeutung bei einem Ressortwechsel mit den besseren Kontakten zur Landwirtschaft sogar noch steigen könne.[214] Die Bemerkung Hagedorns, dass die Angelegenheit der Zuständigkeitsänderung noch nicht erledigt sei und bei Verhandlungen vor dem Reichssparkommissar erörtert würden, mussten beim Präsidenten des Gesundheitsamtes und dem Innenminister unangenehme Erinnerungen an die zuvor aus Einsparungsgründen erfolgte Verlegung des Geschäftsbereiches der Medizinalstatistik an das Statistische Reichsamt wachrufen.[215]

---

212 RMI an RMEL, 15.10.1921, BA Berlin, R 86/4266.
213 PRGA an RMI, 2.11.1921, BA Berlin, R 86/4266.
214 Der Hinweis über die erneute Erörterung des RMI an den PRGA, 2.2.1925 und die Denkschrift über die Beibehaltung der Veterinärangelegenheiten im Geschäftsbereich des RMI im BA Berlin, R 86/2; sowie den Bericht über den Besuch der Vertreter des RMEL im RGA des PRGA an RMI, 4.2.1925, BA Berlin, R 86/4266. Inhalt der Denkschrift waren die bereits 1921 vorgebrachten oben angeführten Argumente.
215 Als weiteren Grund für eine Verlegung der Veterinärangelegenheiten in das RMEL hatte der Ernährungsminister stets angeführt, dass sich durch die Verlegung in sein Ministerium Verwaltungskosten einsparen ließen, RMEL an RMI, 18.8.1921, BA Berlin, R 86/4266. Dieses Kosteneinsparungspotential bezweifelte der Innenminister, im Gegenteil sei anzunehmen, dass mit einer Verlegung der Veterinärangelegenheit neue Kosten entstünden, da man im Ernährungsministerium eine neue Abteilung erst aufbauen müsse, die im In-

Gegen den Widerstand des Präsidenten des Reichsgesundheitsamtes musste die ihm unterstellte Behörde die Bearbeitung der Medizinal- und Veterinärstatistik an das Statistische Reichsamt abgeben. Der Präsident des Statistischen Reichsamtes hatte sich im November 1922 gegenüber dem Reichswirtschaftsminister dafür ausgesprochen, die Todesursachen- und Medizinalstatistik in den Aufgabenbereich seiner Behörde zu überführen.[216]

»Die Zusammenfassung der Reichsstatistik im Statistischen Reichsamt gibt einerseits die Gewähr, dass auf zweckmässigste, schnellste und billigste Weise die Statistik zustande kommt, dass insbesondere jede Doppelarbeit vermieden wird, und zum anderen bietet nur sie die Möglichkeit, das Herausbringen statistischer Ergebnisse widersprechender Natur über die gleiche Sache zu vermeiden.«[217]

Franz Bumm konnte zwar seinerseits den Reichsinnenminister davon überzeugen, dass die Medizinalstatistik zum ureigenen Aufgabengebiet des Reichsgesundheitsamtes gehöre. Den Ausschlag für die dann doch erfolgte Überführung gab vermutlich der Sparerlass des Präsidenten des Rechnungshofes vom 29. Oktober 1923, der die Einschränkung der Statistik auf ein »lebensnotwendiges Maß« forderte.[218] Die Auswertung der Tabellenwerke wurde fortan in Zusammenarbeit mit dem Statistischen Reichsamt vorgenommen.

nenministerium bereits bestünde und auch bestehen bleiben müsste, RMI an RMEL, 15.10.1921, ebd.
[216] Siehe hierzu ausführlich das Kap. 5.3.
[217] PSRA an RWM, 10.11.1922, BA Berlin, R 1501/111653. Das RSA war eine nachgeordnete Behörde des RWM, siehe Möller (Hg.), Gesundheitswesen 1923, S. 11, dort auch eine kurze Übersicht zur Tätigkeit und zum Aufbau des RSA.
[218] RGA und RMI ließen sich mit der Erwiderung Zeit. Erst nach zweimaliger Aufforderung durch das RMF im Dezember 1922 und das RWM im März 1923 schrieb der PRGA eine ausführliche Begründung, warum die Medizinalstatistik im RGA verbleiben müsse, 10.3.1923. Das RMI hat die Begründung an das RWM teils wörtlich übernommen, RMI an RWM, 16.4.1923; Runderlass an alle Reichsministerien vom Präsidenten des Reichsrechnungshofes, Saemisch, 29.10.1923, alle Angaben BA Berlin, R 1501/111653. Die »feindliche Übernahme« der Medizinalstatistik durch das SRA wird auch durch die an den RMI gerichtete Beschwerde des PRGA deutlich, dass das SRA vom RGA statistische Unterlagen über die Arbeitsverhältnisse bestimmter Berufsgruppen anforderte. »Allem Anschein nach«, bewertete der PRGA das Ansinnen des SRA, stehe »das vorliegende Schreiben des Statistischen Reichsamts mit dessen Streben nach Überführung der gesamten Medizinalstatistik vom Reichsgesundheitsamt auf dieses Amt in unmittelbarem Zusammenhange«, PRGA an RMI mit der Bitte um Verfahrensanweisungen, 15.9.1923, ebd.

Durch die Konzentrierung der statistischen Arbeiten im Statistischen Reichsamt konnten die *Medizinal-Statistischen Mitteilungen* eingespart werden. Das Erscheinen der *Tuberkulose-Arbeiten aus dem Kaiserlichen Gesundheitsamte* hatte bereits im letzten Kriegsjahr eingestellt werden müssen. Ebenso blieben die *Arbeiten aus dem Reichsgesundheitsamte* nicht von Einsparungen verschont. In einem Zirkular hatte das Finanzministerium bestimmt, dass die Veröffentlichungen der Ressorts die Reichskasse nicht mehr belasten dürften und sich selbst aus den Verkaufserlösen tragen müssten.[219] Infolge der »scharfen Einschränkungen« und der »Ungunst der Verhältnisse« erschienen die *Arbeiten aus dem Reichsgesundheitsamte* nicht mehr als Originalbeiträge, sondern die in einschlägigen Fachzeitschriften publizierten Artikel der Mitarbeiter der Behörde wurden zu einer Sonderdrucksammlung vereinigt.[220]

Die Reduzierung der Kosten für Veröffentlichungen reichte indes nicht aus. Wie in vielen anderen Behörden auf Reichs- und Länderebene auch wurden innerhalb eines Jahres insgesamt 37 Beamte aus dem Staatsdienst entlassen.[221] Nach Konsolidierung des Staatshaushaltes wurde der rigide Sparkurs verlassen.[222] Bis zum fünfzigjährigen Jubiläum hatten die Umstrukturierungsmaßnahmen im Gesundheitsamt ihren Abschluss ge-

---

219 Vgl. das Zirkular des RMF an die Reichsbehörden und Dienststellen vom 14.12.1920, BA Berlin, R 86/768.
220 Die »Ungunst der Verhältnisse« im Vorwort der ARGA 53 (1923), S. I; die »scharfen Einschränkungen« im Geleitwort des RGBl. 1 (1926), S. 1. Es ist zu vermuten, dass der Rückgang der Auflage der ARGA sicher auch dieser Maßnahme geschuldet ist, vgl. die Bemerkung des Springer-Verlages, dass der Absatz der ARGA auf 220 Exemplare zurückgegangen sei, Springer-Verlag an PRGA, 2.7.1925, BA Berlin, R 86/852.
221 Der PRGA bemerkt in einem Schreiben am 19.6.1924 an den RMI, dass andere Reichsbehörden indirekt Beschwerde darüber geführt hätten, dass das RGA beim Personalabbau ungleich besser behandelt worden würde. Bumm verneinte dies. Wenn der Eindruck entstehe, dass ein gravierender Personalabgang ausgeblieben sei, dann läge dies darin begründet, dass man mit Übernahme der KWA gleichzeitig auch Beamte übernommen habe und andererseits nach dem Krieg der Personalbestand ungleich geringer aufgestockt worden war als bei anderen Reichsbehörden. Nach dem Krieg hatte das Reich mit Übernahme neuer Kompetenzen und Aufgaben sowie der »Verreichlichung« der Post, der Eisenbahn, der Telegraphen-, Zoll- und Steuerverwaltung auch die dort beschäftigten Beamten in den Reichsdienst übernommen und den Personalbestand zunächst aufgestockt, siehe BA Berlin, R 86/40.
222 Bis 1923 wurden insgesamt 53.308 »Bürokraten« abgebaut. Auf Reichs- und Länderebene wurde ein Viertel der Beamtenschaft reduziert. Mit Einführung der Rentenmark wurde der Personalabbau abgeschlossen, vgl. Grotkopp, Beamtentum 1992, S. 68 f.

funden. 1925 verfügt das Gesundheitsamt über 196 Mitarbeiter und einen ordentlichen Haushaltsetat von 1,3 Millionen Reichsmark.[223]

Von der Ausweitung der verfassungsrechtlichen Zuständigkeiten des Reiches in der Weimarer Republik konnte das Reichsinnenministerium nur begrenzt profitieren. Die hinzugewonnenen Kompetenzen wurden durch die Ausgliederung des Wirtschaftsamtes und des Arbeitsamtes zu je eigenen Ministerien und die Abgabe von Geschäftsbereichen an die neuen Ministerien wieder aufgewogen. Neben der Zuständigkeit für die Medizinalstatistik verlor das Innenministerium auch die Zuständigkeit für das Veterinärwesen. Das Ernährungsministerium war am Ende mit seinen Bemühungen erfolgreich: Im April 1929 wurde während der Haushaltsdiskussion im Reichstag beschlossen, dass im Rahmen von Umstrukturierungsmaßnahmen im Gesundheitswesen die Angelegenheiten des Veterinärwesens dem Ernährungsministerium zu übertragen seien.[224]

Für das Gesundheitsamt ergaben sich aus dem Kompetenzen-Wirrwarr der vorgesetzten Behörde in der Weimarer Republik Schwierigkeiten, aber auch Freiräume. Zum Ersten nahm der Einfluss des Innenministeriums auf die Regierung und auf die politischen Gestaltungsspielräume im Vergleich zum Reichsamt des Innern des Kaiserreiches ab. Das Gesundheitsamt musste um finanzielle Mittel nicht nur mit anderen nachgeordneten Reichsämtern des Innenministeriums konkurrieren, sondern das Innenministerium selbst stand mit anderen Ministerien in Konkurrenz.[225] Der sinkende Einfluss der vorgesetzten Behörde fiel auch auf das

---

223 Vgl. RGA, Festschrift 1926, S. 19-24.
224 Vgl. die Notiz in BA Berlin, R 86/4267. Soweit dies ersichtlich ist, wurde die Umsetzung der nicht weiter ausgeführten Umstrukturierungsmaßnahmen durch den Ausbruch der Weltwirtschaftskrise unterbrochen und erst nach 1933 – mit neuem Schwung und unter gänzlich anderen Vorzeichen – weiter fortgeführt.
225 Eine eindeutige Bewertung des RMI ist schwierig. Die Ambivalenz wird in der Beschreibung der Behörde sowohl als »Mutter aller Ministerien« als auch als »Dame ohne Unterleib« deutlich. Einerseits war das RMI das umfangreichste und größte Ministerium in der Weimarer Republik. Das RMI hatte durch die Ausweitung der Verfassungskompetenzen für das Reich Aufgabenbereiche hinzugewonnen. Verglichen mit dem vorherigen RAI hatte das RMI andererseits durch die Ausgründung der Ministerien für Wirtschaft, Landwirtschaft und Ernährung und Arbeit einen Teil der Aufgabengebiete an diese Ressorts abgeben müssen und somit nicht mehr die thematische Spannbreite wie das kaiserliche Reichsamt. Das Innenressort war in der Weimarer Republik nicht mehr das allumfassende Ressort des Reichskanzlers, sondern *primus inter pares*. Zudem gab es in den Aufgaben nach wie vor zahlreiche Überschneidungen mit den Ministerien der Einzelstaaten wie im Bereich Bildung, Kultur oder Medizinalwesen. Von der Groeben stellt heraus, dass die Fülle der Aufgaben nicht der Machtvollkommenheit des RMI entsprach. Die Behörde hatte keinen Verwaltungsunter-

Gesundheitsamt zurück. Gleichzeitig wurden die Verwaltungsprozesse komplexer: Aufträge anderer Ministerien mussten erst vom Innenministerium genehmigt werden, Abstimmungsprozesse zwischen den Mitgliedern des Gesundheitsamtes und den Fachreferenten der auftraggebenden Ministerien waren zu koordinieren und Sonderfonds zu verwalten, die nicht zum ordentlichen Etat des Gesundheitsamtes gehörten. Die Bereitstellung von außerordentlichen Mitteln bot andererseits auch die Möglichkeit, den Einfluss des Gesundheitsamtes auszuweiten. Wenngleich die Gefahr bestand, dass die oberste Medizinalbehörde des Reiches zwischen den verschiedenen Ministerien aufgerieben werden konnte, so war gleichzeitig auch die Chance gegeben, mehr Unabhängigkeit gegenüber der vorgesetzten Behörde zu erlangen. Die letzte Konsequenz dieser Entwicklung wäre dann die vielfach geforderte Ausbildung des Gesundheitsamtes zu einem eigenständigen Gesundheitsministerium gewesen. Diese Chance hat das Gesundheitsamt unter Franz Bumm ungenutzt verstreichen lassen und loyal zur vorgesetzten Behörde deren Positionen vertreten. Ein Vorteil aus dem Kompetenzstreit der Ministerien um die Geschäftsbereiche des Gesundheits- und Veterinärwesens war, dass die gesundheitspolitische Bedeutung des Gesundheitsamtes für das Reich herausgestrichen wurde. Die Bedeutung der Behörde für das Innenministerium wuchs umso mehr, als die häufig wechselnden Minister auf eine funktionierende Fachbehörde angewiesen waren.[226] Seinen Höhepunkt erreichte diese Ehrbezeugung während der Jubiläumsfeier zum fünfzigjährigen Bestehen des Gesundheitsamtes.

2.4 Das Reichsgesundheitsamt in den 1920er Jahren bis zum Ende der Weimarer Republik

2.4.1 Eine »Hochburg der Hygiene«?[227] – Das Jubiläum von 1926

Im April 1925 machte der Verein der wissenschaftlichen Beamten des Reichsgesundheitsamtes den Präsidenten der Behörde in einer internen Mitteilung auf das bevorstehende fünfzigjährige Jubiläum aufmerksam und bekundete den Willen der Beamtenschaft, dieses Jubiläum gebüh-

---

bau wie beispielsweise das neu geschaffene Arbeitsministerium mit seinen Arbeitsämtern und war somit, wie zuvor das RAI, auf die Landesbehörden angewiesen, vgl. von der Groeben, Reichsinnenministerium 1985.
226 Zum Zeitpunkt der Jubiläumsfeierlichkeiten des RGA 1926 war Wilhelm Külz bereits der zehnte Innenminister seit 1919, siehe im Anhang den Überblick zu den Kabinetten in Bracher u. a. (Hg.), Weimarer Republik 1988, S. 632 f.
227 »Eine Hochburg der Hygiene«, in: Preußische Kreuzzeitung vom 30.6.1926.

rend zu würdigen. Als Alternativen käme erstens eine Festschrift in Betracht. »Für den Plan einer solchen Festschrift spricht der Umstand, dass die Reichsmedizinalverwaltung im Gegensatz zu entsprechenden Verwaltungen der Länder und des Auslandes Jahresberichte bisher nicht veröffentlicht hat und daher ein nicht geringes Bedürfnis vorliegt, die Oeffentlichkeit über die vielseitigen Aufgaben und Leistungen des Reichsgesundheitsamtes aufzuklären.« Jenseits einer repräsentativen Festschrift wäre zweitens ein Festband der *Arbeiten aus dem Reichsgesundheitsamte* rein wissenschaftlichen Inhalts zu erwägen, für den die wissenschaftlichen Beamten die Manuskripte bereitstellen würden und der den aktuellen Stand der Forschung widerspiegeln solle. Der Festband sollte Beiträge enthalten, die eine wertvolle Bereicherung der wissenschaftlichen Fachliteratur darstellen und »die Aufmerksamkeit derjenigen Kreise, welche die wissenschaftlichen Leistungen des Amtes noch nicht kennen, auf dessen Forschungstätigkeit und seine bisherigen Arbeiten auf dem weiten Gebiet der Hygiene, der Human- und Veterinärmedizin, der Pharmakologie sowie der Chemie in ihren vielfachen Beziehungen zu den Gesundheitsfragen lenken«.[228] Beide Alternativen bedürften allerdings eines Kostenzuschusses. Als dritte Alternative käme als »eindrucksvolle Festgabe« ein Autorenverzeichnis bzw. ein alphabetisches Sachregister der 56 Bände der *Arbeiten* in Betracht, dessen kostenlose Drucklegung der Springer Verlag in Aussicht gestellt habe.[229] Der Präsident griff die innerhalb der Beamtenschaft diskutierten Vorschläge augenscheinlich gerne auf. Die vorgesetzte Behörde entschied sich schließlich nicht nur für eine der drei Möglichkeiten, sondern alle drei Vorschläge sollten realisiert werden.[230]

Das Jubiläum wurde am 1. Juli 1926 feierlich begangen. Die Zeitungen waren anlässlich des Jubiläums voll des Lobes für die bisherige Tätigkeit der Reichsbehörde.[231] Die *Preußische Kreuzzeitung* bezeichnete das Gesundheitsamt als eine »Hochburg der Hygiene« und als Forschungs-

---

228 Undatierter Runderlass des PRGA an potentielle Autoren des Festbandes, BA Berlin, R 86/851.
229 Vgl. die Mitteilung an den PRGA, 8.4.1925, BA Berlin, R 86/852.
230 Siehe RGA, Festschrift 1926; ARGA 57 (1926); und das Generalregister der ARGA 1926; zur Entstehung des Festbandes BA Berlin, R 86/853; zur Entstehung der Festschrift BA Berlin R 86/852.
231 (Tages-)Zeitungen aus dem gesamten Reichsgebiet, von Königsberg bis Saarbrücken, von Flensburg bis München, berichteten am 30.6.1926 und 1.7.1926 über das Jubiläum, die Sammlung der zahlreichen Artikel befindet sich in BA Berlin, R 86/853. Die Artikel wurden u. a. von Mitarbeitern der Behörde verfasst, häufig wurde der Artikel des ORR Bernhard Möllers zitiert.

anstalt großen Stils.²³² Das Reichsgesundheitsamt habe über Jahrzehnte unzweifelhaft die geistige Führung der dem Reiche obliegenden Arbeiten auf gesundheitlichem Gebiet übernommen und verdanke sein »Ansehen im Inlande wie im Auslande der Zuverlässigkeit und Gewissenhaftigkeit, mit der es in echter deutscher guter Weise seine Pflichten« erfülle.²³³ Bereits am 30. Juni 1926 wurde im reichgeschmückten Sitzungssaal des Gesundheitsamtes eine Vollversammlung des Reichsgesundheitsrates abgehalten.²³⁴ Die Jubiläumsfeier am darauf folgenden Tag fand im Hauptsaal des Reichswirtschaftsrates statt und wurde durch eine Rede des Präsidenten des Reichsgesundheitsamtes eröffnet. Es waren zahlreiche hochgestellte Sozial- und Medizinalbeamte, Vertreter der Länder, Vertreter der Universitäten und der staatlichen wissenschaftlichen Institute sowie der preußische Minister für Volkswohlfahrt anwesend. Als hochrangige Vertreter des Reiches beehrten der Reichskanzler, der Innen-, Finanz-, Arbeits- und der Wirtschaftsminister die Festveranstaltung.²³⁵ Reichspräsident von Hindenburg ließ seine Glückwünsche durch den Präsidenten des Reichstages übermitteln.²³⁶ Im Anschluss an seine Laudatio überreichte Innenminister Wilhelm Külz als Vertreter des Reiches dem Gesundheitsamt als Geschenk Forschungsgelder in Höhe von 100.000 Reichsmark. Nach zahlreichen weiteren Reden und Danksagungen, die die zentrale Bedeutung der Behörde auf dem Gebiet des Gesundheitswesens hervorhoben und die gute Zusammenarbeit mit allen Zweigen der Reichs- und Länderverwaltung betonten, endete der Tag mit einem Festmahl zu Ehren des Reichsgesundheitsamtes im Berliner Zoo.²³⁷ Das Jubiläum wurde in seiner prachtvollen und aufwendigen Gestaltung als ein eindrucksvolles politisches und gesellschaftliches Ereignis inszeniert und

---

232 Vgl. Preußische Kreuzzeitung vom 30.6.1926.
233 Siehe den Artikel in der MMW 73 (1926) vom 24.6.1926, S. 1057-1060.
234 Vossische Zeitung vom 30.6.1926. Abendausgabe.
235 Vossische Zeitung vom 1.7.1926.
    Alle teilnehmenden Gäste erhielten je eine Festschrift, die Mitglieder des RGR zudem ein Exemplar des Festbandes. 500 weitere Exemplare erhielten die Mitglieder des Reichstages als Festgabe. Von der Festschrift wurden 1.500 gebundene und dreihundert broschierte Exemplare bestellt, der Festband erschien in 375 broschierten und 25 in Leder gebundenen Exemplaren, und von dem Generalregister wurden zweihundert geheftete Exemplare hergestellt. Insgesamt hat die Festliteratur nahezu 20.000 RM gekostet, siehe die Korrespondenz in BA Berlin, R 86/851 und 852.
236 Die Glückwünsche an das RGA und persönlich an den PRGA wurden abgedruckt im RGBl. (1) 1926, Heft 27, S. 629.
237 Vossische Zeitung vom 1.7.1926.

unterstrich zweifellos die Bedeutung der gefeierten Behörde.[238] Im Gegenzug boten die Feierlichkeiten den Politikern die Gelegenheit, sich positiv nach außen darzustellen und im Schulterschluss mit der Wissenschaft eine erfolgreiche Gesundheitspolitik zu feiern.

Mit der Jubiläumsfeier wurde auch ein Wechsel an der Spitze der Behörde eingeläutet. Nach zwanzig Jahren wurde Franz Bumm in den Ruhestand verabschiedet. Der auf Bumm folgende Carl Hamel stand dem Gesundheitsamt in den Jahren von 1926 bis 1933 vor. Er war wie Struck Mediziner und hatte seit 1902 im Gesundheitsamt gearbeitet. Während des Weltkrieges wechselte er in das Reichsamt des Innern und leitete dort als Ministerialdirigent die Unterabteilung Volksgesundheitspflege und war der unmittelbare Ansprechpartner des Gesundheitsamtes. Carl Hamel war einer von vielen Medizinern, die in der Weimarer Republik in hohe Regierungspositionen befördert wurden.[239] Die Ernennung Hamels setzte die »Tradition« bisheriger Ernennungen insofern fort, als der mit dem Gesundheitswesen befasste Beamte im Reichsamt des Innern bzw. des Innenministeriums auch Vorsteher des Gesundheitsamtes wurde. Somit wurde die Verbundenheit der beiden Reichsbehörden unterstrichen und das reibungslose Funktionieren sichergestellt, in der Weimarer Republik darüber hinaus aber auch der Führungsanspruch des Innenministeriums über die Angelegenheiten des Gesundheitswesens bekräftigt.

Im Gegensatz zu den Festivitäten der Jubiläumsfeier stand die Einschätzung namhafter Sozialhygieniker wie Alfred Grotjahn oder Julius Moses, die kritisierten, dass das Gesundheitsamt auf dem Gebiet der öffentlichen Gesundheitspflege und besonders der Sozialhygiene nichts oder nur wenig bewirkt habe.[240] Kritik an der bisherigen Tätigkeit des Reichsgesundheitsamtes wurde im Reichstag vor allem von den »linken« Parteien, der SPD und der KPD, geäußert.[241] Doch selbst die Abgeordne-

---

238 Das Jubiläum zur referentiellen Selbstvergewisserung, zur Festschreibung von Bedeutung in der Gegenwart und als sinnstiftendes Moment in Müller, Jubiläum 2004; Münch (Hg.), Jubiläum 2005.
239 Vgl. Weindling, Health 1989.
240 Siehe beispielsweise die Äußerungen Grotjahns in Auszügen aus den SB des RT in BA Berlin, R 86/4266; und SB des RT, 1. LP, 204. Sitzung am 6.4.1922. Grotjahn kritisierte u. a. in Ermangelung von Verwaltungsberichten die ungenügende Transparenz der behördlichen Tätigkeit und die wissenschaftlich-theoretische Ausrichtung der Behörde, deren Untersuchungen auch von Universitätsinstituten ausgeführt werden könnten. Hierfür sei ein Amt mit einem Personenstand von zweihundert Personen nicht nötig.
241 Beispielsweise vom SPD-Abgeordneten Fritz Kunert, der pessimistisch-kritisch die rhetorische Frage stellte, welches die vergangenen Leistungen des RGA auf

ten der staatstragenden Mitte, die in den Debatten über den Haushaltsetat ihre Zufriedenheit über die Tätigkeit der Behörde herausstrichen und denen »kein Wort des Lobes zuviel« war,[242] äußerten die Hoffnung, dass das Reichsgesundheitsamt in der Lage sein würde, »noch ein starkes Maß an sozialer Initiative zu entwickeln«.[243] Der Abgeordnete des Reichstages Artur Petzold (Wirtschaftspartei), der die Leistungen der Behörde – »ein Amt von so erheblicher Bedeutung« – würdigte, kritisierte den Entwurf des lange erarbeiteten und als grundlegend erachteten reichseinheitlichen Apothekengesetzes. Der Geist des Gesetzes, »das in die heutige Zeit des Autos hineinpasst wie die Postkutsche«, sei keinesfalls der Geist des Fortschritts und der Freiheit, sondern rückwärtsgewandt der Geist der Regulation.[244] Der stellvertretende Präsident des Reichsgesundheitsrates, Max Rubner, bekannte in seiner Festrede zum fünfzigjährigen Jubiläum des Reichsgesundheitsamtes freimütig, »ohne jemand zu verletzen«, dass die 1880er Jahre die Glanzzeit der Behörde waren.[245] Ohne es direkt zu sagen oder wohl auch zu meinen, kann man im Umkehrschluss daraus folgern, dass das Reichsgesundheitsamt 1926 seinen Zenit überschritten haben musste. Um diesen Widerspruch zwischen politisch zelebrierter Jubelfeier und Lobeshymnen seitens der vorgesetzten Behörde einerseits und der Kritik an der ungenügenden sozialhygienischen Ausrichtung

---

dem Gebiet der Volkshygiene gewesen seien und was die Behörde zur Beseitigung der furchtbaren sanitären Zustände in den Arbeitervierteln, zur Bekämpfung der Tuberkulose und der Geschlechtskrankheiten, allgemein zur Hebung der Volksgesundheit unternommen habe? SB des RT, 1. LP, 303. Sitzung am 20.2.1923; oder ähnlichlautend von der KPD-Abgeordneten Martha Arendsee, SB des RT, 3. LP, 79. Sitzung am 20.6.1925; SB des RT, 3. LP, 179. Sitzung am 18.3.1926.

242 So der Abgeordnete Georg Sparrer (DDP), SB des RT, 3. LP, 179. Sitzung am 18.3.1926.

243 So der Abgeordnete Georg Schreiber (Zentrum), der dem RGA und dessen Leitung ein starkes Vertrauen entgegenbrachte, SB des RT, 1. LP, 80. Sitzung am 10.3.1921.

244 Artur Petzold, SB des RT, 5. LP, 37. Sitzung am 5.3.1931.

245 Rubner, Mitarbeit 1927, S. 223. Zweifelsfrei hatten nach Rubners Verständnis er selbst und seine Generation ihren eigenen Anteil an dieser »Glanzzeit«. Gegenüber seinem Altersgenossen Georg Gaffky beklagte Rubner bei der Neubesetzung der Leitung des Instituts für Infektionskrankheiten in einem Brief (15.8. 1915), dass die Stellung des Instituts auf der Höhe von Kochs Ruhm nicht zu halten sei, da es an dem Glanz alter Namen fehle, GSTA PK, 1. HA, Rep. 76 VIII B, Nr. 2921. Die »Glanzzeit« speiste sich besonders aus den wissenschaftlichen Entdeckungen Robert Kochs. Die retrospektive Zuschreibung von Erfolg steht im Widerspruch zu der behördlichen Wahrnehmung Anfang der 1880er Jahre, siehe Kap. 2.1.

und dem Mangel an Modernität der Behörde andererseits aufzuklären, soll das gesundheitspolitische Umfeld, in dem das Reichsgesundheitsamt nach dem Ersten Weltkrieg agierte, skizziert werden.

2.4.2 Das gesundheitspolitische Umfeld in der Weimarer Republik

Obwohl sich der »Gesundheitszustand des deutschen Volkes« infolge des Ersten Weltkrieges und der unmittelbaren Nachkriegszeit mit einer steigenden Zahl von Tuberkulose- und Geschlechtskranken sowie mit der Zunahme anderer Infektions- oder Mangelkrankheiten verschlechtert hatte, meinte man 1922 mit Abnahme der allgemeinen Sterblichkeit einen Hoffnungsschimmer erkennen zu können.[246] Dieser Lichtblick wurde zwar für kurze Zeit erneut in den Inflationsjahren 1922/1923 getrübt, doch tendenziell verbesserten sich seit Mitte der 1920er Jahre die so genannten Gesundheitsverhältnisse im Deutschen Reich. Während beispielsweise die Tuberkulosesterblichkeit 1913 durchschnittlich noch 14,3 Tote (bezogen auf 10.000 Einwohner des Deutschen Reiches) betragen hatte, so war die Sterblichkeitsziffer 1929 auf 8,7 Tote je 10.000 Einwohner gesunken (1918: 23,0 Tote je 10.000 Einwohner).[247] Gleichfalls nahm die Zahl der mit einer Geschlechtskrankheit infizierten Personen in der Weimarer Republik ab. Nach der reichsweiten Zählung war die Anzahl derjenigen, die sich 1919 mit einer Geschlechtskrankheit infiziert hatten, mit 8,7 Promille hochgerechnet worden, während die Anzahl der mit einer Geschlechtskrankheit infizierten Personen 1927 auf 0,48 Promille der Bevölkerung gesunken war.[248]

Die im Reichsgesundheitsamt ausgearbeitete »Denkschrift über die gesundheitlichen Verhältnisse des deutschen Volkes« bot auf Basis amtlicher Statistiken und Berichte der Landesregierungen einen Überblick über den Bevölkerungsstand, die Mortalitäts- und Morbiditätsrate verschiedener Krankheitsgruppen, über Einrichtungen der Gesundheitspflege und über den allgemeinen Gesundheitszustand in Beziehung zur

---

246 Siehe den Bericht des PRGA über den »Gesundheitszustand[es] des deutschen Volks im Jahr 1922« vor dem Reichstag, SB des RT, 1. LP, 303. Sitzung vom 20.2.1923; zu den Gesundheitsverhältnissen im Deutschen Reich während des Ersten Weltkrieges und in der unmittelbaren Nachkriegszeit siehe den Sammelbericht von Bumm (Hg.), Deutschlands Gesundheitsverhältnisse 1928.
247 Vgl. Dornedden (Bearb.), Denkschrift 1932, S. 479. Der überraschende [!] Erfolg bei der Bekämpfung der Tuberkulose wurde in der Denkschrift besonders hervorgehoben; ferner Möllers, Abnahme 1933.
248 Zu den Erhebungen von 1919 und 1927 und den daraus abgeleiteten Statistiken sowie den mit der Auswertung verbundenen Problemen Sauerteig, Krankheit 1999, S. 69-88.

sozialen Lage. Die veränderte Einstellung der Bevölkerung zur persönlichen Hygiene, die allgemeine »Erhöhung des hygienischen Lebensstandards«, die erfolgreiche Bekämpfung der Infektionskrankheiten sowie der Seuchenschutz und nicht zuletzt die »Ausgestaltung der öffentlichen Gesundheits- und Wohlfahrtspflege« hätten zu »überraschenden Erfolgen« bei der »Verhütung vorzeitiger Sterbefälle« geführt. Die Lebenserwartung der Bevölkerung war zwischen 1871/1880 und 1924/1926 um über zwanzig Jahre gestiegen.[249] Seit der Jahrhundertwende standen immer weniger epidemisch auftretende Erkrankungen im Vordergrund, sondern stattdessen rückten endemische, chronische und sozial bedingte Krankheiten und deren Therapierung in den Fokus der Medizinalbeamten.[250] Die Denkschrift und die dort geschilderten Erfolge müssen sicher als Instrument zur Legitimation der bisherigen staatlichen Gesundheitspolitik gewertet werden. Der Erfolg der verschiedenen Maßnahmen mag zwar die Zeitgenossen überrascht haben – vor allem vor dem Hintergrund der vielfach geäußerten Kritik von Vertretern der Sozialhygiene –, retrospektiv überrascht vielmehr das apokalyptische Szenario, das am Ende der Denkschrift von dem bearbeitenden Medizinalbeamten Hans Dornedden entworfen wurde.[251]

Hans Dornedden hatte zwar zusammenfassend den Gesundheitszustand des deutschen Volkes als »durchaus befriedigend« bewertet – in den Vordergrund träten zunehmend Sterbefälle des höheren Alters wie Kreislaufstörungen, Altersschwäche und Krebs – doch seien diese »erfreulichen Erfolge« in Gefahr. Die Quelle »unserer Volkskraft« drohe zu versiegen, »da es an ausreichendem Nachwuchs mangelt«.[252] Andernorts führt er seine Bedenken weiter aus: die Fruchtbarkeit des deutschen Volkes reiche nicht aus, »die unaufhaltsam fortschreitende Auflösung des deutschen Volkes zu verhindern«. Verantwortlich seien geburtenverhütende Maßnahmen, die aus der »Aufzucht von Kindern« resultierenden materiellen Nachteile, der Eigennutz kinderloser Eltern und die krisenhaften wirtschaftlichen Verhältnisse Anfang der 1930er Jahre.[253] Gerade in der

---

249 Dornedden (Bearb.), Denkschrift 1932, die Zitate S. 471 f., 490. Die Lebenserwartung der Männer war in diesem Zeitraum auf 56 und die der Frauen auf 58,8 Jahre gestiegen. Die durch die Bekämpfung der Epidemien beeinflusste positive Entwicklung der Bevölkerung und die steigende Wahrscheinlichkeit, ein höheres Lebensalter zu erreichen, beschreibt ders., Einfluß 1931, S. 111.
250 Vgl. Weindling, Diseases 1992.
251 Zur Krisenmetapher siehe die Beiträge in dem Sammelband von Föllmer/Graf (Hg.), Krise 2005.
252 Dornedden (Bearb.), Denkschrift 1932, die Zitate S. 498.
253 Dornedden, Geburtenrückgang 1931, S. 269.

wirtschaftlichen Krise seien die Träger der öffentlichen Gesundheitspflege und -fürsorge gefordert, den derzeitig erreichten Stand der Volksgesundheit zu erhalten.[254]

Die hohe Säuglingssterblichkeit wurde bis zur Jahrhundertwende zweifelsohne als tragisch für die Betroffenen empfunden, doch mit den abnehmenden Zuwachsraten des »Bevölkerungswachstums« rückte die Säuglingssterblichkeit in den Mittelpunkt der öffentlichen Aufmerksamkeit. Die Befürchtung, ein weiterer Bevölkerungs(zuwachs)rückgang führe zum »Volkstod«, wurde durch die Verluste des Weltkrieges weiter angefacht. Das von Dornedden entworfene Untergangsszenario wurde in der negativen Eugenik der Rassenhygiene durch Degenerationsängste hinsichtlich der Verschlechterung des »völkischen Erbgutes« verschärft und der quantitative um einen qualitativen Aspekt ergänzt. Der »Volkskörper« würde nicht nur durch den Geburtenrückgang bedroht, sondern darüber hinaus würde sich durch die Verbreitung vererbbarer Krankheiten der Anteil der körperlich und geistig »minderwertigen Rassenelemente« überproportional stärker vermehren als der Bevölkerungsanteil mit gesundem und hochwertigem Erbgut. Rassen- und Sozialhygieniker vertraten die Ansicht, unter ihnen hohe Medizinalbeamte der preußischen Gesundheitsverwaltung, dass radikale Konzepte notwendig waren, um den drohenden Volkstod abzuwenden.[255]

Die sozialen Probleme sollten durch die Vereinigung von Wissenschaft und Politik gelöst werden. Die Konzepte zur Lösung der Probleme waren radikal: Assanierung der Städte, Erziehung der Bevölkerung, Aussonderung von »Asozialen«, Ausmerzung von »minderwertigem Erbgut« und Wohlfahrtsfürsorge. Bereits in den Anfangsjahren der Weimarer Republik wurde über die Sterilisation von »Minderwertigen« und »Erbkranken« diskutiert.[256] Obwohl in der Weimarer Republik die sozialstaatlichen Wohlfahrtsbemühungen enorm ausgeweitet wurden, blieb die Sozialpolitik aufgrund fiskalischer Engpässe hinter ihren Ansprüchen zurück. Mit der Weltwirtschaftskrise wurde der Ausbau des Wohlfahrtsstaates zurückgefahren. In den beiden Jahren nach der Weltwirtschaftskrise wurde der Abbau im Gesundheitswesen noch unter dem Gesichtspunkt diskutiert, überflüssige und entbehrliche Arbeiten einzusparen, ohne das

---

254 Dornedden (Bearb.), Denkschrift 1932, S. 499.
255 Als Übersicht Peukert, Republik 1987, S. 106-109; Weingart u. a., Rasse 1996; Weindling, Health 1989.
256 Vgl. Labisch/Tennstedt, Weg 1985, Kap. 1-3; zur hygienischen Erziehung der Arbeiterfrauen Frevert, Belagerung 1985; als Überblick Peukert, Republik 1987, S. 106-109, 137-141; Weindling, Health 1989; Hong, Welfare 1998; zur Sterilisation Bock, Zwangssterilisation 1986; Vossen, Gesundheitsämter 2001, Teil I.

Wohl des Kranken zu gefährden. Nach 1931 wurden dann allerdings viele begonnene Projekte auf einen »menschenökonomischen« Fluchtpunkt hin ausgerichtet und radikalisiert – und wohlfahrtsstaatliche Leistungen gestrichen.²⁵⁷

257 Im Zentrum der Behandlung sollte die Prävention von Krankheiten stehen, besonders wenn sie verhältnismäßig günstiger zu sein versprach als eine spätere Erkrankung, z. B. Früherkennung von Tuberkulose oder von orthopädischen Erkrankungen. Dies umfasste auch die Früherkennung von angeborener Syphilis und deren »Bekämpfung«: »eine außerordentlich wichtige Maßnahme« stelle vom medizinischen und wirtschaftlichen Standpunkt aus die frühzeitige serologische Untersuchung der Schwangeren auf Syphilis dar, »weil dadurch die Geburt syphiliskranker Kinder verhindert werden kann«. Im Klartext hieß dies, dass der Abort des unborenen Kindes menschenökonomisch indiziert eingeleitet werden sollte. Grundsätzlich waren offene Fürsorgemaßnahmen geschlossenen Fürsorgeeinrichtungen vorzuziehen. Fürsorgemaßnahmen galten nur dann als gerechtfertigt, wenn eine bestehende Einschränkung der Erwerbsfähigkeit beseitigt werden konnte, für die »Krüppelfürsorge« bedeutete dies, dass schwere Fälle von Epilepsie und alle Fälle von Schwachsinn von einer orthopädischen Behandlung ausgeschlossen wurden. Bei allen Maßnahmen war eine strikte Kostenreduzierung beispielsweise durch die Heranziehung der Sozialversicherungsträger oder der Eltern, im Fall der Kinder- und Schulfürsorge, zu erzielen. Ebenso waren die Maßnahmen im Hinblick auf die Kosten auf ein notwendiges Maß zu beschränken: in der Krüppelfürsorge waren schnell zum Erfolg führende Behandlungsmethoden zu bevorzugen – »man wird, um die Behandlungskosten zu verringern und die Behandlungszeit abzukürzen, die blutigen Methoden den unblutigen gelegentlich vorziehen«. Insgesamt war bei den vorzunehmenden Einsparungsmaßnahmen darauf zu achten, dass eine spätere Wiedererrichtung von wohlfahrtsstaatlichen Einrichtungen nicht unnötig erschwert würde oder dass das Einsparungspotential in einem entsprechend günstigen Verhältnis zu den aufzubringenden Kosten bei einer späteren Wiedereinführung der Maßnahmen stand, vgl. zu den angeführten Grundsätzen das »Notprogramm für die Gesundheitsfürsorge«, hg. vom RMI, in: Sonderbeilage zu Heft 48 des RGBl. 6 (1931), die Zitate zur Krüppelfürsorge S. 13 f., zur Bekämpfung der Geschlechtskrankheiten S. 20; sowie BA Berlin, R 86/4515. Ferner Saretzki, Reichsgesundheitsrat 2000, S. 90; Lohalm, Wohlfahrtskrise 1991. Die Notwendigkeit zum Sparen traf besonders die Kommunen. Während sich in der Weimarer Republik die finanzielle Situation des Reiches mit der Erzberger'schen Finanzreform verbessert hatte – das Reich war nicht mehr Kostgänger der Länder – waren den Kommunen resultierend aus der öffentlichen Wohlfahrtspflege umfangreiche Pflichten auferlegt worden. Seit 1930 zeichneten sich krisenbedingt drastische Fehlbeträge im Finanzhaushalt der Kommunen ab, da die Zahl der Bezieher von Fürsorgeleistungen stetig anstieg, so dass umfassende Einschnitte erforderlich erschienen, sollte nicht mit dem finanziellen Zusammenbruch der Kommunen auch deren Selbstverwaltung in Frage gestellt werden, siehe Saretzki, Reichsgesundheitsrat 2000, S. 101-104; der Zusammenhang von Selbstverwaltung, Selbstbehauptung und finanzieller Krise am Beispiel der Stadt Leipzig in Paulus, Wohlfahrtpolitik 1998.

Die Veränderungen in der öffentlichen Wahrnehmung von sozialen Problemen und im wissenschaftlichen Feld der Hygiene führten auch zu personellen und institutionellen Umgestaltungen. Waren die Sozialhygieniker in der Kaiserzeit zumeist marginalisiert und in ihrem Wirkungskreis auf die Kommunen beschränkt, so waren einige Sozialhygieniker in der Weimarer Republik im Reichstag vertreten – wie Alfred Grotjahn oder Julius Moses – oder bekleideten hohe politische Ämter in der Landes- und Medizinalverwaltung. Der Charlottenburger Medizinalstadtrat Adolf Gottstein beispielsweise wurde 1919 Ministerialdirektor im preußischen Ministerium für Volkswohlfahrt und zeigte sich als Leiter der Abteilung für das Gesundheitswesen besonders interessiert an wissenschaftlichen Problemen der Sozial- und Rassenhygiene.[258] Die Sozialhygieniker verstanden sich selbst explizit nicht nur als *homo hygienicus*, sondern als *homo politicus*.[259] Unter Verweis auf Rudolf Virchow proklamierte Julius Moses im Reichstag: »Politik ist Medizin im Großen.«[260] Die Sozialhygieniker betrachteten die medizinischen, sozialen und politischen Probleme nicht getrennt, sondern für sie waren alle Probleme direkt miteinander verwoben. Dies wird besonders deutlich, wenn die politisch meist den linken Parteien nahestehenden Sozialhygieniker zur Lösung der sozialen und hygienischen Probleme einen Staatsformwechsel forderten.[261] Einen entgegengesetzten Standpunkt nahmen die Bakteriologen des Reichsgesundheitsamtes ein: Politik und Wissenschaft waren zwei voneinander getrennte Sphären. Sie vertraten den Anspruch, in ihrer wissenschaftlichen Arbeit unparteiisch und unpolitisch allein einem wie auch immer definierten wissenschaftlichen Ideal verpflichtet zu sein, und stellten sich der Politik als Berater im Hintergrund zur Verfügung. Die wissenschaftlichen Arbeiten des Reichsgesundheitsamtes unterschieden sich daher wesentlich von den Arbeiten der Rassen- und Sozialhygiene, wenn-

---

258 Gottstein, Erlebnisse 1999.
259 Vgl. Julius Moses, Medizin und Politik, in: Der Kassenarzt vom 28.12.1929. Zu den Unterschieden zwischen der so genannten klassischen Hygiene, der Bakteriologie und der Sozialhygiene siehe weiter unten Kap. 5.2, zum Selbstverständnis der Medizinalbeamten Kap. 4.3.
260 Das Zitat von Julius Moses, ähnlich Fritz Kunert (beide SPD) in den SB des RT, 1. LP, 304. Sitzung am 21.2.1923.
261 Beispielsweise Fritz Kunert, der davon überzeugt war, dass in der kapitalistischen »Klassenhygiene« Deutschlands die Volksseuchen Tuberkulose oder die Geschlechtskrankheiten »unausrottbar« seien, und der daher die »Sozialisierung, die volle Vergesellschaftung des gesamten Gesundheitswesens« forderte, Fritz Kunert (SPD) in den SB des RT, 1. LP, 303. Sitzung am 20.2.1923.

gleich die Zielsetzung – die Hebung der Volksgesundheit – identisch war.[262] Das deutsche Gesundheitswesen war international hoch angesehen. Auf dem Gebiet der Immunologie, der Parasitologie und der Bakteriologie hatte das Reichsgesundheitsamt innerhalb der *scientific community* eine führende Position inne. Durch die Identifizierung und Erforschung unterschiedlicher Krankheitserreger sowie deren Bekämpfung, die Isolierung des Krankheitsträgers und dessen Medikalisierung sowie der präventiven Immunisierung des Umfeldes zur Vermeidung einer weiteren Ausbreitung war die Behörde im Kaiserreich und im Ersten Weltkrieg erfolgreich gewesen. Doch das Gesundheitsamt wurde zum Opfer des eigenen Erfolges. In der Weimarer Republik schienen Seuchen wie Pocken, Cholera, Typhus, Diphtherie und Pest gebannt oder zumindest beherrschbar geworden zu sein. Doch bei der Bekämpfung der Tuberkulose und der Geschlechtskrankheiten konnten *nach Meinung der Zeitgenossen* keine durchschlagenden Erfolge erzielt werden. Stattdessen erschlossen die in der Behörde arbeitenden Wissenschaftler immer kleinteiligere und spezialisiertere Fachgebiete,[263] wie der Artikel über Amöben als pathogene Mikroorganismen für Pflanzen, die bislang nur außerordentlich selten beschrieben worden seien.[264]

Ein weiterer Grund für die öffentliche Kritik an der Arbeit des Gesundheitsamtes lag an den Kritikern selbst. Es handelte sich um Sozialhygieniker wie Adolf Gottstein oder Julius Moses, die mit der Verbesserung der Lebenssituation der Unterschichten ein vollkommen anderes Bekämpfungskonzept verfolgten als das Gesundheitsamt mit dessen auf den Krankheitserreger gerichteten Ausrottungskonzept,[265] die in der Weimarer Republik in hohe gesundheitspolitische Positionen aufsteigen konnten und deren Kritik in weiten Kreisen der Öffentlichkeit Gehör

---

262 Vgl. Raphael, Sozialexperten 2003.
263 Hier sei vor allem auf die Spirochaeten-Forschung hingewiesen, die zumeist tropische Krankheiten umfasste. Beispielsweise konnte man im Tätigkeitsbericht der Bakteriologischen Abteilung von 1928 unter dem Punkt f) andere Spirochaeten und Protozoenerkrankungen mitteilen, dass »Untersuchungen über den Erreger der sogenannten Orientbeule (Leishmania tropica)« neu aufgenommen worden sind.»Die Untersuchungen wurden dadurch veranlasst, dass eine Kultur des Erregers dieser Krankheit bei einem in Behandlung eines Berliner Arztes befindlichen Kranken isoliert und weitergezüchtet werden konnte.« Das RGA sammelte alle verfügbaren und bekannten Spirochaetenkulturen, vgl. den Tätigkeitsbericht von 1928 in BA Berlin, R 86/4274.
264 Zuelzer, Amöbeninfektion 1926, S. 821; ähnlich dies., Bacterium spirilloides n. sp., ein bisher unbekanntes Bakterium 1927.
265 Zum Wandel des bakteriologischen Konzeptes vgl. Kap. 5.2.

fand und meinungsbildend war, während sie im Kaiserreich keine oder nur kommunale Bedeutung hatten. Die Bewertung der wissenschaftlichen Arbeiten der Behörde war daher abhängig vom Standpunkt des Betrachters und lässt sich nur schwer in Einklang bringen. Zudem war die negative Bewertung der Gesundheitspolitik sicher auch der krisenhaften Grundstimmung infolge des verlorenen Krieges und den gesellschaftlichen Schwierigkeiten der Nachkriegszeit geschuldet. Nur so ist es zu erklären, warum die gesundheitspolitischen Erfolge negativ bewertet wurden insofern, als man diesen Erfolgen stets deren Bedrohung durch den wirtschaftlichen und den vermeintlich gesellschaftlichen Niedergang gegenüberstellte.[266] Diese Ambivalenz, der Anstieg der Lebenserwartung, das Sinken der Tuberkulosesterbeziffer um knapp vierzig Prozentpunkte oder der Rückgang der Infektionen an Geschlechtskrankheiten zwischen 1913/1919 und 1927/1929 einerseits und im Gegensatz hierzu der kritisierte Anstieg dieser Erkrankungen reiht sich ein in die Widersprüche und Gleichzeitigkeiten des Ungleichzeitigen der Weimarer Republik: mit dem Diskurs über die Vergreisung der Gesellschaft, während gleichzeitig die Menschen so jung waren wie nie zuvor; mit dem Entwurf eines Untergangsszenarios vom drohenden Volkstod und gleichzeitig einem absoluten Anstieg der Bevölkerung, so dass 1933 mit 65,2 Millionen Einwohnern der Bevölkerungsstand des Deutschen Reiches sogar den Stand von 1910 in einem weitaus größeren Territorium übertraf; oder schließlich mit der zeitgenössischen Stilisierung der Deutschen als »Volk ohne Raum« und gleichzeitig dem von denselben Gruppen geführten Diskurs zum Pronatalismus – wenngleich ein weiterer Anstieg der Bevölkerung unweigerlich die klaustrophobische Enge im Deutschen Reich noch weiter verschärft hätte.[267]

Die Abhängigkeit der Bewertung der Tätigkeit des Gesundheitsamtes vom jeweiligen Standpunkt des Beurteilers soll an einem Beispiel erläutert werden. In den Nachkriegsjahren lag ein Schwerpunkt der Arbeit des Reichsgesundheitsamtes auf der »Seuchenbekämpfung aus dem Osten« – der Einrichtung von Überwachungsstationen, Sanierungsanstalten und Desinfektionsanlagen für Flüchtlinge oder zurückkehrende Soldaten aus den östlich an das Deutsche Reich grenzenden Ländern.[268] Die Reichs-

---

266 Die Betonung einer permanenten Bedrohung des »Volkskörpers« durch vermeintliche Erbkrankheiten oder durch die sozialen Mißstände verschaffte der Sozial- und Rassenhygiene nachhaltige Legitimation und Unterstützung bei der Umsetzung ihrer jeweiligen Programme und bei der professionellen Ausgestaltung ihres Faches.
267 Vgl. Peukert, Republik 1987, S. 20, 91-94, 100.
268 Carl Hamel, zu diesem Zeitpunkt noch Ministerialrat im RMI, spricht von einem

regierung bewertete unisono mit den Parteien der Mitte und den nationalkonservativen Parteien die Arbeit der Behörde auf diesem Gebiet positiv. Georg Streiter von der Deutschen Volkspartei war es ein Anliegen, den Männern zu danken, die an der »Bekämpfung der Seuchengefahr in Russland« mitgewirkt hatten.[269] Während die einen Chaos, Flüchtlingsströme, Hungersnöte und Seuchengefahr in Russland und die Notwendigkeit zur Bewältigung der aus diesen Problemen drohenden Gefahren betonten, erschien den Vertretern der Kommunistischen Partei und zahlreichen Abgeordneten der Sozialdemokraten die Arbeit der Behörde fehlgeleitet. Während sich im Deutschen Reich die »Volksseuchen« wie Tuberkulose ungehindert ausbreiten könnten, würde sich das Reichsgesundheitsamt mit abseitigen wissenschaftlichen Fragen auseinandersetzen. Die Vertreter der kommunistischen Partei zitierten ebenjenes Russland, in dem vorbildlich ein Volkskommissariat für das Gesundheitswesen errichtet worden sei und dort erfolgreich wirken würde. Dass die Vertreter des linken Parteispektrums die Arbeit des Gesundheitsamtes zur Bekämpfung der »Gefahr aus dem Osten« nicht gutheißen konnten, ist nur die logische Konsequenz, denn sonst hätten sie gleichzeitig eingestehen müssen, dass in der gepriesenen Sowjetunion gesundheitspolitisch manches im Argen lag.[270] Eine alle zufriedenstellende Arbeit schien daher unmöglich. Die Behörde war gefangen in einem Dilemma, welches man mit der Formel: »Wie man es macht, macht man es falsch«, beschreiben könnte.

2.4.3 Die »Ära Hamel« –
Das Reichsgesundheitsamt im Wandel?

Die von zahlreichen Seiten geäußerte Kritik an der Tätigkeit der Behörde war besonders der Fokussierung auf bakteriologische, parasitologische oder immunologische Spezialprobleme geschuldet. Gleichzeitig wurden nach Meinung prominenter Mediziner die als drängend empfundenen gesellschaftlichen Probleme wie die wirksame Bekämpfung der Tuber-

---

planmäßig angelegten »Seuchenschutzwall« im Osten. Es seien Einrichtungen »an allen Übertrittsstellen des Grenzverkehrs […] von der äußersten Spitze Ostpreußens bis herab nach Schlesien errichtet« worden, SB des RT, 1. LP, 204. Sitzung am 6.4.1922.
269 Wortmeldung Georg Streiter (DVP), SB des RT, 1. LP, 204. Sitzung am 6.4.1922.
270 Die Diskussion zur »Gefahr aus dem Osten« in den SB des RT, 1. LP, 201. Sitzung am 3.4.1922 und 204. Sitzung am 6.4.1922; Russland als Vorbild preist Martha Arendsee (KPD) in den SB des RT, 3. LP, 79. Sitzung am 20.6.1925.

kulose und der Geschlechtskrankheiten, die Bekämpfung des Alkoholismus und die Kinder- und Mütterfürsorge vernachlässigt. Franz Bumm mag Alfred Grotjahn auf die im Reichstag geäußerte Kritik zwar entgegenhalten, dass dessen Unzufriedenheit mit der Arbeit des Reichsgesundheitsamtes darauf beruhe, »daß er nicht voll und ganz zu durchschauen vermag, was das Gesundheitsamt zu arbeiten hat«,[271] doch wird einer Vielzahl von Abgeordneten nur schwer zu vermitteln gewesen sein, welchen Zweck und Nutzen das Deutsche Reich an der Erforschung von seltenen pathogenen Mikroorganismen der Diatomeen oder an im Gewässer vor Sumatra vorkommenden Spirochätenarten haben könnte. Dass die Protozoenforschung allgemein mit der Erforschung von Parasiten im menschlichen Organismus in einem größeren Zusammenhang gestanden hat und dass das Gesundheitsamt international führend auf dem Gebiet exotischer Parasiten war, wird sicherlich nur ein schwacher Trost für diejenigen gewesen sein, die in der Weimarer Republik den Verlust deutscher Kolonien bedauerten und darauf hofften, schon bald wieder in den Besitz von Kolonien gelangen zu können – unter diesen Revisionisten waren sicher nicht wenige Forscher aus dem Gesundheitsamt oder dem Hamburger Tropeninstitut.[272] Abgesehen von den 1926 begonnenen Arbeiten auf dem Gebiet der Zell- und Virusforschung führte das Gesundheitsamt im Wesentlichen die bakteriologische Forschungstradition fort und verpasste somit auf dem wissenschaftlichen Gebiet den Anschluss an die ›innovativen‹ und ›zukunftsträchtigen‹ Forschungsfelder in der Weimarer Republik: die Erblehre und Rassenhygiene sowie die Hormon- und Vitaminforschung. So entstanden andernorts um finanzielle Mittel konkurrierende staatliche oder halbstaatliche Institutionen, vor allem im Verbund der Kaiser-Wilhelm-Gesellschaft, wie das Kaiser-Wilhelm-Institut für Anthropologie, menschliche Erblehre und Eugenik,[273] das Kaiser-Wilhelm-Institut für Biochemie oder das Kaiser-Wilhelm-Institut für medizinische Forschung, die sich dieser Aufgaben annahmen.

271 Redner Franz Bumm im SB des RT, 1. LP, 204. Sitzung am 6.4.1922.
272 Vgl. Wulf, Tropeninstitut 1994.
273 Zur Gründung des Kaiser-Wilhelm-Instituts für Anthropologie, menschliche Erblehre und Eugenik Schmuhl, Grenzüberschreitungen 2005, S. 32-59. Ein erster Versuch zur Gründung einer Reichsanstalt für menschliche Vererbungslehre und Bevölkerungskunde war 1922/1923 aufgrund der finanziellen Situation im Reich gescheitert. Der PRGA habe dem Antrag grundsätzlich zugestimmt, das RGA war vornehmlich an bevölkerungspolitischen Forschungen interessiert, die durch die neue Reichsanstalt forciert werden sollten, siehe Weingart u. a., Rasse 1996, S. 240-242.

Die wiederholte Kritik im Reichstag an der Tätigkeit der Behörde und die aus der Konkurrenzsituation um knappe Mittel resultierende Notwendigkeit, die eigene Arbeit ständig begründen und rechtfertigen und den Nutzen für das Gemeinwohl herausstreichen zu müssen,[274] hat ihre Spuren im Agieren der Behörde hinterlassen. Der Präsident des Reichsgesundheitsamtes musste zur Kenntnis nehmen, dass sich mit Ausrufung der Republik auch die politischen Kräfteverhältnisse verschoben hatten, dass er nicht mehr, wie vor 1918, allein dem Reichskanzler bzw. dem Staatssekretär des Innern verantwortlich war und diese letztlich nur dem Kaiser, sondern dass er sich auch vor dem Reichstag rechtfertigen musste, dem der Reichsminister des Innern nun verantwortlich war. Aufgrund der Forderung nach Errichtung eines selbständigen Reichsgesundheitsministeriums und um die im Reichstag geäußerte Kritik an der Tätigkeit des Reichsgesundheitsamtes zu entkräften, versprach der Reichsminister des Innern, eine Denkschrift über die Tätigkeit des Gesundheitsamtes vorzulegen.[275] Im Herbst 1922 begann man im Reichsgesundheitsamt damit, eine für den Reichstag bestimmte Denkschrift zu erarbeiten, die über die Organisation und die Geschäftstätigkeit der Behörde innerhalb des vergangenen Jahres berichten sollte.[276] Seit Mitte der 1920er Jahre erschien dann regelmäßig zu den Haushaltsberatungen des Reichstages im Frühjahr »Der Geschäftsbericht des Reichsgesundheitsamtes« für das vorangegangene Kalenderjahr.[277] In den 1920er Jahre traten weitere Veränderungen in der Tätigkeit und im Umfeld der Behörde ein, die nachfolgend skizziert werden sollen.

Als Carl Hamel die Leitung des Reichsgesundheitsamtes im Juli 1926 übernahm, waren die Umstrukturierungsmaßnahmen der Behörde weitgehend abgeschlossen, und auch schien sich die finanzielle Situation des Reiches konsolidiert zu haben. Ebenso gab die politische und gesellschaftliche Situation Mitte der 1920er Jahre nach den Krisen der An-

---

274 Die alljährlichen Diskussionen im Reichstag zu den Aufgaben des RGA wurden meist im Zusammenhang mit der Debatte über den Haushaltsetat des RMI, worunter auch der Etat des RGA fiel, geführt.
275 Wortbeitrag RMI Köster, SB des RT, 1. LP, 201. Sitzung vom 3.4.1922.
276 Interne Notiz des PRGA, 23.9.1922, BA Berlin, R 86/4273. Die Denkschrift wurde schließlich für das Jahr 1924 erstellt, vgl. BA Berlin R 86/12.
277 BA Berlin, R 86/4274. Die Akte »Berichte über die Geschäftstätigkeit« (R 86/10) wurde von Heinrich Struck angelegt, der seit 1877 regelmäßig monatlich und seit 1879 jährlich an den Reichskanzler einen Bericht über die Geschäftstätigkeit des KGA erstattete, die aber mit der Ernennung Karl Köhlers 1885 als DKGA nicht mehr fortgeführt wurden. Der zweite Band dieser Aktenreihe beginnt 1922 mit den Berichten über die Geschäftstätigkeit an den Reichstag.

fangsjahre Anlass zur Hoffnung auf Normalität – egal ob man die neue Republik begrüßte oder ablehnte, die politische und gesellschaftliche Entwicklung schien Mitte der 1920er Jahre berechenbar.[278] In der Verwaltung wurde nach den Abbaumaßnahmen der ersten Hälfte der 1920er Jahre der Versuch einer umfassenden Reform unternommen. Die Tätigkeiten der öffentlichen Verwaltung wurden nach Kriterien der Wirtschaftlichkeit bewertet. Jeder Handgriff wurde normiert, die Kanzleikräfte zum Ideal-Griff-System – dem Blindschreiben – der Schreibmaschine angehalten, das Papier reichsweit nach DIN normiert und die Geschäftsprozesse unter tayloristischen Gesichtspunkten rationalisiert. Schreib- und Rechenmaschinen wurden zur Standardeinrichtung in den Büros.[279] Die Verwaltungsreform erhielt unter den Bedingungen der wirtschaftlichen Krise nach Oktober 1929 und den Sparzwängen neue Schubkraft, scheiterte aber schließlich auch daran, da letztlich zu einer Reform die Kraft fehlte und nur noch Kürzungen vorgenommen wurden.

Auf die kurze Konsolidierungsphase folgte die Weltwirtschaftskrise, die den ehedem schon engen Handlungsspielraum auf ein Minimum einschränkte. Die ökonomische Krise hatte desaströse Auswirkungen für den Einzelnen, für die Institution Gesundheitsamt und für den Wohlfahrtsstaat. Das »Notprogramm für die Gesundheitsfürsorge« war unter anderem vom Reichsgesundheitsamt ausgearbeitet und im Reichsgesundheitsrat diskutiert worden.[280] Von den Sparmaßnahmen der Reichsregierung waren die Behörde und deren Mitarbeiter unmittelbar betroffen. Bereits in den ersten Jahren der Weimarer Republik hatten die höheren Beamten einen enormen Bedeutungsverlust hinnehmen müssen. Der

---

278 Wenngleich sich die Illusion einer inneren Stabilität als trügerisch erweisen sollte, vgl. Peukert, Republik 1987, S. 204-219. Eine ähnliche Entwicklung lässt sich auch für das Hamburger Institut für Schiffs- und Tropenkrankheiten feststellen. Mannweiler, Geschichte 1998, S. 77 f. konstatiert, dass nach 1925 eine Gefahr für den Fortbestand des Instituts, dessen Existenz und Selbständigkeit man in den Nachkriegsjahren in Frage gestellt hatte, nicht mehr gegeben war.

279 Siehe beispielsweise den Bericht über den 1. büroorganisatorischen und bürotechnischen Lehrgang für Reichsbehörden beim »Deutschen Institut für wirtschaftliche Arbeit in der öffentlichen Verwaltung« vom 9. bis 14.12.1929 und die Belehrung hinsichtlich der rationelleren Aktenplanung, Aktenvorgänge, Registrierung, Schwierigkeiten bei der Einführung der DIN-Norm, das Umlernen von Schreibkräften auf Blindsystem, die Einführung in verschiedene Büromaschinen, die Optimalgestaltung der Arbeit im Behördendienst und die praktische Einrichtung des Arbeitsplatzes, BA Berlin, R 86/4271 sowie die Vorgängerakte 4270. Allgemein zur rationelleren Verwaltung die *Zeitschrift für Organisation*, die *Beiträge zur technischen Verwaltungsreform* oder die *Schriftenreihe des Deutschen Instituts für wirtschaftliche Arbeit in der öffentlichen Verwaltung*.

280 Vgl. Saretzki, Reichsgesundheitsrat 2000, S. 90.

Bedeutungsverlust betraf nicht nur das subjektive Empfinden der Beamten,[281] sondern bedingt durch die Inflation auch die finanzielle Einkommenssituation der Beamten und daraus resultierend die Schwierigkeit, die gesellschaftliche Stellung standesgemäß repräsentieren zu können. Wilhelm Kerp, langjähriger Direktor der Chemisch-Hygienischen Abteilung, sah sich Ende 1926 gezwungen, Notstandsbeihilfe zu beantragen, da er die ihm aus einer Krankheit erwachsenen Sonderausgaben nicht mehr aus seinen laufenden Einnahmen bestreiten konnte. Zwei Jahre später bat Kerp darum, sich in die Liste der wohnungssuchenden Beamten eintragen zu dürfen, weil seine bisherige Achtzimmerwohnung in Charlottenburg in keinem Verhältnis mehr zu seinem Einkommen stehe.[282] Die Einkommenseinbußen setzten sich jedoch fort. Nach 1929 wurden die Bezüge der Mitarbeiter des Gesundheitsamtes um zwölf Prozent gekürzt. Zur Erschließung weiterer Einsparmöglichkeiten wurde die Tätigkeit aller Angestellten, die länger als drei Jahre im Gesundheitsamt beschäftigt waren, im Hinblick auf eine etwaige Entlassung geprüft bzw. sollten auslaufende Verträge nicht verlängert werden.[283] Eine seit Mitte der 1920er Jahre diskutierte Zusammenlegung der verschiedenen Zweigstätten des Gesundheitsamtes in Dahlem scheiterte einerseits am Widerstand der Behörde selbst, andererseits an den dafür erforderlichen finanziellen Mitteln.[284]

In der Weimarer Republik veränderte sich die Zusammensetzung der Mitarbeiter im Reichsgesundheitsamt. Bis weit in das erste Jahrzehnt des 20. Jahrhunderts waren weibliche Angestellte kaum in der Behörde anzutreffen. Erst durch den Mangel an männlichen Arbeitskräften während des Ersten Weltkrieges kam es vermehrt zur Einstellung von Frauen. Diese waren als Stenotypistinnen, Kanzlei- und Schreibkräfte und in anderen Bürodiensten sowie als Assistentinnen in den Laboratorien tätig.[285]

281 Die diskursiven Folgen und das körperliche Unbehagen in Föllmer, Volkskörper 2001.
282 Beantragung der Notstandshilfe im Dezember 1926; die Bitte um Aufnahme in die Liste der wohnungssuchenden Beamten in dem Schreiben Kerps an den PRGA, 16.10.1928, BA Berlin, R 86/4328. Weiterhin führte Kerp gesundheitliche Gründe an, weil der Arzt ihm Spaziergänge im Grünen verordnet habe, die in der Kantstraße nicht möglich seien. Zum Werdegang Kerps siehe auch BA Berlin, R 86/331.
283 Vgl. BA Berlin, R 86/24.
284 Zum Neubau vgl. die Pläne in BA Berlin, R 86/797.
285 Vgl. die Bewerbungen in der Akte »Weibliche Personen« in BA Berlin, R 86/30. Im Anhang der Festschrift von 1926 werden weibliche Personen geführt als Chemikerin (Rubrik: Freiwillige Hilfsarbeiter – wahrscheinlich eine Praktikantin zur Fortbildung), Bibliotheksangestellte (5), fremdsprachliche Stenotypistin (2),

Weiterhin waren Frauen als Reinigungskräfte tätig.[286] Mit der regulären Zulassung von Frauen zum (Medizin-)Studium[287] wurden in den Laboratorien des Gesundheitsamtes Anfang der 1920er Jahre erstmals auch Studentinnen für ein Praktikum zugelassen und auf dem Gebiet der Hygiene, Bakteriologie und der Serologie ausgebildet.[288] Unter den wissenschaftlichen Mitarbeitern war Margarete Zuelzer allerdings die einzige Frau, die über einen längeren Zeitraum fest im Reichsgesundheitsamt angestellt war.

Unter Carl Hamel wurden die seit dem Ersten Weltkrieg eingeschränkten internationalen Beziehungen des Gesundheitsamtes wieder ausgebaut. Mit dem Eintritt des Deutschen Reiches in den Völkerbund wurde der Präsident des Reichsgesundheitsamtes 1927 Mitglied des Hygienekomitees des Völkerbundes.[289] Die Geschäftsberichte betonen seitdem die Teilnahme an internationalen Konferenzen,[290] den Austausch von Wissenschaftlern – unter anderem mit dem Rockefeller Institute for

    Kanzleiangestellte (2), technische Assistentin im Labor (10) sowie eine technische Angestellte. Vom personellen Abbau in der öffentlichen Verwaltung waren Frauen besonders betroffen. Als Grund für vorherige Entlassungen gaben arbeitsuchende Frauen Mitte der 1920er Jahre in ihren Bewerbungen an, sie seien im Rahmen des Verwaltungsabbaus entlassen worden, BA Berlin, R 86/30. Das Reichsgesetz bzw. die DVO zum Personalabbau sah zudem vor, dass alle verheirateten Frauen, deren Ehepartner einer Beschäftigung nachgingen, zu entlassen seien. Im RGA wurde daraufhin im November 1923 Emma Bodlaender entlassen, BA Berlin, R 86/40.

286 Während in dem für die Festschrift bestimmten Verzeichnis der Mitarbeiter des RGA alle Mitarbeiter und Mitarbeiterinnen aufgelistet werden sollten – vom Pförtner über den Hausdiener und den Kastellan bis hin zum Heizer, so sollten die Reinigungsfrauen explizit nicht genannt werden, vgl. die Notiz zur Besprechung vom 26.1.1926 betreffend den Anhang der Festschrift, BA Berlin, R 86/852.

287 Von Ausnahmegenehmigungen abgesehen wurden Frauen in Baden 1900, in Württemberg 1904 und in Preußen 1908 zum Studium zugelassen, vgl. Huerkamp, Bildungsbürgerinnen 1996; Bleker (Hg.), Eintritt 1998.

288 Vgl. 1924 den Schriftwechsel betr. die Einstellung der Medizinalpraktikantin Lina Rossius in der Zweigstelle Scharnhorststraße, BA Berlin, R 86/4266.

289 Vgl. Borowy, Wissenschaft 2005. Der Leiter des pharmakologischen Laboratoriums, Otto Anselmio, wurde 1929 in den Ständigen Zentralausschuss der Opiumkommission des Völkerbundes gewählt und schied aus dem Reichsdienst aus, siehe den Tätigkeitsbericht des RGA für 1929, BA Berlin, R 86/4274.

290 Die Teilnahme von Mitarbeitern des RGA an internationalen Konferenzen, z. B. 1927: Zellforschung in Budapest, Bekämpfung der Tollwut in Paris; 1928: Bekämpfung und Erforschung der Tuberkulose in Rom, Unfallheilkunde in Budapest, Mikrobiologie in Bern, Weltmilchkongress in London, Standardisierung von Arzneimitteln; 1929: Internationaler Kongress zu Berufskrankheiten in Lyon; internationale Todesursachenstatistik in Paris. 1927 wurde erstmals nach

Medical Research, aber auch die Abstellung von Gesundheitsbeamten in das türkische Gesundheitsministerium – und die Zusammenarbeit mit ausländischen und internationalen Institutionen und Organisationen. 1927 trat das Deutsche Reich dem *Office International des Épizooties* (Internationales Viehseuchenamt) und 1929 dem *Office International d'Hygiène Publique* (Internationales Gesundheitsamt) in Paris bei.[291] Ein Jahr später wurde ein Mitarbeiter des Gesundheitsamtes korrespondierendes Mitglied im Internationalen Weinamt.[292]

Die internationale Zusammenarbeit umfasste die Abstimmung von Maßnahmen zur grenzübergreifenden Seuchenbekämpfung,[293] multinationale Tierseuchenabkommen, Verhandlungen über die Ein- und Ausfuhr von lebendem Vieh und tierischen Erzeugnissen sowie etwaige Verkehrsbeschränkungen von »verdächtigen« Handelswaren.[294] Über den Zeitraum von mehreren Jahren wurde über die Revision der internationalen Todesursachen- und Medizinalstatistik beraten und über die Schwierigkeiten bei der Einführung abgestimmt.[295] Hinsichtlich der Fortbildung und des Austausches von Medizinalbeamten fanden alljährlich so genannte Studienreisen in verschiedene Länder statt, um sich dort über das Medizinal- und Gesundheitswesen zu informieren.[296] Für das

dem Krieg in Deutschland der V. Internationale Kongress für Vererbungsforschung abgehalten, vgl. Weingart u. a., Rasse 1996, S. 244.

291 Mit dem Internationalen Gesundheitsamt hatte man schon vor dem Ersten Weltkrieg korrespondiert, doch hatte man einen Beitritt zu der in Paris ansässigen Organisation 1907 mit dem Argument abgelehnt, dass man die Entwürfe der Behörde als zu teuer und aufwendig erachte – vielmehr war allerdings wohl ausschlaggebend gewesen, dass man die Ansiedlung der Internationalen Organisation lieber auf deutschem Boden gesehen hätte, schon alleine, weil man meinte, hierzu eine größere Berechtigung als Frankreich zu haben, und dies umso mehr, als man die Konzentration von internationalen Organisationen wie dem Internationalen Maß- und Gewichtsbüro auf französischem Boden misstrauisch beäugte und eine Einflussnahme Frankreichs befürchtete, siehe die Korrespondenz zur Gründung des Internationalen Gesundheitsamtes in BA Berlin, R 1501/ 111228; der Beitritt des RGA in BA Berlin, R 1501/111229.

292 Siehe die Geschäftsberichte des RGA für die Jahre 1926-1930, BA Berlin, R 86/4274.

293 Vgl. Breger, Sanitäts-Konferenz 1926.

294 Um die Übertragung von Milzbrandsporen durch Felle und Häute zu unterbinden, wurden Arbeiten zum Nachweis von Milzbrand mittels Präzipitationsverfahren angestellt, vgl. Erban, Nachweis 1926.

295 Vgl. hierzu BA Berlin, R 1501/111653. Die Sitzung des RGR am 11.4.1924 betr. die Einführung der internationalen Todesursachenstatistik in Saretzki, Reichsgesundheitsrat 2000, S. 111-117.

296 Vgl. Reichsausschuss für das Ärztliche Fortbildungswesen (Hg.), Gesundheitswesen 1928.

Internationale Arbeitsamt wurden Untersuchungen zur Zusammenarbeit von Behörden und Trägern der Sozialversicherung und der so genannten freien Wohlfahrtspflege angestellt.[297] Schließlich wurden in der Pharmazie verschiedene Wertbestimmungsverfahren für Arznei- und Heilmittel angeglichen, was beispielsweise zur Einführung einer neuen Werteinheit für das Tetanusserum führte.[298]

Auch national konnte das Gesundheitsamt in der »Ära Hamel« gesundheitspolitische Erfolge aufweisen. Bereits 1926 wurde die sechste Ausgabe des Deutschen Arzneibuches der Öffentlichkeit präsentiert.[299] Weiterhin konnten nach Jahren der Bearbeitung, Beratung und Umarbeitung 1927 zwei wesentliche Reichsgesetze im Reichstag verabschiedet werden: das Lebensmittelgesetz und das Gesetz zur Bekämpfung der Geschlechtskrankheiten.[300] Die zwei Gesetze beschäftigten das Reichsgesundheitsamt auch nach deren Verabschiedung noch intensiv. Für das Lebensmittelgesetz mussten alle Ausführungsverordnungen für die verschiedensten Nahrungsmittel überarbeitet werden.[301] Mit dem Gesetz zur Bekämpfung der Geschlechtskrankheiten konnte das Reichsgesundheitsamt endlich auch einen Teil der von der Sozialhygiene artikulierten Forderungen erfüllen. Das Gesetz umfasste »präventive« Maßnahmen wie die Untersuchung von »Verdächtigen« sowie die Anzeigepflicht und die Zwangsbehandlung von Personen, die an Syphilis, Gonorrhö oder Ulcus molle erkrankt waren. Die Verabschiedung des Gesetzes wurde begleitet von der »Zählung der Geschlechtskranken« im Deutschen Reich bzw. einer Erhebung derjenigen Personen, die bei einem Arzt wegen Geschlechtskrankheiten in

---

297 Zur Internationalen Arbeitsorganisation mit Sitz in Genf Schmuhl, Arbeitsmarktpolitik 2003, S. 113-116.
298 Dold, Einführung 1928. Die mit der Einführung verbundenen Schwierigkeiten und die Klagen über die damit entstehenden Kosten seitens der Hersteller in BA Berlin, R 86/2712. Zum vorhergehenden Absatz insgesamt die Geschäftsberichte des RGA für die Jahre 1926-1930, BA Berlin, R 86/4274. Zu den Abstimmungsprozessen bei der internationalen Wertbestimmung von Therapeutika biologischen Ursprungs vgl. die Bestände im Archiv des Paul-Ehrlich-Instituts, Abt. B, Nr. 6, Bd. 1-4 (1921-1933).
299 Vgl. zur »Einführung in das Deutsche Arzneibuch« die zwölf Artikel in ARGA 58 (1927).
300 Vgl. den Geschäftsbericht des RGA für das Kalenderjahr 1927, BA Berlin, R 86/4274. Das Lebensmittelgesetz stellte die umfassend revidierte Neuauflage des NMG von 1879 dar.
301 Milch, Käse, Butter, Marmeladen, Säfte, Schokolade, Kaffee, Tee, Zucker u. v. a. m., vgl. den Geschäftsbericht des RGA für die Kalenderjahre von 1926 bis 1930, BA Berlin, R 86/4274; weiterhin Kerp, Ausführungsbestimmungen 1929. Die Sitzung des RGR im Januar 1923 mit den dort getroffenen Beschlüssen in Saretzki, Reichsgesundheitsrat 2000, S. 199-204.

Behandlung waren.[302] Die Auswertungen wurden von einem Artikel über »Die soziale Bedeutung der Geschlechtskrankheiten« flankiert, in dem der Autor die aus den statistischen Ergebnissen zu ziehenden »wichtigsten Wahrheiten« zu sammeln beabsichtigte und die sofortige ärztliche Behandlung propagierte sowie die Folgeerkrankungen und die fortdauernde Ansteckungsgefahr bei einer unterbrochenen Therapie, die daraus resultierenden erblichen Schäden bei Syphilis und den Schaden für die Volksgemeinschaft insgesamt hervorhob.[303]

Die Ergebnisse der »Statistik der Geschlechtskranken« waren als Beiheft des *Reichs-Gesundheitsblattes* publiziert worden. Das *Reichs-Gesundheitsblatt* erschien im wöchentlichen Rhythmus erstmalig im Januar 1926 und ersetzte die *Veröffentlichungen aus dem Reichsgesundheitsamte*. In dem neuen Periodikum der Behörde sollte das medizinalstatistische Material, deren Auswertungen und Gesetzestexte in ansprechender Weise publiziert und um kleinere Artikel ergänzt werden.[304] Neben einem »Amtlichen Teil« mit den wöchentlichen statistischen Auswertungen, dem seuchentechnischen Nachrichtendienst und den neuen gesundheitspolitischen Gesetzen aus dem In- und Ausland gab es nun auch einen »Nicht amtlichen Teil«,[305] in dem kurze, nur wenige Seiten zählende allgemeinverständliche Artikel veröffentlicht wurden. Die Autoren mussten nicht unbedingt Angehörige des Reichsgesundheitsamtes sein, sondern es wurden auch zahlreiche Artikel externer Autorenschaft publiziert.[306] Auffällig ist, dass die Autoren, die Angehörige des Gesundheitsamtes waren, vor allem aus der Medizinischen Abteilung der Behörde stammten.[307] Im *Reichs-Gesundheitsblatt* erschienen neben Abhandlungen zur Seuchen-

---

302 Vgl. das erste Beiheft des RGBl., dort Breger, Statistik 1926, 1. Beiheft; Dornedden, Ergebnis 1928. Zu den Ergebnissen der Zählung der Geschlechtskranken ausführlich Sauerteig, Krankheit 1999, S. 69-88. Die Statistik war nach unterschiedlichen Kriterien wie Alter, Geschlecht, Beruf, Familienstand, örtliche Verteilung und die verschiedenen Erkrankungen unterteilt.
303 Vgl. Breger, Bedeutung 1926, 1. Beiheft.
304 Vgl. das Geleitwort RGBl. 1 (1926), S. 1.
305 »Für den Inhalt der mit Namen gekennzeichneten Abhandlungen trägt die Schriftleitung nur die preßgesetzliche Verantwortung.«
306 Beispielsweise Emil Kraepelin, Leiter der Deutschen Forschungsanstalt für Psychiatrie in München; Konrad Biesalski, Direktor des Oscar-Helene-Heims in Berlin; Friedrich Prinzing; Max Grünewald aus Dortmund; Rainer Fetscher aus Dresden; oder Oskar Aust aus Charlottenburg, um nur einige Autoren zu nennen. Nicht publiziert haben jedoch die renommierten Sozialhygieniker wie Adolf Gottstein, Julius Moses oder Alfred Grotjahn.
307 Hans Bogusat, Herbert Linden, Hans Dornedden, Johannes Breger, Erich Hesse, Max Christian, Hans Engel.

bekämpfung sowie zur Gewerbe- und Nahrungsmittelhygiene etliche Artikel mit sozial- und rassenhygienischen Themen:[308] beispielsweise zur »Krüppelfürsorge« und zur »Irrenfürsorge«,[309] zur körperlichen Ertüchtigung der Jugend und zu »Leibesübungen«,[310] zur »Trunksucht« und zum Alkoholismus,[311] zur Wohnungsnot und Wohnungshygiene,[312] zur Erblichkeit krimineller Anlagen,[313] zur Sterilisation und zum Geburtenrückgang[314] und zur Tuberkulose als sozialer Krankheit.[315] Dem Gesundheitsamt bot sich mit der konzeptionellen Umgestaltung der institutseigenen wöchentlichen Zeitschrift die Möglichkeit, sich behutsam sozialhygienischen Themen zu nähern, ohne die bisherige experimentell-bakteriologische Orientierung aufgeben zu müssen. Man kann darüber spekulieren, ob die publizistische Umorientierung auch der im Reichstag geäußerten Kritik an der Behörde und an deren Veröffentlichungen Rechnung tragen sollte. Mit dem *Reichs-Gesundheitsblatt* hatte man ein Publikationsorgan, das von der breiten Masse der Ärzte als amtliches Nachrichtenblatt bezogen wurde, in dem die institutseigenen Forschungen in einen allgemeineren Kontext eingeordnet und der Ärzteschaft und der interessierten Öffentlichkeit die Tätigkeit der Behörde nahegebracht werden konnte. Allerdings nahm die Anzahl dieser allgemein gehaltenen Artikel im »Nicht amtlichen Teil« schon nach zwei Jahren wieder ab – nicht jedoch der Umfang der Zeitschrift, denn die Gesetzestexte und die dazugehörigen Ausführungsverordnungen und Erläuterungen nahmen stetig zu, so dass wohl anzunehmen ist, das diese Neuerung aus Kostengründen reduziert wurde. Nach 1929 erschienen nur noch sehr unregelmäßig Artikel.

308 Vgl. hierzu auch Thomann, Reichsgesundheitsamt 1983. Zur Stellung der Eugenik in der Sozialhygiene Aust, Stellung 1926; zur Bevölkerungspolitik ders., Landwirtschaft 1926.
309 Vgl. Biesalski, Krüppelfürsorge 1926; Kraepelin, Irrenfürsorge 1926.
310 Vgl. Müller, Leibesübungen 1926; Rubner, Volksgesundheit 1927; Dornedden, Leibesübungen 1932. Leibesübungen galten als Allheilmittel: zur präventiven Abhärtung des Körpers gegen Krankheit, zur Beherrschung des Trieblebens, zur Beschäftigung der Jugend und vor allem zur Erhaltung der körperlichen Tüchtigkeit und Kampfbereitschaft.
311 Vgl. Flaig, Wesen 1926; ders., Trinkerfürsorge 1926.
312 Vgl. Aust, Wohnungsnot 1926; ders., Wohnungselend 1926. Aust plädiert für die Schaffung von ausreichendem Wohnraum als Therapie gegen Tuberkulose.
313 Vgl. Fetscher, Frage 1926.
314 Vgl. Winter, Abort 1926; Fetscher, Ausgleich 1926.
315 Vgl. Mueller, Bekämpfung 1926; Grünewald, Industrie 1926; Aust, Verbreitung 1927.

Anfang der 1930er Jahre versetzte eine gesundheitspolitische Katastrophe die Medizinalverwaltung im Deutschen Reich in Aufregung. Seit Beginn der 1920er Jahre wurde ein von Albert Calmette und seinem Mitarbeiter Camille Guérin entwickelter Impfstoff gegen Tuberkulose nach zahlreichen Tierversuchen in verschiedenen Ländern auch am Menschen erprobt.[316] Im März 1927 erörterten Mitglieder des Reichsgesundheitsrates den Stand der Forschung und stellten Überlegungen hinsichtlich der Bewertung des Verfahrens an. Es wurde die Empfehlung ausgesprochen, mit der Erprobung des Impfstoffes am Menschen zu warten, bis weitere tierexperimentelle Untersuchungen die Unschädlichkeit des Impfstoffes eindeutig bewiesen hätten. Das Ergebnis der Sitzung des Reichsgesundheitsrates und die Warnung vor der Anwendung des Impfstoffes wurden publiziert und an die Regierungen der Länder weitergeleitet.[317] Die Anwendung des Impfstoffes, der auf dem Jenner'schen Prinzip der Pockenimpfung basierte, schien den Medizinalbeamten besonders bedenklich, weil es sich um einen abgeschwächten lebenden Krankheitserreger handelte, bei dem die Gefahr einer Infektion durch den Impfstoff selbst gegeben schien.[318] Insgesamt bestanden in der deutschen Ärzteschaft Bedenken hinsichtlich einer Einführung des Impfstoffes.[319]

Trotz der Warnung des Reichsgesundheitsrates, trotz der Diskussion in der deutschen Ärzteschaft kam es zur folgenschweren Lübecker »Impfkatastrophe«, bei der insgesamt 77 Säuglinge starben.[320] Zur Aufklärung der Todesfälle entsandte das Reichsgesundheitsamt den Leiter des bakteriologischen Laboratoriums, Ludwig Lange, nach Lübeck. Die Untersuchung kam zu dem Schluss, dass die Todesfälle durch die fahr-

---

316 Vgl. Reuland, Humanexperimente 2001, hier S. 124-137; Bonah/Menut, BCG Vaccination 2004; Nadav, Death Dance 2004.
317 Vgl. Saretzki, Reichsgesundheitsrat 2000, S. 513-515; Reuland, Humanexperimente 2001, S. 124 f.
318 Vgl. die Untersuchung im RGA von Lange/Clauberg, Nachprüfung 1929.
319 Vgl. Reuland, Humanexperimente 2001, S. 125.
320 Von Ende Februar bis Anfang Mai 1930 wurden in Lübeck 251 Neugeborene mit dem BCG-Impfstoff gegen Tuberkulose geimpft. Mitte April starb der erste Säugling an Tuberkulose, weitere Kinder erlagen kurze Zeit später der Krankheit. Der Direktor des Allgemeinen Krankenhauses in Lübeck, Georg Deycke, der die Impfungen zusammen mit dem Leiter des Lübecker Gesundheitsamtes, Ernst Altstaedt, initiiert hatte, vernichtete kurze Zeit nach den ersten Todesfällen den verwendeten Impfstoff. Der Leiter des örtlichen Gesundheitsamtes unterließ es, den noch in Umlauf befindlichen Impfstoff einzuziehen. Erst Mitte Mai informierte die Lübecker Gesundheitsverwaltung die Öffentlichkeit über die Todesfälle, vgl. Reuland, Humanexperimente 2001, S. 126-128; siehe auch Lange, Tuberkuloseschutzimpfungen 1931.

lässige Vorbereitung und unsachgemäße Durchführung der Impfung verursacht worden waren. Die ursprünglichen Impfkulturen seien nicht die eigentliche Ursache der postvakzinalen Infektion gewesen, sondern die Infektionen seien durch Beimengungen von virulenten Kulturen zu den Impfkulturen von Calmette entstanden. Darüber hinaus seien durch die Verheimlichung und Vertuschung des Unglücks weitere Kinder gestorben.[321]

Im Reichstag wurde der »Totentanz zu Lübeck« kontrovers diskutiert. In Abhängigkeit von der politischen Richtung wurde die Rolle des Reichsgesundheitsamtes hinterfragt und unterschiedlich bewertet. Vertreter des politisch linken Spektrums prangerten die Unfähigkeit der gesamten Medizinalverwaltung an und forderten als Konsequenz erneut die Errichtung eines eigenständigen Gesundheitsministeriums. Vertreter der Parteien der Mitte und der Nationalkonservativen wiesen darauf hin, dass das Reichsgesundheitsamt und der Reichsgesundheitsrat vor der Verwendung des Impfstoffes gewarnt hätten. Man müsse nur die Machtbefugnisse der Behörde ausweiten, damit den Weisungen der Behörde auch Folge geleistet werde. Die Vertreter beider Richtung forderten zwar mehr Kompetenzen für eine auf Reichsebene angesiedelte Gesundheitsbehörde, doch die einen forderten als Konsequenz eine vollkommen neue mit Exekutivgewalt ausgestattete Behörde, während die anderen das bestehende System stärken wollten.[322]

Die Vertreter der Sozialhygiene und der politisch linken Parteien kritisierten die Impfung von Säuglingen mit dem BCG-Impfstoff heftig. Der Tuberkulose, »dieser Proletarierkrankheit, als einer sozialen Erkran-

---

321 Beispielsweise waren die Impfkulturen bei der Verwendung bereits ein halbes Jahr alt und wurden zudem in diesem Zeitraum im Labor nicht räumlich getrennt von virulenten Kulturen aufbewahrt. Vor der Impfung wurde keine Prüfung der Kulturen auf deren Unschädlichkeit vorgenommen. Weiterhin sollte bei den Kindern erst sechs Monate nach Impfung eine Kontrolluntersuchung durch die ausführenden Ärzte vorgenommen werden. Nach Bekanntwerden der ersten Todesfälle hätten durch Einziehung des noch in Umlauf befindlichen Impfstoffes – die Kulturen wurden von den Hebammen direkt nach der Geburt verabreicht und waren bereits an diese verteilt worden – weitere Impfungen verhindert werden können. Bis Mitte Mai waren die noch lebenden geimpften Säuglinge nicht untersucht worden, um eventuelle Gegenmaßnahmen zu ergreifen. Beide Verantwortlichen waren vollends überfordert, wie Reuland, Humanexperimente 2001, S. 127 f. schreibt, und wohl auch vollkommen inkompetent. In einem Gerichtsverfahren im Herbst/Winter 1931/1932 wurde Georg Deycke zu zwei Jahre und Ernst Altstaedt zu 15 Monaten Gefängnis wegen fahrlässiger Tötung verurteilt, ebd. S. 126-129.
322 Siehe die Beiträge von Martha Arendsee (KPD), Julius Moses (SPD) und Georg Sparrer (DDP) in den SB des RT, 4. LP, 178. Sitzung am 18.6.1930.

kung« könne »nicht allein mit Calmette-Verfütterung [sic] und nicht mehr mit wissenschaftlich ausgeklügelten Methoden« begegnet werden, sondern die Krankheit müsse »mit sozialen Mitteln« bezwungen werden.[323] Die Kritik von Julius Moses macht die unterschiedlichen Strategien der Bakteriologie und der Sozialhygiene bei der Bekämpfung der Tuberkulose deutlich. Das Ziel beider Gruppen war die Verbesserung und Hebung der Volksgesundheit. Einig waren sich die Vertreter der Bakteriologie und der Sozialhygiene auch in ihren Bemühungen zur Verbesserung der Nahrungsmittelqualität oder der Arbeitsbedingungen. Doch für die Vertreter der Sozialhygiene war die Tuberkulose eine genuin soziale Krankheit. Die Erkrankung wurde verursacht durch ungesunde Wohn- und Lebensverhältnisse, eine unausgewogene Ernährung und schlechte Arbeitsbedingungen. Mit Bekämpfung der als Ursachen identifizierten Missstände wollten sie die Krankheit heilen. Dies erforderte grundsätzliche gesellschaftliche Veränderungen. Das Reichsgesundheitsamt als eine die Regierung in gesundheitspolitischen Angelegenheiten beratende Behörde ging vollkommen anders vor. Die von der Sozialhygiene geforderten gesellschaftlichen Veränderungen galt es zu verhindern. Auch das Reichsgesundheitsamt setzte sich durch seine Bemühungen auf dem Gebiet der Gewerbehygiene dafür ein, dass der Arbeitsplatz frei war von schädlichen Umwelteinwirkungen. Jedoch mussten hierfür nicht die Produktionsverhältnisse verändert werden, sondern die schädlichen Einflüsse mussten erforscht und abgestellt werden. Die vom Reichsgesundheitsamt verfolgte Strategie bei der Seuchenbekämpfung war nicht die Veränderung der gesellschaftlichen Verhältnisse, sondern die Desinfektion und die Immunisierung der Bevölkerung. Somit konnte der »Gesundheitszustand der deutschen Bevölkerung« unter den gegebenen gesellschaftlichen Verhältnissen verbessert werden. Unabhängig davon, ob die Medizinalbeamten des Reichsgesundheitsamtes eine soziale Verbesserung der breiten Bevölkerung für wünschenswert hielten, mussten sie die gegebenen Verhältnisse in Rechnung stellen, d. h., dass die Realisierung sozialmedizinischer Maßnahmen unter der Voraussetzung eines gesellschaftlichen Status quo sehr kostspielig war und dass der Sozialstaat diese Bürde nicht zu tragen im Stande war.[324] So mussten auch die Regierungsvertreter der SPD schnell erkennen, dass die im Tuberkulosegesetz geforderten Fürsorgestellen finanzielle Mittel erforderten – Mittel, über die das Reich nicht verfügte. Die verschiedenen Strategien erklären auch,

---

323 Wortbeitrag Julius Moses (SPD), SB des RT, 4. LP, 178. Sitzung am 18.6.1930.
324 Siehe hierzu ausführlich Kap. 5.2.

warum die Vertreter der Regierung zufrieden mit der Behörde waren, während die Sozialhygieniker die »wissenschaftlich ausgeklügelten Methoden« und die wissenschaftliche Arbeit des Amtes kritisierten und als irregeleitet erachteten.

Der »Totentanz zu Lübeck« gibt weiterhin Aufschluss über das Vorgehen des Reichsgesundheitsamtes und die damit verbundenen Probleme. Das Reichsgesundheitsamt und der Reichsgesundheitsrat standen der BCG-Impfung abwartend, aber nicht ablehnend gegenüber. Man war im Reichsgesundheitsamt der Meinung, dass die Erfolge der BCG-Impfung noch nicht hinreichend gesichert und wissenschaftlich bewiesen waren und dass eine Gefährdung des Publikums nicht ausgeschlossen werden konnte. Ohne den Lübecker Zwischenfall hätte man die BCG-Impfung mit allen zu treffenden Sicherheitsvorkehrungen sicherlich einige Jahre später befürwortet. Diese abwartende Haltung kann man prinzipiell auch auf die Rassenhygiene übertragen. Beispielsweise stand man einem in der Weimarer Republik diskutierten Gesetz zur Sterilisation als Maßnahme zur Verhütung erbkranken Nachwuchses nicht unbedingt ablehnend gegenüber. Der Präsident des Reichsgesundheitsamtes wollte jedoch vorerst die wissenschaftlichen Ergebnisse aus den USA und anderen Ländern abwarten, bevor er einem so weit in das persönliche Recht eingreifenden Gesetz zustimmte. Das vorsichtige Agieren der Behörde erwies sich für das Reichsgesundheitsamt im Fall der BCG-Impfung als Vorteil, da der Behörde selbst keine Vorwürfe gemacht werden konnten. Gleichzeitig wurde jedoch das »langsame«, zögerliche und umständliche, auf Sicherheit abgestellte Agieren kritisiert, da kurzfristige Erfolge ausblieben. Auf dem Gebiet der Rassenhygiene und der Vererbungslehre hat das Reichsgesundheitsamt durch seine zögerliche Haltung den »Anschluss« an die in jeder Hinsicht zukunftweisende Forschung verpasst.

2.5 Das Reichsgesundheitsamt im Nationalsozialismus – Ein Ausblick

1933 wurde Carl Hamel durch den überzeugten Nationalsozialisten Hans Reiter abgelöst.[325] Der folgende Ausblick soll die Veränderung des Reichsgesundheitsamtes nach 1933 skizzieren und von der vorherigen Entwicklung abgrenzen helfen. Bis zum nationalsozialistischen Machtwechsel zeichnete sich das Gesundheitsamt durch öffentliche Zurückhaltung aus.

---

325 Zu Reiter siehe Maitra, Reiter 2001.

Das Gesundheitsamt legte als Reichsbehörde nach außen hin Wert auf politische »Neutralität«. Die Arbeit des Gesundheitsamtes wurde durch Ausstellungen, Fest- und Denkschriften einer breiten und durch die laufenden Publikationsreihen einer medizinischen Öffentlichkeit zugänglich gemacht. Mit Hans Reiter änderte sich dies. Der nationalsozialistische Präsident ließ keine Gelegenheit ungenutzt, die ihm unterstellte Behörde und »seine Mitarbeiter« verbal in die Nähe des nationalsozialistischen Staates zu rücken, um der Verbundenheit mit der nationalsozialistischen Ideologie Ausdruck zu verleihen.[326]

Während mit der Leitung des Gesundheitsamtes ein bekennender Nationalsozialist betraut wurde, wechselten auf der Mitarbeiterebene Gottfried Frey und Erich Hesse in die Medizinalabteilung des preußischen Innenministeriums, man darf annehmen, um das neue Regime tatkräftig und nicht nur beratend zu unterstützen. Gottfried Frey war bislang Direktor der Medizinischen Abteilung und hatte sich durch Arbeiten auf dem Gebiet der »hygienischen Volksaufklärung« hervorgetan, und Erich Hesse hatte Mitte der 1920er Jahre am Entwurf des Sterilisationsgesetzes mitgearbeitet und den Artikel über »Volksentartung und Volksaufartung« publiziert.[327] Später wechselte auch Herbert Linden in die Medizinalabteilung des Reichsinnenministeriums und wurde dort Ministerialdirigent.[328]

Die Abteilungen des Gesundheitsamtes wurden nach 1933 weiter ausdifferenziert und um das Aufgabengebiet »Rassenhygiene« ergänzt: die Abteilung »Erb- und Rassenpflege« mit einem Erbwissenschaftlichen Forschungsinstitut, einer Rassenhygienischen und Bevölkerungsbiologischen Forschungsstelle, einer Kriminalbiologischen Forschungsstelle und dem Institut für Angewandte Erb- und Rassenpflege. Das Gesundheitsamt beteiligte sich während des Nationalsozialismus aktiv an medizinischen Verbrechen gegen die Menschlichkeit, hier seien nur die Durch-

---

326 Vgl. die zahlreichen Reden und Ansprachen, die Reiter zwischen 1933 und 1939 aus unterschiedlichsten Anlässen gehalten hat, Reiter (Hg.), Reichsgesundheitsamt 1939; Maitra, Reiter 2001. Mannweiler, Geschichte 1998, S. 85 f. vermerkt für die Zeit nach 1933 ebenso, dass der neue Direktor des Hamburger Instituts für Schiffs- und Tropenkrankheiten, Peter Mühlens, die Arbeit des Instituts durch allgemeinverständliche Berichte und Zeitungsartikel popularisiert habe.
327 Vgl. Frey, Gedanken 1927; Hesse, Volksentartung 1933. Die Personalakten des RGA wurden 1933 dem preußischen Innenministerium überstellt, vgl. BA Berlin, R 86/183 und 260.
328 Herbert Linden wurde später Reichsbeauftragter für die Heil- und Pflegeanstalten und war eine der »Schlüsselfiguren bei der NS-›Euthanasie‹«, siehe Schmuhl, Grenzüberschreitungen 2005, S. 468. Zu Herbert Linden vgl. auch Klee, Personenlexikon 2003, S. 373.

führung von Sterilisationen, die so genannten Zigeunerforschungen Robert Ritters und Experimente an Menschen im Robert-Koch-Institut genannt.[329]

Eine institutionelle Veränderung stellte die Zusammenlegung des Gesundheitsamtes mit dem Robert-Koch-Institut für Infektionskrankheiten und der Preußischen Landesanstalt für Wasser-, Boden- und Lufthygiene und die damit einhergehenden organisatorischen Veränderungen dar. Seit 1935 wurden alle drei Anstalten in Personalunion von Hans Reiter geleitet, de facto aber unter dem Dach des Gesundheitsamtes zusammengefasst. Zählte das Gesundheitsamt 1933 insgesamt 248 Mitarbeiter, so wuchs deren Zahl innerhalb von sechs Jahren auf 363 Mitarbeiter an. An den angegliederten Instituten arbeiteten weitere 228 Wissenschaftler. Nach Schwierigkeiten mit dem Reichsministerium des Innern wurde Reiter 1942 die Führung des Robert-Koch-Instituts und der umbenannten Reichsanstalt für Wasser- und Lufthygiene wieder entzogen.[330]

2.6 Zusammenfassung II:
Die Entwicklung des Gesundheitsamtes von einem »Zeitschriftenauswertungsbüro« zu einem Quasiministerium

Je nach Blickwinkel changiert die Darstellung des Gesundheitsamtes. Retrospektiv präsentiert sich dem Betrachter eine kleine Behörde, die sich in einem linearen Prozess zu einer staatlichen Großforschungsein-

---

329 Vgl. BGA (Hg.), Reichsgesundheitsamt 1989; zu den Zigeunerforschungen Robert Ritters Hohmann, Ritter 1991; Enzweiler, Reichsgesundheitsamt 1998; Vossen, Gesundheitsämter 2001. Es sei jedoch darauf hingewiesen, dass es auch während der Kaiserzeit und in der Weimarer Republik zahlreiche Menschenexperimente zur Erprobung von Tuberkulin- und Salversanpräparaten sowie bei Versuchen zur Bekämpfung tropischer Krankheiten gegeben hat, an denen das Gesundheitsamt beteiligt war, zum Tuberkulin Elkeles, Diskurs 1996, S. 133-151; ohne Beteiligung des Gesundheitsamtes zu Versuchen an Prostituierten ebd., S. 180-217; Reuland, Humanexperimente 2001; Sauerteig, Krankheit 1999; an »idiotischen Kindern« in der Weimarer Republik Reuland, 100 Ratten 2002. Ich möchte bezweifeln, ob die an der Schlafkrankheit Erkrankten bei der Vielzahl der von Koch ausgeführten und geschilderten Versuche zuvor um ihre Einwilligung gefragt oder über die Nebenwirkungen aufgeklärt wurden, vgl. Koch/Beck/Kleine, Bericht 1911; zum menschenverachtenden und tödlichen Potential der Bakteriologie Weindling, Epidemics 2000.

330 Vgl. Reiter (Hg.), Ziele 1936; ders. (Hg.), Reichsgesundheitsamt 1939; BGA (Hg.), Reichsgesundheitsamt 1989; Maitra, Reiter 2001. Die Rolle des Robert-Koch-Instituts im Nationalsozialismus wird derzeit von einer unabhängigen Sachverständigen-Kommission untersucht.

richtung entwickelt hat. Diese Perspektive ergibt sich bei der Betrachtung des kontinuierlich steigenden Etats oder der Anzahl von Publikationen aus dem Gesundheitsamt. Eine Linearität suggerieren gleichfalls die Festschriften des Gesundheitsamtes in ihrer Funktion als Medium zur Repräsentation und Legitimation. In der Nahaufnahme verliert die Entwicklung allerdings an Linearität. Ein gradliniger Verlauf war keinesfalls automatisch in der Gründung des Amtes angelegt.

Das Gesundheitsamt als »medicinalpolizeiliche Centralbehörde« gründete 1876 auf den Hoffnungen und Vorarbeiten zahlreicher Mediziner und Hygieniker. Das Ziel war die Vertretung ihrer Interessen durch eine auf Reichsebene angesiedelte Zentralbehörde, um ihren Forderungen Nachdruck zu verleihen und den neuen politischen Verhältnissen Rechnung zu tragen. Wie groß war die Enttäuschung, als die Mühen der Ärzte mit einer kleinen kompetenzlosen Behörde belohnt wurden, deren Etat kaum ausreichte, Tinte und Papier für die Gutachten zu zahlen. Bei diesem Torso wäre es nach Meinung der Zeitgenossen umso notwendiger, eine Person für die Leitung dieses Amtes zu gewinnen, die, wie Bismarck selbst schreibt, den Ruf einer »Celebrität« genießen und sich des Rückhaltes in der Ärzteschaft sicher sein konnte. Noch einmal: Wie sehr sah sich die Ärzteschaft getäuscht, als Bismarck nach mehr oder weniger ernst gemeinten und gescheiterten Versuchen statt einen der ihren den Sanitätsrat, Oberstabs- und Regiments-Arzt Heinrich Struck als Direktor des Gesundheitsamtes vorstellte, dessen einzige Befähigung die ärztliche Versorgung des Reichskanzlers war. Die Motivation der Mediziner zur Mitarbeit am Aufbau dieser Behörde wird damit vorerst zum Erliegen gebracht worden sein.

Die allseits an das Amt herangetragenen Erwartungen waren hoch und standen in deutlichem Widerspruch zu seiner materiellen und personellen Ausstattung. Die aus dieser Diskrepanz resultierenden und von Virchow vorhergesehenen Schwierigkeiten nach erfolgter Installation des Gesundheitsamtes ließen denn auch nicht lange auf sich warten. Virchow selbst ließ allerdings auch keine Gelegenheit ungenutzt verstreichen, seinen Unmut über die Behörde zu äußern und die Arbeit des Gesundheitsamtes zu torpedieren. Nach der Vorstellung der Denkschrift 1878 im Reichstag spottete Rudolf Virchow in der Budgetkommission des preußischen Abgeordnetenhauses, dass die Gründung des Gesundheitsamtes eher ein Rückschritt in der öffentlichen Gesundheitspflege darstelle, weil die Anwesenheit einer Reichsbehörde hemmend auf die Landesgesetzgebung wirke. Man gehe fehl in der Erwartung, dass sich etwas Großes von Reichs wegen offenbaren werde: »<u>Dieser große Berg ist nun mit der Maus zutage getreten.</u>« Man könne sich jetzt ruhig wieder an die eigene Regierung wenden mit der Bitte, dass sie die Sache jetzt selbst in die Hand nehme.[331]

Der erste Direktor, Heinrich Struck, beklagte sich denn auch über die mangelnde Unterstützung der *scientific community*, der einzelstaatlichen Medizinalbehörden und der vorgesetzten Behörde. Den Zeitungen des Reiches trug das Gesundheitsamt in den ersten Jahren seines Bestehens die eine oder andere Spottglosse ein. Erschwerend kam hinzu, dass Heinrich Struck augenscheinlich selbst kein einfacher Zeitgenosse war. Konfliktvermeidung war seine Sache nicht. Zumindest gab es neben den Spannungen zwischen dem Direktor des Gesundheitsamtes und der vorgesetzten Behörde sowie dem Präsidenten des Reichskanzleramtes selbst bald auch innerhalb des Gesundheitsamtes Auseinandersetzungen und Spannungen zwischen Heinrich Struck und den ordentlichen Mitgliedern des Amtes.

In den ersten zehn Jahren seines Bestehens drohte das Amt unter dem öffentlichen Druck und der Bürde der auf seinem Rücken ausgetragenen Konflikte zwischen Bund und Ländern, innerhalb der Ärzteschaft sowie zwischen Ärzten und Staat zu zerbrechen. Die Schwierigkeiten lagen in der Zwitterstellung Strucks als Leibarzt und ärztlicher Verwaltungsbeamter begründet. Der protegierte Leibbeamte Heinrich Struck genügte den Medizinern nicht, der Mediziner Heinrich Struck wurde aufgrund seiner ungenügenden Verwaltungskenntnisse vom Reichsamt des Innern schi-

---

331 Virchows Äußerung als Zitat in dem Schreiben von Struck an das PRKA, 5.4.1878, BA Berlin, R 1501/110849. Struck waren die Äußerungen Virchows, die in den Mitschriften der Budgetkommission festgehalten worden waren, von dritter Seite zugespielt worden. Gegenüber dem RKA beklagt sich Struck darüber, dass Virchow das Gesundheitsamt lächerlich gemacht habe. Struck seinerseits ließ die Mitschrift postwendend in einer Tageszeitung veröffentlichen. Das RKA beschwerte sich zwar beim MGUMA über die ungebührlichen Äußerungen Virchows, interessanterweise schien für das RKA die Frage wichtiger, wie Struck überhaupt in den Besitz der Mitschriften habe kommen können, vgl. die Schriftwechsel im April 1878 ebd. Grundsätzlich zeigt sich hier bei Virchow – entgegen der Darstellung bei Goschler oder Andree – weniger das große Ethos eines großen Arztes als vielmehr eine kleinkleine Interessenvertretung, die keine andere Meinung als die eigene gelten lassen konnte. Dies gilt sowohl für die Bakteriologie als auch für die gegen Virchows Anthropologie gerichtete Rassenanthropologie, deren Durchsetzung Virchow lange Zeit zu verhindern wusste, vgl. Massin, Virchow 1996. Letzteres könnte man als vorausschauende Weisheit eines großen Liberalen interpretieren, aber eben auch als ein rückwärtsgewandtes Beharrungsvermögen. Das gleiche Beharrungsvermögen ereilte auch den späten Koch in seiner Ablehnung von sozialen Einflüssen auf den Krankheitsverlauf.

kaniert. Während es an Kritik nicht mangelte, finden sich anerkennende Worte für die Leistungen Strucks nur selten.[332] Heinrich Struck setzte sich gegen den Widerstand des Reichskanzleramtes mit den in seiner Denkschrift formulierten Plänen durch, das Gesundheitsamt auch wissenschaftlich auszurichten. Das Gesundheitsamt sollte mehr sein als eine die öffentliche Gesundheit allein verwaltende Behörde. Dies zeigt sich in der Einrichtung eines bakteriologischen Labors, der Unterstützung experimenteller Arbeiten und der Einstellung und Protegierung Kochs, den er gegen alle Anfeindungen in den ersten Jahren in Schutz nahm. Der sich Anfang/Mitte der 1880er Jahre peu à peu einstellende Erfolg des Gesundheitsamtes beruhte auf der strategischen Ausrichtung durch den ersten Direktor dieser Behörde. Heinrich Struck selbst wurde Opfer seiner eigenen Strategie und des Dilemmas strategisch ausgerichteter Projekte: Dem kurzfristigen Aufwand und den tagespolitischen Erwartungen steht ein langfristiger Ertrag gegenüber. Die Früchte seiner Bemühungen konnte Struck nicht ernten.

Dieser gordische Problemknoten wurde 1885 erst durch die eindeutige Entscheidung zugunsten eines Staatsbeamten an der Spitze dieser Behörde gelöst. Mit der Einstellung Köhlers versiegte die Quelle der Kritik aus der vorgesetzten Behörde. Im Gegensatz zu Struck erfreute sich Köhler des Vertrauens und der stillschweigenden Unterstützung des Reichsamtes des Innern. Der in den ersten Jahren angesetzte Teig konnte unter Strucks Nachfolger, begünstigt durch die sozialen und gesellschaftlichen Umwälzungen, aufgehen und das Gesundheitsamt zu der Behörde werden, wie wir sie bei Evans beschrieben finden. Mit dem sich einstellenden Erfolg des Gesundheitsamtes nahm auch die öffentliche Kritik an seiner Arbeit ab. Bis zum Ersten Weltkrieg dehnte sich das Gesundheitsamt personell, materiell und inhaltlich gewaltig aus. Die positive Entwicklung in den 1890er Jahren und in der ersten Dekade des 20. Jahrhunderts findet ihr Pendant in der historischen Entwicklung der Physikalisch-Technischen Reichsanstalt, die in diesem Zeitraum ähnliche finanzielle und personelle Zuwachsraten verzeichnen konnte.[333]

Auf die Phase eines bis 1905/1910 währenden Booms folgte in Zeiten knapper werdender Ressourcen die Phase der Bestandssicherung. Dem Präsidenten Franz Bumm war es trotz der einsetzenden bevölkerungs-

---

332 In seiner »Selbstdarstellung« würdigt Ferdinand Hueppe die Verdienste Strucks, vgl. Grote (Hg.), Medizin 1923, Bd. 2, S. 9 (85). Ein Jurist hätte Hueppe zufolge nie den damals umstrittenen Koch eingestellt.
333 Vgl. Cahan, Meister 1992, S. 193-277.

politischen Debatte zum Geburtenrückgang nicht gelungen, die Einflusssphäre der Behörde weiter auszubauen. Mit Ausbruch des Krieges bot sich der Behörde zwar die Möglichkeit, die staatsrelevante Funktion zu demonstrieren, gleichzeitig musste das Gesundheitsamt allerdings den materiellen und personellen Einschränkungen trotzen. In der Nachkriegszeit wiegte sich der Präsident des Reichsgesundheitsamtes in der trügerischen Sicherheit, dass man Kürzungen im Etat der Behörde bzw. im medizinalpolitischen Bereich im Reichstag nicht verantworten wolle, zumal man den Kompetenzbereich der Behörde verfassungsrechtlich ausgeweitet hatte. Die Behörde blieb jedoch von personellen Einschnitten nicht verschont und musste gegen ihren ausdrücklichen Widerstand die Medizinalstatistik an das Statistische Reichsamt abgeben.

Das fünfzigjährige Jubiläum der Gesundheitsbehörde wurde prachtvoll und mit großem Aufwand zelebriert. Die von führenden Vertretern aus Wissenschaft und Politik begangenen Feierlichkeiten zeigen einmal mehr die Einheit von Politk und Wissenschaft. Hohe Regierungsvertreter, Medizinalbeamte und Wissenschaftler feierten die beachtlichen Erfolge des Gesundheitsamtes der vergangenen Jahrzehnte. Erfolge, die auch die ihren waren, Erfolge, die von der krisengeschüttelten Politik und den gesellschaftlichen Problemen der Weimarer Republik ablenkten. Die Metapher der nationalkonservativen »Preußischen Kreuzzeitung«, die das Gesundheitsamt als »Hochburg der Hygiene« stilisierte und die Behörde als Forschungsanstalt großen Stils beschrieb, lässt sich jedoch auch umdeuten. Die Hochburg konnte ebenso als Trutzburg zur Verteidigung und zum Schutz dienen, hinter deren hohen Mauern man sich vor den vielfältigen Problemen verschanzen konnte, die Zuflucht bot im Kampf mit den Problemen der Zeit. Auch die vom Gesundheitsamt vertretene Forschungsrichtung der Bakteriologie, die sich nach Meinung der Zeitgenossen mit immer kleinteiligeren wissenschaftlichen Spezialproblemen beschäftigte, konnte auf dem offenen Feld keinen Sieg mehr erringen. Längst wurde sie von der Sozial- und Rassenhygiene offen angefeindet und in ihrer wissenschaftlichen Vormachtstellung zurückgedrängt.

Wenn Winfried Müller zufolge der Rückbezug auf die Vergangenheit bei der Feier von Jubiläen und in der Festschriftliteratur die Bedeutung für die Gegenwart festschreiben und zugleich auf die Zukunft verweisen soll,[334] dann waren die Feierlichkeiten zum fünfzigjährigen Jubiläum und die Festschrift des Gesundheitsamtes in ihrer Beschwörung auf die lang-

---

334 Vgl. Müller, Jubiläum 2004, S. 2.

jährige erfolgreiche Tradition besonders auch an die Kritiker gerichtet, die an der Stelle des Gesundheits*amtes* lieber ein Gesundheits- oder besser noch ein Wohlfahrts*ministerium* gesehen hätten.

Die »bevölkerungsbiologischen« Ängste, die gesellschaftlichen Nachkriegsprobleme und die Umstrukturierung des Reichsgesundheitsamtes führten Mitte der 1920er Jahre dazu, dass sich die Aufmerksamkeit der Behörde auf die Sozial- und Rassenhygiene richtete. Forschungen auf dem Gebiet der Sozial- und Rassenhygiene waren bislang wesentlich von den Medizinalbeamten der Länder und von den Kommunalärzten betrieben worden, während das Reichsgesundheitsamt jedes Engagement hatte missen lassen. Diese Entwicklung hatte dazu geführt, dass das Reichsgesundheitsamt wissenschaftlich ins Hintertreffen geraten war. Das Gesundheitsamt hat zwar die Bakteriologie aus der Taufe gehoben und mit deren Institutionalisierung einen Paradigmenwechsel eingeleitet, allerdings mit dem Festhalten an einer allein auf den Krankheitserreger fixierten Bakteriologie bis Mitte der 1920er Jahre den Anschluss an das neue vererbungswissenschaftliche Leitparadigma verpasst. Carl Hamel hat in seiner Präsidentschaft von 1926 bis 1933 versucht, diesen Bedeutungsverlust durch die internationale Ausrichtung des Reichsgesundheitsamtes und durch die Annäherung an sozialhygienische Positionen zu korrigieren. Ebenso bemühte man sich, durch zahlreiche Denkschriften, regelmäßige Berichte oder eine Umgestaltung der Publikationsorgane die fachliche und politische Öffentlichkeit über die Tätigkeit der Behörde zu informieren und zu gewinnen, um somit den neuen demokratischen Machtverhältnissen Rechnung zu tragen.

Während die Regierung die Tätigkeit des Gesundheitsamtes mit ihren systemstabilisierenden sanitätspolizeilichen Konzepten der Desinfektion, der Ausrottung von Krankheitserregern, der Isolierung von Krankheitsträgern und dem präventiven Konzept der Immunisierung einer ansteckungsgefährdeten Umwelt positiv beurteilte, forderten die sozialpolitischen und sozialhygienischen Kritiker umfassende gesellschaftliche Maßnahmen zur Bekämpfung der Volkskrankheiten. Die Beurteilung des Gesundheitsamtes war daher auch abhängig vom politischen Standpunkt. Die Unterschiede in der Beurteilung, die Wertschätzung der Regierung hier und die Kritik der Sozialpolitiker sowie Sozial- und Rassenhygieniker dort, spiegeln die unterschiedlichen Bekämpfungskonzepte wider, die mit den politischen Weltanschauungen korrespondierten, wie am Beispiel der Bekämpfung der Seuchengefahr aus dem Osten zu zeigen versucht wurde.

Trotz der Schwierigkeiten in der Weimarer Republik bleibt zu konstatieren, dass die Entwicklung des Gesundheitsamtes von einem »Zeitungsauswertungsbüro« hin zu einem Quasiministerium und zu einem »Großbetrieb der Wissenschaft«, der das Reichsamt des Innern in allen medizinalpolizeilichen und gesundheitspolitischen Angelegenheiten beraten hat, enorm war.

3 Organisation und Aufgaben des Gesundheitsamtes im Kaiserreich und in der Weimarer Republik

»Wenn das große Publikum hört, daß das Reichsgesundheitsamt jetzt 50 Jahre besteht und daß seine Tätigkeit für unser Volk eine segensreiche und für die deutsche Wissenschaft eine ruhmreiche gewesen ist, so werden sich die wenigsten von diesem Amt und seiner Arbeit eine rechte Vorstellung machen können. Denn das Reichsgesundheitsamt verrichtet seine Arbeit im Stillen, aber was daraus hervorgeht, dient dem ganzen Volke.«[1] Die Unkenntnis über das Reichsgesundheitsamt schien ein allgemeiner Topos zu sein, den die Tageszeitungen gerne aufgriffen, zumal die Feierlichkeiten zum fünfzigjährigen Jubiläum Gelegenheit gaben, in ganzseitigen Reportagen über die Behörde zu berichten. An der Unkenntnis über die Organisation und Tätigkeit des Gesundheitsamtes hat sich bis heute nichts geändert. Im folgenden Kapitel sollen daher die Arbeit, der Aufgabenkreis und die Organisation des Gesundheitsamtes im Kaiserreich und in der Weimarer Republik beschrieben werden.

Im ersten Teil des Kapitels wird die Stellung der Behörde innerhalb der Verwaltungsstruktur des Deutschen Reiches, das verfassungsrechtliche Umfeld und die innerinstitutionelle Organisation im Untersuchungszeitraum erörtert (3.1). Das zweite Unterkapitel informiert über die Tätigkeit des Gesundheitsamtes (3.2). Basierend auf der Festschrift von 1926 und den behördeneigenen Zeitschriftenreihen werden die Aufgaben des Gesundheitsamtes im Untersuchungszeitraum als Überblick dargestellt. An diese Übersicht knüpft das dritte Unterkapitel an (3.3). Als eine dicht beschriebene Fallstudie soll die alltägliche Arbeit des Gesundheitsamtes auf dem Gebiet der Diphtheriebekämpfung veranschaulicht werden.

3.1 Die Organisation des Gesundheitsamtes

Im Hinblick auf die medizinalpolizeilichen und gesundheitspolitischen Aufgaben des Gesundheitsamtes werden nachfolgend die verfassungsrechtlichen Grundzüge des Deutschen Reiches charakterisiert. Weiterhin soll das Gesundheitsamt gegenüber den auf dem Gebiet der öffentlichen Gesundheitspflege tätigen Behörden der Einzelstaaten abgegrenzt wer-

---

[1] Artikel zum fünfzigjährigen Jubiläum des RGA, Hamburgischer Correspondent vom 26.6.1926.

den. Das Gesundheitsamt war laut Verfassung auf der Ebene des Reiches angesiedelt – doch wie war der realpolitische Spielraum auf der Ebene des Reiches? Welche Bedeutung hatte der Terminus »Öffentliche Gesundheitspflege« auf der Ebene des Reiches für die inhaltlichen Aufgaben des Gesundheitsamtes? Schließlich wird die formale Organisation der Behörde dargestellt, die auch als »Großbetrieb der Wissenschaft« tätig war.

3.1.1 Gesundheitspolitik und die Verwaltungsstruktur des Medizinalwesens auf der Ebene des Deutschen Reiches

Entscheidend für die Gründung des Kaiserlichen Gesundheitsamtes waren die Grundstrukturen in der Verwaltung und Verfassung des Deutschen Reiches. Aus ihnen erklärt sich die besondere Organisation eines »Amtes« bzw. einer »Behörde« statt beispielsweise eines gesonderten Ministeriums für Gesundheit, Volkswohlfahrt oder für öffentliche Gesundheitspflege.

Das Deutsche Kaiserreich war ein Bundesstaat – »das war zunächst die zentrale Tatsache seiner Existenz«.[2] Als ein solcher Bundesstaat oblag den Einzelstaaten neben der Gesetzesausführungszuständigkeit und der Regelung der Verwaltungsorganisation auch eine Fülle von Gesetzgebungskompetenzen. Die Bundesstaaten wurden vom Bundesrat vertreten und waren über diesen, zumindest verfassungsrechtlich, maßgeblich an der Gesetzgebung beteiligt.[3] In der Weimarer Republik blieb die föderale Struktur erhalten. Nach dem Ersten Weltkrieg setzten die Landesregierungen mit Erfolg ihre Länderinteressen durch. Im Vergleich zum Kaiserreich veränderte sich die verfassungsrechtliche Stellung der Einzelstaaten dahingehend, dass der die Landesregierungen vertretende Reichsrat nur noch ein suspensives Vetorecht hatte. Dagegen hatte das Reich beträchtlich an Zuständigkeit gewonnen.[4]

Die Leitung des Reiches oblag der Regierung, und deren Kern war im Kaiserreich der Reichskanzler. Der Reichskanzler und die für die einzelnen Ressorts zuständigen Staatssekretäre wurden vom Kaiser ernannt, und allein dem Monarchen als Staatsoberhaupt des Reiches waren sie Rechenschaft schuldig. Die Staatssekretäre waren gleichzeitig auch Bundesratsbevollmächtigte und traten in dieser Berechtigung vor den Reichstag.[5] Dem Reichskanzler kam in der Regierung eine herausgehobene Stellung

2 Vgl. Nipperdey, Machtstaat 1998, S. 85.
3 Vgl. Forsthoff, Verfassungsgeschichte 1972, S. 153; Boldt, Verfassungsgeschichte 1993, S. 178-184; Nipperdey, Machtstaat 1998, S. 88-94.
4 Vgl. Boldt, Reichsverfassung, 1987, S. 54-57; Wengst, Staatsaufbau 1987, S. 63-66.
5 So sprachen der DKGA oder die RR des RAI als Kommissarius des Bundesrates

zu: Er war in Personalunion auch Ministerpräsident der preußischen Regierung und Vorsitzender des Bundesrates. Ihm oblag die Richtlinienkompetenz in Grundsatzentscheidungen der Politik. Eine »kollegiale Regierung« – ein kollegial beratendes und beschließendes Kabinett mit eigenständig verantwortlichen Ministerien – lehnte der erste die Regierungsstruktur prägende Reichskanzler vehement ab. Es galt das strikte Kanzlerprinzip, resultierend aus Bismarcks Abneigung gegenüber gleichberechtigten Ministern und aus einem potentiellen Abhängigkeitsverhältnis. Bismarck befürchtete wohl auch eine Kollision mit seinen eigenen Machtambitionen. Erst nach dem Sturz Bismarcks konnten sich die Staatssekretäre aus dem Schatten des Reichskanzlers lösen und in die Stellung von Quasiministern hineinwachsen.[6]

Die Reichsregierung war im Kaiserreich auf eine möglichst reibungslose Zusammenarbeit mit dem Reichstag angewiesen. Obwohl sie den Reichstag in Konfliktfällen aufzulösen berechtigt war, konnte auch die Regierung langfristig nicht ohne die Zustimmung des Reichstages regieren. Der Reichstag war nicht nur an der Gesetzgebung beteiligt, sondern er bewilligte auch die Einnahmen und Ausgaben des Reiches. Besonders in den ersten Jahren verfügte das Reich nur über sehr wenig eigene Einnahmen und war von den Matrikularbeiträgen der Einzelstaaten abhängig. Mit Ausweitung der Staatsausgaben in den nächsten Jahrzehnten stieg über das Budgetrecht gleichfalls der Einfluss des Reichstages. Die jährlichen Haushaltsdebatten boten daher Anlass zum Schlagabtausch, und in ihnen kristallisierten sich die Konfliktlinien in der Reichspolitik.[7]

Eine entscheidende Veränderung in der Weimarer Republik betraf die Stellung des Reichstages. Der Reichstag war nunmehr das zentrale, die grundsätzlichen Entscheidungen fällende Organ – zumindest der Verfassung nach. Dieser demokratischen Veränderung zollte auch der Präsident des Reichsgesundheitsamtes Rechnung in seiner Reflexion, dass man Ausgaben für gesundheitspolitische Belange im Reichstag nur äußerst selten kürze, weil dies politisch nicht durchsetzbar sei.[8] Ebenso war die Regierung vom Vertrauen des Reichstages und nicht mehr nur vom Ver-

---

vor dem Reichstag, vgl. beispielsweise die SB des Reichstages, 3. LP, 2. Session, 12. Sitzung vom 2.3.1878.
6 Vgl. Morsey, Geschichte 1971; Forsthoff, Verfassungsgeschichte 1972, S. 151 f.; Boldt, Verfassungsgeschichte 1993, S. 175 f.; Nipperdey, Machtstaat 1998, S. 89, 93-95, 100 f.
7 Vgl. Forsthoff, Verfassungsgeschichte 1972, S. 152 f.; Boldt, Verfassungsgeschichte 1993, S. 173 f., 176 f.; Nipperdey, Machtstaat 1998, S. 102-108.
8 Vgl. die undatierte Notiz Bumms zum Haushalt, ca. 1920, BA Berlin, R 86/768.

trauen des Präsidenten abhängig.⁹ Der Präsident ernannte sowohl die Regierung als auch die Beamten des Reiches. Trotz aller Umbrüche konstatiert Horst Möller ein hohes Maß an »kontinuierlicher Transformierung« von einer »konstitutionellen Monarchie in eine demokratisch-parlamentarische Republik«.¹⁰

Dem Reich war in der Verfassung ein fester Katalog von Gesetzgebungszuständigkeiten zugewiesen worden, neben dem Schutz des Bundesgebietes, der Wohlfahrt des deutschen Volkes, den auswärtigen Beziehungen zu anderen Staaten und den Bemühungen um Rechts- und Wirtschaftseinheit auch die Maßregeln der Medizinal- und Veterinärpolizei.¹¹ Während zum Zeitpunkt der Reichsgründung nahezu alle Zuständigkeiten in der Hand der Einzelstaaten lagen, diffundierten entscheidende Kompetenzen im Laufe der nächsten Dekaden sukzessive in Richtung der neu geschaffenen Reichsämter. Die dem Reichskanzler unterstellten Reichsämter wurden von den jeweiligen preußischen Ministerien unterstützt und oft in Personalunion geführt. Die Ausführung der Reichsgesetze oblag den Ländern.¹²

Als ein Staatsamt definiert Laband einen durch das öffentliche Recht begrenzten Kreis von staatlichen Geschäften. Ein obrigkeitliches Staatsamt übe immer zugleich auch Staatsgewalt aus. Die Reichsämter werden bei Laband als diejenigen obersten Behörden bezeichnet, die »die Geschäfte des Reiches führten und ihre Autorität unmittelbar von der Reichsgewalt ableiteten«.¹³ Als ein solches Reichsamt wurde das Kaiserliche Gesundheitsamt 1876 gegründet und unterstand direkt dem Reichskanzler.

Nach dem Ersten Weltkrieg wurden dem Reich in der Weimarer Verfassung weitere gesetzgebende Kompetenzen zugewiesen. »Gesundheit« erhielt als Leitvokabel öffentlicher Diskussionen Verfassungsrang. Als gesundheitspolitische Aufgaben wurden in Artikel 7 und 161 der Weimarer Reichsverfassung die Bevölkerungspolitik, breitangelegte Fürsorgepflichten, das Gesundheitswesen und die Bekämpfung der so genannten Volkskrankheiten genannt und »ein soziales Grundrecht auf Gesundheit pro-

---

9 Vgl. Boldt, Reichsverfassung 1987, S. 51-54; Wengst, Staatsaufbau 1987, S. 69-74.
10 Möller, Weimar 1985, S. 116. Diese Feststellung gilt besonders für die Beamtenschaft, vgl. Grotkopp, Beamtentum 1992.
11 Vgl. Boldt, Verfassungsgeschichte 1993, S. 172. Die Verfassung des Deutschen Reiches vom 16. April 1871 abgedruckt in vom Bruch/Hofmeister (Hg.), Kaiserreich 2000, Dokument 1.
12 Boldt, Verfassungsgeschichte 1993, S. 172 f., 183; Nipperdey, Machtstaat 1998, S. 85-88, 94-96.
13 Vgl. hierzu Laband, Staatsrecht 1911, S. 364-375.

klamiert, das eng mit dem System der Sozialen Sicherung verknüpft werden sollte«.[14] Wie wurde die Gesundheitspolitik auf der Ebene des Reiches praktisch ausgeführt, wie wurde das Reich dem verfassungsgemäßen Auftrag gerecht?

Im Kontrast zu dem weitgespannten kodifizierten wohlfahrtstaatlichen, sozialhygienischen und gesundheitspolitischen Verantwortungsbereich des Reiches auf dem Gebiet der öffentlichen Gesundheitspflege steht die praktisch durch das Reich ausgeübte Gesundheitspolitik. Im Vergleich mit den unmittelbar betroffenen Kommunen und den die Gesetze ausführenden Ländern wurden auf der Ebene des Reiches sozialhygienische Initiativen erst spät und nur marginal in der Weimarer Republik entfaltet. Praktisch beschränkte sich die Tätigkeit des Reiches auf die Erstellung einer Medizinalstatistik, die Medizinalgesetzgebung und allgemeine wissenschaftliche Arbeiten des Gesundheitsamtes.

Aufgrund der verfassungsrechtlichen Situation einer Konkurrenz von Reich und Ländern in Medizinalangelegenheiten und in der öffentlichen Gesundheitspflege sprechen Jörg Vögele und Wolfgang Woelck von einer Zersplitterung der Gesundheitsverwaltung.[15] Diese resultiere einmal aus der selbst auferlegten Verpflichtung einer umfassenden Gesundheitsfürsorge und anderseits aus der Notwendigkeit zur Zusammenarbeit mit den örtlichen Polizeibehörden. Mit der Einführung der Sozialversicherung entwickelte sich zudem ein Dualismus zwischen Sozial- und Gesundheitspolitik, für den unterschiedliche Institutionen und später Ministerien zuständig waren. In der Weimarer Republik zeigten sich das Reichsarbeitsministerium (Sozialversicherung), das Reichsministerium für Ernährung und Landwirtschaft (Biologische Reichsanstalt für Land- und Forstwirtschaft), das Reichswirtschaftsministerium (Statistisches Reichsamt) und das Reichsinnenministerium allgemein für Fragen des Gesundheitswesens verantwortlich.[16] Thomas Saretzki fügt noch das Reichswehrministerium in Angelegenheiten der Militärmedizin (Heeressanitätsinspektion und Marinemedizinalabteilung) hinzu. Das Reichsjustizministerium war in Zusammenarbeit mit dem Innenministerium mit der Medizinalgesetzgebung im engeren juristischen Sinn befasst, und bezüglich Gesundheitsbelastungen im Straßenverkehr, der so genannten

---

14 Woelk/Vögele, Einleitung 2002, S. 19. Saretzki, Reichsgesundheitsrat 2000 führt weiterhin Art. 9 (Bedarfskompetenz über die Wohlfahrtspflege), Klärung der Reichs- und Länderkompetenzen in Art. 10 und 12, Art. 119 (Ehe), Art. 121 (uneheliche Kinder), Art. 122 (Jugendschutz), Art. 155 (Bodenverteilung), Art. 161 (Sozialversicherung), Art. 163 (Arbeitsrecht) an.
15 Vgl. Woelk/Vögele, Einleitung 2002, S. 21 f.
16 Ebd., S. 17-20.

Verkehrshygiene, war auch das Reichsverkehrsministerium angelegentlich mit gesundheitspolitischen Fragestellungen konfrontiert.[17] Für Fragen der öffentlichen Gesundheitspflege und des Medizinalwesens im engeren Sinne war jedoch vornehmlich das Reichsministerium des Innern zuständig. Diesem waren als technisch beratende Behörde das Gesundheitsamt und der Reichsgesundheitsrat unterstellt. Die Aufgaben und die Tätigkeit des Reichsgesundheitsamtes bilden folglich im Wesentlichen die Gesundheitspolitik und das Medizinalwesen auf der Ebene des Reiches ab. Zur Wahrnehmung seiner vielfältigen Aufgaben arbeitete das Gesundheitsamt bei Kompetenzüberschneidungen neben dem Innenministerium auch mit anderen Reichsministerien zusammen. Ebenso kooperierte das Reichsgesundheitsamt in Medizinalangelegenheiten mit den Medizinalbehörden der Einzelstaaten – und konkurrierte gleichzeitig mit ihnen. Alle medizinalpolitischen Probleme, die über das Gebiet eines einzelnen Staates hinausgingen, waren Angelegenheit des Reiches und fielen somit in die Zuständigkeit des Reichsgesundheitsamtes. Der Ausbruch einer größeren Epidemie lag folglich per se im Aufgabenbereich des Reichsgesundheitsamtes. Das prekäre Verhältnis zwischen der obersten Medizinalbehörde des Reiches und den Medizinalbehörden der Einzelstaaten spiegelt letztlich die aus dem föderalen System resultierenden Konflikte wider.

3.1.2 Die formale Organisation des Gesundheitsamtes seit der Jahrhundertwende

An der Spitze des Gesundheitsamtes stand seit der Jahrhundertwende ein juristisch ausgebildeter Präsident.[18] Während das Gesundheitsamt von 1885 bis 1926 von einem Juristen geführt wurde, besetzte man in Preußen vergleichbare Positionen mit Medizinern bzw. Bakteriologen.[19] Als leitender Beamter zeichnete der Präsident verantwortlich für alle administrativen Obliegenheiten der Behörde. Er beaufsichtigte die finanziellen und personellen Angelegenheiten, beantragte den Etat der Behörde, die

---

17 Vgl. Saretzki, Reichsgesundheitsrat 2000, S. 39 f.
18 Vgl. Möllers (Hg.), Gesundheitswesen 1923, S. 3-6. Nach dem Juristen Franz Bumm wurde 1926 erstmals seit 1885 wieder ein ausgebildeter Mediziner zum Präsidenten des Gesundheitsamtes ernannt. Carl Hamel verfügte jedoch über jahrzehntelange Verwaltungserfahrungen im Gesundheitsamt selbst und im RMI.
19 Vgl. Weindling, Health 1989, S. 260. Hier wäre beispielsweise an Robert Koch, Georg Gaffky, Friedrich Loeffler und Fred Neufeld als Direktoren des Instituts für Infektionskrankheiten sowie Paul Ehrlich und Wilhelm Kolle als Direktoren des Instituts für experimentelle Therapie zu denken.

Bewilligung zusätzlicher Mittel oder formulierte die erläuternden Begründungen für in Anspruch genommene Budgetüberschreitungen. Der Präsident stellte die wissenschaftlichen Mitglieder ein, und er unterwies die neu eingestellten Mitarbeiter in ihren Aufgaben und Dienstpflichten. Die Arbeitsbeziehungen zwischen dem Präsidenten und den Mitarbeitern der Behörde und den Mitarbeitern untereinander sowie die Arbeitsabläufe waren über die allgemeine Geschäftsordnung,[20] verschiedene Dienstvorschriften[21] oder vorübergehende Bestimmungen des Geschäftsbetriebes geregelt,[22] deren Einhaltung der Präsident überwachte.[23] Er vertrat das Gesundheitsamt nach außen, auf Tagungen und externen Beratungen mit anderen Ämtern und war direkter Ansprechpartner der vorgesetzten Behörde. Zudem war der Präsident des Gesundheitsamtes auch Vorsitzender des Reichsgesundheitsrates. Im Rahmen dieser Position erwuchsen ihm weitere Aufgaben: die Korrespondenz mit den Mitgliedern des Reichsgesundheitsrates, die Einberufung, Planung, Organisation und Abwicklung der verschiedenen Sitzungen sowie die Redaktion der Sitzungsprotokolle. Überhaupt gingen alle Veröffentlichungen mit amtlichem Charakter durch die Hände des Präsidenten. Dieser nahm sich durchaus die Freiheit heraus, Änderungen im Sinne der Behörde vorzunehmen. Die Klage des Regierungsrates Max Beck über Änderungen im Revisionsbogen des Berichtes über die Expedition zur Erforschung der Schlafkrankheit wies der Präsident als »ungehörig« zurück. »Eine Kritik der geschäftlichen Anweisungen des Präsidenten des Gesundheitsamtes steht Ihnen nicht zu u. muß ich mir für die Folge wirklich verbitten.« Die Änderungen seien erfolgt, um eine Fassung des Be-

20 Vgl. die allgemeine Geschäftsordnung bzw. die Bestimmungen über den Geschäftsbetrieb in BA Berlin, R 86/2585.
21 Beispielsweise die Dienstvorschriften für das Hilfspersonal in Laboratorien, die Anleitungen über Tierversuche oder die Vorschriften zur Verhütung von Krankheitsübertragungen durch wissenschaftliche Versuche mit den Erregern der Pest und der Cholera, in BA Berlin, R 86/7.
22 Vgl. beispielsweise die Verlegung von Arbeitsräumen, Anweisungen über Arbeitsverteilung, geänderte Dienststunden, die frühzeitige Schließung anläßlich des Kaisergeburtstages oder die Genehmigung, »daß am morgigen Gedenktage der Schlacht bei Sedan die diesseitigen Büreaus geschlossen bleiben«, BA Berlin, R 86/3.
23 Beispielsweise erhielt der Regierungsrat Max Beck mehrfach Mahnungen, weil er unentschuldigt dem Dienstbetrieb ferngeblieben war, die Bearbeitung einer Anfrage zu spät erledigt und die Verlängerung von Urlaub zu spät eingereicht hatte. Das Verhältnis zwischen Beck und dem PRGA kann aufgrund des Schriftwechsels durchaus als zerrüttet bezeichnet werden. Beck wurde nahegelegt, an eine andere Behörde zu wechseln. 1910 verließ Beck das KGA und wurde Regierungsarzt in Ostafrika, siehe die Personalakte Max Beck (Beck I), BA Berlin, R 86/74.

richtes zu erreichen, die er – der Präsident – auch der Öffentlichkeit gegenüber vertreten könne.²⁴ Dem Präsidenten waren hierarchisch vier Direktoren untergeordnet, die je einer eigenen Abteilung vorstanden. (Siehe im Anhang Tab. 1)

In der seit 1902 institutionell bestehenden Chemisch-Hygienischen Abteilung wurden in vier Laboratorien die unterschiedlichsten Arbeiten ausgeführt. Als 1931 der langjährige Direktor der Abteilung, Wilhelm Kerp, pensioniert werden soll, beantragte der Präsident des Gesundheitsamtes beim Reichsminister des Innern die Verlängerung des Dienstverhältnisses über die gesetzlich festgelegte Altersgrenze von 65 Jahren hinaus. Das Arbeitsgebiet der Chemisch-Hygienischen Abteilung sei kaum mehr überschaubar, außerordentlich umfangreich und vielgestaltig, so dass ein geeigneter Nachfolger nicht gefunden werden könne, ohne die Abteilung aufzusplitten.²⁵

»Ursprünglich fast ausschließlich auf forschendem und begutachtendem Gebiete tätig, hat diese Abteilung mit der zunehmenden gesetzgeberischen Betätigung des Reichs auf den Gebieten des Verkehrs mit Lebensmitteln, Genussmitteln und Bedarfsgegenständen sowie des Arzneimittel- und Giftwesens neben ihren wissenschaftlichen Aufgaben sich mehr und mehr mit gesetzgeberischen und praktischen Verwaltungsaufgaben zu befassen gehabt. Die Abteilung bearbeitet die Fragen der Ernährung, der Reinhaltung und gesundheitlichen Unbedenklichkeit von Nahrungsmitteln, Genussmitteln und Gebrauchsgegenständen sowie des Verkehrs mit ihnen, der Wasserversorgung, der Abwässerbeseitigung, der Wohnungs-, Kleidungs-, Heizungs-, Beleuchtungs- und Verkehrs-Hygiene, des Bäderwesens, des gesamten Apothekenwesens und des Verkehrs mit Heilmitteln und Giften. Der Abteilung ist die Opiumstelle angegliedert zwecks Regelung des Verkehrs mit Betäubungsmitteln.«

Zur Bewältigung der zahlreichen Aufgaben der Abteilung waren dem Direktor 19 Oberregierungsräte und Regierungsräte, zwei Diätare und zehn wissenschaftliche Angestellte sowie weitere technische Assistentinnen und Labordiener unterstellt. Die räumlichen Ausmaße der Abteilung können an dem Mitte der 1920er Jahre geplanten Neubau des Instituts

---

24 An den RR des KGA Beck I – Geheim, 19.10.1909, BA Berlin, R 86/74.
25 PRGA an RMI, 2.2.1931, BA Berlin, R 86/4328. Dort auch das nachfolgende Zitat. Der Antrag wurde zwar erst abgelehnt, dann jedoch 1931 und 1932 verlängert. Hamel hatte damit argumentiert, dass eine Aufsplittung der Abteilung höhere Kosten verursachen würde.

abgeschätzt werden. In einem neu zu errichtenden Gebäude waren für die Chemisch-Hygienische Abteilung 38 Laborräume, dreißig Zimmer für den Direktor, die Referenten und Mitarbeiter, acht Zimmer für die Laborgehilfen sowie zehn Nebenräume mit Spülgelegenheiten, Kühlraum, einer Zentrifuge und einer photographischen Werkstatt geplant.[26]

Die ebenfalls seit 1902 bestehende Medizinische Abteilung bearbeitete die Medizinalstatistik, medizinalrechtliche Fragen und die Ausarbeitung von Gesetzesvorlagen, Angelegenheiten zur Sozial- und Gewerbehygiene sowie zur Ausbildung des medizinischen Heilpersonals. In der Medizinischen Abteilung waren 1926 drei Oberregierungsräte, sechs Regierungsräte und vier wissenschaftliche Mitarbeiter tätig. Über die festangestellten Mitglieder hinaus gab es nur wenige auswärtige Mitarbeiter. Für die Medizinische Abteilung waren in einem anvisierten Neubau sechs Laborräume, zwölf Zimmer für den Direktor und die Referenten, ein Zimmer für Laborantinnen, ein Vorratsraum und ein Tierstall vorgesehen.

Die Veterinärabteilung wurde erst 1908 eingerichtet. Ihr Arbeitsschwerpunkt lag auf der Tierheilkunde und der Bekämpfung von Epizootien, der Viehseuchenstatistik, Problemen des Fleischverkehrs und der veterinärmedizinischen Ausbildung. In der Abteilung waren ein Oberregierungsrat, sechs Regierungsräte und drei wissenschaftliche Mitarbeiter fest angestellt. Für die drei Laboratorien waren in dem zu errichtenden Neubau sechs Räume vorgesehen, neun Zimmer für den Direktor und die Referenten, sechs Nebenräume und je zwei Räume für Tierställe und Stallpersonal.[27]

Die seit 1903 nach Vollendung des Erweiterungsbaus in Dahlem bestehende selbständige Bakteriologische Abteilung war die größte der vier Abteilungen. In der Abteilung wurden alle bakteriologischen, serologischen und tierexperimentellen Forschungsarbeiten vorgenommen. Dem Direktor waren fünf Oberregierungsräte, sechs Regierungsräte und vier wissenschaftliche Mitarbeiter unterstellt. Zu den festangestellten Mitarbeitern der Abteilung kam noch ein Heer von Praktikanten, kommandierten Militärärzten und Medizinern mit Werkverträgen. 1930 wurden in einem für den Präsidenten des Gesundheitsamtes bestimmten Bericht 27 wissenschaftliche Mitarbeiter gezählt, ferner sieben Verwaltungsmitarbeiter, neun technische Assistenten bzw. Assistentinnen und sieben Hilfskräfte im Laboratoriumsdienst. Darüber hinaus waren in Dahlem 18 Tier-

---

26 Zum Neubau die Schriftwechsel und Pläne in BA Berlin, R 86/797.
27 Die Angaben zu allen Abteilungen aus RGA, Festschrift 1926, S. 7-12, 25 f.; KGA/KSA (Hg.), Das Deutsche Reich 1907, S. 1-4. Zum Neubau die Schriftwechsel und Pläne in BA Berlin, R 86/797.

pfleger tätig und weiterhin elf Personen, die ihren Dienst als Gärtner, Portier oder Laufburschen verrichteten. Die Bakteriologische Abteilung befand sich nicht in der Klopstockstraße im Zentrum der Stadt, sondern »Unter den Eichen« in Dahlem. Sie verfügte über »ein großes Laboratoriumsgebäude für Bakteriologie«, ein gesondertes »Laboratorium für Protozoenforschung mit den nötigen Nebenanlagen (Teichen)«, neun Tierställe und sechs Wohnhäuser für Beamte und Bedienstete. Das Gelände erstreckte sich über ein Terrain von vier Hektar und wurde von einem dichten Baumgürtel umsäumt, der als Seuchencordon gedacht war und die angrenzenden Grundstücke schützen sollte. Die Bakteriologische Abteilung war außerhalb der Stadt errichtet worden, um wegen der Großtierhaltung Schwierigkeiten mit Anwohnern von vornherein auszuschließen und die Gefahr einer Ansteckung zu minimieren.[28] Teile der Anlage konnten den Eindruck erwecken, man befinde sich nicht in einer Forschungsanstalt, sondern mit den ausgedehnten Versuchsfeldern und Stallungen erinnerte die Bakteriologische Abteilung eher an einen landwirtschaftlichen Gutshof.[29] Auf dem Gelände waren zwischen 1924 und 1930 durchschnittlich je ein halbes Dutzend Pferde und Esel als Versuchstiere untergebracht. Zum Stichtag 1. April 1930 zählte man zudem 56 Rinder, 33 Schweine, 23 Schafe, neun Ziegen, zwei Rehe [!], sieben Affen und zehn Hunde sowie an kleineren Versuchstieren 1.084 Kaninchen, 3.526 Meerschweinchen, 142 Ratten, 738 Mäuse und 412 Hühner sowie 18 Tauben. Für Futtermittel wurden 1928 und 1929 über 54.000 Mark aufgebracht, und für Forschungszwecke wurden für die Bakteriologische Abteilung Ende der 1920er Jahre über 110.000 Mark verwendet.[30]

Die Arbeit des Gesundheitsamtes ließe sich treffend mit dem Begriff »Big Science« kategorisieren. Theodor Mommsen sprach zur Jahrhundertwende von der Großwissenschaft[31] und Adolf Harnack vom »Groß-

---

28 Vgl. auch die Akten zum Neubau der Bakteriologischen Abteilung in BA Berlin, R 86/797. In der Klopstockstraße war es Ende der 1890er Jahre immer wieder zu Beschwerden von Anwohnern wegen Geruchs- und Lärmbelästigung gekommen.
29 Auch die Bakteriologischen Abteilungen der Firma Merck und der Farbwerke Höchst erinnerten in ihrem Aussehen eher an einen landwirtschaftlichen Gutshof denn an eine »industrielle« Produktionsstätte für Serum, siehe die Bilder im Behring-Archiv in Marburg; zur Bakteriologischen Abteilung siehe auch Küster, Bakteriologische Abteilung 1924.
30 Siehe den Bericht über »Die wirtschaftliche Entwicklung der Zweigstätte Dahlem des Reichsgesundheitsamts in den Jahren 1924-1930«, BA Berlin, R 86/4267.
31 Vgl. Ritter, Großforschung 1992, S. 13.

Abb. 6 Die Bakteriologische Abteilung des Reichsgesundheitsamtes in Berlin in den 1920er Jahren

betrieb der Wissenschaft«.[32] Beides meinte das Zusammenwirken von Gelehrten in wissenschaftlichen Vereinigungen zur Bewältigung großer wissenschaftlicher Aufgaben. Ein elementares Charakteristikum liegt schon im Namen selbst. Großforschung zeichnet sich besonders durch Größe aus im Sinne von geographischer, ökonomischer, personeller, technischer und organisatorischer Größe. Zur quantitativen Größe kommt die qualitative Intensität der Zusammenarbeit und der Verflechtung von Staat, Wissenschaft und Wirtschaft hinzu.[33]

Die Mittel, die vom Gesundheitsamt jährlich vereinnahmt und verbraucht wurden, waren erheblich. Dies betraf besonders die Aufwendungen für das Personal. Weiterhin bedurfte das Gesundheitsamt großer Flächen für seine Freilandversuche und einer Vielzahl von Labortieren für die Tierversuche. J. Andrew Mendelsohn bezeichnet die »Bekämpfung des Typhus« als »Big Science«. 85 Bakteriologen arbeiteten an diesem mit dem Gesundheitsamt assoziierten Projekt im Südwesten des Reiches in elf Laboratorien. Zwischen 1905 und 1909 wurden 263.000 bakteriolo-

---

32 Harnack, Großbetrieb 1905.
33 Vgl. Trischler, Wachstum 2002; Galison/Hevly (Hg.), Big Science 1992; Nye, Science 1996.

gische Untersuchungen von 80.350 Personen vorgenommen. Das kontrollierte Gebiet erstreckte sich über einen Raum von 26.000 Quadratkilometern mit einer Bevölkerung von 3,5 Millionen Personen. Inklusive der Zuwendung aus dem Reich, Preußen, Bayern und dem Reichsland Elsass-Lothringen betrug zwischen 1903 und 1911 der Etat 2,5 Millionen Mark.[34]

Der Präsident des Bundesgesundheitsamtes Georg Henneberg bezeichnete das Gesundheitsamt nach dem Zweiten Weltkrieg in einem Bericht »mit vollem Recht als ein Großforschungszentrum«.[35] Im Gesundheitsamt arbeiteten die unterschiedlichsten wissenschaftlichen Disziplinen zusammen: Mediziner, Chemiker, Pharmazeuten, Statistiker und Veterinärmediziner. Zu diesen gesellten sich schon bald Hygieniker, Biochemiker, Bakteriologen, Botaniker, Biologen, Zoologen und eine Vielzahl von auswärtigen Mitgliedern und Gästen unterschiedlichster Fachrichtungen, die in den Räumen des Gesundheitsamtes forschten oder geschult wurden.[36] Kennzeichnend für die Arbeit im Gesundheitsamt war die Ergänzung dieser Multidisziplinarität durch Interdisziplinarität und den gegenseitigen Austausch der Wissenschaftler untereinander. Den Stab von Naturwissenschaftlern komplettierten in den Verwaltungseinheiten Juristen und Verwaltungsbeamte.

Das Gesundheitsamt verteilte sich 1926 auf drei Standorte. Neben der bakteriologischen Abteilung in Dahlem gab es noch die Zweigstätte im Gebäude der ehemaligen Kaiser-Wilhelm-Akademie für das militärärztliche Bildungswesen und das »Hauptgebäude« mit der Verwaltung in der Klopstockstraße. In der Verwaltung arbeiteten nahezu siebzig Regierungsinspektoren, Regierungssekretäre, Kanzleibeamte und Kanzleidiener. Hinzu kamen Bibliotheksmitarbeiter, Tierpfleger und sonstige Mitarbeiter. Das Gesundheitsamt verfügte über die größte Bibliothek auf dem Gebiet der öffentlichen Gesundheitspflege in Europa mit einem Bestand von 96.000 Büchern, 150.000 Dissertationen und 430 laufenden Zeitschriften auf allen Gebieten des öffentlichen Gesundheitswesens.[37] Darüber hinaus war das Gesundheitsamt mit Übernahme der Kaiser-Wilhelm-Akademie für das militärärztliche Bildungswesen in den Besitz einer herausragenden und nach eigenen Angaben weltweit einzigartigen

---

34 Vgl. Mendelsohn, Cultures 1996, das Kapitel »Big Science«, hier S. 672-674.
35 Das Zitat in Goerke, 100 Jahre 1976, S. 195.
36 Vgl. KGA, Festschrift 1886, im Anhang die Personallisten und die Aufstellung zu den außerordentlichen Mitgliedern; RGA, Festschrift 1926, im Anhang die Personallisten auf S. 181 f.
37 320 deutsch- und 110 fremdsprachige Zeitschriften, zur Bibliothek RGA, Festschrift 1926, S. 177-180.

Präparatesammlung gelangt, die ständig erweitert wurde (siehe Abb. 7 und 8).[38] In einem neu zu errichtenden Standort war darüber hinaus ein repräsentativer Saal für die Sitzungen des Reichsgesundheitsrates vorgesehen.

Der Reichsgesundheitsrat war mit der Konstituierung des Reichsseuchengesetzes (§ 43) aus den außerordentlichen Mitgliedern des Kaiserlichen Gesundheitsamtes hervorgegangen. Die Mitglieder des Reichsgesundheitsrates wurden vom Reichsrat »aus dem Kreise hervorragender Männer der Wissenschaft und Praxis auf gesundheitlichem und Veterinärgebiet« gewählt. Die Mitglieder wurden für fünf Jahre ernannt. 1923 betrug ihre Zahl 143. Der Vorsitzende wurde vom Reichsminister des Innern ernannt – de facto war es kontinuierlich der Präsident des Reichsgesundheitsamtes. Zur Versammlung sämtlicher Mitglieder gab es nur selten Veranlassung. Die Beratung zu Fragen der öffentlichen Gesundheitspflege fand in verschiedenen Ausschüssen und speziellen Unterausschüssen statt. Bei der Gründung des Reichsgesundheitsrates wurden zuerst neun Ausschüsse eingerichtet, die nach dem Krieg um den Ausschuss Bevölkerungshygiene und Rassenhygiene sowie um den Ausschuss soziale Gesundheitsfürsorge ergänzt wurden.[39]

1. Gesundheitswesen im Allgemeinen, insbesondere Wohnung, Bekleidung, Schule, Bäder und das Leichenwesen
2. Ernährungswesen
3. Trinkwasserversorgung und Abwasserentsorgung sowie Beseitigung der Abfallstoffe
4. Fabrik- und Gewerbehygiene
5. Seuchenbekämpfung und Desinfektion
6. Heilwesen im Allgemeinen, insbesondere Behandlung und Unterbringung von Kranken und die Organisation des Heilpersonals
7. Heilmittel und der Verkehr mit Giften
8. Schiffs- und Tropenhygiene
9. Veterinärwesen einschließlich Statistik und Fleischbeschau

---

38 »Die pathologische Sammlung steht ebenfalls [wie die Bibliothek auch, ACH] in der Welt fast einzig da und bietet ein Forschungs- und Lehrmaterial das sich in dieser Art und Reichhaltigkeit wohl nirgends wieder findet.« Siehe die Denkschrift und den Organisationsplan zur Umgestaltung der Kaiser-Wilhelm-Akademie im Archiv zur Geschichte der Max-Planck-Gesellschaft, Abt. 1, Rep. 1 A, Nr. 1352.
39 Zum RGR Glaser, Reichsgesundheitsrat 1960; Saretzki, Reichsgesundheitsrat 2001.

3.2 Die Arbeiten des Gesundheitsamtes 1876-1926: Eine Skizze

Die anlässlich des fünfzigjährigen Bestehens erschienene Festschrift schildert den Beitrag des Gesundheitsamtes zur Wohlfahrtspflege im Deutschen Reich. Die Hauptaufgaben der Behörde waren die Bekämpfung der »Volksseuchen« und die Sicherstellung einer ausreichenden und genießbaren Ernährung für die Bevölkerung. Neben der Ausarbeitung und Beratung von Gesetzen und zahlreichen zu erstattenden Gutachten auf allen Gebieten der öffentlichen Gesundheitspflege an die vorgesetzte Behörde[40] standen die wissenschaftlichen Arbeiten im Vordergrund.[41] Diese waren meist im Rahmen der Gutachten entstanden, um offene Fragen zu klären oder Forschungslücken in der bestehenden Literatur zu überbrücken, und wurden oftmals publiziert.[42] Auf dem Gebiet der Hygiene und der Humanmedizin kristallisieren sich folgende Aufgabenbereiche heraus: die Ausbildung und Organisation des Heil- und Krankenpflegepersonals (3.2.1), die Abwehr und Bekämpfung »gemeingefährlicher«

40   Die über einen Zeitraum von mehreren Jahren erarbeiteten reichseinheitlichen Gesetze waren das Tuberkulosegesetz, das Apothekengesetz, das Gesetz zur Bekämpfung der Geschlechtskrankheiten und das Lebensmittelgesetz, um nur die wichtigsten zu nennen. Neben fachärztlichen Gutachten und regelmäßigen Gutachten für die Versorgungsämter wurden jährlich mehrere Hundert Obduktionen durchgeführt (1927: 680, 1928: 780) sowie histologische Untersuchungen (1927: 10.000, 1928: 25.000) vorgenommen und mit Gutachten versehen, weiterhin wurden bespielsweise Gutachten über die Einführung einer Gewissensklausel bei der gesetzlich vorgeschriebenen Schutzpockenimpfung, über »Negermedizin«, über die verschiedenen Behandlungsmethoden bei Tuberkulose oder anderer Krankheiten erstellt, auf dem Gebiet der Gewerbehygiene Gutachten über die Zulässigkeit der Errichtung einer Ammoniak-Sodafabrik oder anderer Anlagen, über die Verwendung von Azetylenlampen zur Grubenbeleuchtung in Bergwerken, ferner über Käferlarven aus Deutsch-Südwest-Afrika, über die Verwendung von Sojaöl als Nahrungsmittel oder über die Zulassung von Einäugigen als Kraftfahrer – um nur eine kleine Auswahl aus der Vielzahl und der Bandbreite von Gutachten zu nennen, siehe die Akten zur Geschäftstätigkeit des RGA in BA Berlin, R 86/4273 und 4274, die erstatteten Gutachten in BA Berlin, R 1501/110940 bis 110942.
41   Vgl. die einleitende Darstellung in den Tätigkeitsberichten, BA Berlin, R 86/10, R 86/4273, R 86/4274.
42   Exemplarisch sei hier Kerp, Gutachten 1919, zitiert, welches im Auftrag des RGR erstellt wurde, dort und vom Bremer Senat begutachtet und beraten und anschließend publiziert wurde. In dem Gutachten sollte die Frage geklärt werden, »ob und mit welchen Mitteln die Nachteile verhütet werden können, welche die Kaliindustrie den auf die Benutzung der Flußwässer angewiesenen Interessentenkreisen zufügt«, S. 239. Ein erstes Gutachten war bereits in den AKGA 50 (1917) publiziert worden.

Abb. 7 Die Präparatesammlung des Gesundheitsamtes in der Zweigstelle Scharnhorststraße

Abb. 8 Die Präparatesammlung des Gesundheitsamtes in der Zweigstelle Scharnhorststraße

Krankheiten (3.2.2), das Apotheken- und Arzneimittelwesen (3.2.3), die »Hygiene der Lebensmittel und Gebrauchsgegenstände« (3.2.4), die »Hygiene der Wohnstätten« (3.2.5), die allgemeine Gesundheitsfürsorge und das Wohlfahrtswesen (3.2.6), die Gewerbehygiene (3.2.7), die so genannte hygienische Volksbelehrung und -erziehung (3.2.8) und schließlich die Medizinalstatistik (3.2.9).

3.2.1 Die Ausbildung und Organisation des Heil- und Krankenpflegepersonals

Der die Initiierung des Gesundheitsamtes antreibende Motor war die Majorität der deutschen Ärzteschaft. Das Gesundheitsamt erfüllte einen Teil der an sie herangetragenen Erwartungen und unterstützte die deutsche Ärzteschaft in ihren standespolitischen Professionalisierungsbestrebungen. Bereits zwei Jahre nach Gründung des Gesundheitsamtes tagte dort eine aus medizinischen Sachverständigen bestehende Kommission, die eine neue Prüfungsordnung im Fach Medizin vorbereiten sollte.[43] Unter dem Vorsitz des Mitgliedes des Gesundheitsamtes Karl Maria Finkelnburg wurden dort Vorlagen entworfen, die sich mit Fragen der Voraussetzung und Zulassung zum medizinischen Studium, der Dauer des Studiums und der Einführung neuer Prüfungsfächer beschäftigten. Die Beratungen bildeten die Grundlage für die im Bundesrat beschlossenen Vorschriften über die ärztliche Prüfung und Vorprüfung. Die Prüfung im Fach Hygiene wurde mit der Revision der Prüfungsordnung von 1883 obligatorisch.[44] An der maßgeblichen und bis heute in ihren Grundzügen geltenden Revision der Prüfungsordnung von 1901 und von 1924 war das Gesundheitsamt gleichfalls beteiligt.[45]

Ebenso war das Gesundheitsamt an der Mitarbeit und gutachtlichen Berichterstattung der Prüfungsordnung für Zahnärzte 1889 und 1909, an der Erstellung eines Normallehrplans für tierärztliche Lehranstalten sowie an der Ausarbeitung und späteren Revision der Prüfungsordnung für Tierärzte und 1904 der Prüfungsordnung für Apotheker beteiligt. Darüber hinaus wurden im Gesundheitsamt nach vorausgegangenen Beratungen im Reichsgesundheitsrat die Grundsätze zur Regelung des Hebammenwesens und die Vorschriften über die staatliche Prüfung von Krankenpflegepersonen erarbeitet.[46] Schließlich bildete das Gesundheitsamt eine Allianz mit

---

43 Vgl. Struck, Denkschrift 1878, S. 12.
44 Vgl. KGA, Festschrift 1886, S. 14 f.; Huerkamp, Aufstieg 1985, S. 107-110.
45 Vgl. Huerkamp, Aufstieg 1985, S. 107-112.
46 Vgl. auch Lisner, Hüterinnen 2005; das vom RGA/RMI 1943 herausgegebene Hebammenlehrbuch übermittelte den Hebammen neben fachlichem auch das

der Ärzteschaft im Kampf gegen das Kurpfuschertum und das Geheimmittelwesen. Ein 1910 im Reichstag eingebrachter Gesetzesentwurf zur Behebung der »die Volksgesundheit schwer schädigenden« Missstände im Heilgewerbe konnte allerdings keine Mehrheit auf sich vereinen.[47]

3.2.2 Die Abwehr und Bekämpfung »gemeingefährlicher« Krankheiten

Ein Schwerpunkt im Gesundheitsamt lag von Anfang an auf der Erforschung und Bekämpfung der Infektionskrankheiten. »Erst wenn Wesen, Ursachen und Verbreitungsweise übertragbarer Krankheiten erkannt worden sind, läßt sich in der Regel deren Bekämpfung in die richtigen Bahnen lenken. Dem Reichsgesundheitsamt war es vergönnt, zu dieser Erkenntnis und damit auch zur Ausfindigmachung wirksamer Abwehrmaßnahmen im Laufe der Zeit wesentlich beizutragen.«[48] Mit Einführung der Koch'schen »Methodik war der Schlüssel zur Erforschung der Infektionskrankheiten« gefunden und der Nachweis des Tuberkulose-, Cholera-, Diphtherie- und des Typhuserregers gelungen.[49] Resultierend aus praktischen Problemen bestand kontinuierlich die Notwendigkeit zu experimentellen Forschungen, deren Ergebnisse in den *Arbeiten aus dem Kaiserlichen Gesundheitsamte* publiziert wurden. Bei diesen ganz unterschiedlichen Arbeiten im Bereich der Bakteriologie, Serologie, Immunologie und Parasitologie handelte es sich um die Beschreibung der Biologie, Morphologie und Ökologie neuer Krankheitserreger, das Studium des Krankheitsverlaufes, das epidemische Potential einer Krankheit sowie die Übertragungswege und Verbreitungsgeschwindigkeit und die Beziehungen zu anderen Krankheiten.[50] Klärungsbedarf bestand ferner zur Dia-

---

notwendige Wissen über ihre bevölkerungspolitischen und volkserzieherischen Aufgaben.
47 Der Normallehrplan wurde 1878 erarbeitet. Zu den Prüfungsordnungen der Veterinärmediziner und Apotheker KGA, Festschrift 1886, S. 50, 81; RGA, Festschrift 1926, S. 27-29, das Zitat S. 29; BGA, 100 Jahre 1976, S. 36.
48 RGA, Festschrift 1926, S. 30.
49 Vgl. RGA, Festschrift 1926, S. 32 – dort auch das Zitat.
50 Beispielsweise die Untersuchung zum biologischen Verhalten der Pneumokokken von Händel/Lange, Beitrag 1930; Arbeiten zu seltenen Parasiten vgl. Zuelzer, Beiträge 1920; dies., Kenntnis 1924; dies., Amöbeninfektion 1926; dies., Hydrobiologie 1929; von Schuckmann, Morphologie 1926; der Beitrag von Schuberg/Böing, Weg 1926, über die Infektionswege und die Weiterverbreitung von Trypanosomen im menschlichen Organismus, die vergleichende Studie über die Gelbfieber-, Weil- und Sumatrainfektion von Heitzmann, Anatomie 1926; verschiedene Arbeiten zur Abgrenzung der Pocken von ähnlichen Erkrankungen Gildemeister/Herzberg, Untersuchungen 1926; Herzberg, Frage 1926.

gnose von Krankheiten und zu technischen Probleme bei der Kulturation von Mikroorganismen.[51] Neben Arbeiten zur Ätiologie von Krankheitserregern, zum Krankheitsverlauf und zur Diagnostik wurde auch präventiv zur Impfung und zur Verbesserung von Impfverfahren geforscht.[52]

Von periodisch auftretenden Epidemien abgesehen, bildete die Tuberkuloseforschung von der Gründung »bis zur Gegenwart Gegenstand eifrigsten Studiums«. Am Gesundheitsamt beschäftigte man sich unter anderem mit dem *typus humanus* und *typus bovinus* der Tuberkulose und der Frage, ob eine gegenseitige Übertragung von Rindertuberkulose auf den Menschen und umgekehrt möglich sei. Ebenso arbeitete man zu Problemen der Haltbarkeit und Resistenz von Tuberkuloseerregern. Die Forschungen zielten besonders darauf ab, die Übertragungswege der Krankheit zu ergründen, eine Verbreitung zu verhindern, die kurativen Therapien und die Heilungschancen zu verbessern. Nach trügerischen Erfolgen bei der Tuberkulosetherapie[53] blieb die Suche nach einer präventiven Therapie zur Überwindung »der verheerendsten aller Volkskrankheiten« erfolglos.[54] Die Bekämpfung der Tuberkulose beschränkte sich daher auf Freiluftkuren, eine ausgewogene Ernährung, die Unterstützung der Heilstättenbewegung und auf allgemeine Maßnahmen zur Seuchenbekämpfung (Isolierung, Desinfektion).[55]

Die spezifischen Krankheitsmerkmale von Cholera, Diphtherie, Tuberkulose und Typhus traten nicht bei jedem gleich stark in Erscheinung, und bei vielen machte sich die Infektion überhaupt nicht bemerkbar.

51 Beispielsweise die Arbeiten über serologische Verfahren zur Diagnose der Tuberkulose oder der Syphilis von Lange/Heuer, Tuberkulosereaktion 1925; Lange/Heuer/Müller, Erfahrungen 1926; Manteufel, Serodiagnostik 1925; ders./Beger, Serodiagnose 1925; ders./Richter, Untersuchungen 1927.

52 Zur Schutzimpfung gegen Diphtherie Dold, Methoden 1926; zu Forschungen im Zusammenhang mit Encephalitis und Pockenimpfung Gildemeister, Frage 1926; ders., Encephalitis 1930; und die Akte Encephalitis *post vaccinationem*, BA Berlin, R 86/1185 sowie den zweiten Band 4624.

53 Zum Tuberkulin und zum Scheitern dieses Therapeutikums Gradmann, Krankheit 2005, Kap. 3; zur BCG »Impfkatastrophe« in Lübeck Reuland, Humanexperimente 2001, S. 124-137; Nadav, Death Dance 2004.

54 Vgl. RGA, Festschrift 1926, S. 30 f., 55-60, die Zitate S. 30 f. Zur Tuberkuloseforschung im KGA siehe auch die 14 Bände der zwischen 1901 und 1918 erschienen TAKGA. Zur Sozialgeschichte der Tuberkulose Hähner-Rombach, Sozialgeschichte 2000; im deutsch-englischen Vergleich Condrau, Lungenheilanstalt 2000.

55 Vgl. den Bericht von Möllers, Stand 1925; ders., Tuberkulosebekämpfung 1928; ders., Tuberkulosegesetzgebung 1931; Hamel, Ursachen 1931; oder die Mitteilungen IV bis VI zur Desinfektion des tuberkulösen Auswurfes in den ARGA 54 (1924).

Tuberkuloseerreger wurden bei Reihenuntersuchungen in der überwiegenden Mehrzahl der Personen festgestellt. Die Latenz von Krankheitserregern in offenbar Gesunden führte zur Konstruktion des »Bazillenträgers«.[56] In der Bakteriologie griffen zwei verschiedene Konzepte. Im Gesundheitsamt verfolgte man lange Zeit die Strategie der Bekämpfung und Vernichtung der Krankheitserreger. Das Konzept der im Südwesten des Reiches nach der Jahrhundertwende in Angriff genommenen Typhusbekämpfung lief darauf hinaus, alle möglichen »Bazillenträger« zu identifizieren, zu medikalisieren und die Umwelt zu sanieren, um den Krankheitskeim zu vernichten.[57] Die zweite Strategie zielte unter Verwendung eines abgetöteten oder abgeschwächten Krankheitserregers auf die Immunisierung der Bevölkerung ab.[58]

Die Entdeckung von mikrobiologischen Parasiten als Krankheitserreger begründete die Protozoenforschung am Kaiserlichen Gesundheitsamt. Die Erforschung tropischer Krankheiten eröffnete neue Forschungsmöglichkeiten und sensibilisierte für mögliche Ansteckungsgefahren. Gewöhnliche Stubenfliegen und Stechmücken mutierten zu gemeingefährlichen Krankheitsüberträgern.[59] Zu Beginn des 19. Jahrhunderts rückte die Bekämpfung der Geschlechtskrankheiten zunehmend in das Blickfeld des Gesundheitsamtes. Nachdem es bei der Wassermann-Reaktion zu abweichenden Ergebnissen gekommen war, entwickelte man im Gesundheitsamt eine einheitliche Methodik zur Diagnose der Syphilis.[60] Das Gesundheitsamt war auch am Zustandekommen des 1927 nach langjährigen Diskussionen verabschiedeten Gesetzes zur Bekämpfung der Geschlechtskrankheiten beteiligt. Dieses sah analog zum Reichsseu-

---

56 Die Meinung der Fachwelt ging auseinander: Einige bezweifelten die Allgegenwart des Erregers überhaupt, andere wiederum sahen in den – meist seit ihrer Kindheit – Infizierten Todesengel und dem Tod Geweihte. Schließlich gab es eine Fraktion, die in der Latenz einen Immunisierungsschutz zu sehen glaubten. Das Forschungsproblem der virulenten Krankheitskeime beschäftigte die Forscher in den beiden Dekaden um die Jahrhundertwende, vgl. Mendelsohn, Cultures 1996, passim.
57 Vgl. hierzu Kap. 5.2 und Mendelsohn, Cultures 1996.
58 Eine alternative von der Sozialhygiene verfolgte Strategie war die soziale und hygienische Verbesserung der Lebensumstände der Tuberkulosekranken.
59 Vgl. Schuberg/Kuhn, Übertragung 1911; dies., Übertragung 1912; Schuberg/Böing, Übertragung 1914; Schuberg, Naturschutz 1914; KGA, Mückenplage 1911; Hailer, Versuche 1920; RGA, Fliegenplage 1927; Schuckmann, Versuche 1931; die Übertragung des Flecktyphus durch die Laus bei Weindling, Wahrnehmung 1997 und zur Bekämpfung des Flecktyphus die »Entlausungsrituale« bei russischen Kriegsgefangenen im Ersten Weltkrieg.
60 Vgl. die Sonderbeilage zum Heft Nr. 46 der VRGA 44 (1920).

chengesetz die Anzeigen- und Behandlungspflicht der Erkrankten sowie bei Zuwiderhandlung die zwangsweise Behandlung vor.[61] Ein wesentlicher Erfolg war dem Gesundheitsamt nach achtjähriger Vorbereitung mit dem Gesetz betreffend die Bekämpfung gemeingefährlicher Krankheiten vom 30. Juni 1900 gelungen.[62] Auf den Erfahrungen bei der Cholerabekämpfung fußend, umfasste es das Desinfektionswesen, die Anzeigenpflicht und einen umfangreichen Maßnahmenkatalog, der sich bei drohendem Ausbruch entfalten sollte. Das Reichsseuchengesetz richtete sich gegen eine geringe Zahl »meist von außen eingeschleppter Krankheiten«: Lepra, Cholera, Fleckfieber, Pest und Pocken (§ 1) – insbesondere gegen die zur Jahrhundertwende grassierende Pest in Indien, Ägypten und Portugal. Die Maßnahmen zur Abwehr der Krankheiten waren allgemein formuliert, und die Ausführungsbestimmungen blieben den Einzelstaaten überlassen. Ihnen stand es frei, die Anwendung des Reichsseuchengesetzes auch auf andere Krankheiten auszudehnen. Preußen dehnte in seinem Landesgesetz die Maßnahmen auf Diphtherie, Ruhr, Typhus, Scharlach, Tollwut und andere übertragbare Krankheiten aus. Die Landesbehörden und Kommunen wurden angewiesen, Einrichtungen zu schaffen, die im Falle der Seuchenbekämpfung notwendig waren (§§ 21 f.). »Mit diesen Paragraphen können geradezu fast alle gesundheitlich überhaupt erforderlichen Einrichtungen erzwungen werden, wie Kanalisation, Abfuhr, Absonderungsabteilungen in Krankenhäusern, Desinfektionsanstalten, Friedhöfe, weil sie ja schließlich auch mit den Forderungen der Seuchenbekämpfung im Zusammenhang

61 Vgl. RGA, Festschrift 1926, S. 61 f.; Sauerteig, Krankheit 1999.
62 Gemeinhin wurde das Gesetz auch Reichsseuchengesetz genannt. Fortan wird im Fließtext ohne weitere Kennzeichnung der Begriff Reichsseuchengesetz und in den Anmerkungen die Abkürzung RSG verwendet. Das RSG war gegen den Widerstand Pettenkofers im Zusammenhang mit der Choleraepidemie 1892 im KGA erarbeitet worden. Das Gesetz konnte im ersten Anlauf nicht den Reichstag passieren, weil sich das Zentrum gegen die Vollmacht zur Zwangsunterbringung in Krankenhäuser wehrte, die Liberalen Einwände gegen die Angriffe auf die persönliche Freiheit und die Konservativen um ihren Einfluss fürchteten, wenn ein Teil der polizeilichen Vollmachten an Medizinalbeamte abgetreten werden müsste. Der deutsche Ärzteverein bedauerte, dass man Rudolf Virchow nicht zu den Beratungen hinzugezogen hatte. Dieser selbst opponierte gegen das Gesetz, weil dieses angeblich dem »Kurpfuschertum« Auftrieb geben würde, wenn jede beliebige Person Krankheiten anzeigen dürfte. Die Änderungen des Gesetzes konnten nicht mehr erörtert werden, da der Reichstag aufgelöst und neu gewählt wurde. Mit der schwindenden Erinnerung an die Choleraepidemie fand das Gesetz bis 1899 keine Fürsprecher mehr. Erst mit Ausbruch der Pest um die Jahrhundertwende wurde die Gesetzesvorlage wieder aus der Versenkung gehoben, vgl. Evans, Tod 1990, S. 628-631.

stehen.«[63] Das Gesetz regelte ferner die Anmelde- und Anzeigepflicht (§§ 1-5). »Der Abschnitt über Schutzmaßnahmen greift, wie das nicht anders möglich ist, stark in die Freiheit der persönlichen Bewegung ein.«[64] Kranke oder krankheitsverdächtige Personen wurden dem Reichsgesundheitsamt vom behandelnden Arzt gemeldet und mussten sich einer medizinischen Behandlung und Beobachtung unterziehen. Sie konnten sogar zwangsweise in Krankenhäuser eingewiesen werden. »Befallenen oder bedrohten Ortschaften« wurde die Einschränkung des Warenhandels auferlegt und der öffentliche Markt verboten. Andere Maßnahmen sahen die Einschränkung des öffentlichen Lebens, die Überwachung der Wasserversorgung, die Räumung von Wohnungen und die Desinfektion vor (§§ 11-21).[65]

Die Bedeutung und Durchdringung des Reichsseuchengesetzes soll für das Reich, die Kommunen und den Einzelnen an ausgewählten Beispielen kurz dargestellt werden. 1897 brach in Indien die Pest aus und breitete sich über die arabische Halbinsel, Afrika und den Mittelmeerraum langsam in Richtung Europa aus. Mit einer »an Sicherheit grenzenden Wahrscheinlichkeit« sei damit zu rechnen, dass die Pest »über kurz oder lang auch nach Deutschland vordringen wird«.[66] Zur Abwehr der Pest waren bereits 1897 Verordnungen zum Einfuhrverbot von Waren aus den betroffenen Ländern, Quarantänemaßnahmen für Reisende und die Überwachung des Schiffverkehrs erlassen worden. Die getroffenen Maßnahmen dienten als Vorlage für das kurz darauf erlassene Reichsseuchengesetz. Für die von der Seuche gebeutelten Länder stellten die wirtschaftlichen Sanktionen durch die Quarantänemaßnahmen eine zusätzliche Belastung dar. Das Einfuhrverbot behinderte den Handelsverkehr und führte für das am Export gehinderte Land zu herben nationalökonomischen Einbußen.[67]

Nach Zusammenkunft einer Sachverständigenkommission unter Vor-

---

63 Gottstein, Heilwesen 1924, S. 332; die Ausarbeitung der Maßregeln gegen die Verbreitung ansteckender Krankheiten und die Abstellung gesundheitswidriger Missstände in Preußen in GStA PK Berlin, 1. HA, Rep. 89, Nr. 24490.
64 Gottstein, Heilwesen 1924, S. 332.
65 Das Gesetz im Original in Möllers (Hg.), Gesundheitswesen 1923, S. 217-224; Gottstein, Heilwesen 1924, S. 332-334. Die Ausführung der Maßnahmen wird bei Evans, Tod 1990 eindringlich geschildert.
66 MGUMA in einem Bericht an den Kaiser, 4.10.1899, GStA PK Berlin, 1. HA, Rep. 89, Nr. 24489.
67 Nach Evans, Tod 1990, S. 331 erlitt Lübeck während der Choleraepidemie 1831/1832 einen finanziellen Schaden, resultierend aus den Quarantänemaßnahmen und dem Handelsembargo, in der Dimension von einem Zehntel des gesamten Haushaltsetats; zu Hamburg ebd.

sitz des Gesundheitsamtes wurden die Einfuhrverbote und Beschränkungen abgemildert. Die Sachverständigenkommission habe zu bedenken gegeben, dass die Kurzlebigkeit des Erregers eine Beschränkung von Handelswaren nicht erforderlich mache.»Bei der Gewissenhaftigkeit und bewährten Sachkenntniß der Mitglieder der Sachverständigenkommission, welche im Kaiserlichen Gesundheitsamt über den Gegenstand berathen hat, trage ich keine Bedenken, deren einhellig beschlossenen Vorschlägen beizutreten.«[68] Ebenso wurde im April 1900, auf Vorschlag des Präsidenten des Kaiserlichen Gesundheitsamtes, die Zurücknahme der bestehenden Einfuhrbeschränkungen angeregt.[69]

Die Bedeutung des Reichsseuchengesetzes für die Kommunen soll am Beispiel einer Typhusepidemie skizziert werden. In der preußischen Landesregelung wurde Typhus als gemeingefährliche Krankheit definiert und in den unter das Reichsseuchengesetz fallenden Krankheitskatalog aufgenommen. Bei Ausbruch des Flecktyphus in Beuthen im Sommer 1901 wurden der Geheime Medizinalrat Martin Kirchner und Carl Flügge zur Beobachtung in die Seuchenregion entsandt. In ihrem Bericht lobten die Beobachter die getroffenen Maßnahmen. Verdächtige Brunnen und »wilde« Wasserleitungen seien geschlossen, die Kranken in Seuchenbaracken überführt und Desinfektoren in Dienst genommen worden. Auf die Reinigung der Aborte und die Meldepflicht der Krankheit hatte man verschärft hingewiesen und der Regierungspräsident war über bestehende Mängel informiert worden. Ebenso sei auf die »ungenügende Versorgung des Industriegebietes mit Trinkwasser« hingewiesen und auf die »planmäßige Kanalisation des Industriegebietes« gedrungen worden.[70]

Ebenso hatte das Reichsseuchengesetz konkrete Auswirkungen auf den Einzelnen: den Erkrankten wie auch den der Krankheit Verdächtigten. Im Juni 1903 gab es in Berlin zwei Fälle von Pesterkrankungen. Ein Mediziner, der in Wien die Pest- und Choleradiagnose studiert hatte, sowie dessen Krankenpfleger. Die Erkrankten wurden in die Infektionsbaracken der Charité überführt und isoliert.

---

68 RAI an den Kaiser betreffend die Verordnung bezgl. des Einfuhrverbots aus Asien (RGBl. 1897, S. 15), 21.6.1897, GStA PK Berlin, 1. HA, Rep. 89, Nr. 24489.
69 Der Reichskanzler an den Kaiser, 21.4.1900, ebd.
70 Der Bericht in einem Brief des MGUMA an den Kaiser, 23.6.1900, GStA PK Berlin, 1. HA, Rep. 89, Nr. 24519, Bd. 1. Ähnlich lautete der Maßnahmenkatalog auch bei Ausbruch einer Pockenepidemie in Metz 1907. Als Maßnahme waren die Einstellung von Ärzten und Pflegepersonal sowie Desinfektoren, die Absonderung von Kranken, die Organisation des Kranken- und Leichentransports, die Verlegung des Maimarktes und die systematische Impfung ganzer Straßenzüge vorgesehen, vgl. GStA PK Berlin, 1. HA, Rep. 89, Nr. 24493.

»Das Lehrgebäude der Kochschen Baracken wurde den Aerzten der Pestabteilung eingeräumt. Diese Gebäude wurden mit einem Bretterzaun umgeben und durch Schutzmannposten gegen die Außenwelt abgeschlossen. Die Speisen für die Eingeschlossenen wurden nur bis an die Einfriedung gebracht, die leeren Schüsseln vor der Wiederauslieferung desinfiziert. Blut bezw. Rachenschleim von sämmtlichen Abgesonderten wurde bakteriologisch untersucht.«[71]

Die Maßnahmen beschränkten sich nicht allein auf die Erkrankten.

»Seitens der Behörden wurden die umfassendsten Schutzmaßregeln angeordnet. Das Zimmer des Erkrankten in Charlottenburg wurde nach seiner Ueberführung in das Krankenhaus unter polizeilichen Verschluß genommen, die Familie des Zimmervermiethers behufs Beobachtung in die Charité überführt und die Wohnung desinfiziert. Die Bewohner des Hinterhauses wurden unter Beobachtung gestellt, die gesunden Kinder vom Schulbesuch ausgeschlossen. Alle Personen, welche mit dem Erkrankten in Berührung gekommen waren, erhielten behufs Jmmunisierung eine Einspritzung von Pestserum.«[72]

Die Beobachtung eines Bakteriologen, dass die »verdächtigen Bazillenträger« während der Behandlung unter Depressionen zu leiden begannen, kann kaum verwundern.[73]

Doch nicht immer fügten sich die uneinsichtigen Erkrankten, Verdächtigen und »Bazillenträger« in ihr Schicksal. Nachdem der Geselle Herr Rö. am 20. Mai 1904 in der Bäckerei von Frau E. an Typhus erkrankt und in ein Krankenhaus eingeliefert worden war, klopfte am 25. des Monats Dr. Kayser, Assistent am Institut für Bakteriologie in Saarbrücken, an die Tür von Frau E. Dort erfuhr er, dass sie bereits vor zehn Jahren an Typhus erkrankt war – sich aber seitdem bester Gesundheit erfreue. Von Frau E. wurde eine Stuhlprobe erbeten und diese in Saarbrücken untersucht. In den Kulturen wurde eine enorme Zahl von Typhuskeimen nachgewiesen und Frau E. als »Bazillenträgerin« identifiziert. Sie musste sich einer medizinisch kurativen Behandlung unterziehen und zur Kontrolle regelmäßig Stuhlproben nach Saarbrücken schicken. Nachdem in den Proben keine Krankheitskeime mehr nachgewiesen werden konnten, galt sie im Juni 1904 als »geheilt«.[74] Im August des folgenden Jahres wurde sie erneut von Dr. Kayser aufgesucht. Ihr Mitarbeiter Johann Wi.

71 MGUMA an den Kaiser, 30.12.1903, GStA PK Berlin, 1. HA, Rep. 89, Nr. 24489.
72 Ebd.
73 Vgl. Mendelsohn, Cultures 1996, S. 744.
74 Ebd.

war kurz zuvor an Typhus erkrankt. Von der Polizei wurde sie in die Universitätsklinik gebracht, und es wurde erneut Typhus diagnostiziert. Es stellte sich heraus, das sie im Jahr zuvor nicht ihre eigenen Stuhlproben abgegeben hatte. Ihr wurden daraufhin hygienische Verhaltensregeln eingeschärft, bei deren Nichteinhaltung eine gerichtliche Klage drohte.[75]

In das Umfeld der »Seuchenbekämpfung« gehören Arbeiten zur Trinkwasserentkeimung bzw. zur Chlorung von Trinkwasser bei der Typhusbekämpfung[76] oder allgemeine und meist auf Gutachten basierende Arbeiten über nationalen »Grenzseuchenschutz«[77] und die Ausbreitung und Bekämpfung der Malaria im Deutschen Reich.[78] Als Mittel der Seuchenbekämpfung nahm die Desinfektion schon früh einen breiten Raum ein. Im ersten Band der *Mittheilungen aus dem Kaiserlichen Gesundheitsamt* veröffentlichte Robert Koch seine Untersuchungen zu den bisherigen von ihm verworfenen Desinfektionsverfahren, deren geringes Keimtötungsvermögen er nachwies.[79] An Stelle der Desinfektion durch Heißluft oder Schwefel-, Brom oder chlorhaltige Luft setzte Koch die »auch heute noch vorherrschenden Mittel, den strömenden Wasserdampf« und in wässriger Lösung aufgelöste Phenole und Halogene. »Damit waren der neuzeitlichen Seuchenbekämpfung die wirksamen Werkzeuge geliefert.«[80]

In den Folgejahren wurden diese »Werkzeuge« einer steten Eichung unterzogen, die Wirksamkeit auf neu entdeckte Krankheitserreger überprüft, die keimtötende Wirkung zahlreicher in Wasser aufgelöster Chemikalien erprobt und am Markt zugelassene Präparate und Verfahren getestet, die Handhabung – besonders bei der Desinfektion von Räumen, Gebäuden und Viehwaggons – erleichtert und in den Kriegsjahren verfügbare Surrogate entwickelt.[81] Ein weiteres Ziel war schließlich die Suche nach Möglichkeiten zur Desinfektion und Abtötung krankheitserregender Keime am befallenen Körper. Im Rahmen des 1900 erlassenen

---

75 Vgl. den Bericht Kaysers »Über die Gefährlichkeit von Typhusbazillenträgern«; Reichskommissar an den StsdI, 2.11.1905, BA Berlin, R 86/1172, Bd. 2. Zur Bekämpfung des Typhus siehe Kap. 4.2. Sarasin, Visualisierung 2004, S. 271 führt das Beispiel von »Typhoid Mary« an, die als Köchin zwischen 1900 und 1907 an verschiedenen Stellen Typhus auslöste, ohne selbst zu erkranken. Seit 1907 wurde sie immer wieder im Gefängnis festgesetzt; ferner Mendelsohn, Tyhoid Mary 1995.
76 Vgl. Spitta, Mitteilungen 1919; Froboese, Chlorbindungsvermögen 1920.
77 Vgl. Frey, Gesichtspunkte 1923.
78 Schuberg, Vorkommen 1928.
79 Vgl. die zahlreichen Artikel von Koch, Loeffler, Wolffhügel, Gaffky und Knorre zur Desinfektion in MKGA 1 (1881).
80 Die Zitate in RGA, Festschrift 1926, S. 36 f.
81 Beispielsweise Hailer, Kresole 1919; ders., Kresole 1920; Lange, Versuche 1920.

Reichsseuchengesetzes wurden gleichfalls die Desinfektionsanweisungen reichseinheitlich geregelt.[82]

3.2.3 Das Apotheken- und Arzneimittelwesen

Im Apotheken- und Arzneimittelwesen bemühte sich das Gesundheitsamt besonders um die reichseinheitliche Regelung des Arzneimittelverkehrs. Zu diesem Zweck wurde 1890 die Verordnung betreffend den Verkehr mit Arzneimitteln im Gesundheitsamt ausgearbeitet. Während diese Verordnung die Zusammensetzung freiverkäuflicher Präparate regelte, wurden gleichfalls im Gesundheitsamt die 1891 erlassenen Vorschriften zu rezeptpflichtigen Medikamenten ausgearbeitet. Weiterhin oblag dem Gesundheitsamt seit 1924 die Überwachung der Herstellung, der Einfuhr und des Verkehrs mit Betäubungsmitteln.

Den weitaus größten Anteil jedoch hatte das Gesundheitsamt an der Erstellung des Deutschen Arzneibuches. Das Arzneibuch legte die Qualitätskriterien für die in den Apotheken zur Abgabe gelangenden Arzneimittel hinsichtlich ihrer Zubereitung und Reinheit anhand eines definierten Anforderungsprofils fest. Dieser im Arzneibuch formulierte Forderungskatalog wurde schließlich in unregelmäßigen Abständen bis zur Konstituierung des Reichsgesundheitsrates in einer unter dem Vorsitz des Direktors des Gesundheitsamtes tagenden Kommission von Sachverständigen aktualisiert und an die neuesten Forschungsergebnisse angepasst.[83]

3.2.4 Die »Hygiene der Lebensmittel und Gebrauchsgegenstände«

Die Lebensmittelhygiene war neben den Forschungen auf dem Gebiet der Infektionskrankheiten das hauptsächliche Tätigkeitsfeld des Gesundheitsamtes. »Die Fürsorge für eine ausreichende und zweckmäßige Ernährung des einzelnen Menschen wie der Gesamtheit des Volkes ist eine der wichtigsten Aufgaben auf dem Gebiet der öffentlichen Gesundheits-

---

82 Vgl. RGA, Festschrift 1926, S. 36-40; zur Desinfektion von Eisenbahnwaggons Fischer/Koske, Untersuchungen 1903; zur Desinfektion von Schiffen KGA, Anleitung 1906.
83 Vgl. RGA, Festschrift 1926, S. 68-76; zur Überarbeitung der fünften Ausgabe des Arzneibuches 1910 Holsten, Gesundheitsamt 1977; zur Einführung in die sechste Ausgabe des Arzneibuches siehe ARGA 58 (1927); erweitert um den Aspekt der chemischen Industrie Hickel, Gesundheitsamt 1977. Die Pharmakopöen im internationalen Vergleich bei Hickel, Arzneimittel-Standardisierung 1973.

fürsorge und beschäftigt daher das Reichsgesundheitsamt unausgesetzt seit seiner Begründung.«[84] Das Gesundheitsamt stellte Untersuchungen zum täglichen Nahrungsmittelbedarf des Menschen und zur Ernährungsphysiologie an. Das Hauptaugenmerk der Lebensmittelhygiene im Gesundheitsamt lag auf den »Volksnahrungsmitteln«:[85] Fleisch,[86] Brot und der Brotfrage,[87] Milch,[88] Butter[89] sowie den Genussmitteln Wein und Branntwein.[90] Das Gesundheitsamt beschäftigte sich mit der Qualität, der Zusammensetzung, der Reinhaltung, der Haltbarkeit, der Konservierung, der Verpackung und dem Verkauf von Nahrungsmitteln und deren Surrogaten.[91] Mitarbeiter des Gesundheitsamtes prüften neue Verfahren zur Konservierung und Verarbeitung von Lebensmitteln und testeten diese auf gesundheitliche Unbedenklichkeit.[92] Die Kontrolle branntweinhaltiger Getränke zum Schutz vor gesundheitsschädigenden Verfälschungen mag paradox klingen. Die Verfälschungen von Wein und Branntwein war we-

84 RGA, Festschrift 1926, S. 76.
85 Zu den Schwerpunkten im Gesundheitsamt Schütt-Abraham/Schmädicke, Schwerpunkte 1992.
86 Zur kulturellen Bedeutung von Fleisch Mellinger, Fleisch 2000. Insgesamt wurden im Gesundheitsamt in den ersten fünfzig Jahren in den AKGA/ARGA 43 Artikel zu Fleisch, Konservierung von Fleisch, Pöckelfleisch, Haltbarkeit von Fleisch etc. veröffentlicht.
87 Elementar Sell, Beiträge 1893.
88 Beispielsweise zur Pasteurisierung von Milch Wedemann, Kuhmilchdiastase 1926; Zeller u. a., Dauerpasteurisierung 1930. In den ersten fünfzig Jahren des Gesundheitsamtes wurden zu Milch und Milchprodukten in den AKGA/ARGA 26 Artikel veröffentlicht; ferner RGA, Festschrift 1926, S. 92-98.
89 Zu Butter und Margarine wurden in den ersten fünfzig Jahren des Gesundheitsamtes in den AKGA/ARGA 28 Artikel veröffentlicht. Zur Kulturgeschichte der Margarine als Ersatz zur Butter Pelzer/Reith, Margarine 2001, S. 17-45.
90 Zum Wein siehe die Weinstatistiken im Deutschen Reich in den AKGA. Zum Wein und Branntwein wurden in den ersten fünfzig Jahren des Gesundheitsamtes in den AKGA/ARGA 58 Artikel veröffentlicht.
91 Weiterhin stellte das Gesundheitsamt Untersuchungen an zu Gemüse und Obst, Mineralwasser, Salz und Gewürzen, Essig, Kaffee, Tee und Kakao, vgl. insgesamt RGA, Festschrift 1926, S. 84-121. Die Lebensmittelkontrolle von der Herstellung bis zum Verkauf in Möllers (Hg.), Gesundheitswesen 1923, S. 485-489.
92 Nach etlichen Versuchen wurde 1902 Borsäure als Konservierungsmittel für Fleisch und Fleischwaren verboten, vgl. Polenske, Borsäuregehalt 1900; ders., Verhalten 1900; ders., Borsäuregehalt 1903; Rost, Wirkung 1903; Rubner, Wirkung 1903; Neumann, Einfluss 1903; Heffter, Einfluss 1903; Sonntag, Untersuchung 1903; Weitzel, Labgerinnung 1903; Günther, Untersuchung 1903; über das Verbot und die Bekanntmachung des Reichskanzlers siehe Schütt-Abraham/Schmadicke, Schwerpunkte 1992, S. 51; zur Sterilisierung von Konserven Konrich, Sterilisierung 1931.

gen der hohen Preise und den zu erwartenden Gewinnen jedoch attraktiv und die durch Verfälschungen hervorgerufenen Vergiftungserscheinungen meist gravierend.[93] Ein anderer Aspekt war die Tatsache, dass bei Branntweinsurrogaten denaturierter und von der Branntweinsteuer befreiter Spiritus verwendet wurde und der Staat eine Umgehung der Branntweinsteuer zu verhindern trachtete.[94] Ebenso stand die Definition von Zucker und Süßstoff im Zusammenhang mit der Einführung einer Zuckersteuer.[95]

Auf Geheiß des Reichskanzlers wurde zwischen 1877 und 1879 im Kaiserlichen Gesundheitsamt in Zusammenarbeit mit dem Reichsjustizamt ein Gesetz betreffend den Verkehr mit Nahrungsmitteln, Genußmitteln und Gebrauchsgegenständen entworfen und am 14. Mai 1879 im Reichstag verabschiedet. Das Nahrungsmittelgesetz bestand aus 17 Paragraphen. Die ersten vier Paragraphen regelten die Kontrolle von Lebensmittelproben, die folgenden Paragraphen die Ausführungsbestimmungen und die Paragraphen acht bis 16 die strafrechtlichen Vorschriften. Der letzte Paragraph bezog sich auf die zu gründenden Untersuchungsstationen.[96]

Bei der praktischen Anwendung des Nahrungsmittelgesetzes erwiesen sich die unzureichende Definition von Qualitätsmerkmalen und die mangelnden Kenntnisse über die Eigenschaften und die chemische Zusammensetzung der Nahrungsmittel als schwierig. Infolgedessen kam es zu Rechtsstreitigkeiten. Das Gesundheitsamt versuchte die Gesetzeslücken durch zahlreiche Untersuchungen über die chemische Zusammensetzung von Lebensmitteln und die einheitliche Definition von Qualitätsnormen zu schließen.[97] Zu besonders strittigen Lebensmitteln, namentlich der so

---

93 Vgl. Sell, Branntwein, 1888; Lange/Reif, Bestimmung 1923; Grüne, Anfänge 1996, S. 38 sowie im Anhang das Absinthgesetz von 1923. In RGA, Festschrift 1926, S. 79 wird von Vergiftungsfällen mit tödlichem Ausgang berichtet, weil gewöhnlicher Alkohol durch Methylalkohol ersetzt wurde. Reif, Giftigkeit 1924 berichtet über einen Fall von Vergiftung in Hamburg mit zahlreichen schweren Erkrankungen und zehn Todesfällen. Hafenarbeiter hatten alle Warnungen ignorierend beim Entladen von für chemische Zwecke bestimmtem Methylalkohol getrunken. Weiterhin ders., Giftigkeit 1927; ders., Methylalkohol 1928.
94 Vgl. Windisch, Untersuchung 1890; RGA, Festschrift 1926, S. 113 zum Gesetz über das Branntweinmonopol von 1922 und zum Biersteuergesetz von 1923.
95 Vgl. Schmidt, Beiträge 1903; Sonntag, Versuche 1903.
96 RGA, Festschrift 1926, S. 81; zum NMG vgl. das Sonderheft mit einem Vergleich des internationalen Lebensmittelrechtes in der DVÖG 10 (1878), S. 409-558; Meyer/Finkelnburg, Gesetz 1880; Möllers (Hg.), Gesundheitswesen 1923, S. 485-517; Gottstein, Heilwesen 1924, S. 393-395.
97 Einen Überblick über die Untersuchungen am Beispiel von Münster erhält man

genannten Kunst- oder Mischbutter, besser bekannt als Margarine, wurden weitere Gesetze und Ausführungsverordnungen mit exakten Qualitätsangaben zur Schaffung von Rechtsklarheit erlassen.[98] Zuwiderhandlungen und Verfälschung von Lebensmitteln wurden bestraft. Die Gerichtsurteile über Nahrungsmittelverfälschung wurden in einer eigenen Publikationsreihe veröffentlicht.[99] Die ergänzenden Gesetze weiteten sich in den folgenden Jahrzehnten dergestalt aus, »daß selbst der Sachkundige kaum noch in der Lage ist, sich ohne Mühe und vor allem ohne erheblichen Zeitaufwand einen Überblick über das jeweils geltende Recht zu verschaffen«.[100] In einer umfassenden Revision wurde das Nahrungsmittelgesetz 1927 vollständig überarbeitet[101] und blieb bis 1974 gültig.

Zur Lebensmittelhygiene werden hier, ungeachtet der Einteilung im Gesundheitsamt, auch die Forschungen auf dem Gebiet der Veterinärmedizin und die Forschungen auf dem Gebiet des Pflanzenschutzes gezählt.[102] Die Forschungen sowohl in der biologischen als auch in der veterinärmedizinischen Abteilung betrafen überwiegend zum Verzehr geeignete Nutzpflanzen und Nutztiere. Wenngleich das Gesundheitsamt in den Kriegsjahren über die »Sorge für den Menschen« die »Sorge für die Tiere« nicht vergessen mochte,[103] steht diese Sorge in Widerspruch zu der Tatsache, dass das Gesundheitsamt dem Minister für geistliche, Unterrichts- und Medizinal-Angelegenheiten im preußischen Abgeordnetenhaus 1883 in einer zur Vivisektion geführten Debatte als eine »der wich-

---

bei Grüne, Anfänge 1996, S. 214-256. Zu den Schwierigkeiten bei der Implementierung des NMG Hüntelmann, Kontrolle 2006.

98 1887 und 1897 das Margarinegesetz, ferner die Weingesetze von 1892 und 1930, die Süßstoffgesetze von 1898 und 1926, die Milchgesetze von 1926 und 1930, das Gesetz zur Schlachtvieh- und Fleischbeschau von 1900 und das Absinthgesetz von 1923, vgl. Grüne, Anfänge 1996, S. 52-63, die Gesetze im Anhang S. 261-275.

99 Die Gerichtsurteile wurden wöchentlich in den VKGA/VRGA abdruckt und die Auszüge aus den gerichtlichen Entscheidungen zum Gesetze, betr. den Verkehr mit Nahrungsmitteln, Genußmitteln und Gebrauchsgegenständen, Bd. 1 (1892), Bd. 2 (1894), Bd. 3 (1896), Bd. 4 (1900), Bd. 5 (1902), Bd. 6 (1905), Bd. 7 (1908), Bd. 8 (1912), Bd. 9 (1921), Bd. 10 (1923) in einer eigenen Reihe zusammengefasst.

100 Vgl. Schreiber/Merres, Übersicht 1933, S. 791.

101 Vgl. Kerp, Ausführungsbestimmungen 1929.

102 Gottstein, Heilwesen 1924, S. 394 f. handelt das Veterinärwesen zusammen mit dem »Fleischverkehr« ab. Prof. Schmaltz beklagte sich um die Jahrhundertwende in der *Berliner Tierärztlichen Wochenschrift*, dass die Veterinärmedizin im Gesundheitsamt nicht selbständig behandelt und die Arbeiten im chemischen oder medizinischen Laboratorium durchgeführt würden, vgl. Siewert, Veterinärmedizin 1992, S. 5 f.

103 Vgl. RGA, Festschrift 1926, S. 18.

tigsten Tierversuchsanstalten« im Reich galt.[104] Man darf annehmen, dass die Sorge um die Versuchstiere hier nur an nachgeordneter Stelle stand und Tiere nur im Hinblick auf ihre Nutzbarkeit für den Menschen, sei es zur Unterstützung bei der Arbeit oder in erster Linie als Nahrungsquelle, eine Rolle spielten. Neben landwirtschaftlichen Aspekten waren die durch Viehseuchen verursachten nationalökonomischen Verluste immer wieder ein zitiertes Begründungsmoment bei der Realisierung von Forschungsvorhaben.[105] In diesem Sinn werden die Forschungen überwiegend zu Rindern, Schweinen und Geflügel eingeordnet als noch nicht verarbeitete Lebensmittel – entsprechend ihrem letztendlichen Verwendungszweck.

Die Verbindung von Epizootien zu Epidemien und zur Nahrungsmittelhygiene stellt Barbara Orland in ihrer Untersuchung zur Rindertuberkulose her. In der wissenschaftlichen Fachwelt herrschte Unsicherheit über die Frage, ob Viehseuchen auch auf den Menschen und umgekehrt übertragbar seien.[106] Dagegen stand die Übertragung von Krankheiten durch den Genuss animalischer Erzeugnisse außer Frage. Die Milch war gleichzeitig überlebenswichtiges Grundnahrungsmittel und ein *contagium vivum*. Die Gefahr der Ansteckung mit Tuberkuloseerregern durch den Genuss von Milchprodukten blieb auch nach der von Robert Koch 1901 postulierten Trennung eines humanen und eines bovinen Tuberkulosetypus virulent. Die Viehseuchen schädigten somit nicht nur das Nationalkapital, sondern sie bedrohten im Zweifelsfall auch die Volksgesundheit. An dieser Bedrohung hatte sich das »Handeln in Zeiten der Ungewissheit« auszurichten.[107]

Laut Verfassung des Deutschen Reiches oblag die Beaufsichtigung veterinärpolizeilicher Angelegenheiten dem Reich. Von dem die Tierärzte vertretenden Deutschen Veterinärrat war 1874 ein direkt dem Reichskanzler unterstelltes Reichsveterinäramt gefordert worden.[108] Zwar wurde ein solches Amt nicht errichtet, gleichwohl wurden die Aufgaben dem Gesundheitsamt übertragen. Die Tätigkeit des Gesundheitsamtes erstreckte sich auf die Erarbeitung von Gesetzesvorlagen und die Erfor-

---

104 SB des preußischen Abgeordnetenhauses vom 16.4.1883, zitiert nach Carola Sachse, Der Streit um die Vivisektion. Zum Verhältnis von Wissenschaft, Gesellschaft und Staat im Deutschland des 19. Jahrhundert, unveröffentlichter Habilitationsvortrag, Juli 2001.
105 Hierzu ausführlich Kap. 4.1.
106 Beispielsweise Dammann/Müssemeier, Untersuchungen 1905.
107 Vgl. Orland, Handeln 2001; zur Diskussion verschiedener Tuberkulosetypen Zeiss/Bieling, Behring 1941.
108 Vgl. die Notizen in BA Berlin, R 86/767; sowie BA Berlin, R 1401/954.

schung und »Bekämpfung von Viehseuchen«. Zur Ergründung von Krankheitsverläufen und zur Überwachung des Fleischverkehrs wurde eine fortlaufende Viehseuchenstatistik und eine Fleischbeschau- und Schlachtungsstatistik erstellt. Im Gesundheitsamt wurde zum Milzbrand, zur Rotzkrankheit, zur Rindertuberkulose (Perlsucht) und zur Rinderpest, zur Schweinepest und Schweinerothlauf, zur Maul- und Klauenseuche und zu Geflügelcholera und Hühnerpest geforscht.[109]

Zur Abwehr der seit Ende der 1860er Jahre auch auf dem Gebiet des Deutschen Reiches wütenden Rinderpest wurde 1880 das Reichsgesetz betreffend die Abwehr und Unterdrückung von Viehseuchen erarbeitet. Die Anwendung des so genannten Viehseuchengesetzes wurde auf weitere Krankheiten übertragen und 1894 sowie 1909 umfassend revidiert.[110] Die letzte Änderung von 1909 blieb bis 1980 wirksam. Das Gesetz beinhaltete Desinfektions- und Obduktionsvorschriften, die Anzeigepflicht von Erkrankungen, ferner waren Importkontrollen vorgesehen, Quarantänemaßnahmen und die Notschlachtung des infizierten Viehbestandes. Von 1885 bis 1900 arbeiteten Vertreter des Gesundheitsamtes an einem Gesetz zur zentralen Schlachtvieh- und Fleischbeschau.[111]

Das Nahrungsmittelgesetz regelte auch den Verkehr mit Gebrauchsgegenständen. Als solche definierte das Gesundheitsamt Gegenstände, mit denen der menschliche Organismus täglich in Berührung kommt und die einen schädlichen Einfluss auf die Gesundheit ausüben könnten. Hierbei handelte es sich um Spielwaren, Kleidung, Ess- und Kochgeschirr, Tapeten, Farben und Petroleum. Zum Schutz der Bevölkerung wurden gesonderte Gesetze zum Verkehr mit Petroleum, dem Handel mit blei- und zinkhaltigen Kochgegenständen und dem Verkehr mit Farben im Gesundheitsamt erarbeitet.[112]

---

109   Vgl. KGA, Festschrift 1886, S. 73-81; RGA, Festschrift 1926, S. 156-167; Schönberg, Schwerpunkte 1992.
110   Vgl. KGA, Belehrung 1912.
111   Vgl. RGA, Festschrift 1926, S. 154-156, 169-172, 176.
112   1882 wurde die Verordnung über den Verkauf von Petroleum erlassen, 1887 war das so genannte Blei- und Zinkgesetz sowie das Farbengesetz im KGA erarbeitet und im Reichstag verabschiedet worden. Zum Petroleum KGA, Festschrift 1886, S. 62 f., zu den Gebrauchsgegenständen RGA, Festschrift 1926, S. 121 f.; Grüne, Anfänge 1996, S. 258-260, die einzelnen Gesetze dort im Anhang.

3.2.5 Die »Hygiene der Wohnstätten«

Die allgemein gefasste »Hygiene der Wohnstätten« beinhaltete nicht nur die Wohnungshygiene, sondern umfasste alle den Wohnungsbereich umgebenden und die menschliche Gesundheit beeinflussenden Faktoren wie beispielsweise Luft, Trinkwasserver- und Abwasserentsorgung und Abfallentsorgung – man könnte auch von einer Städtehygiene sprechen.[113] Auf diesem Gebiet bearbeitete das Gesundheitsamt in den ersten Jahrzehnten verschiedene Probleme der kommunalen Abwasserbeseitigung. Im Auftrag der vorgesetzten Behörde oder der Einzelregierungen wurden zahlreiche Gutachten über die Kanalisation und Abwasserreinigung größerer Städte erstellt. Weiterhin wurden Analysen über die Verunreinigung von Flussläufen durch kommunale und industrielle Abwassereinleitung vorgenommen. Besondere Aufmerksamkeit widmete man den Abwässern aus Zellstofffabriken, Zuckerraffinerien und Kalibergwerken.[114]

Seit der Choleraepidemie 1892 wandte sich das Gesundheitsamt verstärkt Fragen der Trinkwasserversorgung zu. Es wurden Gutachten zur Trinkwasserversorgung, Sandfiltrationsanlagen und Trinkwasseraufbereitung in städtischen Klärwerken erstellt mit dem Ziel, die Versorgung der Bevölkerung mit keimfreiem Trinkwasser zu ermöglichen. Bei drohender Seuchengefahr konnte das Gesundheitsamt öffentliche Trinkwasserversorgungsanlagen und Klärwerke überwachen und deren Nutzung beschränken oder verbieten.[115]

Zur Hygiene der Wohnstätten zählte weiterhin die Lufthygiene,[116] die Verkehrshygiene und die Wohnungshygiene. Im Gesundheitsamt wur-

---

113 Vgl. Artelt u. a. (Hg.), Kleidungshygiene 1969; insbesondere den Beitrag von Gernot Rath.
114 Vgl. die Sammlung von zwanzig Gutachten über Flussverunreinigungen in den AKGA (u. a. von Abel, Gärtner, Kerp, Müller, Ohlmüller, Renk, Rubner). Insgesamt wurden in den ersten fünfzig Jahren des Gesundheitsamtes 61 Artikel zu Abwasserbeseitigung und Flussverunreinigungen veröffentlicht, darunter 16 Untersuchungen über die Wasserqualität des Rheins zwischen Basel und Koblenz in einem Zeitraum zwischen 1905 bis 1907.
115 Vgl. die Paragraphen 17, 21 und 23 im RSG, ferner Gottstein, Heilwesen 1924, S. 332. Die staatlich geregelte Überwachung der Trinkwasserversorgung ist ein Indiz für die Durchsetzung der Erregerlehre, die davon ausgeht, dass der Erreger direkt von Mensch zu Mensch oder indirekt über Luft und Wasser verbreitet wird im Gegensatz zur Miasmenlehre, die den Krankheitserreger im Boden wähnte.
116 Hierzu gab es nur wenige Untersuchungen, so über die schwefelige Säure in der Luft von Proskauer, Beiträge 1881; über die quantitative Bestimmung von Mikroorganismen in der Luft Hesse, Bestimmung 1884; sowie unveröffentlichte

den Luftuntersuchungen hinsichtlich belastender Mikroorganismen, Staub, Ruß und der Bestandteile der Luft unternommen. Bei der Verkehrshygiene stand lange Zeit die Übertragung ansteckender Krankheiten über öffentliche Verkehrsmittel im Vordergrund.[117] In den 1920er Jahren kam bedingt durch die Motorisierung und das zunehmende automobile Verkehrsaufkommen in der Stadt die Schädigung der Gesundheit durch Abgase hinzu. Im Rahmen der Verkehrshygiene wurden Untersuchungen der Straßenluft Berlins und Hamburgs auf den Abgasgehalt und die Abgasverteilung sowie den Gehalt an Kohlenoxyd vorgenommen und die toxikologische Wirkung des Benzins analysiert.[118]

Das Gesundheitsamt beschäftigte sich nicht mit Problemen einzelner Wohnungen, diese wurden an die kommunalen Gesundheitsämter überwiesen.[119] Generell allerdings befasste sich das Gesundheitsamt mit Krankheiten übertragenden Schädlingen in Wohnhäusern und öffentlichen Gebäuden. Mit dem Ersten Weltkrieg nahm die »Ungezieferplage« solche Ausmaße an, dass zu ihrer Bekämpfung die wirksamsten Mittel mobilisiert werden mussten. »Zweifellos steht in der gasförmigen Blausäure ein solches zur Verfügung.«[120]

3.2.6 Die Tätigkeit des Gesundheitsamtes auf dem Gebiet der Wohlfahrtspflege und der Gesundheitsfürsorge

Obzwar Heinrich Struck in seiner Denkschrift den Anspruch erhoben hatte, auch auf dem Gebiet der allgemeinen Fürsorge – für Kinder, Irre, Alkoholiker und Geschlechtskranke – tätig werden zu wollen, blieb die

---

Gutachten zur Bestimmung der Kohlensäure in der Luft und zur Verunreinigung der Luft durch Rauch und Ruß, vgl. RGA, Festschrift 1926, S. 128.

117 Zur Übertragung von Krankheitserregern via Eisenbahn Petri, Versuche 1894; Musehold/Dubar, Untersuchungen 1899; Fischer/Koske, Untersuchungen 1903; über das Schiff Koch/Gaffky, Versuche 1886; Nocht/Giemsa, Vernichtung 1904; KGA, Anleitung 1906.

118 Vgl. Engelhardt, Tierversuche 1932; Heitzmann, Anatomie 1932; sowie Keeser u. a., Toxikologie 1931. Letztgenannte Untersuchung entstand in Kooperation mit der I.G. Farbenindustrie. Eine weitere unter gewerbehygienischen Aspekten vorgenommene Arbeit untersuchte die Schädlichkeit der Luft in Garagen und Kfz-Betrieben, siehe Froboese, Beitrag 1932.

119 Zur Wohnungshygiene vgl. Flügge, Wohnungsdesinfektion 1898; Treue, Haus 1969; Goerke, Wohnhygiene 1969.

120 »Ihre hohe Giftigkeit«, wusste das RGA bereits, »zwang aber andererseits zur Vorsicht; denn, von Unberufenen ausgeführt, kann das ›Blausäureverfahren‹ schweres Unheil anrichten« – Unberufene gab es nach 1933 viele. Die Verbindung von Zyklon B zur Bekämpfung von »Parasiten« vor und nach 1933 bei Jansen, Schädlinge 2003; das Zitat RGA, Festschrift 1926, S. 129.

tatsächliche Tätigkeit der Behörde im Lauf der folgenden fünfzig Jahre in diesem Bereich weit hinter der Ankündigung zurück. Nachfolgend soll die Aktivität des Gesundheitsamtes in der so genannten Sozialhygiene, der Schulhygiene und der Rassenhygiene zusammengefasst werden.

In der anlässlich ihres fünfzigjährigen Bestehens veröffentlichten Festschrift konstatierte das Gesundheitsamt 1926: Auf dem Gebiet der Sozialhygiene habe sich im Reich erst »in neuester Zeit« eine umfassende Tätigkeit entwickelt. Zukünftig eröffne sich dem Gesundheitsamt »zweifellos ein Feld großer und bedeutungsvoller Mitarbeit«. Bislang jedoch habe man sich auf diesem Gebiet nur beschränkt entfalten können.[121] Die Arbeiten des Gesundheitsamtes auf diesem Gebiet wurden in der Festschrift auf vier Seiten knapp abgehandelt.

Die sozialhygienische Tätigkeit beinhaltete im Gesundheitsamt erstens die Schulhygiene. Die Schulhygiene nahm ihren Aufschwung vor dem Hintergrund einer beklagten körperlichen »Degeneration« der Militäranwärter und einer Verminderung der Wehrtauglichkeit der Rekruten. Die Schulhygiene habe daher die Aufgabe, die körperliche Tüchtigkeit der Jugend zu heben.[122] Das Schulwesen oblag im Deutschen Reich der Fürsorge der einzelnen Länder. Die 1909 zusammen mit der Zahnärzteschaft ins Leben gerufene Kampagne zur »Aufklärung der Bevölkerung« über die »systematische Zahnpflege in den Schulen« blieb lange Zeit die einzige Tätigkeit auf dem Gebiet der Schulhygiene. Erneut konnte sich das Gesundheitsamt während und nach dem Krieg an der Organisation von Schulkinderspeisungen beteiligen. Seit den 1920er Jahren trat das Reichsgesundheitsamt verstärkt für medizinische Untersuchungen und eine »Schulgesundheitsstatistik« ein.[123]

Als weiteres Tätigkeitsgebiet sei die »Fürsorge« für Tuberkulöse, Geschlechtskranke, Alkoholkranke und Geisteskranke genannt. Der Schwerpunkt des Gesundheitsamtes lag auf der bakteriologischen Erforschung von Krankheiten im Labor. Die Arbeit des Gesundheitsamtes sah die Konstituierung der Forschungsergebnisse in Gesetzesvorlagen vor, mittels derer die Kranken identifiziert, registriert und isoliert werden konnten. Die so genannte Fürsorge der Kranken beschränkte sich auf die Zusammenarbeit mit Kommunen und privaten Wohltätigkeitsorganisationen sowie die Erarbeitung von Verhaltensmaßregeln aufstellenden Merkblättern. Der Begriff der Fürsorge führt daher in die Irre. Die »Fürsorge für Geisteskranke« erstreckte sich beispielsweise einzig auf die Samm-

---

121 Vgl. RGA, Festschrift 1926, S. 130.
122 Die Verflechtung von Militär und Schulhygiene in Hahn, Einflüsse 1994.
123 Vgl. RGA, Festschrift 1926, S. 130 f.

lung von Gesetzestexten und die Erstellung von Statistiken über den Gesundheitszustand in Heilanstalten, und die »Fürsorge für Alkoholkranke« war weniger eine Fürsorge als vielmehr eine »Bekämpfung des Alkoholismus«.[124]

Unter Sozialhygiene subsumierte das Gesundheitsamt auch die Rassenhygiene als »Hygiene der menschlichen Fortpflanzung«.[125] Bis zum Ende des Ersten Weltkrieges ließ das Gesundheitsamt jedwedes Engagement auf diesem Gebiet vermissen. Im Herbst 1917 äußerte man in einem Gutachten Bedenken gegen den von der Berliner Gesellschaft für Rassenhygiene eingebrachten Vorschlag, Heiratswillige zu einer ärztlichen Untersuchung auf ihre Ehetauglichkeit hin zu motivieren. Die Maßnahme stellte nach Meinung des Gesundheitsamtes »einen tief in die persönliche Freiheit eingreifenden Zwang« dar und wäre der Bevölkerung nur schwer zu vermitteln.[126] Nach Kriegsende änderte sich die ablehnende Haltung des Gesundheitsamtes. Dort engagierten sich Mitglieder der Medizinischen Abteilung in der Rassenhygiene. Es gelte »ganz besonders im Hinblick auf die durch Kriegsverluste, Hungerblockade und wirtschaftliche Nöte der Nachkriegszeit herbeigeführte Schwächung des Volkskörpers« die Nachkommenschaft zu fördern. Ein 1920 erarbeiteter Gesetzesvorschlag des Reichsgesundheitsrates, »wonach die Ehebewerber vor der Eheschließung ein ärztliches Gesundheitszeugnis auszutauschen hätten« und bei »ungünstigem ärztlichen Befunde ein Eheverbot ausgesprochen werden solle«, wurde allerdings im Reichstag abgelehnt. Im Zusammenhang mit der Novellierung des Personenstandsgesetzes wurde jedoch die Verteilung des im Gesundheitsamt erarbeiteten »Merkblattes für Eheschließende« bei Bestellung des Aufgebotes an die Verlobten angeordnet. Das Merkblatt »gibt gesundheitliche Ratschläge, deren Beachtung eine spätere Ehe vor schwerem Unheil zu bewahren imstande ist«.[127]

Die Frage der Zwangssterilisation »minderwertiger Personen« hat das Gesundheitsamt »von Anfang an mit Interesse« verfolgt. Gleichwohl

---

124 Vgl. ebd., S. 132 f. Wesentlich umfangreicher die Institutionen im Deutschen Reich bei Möllers (Hg.), Gesundheitswesen 1923.
125 Vgl. zur Ausdifferenzierung des Hygienebegriffs Kap. 5.2.5.
126 Vgl. den Bericht »Austausch von Gesundheitszeugnissen vor der Eheschliessung« des PKGA an den StsdI, 11.12.1917, BA Berlin, R 1501/109379. Für die Einsicht in die Dokumente danke ich Johannes Vossen.
127 Der Erfolg des Merkblattes blieb bescheiden. Trotz mehrfacher Überarbeitung blieb es unattraktiv, und es wurde »häufig auf den Stufen der Standesämter wiedergefunden«, vgl. Vossen, Gesundheitsämter 2001, S. 144. In die wöchentlich erscheinende Statistik der VRGA wurde die Rubrik »Eheschließungen« aufgenommen.

seien die in anderen Ländern gemachten Erfahrungen und die Ergebnisse der Vererbungsforschung noch nicht eindeutig genug, um eine reichsgesetzliche Regelung »so schwerwiegende[r] Zwangsmaßnahmen« rechtfertigen zu können.[128] Die Einstellung zur Zwangssterilisierung sollte sich nach 1933 rasch ändern.

3.2.7 Gewerbehygiene

Im Bereich der Gewerbehygiene erarbeitete das Gesundheitsamt Gesetzesvorlagen und Verordnungen zum Schutz der weiblichen und jugendlichen Arbeiter.[129] Über die Erarbeitung allgemeiner Gesetzesvorlagen zur Unfallverhütung wurden in den Laboratorien des Gesundheitsamtes und in den Gewerbebetrieben vor Ort experimentelle Arbeiten angestellt, um über die Ursachen von Gesundheitsschädigungen Aufschluss zu erlangen. Zum »Schutz der Arbeiter« erstellte das Gesundheitsamt im Auftrag der Reichsregierung und des Bundesrates zahlreiche Gutachten zur Gewerbehygiene, von denen bis 1926 insgesamt 18 Gutachten veröffentlicht wurden.[130] In diesem Zusammenhang wurden Untersuchungen in Buchdruckereien, Zink- und Bleihütten sowie in Betrieben zur Herstellung von Bleiprodukten und elektrischen Akkumulatoren angestellt. Einzelne Gutachten wurden erstellt über Bleivergiftungen, Schädigungen durch Alkalichromate und das Vulkanisieren von Gummiwaren sowie zum Schutz vor dem Staub der Thomasschlacke. Die jeweiligen Gutachten mündeten meist in Gesetzesvorlagen zur Beseitigung des Mangels.[131]

---

128 Vgl. RGA, Festschrift 1926, S. 133 f. Die Debatte um die Sterilisation von »Minderwertigen« in den zwanziger Jahren in Weingart u. a., Rasse 1996, S. 274-306; Vossen, Gesundheitsämter 2001, S. 155-172.
129 Zur Gewerbehygiene RGA, Festschrift 1926, S. 134-145.
130 In den ersten Jahren nach Gründung der Behörde hatte das KGA bei der Erstellung von Gutachten zur Gewerbehygiene Schwierigkeiten, weil die »Fabrikbesitzer« den Mitgliedern des Amtes wiederholt den Zutritt zu den Gewerbebetrieben verwehrt hatten. Erst nach der Vermittlung kommunaler Verwaltungsbeamter konnte das KGA seiner Arbeit nachgehen, vgl. DKGA an RKA, 17.9.1879 und den Bericht an den preußischen Handelsminister, 25.9.1879, BA Berlin, R 1501/110849.
131 Einzelne Gutachten Renk, Untersuchungen 1889; Pannwitz, Untersuchungen 1896; Wutzdorff, Chromatfabriken 1897; ders., Thomasschlackenmühlen 1899; ders., Akkumulatorenfabriken 1899; ders., Zinkhüttenbetriebe 1900; Rasch, Bleivergiftungen 1898; Sackur, Kenntnis 1904; Heise, Fußbodenöle 1909; ders., Bleigehalt 1919; Beck, Bestimmung 1909; Pfyl/Rasenack, Verpuffungs- und Verbrennungsprodukte 1909; Beck/Stegmüller, Löslichkeit 1910; Beck u. a., Kenntnis 1910; Engel, Gesundheitsgefährdung 1926; Froboese, Beitrag 1927; ders./

3.2.8 Hygienische Volksbelehrung und -erziehung

»Zu den wichtigsten Aufgaben des Reichsgesundheitsamtes gehört die Aufklärung der weitesten Volkskreise über die Aufgaben der Gesundheitspflege.«[132] Die wissenschaftlichen Forschungsergebnisse wurden allgemeinverständlich in Broschüren und Merkblättern für ein Laienpublikum zusammengefasst. Diese Merkblätter wurden in mehreren Millionen Exemplaren gedruckt und breitflächig bei Kommunalbehörden und Ärzten ausgelegt und dort an die jeweiligen Adressaten verteilt. Es wurden Merkblätter für Ärzte,[133] Tierärzte und Tierbesitzer,[134] allgemeine Merkblätter zur hygienischen Volksbelehrung[135] sowie zur Verhütung von Unfällen gewerbehygienische Merkblätter herausgegeben.[136] Ferner veröffentlichte das Gesundheitsamt das für ein allgemeines Publikum bestimmte »Gesundheitsbüchlein«, die »Anleitung zur Gesundheitspflege auf Kauffahrteischiffen« und wirkte an verschiedenen Sammelbänden mit.[137] Neben Veröffentlichungen beteiligte sich das Gesundheitsamt an der Organisation von Ausstellungen zur öffentlichen Gesundheitspflege.[138] Seit

---

Brückner, Beitrag 1930; Weber/Heidepriem, Kenntnis 1930; Leymann/Weber, Ursachen 1931; Engelhardt/Mayer, Chromekzeme 1932.

132 Vgl. zur Volksbelehrung RGA, Festschrift 1926, S. 145-147; Frey, Gedanken 1927; Möllers (Hg.), Gesundheitswesen 1923, S. 211-215.

133 Das Merkblatt für Hautpilzerkrankungen, die Ratschläge zur Bekämpfung der Kinderlähmung, die Ratschläge für Ärzte bei Typhus und Ruhr.

134 Belehrungen über die Blutarmut des Pferdes, die Räude der Hufer, das Dasselfliegen-Merkblatt, die Merkblätter zum Verfohlen der Stuten und Verkalben der Kühe, schließlich das Haustier-Schmarotzer-Merkblatt und die gemeinfasslichen Belehrungen zum Viehseuchengesetz.

135 Das Alkohol-Merkblatt, das Bandwurm-Merkblatt, das Merkblatt zu Bartflechten, die Merkblätter zu den so genannten Volksseuchen wie Cholera, Diphtherie, Ruhr, Tuberkulose, Typhus, das Merkblatt für Eheschließende, insgesamt 32 Arzneipflanzen-Merkblätter, das Milch-Merkblatt, das Pilz-Merkblatt, die Merkblätter zur Mückenplage sowie zur Rattenplage und deren Bekämpfung.

136 Das Merkblatt für Ärzte über Vergiftungen beim Arbeiten mit nitrierten Kohlenwasserstoffen sowie über die Behandlung von Kohlenoxydvergiftung in Bergwerken, dem Schleiffer- und dem Blei-Merkblatt und schließlich: Wie schützt sich der Schiffer vor Cholera?

137 Vgl. KGA, Gesundheitsbüchlein 1895. Das Gesundheitsbüchlein hatte bis 1940 insgesamt 18 Auflagen. KGA, Anleitung 1906; KGA/KSA (Hg.), Das Deutsche Reich 1907.

138 Das Gesundheitsamt war an der Weltausstellung in Chicago 1893, in Paris 1900, in St. Louis 1904, in Brüssel 1910, an der Hygieneausstellung in Berlin 1907 und in Dresden 1911 sowie 1930/1931 beteiligt; ferner an der Ausstellung für Gesundheitspflege, soziale Fürsorge und Leibesübungen (Gesolei) in Düsseldorf 1926; vgl. zur Weltausstellung in Paris den eigens vom KGA erstellten Catalogue des Traveaux et Objets Exposés dans la Classse Hygiène par le Kaiserliches Gesund-

den 1920er Jahren gab es auch Lehrfilme.[139] Die gemeinfasslichen Veröffentlichungen sollten die Bevölkerung hygienisch erziehen. Gleichzeitig boten sie eine willkommene Gelegenheit zur Repräsentation der eigenen Forschungsergebnisse, ohne dass die Behörde selbst im Vordergrund stand.[140]

3.2.9 Die Medizinalstatistik

Die Medizinalstatistik galt als das zentrale Element der öffentlichen Gesundheitspflege. Die kontinuierlich geführte Medizinalstatistik sollte anzeigen, »wo Anlass zu weiteren Abwehr- und Bekämpfungsmassnahmen gegen totbringende Krankheiten gegeben ist. Diese Statistik soll jederzeit einen Gradmesser für das Herrschen gefährlicher Krankheiten bilden.«[141] Die medizinische Statistik sollte über die Bevölkerungsbewegung im Deutschen Reich informieren, die Ätiologie und Epidemiologie verschiedener Krankheiten aufklären und die Krankheitsursachen erhellen helfen. Bevor das Reichsgesundheitsamt die Medizinalstatistik an das Statistische Reichsamt abgeben musste, führte das Gesundheitsamt dauerhaft 13 statistische Arbeiten aus:
1. Jährliche Todesursachenstatistik;
2. Jährliche Statistik der Heilanstalten;
3. Monatsstatistik über die Geburts- und Sterblichkeitsverhältnisse in 335 deutschen Orten mit 15.000 und mehr Einwohnern;

---

heitsamt, Berlin 1900; zur Weltausstellung in St. Louis 1904 den Beitrag von Dr. Breger zum Öffentlichen Gesundheitswesen (Gruppe 140) aus dem Amtlichen Bericht des Reichskommissars; zur Hygieneausstellung in Dresden den Ausstellungskatalog der Reichsregierung Taute u. a. (Hg.), Entwicklung 1931.

139 Vgl. Möllers (Hg.), Gesundheitswesen 1923, S. 214; Sauerteig, Krankheit 1999, S. 203-208, 213-224.

140 In die Ausstellungen wurden enorme Mittel investiert. Für die Aussteller wurde im Etat des Reichsamtes des Innern ein gesonderter Betrag in Höhe von 160.000 Mark ausgeworfen. Die Investition muss sich gelohnt haben, denn Dr. Breger, Mitglied des Gesundheitsamtes, beginnt seine Zusammenfassung stolz mit der Feststellung, das internationale Preisgericht habe den deutschen Ausstellern der Gruppe 140 »mehr Große Preise und goldene Medaillen verliehen, als sämtlichen übrigen Ausstellern zusammen«. Der Vorsitzende des Preisgerichts der Gruppe 140 hebt besonders die Leistungen des Gesundheitsamtes hervor: Die bei weitem »bedeutendste, vollständigste und schönste Ausstellung auf dem Gebiete der Hygiene hat das Kaiserlich Deutsche Gesundheitsamt vorgeführt«, Dr. Breger, Öffentliches Gesundheitswesen (Gruppe 140) auf der Weltausstellung in St. Louis 1904, Sonderabdruck aus dem Amtlichen Berichte des Reichskommissars, Berlin 1906, S. 536-556, hier S. 536.

141 Bericht des PRGA an den RMI, 10.3.1923, BA Berlin, R 1501/111653.

4. Wochenstatistik über die Geburts- und Sterblichkeitsverhältnisse in 46 deutschen Großstädten mit 100.000 und mehr Einwohnern;
5. Wochenstatistik über gemeldete Erkrankungen an übertragbaren Krankheiten bei der Zivilbevölkerung in deutschen und außerdeutschen Ländern;
6. Wochenstatistik über Geburts- und Sterblichkeitsverhältnisse in einigen größeren Städten des Auslandes;
7. Jährliche Statistik der Pockenerkrankungen;
8. Jährliche Statistik der Milzbranderkrankungen;
9. Halbmonatsstatistik über Viehseuchen im Deutschen Reich;
10. Periodische (verschiedene Zeiträume) Statistiken über Tierseuchen im Ausland;
11. Vierteljährliche Statistik über das Auftreten anzeigepflichtiger Viehseuchen im Deutschen Reich;
12. Jährliche Statistik über die Verbreitung der Anzeigepflicht unterliegenden Tierseuchen im Reich;
13. Jahresübersicht über die Ergebnisse der Schlachtvieh- und Fleischbeschau.

Die fortlaufenden statistischen Erhebungen wurden wöchentlich veröffentlicht und monatlich und jährlich zusammengefasst. Die Tabellenwerke wurden in den *Medizinal-Statistischen Mitteilungen* und den *Veröffentlichungen aus dem Reichsgesundheitsamt* sowie in eigenständigen Bänden publiziert.[142]

3.3 Das Gesundheitsamt und die »Bekämpfung der Volksseuchen« am Beispiel der Diphtherie

Nach der sehr breit angelegten Skizze der inhaltlichen Arbeiten am Gesundheitsamt soll im folgenden Kapitel die Arbeit der Behörde und die Arbeitsweise der dort tätigen Medizinalbeamten am Beispiel der »Bekämpfung« der Diphtherie vertieft werden. Darüber hinaus werden die Probleme, mit denen man sich im Gesundheitsamt beschäftigte, konkretisiert und der abstrakte Begriff Epidemie mit dem Leben und Leid der von der Krankheit betroffenen Menschen gefüllt.

Die Diphtherie bietet sich aus dreierlei Gründen als Fallstudie an. Erstens war die Diphtherie eine zutiefst emotional besetzte Krankheit.[143]

---

142 Die Reichsmedizinalstatistik wird hier nur kurz abgehandelt, ausführlich in Kap. 5.3.
143 So auch Weindling, Medical Research 1992.

Besonders unter Kleinkindern war die Letalität hoch. Je nach Schwere der Epidemie erlagen über fünfzig Prozent der infizierten Kinder ihrer Erkrankung. Zu Beginn der 1890er Jahre starben im Deutschen Reich 60.000 Menschen an Diphtherie. In Abhängigkeit vom Alter war Diphtherie unter Kindern bis zum zehnten Lebensjahr eine der häufigsten Todesursachen.[144] Der Forschung zu der auch als »Würgeengel der Kinder« bezeichneten Erkrankung wurde daher eine hohe Priorität beigemessen. Zweitens hält sich der Umfang der Akten im Bundesarchiv auf dem Gebiet der Diphtherie und dem Diphtherieserum in Grenzen und kann daher übersichtlich geschildert werden. Drittens stellte das zur Behandlung der Diphtherie verwendete Heilserum ein vollkommen neues Therapieprinzip und eine neue Produktionsform dar, die einer umfassenden Regelung seitens des Staates bedurften.[145] Die Regelung des Arzneiwesens wiederum fiel in die Kompetenz des Gesundheitsamtes.[146]

Das Gesundheitsamt beschäftigte sich auf drei Ebenen mit der Diphtherie. Bei Ausbruch einer Epidemie kam der Behörde eine aktiv handelnde Rolle nicht zu. Wie bereits beschrieben oblag die Regelung der Medizinalangelegenheiten den Einzelstaaten. Die Reichsbehörde beschränkte sich daher auf das Sammeln von Informationen sowie die Beobachtung von regionalen Epidemien. Gegebenenfalls verfasste die Behörde einen Bericht für das Reichsamt des Innern (1). Durch seine überwachende und beobachtende Tätigkeit war das Gesundheitsamt reichsweit über die bestehenden Forschungen informiert. Darüber hinaus konnte das Gesundheitsamt auch aktiv auf dem Gebiet der Forschung tätig werden (2). Aus den unterschiedlichen Forschungsprojekten zur »Bekämpfung« der Diphtherie ging schließlich das Diphtherieserum hervor. Das Konzept der staatlichen Kontrolle des Diphtherieheilserums erarbeitete die Reichs-

---

144 In Abhängigkeit vom Alter stand die Diphtherie als Todesursache bei Säuglingen an fünfter Stelle, bei den Ein- bis Fünfjährigen nahm die Diphtherie als Todesursache den zweiten Platz ein, während sie im Alter zwischen drei und fünf die häufigste Todesursache darstellte, vgl. Throm, Diphtherieserum 1995, S. 16 f. und im Anhang Tabelle I.1.
145 Ebd., S. 5, 13.
146 Zur Geschichte der Diphtherie Hardy, Streets 1993, 80-109; im US-amerikanischen Kontext Hammonds, Scourge 1999; zum Diphtherieserum Throm, Diphtherieserum 1995. Zur Bekämpfung der Geschlechtskrankheiten in Sauerteig, Krankheit 1999; zur Tuberkulose die Studien von Condrau, Lungenheilanstalt 2000; Hähner-Rombach, Sozialgeschichte 2000; zu Typhus die Dissertation von Mendelsohn, Cultures 1996; zur Cholera Gradmann, Krankheit 2005; Briese, Angst 2003. Die Tätigkeitsbereiche Nahrungsmittelregulation und Medizinalstatistik werden eingehend in Kap. 5 untersucht.

institution in Kooperation mit den Behörden der Einzelstaaten und mit den medizinischen Lehrstühlen an den Universitäten (3).

3.3.1 »Die Diphtheritis im Deutschen Reich«[147]

Die Informationsquelle des Kaiserlichen Gesundheitsamtes hinsichtlich aufgetretener Diphtherieepidemien waren die in den internationalen Zeitungen und Fachzeitschriften diesbezüglich publizierten Artikel und Berichte.[148] Fernerhin wandten sich auch Privatpersonen mit der Bitte um Hilfe an das Kaiserliche Gesundheitsamt. Auf Basis dieser Informationen konnte die Behörde dann auf Anforderung Auskunft über die Diphtherie betreffende medizinalpolizeiliche Probleme geben. Aus den zahlreichen meist kurzen Artikeln soll im Folgenden eine Diphtherieepidemie unmittelbar nach der Gründung des Amtes geschildert werden, über die umfangreiches Aktenmaterial vorliegt. Die im Gesundheitsamt zusammengetragenen Informationen veranschaulichen einerseits die »präbakteriologischen« Ansichten zur Entstehung der Diphtherie sowie die sanitätspolizeilichen Maßnahmen zur Bekämpfung der Krankheit. Darüber hinaus illustriert die Epidemie in Wildemann die ganze Dramatik und die damit verbundenen alltagsgeschichtlichen Auswirkungen und lokalpolitischen Verwicklungen.

Am 26. April 1878 wandte sich der Kirchenrechnungsführer und Dorflehrer H. Mennecke aus Wildemann im Kreis Zellerfeld an das Kaiserliche Gesundheitsamt. Seit elf Monaten würde Wildemann bereits von einer Diphtherieepidemie heimgesucht werden. Die ersten Fälle seien im Mai 1877 mit zunehmend epidemischem Ausmaß aufgetreten. Den Höhepunkt habe die Krankheit im Oktober mit sieben Toten erreicht. Damals habe man fünf Kinder an einem Tag beerdigen müssen. Wenngleich es auch wiederholt Wochen gegeben habe, in denen die Krankheit erloschen schien, brach sie doch immer wieder aus. Im April habe man bereits drei Tote zu beklagen gehabt. Beim Zusammenzählen der Toten sei man auf eine Zahl von insgesamt 83 gekommen. Bis Dezem-

---

147 So lautet der Titel der Akte R 86/1181 im Bundesarchiv Berlin.
148 Beispielsweise Dr. H. Oidtmann an das KGA, 11.7.1879 über eine Diphtherieepidemie im Raum Aachen; Stadtrat Gotha an das KGA, 17.5.1886 mit einer Statistik über Scharlach und Diphtherie in Gotha; Nationalzeitung vom 23.12.1886 über eine Diphtherieepidemie in Bayern; allgemeiner der *Report* der *American Public Health Association* über »The relations of schools to Diphtheria and to similar diseases«; oder die von Dr. Brühl verfassten »Beitraege zur Aetiologie der Sterblichkeit an Diphtherie und Croup im Königreich Preußen während des Jahres 1875 bis 1882«; ferner die Statistiken zur Diphtherie in Berlin von Georg Friedrich Wachsmuth, alle Angaben BA Berlin, R 86/1181.

ber 1877 seien 7,13 % der Bevölkerung Wildemanns von der Krankheit erfasst gewesen.[149] Seinem Gesuch fügte Mennecke einen ausführlichen Bericht über die allgemeinen lokalen Verhältnisse in Wildemann bei: Der Ort liege 1.400 Fuß über Normalnull, werde von einem kleinen Bergstrom durchflossen und zähle 1.300 Seelen, verteilt auf 160 bis 170 Häuser, zuzüglich 250 bis dreihundert ausländische Steinbrucharbeiter.[150] Der ausführlichen Beschreibung über die Vegetation, die Ernährung der Bewohner sowie die Boden-, Luft- und Temperaturverhältnisse fügte Mennecke die Versicherung bei, dass Wildemann für seine Reinlichkeit in den Häusern bekannt sei. Wildemann sei lange Zeit als ein gesunder Ort bekannt gewesen.[151]

Um der Epidemie Paroli zu bieten, habe man eine Kommission aus dem Bürgermeister Tettenborn, dem Wundarzt Henkel und dem Dorfschullehrer Mennecke gebildet.[152] Auf Veranlassung dieser Kommission sei eine besondere Polizeiordnung seitens des Amtes Zellerfeld für Wildemann erlassen worden, die jedoch nur wenig beachtet würde. Das Volk erachte als Ursache für die Epidemie erstens einen Todesfall durch ein Eisenbahnunglück, zweitens eine Vertiefung nahe Wildemann, in die man das Stroh und die Betten Diphtheriekranker entsorge, drittens die Überbevölkerung durch die ausländischen Steinbrucharbeiter, viertens das Trinkwasser, fünftens die Schulklassen und sechstens das nasse ungesunde Vorjahr.[153] Der Bürgermeister erwog als Ursache der Diphtherie »unbestimmte tellurische Einflüsse«, die ihre Erklärung in der Macht von

149 Alle Angaben aus dem Brief von Mennecke an das KGA, 26.4.1878, BA Berlin, R 86/1181.
150 Die Volkszählung im Dezember 1876 habe in Wildemann eine Bevölkerung von 1.326 Einwohnern und 350 Auswärtige ergeben, vgl. den Bericht des Medizinalreferenten Wiebecke am 15.5.1878, ebd.
151 Mennecke an das KGA, 26.4.1878, ebd.
152 Bezüglich der Gesundheitskommission sind die Angaben unterschiedlich, laut einem Bericht des Medizinalreferenten Wiebecke vom 15.5.1878 bestand die Kommission aus der Konstellation Bürgermeister, Wundarzt und Dorflehrer. Nach dem neuerlichen Auftreten der Diphtherie nach Ostern 1878 gehörten der Kommission der Bürgermeister, der Wundarzt und der Kreisphysikus an. In dem Schreiben Menneckes an das KGA vom 26.4.1878 zählten zu der Kommission der Bürgermeister, der Knappschaftsarzt und der Kreisphysikus. Die unterschiedlichen Angaben lassen sich vielleicht dadurch erklären, dass nach dem vermeintlichen Erlöschen der Epidemie die jeweilige Kommission aufgelöst und nach dem wiederholten Ausbruch neu ernannt wurde, alle Angaben BA Berlin, R 86/1181.
153 Mennecke an das KGA, 26.4.1878, ebd.

Witterung, Klima oder anderen Naturereignissen fanden.[154] Da bislang weder von den Behörden noch von medizinischen Fachgelehrten etwas geschehen sei, wende man sich an das Kaiserliche Gesundheitsamt, damit der Herd der Krankheit gefunden und die Verbreitung mit Mitteln der Wissenschaft unterbunden werde.

Aufgrund des Gesuchs wandte sich das Kaiserliche Gesundheitsamt an die zuständigen Behörden vor Ort: den Kreisphysikus Brockmann und als dessen vorgesetzte Behörde an die Landdrosterei Hildesheim. Ebenso informierte das Gesundheitsamt das zuständige preußische Kultusministerium und fragte schließlich das Reichskanzleramt um Erlaubnis, tätig werden zu dürfen.[155] Die Genehmigung seitens des Reichskanzleramtes wurde mit der Bemerkung erteilt, dass die mit dem Bericht befassten Beamten vor Ort an den Ermittlungen teilnehmen sollten.[156] Das preußische Kultusministerium seinerseits forderte auf die Information des Kaiserlichen Gesundheitsamtes hin einen Bericht von der Landdrosterei Hildesheim an. Der Bericht beschreibe die »offen dargelegten überraschend grellen Missstände der Gesundheitspolizei an dem betroffenen Orte«.[157]

Bereits im Herbst 1877 hatte es Meldungen über Diphtheriefälle in Wildemann an die Landdrosterei Hildesheim gegeben. Infolgedessen hatte der Kreishauptmann Hunaeus gemäß § 5 der Verordnung vom 20. September 1867 polizeiliche Vorschriften erlassen, die erstens die Anzeigepflicht der Diphtherieerkrankungen durch den Hausvorstand, zweitens die Weisungsbefugnis der örtlichen Gesundheitskommission, drittens die Absonderung diphtherieverdächtiger Personen von öffentlichen Veranstaltungen, viertens die Freistellung infizierter Kinder vom Schulbesuch und schließlich fünftens die Beerdigung Verstorbener binnen 48 Stunden vorsahen. Die Krankmeldungen waren durch den Bürgermeister Tettenborn entgegenzunehmen, die Untersuchungen der Kranken waren durch den Wundarzt Henkel auszuführen, und die Desinfektionen sollten durch den Magistratsdiener eingeleitet werden.[158]

Einen Monat später verfasste Kreisphysikus Brockmann einen Bericht über die Diphtherie in Wildemann. Brockmann habe auf die Einhaltung

154 Vgl. die Angaben in dem Bericht des Medizinalreferenten Wiebecke am 15.5.1878, BA Berlin, R 86/1181. Zu den kosmo-tellurischen Einflüssen im »Konzept der epidemischen Konstitution« Stolberg, Theorie 1994; zum Klimadeterminismus Briese, Angst 2003, S. 134-136.
155 Der Schriftwechsel im Mai 1878 in BA Berlin, R 86/1181.
156 PRKA an DKGA, 17.5.1878, ebd.
157 DKGA an PRKA, 29.6.1878, ebd.
158 Kreishauptmann Hunaeus an den Magistrat zu Wildemann, 8.10.1877, ebd.

der polizeilichen Verordnung hingewiesen und den Magistratsdiener Weilert in die Desinfektion eingewiesen. Über die Ursachen konnte auch Brockmann nur Vermutungen anstellen – eine Einschleppung von außen sei jedoch auszuschließen. Ebenso könne man keine Beziehung zwischen Krankheit und Witterung oder der räumlichen Überfüllung nachweisen. Die Ansteckungswege von Haus zu Haus wurden von ihm dezidiert nachgewiesen. Die Epidemie habe in den armen Häusern der Gemeinde ihren Ursprung gefunden und sich besonders über die Schule ausgebreitet. Die erlassenen Präventivmaßnahmen hätten zwar Erfolg gezeigt, doch würden diese nicht konsequent fortgeführt. Dies führe meist dazu, dass die Krankheit verschleppt würde.[159] Ein halbes Jahr später führte Brockmann die Ursache der langen Dauer der Epidemie auf die mangelhafte Ausführung der angeordneten prophylaktischen Maßnahmen zurück. Die Desinfektion sei teilweise sogar ganz eingestellt worden. Brockmann habe sich bezüglich dieses Versäumnisses beim Vorstand des Magistrates beschwert und beim Kreishauptmann Anzeige erstattet und vorgeschlagen, die Schutzverfahren unter eine schärfere Kontrolle zu stellen.[160]

Das ganze Ausmaß der Missstände brachte allerdings erst der vom Kultusministerium entsandte Medizinalreferent Wiebecke im Mai 1878 zu Tage. Die Ursache könne nur auf den Bahnunfall einer Frau Sauter zurückgeführt werden. Aus den starken Verletzungen am ganzen Körper hätten sich »ungeheure Massen Eiter« entleert, der in einer am Haus vorbeiziehenden Gosse entsorgt wurde. Die Eiterlappen wurden auf die Straße unter das Fenster geworfen. Kurz nach dem Tod der Verunglückten zum Jahreswechsel 1876/1877 brach in den Nachbarhäusern Flecktyphus aus, der sich nachweislich über Verwandte ausbreitete. Das Viertel und die Häuser zeichneten sich durch besonderen Schmutz aus, die Matratzen der Kranken wurden in ein Loch am Dorfrand oder im Wald hinter der Mühle und in dem Fluss des Dorfes hinter dem Haus des Bäckermeisters entsorgt. In diesem Viertel hätte auch die Diphtherieepidemie ihren Anfang genommen. Die Kranken wurden von dem Wundarzt und dem Kreisphysikus versorgt.[161] Dem Bürgermeister seien die man-

---

159 Berichte Kreisphysikus Dr. Brockmann, 3.11.1877, ebd.
160 Kreisphysikus Dr. Brockmann an die Königliche Landdrosterei, 13.4.1878, ebd.
161 Die Mutmaßungen Wiebeckes entsprechen den gängigen zeitgenössischen Theorien. Die Annahme, die Diphtherie sei durch den Bahnunfall ausgelöst worden, verweist auf das »Konzept der epidemischen Konstitution«. Der Bahnunfall wurde als tellurischer, die Epidemie auslösender Einfluss gedeutet. Das Konzept epidemischer Konstitution ging gleichfalls wie die Miasmenlehre davon aus, dass sich die Krankheit über den – in diesem Fall mit den eitrigen Auslehrungen der Frau Sauter – verunreinigten Boden und die daraus aufsteigenden Miasmen

gelhaften Zustände zur Kenntnis gebracht, doch: »Im ganzen Sommer geschah nichts.«[162] Da in dem Hospital arme Leute ohne Obdach wohnten, seien die Kranken zu Hause gepflegt worden und dort auch verstorben. In Ermangelung eines Leichenhauses blieben die Verstorbenen vorerst in den ehedem beengten Wohnstätten. Die Beerdigungen seien nicht in der vorgeschriebenen Art ausgeführt, es seien »Fälle bekannt, wo Leichen 4-5 Tage (wenn nicht noch länger) über der Erde gestanden haben«. Im Falle der Genesung seien die Kinder rasch wieder draußen herumgelaufen und in die Schule gegangen. Die Schule sei zwar von Oktober bis Neujahr geschlossen gewesen, doch mit der Wiedereröffnung trat erneut eine Massenerkrankung ein. Die Behandlung der Kranken erfolgte durch zwei ortsfremde Ärzte, den Bader, den Wundarzt und den Bruder des Bürgermeisters, der in Gotha eine homöopathische Praxis unterhielt. Ein vorbeugendes »homöopathische[s] Pulver hat der hiesige Bürgermeister im Vertriebe«.[163]

»Die Polizeiordnung ist überhaupt nicht ausgeführt.« Der Magistratsdiener Weilert habe einmal vier Wochen gestreikt, weil er keine Remuneration erhalten habe. Weiterhin habe Weilert selbst zwei Kinder an Diphtherie verloren und in dieser Zeit die Desinfektionen nicht ausführen können. Auch seien die Anzeigen nicht beim Bürgermeister gemacht worden. Der Bürgermeister konnte in der Vernehmung durch den Medizinalreferent Wiebecke nicht genau sagen, wie viele Menschen an Diphtherie erkrankt seien. Der Wundarzt habe ihm zwar Ende 1877 berichtet, dass er im Ganzen 91 Personen behandelt habe. Doch habe dies der Bürgermeister bezweifelt, »die Aerzte wollen immer schlimmere Krankheiten geheilt haben«. Eine Bestrafung etwaiger Zuwiderhandlungen gegen die Polizeiordnung habe nicht stattgefunden. Über die Unterlassung der Anzeige habe der Bürgermeister hinweggesehen. Der Wundarzt hatte sich darüber beschwert, »daß, seitdem der Dr. Tettenborn hier ärztliche Praxis treibt, Erkrankungs-, selbst Todesfälle nicht mehr angezeigt werden«.[164]

verbreitet. Die unhygienischen Verhältnisse in den Wohnungen der Unterschichten hätten die Verbreitung beschleunigt. Gleichzeitig ging Wiebecke in der Annahme, dass der Flecktyphus der Diphtherie vorangegangen ist, nicht von einem spezifischen Krankheitserreger aus.
162 Bericht des Medizinalreferenten Wiebecke, 15.5.1878, ebd.
163 Das und alle vorangehenden Zitate im Bericht des Medizinalrates Dr. Wiebecke, 15.5.1878, BA Berlin, R 86/1181.
164 Bericht des Medizinalreferenten Dr. Wiebecke, 15.5.1878, BA Berlin, R 86/1181, dort auch alle vorangehenden Zitate, Hervorhebung im Original.

Nachdem sich Medizinalreferent Wiebecke ein umfassendes Bild über die Verhältnisse verschafft hatte, wurden Maßnahmen zur Beseitigung der Missstände eingeleitet. Als Ursache für die anhaltende Epidemie eruierte Wiebecke die Missachtung der Polizeiordnung. Die Meldepflicht, die Isolierung der Kranken und die ordnungsgemäße Desinfektion[165] seien sorgfältig einzuhalten und die Ausführung müsste überwacht werden. Der Kreishauptmann sollte regelmäßig am Ersten und Mitte eines jeden Monats Bericht über den weiteren Verlauf der Epidemie erstatten. Für die Absonderung der Kranken und der Toten seien Krankenräume und eine Leichenhalle erforderlich und bereitzustellen. Weiterhin müssten die Abortgruben regelmäßig gereinigt werden, um ein Überfließen und die Infektion des Bodens zu verhindern.[166]
In der Schule seien die schlechten räumlichen hygienischen Verhältnisse abzustellen.[167] Weiterhin müsse man die Kranken vor der Behandlung von

165 Wie man sich die Desinfektion praktisch vorzustellen hatte, geht aus einer 1883 vom DKGA an das RAI übermittelten Anweisung zur Desinfektion von Wohnungen hervor: »Zum Zwecke der Desinfektion ist ein Kilogramm der künstlichen sogenannten 100 % Karbolsäure mit 15 Liter Wasser [...] zu mischen. Mit einem Scheuerlappen, welcher mit dieser Flüssigkeit angefeuchtet wird, ist an drei aufeinander folgenden Tagen und zwar täglich einmal in dem Krankenraum und in den angrenzenden Wohnräumen der Fußboden und die Möbeln, soweit eine Befeuchtung derselben zulässig ist, abzureiben. Die Krankenbettstelle ist hierbei besonders gründlich und wiederholt mit der Karbolsäure zu waschen und abends alle diejenigen Stellen des Fußbodens und der Möbeln an denen sich Staub ablagern kann. Zur gleichen Zeit sind all Theile der zu desinfizierenden Räume, welche nicht mit der Karbollösung befeuchtet werden können, wie z. B. tapezierte Wände, abzustauben und trocken abzuwischen. Auch sind die Räume während der Dauer der Desinfektion möglichst zu lüften. Gepolsterte Möbel des Krankenzimmers, deren sichere Desinfektion nicht zu bewerkstelligen ist, sind einige Monate außer Gebrauch zu setzen. Wäsche, Latten, Matratzen und ähnliche Gegenstände, welche mit dem Kranken in Berührung gekommen sind, müssen durch heißen Wasserdampf desinfiziert werden, was am zweckmäßigsten in dem Desinfektionsapparat [...] auszuführen ist.« Desinfektionsanweisung, Autograph Koch, Ende März 1883, BA Berlin, R 86/1181. Die Anweisung war vom StsdI angefragt worden, weil in der Familie des Hausdieners ein Fall von Diphtherie aufgetreten war. Der beanstandete Widerwille der Bevölkerung in Wildemann und später auch in Hamburg während der Choleraepidemie gegen eine solche Prozedur und die oftmals beklagten Kopfschmerzen sind daher nur zu verstehen; die rabiaten Methoden, die häufig das Mobiliar in Mitleidenschaft zogen, werden geschildert bei Flügge, Wohnungsdesinfektion 1898.
166 Vgl. die Trinkwassertheorie und die Diskussion zur Kanalisation in Hardy, Arzt 2005.
167 Die Verhältnisse in der Schule wurden in dem Bericht dezidiert geschildert – die Breite, Höhe und Länge des Raumes, die Lichtverhältnisse, die Belüftung und

Pfuschern bewahren und warnen. Der sich in der als Müllhalde dienenden Grube befindliche Unrat sollte mit Petroleum übergossen und vollständig verbrannt und vernichtet werden. Schließlich sei der Bürgermeister Tettenborn hinsichtlich der Tatsache zu vernehmen, dass er bei keinem Verstoß gegen die Polizeiordnung eingeschritten war.[168] Ende Juni wurden alle Unterlagen vom Kaiserlichen Gesundheitsamt zurückgereicht. Von der weiteren Untersuchung nahm die Behörde Abstand, da »die so offen dargelegten überraschend grellen Missstände der Gesundheitspolizei an dem betroffenen Orte ohne Zweifel dem Königlich Preußischen Cultusministerium zur weiteren zweckentsprechenden Aufsicht« angetragen werden.[169]

Die von Frühjahr 1877 bis wahrscheinlich Sommer 1878 andauernde Diphtherieepidemie in Wildemann soll exemplarisch die Funktion des Gesundheitsamtes beschreiben helfen. Die Abschriften der Berichte über die Epidemie in Wildemann füllen zahlreiche Seiten in den Akten der Behörde. Die Berichte entwerfen ein Szenario im Kleinen, welches Richard J. Evans in größerem Ausmaß für die Stadt Hamburg beschrieben hat. Eine Epidemie gerät außer Kontrolle, weil die lokal Verantwortlichen nicht verantwortlich handeln. Der Bürgermeister partizipierte über seinen als Homöopath tätigen Bruder indirekt an der Epidemie. Als Vorsteher des Magistrats spielte er die Gefahr der Epidemie herunter. Einen Artikel des *Hannoverschen Couriers* über die Epidemie hielt Tettenborn für eine »starke Übertreibung« und eine »Verunglimpfung Wildemanns«. Nach Erscheinen des Artikels verfasste der Magistratsrat einen verteidigenden Bericht an den Kreishauptmann. In diesem Bericht wurden die Todesfälle kleingeredet – als gesichert könne man nur 46 Todesfälle betrachten. »Tatsache ist, daß Wildemann vorzügliches Trinkwasser besitzt und [...] daß hier stets gesunde reine Luft geherrscht hat.«[170] Mit der Betonung auf reine Luft, guten Boden und sauberes Trinkwasser möchte man Spekulationen entgegentreten, es könnte sich um eine krank machende Gegend mit miasmatischen Ausdünstungen handeln.

Es ist anzunehmen, dass auch der Kreisphysikus erst auf den Artikel im *Hannoverschen Courier* erneut tätig geworden ist. Die im April 1878 von Brockmann beklagte Missachtung der Polizeiordnung und die ungenügenden sanitären Zustände sind von ihm selbst mitgetragen worden.

der Baugrund, auf dem die Schule stand. Im August 1878 gab es noch Schriftverkehr über die Untersuchung des Baugrundes der Schule, vgl. BA Berlin, R 86/1181.

168 Bericht des Medizinalrates Wiebecke, 15.5.1878, ebd.
169 DKGA an PRKA, 29.6.1878, BA Berlin, R 86/1181.
170 Magistratsrat Wildemann, gez. Tettenborn an den Kreishauptmann Hunaeus, 3.5.1878, ebd., Hervorhebung im Original.

Allein das dritte Mitglied der lokalen Sanitätskommission, der Dorfschullehrer Mennecke, wandte sich knapp ein Jahr nach Ausbruch der Epidemie an das Kaiserliche Gesundheitsamt – worüber sich der Bürgermeister bitterlich beschwerte.[171] Auch hier ist von einem externen Anstoß auszugehen, war doch seine eigene Tochter kurz zuvor an Diphtherie erkrankt und infolge dessen verstorben.[172] In den Focus der Öffentlichkeit und der Obrigkeit geriet die Diphtherieepidemie nur durch externe Anstöße: durch den Zeitungsartikel im *Hannoverschen Courier* und durch die Meldung des Dorflehrers an das Kaiserliche Gesundheitsamt. Während die Reaktionen auf den Zeitungsartikel auf die lokale Ebene beschränkt und begrenzt blieben – Kreishauptmann, Kreisphysikus und Bürgermeister – und weitergehende Konsequenzen aus den unzureichenden sanitären Zuständen nicht zu erwarten waren, wurden die grellen Missstände durch die vom Kaiserlichen Gesundheitsamt angestoßenen Anfragen ohne lokale Rücksichten ans Licht gezehrt.

Zweifelsfrei beschränkte sich die Tätigkeit des Gesundheitsamtes auch schon allein darauf, die Initialzündung ausgelöst zu haben. Die Kompetenzlosigkeit machte die Behörde schwerfällig und ein aktives Gestalten und schnelles Reagieren nahezu unmöglich. Bis die vorgesetzte Reichsbehörde in Absprache mit dem zuständigen Ministerium ihr Plazet erteilt hat, stellt der Medizinalreferent des preußischen Kultusministeriums bereits erste Ermittlungen vor Ort an. Die Deutung entspricht dem allgemeinen Bild von einer schwachen Behörde, wie sie in den ersten Jahren nach der Gründung des Amtes bereits von den Zeitgenossen kritisiert wurde. Es werden allerdings nicht nur der begrenzte Handlungsspielraum und die Machtlosigkeit der obersten Medizinalbehörde im Reich, sondern auch die Wirkungslosigkeit der bestehenden Theorien und Maßnahmen zur »Bekämpfung« der Epidemie in der präbakteriologischen Ära deutlich.[173]

171 »Schließlich erlauben wir uns noch die Mittheilung zu machen, daß der hiesige Lehrer Menneke in seiner vorwitzigen Manier sich unberufen zwischen Alles zu striken, beim Reichsgesundheitsamt eine Untersuchung der hiesigen Verhältnisse in Betreff des Auftretens der Diphtheritis beantragt hat, obgleich ihm von dem unterzeichneten Bürgermeister vorgestellt ist, <u>daß königliche Landdrostei bereits von Erw. Hochwohlgeboren, sowie von dem Herrn Kreisphysikus Bericht eingefordert hätte</u>, und es <u>höchst unangemessen</u> sei sich mit Uebergehung der nächsten Behörde nach Berlin zu wenden.« Magistratsrat Wildemann, gez. Tettenborn an den Kreishauptmann Hunaeus, 3.5.1878, BA Berlin, R 86/1181, Hervorhebung im Original.
172 Vgl. die Hinweise in dem Bericht des Medizinalreferenten Wiebecke vom 15.5.1878, ebd.
173 Auch hierin ist eine Parallele zu der Choleraepidemie in Hamburg zu ziehen. Ein Grund für die Ausbreitung der Epidemie ist die Unkenntnis und Ignoranz

Dieser wahrgenommene Mangel an geeigneten Instrumenten zur Bekämpfung der Epidemien vermag auch die Euphorie zu erklären, die dem neuen Behring'schen Heilmittel und dem Konzept der Serumtherapie entgegengebracht wurde. Die Klage Menneckes 1878 belegt gleichzeitig auch die anfänglichen Hoffnungen, die in die oberste Medizinalbehörde gesetzt wurden.

Am Beispiel der Diphtherieepidemie in Wildemann lässt sich jedoch mehr als nur die anfängliche Schwäche der Behörde konstatieren. Darüber hinaus sollen einige Charakteristika skizziert werden. Das Gesundheitsamt wurde immer nur ex post aktiv, d. h. immer nur dann, wenn eine Epidemie ausgebrochen war oder, allgemeiner ausgedrückt, gesundheitspolitisch ein eklatanter Missstand beklagt wurde und die örtlichen Kompetenzträger die Kontrolle über die Situation verloren hatten. Die Tätigkeit der Behörde bestand dann nur selten darin, die Missstände zu beseitigen – dies wäre nicht nur am Widerstand der zuständigen einzelstaatlichen Organe gescheitert, sondern auch an der unzureichenden Ausstattung der Behörde mit materiellen und personellen Mitteln, die für die Realisierung eines solchen Feuerwehr-Prinzips notwendig gewesen wäre. Die originäre Tätigkeit des Gesundheitsamtes beinhaltete *nur* das Koordinieren der beteiligten Akteure und das Sammeln von Informationen. Die augenscheinlich schwachen Tätigkeiten der Generierung und Koordination von Netzwerken und der Sammlung, Verwaltung und Kompilation von Informationen konnten zur Perfektion gebracht, ein machtvolles Instrument zur Durchsetzung eigener Interessen werden.

3.3.2 Die Erforschung der Diphtherie und die Forschung zu deren Heilung

Die Sammlung von Informationen in Form von Fachpublikationen und Zeitungsartikeln stand auch bei der Beobachtung von Projekten zur Erforschung der Diphtherie und zur Forschung nach Heilmitteln gegen die Diphtherie im Vordergrund. Die Fachartikel wurden dem Gesundheitsamt »zur gefälligen Kenntnisnahme« von den Autoren zugesandt und in die Bibliothek aufgenommen. Die Bibliographie dieser Titel wurde erweitert um zahlreiche Arbeiten aus den internationalen medizinischen Fachjournalen.[174]

---

der hamburgischen Medizinalverwaltung gegenüber den bakteriologischen Theorien aus Berlin, siehe hierzu auch Kap. 5.2.6.

174 Vgl. die »Bibliographie« zu Beginn der »Acta, betreffend die Erforschung der Diphtherie« in BA Berlin, R 86/1179 und der »Acta betreffend Verhütung und Heilung der Diphtheritis« in BA Berlin, R 86/1180. Die bibliographischen An-

Weiterhin wurden an das Gesundheitsamt zahlreiche Anfragen auf Prüfung neu entwickelter Heilmittel gestellt. Diese Anfragen waren oftmals verbunden mit der Bitte, die neue Methode am Gesundheitsamt vorführen zu dürfen oder generell am Gesundheitsamt für einen längeren Zeitraum arbeiten zu dürfen.[175] Hierbei gelangten dem Gesundheitsamt die banalsten und abstrusesten »Forschungen« zur Kenntnis. Oftmals waren kommerzielle Verwertungsinteressen der Pastillen, Säfte und Kuren der ausschlaggebende Beweggrund der Anfrage.[176] Aus dem Kuriositätenkabinett der zahlreichen Heilmittel sei hier beispielhaft die Broschüre von Heinrich Oidtmann über die »gesundheitsgefährlichen Wirkungen der niederen Backhefe« angeführt.[177] »Tannenkohle, ein Mittel gegen Halsentzündungen« propagierte der Eisenbahnsekretär Ernst Freckmann,[178] und Ernst Heinrich übermittelte dem Gesundheitsamt ein »sehr prosaisches« Rezept aus Böhmen, das »Ihnen ein Lächeln abgewinnen« wird – »trotzdem theile ich es hier mit«: Man nehme den »frischen, wenn möglich noch warmen Mist von einer Kuh, quetscht durch ein Tuch den Saft daraus und giebt ihn mit Zucker dem kranken Kinde einige mal ein.« Die überraschende Wirkung habe sogar den behandelnden Arzt verwundert.[179]

Mit Schrecken nahmen die Beamten der Behörde von dem folgenden Vorschlag des Klempners Wilhelm Müller aus Magdeburg Kenntnis. Dieser sei durch Versuche an »29 diphtheriekranken Kanarien-Vögeln und an mich selbst als Diphtheriekranker« an ein Mittel gekommen, nach dessen Einnahme kein Mensch mehr stirbt. »Einer von den 29 Vögeln war schon einige Minuten scheintodt, ich brach ihm den Schnabel,

---

gaben enden zur Jahrhundertwende. Es ist davon auszugehen, dass die Titel sachthematisch in der Bibliothek erfasst wurden.
175 Vgl. die zahlreichen Gesuche in Akten BA Berlin, R 86/1179 bis 1181.
176 Vgl. diverse Anschreiben in BA Berlin, R 86/1180.
177 Vgl. Oidtmann, Licht 1880, die Rezeption darwinistischer Theorien in dem Kapitel: »Der Kampf ums Dasein zwischen Mensch und Spaltpilz in der Rachenfäule«. Die Korrespondenz in BA Berlin, R 86/1179, Bl. 16, 29. Im Juli 1879 hatte Oidtmann Proben »diphtheritischen Brotes« aus dem Raum Aachen an das KGA zur Untersuchung geschickt, die mikroskopisch analysiert wurden, siehe BA Berlin, R 86/1181. Dort auch eine weitere Broschüre Oidtmanns über Reihendiphtherie von November 1885. Heinrich Oidtmann hatte 1883 die Zeitschrift »Der Impfgegner« gegründet, die zum Hauptorgan der Impfgegnerschaft wurde, vgl. Maehle, Präventivmedizin 1990, S. 128.
178 Vgl. die Briefe von Ernst Freckmann an das KGA, 5.7.1902, 26.8.1902 und 3.2.1906, BA Berlin, R 86/1180.
179 Ernst Heinrich aus Ober-Cummersdorf i. S. an das KGA, 1.12.1895, BA Berlin, R 86/1180.

gab ihm von dieser Medizin ein.« Der Vogel sei wieder zu sich gekommen und nach einer Stunde wieder herumgehüpft. Bei Cholera habe das Mittel dieselbe Wirkung.»Bei den übrigen Seuchenkrankheiten, Pest u.s.w., sowie sämmtlichen Viehseuchen möchte ich gerne mit Hilfe der Behörde Versuche anstellen.« Obwohl sich die Mitarbeiter des Gesundheitsamtes sonst jeglichen Kommentars enthielten, war an dieser Stelle am Rand ein »hoffentlich nicht!« notiert.[180]

Eine seriösere Therapie schlug dagegen der Berliner Arzt Georg Friedrich Wachsmuth vor, der bei Diphtherie Schwitzkuren in doppelt gelegten nassen Laken und Sublimat-Lösungen empfahl[181] und der durch statistische Erhebungen zur Diphtherie in Berlin Aufmerksamkeit erregt hatte.[182] In seinen zahlreichen Schriftzusendungen bat Wachsmuth um Prüfung seiner Methode und um die Möglichkeit, diese am Gesundheitsamt oder am Königlich Preußischen Institut für Infektionskrankheiten vorführen und ausarbeiten zu dürfen.[183] Die Gesuche und Zuschriften waren so zahlreich, dass das Gesundheitsamt zu deren Beantwortung ein Formblatt entworfen hat. Die Beantwortung konnte auch deshalb formalisiert werden, weil die Antworten der Behörde auf alle Gesuche negativ waren.

»Berlin, den [Datum]

K.G.A. No. [fortlaufende Nummerierung Ausgangsjournal Briefwechsel]

Formular ausgefüllt: [Kürzel und Datum]

Gelesen: [Kürzel]

Abgesandt: [Kürzel]

---

180 Wilhelm Müller aus Magdeburg an das KGA, 12.7.1899, BA Berlin, R 86/1180.
181 Vgl. Georg Friedrich Wachsmuth, Zur Diphtheriebehandlung, in: Prager Medizinische Wochenschrift (1888); ders., Invasion 1891.
182 Vgl. die Überweisung einer Statistik an das KGA vom 3.2.1887, BA Berlin, R 86/1181; Statistik in der Allgemeinen Medizinischen Central-Zeitung Nr. 58 von 1891 über die Diphtherie in Berlin im Jahre 1890 und die Besprechung in der Täglichen Rundschau Nr. 171 vom 25.7.1890.
183 Nach einem abschlägigen Bescheid 1885 versuchte es Wachsmuth, der offenbar über gute Beziehungen verfügte, erneut im November/Dezember 1894 über das Kabinett der Kaiserin und Königin. In der Antwort begründet das Gesundheitsamt seine Ablehnung damit, dass man den Wert der Methode für zweifelhaft halte, siehe Oberhofmeister Freiherr von Mirbach an das KGA, 4.12.1894 und die Antwort am 13.12.1894, BA Berlin, R 86/1180.

An [Adresse]
Anrede,
theile ich auf die gefällige Zuschrift vom [Datum] ergebenst mit, dass die zur Verfügung des Kaiserlichen Gesundheitsamtes stehenden Arbeitskräfte nicht ausreichen würden, um den, wenn erst in einzelnen Fällen berücksichtigt, auf allgemein nicht mehr abzulehnenden Anträgen von Privatpersonen auf Abgabe technischer Gutachten zu entsprechen. Ich muß daher Bedenken tragen, Ihrem Antrage eine Folge zu geben. Die von Ihnen eingesandte Probe wird innerhalb der nächsten 14 Tage zu Ihrer Verfügung gehalten werden.«

Private Anfragen wurden nur in den ersten Jahren vom Gesundheitsamt bearbeitet. Mit der zunehmenden Arbeitslast prüfte die Behörde nur noch Anfragen, die von anderen Ämtern und Behörden oder öffentlichen Einrichtungen gestellt wurden. Gegebenenfalls empfahl der Direktor des Gesundheitsamtes dem Antragsteller, man möge sich mit der Anfrage an das Reichsamt des Innern wenden, damit dieses das Kaiserliche Gesundheitsamt als nachgeordnete Behörde mit der Erstellung von Gutachten beauftrage.

Das deutliche »Bild der vielfach auseinander gehenden Ansichten, welche in den massgebenden medicinischen Kreisen« herrschten,[184] motivierte den Direktor des Kaiserlichen Gesundheitsamtes, über die Sammlung von Informationen hinaus selbständige Forschungen anzuregen, um »die erforderliche Abgeschlossenheit« und »die zu wünschende Zuverlässigkeit« darzubieten, besonders um als Begründungsmaterial für die »unmittelbare Verwendung zu amtlichen Zwecken brauchbar zu sein«.[185] Neben ihren zahlreichen amtlichen und gutachterlichen Tätigkeiten forschten die Medizinalbeamten zu den unterschiedlichsten Themen – die Entdeckung des Tuberkulose- und des Choleraerregers sind nur die prominentesten Arbeiten aus der Behörde. Der an das Kaiserliche Gesundheitsamt abkommandierte Königlich Preußische Stabsarzt Friedrich Loeffler isolierte und beschrieb im Dezember 1883 den Erreger der Diphtherie. Loeffler hatte bei Robert Koch im Bakteriologischen Labor gearbeitet.[186] In Ermangelung archivalischer Quellen soll die Arbeit Loefflers anhand seiner Publikation rekonstruiert werden.[187]

184 Das Zitat einleitend in Loeffler, Untersuchungen 1884, S. 421.
185 Vgl. das Vorwort des DKGA, Heinrich Struck, im ersten Band der MKGA.
186 Vgl. Loeffler, Untersuchungen 1884; RGA, Festschrift 1926, S. 64 f.
187 Das Hauptgebäude des RGA wurde 1944 bei einem Luftangriff zerstört. Nahezu alle gebräuchlichen Handakten sind verloren gegangen. Darüber hinaus weisen

Der Präsentation seiner Versuche und Arbeitsergebnisse schickte Friedrich Loeffler eine Abgrenzung des Begriffes »Diphtherie« von dem gleichfalls gebräuchlichen Begriff »Diphtheritis« voraus. Unter »Diphtherie« verstand Loeffler eine seit Jahrhunderten konstante epidemisch auftretende Infektionskrankheit, während er als »Diphtheritis« eine pathologisch-anatomische Gewebsveränderung bezeichnete.[188]

Die von Loeffler geleistete Pionierarbeit wird deutlich in seiner Bezugnahme auf die »berühmte, noch heute mustergiltige Schilderung der Diphtherie« durch Bretonneau sechzig Jahre zuvor.[189] Trotz vielzähliger Forschungen, die Ätiologie der Diphtherie zu ergründen, könne man »bis heute kein Ergebniss« vorweisen, »welches sich der allgemeinen Zustimmung erfreuen könnte«.[190] Die »Disharmonie der Anschauungen« läge im Wesen der Krankheit selbst begründet, zumal das Krankheitsbild vom Alter des Patienten, der »Bösartigkeit der Epidemie« und eventuell eintretenden Komplikationen abhänge. Ganz besonders der Umstand – besser: die von Loeffler gesetzte Prämisse –, dass das »Virus der Diphtherie« belebter, »organischer Natur sein« muss, erschwere das ätiologische Studium der Diphtherie.[191] Den Erreger der Diphtherie aus dem »Wirrwarr von Mikroorganismen« in der Rachenschleimhaut eindeutig zu identifizieren stellte das erklärte Ziel Loefflers dar. Der von ihm eingeschlagene Weg folgte dem Pfad seines Lehrers Robert Koch, der »durch seine sicheren und einfachen Methoden Licht und Klarheit« in das For-

---

auch einzelne Akten, beispielsweise die Akte R 86/1179, Brandschäden auf. Auffällig ist gleichfalls, dass zu einigen Jahren überhaupt keine Sachverhalte überliefert sind. Für die Arbeit Loefflers wäre die Einsicht in sein Laborjournal sehr hilfreich gewesen. Nicht nur das Laborjournal von Loeffler, sondern auch die anderer Mitarbeiter konnten nicht in den Akten gefunden werden. Die Laborjournale haben die Wissenschaftler nach dem Wechsel in eine andere Behörde oder die Universität mitgenommen, vgl. hierzu den Streit zwischen Richard Kuhn und Christoph Grundmann, der nach einem Streit im KWI für medizinische Forschung die Herausgabe seiner Laborjournale forderte, um damit weiter arbeiten zu können, Schmaltz, Kampfstoff-Forschung 2005. Eine ähnliche Auseinandersetzung gab es zwischen Paul Ehrlich und seinem Mitarbeiter Wilhelm Röhl, der das Laborbuch »Führer« nach Verlassen des Instituts mitgenommen hatte, RAC PEC, Box 3, File 19. Die Arbeit Loefflers kann auch ohne das Laborjournal nachgezeichnet werden, da Loeffler seine Versuche sehr detailliert beschreibt, zur Veränderung der wissenschaftlichen Darstellung in den Artikeln siehe Kap. 5.2.2.

188 Loeffler, Untersuchungen 1884, S. 421.
189 Vgl. Bretonneau, Inflammations 1826.
190 Loeffler, Untersuchungen 1884, S. 421.
191 Ebd.

schungsgebiet der Mikroorganismen gebracht habe.[192] Zur Erreichung seines Zieles ging Loeffler strukturiert vor. Zuerst formulierte er seine Grundannahme und die Methode.

»Wenn nun die Diphtherie eine durch Mikroorganismen bedingte Krankheit ist, so müssen sich auch bei ihr jene drei Postutale [sic] erfüllen lassen, deren Erfüllung für den stricten Beweis der parasitären Natur einer jeden derartigen Krankheit unumgänglich nothwendig ist: Es müssen constant in den local erkrankten Partien Organismen in typischer Anordnung nachgewiesen werden.

Die Organismen, welchen nach ihrem Verhalten zu den erkrankten Theilen eine Bedeutung für das Zustandekommen dieser Veränderungen beizulegen wäre, müssen isolirt und rein gezüchtet werden. Mit den Reinculturen muss die Krankheit experimentell wieder erzeugt werden können.«[193]

Auf den folgenden Seiten untersuchte Loeffler systematisch alle bisherigen Studien zur Diphtherie, »in wie weit die verschiedenen Forscher diesen drei Postulaten genügt haben«.[194] Hinsichtlich des ersten Postulates referierte Loeffler zahlreiche Untersuchungen, bei denen in dem erkrankten Gewebe Mikroorganismen gefunden wurden. Die Angaben variierten jedoch, die Konstanz der Bakterien, Kokken oder Stäbchen würde »von den einen behauptet, von den anderen bestritten«.[195] Eine detaillierte Beschreibung gäben nur wenige Untersuchungen und ein sicheres Urteil über das Verhältnis der Gebilde zur Krankheit ließe sich daraus nicht gewinnen. »Das Unzureichende dieser Untersuchungen war evident.«[196] Folglich schien die Züchtung dieser »unreinen« Kulturen von vornherein zum Scheitern verurteilt. Zudem habe man bei der Aussaat der Kulturen die nötige Sorgfalt vermissen lassen. Schließlich sei die Übertragung dieser »unreinen Diphtheriekulturen« auf Tiere nicht gelungen, eine »typische Diphtherie durch die verschiedensten Infektionsmodi« nicht erzielt worden. »Ueberblicken wir nun diese ausführliche, die wesentlichsten bisherigen Untersuchungsergebnisse umfassende historische

192 Ebd, S. 422; Mochmann/Köhler, Meilensteine 1997, S. 151-165; zum Koch'schen Postulat Briese, Angst 2003, S. 318-343; die »Entwicklung« des Postulates in Abgrenzung zu den Arbeiten von Jacob Henle und Edwin Klebs siehe Carter, Postulates 1985. Im Gegensatz zu den Arbeiten von Klebs und Henle war die kausale Abfolge der Beweiskette zwingend notwendig.
193 Loeffler, Untersuchungen 1884, S. 424.
194 Ebd.
195 Loeffler, Untersuchungen 1884, S. 436.
196 Ebd., S. 436 f.

Darstellung und fragen uns: Ist es einem Forscher bisher gelungen, den im Eingange unserer Betrachtung aufgestellten Postulaten gerecht zu werden, so muss die Antwort lauten: ›Nein‹.«[197]

Nach dieser Bestandsaufnahme wollte Friedrich Loeffler »mit Hülfe der neuesten Untersuchungsmethoden« die Bakterienart identifizieren, deren Existenz mit dem erkrankten Gewebe korreliert und die die Ätiologie der Diphtherie stichhaltig erklären kann. Die Bakterienart sollte anschließend in Reinform gezüchtet und diese Reinkultur auf möglichst viele Tierspezies übertragen werden. Als adäquate technische Hilfsmittel und -techniken nannte Loeffler zur Sichtbarmachung der Bakterien die Zellkernfärbung, den Abbe'schen Beleuchtungsapparat und die Koch'sche Kulturmethode auf festem Nährboden. Ein Handicap seiner Untersuchungen war jedoch die Tatsache, dass er auf klinische Beobachtungen verzichten musste. Diese seien »eben nur möglich bei einer Thätigkeit im Krankenhause selbst«. Wenngleich das Wissen um die Anamnese und die eingeleiteten therapeutischen Maßnahmen nicht ohne Wirkung auf die Ergebnisse bleibe, so habe sich Loeffler mit der ihm »übersandten pathologisch-anatomischen Diagnose begnügen« müssen, welche ihm verschiedene Krankenhäuser in Berlin überlassen hätten.[198]

Auf den folgenden Seiten schilderte Friedrich Loeffler die von ihm untersuchten 26 »Fälle« und sein Vorgehen. Er habe sowohl Gewebeproben der lokal erkrankten Partien wie auch der inneren Organe analysiert.[199] Loeffler suchte nach übereinstimmenden gehäuft auftretenden lebenden Gebilden. In den Gewebeproben fand er sowohl »Mikrokokken« als auch »Stäbchen«, die er getrennt voneinander isolierte und in Reinkultur züchtete. Die Isolierung der Kulturen erwies sich bei diesem Vorgang als schwierig: Die Organproben mussten von äußerlichen bakteriellen Verunreinigungen gesäubert werden und auch bei der Übertragung des Gewebes auf den Nährboden musste man mit Vorsicht vorgehen, um »stets absolut reines, von fremden Keimen freies Material zur Aussaat zu gewinnen«. Mit den Reinkulturen der Mikrokokken und der Stäbchen wurden im nächsten Schritt verschiedene Tierspezies infiziert, um »zu constati-

---

197 Ebd., das Zitat S. 436.
198 Alle vorangehenden Zitate ebd., S. 438.
199 Je nach dem zur Verfügung gestellten Material hat Loeffler Tonsillenschnitte, Lungenschnitte, Epiglottisschnitte, Schnitte der Trachea, Uvula-Schnitte, Zungengrund-Schnitte, Leber-Schnitte sowie Schnitte sonstiger innerer Organe wie Milz, Herz oder Niere angefertigt. Im Fall 18, ein an Diphtherie verstorbenes fünfjähriges Kind, bei dem nähere Angaben fehlen, hat Loeffler Schnitte der Tonsillen, Lunge, Milz, Leber, Nieren und des Herzens gemacht, vgl. Loeffler, Untersuchungen 1884, S. 439-449, Fall 18 auf S. 446.

ren, ob sich mit einer von beiden eine der menschlichen Diphtherie analoge Infectionskrankheit erzeugen lässt«. Gleichzeitig wollte Loeffler herausfinden, ob bestimmte Tierarten besonders für Diphtherie empfänglich sind. In den zahllosen Versuchsanordnungen wurden die Reinkulturen auf Mäuse und Ratten, Meerschweinchen, Kaninchen, Kanarienvögel, Tauben und Hühner, ein Hund und vier Java-Affen übertragen.[200] Das Vorgehen Loefflers ließe sich als eine mehrdimensionale Matrix beschreiben. Die aus den Gewebeproben bestimmter Krankheitsfälle herausgezüchteten Reinkulturen bildeten die x-Achse, die aus den Reinkulturen gewonnenen Generationen von Bakterien die y-Achse und die verschiedenen Versuchstiere einer Spezies die z-Achse. Zur Kontrolle seiner Versuche konnte Loeffler einfach die Kombination dieser Anordnung ändern. Die Rückübertragung galt erst dann als gesichert, wenn alle drei Kombinationsmöglichkeiten erfolgreich durchdekliniert werden konnten. Solche Versuchsmatrizen führte Loeffler für die Rückübertragung von Mikrokokken und Stäbchen auf die verschiedenen Tierspezies durch. Als beispielsweise in der Versuchsserie mit Stäbchen die »Impfung« der dritten Generation des »Bacillus 1«, d. h. die Reinkultur des ersten der 26 Krankheitsfälle, in die Bauchhaut von zwei Meerschweinchen uneindeutige Ergebnisse ergab, wurde der Versuch mit der 15. Generation wiederholt. Waren die Rückübertragungen eindeutig negativ, so reichten wenige Versuche, waren die Rückübertragungen positiv oder uneindeutig, so wurden die Versuche in verschiedenen Kombinationen so lange wiederholt, bis eine sichere Aussage getroffen werden konnte.

Aufgrund der positiven Reaktion von Meerschweinchen auf die »Impfung« mit Stäbchen wurden verschiedene Generationen mehrerer Krankheitsfälle getestet, bis Loeffler die Aussage wagte, dass die verschiedenen Fälle gezüchteter Bakterien »vollkommen gleiche pathogene Wirkungen« hervorrufen. Somit hatte Loeffler die seiner Arbeit vorangestellten bakteriologischen Postulate – Nachweis pathogener Mikroorganismen, deren Züchtung in Reinkultur und die Übertragung der Krankheitserreger im Tierversuch, wobei die Tiere die typischen Krankheitserscheinungen ausbilden müssen – erfüllt. Weiterhin würden die Versuche »in überzeugender Weise das Factum illustriren, dass der Tod der Thiere eintrat nicht in Folge einer Verbreitung der Bacillen durch den gesammten Organismus, sondern durch eine von der Impfstelle ausgehende anderweitige Einwirkung dieser Bacillen«.[201] Im Gegensatz hierzu habe die Infektion mit »Mikrokokken« bei keinem der Versuchstiere »eine auch nur der Diph-

200 Ebd., S. 449-452, die Zitate S. 451.
201 Die Übertragungsversuche ebd., S. 452-482.

therie ähnliche Erkrankung« erzeugt. Die »Mikrokokken« seien daher zwar nur als akzidentelle Begleiter der Diphtherie zu bewerten, gleichwohl könnten sie den Krankheitsverlauf der Diphtherie verkomplizieren.[202]

Da auch Tauben und Kälber anfällig für Diphtherie sind, dehnte Loeffler seine Untersuchungen mit analogen Versuchsanordnungen auch auf Tauben und Kälber aus.[203] Am Ende seiner Arbeit zog Friedrich Loeffler aus den Forschungsresultaten folgende Schlüsse für die öffentliche Gesundheitspflege: Die ersten pathologisch-anatomischen Veränderungen entstünden bei der Diphtherie lokal an der Stelle, wo das Gift des Erregers in den Körper eindringt, um sich dann weiter auszubreiten. Aus der hohen Kontagiosität der Diphtherie ergebe sich die Notwendigkeit einer strengen Isolierung der erkrankten Individuen sowie »das Postulat einer sorgfältigen Vernichtung aller von den erkrankten Individuen producirten Se- und Excrete, namentlich der Mund- und Rachenhöhle, sowie aller mit denselben in Berührung gekommenen Gegenstände«.[204]

Obwohl Friedrich Loeffler nicht als so genanntes ordentliches Mitglied des Kaiserlichen Gesundheitsamtes in den offiziellen Mitarbeiterlisten geführt wurde, hat er dort zwei Jahre wissenschaftlich an der Erforschung der Diphtherie gearbeitet. Er wurde, wie Ferdinand Hueppe und Georg Gaffky, vom Königlich Preußischen Friedrich-Wilhelms-Institut für Militärärzte an die oberste Medizinalbehörde des Reiches abkommandiert. Friedrich Loefflers Arbeit zeigt, wie das Gesundheitsamt alle möglichen Humanressourcen mobilisierte, um das enorme Arbeitspensum trotz der nur geringen Anzahl offizieller Mitarbeiter bewältigen zu können.

Die Behörde griff jedoch nicht nur auf die Mitarbeiter der benachbarten medizinischen Institutionen zurück. Für das Kaiserliche Gesundheitsamt waren gerade in den ersten Jahren die Verbindungen und guten Beziehungen zu der nahe liegenden Universität, zur Tierarzneischule und zur Charité von essentieller und nachgrade existentieller Bedeutung. Der preußische Stabsarzt rezipierte in seiner Literaturschau zahlreiche Zeitschriften und Bücher aus den 1850er, 1860er und 1870er Jahren aus dem In- und Ausland, die die erst wenige Jahre zuvor gegründete Bibliothek kaum beherbergt haben wird. Es ist daher zu vermuten, dass sich Loeffler bei seiner Literatursicht auch auf den Fundus der Universitätsbibliothek, auf Bestände des Friedrich-Wilhelm-Instituts oder der Charité stützen konnte. Auch praktisch war das Amt auf fremde Hilfe angewiesen. Als die Behörde Ende 1879 in die Räume der Luisenstraße 57 umzog, wurden

---

202 Ebd., S. 459.
203 Ebd., S. 482-498.
204 Ebd., S. 498 f.

die Stallungen der größeren Versuchstiere auf dem Gelände der unmittelbar angrenzenden Tierarzneischule untergebracht. Über die Zusammenarbeit in veterinärmedizinischen und epizoologischen Fragen hinaus darf man annehmen, dass Loeffler die zufällige Information über eine »bösartige« die Bestände eines hiesigen Züchters dezimierende Taubendiphtherie von der Tierarzneischule erhielt.[205] Wie das Kaiserliche Gesundheitsamt in seinen an die externen Anfragen gerichteten Absagen nicht müde wurde zu betonen, habe man weder ausreichend Arbeitskräfte noch eine Krankenanstalt zur Verfügung, um die therapeutische Wirkung neuer Heilmittel zu prüfen.[206] Die fehlende Krankenabteilung stellte auch für die Wissenschaftler am Kaiserlichen Gesundheitsamt ein Dilemma dar, welches Friedrich Loeffler durch den Bezug von Organmaterial aus den Berliner Krankenhäusern löste.[207] Die Überlassung von Krankenmaterial setzte jedoch erstens die räumliche Nähe eines Krankenhauses voraus, um überhaupt Versuche durchführen zu können. Organpräparate, Gewebematerial und Sputum bezog das Gesundheitsamt vor allem aus der direkt gegenüberliegenden Charité und nach dem Umzug in die Klopstockstraße aus dem Städtischen Krankenhaus Moabit.[208] Weiterhin bedingte das Fehlen einer eigenen Krankenabteilung auch gute fachliche und persönliche Beziehungen zu den Krankenhäusern, um die notwendigen Informationen über den Krankheitsverlauf, die leihweise Überlassung der Krankenakten insgesamt sowie Hinweise über besondere Vorkommnisse oder überhaupt Hinweise auf interessante Fälle zu erhalten. Das Preußische Institut für Infektionskrankheiten war daher seit seiner Errichtung mit einer eigenen Krankenabteilung ausgestattet, um den Krankheitsverlauf und die therapeutischen Auswirkungen der Versuche auch klinisch begleiten zu können.[209]

205 Gleiches gilt auch für die Untersuchung der Kälberdiphtherie ebd., S. 483.
206 Zum Beispiel die Absage an Sigmund Ritscher aus Wien, 10.1.1894, BA Berlin, R 86/1180.
207 Vgl. Loeffler, Untersuchungen 1884, S. 438.
208 Die regelmäßige Überweisung von Organpräparaten setzte eine bestehende Prosektur voraus, in der die Patienten nach dem Exitus seziert werden konnten. Darüber, inwieweit die Einrichtung der Prosektur am Städtischen Krankenhaus 1894 in Verbindung mit dem Umzug des KGA in dessen Nähe steht, können nur Vermutungen angestellt werden, zur Einrichtung der Prosektur am Krankenhaus Moabit und der Ernennung von Robert Langerhans als ersten Prosektor vgl. Stürzbecher, Geschichte 1997, S. 36-38.
209 Ebenso wurde das Institut Pasteur 1900 um ein eigenes Krankenhaus ergänzt, vgl. die Artikel »Un hôpital moderne« im Archiv des Institut Pasteur, DR-DOS 3; Louis Martin, L'Hôpital Pasteur, in: La Construction Moderne vom 27.7.1901;

Der in den *Mittheilungen aus dem Kaiserlichen Gesundheitsamte* publizierte Aufsatz Loefflers gewährt auch Einblick in den wissenschaftlichen Alltag der Medizinalbeamten – soweit dies anhand einer für die Öffentlichkeit bestimmten Qualifikationsarbeit möglich ist. Fehlversuche, Fehlinterpretationen, wochenlange zermürbende Kontrollarbeiten oder wenig prestigeträchtige Routinearbeiten werden ausgeblendet, alle Arbeitsergebnisse auf das erzielte Ergebnis hin teleologisch zugeschnitten, konstruiert, fabriziert. Auch ohne die Laborjournale oder persönliche Notizbücher sollen über die wissenschaftliche Arbeit der Alltag, die Routinen und die Prozeduren in der Behörde skizziert werden.

Friedrich Loeffler hat mindestens zwei Jahre unter der Ägide von Robert Koch an der Ätiologie der Diphtherie gearbeitet.[210] Bereits die Rezeption der Literatur stellte ein umfangreiches Unterfangen dar: Loeffler führt knapp sechzig Aufsätze und Bücher an. Neuere Artikel konnten in der Bibliothek des Gesundheitsamtes gelesen werden, für die älteren Artikel musste Loeffler vermutlich andere Bibliotheken aufsuchen. Die Artikel wurden jedoch nicht nur gelesen und exzerpiert,[211] sondern oftmals wurden publizierte Versuche im Labor wiederholt.

Den Vorbemerkungen der Fallbeschreibungen nach zu urteilen wird allein die Organisation und Beschaffung des Krankenmaterials zahlreiche Tage in Anspruch genommen haben. Für die Überlassung des Materials dankte Loeffler acht Medizinern in Berlin und St. Petersburg.[212] Umso verständlicher ist die sorgfältige Präparation der verschiedenen Organteile je Krankheitsfall. Für die Herstellung der »Schnitte« musste Loeffler eine besonders hoch konzentrierte alkoholische Methylenblaulösung verwenden. Aufgrund der intensiven Färbung könne man die »Schnitte« bereits nach wenigen Minuten aus der Lösung entfernen. Nach einigen Sekunden in einer halbprozentigen Essigsäurelösung seien die überschüssigen Farbstoffe aus dem Gewebe entfernt und man erhalte die reine

ders., Fonctionnement 1903; zur Bedeutung des Krankenhauses für die Forschungen des Institut Pasteur Lapresle, Rôle 1991.

210 »Die Cultur aus Fall 6 wächst heute noch genau in derselben Weise, in welcher sie vor 2 Jahren bei der ersten Aussaat im November 1881 gewachsen war«, Loeffler, Untersuchungen 1884, S. 452. Der Aufsatz wurde im Dezember 1883 beendet.

211 Beispielsweise die zahlreichen Exzerpte von Emil von Behring im Behring-Archiv, 8-04 und 8-05 oder die Mitschriften von Émile Roux im Archiv des Institut Pasteur, Kästen ROUX 4-6, 8.

212 Prof. Dr. Albrecht in St. Petersburg, Dr. Fehleisen, Dr. Frank, Dr. C. Friedlaender, Dr. Grawitz, SR Dr. Guttmann, Prof. Dr. Henoch und Stabsarzt Dr. Rosenthal, vgl. Loeffler, Untersuchungen 1884, S. 438.

Kernfärbung. Die Schnitte würden in absolutem Alkohol gut entwässert, »darauf in Cedernöl gebracht und endlich in Canadabalsam eingelegt«. Die fertig präparierten Schnitte konnten schließlich unter dem Mikroskop untersucht werden.[213] Für jeden Krankenfall wurden je nach vorhandenen Organproben verschieden viele »Schnitte« angefertigt. Auch bei den späteren Versuchen der Rückübertragung auf Tiere wurden von den sezierten Organen »Schnitte« hergestellt. Die Vielzahl der »Schnitte« musste beschriftet und verwaltet werden, damit die Untersuchungsergebnisse auch später noch eindeutig zuzuordnen waren. Bei der Untersuchung der Schnitte am Mikroskop waren gleichfalls besondere Anweisungen nötig. Der Blick musste technisch optimiert und besonders geschult sein, um überhaupt die Bakterien visuell erfassen zu können. »Bei schwacher Vergrößerung (Zeiss AA, Ocular 4)« wird die Gewebeoberfläche fokussiert, während bei »der Betrachtung mit stärkerem System – Zeiss 1/12" [Zoll], Oelimmersion, Ocular 2« die zahllosen Bakterien, Mikrokokken und Stäbchen sichtbar gemacht werden.[214]

Ebenso sorgfältig verfuhr Loeffler, nachdem er die bisherige Praxis kritisiert hatte, mit der Gewinnung von Reinkulturen. Zur Beseitigung äußerer Verunreinigungen durch Bakterien tauchte er die Organe in fünfprozentige Karbolsäurelösung und beließ sie dort unter steter Bewegung mit einem Glasstab ungefähr zehn Minuten. Anschließend wurde das Organ in eine einprozentige Sublimatlösung gelegt, um äußerlich anhaftende Sporen zu vernichten.

»Dann wurde es herausgenommen und auf reines Fliesspapier gelegt. Ich wartete, bis die Oberfläche trocken geworden war und schnitt nun mit einem geglühten Messer das Involucrum ein: dann brach ich das Organ, wenn es die dazu nöthige Consistenz hatte, durch, oder aber ich fasste die Schnittränder mit geglühten Pincetten und riss sie auseinander, so dass eine von keinem Instrumente berührte frische Rissfläche zu Tage lag. In der beschriebenen Weise gelang es, selbst aus äusserlich stark verunreinigten Organstücken, stets absolut reines, von fremden Keimen freies Material zu Aussaat zu gewinnen.«[215]

Die in unterschiedlichen Variationen hundertfach wiederholten Prozeduren erzwangen nicht nur ein präzises und diszipliniertes Vorgehen, son-

---

213 Vgl. Loeffler, Untersuchungen 1884, S. 439, die Fälle S. 439-449.
214 Ebd., S. 437 f. Die in zweifacher Hinsicht besonders geschulte Technik des Betrachtens in Crary, Techniken 1996
215 Loeffler, Untersuchungen 1884, S. 451.

dern gleichzeitig waren auch handwerkliches Geschick und technische Kenntnisse erforderlich, welche durch intensives Training erworben werden mussten. Schon die kleinste Nachlässigkeit konnte einen Versuch zunichtemachen. Insbesondere die Herstellung von Photogrammen war ein hochkomplexes und zeitraubendes Unterfangen, und das Endergebnis hing nicht unwesentlich von der Geschicklichkeit des Wissenschaftlers ab.[216] Wenngleich Friedrich Loeffler systematisch vorging, so handelte es sich nicht um rein repetitive Schemata, sondern in jedem Schritt war Improvisationsvermögen gefordert. Beispielsweise erfüllten die bisherigen Kernfärbungsmethoden ihren Zweck nicht, und Loeffler war gezwungen, neue Kombinationen auszutesten.[217] Später musste Loeffler feststellen, dass die von ihm identifizierten Stäbchen nicht auf den üblichen Nährböden wuchsen. Auch hier führten schließlich etliche Versuche zur Überwindung des Problems.[218] Jede erneute Versuchsanordnung erforderte die volle Konzentration des Beobachters. Erst das geschulte Auge und der trainierte Wissenschaftler konnten jedwede noch so geringe Abweichung von den bisher gemachten Erfahrungen unterscheiden, deuten und interpretieren, und die größtmögliche Differenz als Kumulation von Erkenntnisprozessen führte schließlich zu neuen Erkenntnissen und zu neuen Forschungsresultaten.[219]

Die komplizierten experimentellen Prozeduren im Labor schufen neues Expertenwissen. Diese Expertise sicherte der Bakteriologie die Deutungsmacht über ihr Wissen gegenüber externen Kritikern. Schulungen und Kurse machten das Wissen wiederum transparent und sorgten dafür, dass der Zirkel Eingeweihter nicht zu exklusiv blieb und sich der Kreis der Experten konstant erneuerte und erweiterte. Das wissenschaftliche System der Bakteriologie konnte entweder nur von innen heraus von Sachverständigen unter Kenntnis der impliziten Prämissen und der Wissensstrukturen kritisiert werden, oder aber man verwarf das bakteriologische System als Ganzes. Als kohärentes System bestach die Bakteriologie durch ihre vermeintlich objektive Wissenschaftlichkeit, die Einbeziehung naturwissenschaftlicher Praktiken und eine komplex anmutende Technizität, die in einem hohen Maß die Stimmung der Zeit widerspiegelte und die große öffentliche Begeisterung für die neue Wissenschaft

216 Vgl. Schlich, Gegenstand 1995, S. 162-162; ders., Repräsentation 1997.
217 Vgl. Loeffler, Untersuchungen 1884, S. 439.
218 Ebd., S. 460-462; zur Interaktion von Wissenschaftler und wissenschaftlichem Objekt siehe Latour/Woolgar, Laboratory Life 1986; Latour, Science in action 1987; sowie die Beiträge in Knorr-Cetina/Mulkay (Hg.), Science observed 1983; Pickering (Hg.), Science 1992; Schmidgen u. a. (Hg.), Kultur 2004.
219 Vgl. Rheinberger, Experiment 1992.

erklärt. Mit der Sichtbarmachung des Unsichtbaren[220] trug die Bakteriologie nicht unwesentlich zur Entzauberung der Welt bei und war Motor und essentieller Bestandteil einer neuen Sachlichkeit, einer neu angebrochenen Moderne. Mehr noch war die Arbeit mit zergliederten Organen in zergliederten arbeitsteiligen Schritten symptomatisch für die tayloristischen *modern times*.[221] Gegen die naturwissenschaftliche Bakteriologie musste die Miasmen- und Dispositionslehre Pettenkofers nachgrade wie eine vorsintflutliche Naturphilosophie anmuten. Die aufwendige Forschungspraxis steht in einem auffälligen Gegensatz zu dem geringen Etat des Gesundheitsamtes und erklärt auch die permanenten Überschreitungen des Sachetats. Die Aufwendungen für Mikroskope oder chemische Färbemittel und Zusatzstoffe dürfen jedoch nicht als Kosten betrachtet werden, sondern als Investition. Mit der Investition in neue Geräte und komplexe technische Apparaturen wurde – überspitzt formuliert – das Wissen erkauft.[222]

Friedrich Loeffler beschreibt mit der eigenen Vorgehensweise die Praxis im Gesundheitsamt in der Frühphase der Behörde: das Bestellen von Experimentierfeldern als tagfüllende Tätigkeiten – die Organisation von Krankenmaterial, die Präparation und Untersuchung der Organe, die Überwachung der Versuchstiere, die Kontrolle der Versuchsanordnung,

---

220 In diesen Verwissenschaftlichungsprozessen war die Psychiatrie sowohl Konkurrent als auch natürlicher Verbündeter, die gleichfalls Unsichtbares sichtbar machte. Geradezu klassisch wäre als weiteres Beispiel die »Entdeckung« der Röntgenstrahlen zu nennen.
221 Zur Faszination des Taylorismus Nolan, Visions 1994. Nolan bezieht sich in ihrer Studie vornehmlich auf die Fertigung von Autos in den 1920er Jahren. Die Berücksichtigung arbeitsteiliger, tayloristischer Prozesse bei der Organisation »modernster« Schlachthöfe beschreibt Mellinger, Fleisch 2000, S. 116 f. Das Fließband war, wie Mellinger betont, lange vor Einsatz in der Automobilindustrie eines der Rationalisierungsinstrumente, welches den Anforderungen standardisierter Massenproduktion entsprach und in den 1880er Jahren auf den Schlachthöfen in Chicago erstmalig zum Einsatz kam. In einer anderen Branche äußerte sich Arnold Eiermann 1894 anerkennend über die arbeitsteilige Herstellung von Diphtherieserum bei den Farbwerken Höchst, Eiermann, Einrichtung 1894. Im Fall Loefflers bzw. allgemein der bakteriologischen Experimentalwissenschaft geht es nicht um ein standardisiertes Endprodukt, sondern um normierte Versuchsanordnungen. Ebenso stellt die Schulung von Ärzten in bakteriologischen Praktiken eine Form der Normierung dar. Besonders die nach rationalen Kriterien eingerichtete Ausstattung und Organisation der Laboratorien Kochs wurde von den »Spionen« des Institut Pasteur hervorgehoben, siehe Mendelsohn, Cultures 1996, S. 280-285.
222 Die Bedeutung komplexer technischer Instrumente und Apparaturen in der Physiologie – Dierig spricht von einem »factory-laboratory« – in Dierig, Engines 2003.

die Pflege und Kalibrierung der Geräte, die Verwaltung der Ergebnisse, die schriftliche und mündliche Veröffentlichung in Zeitschriften und auf Tagungen und schließlich das unermüdliche Trainieren und Perfektionieren der bakteriologischen Techniken und die Unterweisung von Studenten. Jenseits dieser praxeologischen Tätigkeiten das Anfertigen von Gutachten, die Vorbereitung von Gesetzestexten und die Kompilation statistischer Datenbanken.

Mit der Berufung Robert Kochs 1895 an die Berliner Friedrich Wilhelms-Universität und der Ernennung von Karl Köhler als Direktor des Kaiserlichen Gesundheitsamtes verlagerte sich ein Teil der Forschung an das Hygienische Institut der Universität und seit 1891 an das Königlich Preußische Institut für Infektionskrankheiten. An den Koch'schen Instituten arbeitete Emil Behring spätestens seit 1890 zusammen mit anderen Wissenschaftlern an einem Heilmittel zur Diphtherie.[223] Die Forschungsgruppe ging den Hinweisen Loefflers nach, der als »zu erstrebendes Ziel« die »wirksame Bekämpfung der durch das bacilläre Gift hervorgerufenen Intoxikation« nannte.[224] An der Erforschung der Serumtherapie war das Gesundheitsamt nicht oder nur unwesentlich beteiligt. Gleichwohl trat die Behörde in Erscheinung, als das neue Heilmittel in den Apotheken zum Verkauf angeboten wurde.

3.3.3 Die staatliche Kontrolle der Arzneimittel am Beispiel des Diphtherieserums

Die Herstellung von Diphtherie-Heilserum war in zweifacher Hinsicht ein Novum. Das Diphtherieserum repräsentierte bei seiner Einführung auf den Markt 1894 einen völlig neuen Arzneimitteltyp und ein eigenständiges Therapieprinzip. Die Neuartigkeit der passiven Immunisierung, konstatiert Carola Throm, könne durchaus mit der Entwicklung von gentherapeutischen Arzneimitteln verglichen werden.[225] Bis zur Einführung des Diphtherieserums war die Arzneimittelherstellung und -gesetzgebung auf Apotheker zugeschnitten. Die Herstellung von Arzneimitteln war ausschließlich in den Apotheken vorgesehen. Die Pharmakopöe schrieb allein den Reinheitsgrad der zu verwendenden Rohstoffe vor.[226] Dies änderte sich in den 1890er Jahren. Die eingeführten Prozesse zur Prüfung und Kontrolle chemischer oder natürlicher Arznei-

---

223 Vgl. Throm, Diphtherieserum 1995, S. 33-55; Schulte, Anteil 2000.
224 Loeffler, Untersuchungen 1884, S. 499.
225 Vgl. Throm, Diphtherieserum 1995, Vorwort.
226 Vgl. Holsten, Gesundheitsamt 1977, S. 50; Throm, Diphtherieserum 1995, S. 194.

mittel enthielten bereits alle Elemente der modernen Arzneimittelgesetzgebung: Prüfung der Unschädlichkeit und Wirksamkeit, Produktionserlaubnis mit Nachweis geeigneter Räume und geschultem Personal, staatliche Überwachung der Produktion und Chargenprüfung sowie die veterinärärztliche Kontrolle des Tierbestands. Die obligatorische Dokumentation der Herstellung und der Distribution garantierte den lückenlosen Nachweis und die Rückverfolgbarkeit vom Endprodukt über die Charge bis hin zum Wirtstier.[227]

Die zweite Innovation betraf die Tatsache, dass man es mit einem *agens vivens* zu tun hatte, d. h., die Rohstoffe stammten von einem lebenden Organismus und waren folglich in Abhängigkeit von dem Wirtstier natürlichen Schwankungen unterworfen. Analog zum *agens vivens* stellte sich die Frage der Wertbemessung. In welchen Werteinheiten sollte das neue Heilmittel bemessen, wie sollte ein vergleichbarer Maßstab gefunden werden. Dieses Problem löste Paul Ehrlich durch sein Verfahren der Wertbestimmung. Die Wertbestimmung erforderte allerdings zur Herstellung einer objektiven Vergleichbarkeit ein hohes Maß an Standardisierung, Normierung, Regelmäßigkeit, Verlässlichkeit und Spezialisierung. Die komplexen Prozesse wurden staatlich normiert und in eine institutionelle Ordnung eingehegt. Diese komplexe Ordnung ist das Ergebnis einer beharrlichen Anstrengung. Im Folgenden soll die sich hinter der Anstrengung verbergende ordnende Kraft vorgestellt werden.

Am 15. März 1894 kündigte die Chemische Fabrik auf Aktien (ehemals E. Schering) in einem Prospekt an, zusammen mit Hans Aronson eine Diphtherie-Antitoxin-Lösung entwickelt zu haben, die über die Grüne Apotheke in Berlin[228] bezogen werden könne. Die Ankündigung erwies sich als Fehlstart, das Serum war nur bedingt wirksam. Dies verstärkte jedoch den Druck auf den Konkurrenten, die Farbwerke, ehemals Meister, Lucius und Brüning in Höchst. Diese brachten im August »Behrings Diphtherie-Heilmittel dargestellt nach Behring-Ehrlich« auf den Markt.[229] Die Serumtherapie wurde im September auf dem VIII. Inter-

---

227 Throm, Diphtherieserum 1995, S. 194-199.
228 Wie viele Pharmaunternehmen war auch die Firma Schering AG 1851 aus einer Apotheke hervorgegangen. Die hauseigene »Grüne Apotheke« vertrieb auch nach der Expansion des Unternehmens die Medikamente der Firma Schering, zur Geschichte der Schering AG Holländer/Schering A. G. Berlin (Hg.), Geschichte 1955, S. 7-24; Wlasich u. a. (Red.), Jahrhundert 1991; Kobrak, National Cultures 2002.
229 Die Konkurrenz Schering – Farbwerke Höchst in Throm, Diphtherieserum 1995, S. 56 f. Das Prospekt befindet sich u. a. im Behring-Archiv, 8-01: Schriftwechsel Höchst.

nationalen Congress für Hygiene und Demographie in Budapest und auf der 66. Naturforscher-Versammlung in Wien diskutiert und als Erfolg gefeiert.[230]

»Die günstige Beurtheilung, welche das Behring'sche Diphtheriemittel seitens der Fachmänner auf Grund erzielter Erfolge erfährt, und die steigende Nachfrage nach demselben machen die Erwägung zur Pflicht, welche medizinalpolizeilichen Maßnahmen, etwa hinsichtlich der Herstellung, des Vertriebes und der Anwendung des auf neuen Grundlagen beruhenden Heil- und Schutzmittels zu treffen sind.«[231] Das Bedürfnis, das neue Heilmittel unter medizinalpolizeiliche Kuratel zu stellen, resultierte unter anderem aus den desaströsen Erfahrungen, die man mit dem Tuberkulin gemacht hatte.[232] Bereits am 19. Oktober 1894 wurde der zum Kaiserlichen Gesundheitsamt abkommandierte Stabsarzt Dr. Weisser vom Direktor beauftragt, ein umfassendes Dossier über die Bewertung des neuen Heilmittels anzufertigen. In der Darstellung seien die Produktion des Heilserums, dessen Wirkung und Erfolge, die Prüfung des Mittels, die Verschiedenheit der im Handel erhältlichen Sorten und die

---

230 Vgl. den Bericht des deutschen Diphtherie-Comités unter dem Vorsitz von Friedrich Loeffler, Oktober 1894, BA Berlin, R 86/1179; die Berichte in der *Deutschen Medizinischen Wochenschrift* 20 (1894), S. 700-703, 715, 729-731; *Centralblatt für Bakteriologie und Parasitenkunde* 16 (1894), S. 737-742, 778-784, 822-826, 881-896, 908-914, 955-965, 1013-1018, 1054-1058; *Deutschen Vierteljahrsschrift für öffentliche Gesundheitspflege* 27 (1895), S. 209-276, 401-464; und den Artikel in der National-Zeitung Nr. 535 vom 26.9.1894 über die 66. Naturforscher-Versammlung in Wien sowie die zahlreichen Zeitungsartikel in BA Berlin, R 86/1182.
231 Einladung der außerordentlichen Mitglieder des KGA zu einem Meinungsaustausch hinsichtlich des Diphtherie-Heilserums am 3.11.1894 durch den DKGA, BA Berlin, R 86/1646.
232 Konkret Bezug auf die Tuberkulinaffäre nimmt Eduard Külz, Professor am Hygienischen Institut in Marburg in seinem Gutachten an den preußischen Kultusminister zum Heilserum gegen Diphtherie, 28.10.1894, GStA PK Berlin, I. HA, Rep. 76 VIII B, Nr. 3747, Bl. 141 f. Robert Koch hatte unter großem Beifall 1890 der Öffentlichkeit Tuberkulin als ein Heilmittel gegen Tuberkulose vorgestellt. Das Heilmittel erwies sich jedoch als Fehlschlag mit teils tödlichen Folgen für die damit Behandelten, zur Tuberkulinaffäre Opitz/Horn, Tuberkulinaffäre 1984; Elkeles, Tuberkulinrausch 1990; dies., Diskurs 1996, S. 133-151; Gradmann, Money 1998; ders., Fehlschlag 1999. Max Rubner machte in seinem Gutachten an den preußischen Kultusminister darauf aufmerksam, dass sich ähnlich wie bei der Schutzpockenimpfung »gewisse Nachteile« erst über einen längeren Zeitraum bemerkbar machen könnten, Gutachten Max Rubner an den preußischen Kultusminister betreffend die Bedeutung des Diphtherieserums, 31.10.1894, GStA PK Berlin, I. HA, Rep. 76 VIII B, Nr. 3747, Bl. 268-271.

Preisbildung zu berücksichtigen.²³³ Die Ergebnisse sollten anschließend zusammen mit den Regierungsräten Eugen Sell, Wilhelm Ohlmüller, Paul Kübler, Edgar Wutzdorff, dem kommissarischen Hilfsarbeiter Peter A. Engelmann sowie dem Gerichtsassessor Hornemann »in einer vertraulichen Vorbesprechung« erörtert werden.²³⁴
Zur Orientierung des Direktors des Kaiserlichen Gesundheitsamtes fasste Stabsarzt Dr. Weisser auf Basis bereits publizierter Ergebnisse die bakteriologischen Forschungen zusammen, die zur Entwicklung der Serumtherapie geführt hatten.²³⁵ Anschließend schilderte Weisser das Vorgehen Behrings. Aufgrund der an kleinen Tieren – den für Diphtherie besonders empfänglichen Meerschweinchen – gewonnenen Erfahrungen sei Behring zur Immunisierung von Schafen übergegangen. Hierbei habe Behring Wert darauf gelegt, den Gesundheitszustand sorgfältig festzustellen und die fortlaufenden Veränderungen während der Behandlung zu registrieren. Als wichtige Indikatoren für das Wohlbefinden der Versuchstiere führte Behring deren Temperatur und das Gewicht an. Die regelmäßig eruierten Werte würden in besondere Bücher eingetragen und in Tabellen eingezeichnet. Den Schafen würden zu deren Immunisierung sukzessive immer höhere Dosen mit Diphtheriegiften injiziert. Um ein stärkeres Heilserum herstellen zu können, würden insbesondere Pferde als Serumspender herangezogen.²³⁶

233 Im preußischen Kultusministerium hatte man gleichfalls Erkundigungen über das Diphtherieserum eingezogen und Berichte der Krankenhäuser angefordert, in denen das Serum bereits verwendet und getestet worden war, vgl. die Schriftwechsel in GStA PK, 1. HA, Rep. 76 VIII B, Nr. 3747. Robert Koch fertigte am 28.10.1894 einen Bericht über die staatliche Überwachung der Herstellung des Diphtherieserums und der staatlichen Kontrolle der Wirksamkeit für den Kultusminister an; ferner Max Rubner an Friedrich Althoff über die Bedeutung des Heilserums, 31.10.1894, GStA PK Berlin, 1. HA, Rep. 76 VIII B, Nr. 3747, Bl. 268-271. Rubner, Nachfolger von Robert Koch als Professor für Hygiene an der Berliner Universität, betonte, dass neben Behring am Institut für Infektionskrankheiten auch Erich Wernicke »an den Untersuchungen in meinem Institut, mit dessen Mittel und meiner Kenntnis ausgeführt worden« seien.
234 Die Notiz mit dem Auftrag Köhlers, datiert auf den 19.10.1893, BA Berlin, R 86/1182. Sowohl die Journalnummer als auch der Kontext verweisen auf den 19.10.1894. Einen Hinweis auf die Vorbesprechung auch in der Antwort an von Kerschensteiner, 21.10.1894, BA Berlin, R 86/1646.
235 Bericht über das Diphtherie-Heilserum. Erstattet von Stabsarzt Dr. Weisser, 27.10.1894, BA Berlin, R 86/1646. Die Entwicklung der Serumtherapie beschreiben auch Zeiss/Bieling, Behring 1941 in ihrer hagiographischen Biographie; ferner Throm, Diphtherieserum 1995.
236 Bericht über das Diphtherie-Heilserum. Erstattet von Stabsarzt Dr. Weisser, 27.10.1894, S. 1-5, BA Berlin, R 86/1646.

Hinsichtlich der Erfolge des Heilserums zitierte Weisser die in den Fachjournalen veröffentlichten klinischen Versuche, die in verschiedenen Krankenhäusern Berlins vorgenommen worden waren. Während die Gesamtmortalität der an Diphtherie Erkrankten zwischen 1890 und 1893 im Durchschnitt 51,71% betragen habe, sei die Mortalität bei der Behandlung mit Diphtherieserum auf 24,6% gesunken. Ähnliche Resultate habe man auch in Paris mit dem Diphtherieserum des Institut Pasteur erzielt. Die Heilung sei umso wahrscheinlicher, je früher das Mittel zur Anwendung gebracht werden würde.[237] Das Diphtherieserum würde den Kranken subkutan injiziert. Verführe man mit der notwendigen Sorgfalt, so seien Schädigungen der Gesundheit »mit Sicherheit auszuschließen«, wenngleich des Öfteren infolge der Injektion Hautausschläge beobachtet worden seien. »Jedenfalls muß dafür Sorge getragen werden, daß die Injektionen nur von Sachverständigen ausgeführt werden.«[238]

Den gegenwärtigen Stand der »Diphtherie-Heilserum-Frage« pointierte Weisser dahingehend, dass die Mortalität an Diphtherie durch die Serumtherapie erheblich herabgesetzt werden könne. »Es würden demnach durch die Anwendung des Diphtherie-Heilserums allein im Deutschen Reiche mindestens 30.000 Todesfälle an Diphtherie alljährlich vermieden werden können.« Eine gesundheitliche Beeinträchtigung durch die Anwendung des Mittels sei nicht zu befürchten. »Was die Menge des zur Behandlung der sämmtlichen Diphtheriefälle in Deutschland alljährlich nothwendigen Heilserums anlangt, so ergeben die Berechnungen, daß zu seiner Lieferung etwa 40 auf der höchsten Immunitätsstufe stehende Pferde ausreichen würden.«[239]

Ein zweiter Bericht beschränkte sich nicht auf die Rezeption vorhandener und publizierter Ergebnisse. Weisser erörterte stattdessen die von ihm im Gesundheitsamt »angestellten vergleichenden Versuche mit den Diphtheriegiften des Professors Ehrlich und Dr. Aronson sowie mit dem Heilserum des Professor Dr. Behring«.[240] Ziel der Versuche war es, die Giftstärke der verschieden Gifte zu vergleichen und den Wert des Heilserums zu ermitteln. Nach der Darstellung der normal üblichen Reaktionen der Versuchstiere auf die Injektion unterschiedlicher Mengen Toxins beschrieb

---

237 Ebd., S. 5-8.
238 Ebd., S. 9.
239 Ebd., S. 9 f.
240 Anlage B zu dem Protokoll vom 3. und 5. November 1894: undatierter Bericht des Stabsarztes Dr. Weisser über die von ihm im Kaiserlichen Gesundheitsamte angestellten vergleichenden Versuche mit den Diphtheriegiften des Professors Ehrlich und Dr. Aronson sowie mit dem Heilserum des Professor Dr. Behring, BA Berlin, R 86/1646.

Weisser die beobachteten Veränderungen, die durch die Mischung von Diphtheriegift und Behring'schem Antitoxin entstand. Je nach Zugabe der Menge des Antitoxins trat der Tod der Versuchstiere später ein bzw. waren die Vergiftungserscheinungen weniger schwer. Ab einer bestimmten Menge Antitoxin bleibe das Tier glatt, »wie der übliche Ausdruck lautet«. Die Wirkung des Giftes würde durch das Antitoxin aufgehoben, das Tier zeige keinerlei Vergiftungserscheinungen mehr.[241] Man müsse sich den Prozess wie einen chemischen Vorgang vorstellen, die neutralisierende Einwirkung zweier Stoffe aufeinander – »ähnlich wie zum Beispiel die Neutralisierung einer Säure durch Alkalien«.[242] Im weiteren Verlauf der Versuche zeigte sich außerdem, dass das bei Schering verwendete Gift von Hans Aronson schwächer war als das bei Höchst verwendete Gift von Paul Ehrlich. Der Bericht bestätige im Wesentlichen die Aussagen Behrings und beweise darüber hinaus, »daß der Wert des Serums sich nahezu unverändert eine nicht unbeträchtliche Zeit halten kann«.[243]

Neben den internen Besprechungen der Mitarbeiter des Gesundheitsamtes fand am 24. Oktober 1894 eine weitere Besprechung »von Seiten der Medizinalverwaltungen« im Dienstgebäude des preußischen Kultusministeriums für geistliche, Unterrichts- und Medizinalangelegenheiten statt. Neben Friedrich Althoff und Moritz Pistor vom Kultusministerium nahmen Robert Koch als Direktor des Preußischen Instituts für Infektionskrankheiten, Emil Behring und vom Kaiserlichen Gesundheitsamt Eugen Sell und Johann Röckl, Stabsarzt Weisser sowie als Protokollführer der Gerichtsassessor Dr. Hornemann teil. Den Vorsitz der Besprechung führte der Direktor des Gesundheitsamtes.[244] Auf dieser Besprechung wurden alle weichenstellenden Regelungen hinsichtlich der Herstellung, der Prüfung und der Kontrolle des Diphtherieserums getroffen. Auf allen weiteren Besprechungen und Konferenzen wurden diese Maßnahmen nur noch bestätigt bzw. im Detail weiter ausgearbeitet.

241 Ebd.
242 Emil Behring in Erwiderung auf die Frage des Direktors des KGA, wie der Vorgang wissenschaftlich zu erklären sei, Protokoll der Beratungen betreffend das Diphtherieserum, 3.11.1894, BA Berlin, R 86/1646.
243 Anlage B zu dem Protokoll vom 3. und 5. November 1894: undatierter Bericht des Stabsarztes Dr. Weisser über die von ihm im Kaiserlichen Gesundheitsamte angestellten vergleichenden Versuche mit den Diphtheriegiften des Professors Ehrlich und Dr. Aronson sowie mit dem Heilserum des Professor Dr. Behring, BA Berlin, R 86/1646.
244 Protokoll, Behufs vertraulicher Vorbesprechung, 24.10.1894, BA Berlin, R 86/1646; ferner analog die Vorbesprechungen aus Oktober 1894 im preußischen Kultusministerium, GStA PK, 1. HA, Rep. 76 VIII B, Nr. 3747.

In der Diskussion herrschte Konsens darüber, dass für die Herstellung und den Vertrieb des Serums ein zentrales Institut anzustreben sei, wie dies »jüngst« in Frankreich praktiziert würde:

»Dort hat das Institut Pasteur die alleinige Herstellung des Diphtherie-Heilserums in die Hand genommen, welches dann an Jedermann unentgeltlich abgegeben werden soll. Dadurch wird jede Privatkonkurrenz ausgeschlossen, eine in jeder Hinsicht zuverlässige Anfertigung des Mittels gewährleistet und dasselbe allen Kranken ohne Unterschied zugängig gemacht. Die Geldmittel, welcher das Institut Pasteur (ein privates Unternehmen) hierzu bedarf, werden durch freiwillige Spenden aufgebracht; im Nothfalle würde allerdings die französische Regierung einspringen. Es wird angeregt, einen ähnlichen Gedanken auch für Deutschland näher zu treten.«[245]

Am besten ließen sich die Wirksamkeit und die Unschädlichkeit des Serums durch eine zentrale Herstellung und Kontrolle in einer vereinigten staatlichen Serumanstalt gewährleisten. Obzwar man eine solche Anstalt nach dem Vorbild des Institut Pasteur favorisierte, galt es zu bedenken, dass die Farbwerke Hoechst und die Firma Schering bereits beträchtliche Mittel in die Serumtherapie investiert hätten und man sich mit diesen einvernehmlich würde einigen müssen. Diesen Realitäten Rechnung tragend richteten sich alle weiteren Maßnahmen danach aus, dass es an verschiedenen Orten private Produzenten gab und man eine zentrale Kontrollanstalt würde einrichten müssen.[246] Die Idee einer staatlichen Serumproduktion blieb allerdings bis zur Einigung mit den beiden Serum-

---

245 Ebd. Die Diphtheriebehandlung in Frankreich, in: Berliner Tageblatt vom 15.10.1894; weiterhin die Abschrift des undatierten Berichtes von B. Fränkels über den Vertrieb des Diphtherieserums in Frankreich, BA Berlin, R 86/1646; sowie die Berichte über das Institut Pasteur im GStA PK, 1. HA, Rep. 76 VIII B, Nr. 3592.
246 Protokoll, Behufs vertraulicher Vorbesprechung, 24.10.1894, BA Berlin, R 86/1646. Bereits vor dem 10.10.1894 sei vom KGA die Verstaatlichung des Heilserumvertriebes angeregt worden, vgl. die Staatsbürger-Zeitung Nr. 475 vom 10.10.1894. Althoff teilte am 15.11.1894 Behring mit, dass die Gründung einer Staatsanstalt zur Herstellung von Diphtherieserum vorerst vertagt worden sei. Es bestehe aber die Absicht, einige Pferde zu immunisieren und im Institut für Infektionskrankheiten unterzustellen, um zu einem späteren Zeitpunkt eine Gründung vornehmen zu können, Althoff an Behring, 15.11.1894, Behring-Archiv, 8-01: Schriftwechsel Althoff, Dok. 1.
Die von den Zeitgenossen empfundene Neuartigkeit des Therapieprinzips wird auch dadurch deutlich, dass niemand in Analogie zur bewährten Herstellung des Pocken-Impfstoffes eine dezentrale staatliche Herstellung von Serum in Betracht zog.

herstellern im Februar 1895 virulent.[247] Auch später wurde die Diskussion um eine staatliche Serumanstalt immer dann gezielt geschürt, wenn es Schwierigkeiten zwischen den beteiligten Akteuren und unterschiedlichen Interessen gab und ein alleiniger Akteur auf zentraler Ebene verlockend schien,[248] sowie weiterhin, wenn man die Serumhersteller unter Druck setzen wollte.[249]

Hinsichtlich des Vertriebes wurde auf der Besprechung festgehalten, dass das neue Heilmittel nicht allein auf Krankenanstalten beschränkt bleiben sollte, sondern dass alle praktischen Ärzte das Diphtherieserum nutzen können sollten. Gleichwohl sollte die vom Gesundheitsamt ausgearbeitete Kaiserliche Verordnung vom 27. Januar 1890 Anwendung auf das neue Heilmittel finden. Diese sah die Abgabe von bestimmten Arzneimitteln an das Publikum nur durch Apotheker vor.[250] Es sei nur zu

247 Geheimrat Althoff halte übrigens, – »wie ich ganz im Vertrauen bemerke – an der Idee eine Anzahl Pferde von Staatswegen zu immunisieren fest, um auf alle Fälle nicht von der Fabrik abhängig zu werden«, DKGA an das außerordentliche Mitglied des KGA von Kerschensteiner, Geheimrat im bayrischen Ministerium des Innern, 27.11.1894, BA Berlin, R 86/1646. Am 15.11.1894 wurde Behring von Althoff um einen Kostenvoranschlag für die Immunisierung von zwölf Pferden gebeten, vgl. Behring-Archiv, 8-01: Schriftwechsel Althoff, Dok. 1. Weiterhin erschien im November 1894 unter dem Protektorat der Kaiserin ein Spendenaufruf für ein deutsches Institut für Serum-Therapie, vgl. die Abschrift des Aufrufs in BA Berlin, R 86/1646.

248 Erneut flammte die Diskussion auf, als es Schwierigkeiten zwischen den Vertragspartnern Behring und den Farbwerken Höchst gab, vgl. »Ein preussisches Zentralinstitut für Serumforschung«, in: Berliner Tageblatt Nr. 104 vom 26.2.1908; ferner Throm, Diphtherieserum 1995, S. 72.

249 Auf eine persönliche Einladung von Arnold Libbertz, einen langjährigen Freund und Schüler Kochs und nunmehr Leiter der bakteriologischen Abteilung der Farbwerke Höchst, der feierlichen Einweihung der neuen bakteriologischen Abteilung am 24.11.1894 beiwohnen zu wollen, sagt Althoff wegen dringender Termine in Berlin ab. Begleitet wurde die Absage von der Anregung, »ob nicht die feierliche Einweihung des Instituts am besten dadurch gekrönt werden könnte, daß die Farbwerke zugleich den Preis des Heilserums möglichst herabsetzen«. GStA PK, 1. HA, Rep. 76 VIII B, Nr. 3747, Bl. 237-240; ferner die auf die Einweihungsfeierlichkeiten bezogene Notiz Althoffs Ende November. Koch habe am 24.11.1894 in Höchst an der Einweihung teilgenommen und die Einrichtung sehr gelobt. Erfreulich umso mehr, als die Farbwerke Höchst eine Ermäßigung der Preise um fünfzig Prozent in Aussicht gestellt hätten, wohl auch, weil man im Institut für Infektionskrankheiten proponiert habe, Serumpferde einzustellen, GStA PK, 1. HA, Rep. 76 VIII B, Nr. 3748.

250 Der Apothekenpflichtigkeit des Heilserums stimmten alle Beteiligten zu. Es schien allein fraglich, ob das Gesetz vom 27.1.1890 für das Diphtherieserum geändert werden müsse, weil das Serum nur als Heilmittel unter dieses Gesetz fallen würde, nicht aber als Schutzmittel. Zwar fiele das Diphtherieserum durch

klären, in welcher Form das Serum in die Pharmakopöe Eingang finden solle. Ebenso hielt man es für angebracht, die Vorschriften des Bundesratsbeschlusses vom 2. Juli 1891 auf das Diphtherieserum zu übertragen und die Abgabe an das Publikum nur auf ärztliche Anweisung hin zu erlauben.

Da die Apotheker aufgrund des schwierigen Nachweises von der Nachprüfungspflicht befreit werden sollten, musste die staatliche Kontrolle in zwei Richtungen ausgeübt werden.[251] Die staatliche Kontrolle habe sich daher sowohl auf die Herstellung als auch auf den Vertrieb der Präparate zu erstrecken, »damit das Mittel stets einerseits ein unschädliches, und andererseits ein wirksames ist«. Das Mittel galt zwar gemeinhin als unschädlich, doch man könne nicht ausschließen, dass im Einzelfall schädliche Nebenwirkungen aufträten, die durch eine mangelhafte Herstellung des Serums oder die unsachgemäße Injektion hervorgerufen werden könnten. Besonders sei dafür Sorge zu tragen, dass die Serumspender frei von auf den Menschen übertragbaren Tierkrankheiten seien. Wenngleich der Karbolzusatz im Serum mögliche fremde Krankheitserreger abtöte, »erachte man es für nothwendig, die zur Gewinnung des Serums bestimmten Thiere während der etwa 8 Monate dauernden Herstellungszeit einer strengen und fortdauernden Controle durch beamtete Sachverständige« zu unterstellen, »damit nur das Blut vollkommen gesunder Thiere zur Serumsgewinnung benutzt werde«. Zur Klärung der Übertragung von Tierkrankheiten auf den Menschen solle das preußische Institut für Infektionskrankheiten die Übertragungswege und -möglichkeiten untersuchen.[252]

Die Kontrolle des Heilserums auf seine Wirksamkeit könne zuverlässig nur von Emil Behring und Paul Ehrlich vorgenommen werden. Die prinzipiellen Bemessungsgrundlagen, die Einzelheiten der Prüfung und die sachlichen Kriterien sollten von diesen beiden zusammen mit Robert Koch und Stabsarzt Weisser allgemein ausgearbeitet und schriftlich formuliert werden. Zur Gewährleistung einer größtmöglichen Einheitlichkeit wurde es als dringend erforderlich erachtet, dass die staatliche Kontrolle für das Deutsche Reich von einer Stelle aus erfolgen sollte. »Die Abfüllung der Fläschchen soll keinesfalls dem Apotheker überlassen wer-

---

die Beimengung von Karbolsäure unter die Kategorie »Mischungen«, doch schien eine Änderung des Gesetzes insofern erforderlich, um zukünftige Entwicklungen einzubeziehen, vgl. das Protokoll der Beratungen betreffend das Diphtherieserum, 3.11.1894, BA Berlin, R 86/1646.

251 Vgl. Zeiss/Bieling, Behring 1941, S. 151.
252 Protokoll, Behufs vertraulicher Vorbesprechung, 24.10.1894, BA Berlin, R 86/1646.

den«, sondern in der jeweiligen Dosierung »unter Kontrole der Prüfungsstelle« am Herstellungsort erfolgen.[253] Es wurde weiterhin als zweckmäßig erachtet, dass die zu schaffende Prüfungsanstalt von jeder geprüften Menge Heilserum einen Rest verwahren sollte, um in regelmäßigen Abständen die Wirksamkeit des Serums zu überprüfen. Darüber hinaus sollten nach Ablauf einer noch zu bestimmenden Frist unverbrauchte Fläschchen aus dem Verkehr gezogen und »gegen frisches [Serum] umgetauscht werden«. Auf dem Etikett solle daher neben dem Datum der Prüfung auch das Datum der Abfüllung vermerkt werden. Ferner seien die geprüften Fläschchen als Zeichen ihrer staatlichen Kontrolle mit einer amtlichen Plombe zu versehen. Abschließend wurden die Kosten der Prüfung und ein möglicher Abgabepreis in den Apotheken diskutiert.[254] Grundsätzlich herrschte Einigkeit, dass der Preis zu hoch bemessen war und die Herstellungskosten weit übertraf. Die hohe Gewinnmarge und »lohnende Produktion« würde der Spekulation Vorschub leisten. Es »werden vielleicht unzuverlässige u[nd] unberufene Elemente minderwertige Waren produzieren« oder Verfälschungen in Umlauf zu bringen versucht sein. Aus diesen Gründen schien den Medizinalbeamten nicht nur die Einrichtung einer unabhängigen staatlichen Kontrollstation angezeigt zu sein, sondern auch die Festlegung des Preises notwendig.[255]

Bereits am 25. Oktober 1894 unterbreiteten Robert Koch, Emil Behring, Paul Ehrlich und Stabsarzt Dr. Weisser Vorschläge, wie man die Herstellung und den Vertrieb des Diphtherieserums staatlich prüfen könnte,[256] und einen Tag später wurden die außerordentlichen Mitglie-

---

253 Die Abfüllung und Mischung der Arzneimittel oblag eigentlich dem Apotheker. Dieser musste vor Verwendung der Ingredienzien deren Reinheitsgehalt gemäß den in der Pharmakopöe festgelegten Werten prüfen. Dies änderte sich mit der industriellen Fertigung von Medikamenten Ende der 1880er Jahre. Der explizite Hinweis auf die Abfüllung am Herstellungsort verweist auf die Neuerung dieser Verfahrensweise. Ziel war die Minimierung der Fehlerquellen und Möglichkeiten der Manipulation, da es einfacher war, einige wenige Hersteller zu kontrollieren als viele Tausend Apotheker, vgl. Holsten, Gesundheitsamt 1977. Im Jahr 1895 wurden im Deutschen Reich 5.161 Apotheken gezählt, vgl. Würzburg, Verbreitung 1897, S. 7.
254 Protokoll, Behufs vertraulicher Vorbesprechung, 24.10.1894, BA Berlin, R 86/1646.
255 Vgl. die Gutachten von Eduard Külz und Max Rubner vom 28. und 31.10.1894, GStA PK, 1. HA, Rep. 76 VIII B, Nr. 3747. Die Zitate stammen aus dem Gutachten von Max Rubner.
256 Das Serum sollte in einer »unter staatlicher Aufsicht« stehenden Kontrollstelle geprüft werden. Bis zur Etablierung einer solchen Einrichtung erklärte sich das Institut für Infektionskrankheiten bereit, die Prüfungen vorzunehmen. Die

der des Kaiserlichen Gesundheitsamtes für den 3. November 1894 zu einem Meinungsaustausch über das Diphtherieserum in das Gesundheitsamt eingeladen. Als Tagesordnungspunkte waren erstens die Regelungen der Abgabe des Serums durch die Apotheken, zweitens die Rezeptpflichtigkeit des Serums, drittens die Ausführung der staatlichen Kontrolle und viertens die Festsetzung des Verkaufspreises vorgesehen. Als Anlage erhielten die eingeladenen außerordentlichen Mitglieder den im Gesundheitsamt ausgearbeiteten Bericht Weissers »über den Stand der Sache« und die Vorschläge zur staatlichen Prüfung.[257]

Am ersten Sitzungstag stellten Emil Behring und Paul Ehrlich den Teilnehmern das Verfahren der Serumherstellung und -prüfung vor und standen für Rückfragen zur Verfügung. Weiterhin berichteten die außerordentlichen Mitglieder auf der Besprechung über die in den einzelnen Staaten gemachten Erfahrungen. Am zweiten Sitzungstag, Montag den 5. November, wurden die zuvor am 24. Oktober zwischen dem Kaiserlichen Gesundheitsamt und dem preußischen Kultusministerium besprochenen Punkte diskutiert und abschließend der alleinige Verkauf des Heilserums in Apotheken, die Rezeptpflichtigkeit des Diphtherieserums, die staatliche Kontrolle durch die Einzelstaaten und die Erstellung einer

> Wirksamkeit des abzugebenden Serums sollte mindestens 100 Immunisierungseinheiten beinhalten. Das Serum sollte keine schädlichen Stoffe und nur einen geringen Prozentsatz Konservierungsstoffe enthalten und die Übertragung von Tierkrankheiten ausgeschlossen sein, Vorschläge, die Prüfung des Diphtherieserums und seinen Vertrieb betreffend, Vertraulich, 25.10.1894, BA Berlin, R 86/1646. Die Schwierigkeit der Prüfung wurde unter anderem dadurch verursacht, dass die beteiligten Wissenschaftler nicht wussten, um welchen chemischen Stoff es sich bei dem Toxin handelte. Während sich zahlreiche Forscher nach der Reindarstellung des Toxins auf dessen chemische Analyse konzentrierten, betrachtete Behring das Toxin allein aus der Wirkungsperspektive, vgl. Throm, Diphtherieserum 1995, Kap. III. Dies führte zu der Innovation Ehrlichs, willkürlich einen Wirkungswert festzulegen. Die daraus resultierende Komplexität der Prüfung soll nur kurz skizziert werden: Die Prüfung basierte auf der Festlegung eines Normal- bzw. Testtoxins. Als Testtoxin wurde die minimale Dosis definiert, die ein 250 bis 300 Gramm schweres Meerschweinchen gerade eben zu töten in der Lage ist. Bei der entsprechenden Mischung von Testtoxin und dem zu prüfenden Serum musste die Einstichstelle nach vier Tagen frei von Filtrat sein, vgl. die Wortmeldung Ehrlichs auf der Konferenz am 3.11.1894, Protokoll der Beratungen betreffend das Diphtherieserum, 3.11.1894, BA Berlin, R 86/1646; undatierter Entwurf betreffend die Einrichtung der Controllstation [Januar 1895] und Instruktionen für den Betrieb der Controllstation, 19.2.1897, Archiv des Paul-Ehrlich-Instituts, Abteilung Va, Nr. 1, Bd. 1, Bl. 1-13.

257 Einladung an die außerordentlichen Mitglieder des KGA durch den Direktor des KGA, Vertraulich, 26.10.1894, BA Berlin, R 86/1646. Im Wesentlichen wurden die zuvor besprochenen Punkte bestätigt.

Statistik als »medizinalpolizeiliche Maßnahmen hinsichtlich des neuen Arzneimittels empfohlen«.[258] Im Monat November gab es zahlreiche Schriftwechsel innerhalb und zwischen den einzelnen Ministerien, dem Reichsamt des Innern und dem Kaiserlichen Gesundheitsamt betreffend die Organisation des Diphtherieserums im Deutschen Reich. Das preußische Kultusministerium hatte zur Orientierung von den Krankenhäusern, in denen das Diphtherieserum bereits in größerem Umfang Anwendung gefunden hatte, einen Bericht über die Resultate angefordert und diese dem Gesundheitsamt in Abschrift zukommen lassen.[259] Am 26. November 1894 informierte der Direktor der Behörde den Staatssekretär des Innern über die Ergebnisse

258 Das Zitat aus dem Brief des DKGA an den StsdI, 26.11.1894, BA Berlin, R 86/1646. An der Sitzung nahmen teil: Der DKGA Karl Köhler führte den Vorsitz, Franz Bumm (RAI – Nachfolger Köhlers 1905), Friedrich Althoff (GORR im preußischen Kultusministerium), Moritz Pistor (GMR im preußischen Kultusministerium), Generalarzt Hermann Schaper (Direktor der Charité), Robert Koch (Direktor des Instituts für Infektionskrankheiten), Carl Gerhardt (GMR und Direktor der II. Medizinischen Klinik an der Charité), Dr. Schacht (Vorsitzender des Deutschen Apotheker Vereins), Joseph von Kerschensteiner (GR und OMR im bayrischen Ministerium des Innern), Rudolf Günther (GMR und Präsident des sächsischen Medizinalkollegium), Dr. Lehmann (GMR im sächsischen Ministerium des Innern), Dr. von Koch (OMR und Direktor des württembergischen Medizinalkollegiums), Dr. Battlehner (GR im badischen Ministerium des Innern), Th. Thierfelder (GOMR und Mitglied der mecklenburgischen Medizinalkommission), Johann Julius Reincke (MR in Hamburg), Dr. Krieger (KGMR Ministerium für Elsass Lothringen), Emil Behring, Paul Ehrlich, Johann Röckl (RR im KGA), Wilhelm Ohlmüller (RR im KGA), Dr. Weisser (Stabsarzt und abkommandiert an das KGA, stellvertretender Leiter des bakteriologischen Laboratoriums), Adolf Dieudonné (Assistenzarzt I. Klasse, abkommandiert an das KGA), Arthur Würzburg (SR im KGA), Dr. Hornemann (Gerichtsassessor am KGA, Protokollführer), vgl. das Protokoll der Beratungen betreffend das Diphtherieserum, 3.11.1894, BA Berlin, R 86/1646. Über die Sitzungen vom 3. und 5.11.1894 berichten auch Zeiss/Bieling, Behring 1941, S. 153-157.
259 Vgl. die Erfahrungsberichte von Otto Heubner (Kinderkrankenhaus Charité), Dr. Rinne (Elisabeth-Krankenhaus Berlin), Friedrich E. W. Körte (Urban Krankenhaus Berlin), Dr. Köllen (St. Hedwigs-Krankenhaus), Dr. Langenbeck (Lazarus-Krankenhaus), Adolf Baginsky (Kaiserin-Friedrich Kinderkrankenhaus Berlin), Ernst Viktor von Leyden und Carl Gerhardt (beide Charité), Senator und Schultze (beide Bonn), Kast (Breslau), Ebstein (Göttingen), Mosler (Greifswald), Weber und Mering (beide Halle), Quincke und Starck (beide Kiel), Lichtheim und Schreiber (beide Königsberg), Mannkopff, Friedrich von Müller und Eduard Külz (alle Marburg), ferner den Bericht von Robert Koch und Ludwig Brieger aus dem Institut für Infektionskrankheiten, und den Bericht von B. Fränkel und Max Rubner (Institut für Hygiene an der Berliner Universität), GStA PK, 1. HA, Rep. 76 VIII B, Nr. 3747.

der Beratungen mit den außerordentlichen Mitgliedern des Gesundheitsamtes und reichte im Anhang gleich die Entwürfe für die Änderungen der entsprechenden Gesetze mit ein, die vom Kaiser Ende des Jahres unterzeichnet wurden.²⁶⁰ Indessen hatte Robert Koch einige Tage zuvor, gelegentlich der Feierlichkeiten zur Einweihung der neuen bakteriologischen Abteilung der Farbwerke Höchst, mit dem Aufsichtsrat der Farbwerke gesprochen und diesem erste Zugeständnisse abringen können.²⁶¹ Bereits am 17. Dezember wurde ein Vertragsentwurf zwischen den Höchster Farbwerken und dem preußischen Staat diskutiert,²⁶² der eine »erhebliche Reduktion des Preises zu Wege« bringen sollte. Die Farbwerke waren bereit, öffentlichen Krankenhäusern, den Krankenkassen sowie den Armenanstalten in den Sommermonaten 3.000 und in den Wintermonaten 6.000 Portionen Serum zu einem um die Hälfte reduzierten Preis anzubieten. Im Gegenzug sollte »der Staat« sich verpflichten, für die Vertragsdauer von einem Jahr Diphtherieheilserum nur von den Farbwerken zu beziehen.²⁶³ Von dieser Forderung rückte man einen Monat später ab und war zu weiteren Konzessionen unter der Voraussetzung bereit, dass der Firma Schering die gleichen Vertragsbedingungen gestellt werden sollten.²⁶⁴

260 DKGA an den StsdI, 26.11.1894, BA Berlin, R 86/1646. Als Anlagen enthielt das Schreiben das Beratungsprotokoll vom 3. und 5.11.1894, die Entwürfe für die Gesetzesänderungen, die ausgearbeiteten Vorschläge zur Prüfung des Diphtherieserums und einen Fragebogen. Die Verordnungen wurden am 31.12.1894 unterzeichnet und waren ab dem 1.1.1895 gültig, vgl. RGBl. 1895, S. 1; das Zirkular des Reichskanzlers an die Bundesregierungen am 7.1.1895, BA Berlin, R 86/1646.
261 Vgl. den Auszug aus dem Brief des DKGA an von Kerschensteiner, 27.11.1897, BA Berlin, R 86/1646; sowie die an Libbertz gerichtete Bemerkung Althoffs, die Preise für das Serum senken zu wollen, GStA PK Berlin, 1. HA, Rep. 76 VIII B, Nr. 3747, Bl. 239.
262 Die Bundesstaaten verhandelten einzeln mit den Farbwerken Höchst über die Abgabe von Heilserum, vgl. die Besprechung über Einrichtung einer Kontrollstation für das Diphtherieheilserum, 6.12.1894 (Bayern) und 17.12.1894 (Mecklenburg), BA Berlin, R 86/1646.
263 Vgl. das Protokoll betreffend die Besprechung über Diphtherieheilserum, 17.12.1894, BA Berlin, R 86/1646.
264 An den Vorverhandlungen in Höchst am 17.1.1895 nahmen Friedrich Althoff, Adolf Schmidtmann und von der Firma Höchst die Vorstandsmitglieder August Laubenheimer und August de Ridder, die Mitglieder des Aufsichtsrates Eugen Lucius und August von Brüning sowie der Sanitätsrat und Leiter der neuen Serumabteilung Arnold Libbertz teil, vgl. das Besprechungsprotokoll, 17.1.1895, BA Berlin, R 86/1646. Hinsichtlich des Preises betrafen die weiteren Zugeständnisse die unbegrenzte Abgabe verbilligten Serums an öffentliche Krankenhäuser, Krankenkassen und Anstalten der öffentlichen Armenpflege und die Ausdeh-

Mit dem Direktor der Firma Schering hatten sich am 21. und 22. Dezember die Räte des preußischen Kultusministeriums Friedrich Althoff, Karl Skrzeczka und Adolf Schmidtmann getroffen,[265] und am 11. Januar 1895 wurde die bakteriologische Anstalt von dem Regierungs- und Medizinalrat Adolf Schmidtmann und dem an das Kaiserliche Gesundheitsamt abkommandierten Assistenzarzt Adolf Dieudonné besichtigt. Zwar habe man alle Einrichtungen zweckentsprechend vorgefunden, doch beschrieb Schmidtmann ein aus der Schering'schen Apotheke entnommenes Fläschchen Diphtherieserum als trübe, flockig und stark nach Karbol riechend. Die Untersuchungen hätten nur einen Wert von 57 Immunisierungseinheiten ergeben und das Versuchstier habe deutliche Infiltrationen an der Injektionsstelle aufgewiesen. Ferner bemängelte Schmidtmann, dass eine ordnungsgemäße Journalführung bislang nicht eingeführt worden sei. Der technische Leiter der bakteriologischen Abteilung habe aber zugesagt, in den nächsten Tagen ein Hauptbuch anlegen zu wollen.[266]

Vorbildlich dagegen waren die in der Ende November eingeweihten bakteriologischen Abteilung der Farbwerke Höchst getroffenen Maßnahmen. Durch die Einrichtung einer »Operationsnummer« könne das Serum jedes Fläschchens bis zum originären Wirtstier zurückverfolgt werden.»Und um die Vorsichtsmaassregeln voll zu machen, wird von jeder Quantität Serum, die bei einer Operation entnommen wird, ein Controlfläschchen zurückbehalten [...].«[267] Die staatlich vorgeschriebene Produktionskontrolle war deutlich an die Fertigungskautelen der Farbwerke Höchst angelehnt.[268]

---

nung dieser Regelung auf das gesamte Gebiet des Deutschen Reiches, vgl. die undatierte Erklärung der Farbwerke Höchst, [ca. Februar 1895], ebd.
265 Direktor der Firma Schering an den Kultusminister Bosse, Abschrift des KGA, Eingangsstempel 19.1.1895, BA Berlin, R 86/1646.
266 Notiz Schmidtmanns, GStA PK, 1. HA, Rep. 76 VIII B, Nr. 3748, Bl. 208. Ehrlich hatte sich in seinem Bericht über das Schering'sche Serum bereits im März 1894 kritisch über die Wirksamkeit des Mittels geäußert, vgl. Ehrlich an das KGA, 15.3.1894, R 86/1182. Die Untersuchung des Schering'schen Serums durch Dieudonné ebd.
267 Eiermann, Einrichtungen 1894, S. 1039.
268 Dies geht einerseits daraus hervor, dass diesbezüglich allein mit den Farbwerken Höchst und nicht mit der Firma Schering verhandelt wurde. Weiterhin hat sich in die Verhandlung der Produktionskontrolle der bei Höchst gebräuchliche Begriff der »Operationsnummer« eingeschlichen, den Karl Köhler durch den Begriff »Kontrollnummer« ersetzen ließ, wenngleich der Begriff der »Operationsnummer« beibehalten werden durfte, vgl. die Besprechungs- und Verhandlungsprotokolle vom 17.1.1895 und 1.2.1895, BA Berlin, R 86/1646.

Detailliert wurden die Ausübung der staatlichen Kontrolle und die Ausgestaltung einer zu etablierenden Kontrollstation in den Besprechungen am 6. und 17. Dezember 1894 und in den Verhandlungen am 17. Januar 1895 diskutiert. Auf Basis der Anfang November getroffenen Entscheidungen sollte die staatliche Kontrolle durch die Einzelstaaten erfolgen. Preußen kam eine Leitfunktion zu, weil die beiden Serumproduzenten Schering und die Farbwerke Höchst auf preußischem Staatsgebiet lagen. »Preußen hätte gerne gesehen, daß eine Reichskontrolle eingeführt würde.« Der Vertreter des Reichsamtes des Innern, Franz Bumm, trat allerdings aus praktischen Gründen dafür ein, dass die Prüfung des Serums durch eine staatliche Stelle in die Hände Preußens gelegt würde. »Erst wenn später eine Centralstelle für das ganze Reich notwendig werden sollte, möge man eine Reichskontrolle eintreten lassen.«[269] Die Grundsätze für die staatliche Kontrolle sollten gleichfalls für alle anderen Bundesstaaten gelten.

In den Besprechungen am 17. Dezember 1894[270] und einen Monat später wurde festgelegt, dass ein vom Herstellungsbetrieb bezahlter, aber unter staatlicher Kuratel stehender Medizinalbeamter die Produktion vor Ort und die Journalführung kontrollieren sollte. Die Wirksamkeit und die Unschädlichkeit des Serums sollte dagegen zentral, in einer neu zu schaffenden Abteilung des Preußischen Instituts für Infektionskrankheiten, geprüft werden. Die staatliche Kontrolle fasste die betrieblichen Prüfungserfahrungen der Firma Höchst zusammen und kombinierte diese mit den Prüfungsvorschriften, die Koch, Ehrlich, Behring und Weisser Ende Oktober erarbeitet hatten. Die staatlichen Maßnahmen stellten einen gravierenden Eingriff in die Autonomie des Unternehmens dar.[271]

Der Kontrollbeamte im Herstellungsbetrieb hatte dafür Sorge zu tragen, dass die Serumpferde vor und während der mehrmonatigen Immunisierungsphase kontinuierlich tierärztlich untersucht wurden und eine

---

269 Die Zitate in Zeiss/Bieling, Behring 1941, S. 156.
270 Anwesend waren vom MGUMA Karl Skrzeczka, Friedrich Althoff und Adolf Schmidtmann, vom KGA Karl Köhler, Eugen Sell und Stabsarzt Dr. Weisser, vom Preußischen Institut für Infektionskrankheiten Robert Koch und von den Farbwerken Höchst August Laubenheimer und Arnold Libbertz, vgl. das Besprechungsprotokoll, 17.12.1894, BA Berlin, R 86/1646.
271 Die Eingriffe in die Unternehmensautonomie gingen 1927/1928 so weit, dass vor einer vom RGA geplanten Senkung der Arzneitaxe das RWM die Kostenstruktur der Unternehmen (I.G. Farbenwerke, Behringwerke, Sächsische Serumwerke) auf ihr Senkungspotential hin prüfte. Aufgrund der Selbstkostenprüfung schien dem RWM eine Preissenkung um zehn Prozent möglich. Im Gegenzug sollten die Prüfungsgebühren gesenkt werden, vgl. RWM an RMI, 6.7.1927, BA Berlin, R 86/2712.

Übertragung von Tierkrankheiten, beispielsweise der Rotzkrankheit, auf den Menschen ausgeschlossen werden konnte. Der Aderlass und die Herstellung des Serums geschahen unter seiner Aufsicht. Das aufbereitete Serum wurde in einem Sammelgefäß zusammengefasst und in Anwesenheit des Kontrollbeamten eine Probe entnommen. Die Proben wurden mit einer Kontrollnummer, der Menge, der Herkunft, dem Datum der Blutentnahme und der Probenziehung versehen und der Vorgang in einem Journal mit den erforderlichen Daten protokolliert. Sowohl die Probenfläschchen als auch das Stammgefäß wurden von dem Kontrollbeamten verschlossen und plombiert, das Stammgefäß an einem kühlen und dunklen Ort sicher verwahrt, die Probenfläschchen an die zentrale Kontrollstation geschickt.[272]

Die zentrale Untersuchungsstation legte einerseits die Wirksamkeit des Serums resp. den Immunisierungsgrad staatlich fest – der Wert wurde bestimmt –, andererseits prüfte man das Serum auf Karbolgehalt, Beschaffenheit und Reinheit. Als unschädlich galt ein Serum, wenn die Flüssigkeit klar und frei von Bodensatz war, das Serum nach bakteriologischer Untersuchung für keimfrei befunden wurde und der Zusatz des Konservierungsmittels einen bestimmten Wert nicht überschritten hatte. Die Wertbestimmung des eingegangenen Serums wurde von zwei Beamten gleichzeitig vorgenommen, die unabhängig voneinander festzustellen hatten, dass die Mischung des eingesandten Diphtherieserums mit einer als Maßstab gesetzten Menge an Diphtherietoxin unschädlich war. Der Indikator für die Unschädlichkeit war ein Meerschweinchen von ca. 250 Gramm, dem die Mischung subkutan injiziert wurde. War am zweiten Tag darauf kein Infiltrat an der Injektionsstelle zu fühlen und keine erhebliche Gewichtsreduktion in den ersten vier Tagen zu konstatieren, so besaß die geprüfte Serumlösung mindestens die erforderliche Konzentration von einhundert Immunisierungseinheiten in je einem Zentiliter Serumlösung.[273] Stimmten die Prüfungen der Beamten nicht überein, so sollte die Prüfprozedur nötigenfalls unter Aufsicht des Direktors wiederholt werden.[274]

---

272 Vgl. die Besprechungs- und Verhandlungsprotokolle vom 17.12.1894, 17.1.1895, 1.2.1895, alle BA Berlin, R 86/1646; sowie den undatierten Entwurf betreffend die Einrichtung der Kontrollstation, Archiv des Paul-Ehrlich-Instituts, Abt. Va, Nr. 1, Bd. 1, Bl. 1-5. Der Entwurf war nach der Besprechung am 17.12.1895 von Stabsarzt Dr. Weisser und Adolf Schmidtmann am 21.12.1894 aufgearbeitet und am 10.1.1895 nochmals verändert worden, siehe die Notizen auf Bl. 1.
273 Mit einer entsprechenden Hochdosierung konnte der Immunisierungswert auch höher festgestellt werden, beispielsweise 200 oder 500 Immunisierungseinheiten.
274 Vorschläge, die Prüfung des Diphtherieheilserums und seinen Vertrieb betreffend von Robert Koch, Emil Behring, Paul Ehrlich und Stabsarzt Dr. Weisser,

Der nicht verwandte Rest der Serumproben sollte an einem dunklen und kühlen Raum sicher verwahrt und in regelmäßigen Abständen erneut auf etwaige Veränderungen geprüft werden. Erst nach der Freigabe und staatlichen Zertifizierung des Serums wurde die Charge unter Aufsicht des Kontrollbeamten am Herstellungsort abgefüllt, etikettiert, mit einer eindeutigen Kontrollnummer gekennzeichnet, tektiert und mit einem Siegel »staatlich geprüft« versehen und abschließend lichtdicht und trocken verpackt. Alle Vorgänge wurden in verschiedenen Kontrollbüchern festgehalten und in einem so genannten Hauptbuch zusammengefasst,[275] so dass, wie Arnold Eiermann enthusiastisch beschrieben hat, die lückenlose Rückverfolgbarkeit vom Wirtstier bis hin zum verkauften Fläschchen und vice versa sichergestellt war.[276]

Die Errichtung einer zentralen Kontrollstation, die Bestellung eines staatlich designierten, in der Produktion tätigen Kontrollbeamten und die Anweisungen der Prüfungsprozeduren wurden am 1. Februar 1895 vertraglich zwischen Vertretern der Medizinalverwaltung und Vertretern der Hersteller vereinbart.[277] Die Kontrollstation nahm am 20. Februar ihre Arbeit auf, und ab dem 1. April 1895 sollte nur noch staatlich geprüftes Serum in den Apotheken veräußert werden.[278] Die Kontrollstation sollte sich im Wesentlichen aus den zu erhebenden Gebühren finanzie-

---

BA Berlin, R 86/1646; sowie die Instruktionen für den Betrieb der Kontrollstation für Diphtherieserum, Archiv des Paul-Ehrlich-Instituts, Abt. Va, Nr. 1, Bd. 1, Bl. 11a-11f; Ehrlich, Wertbemessung 1897; Otto, Prüfung 1906; Boehncke, Serumprüfung 1914.

275 Entwürfe für das Hauptbuch (Formular A), Kontrollbogen für Pferde (Formular B), Kontrollbogen für Meerschweinchen (Formular C), BA Berlin, R 86/1646.

276 Vgl. die Besprechungs- und Verhandlungsprotokolle vom 17.12.1894, vom 17.1.1895 und vom 1.2.1895, alle in BA Berlin, R 86/1646; Boehncke, Serumprüfung 1914; ferner Throm, Diphtherieserum 1995, Kap. VI.

277 Das »Anerbieten« der Firma Höchst wurde am 9.2.1895 vom MGUMA an die Firma Höchst geschickt, GStA PK, 1. HA, Rep. 76 VIII B, Nr. 3748. An den Vorverhandlungen in Höchst am 17.1.1895 nahmen Friedrich Althoff, Adolf Schmidtmann und von der Firma Höchst die Vorstandsmitglieder August Laubenheimer und August de Ridder, die Mitglieder des Aufsichtsrates Eugen Lucius und August von Brüning sowie der Sanitätsrat und Leiter der neuen Serumabteilung Arnold Libbertz teil, vgl. das Besprechungsprotokoll, 17.1.1895, BA Berlin, R 86/1646. An den in Berlin stattfindenden Abschlussverhandlungen nahmen neben Friedrich Althoff, Adolf Schmidtmann und Karl Skrzeczka vom MGUMA, Karl Köhler und Adolf Dieudonné vom KGA, OMR Richard Pfeiffer, Generalarzt Herrmann Schaper als Direktor der Charité sowie von der Firma Höchst erneut August Laubenheimer und Adolf Libbertz teil, Verhandlungsprotokoll, 1.2.1895, ebd.

278 MGUMA an die Farbwerke Höchst, 9.2.1895, Höchst Archiv, Akte GL 18.1/3.

ren.²⁷⁹ Die Ergebnisse der Verhandlungen wurden den Ober-Präsidenten der preußischen Bezirksregierungen am 25. Februar 1895 per Runderlass bekannt gegeben.²⁸⁰

Bereits am 7. Januar 1895 hatte der Reichskanzler die Bundesregierungen des Deutschen Reiches und den Kaiserlichen Statthalter in Elsass-Lothringen über die den Verkauf des Diphtherieserums nur gegen ärztliches Rezept und allein in Apotheken vorsehende Verordnung unterrichtet.²⁸¹ In einem weiteren Schreiben war der preußische Kultusminister aufgefordert worden, die durch eine Sachverständigenkommission im Kaiserlichen Gesundheitsamt erarbeiteten Vorschläge hinsichtlich des neuen Diphtherieheilmittels umzusetzen und die medizinalpolizeiliche Kontrolle auch von Reichs wegen auszuüben.²⁸² Eine Kopie dieses Erlasses wurde am 28. März den Bundesregierungen des Deutschen Reiches zugestellt mit dem Hinweis, dass seitens der preußischen Regierung entsprechende Maßnahmen »zum Schutze des Publikums gegen den Vertrieb minderwertiger, verfälschter oder gesundheitsschädlicher Zubereitungen« getroffen worden waren. Die Bundesregierungen sollten nunmehr sicherstellen, dass in den Apotheken ihres Territoriums nur »Diphtherieserum feilgehalten und abgegeben werden darf, welches nachweislich der Prüfung durch die obenbezeichnete Controlstation [im Institut für Infektionskrankheiten, ACH] unterlegen hat«.²⁸³

Mit Errichtung der Kontrollstation wurde zugleich die Arbeitsteilung zwischen dem Reich und Preußen institutionalisiert. Während die Kontrollstation, seit 1896 das Königlich Preußische Institut für Serumforschung und Serumprüfung,²⁸⁴ Routinearbeiten wie die Prüfung des Diph-

---

279 Für die Bestallung eines Kontrollbeamten vor Ort stellten die Farbwerke Höchst einen Betrag in Höhe von 1.800 bis 3.600 Mark p. a. in Aussicht. Für die Kontrollstation wurden jährliche Kosten in Höhe von 40.000 Mark veranschlagt. Die einmaligen Errichtungskosten sollten durch eine »Eintrittsgebühr« von 1.000 Mark je Hersteller finanziert werden. Für die laufenden Prüfungen hatten die Serumproduzenten je eingesandter Serumprobe eine Grundtaxe (50 Mark für 5 Liter, 100 Mark für 10 Liter) zuzüglich 10 Mark für jeden weiteren Liter zu entrichten, vgl. das Verhandlungsprotokoll vom 1.2.1895, BA Berlin, R 86/1646; Höchst Archiv, Akte GL 18.1/3; Throm, Diphtherieserum 1995, S. 148.
280 Vgl. Throm, Diphtherieserum 1995, S. 77.
281 Vgl. den Entwurf des Zirkulars vom 7.1.1895, BA Berlin, R 86/1646. Die Kaiserlichen Verordnungen im RGBl. 1895, S. 1.
282 RK an MGUMA, 7.1.1895, BA Berlin, R 86/1646.
283 RK an die Bundesregierungen des Deutschen Reiches, 28.3.1895, BA Berlin, R 86/1646.
284 1899 wurde das Institut nach Frankfurt am Main verlegt und in »Königlich Preußisches Institut für experimentelle Therapie« umbenannt.

therieserums und später aller weiteren Sera vornahm, trat das Kaiserliche Gesundheitsamt als Reichsbehörde, in deren Zuständigkeit das Arzneimittelwesen fiel, nur dann in Erscheinung, wenn grundsätzlich neue Sachverhalte zu klären oder gesetzliche Änderungen auf Reichsebene erforderlich waren. Die Einziehung von Sera und die Festlegung der Arzneitaxe oder der Verpackungseinheiten[285] zählten fortan zu den nachgeordneten Tätigkeiten des Kaiserlichen Gesundheitsamtes auf dem Gebiet der Serumtherapie.[286] Wenngleich das Institut für Serumforschung und Serumprüfung eine Institution des Staates Preußen war und folglich der Direktor dem preußischen Kultusministerium unterstand, so oblag dem Kaiserlichen Gesundheitsamt die letztinstanzliche Hoheit über das Arzneimittelwesen. Insofern übernahm das preußische Institut zwar die Routineaufgaben der Prüfung und Wertbestimmung der Sera, doch darüber hinaus musste das Gesundheitsamt gelegentlich koordinierend eingreifen.

Am 13. Juni 1908 hatte Rudolf Kraus aus Wien vor der »freien Vereinigung für Mikrobiologie« einen Vortrag gehalten, der die Methode der Wertbestimmung nach Ehrlich grundsätzlich in Frage stellte. Seine Ausführungen gipfelten darin, dass die »Ehrlich'sche Prüfungsmethode keinen sicheren Maßstab für den Heilwert eines Serums biete. Bei dieser Methode wird die Schutzwirkung eines Serums bestimmt, indem Gift und Serum gleichzeitig, miteinander gemischt den Versuchstieren (Meerschweinchen bei Diphtherieserum) eingespritzt werden; Kraus behauptet nun, daß man vielfach ganz andere Werte erhält, wenn man statt der Schutzwirkung die Heilwirkung des Serums, auf die es für die Praxis hauptsächlich ankommt, zum Maßstab nimmt, also die Tiere zuerst vergiftet und nachher durch Serumeinspritzung zu retten sucht.« Sollte sich die Ansicht von Kraus bestätigen, schrieb Fred Neufeld, Regierungsrat im Kaiserlichen Gesundheitsamt, würde eine Änderung der geltenden Prüfungsvorschriften erforderlich sein. Es sei daher von großem Inter-

---

285 Die Vereinheitlichung der Verpackung, die Kennzeichnung der Serumfläschchen und die Verwendung von Glasampullen neben Fläschchen mit Gummipropfen im Jahr 1902, BA Berlin, R 86/1646.
286 Zu den Tätigkeiten siehe insbesondere BA Berlin, R 86/1646. Nachgeordnet insofern, als dass das KGA nur eine Transmitterfunktion hatte. Wenn beispielsweise das Institut für Serumforschung und Serumprüfung bei seinen regelmäßigen Nachprüfungen der Serumproben feststellte, dass bestimmte Serumchargen aus dem Verkehr zu ziehen und durch neues Serum zu ersetzen waren, so wandte man sich direkt oder über das MGUMA an das Kaiserliche Gesundheitsamt. Dieses wiederum veranlasste – schon bald durch ein eigenes Formular – die Einziehung durch das RAI für das gesamte Reichsgebiet. Es handelte sich letztlich um eine reine Formalität.

esse, dass sich das Kaiserliche Gesundheitsamt an den Nachprüfungen beteilige.[287] Auf die Mitteilung Paul Uhlenhuths, Direktor der Bakteriologischen Abteilung des Kaiserlichen Gesundheitsamtes, die Wertbestimmung aufgrund der »Krausschen Sachen nachuntersuchen« zu wollen, reagierte Paul Ehrlich, Direktor des Institut für experimentelle Therapie in Frankfurt am Main, »sehr erfreut«. Als Anlage übersandte Ehrlich ihm vergleichende Auswertungen zwischen der Methode Kraus und der Methode Ehrlich.[288] Die Nachprüfung der von Kraus unternommenen Versuche hatte ergeben, dass das aus Wien stammende Serum nicht mit 180, wie von Kraus angegeben, sondern mit mindestens 600 Immunisierungseinheiten zu bewerten sei.[289] Im September wurde Ludwig Händel vom Kaiserlichen Gesundheitsamt an das Institut für experimentelle Therapie entsandt, um die Ehrlich'sche Methode der Wertbestimmung zu überprüfen.[290] Binnen kürzester Zeit hatte sich Händel mit der Technik der Prüfung von Heilsera vertraut gemacht. Darüber hinaus wurden die zur Durchführung von Versuchen notwendigen Geräte im Gesundheitsamt angeschafft und ein Versuchsplan erstellt.[291] Allerdings sah sich Rudolf Kraus auch auf mehrfaches Bitten hin nicht in der Lage, Serum nach Berlin zu schicken, so dass die Versuche im Gesundheitsamt schließlich eingestellt wurden.[292]

Weitere Beispiele für die regulierende, kontrollierende und moderierende Tätigkeit des Gesundheitsamtes auf dem Gebiet der Serumtherapie stellte 1897 die Erweiterung der Prüfungsprozeduren dar, weil zusätzlich zum flüssigen auch festes Diphtherieserum entwickelt worden war.[293] Am

287 Notiz Fred Neufeld für den Direktor der bakteriologischen Abteilung Paul Uhlenhuth, 19.6.1908, BA Berlin, R 86/2711. Rudolf Kraus, von 1923 bis 1928 Leiter des Serotherapeutischen Instituts in Wien, zweifelte nicht an der Serotherapie in toto. Den Berichten des KGA zufolge stellte die Theorie von Kraus die Methode Ehrlichs auf den Kopf: je geringer die Wertigkeit des Serums, desto potenter sei die Wirkung nach einer Intoxikation. Die Ergebnisse Ehrlichs erklärte er durch die Variabilität der Meerschweinchen, die kein zuverlässiger Indikator seien.
288 Ehrlich an Uhlenhuth, 18.6.1908, BA Berlin, R 86/2711.
289 Vgl. den Bericht vom 9.11.1908, Anhang, BA Berlin, R 86/2711.
290 Undatierte Notiz Bumm, dass Händel die Methode Ehrlich in Augenschein nehmen soll, BA Berlin, R 86/2711.
291 Notiz Händel, 15.10.1908, BA Berlin, R 86/2711.
292 Der Versuchsplan, die Bitten des DKGA im Oktober 1908, vgl. BA Berlin, R 86/2711.
293 Vgl. den von Paul Ehrlich, Direktor des Instituts für Serumforschung und Serumprüfung, Arnold Libbertz, Direktor der Bakteriologischen Abteilung der Farbwerke Höchst, Adolf Dieudonné, an das KGA abkommandierter Assistenzarzt, und Martin Kirchner, MGUMA, unterzeichneten Entwurf »Vorschläge,

24. November 1900 wurde kommissarisch darüber beraten, welche Heilsera außer dem Diphtherieserum einer staatlichen Kontrolle hinsichtlich der Zulassung zum Vertrieb unterworfen werden sollten.[294] Auf der anderen Seite prüfte das Kaiserliche Gesundheitsamt, ob neu auf den Markt drängende Pharmaunternehmen die für die Zulassung zur Produktion und zum Vertrieb von Diphtherieserum erforderlichen Voraussetzungen erfüllten.[295] Bei etwaigen Streitigkeiten zwischen den Serumproduzenten fungierte das Gesundheitsamt als Mediator. Als beispielsweise Mitte der 1920er Jahre ein Streit zwischen den Sächsischen Serumwerken und den Behringwerken hinsichtlich der Preisgestaltung ausbrach, erarbeitete das Gesundheitsamt einen Kompromissvorschlag, wenngleich dieser »trotz der wirklich anzuerkennenden, aufopfernden Bemühungen des Herrn Präsidenten des Reichsgesundheitsamtes« die strittigen Punkte nicht zu bereinigen vermochte.[296] Schließlich spielte das Reichsgesundheitsamt Ende der 1920er Jahre bei der Anpassung nationaler Prüfprozeduren an internationale Standards aufgrund der Beschlüsse der Standardisierungskommission des Hygiene-Komitees des Völkerbundes eine beratende Rolle.[297]

Die staatliche Kontrolle des Diphtherieheilserums ist besonders geeignet, die Arbeit des Gesundheitsamtes exemplarisch darzustellen. Bereits kurz nachdem das neue Heilmittel in den Apotheken vertrieben wurde, schaltete sich das Gesundheitsamt ein. Auf die vertrauliche Anfrage aus dem bayrischen Innenministerium am 19. Oktober 1894 konnte Köhler nach Erhalt zwei Tage später antworten, dass »die Angelegenheit vom Gesundheitsamte [bereits] aufgenommen ist und auf Grund eines von dem Referenten ausgearbeiteten Referate am nächsten Dienstag hier zu-

---

die Prüfung des festen Diphtherieheilserums und seinen Vertrieb betreffend«, 2.2.1897 sowie die weitere Korrespondenz im BA Berlin, R 86/1646.

294 Vgl. die Einladung zur kommissarischen Beratung vom 30.10.1900, den Beratungsplan und das Beratungsprotokoll im BA Berlin, R 86/2713. Erneut wurde im März 1924 im RGR über den staatlichen Prüfungszwang von Impfstoffen und Sera diskutiert, vgl. die Vorbereitung der Sondersitzung im RGR am 1.3.1924, BA Berlin, R 86/2710.

295 Vgl. beispielsweise die Anfrage von Louis Merck im Februar 1895 sowie den weiteren Schriftverkehr hierzu, BA Berlin, R 86/1182; die Prüfung des Serums aus dem Laboratorium Pasteur in Stuttgart im März 1895, ebd.; ferner die Korrespondenz mit der Firma Ruete & Enoch im April 1895, BA Berlin, R 86/1646; sowie den Schriftwechsel betreffend die Prüfung der schweizerischen Firma Haeflinger & Cie. 1896, ebd.

296 Sächsische Serumwerke an Wilhelm Kolle, Direktor des Instituts für experimentelle Therapie, 3.10.1927, BA Berlin, R 86/2712. Der Direktor bedankte sich am gleichen Tag auch beim PRGA, ebd.

297 Vgl. die Hinweise und Notizen in BA Berlin, R 86/2712.

nächst im engsten Kreise des Gesundheitsamtes« besprochen werde.[298] Binnen weniger Monate wurde die neue Serumtherapie in das bestehende staatliche Arzneimittelwesen integriert bzw. das Arzneimittelwesen selbst verändert. Das im Rahmen der Diphtherieforschung erarbeitete und staatlich sanktionierte Verfahren der Wertbestimmung bildete fortan den Bemessungsmaßstab für unterschiedlichste Sera. Das Institut für experimentelle Therapie und die staatliche Serumkontrolle erlangte bis zum Ersten Weltkrieg weltweit eine Führungsposition.

In den Monaten von November 1894 bis Januar 1895 wurden nahezu vierzehntägig Besprechungen bezüglich der staatlichen Regelung des Diphtherieheilserums zwischen den Beamten der verschiedenen Medizinalbehörden abgehalten. Dabei darf angenommen werden, dass nur die offiziellen Besprechungen ihren Niederschlag in den Akten gefunden haben. In diesen Besprechungen zeigt sich die Zusammenarbeit zwischen dem preußischen Kultusministerium, dem Kaiserlichen Gesundheitsamt, dem Reichsamt des Innern und dem Institut für Infektionskrankheiten sowie der pharmazeutischen Industrie. Wenn der Direktor des Kaiserlichen Gesundheitsamtes nicht den Vorsitz der Sitzung führte, so war die Behörde durch einen Mitarbeiter vertreten.

Doch nicht nur die Kommunikation zwischen diesen in Berlin ansässigen Behörden funktionierte ohne Probleme. Auch die Kommunikation »nach außen« – zu den Krankenhäusern, den Forschungsinstitutionen, den Industrievertretern und den außerordentlichen Mitgliedern – erscheint nach Aktenlage schnell und reibungslos. Die außerordentlichen Mitglieder des Gesundheitsamtes wurden am 26. Oktober 1894 vom Direktor der Behörde zu einer Konferenz am 3. November 1894 eingeladen. Die Sitzung wurde wohl absichtlich auf ein Wochenende gelegt, um wegen der kurzfristigen Anberaumung Terminüberschneidungen zu vermeiden.

Die Akten des Kultusministeriums, des Gesundheitsamtes, des Reichsamtes des Innern,[299] des Instituts für Infektionskrankheiten und des Instituts für experimentelle Therapie im Archiv des Paul-Ehrlich-Instituts bilden nicht nur das Zusammenspiel der Behörden ab, sondern beleuchten auch die Rolle des Kaiserlichen Gesundheitsamtes. Man würde den verschiedenen Behörden sicher nicht gerecht werden, schriebe man dem Gesundheitsamt, in dessen Zuständigkeitsbereich das Arzneiwesen fiel, eine Führungsrolle bei der Organisation der staatlichen Arzneimittelkon-

---

298 Vgl. von Kerschensteiner an Köhler, 19.10.1894 und die Antwort Köhlers am 21.10.1894, BA Berlin, R 86/1646.
299 In den Akten BA Berlin, R 1501/110345-110348 findet sich im Wesentlichen die Gegenüberlieferung zu den Beständen des RGA.

trolle zu. Gleichwohl kann man konstatieren, dass hier keineswegs eine Behörde agiert, wie sie Bismarck knapp zwanzig Jahre zuvor larmoyant charakterisiert hat. Besonders im Umgang mit den außerordentlichen Mitgliedern lässt sich die Veränderung der Behörde beschreiben. Gingen den Tagungen und Konferenzen in den 1880er Jahren noch langwierige Schriftwechsel über eine Terminfindung voraus, so beraumt das Kaiserliche Gesundheitsamt für die Besprechung über die staatliche Kontrolle des Heilserums kurzfristig und ohne Rücksprache einen Termin an, der den Eingeladenen kaum Zeit lässt, ihr Kommen zu bestätigen.

Im Vergleich mit den zuvor geschilderten Beispielen – der Epidemie in Wildemann und den Forschungen Loefflers zum Erreger der Diphtherie – lassen sich weitere Veränderungen, aber auch Konstanten benennen. Die Veränderung der Behörde zwischen 1878 und 1894 lässt sich nicht nur materiell am Etat und personell an der Zahl der Mitarbeiter ablesen, sondern schlägt sich auch in den Akten der Behörde nieder. Die Behörde von 1878 hat im Auftreten nur noch wenig gemein mit der Behörde von 1894. Der Direktor fragte die vorgesetzte Behörde nicht mehr ex ante an, ob und inwieweit er agieren darf und soll, sondern er informierte das Reichsamt des Innern ex post über die stattgehabte Besprechung – an der freilich ein Vertreter des Reichsamtes teilnahm. Der Handlungsspielraum und auch der Status der Behörde hatten sich enorm ausgeweitet.

Im Vergleich zu den Forschungsarbeiten Loefflers oder im Vergleich zu den zahlreichen anderen in den *Arbeiten aus dem Kaiserlichen Gesundheitsamte* dargestellten wissenschaftlichen Arbeiten lässt sich allerdings auch feststellen, dass korrelierend mit der Effizienz der Verwaltungs- und Beratungsarbeiten die wissenschaftliche Forschungstätigkeit abnahm. Während in den ersten 15 Jahren noch grundlegende Forschungsarbeiten geleistet wurden, verlagerten sich diese mit Kochs Fortgang an die Berliner Universität und später an das Institut für Infektionskrankheiten bzw. über Kochs Schüler an die anderen Hygieneinstitute des Deutschen Reiches. So ist es bezeichnend, dass die Arbeit Loefflers nicht im Kaiserlichen Gesundheitsamt selbst, sondern eben im Institut für Infektionskrankheiten fortgeführt wurde.

An der staatlichen Kontrolle des Diphtherieserums lässt sich neben der Epidemie in Wildemann und den wissenschaftlichen Arbeiten Loefflers die Arbeit des Gesundheitsamtes *pars pro toto* zusammenfassend charakterisieren. Die erste wesentliche Aufgabe des Gesundheitsamtes bestand abstrakt formuliert im Sammeln von Informationen. Die Sammlung war jedoch nicht Selbstzweck, sondern die vorgesetzte Behörde sollte jederzeit möglichst schnell und umfassend über unterschiedlichste gesundheitspolitische Sachverhalte informiert werden, wie sich dies im Bericht

Weissers oder in dem Bericht an das Reichskanzleramt im Fall der Epidemie in Wildemann abbildet. Die Sammlung, Kompilation und Verwaltung von Informationen war integraler Bestandteil der Aufgaben des Gesundheitsamtes, um dem definierten Auftrag zur Beratung des Reichskanzlers nachkommen zu können. Hierzu zählen auch die zahllosen geführten Statistiken, die halfen, die Informationen zu bewerten. Die Bibliothek der Behörde diente nicht nur Forschungszwecken, sondern mit Abnahme der eigenen Forschungstätigkeit musste auch die Bibliothek anwachsen, um letztlich alle gesundheitspolitischen Themen erschließen, zu einem Bericht zusammenfassen und bewerten zu können. Ergab sich aus den gesammelten Informationen nach Meinung des Gesundheitsamtes ein Handlungsbedarf, so wurde dies in Kooperation mit den ausführenden Behörden und nach Rücksprache mit dem vorgesetzten Reichsamt des Innern im Sinne einer Gesetzesvorlage umgesetzt. Die Ausführung der vorgeschlagenen Maßnahmen musste das Gesundheitsamt wohl oder übel anderen überlassen. Dies führt zur zweiten wesentlichen Aufgabe: das Knüpfen von Netzwerken. Für das Kaiserliche Gesundheitsamt waren Netzwerke essentiell: einerseits um die notwendigen Informationen einspeisen zu können und andererseits um erforderliche Maßnahmen zwar nicht selbst umzusetzen, jedoch um deren Umsetzung durch andere Behörden sicherzustellen. Für Loeffler waren Netzwerke notwendig, um überhaupt wissenschaftliche Arbeiten am pathologischen Material vornehmen zu können. Das Knüpfen und Verwalten von Netzwerken sollte zu einer generellen Handlungsstrategie der Behörde werden.

3.4 Zusammenfassung III:
Die Arbeit im Verborgenen zum Wohl der Volksgesundheit

Die Organisation des Gesundheitsamtes als nachgeordnete Reichsbehörde war sowohl dem Kanzlerprinzip Bismarcks als auch dem föderalistischen Prinzip des Deutschen Reiches geschuldet. Die Errichtung eines Gesundheitsministeriums war wegen der Zuständigkeit der Einzelstaaten für die Angelegenheiten des Medizinalwesens weder zum Zeitpunkt der Reichsgründung noch beim Staatsformwechsel nach dem Ersten Weltkrieg möglich. Die Kompetenzüberschneidung zwischen Reich und Ländern im Bereich der öffentlichen Gesundheitspflege, des Medizinalwesens und der Medizinalpolizei erforderte aufwendige Abstimmungs- und Kommunikationsprozesse bei der Erarbeitung von Gesetzen oder deren Umsetzung. Thomas Saretzki streicht in seiner Dissertation heraus, dass das Gesundheitswesen im Kaiserreich unter anderem durch Auseinandersetzungen zwischen dem Reich und den Einzelstaaten sowie zwischen

Staat und Kommunen gekennzeichnet war.³⁰⁰ Diese aus der Konkurrenz zwischen den Einzelstaaten und dem Reich resultierenden Konflikte hat das Gesundheitsamt mannigfach erfahren.

Gleichwohl lässt sich über einen längeren Zeitraum beobachten, dass das Reich über Reichsämter wie das Gesundheitsamt, sukzessive den Einflussbereich über die Bundesstaaten auszuweiten vermochte. Die Ausdehnung der Kompetenzen des Reiches oder der Reichsinstitutionen auf Angelegenheiten der öffentlichen Gesundheitspflege gelang dort leichter, wo die Bundesregierungen keine Kompetenzen verloren, beispielsweise beim Nahrungsmittelgesetz. Im Fall von Kompetenzüberschneidungen zogen sich die Konsensfindung und die Aushandlungsprozesse bei der Erarbeitung von Gesetzen mit den Einzelregierungen über Jahre und Jahrzehnte hin und waren meist von Konflikten begleitet.³⁰¹ Um überhaupt agieren zu können, war das Gesundheitsamt gleichzeitig auf (gute) Kontakte zu den Instanzen der Einzelstaaten und der Kommunen sowie auf private Korporationen angewiesen. Diese Kontakte wurden im Laufe der Jahre intensiviert und bildeten ein umfangreiches und engmaschiges Netzwerk.

Die Expansion des Reiches zu Lasten der Einzelregierungen und die Expansion des Gesundheitsamtes bedingten sich gegenseitig. Als Reichsbehörde wirkte die zentrale Medizinalbehörde identitätsstiftend auf die Nation. Das Reich trotzte den Einzelstaaten sukzessive Kompetenzen im Bereich der Medizin, Wissenschaft und Landwirtschaft ab. Diese Geländegewinne institutionalisierten sich in der Physikalisch-Technischen Reichsanstalt, der Kaiserlichen Biologischen Anstalt für Land- und Forstwirtschaft oder im Gesundheitsamt.

Eine Ursache, warum die Behörde in der breiten Öffentlichkeit nicht wahrgenommen wurde, lag in der verfassungsrechtlichen Stellung des Amtes begründet. Das Gesundheitsamt hatte weder exekutive Befugnisse, noch waren dem Gesundheitsamt Trabantenämter auf regionaler oder kommunaler Ebene unterstellt, die exekutive Befugnisse hatten. Ebenso verfügte das Reichsamt bzw. das Reichsministerium des Innern nicht über einen exekutiven Unterbau, so dass man bei der Umsetzung von Gesetzen auf die einzelstaatlichen und kommunalen Institutionen angewiesen blieb. Die Tätigkeit des Gesundheitsamtes wurde in der Öf-

---

300 Vgl. Saretzki, Reichsgesundheitsrat 2000, S. 5.
301 Die Gründung einer eigenen botanischen Abteilung nahm fast 15 Jahre in Anspruch, da die Landwirtschaft zur Domäne der Einzelregierungen zählte, das RSG bedurfte acht Jahre und das Gesetz zur Bekämpfung der Geschlechtskrankheiten weit über ein Jahrzehnt, bis es zur Verabschiedung gelangte, da es auch hier Überschneidungen mit Ländergesetzen gab.

fentlichkeit nicht wahrgenommen, weil dem Gesundheitsamt einzelstaatliche oder kommunale Institutionen nachgeschaltet waren, die die Gutachten, Verordnungen und Gesetze ausführten. Das Gesundheitsamt als Initiator und oberste Medizinalbehörde trat nur auf einzelstaatlicher Ebene in Erscheinung, nicht mehr auf der Ebene der Bezirksregierungen, die den einzelstaatlichen Regierungen Rechenschaft schuldig waren.
Das Gesundheitsamt arbeitete im Verborgenen. Dies war durchaus lange Zeit gewollt, beispielsweise waren die Beratungen des Reichsgesundheitsrates geheim und die Teilnehmer verpflichtet, über den Inhalt der Beratungen Schweigen zu bewahren. Eine öffentliche Präsenz war im Kaiserreich nicht zwingend notwendig, da man über die Tätigkeit der Behörde allein dem Reichsamt des Innern Rechenschaft schuldig und der leitende Staatssekretär nur gegenüber dem Kaiser verantwortlich war. Eine stille Tätigkeit im Hintergrund war eher Garant für einen reibungslosen Ablauf. Die Arbeit der Behörde war wenig spektakulär, und nur selten rückten deren Regierungsräte und Medizinalbeamte in das Zentrum der Öffentlichkeit. Bei Ausbruch einer Epidemie oder bei Konferenzen zur öffentlichen Gesundheitspflege wurden die leitenden Beamten als Sachverständige eingeladen. Eine Notwendigkeit zur Öffentlichkeitsarbeit gab es lange Zeit nicht. Erst unter dem Druck knapper werdender Mittel musste die Behörde ihre Tätigkeit und ihre Daseinsberechtigung legitimieren. In der Weimarer Republik wurden für den Reichstag Tätigkeitsberichte verfasst und für die breite Öffentlichkeit eine Festschrift zum fünfzigjährigen Jubiläum der Behörde publiziert. In diesen Berichten konnte die Behörde die ganze Bandbreite ihrer Tätigkeit entfalten.
Der Schwerpunkt der Tätigkeit des Gesundheitsamtes lag auf der »Bekämpfung der Volksseuchen« und der so genannten Nahrungsmittelhygiene. Nahezu alle reichsweiten Gesetze auf dem weitgefassten komplementären Gebiet Hygiene-Medizin wurden im Gesundheitsamt entworfen oder zumindest beraten. Als bedeutende vom Gesundheitsamt mitinitiierte Gesetzeswerke sind neben der Bearbeitung des Deutschen Arzneibuches das Nahrungsmittelgesetz, das Reichsseuchengesetz, das Reichsviehseuchengesetz und das Gesetz zur Bekämpfung der Geschlechtskrankheiten zu nennen.
Die Tätigkeit umfasste nahezu alle Bereiche des menschlichen Lebens: Nahrung, Gesundheit, Wohnen, städtische Umwelt, Arbeit und die Daseinsvorsorge. Die meisten Tätigkeiten hatten beratenden und gutachterlichen Charakter. Die Beamten waren »Schreibtischtäter« oder im Labor tätig, wie am Beispiel der Bekämpfung der Diphtherie gezeigt werden konnte. Die Tätigkeit der Behörde war darauf ausgerichtet, Informationen zu sammeln und im Bedarfsfall, z. B. bei der Häufung von Krank-

heitsfällen in einer bestimmten Region innerhalb kurzer Zeit, entsprechende Maßnahmen einzuleiten, die einer Ausbreitung der Krankheit entgegenwirken sollten. Die Tätigkeit der Behörde hatte präventiven Charakter. Die einheitliche Ausbildung der Ärzte und des Heilpersonals ist sicher auch als Professionalisierungsstrategie der Ärzteschaft zu bewerten, doch gleichzeitig war es für eine funktionierende öffentliche Gesundheitspflege immanent wichtig, dass alle Mediziner bei Ausbruch einer Epidemie die Krankheitserreger diagnostizieren und die erforderlichen Bekämpfungsmaßnahmen einleiten konnten. Gleichfalls waren die Gutachten zur Kanalisation und Trinkwasserversorgung darauf ausgerichtet, die Verbreitung von Krankheitserregern präventiv zu verhindern. Auch die Tätigkeit auf dem Gebiet der Gewerbe- und der Nahrungsmittelhygiene hatte präventiven Charakter. Die Bevölkerung sollte vor Schaden durch den Verzehr gesundheitsgefährdender Lebensmittel oder durch die Arbeit in gesundheitsschädigenden Produktionsanlagen bewahrt werden. Die Motivation zur Gewerbehygiene entsprang der Notwendigkeit, die Gesundheit und die Arbeitsfähigkeit der Bevölkerung zu sichern und die Nationalökonomie vor wirtschaftlichem Schaden zu bewahren. Abstrakt formuliert lagen die Hauptaufgaben der Behörde neben der Beratung in der Sammlung und Organisation von Informationen über den Gesundheitszustand der Bevölkerung und von hygienischem Wissen sowie dem Knüpfen und Verwalten von Netzwerken.

Das Gesundheitsamt beriet die politischen Entscheidungsträger in sanitätspolizeilichen, gesundheitspolitischen und sozialmedizinischen Angelegenheiten. Die Tätigkeit der Behörde war darauf ausgerichtet, präventiv den Ausbruch von »Volksseuchen« zu vermeiden. Bei der Bekämpfung von Epidemien lag der Schwerpunkt der wissenschaftlichen Tätigkeit der Behörde im Bereich der Bakteriologie und Epidemiologie. Im Rahmen der medizinalpolizeilichen Aufgaben erstreckte sich die Arbeit der Behörde auf Verwaltungs- und Beratungstätigkeiten: die Erarbeitung von Expertisen und Gesetzestexten, die Organisation und Verwaltung von Informationen über die Bevölkerung, die regelmäßige Erstellung von Medizinalstatistiken, die »hygienische Volksbelehrung« und die »technische Überwachung des Impfgeschäftes«. Im Fokus der behördlichen Tätigkeit stand das Leben und die Gesundheit der deutschen Bevölkerung: als Minimalziel der Schutz der Bevölkerung vor gesundheitlichen Schädigungen jedweder Art und die Konstanthaltung der »Volksgesundheit« und als Maximalziel die Verbesserung der Lebensverhältnisse der Bevölkerung und die Hebung der »Volksgesundheit«.

4 Einbindung des Gesundheitsamtes in die Interessen und strategischen Ziele des Staates

»Die Pflicht des Staatsmannes besteht nicht mehr darin, die Gesellschaft gewaltsam einem ihm verführerisch scheinenden Ideal zuzutreiben, sondern sein Beruf ist der des Arztes: er verhütet den Ausbruch von Krankheiten durch eine angemessene Hygiene und sucht die zu heilen, wenn sie festgestellt sind.«[1] Damit der Staatsmann seinem Beruf als Arzt nachgehen kann, muss er mit dem erforderlichen Wissen geschult sein und fallweise einen Spezialisten zur Beratung hinzuziehen. Als ein solcher Experte fungierte das Gesundheitsamt.

In der selbststilisierenden Festschrift von 1926 sah das Gesundheitsamt seine originären Aufgaben in der »Bekämpfung der Volksseuchen« und der Sicherstellung einer qualitativ und quantitativ ausreichenden Ernährung für die Bevölkerung. Neben den Aufgaben und Zielen, die sich das Gesundheitsamt selbst gestellt hatte, sind in einem weiteren Schritt die Problemstellungen und Ziele zu identifizieren, die quasi von »außen« auf die Agenda des Gesundheitsamtes gesetzt wurden.

In das Gesundheitsamt wurden im Laufe des Untersuchungszeitraumes seitens des Staates enorme Mittel an personellen und materiellen Ressourcen investiert. Die Bereitstellung von Mitteln geschah nicht aus altruistischen Motiven, weil Reichskanzler und Reichsregierung um die Gesundheit des deutschen Volkes besorgt waren. Im Folgenden soll allgemein die Rolle des »Staates« analysiert werden. Der Begriff des »Staates« steht synonym für eine Vielzahl von Akteuren, die durch ihr gemeinsames Handeln eng miteinander verbunden sind: die Regierung, die Reichsämter bzw. die Ministerien, gesundheitspolitische Institutionen auf der Ebene des Reiches und der Einzelstaaten und hohe Medizinalbeamte. Bezogen auf das Gesundheitsamt soll danach gefragt werden, welche impliziten Interessen und Ziele der Staat mit der Unterhaltung und Finanzierung des Gesundheitsamtes verfolgte. Diese Ziele galt es zu erreichen, nach diesen Vorgaben hatten sich die Handlungsstrategien des Gesundheitsamtes auszurichten. Es ist daher zu fragen, welchen Nutzen die Reichsregierung aus der Gründung eines Gesundheitsamtes zu ziehen gedachte – einer Behörde, die sich unpolitisch gab, deren Tätigkeit sich darin erschöpfte, Gesetzesentwürfe zu formulieren, Nahrungsmittel zu

---

1 Durkheim, Methode 1908, S. 103.

untersuchen und bakteriologische Forschungen zur Bekämpfung von Infektionskrankheiten vorzunehmen, und die als wohlfahrtsstaatliche Errungenschaft erscheint.

Bei Durchsicht der Akten und Publikationen des Gesundheitsamtes erstaunt die Selbstverständlichkeit, mit der die Wissenschaftler ihrer Arbeit nachgingen. Selten wurde zu Beginn einer Arbeit der Zweck derselben erläutert, der Sinn angedeutet oder die Ergebnisse in den gesellschaftlichen Kontext eingeordnet. Zumeist arbeiteten sich die Forscher an den bisherigen Ergebnissen ab, verbesserten Verfahren oder führten den Nachweis über vorhandene Unzulänglichkeiten in vorangegangenen Versuchen. In Ermangelung klarer Aussagen ist nach den Hintergründen der Wissenschaftler und Autoren zu fragen, sind die impliziten Vorannahmen ihrer Abhandlungen herauszuarbeiten. Es gilt, nach den gesellschaftlichen und politischen Zielen ihrer Arbeiten, auf deren Erfüllung sich die Wertschätzung der Gesellschaft und der vorgesetzten Reichsbehörde schließlich zurückführen lässt, zu forschen.

Im ersten Unterkapitel (4.1) werden die Begründungszusammenhänge des Gesundheitsamtes herausgearbeitet. Mit welcher Begründung wurde die Finanzierung des Gesundheitsamtes legitimiert? Welche Gründe führte die Behörde selbst ins Feld und wie sind diese Gründe in die zeitgenössischen Diskurse einzuordnen? Der nationalökonomische Diskurs verweist auf den menschenökonomischen Diskurs und die Reduzierung des Menschen auf seinen ökonomischen Wert für die Gesellschaft. Seines sprachlichen Duktus entledigt verweist das volkswirtschaftliche Berechnungsmuster »Wert des Menschen« über die sozialdarwinistischen Begründungszusammenhänge auf den nationalen »Kampf ums Dasein«.

Um die Beziehungen des Gesundheitsamtes zum Militär geht es denn auch im zweiten Unterkapitel (4.2). Das Gesundheitsamt kämpfte an zwei Fronten. Einerseits führte die Behörde einen Krieg gegen die Bakterien in den Reagenzgläsern des Laboratoriums, und andererseits beteiligten sich die Medizinalbeamten an der Entseuchung des Aufmarschgebietes im Nordwesten des Reiches. Im Ersten Weltkrieg kämpften die Beamten des Gesundheitsamtes gegen die ausbrechenden Seuchen und hinter der Front gegen den ärgsten Verbündeten des Feindes: den Hunger.

Die mentalen Beziehungen der Medizinalbeamten zum Militär werden auch im dritten Kapitel (4.3) eingangs erörtert. Die Medizinalbeamten rekrutierten sich größtenteils aus der Militärmedizin und waren dem militärischen Denken verhaftet. Losgelöst von ihrer militärmedizinischen Herkunft soll es weitergehend darum gehen, den Denkstrukturen der Medizinalbeamten nachzuspüren. Welche politischen Ansichten vertraten die Beamten? Welches (politische) Selbstverständnis wohnte den Protagonisten – den Medizinern, (Medizinal-)Beamten, Wissenschaftlern – inne, und korrespondierten die individuellen Denkmuster mit den Interessen des Reiches? Im vierten Kapitel (4.4) soll die Bedeutung des Gesundheitsamtes für die vorgesetzte Behörde dargestellt werden. Neben rein verwaltungstechnischen Zuarbeiten, der Beratungsfunktion und der Vorbereitung von Gesetzestexten wirkte das Gesundheitsamt durch die präventive Verhinderung von Seuchen befriedend auf die Gesellschaft. Das Gesundheitsamt diente damit der Sicherung und Verteidigung der öffentlichen Ordnung.

4.1 Nationalökonomie und Menschenökonomie – Fiskalische Aspekte der öffentlichen Gesundheitspflege

In die Verfassungsdiskussion im Reichstag des Norddeutschen Bundes brachte der Abgeordnete Baumstark den Antrag ein, die Funktion der Veterinär- und Medizinalpolizei der Aufsicht des Reiches zu übertragen. Mit der Gesundheit der Tiere würde eine rein wirtschaftliche Angelegenheit berührt – Tiere und Landwirtschaft seien ein »ungeheuer großes Nationalcapital«. Aus der Erfahrung epidemischer Krankheiten der letzten Jahre hielt Baumstark auch die Gesundheit der Staatsbürger im Interesse des Gemeinwohls für wichtig. Die Begründung des Antrages schien einer weiteren Diskussion nicht bedürftig, allein bei der Formulierung des Gesetzestextes machte Graf Schwerin-Putzar Einwände geltend – in der Sache sprang er dem Abgeordneten Baumstark zur Seite. Nach geringfügigen sprachlichen Änderungen wurde der Antrag angenommen.[2]

Das Gedeihen der Volkswohlfahrt lag auch den deutschen Tierärzten am Herzen. Um ihren Teil zur Hebung des Nationalwohlstandes und zur Blüte des Vaterlandes beitragen zu können, sei allerdings ein Reichs-Veterinäramt erforderlich, dessen Errichtung der Deutsche Veterinärrat für unabdingbar hielt.[3] Ähnlich lautende Begründungen führten auch die Petitionen an den Reichstag zur Errichtung einer medizinischen Zentralbehörde ins Feld. Der Nationalwohlstand wurde hier weniger durch Epizootien als vielmehr durch Epidemien geschädigt. Das Argumentationsgeflecht »Nationalwohlstand«, Medizin und Landwirtschaft einte Konservative und Liberale.[4] Der Argumentationsstrang zog sich durch

---

2 Vgl. die SB im Reichstag des Norddeutschen Bundes, 17. Sitzung am 21.3.1867.
3 Vgl. die Resolution zur Errichtung eines Reichs-Veterinäramtes als Anlage in dem Schreiben von Carl Dammann an RKA, 1.7.1874, BA Berlin 1401/954.
4 Der Bund und später das Reich veranschlagte seit 1867 für jährliche Aufwandsentschädigungen und Kosten für Grenzsperren (Landgendarmerie) sowie sonstige

die Diskussionen im Reichstag und war implizit auch in den Denkschriften des Bundeskanzlers und des Kaiserlichen Gesundheitsamtes enthalten.

Die Notwendigkeit zur Errichtung einer Versuchsanstalt für Pflanzenschutz wurde zwanzig Jahre später gleichfalls mit dem Verlust »ungezählte[r] Millionen« Mark begründet. Die »Erhaltung unserer [volkswirtschaftlichen] Konkurrenzfähigkeit« sei das Ziel des agrarwissenschaftlichen Pflanzenschutzes.[5] Eine neu zu errichtende landwirtschaftlich-technische Reichsanstalt für Bakteriologie und Pythopathologie habe die Aufgabe, »zur Gesundung unserer vaterländischen Landwirtschaft« und zur »Verbilligung des Brotes unserer Gesamtbevölkerung« beizutragen.[6] Ende der 1920er Jahre wurde die gesonderte Bereitstellung von Mitteln zur Errichtung einer »Reichsforschungsstelle für Geflügelkrankheiten« im Gesundheitsamt zur Förderung einer leistungsfähigen Geflügelzucht damit begründet, dass man aus der »Kriegsnotzeit« die Erkenntnis gewonnen habe, dass nur die vollkommene Eigenversorgung des Deutschen Reiches mit animalischen Nahrungsmitteln »die Grundlage einer Gesundheit unseres Wirtschaftslebens bildet.«[7] Wie schon bei der Gründung des Kaiserlichen Gesundheitsamtes führte die Verbindung von Wissenschaft, Landwirtschaft und Ökonomie zum Erfolg.

Nationalökonomische Überlegungen flossen auch in die Ergebnisse der wissenschaftlichen Arbeiten ein. Am Ende seiner vergleichenden Untersuchung zu Weizen- und Roggenbrot im Hinblick auf deren physiologische Verwertbarkeit als Nahrungsmittel kam Rudolf O. Neumann zu dem Ergebnis, dass das Weizenbrot sowohl hinsichtlich des Nährwertes, der Ausnutzung und der physiologischen Verwertung des Brotes sowie hinsichtlich der Bestandteile gegenüber dem Roggenbrot »in allen Fällen im Vorteil« sei. Trotz seiner eindeutigen und auf Basis umfangreicher experimenteller Untersuchungen getroffenen Aussage schränkt Neumann allerdings ein, dass das Roggenbrot dem Weizenbrot vorzuziehen sei. Als

---

Maßregeln gegen die Rinderpest einen Betrag in Höhe von vierhunderttausend Mark, vgl. hierzu den Etat des RKA und des RAI in den Drucksachen des Reichstages. Das Beispiel Rinderpest führt auch der Berichterstatter der Petitionskommission Albrecht an, vgl. die SB über die Verhandlungen des Reichstages des Norddeutschen Bundes, 1. LP, Session 1870, 36. Sitzung vom 6.4.1870.
5 Die Zitate in den SB des Preußischen Abgeordnetenhauses, 17. LP, 3. Session, 14. Sitzung vom 7.2.1891, Wortmeldung des Abgeordneten Albert Schultz-Lupitz.
6 Die Zitate in dem Antrag von Albert Schultz-Lupitz, zur »Gründung einer Landwirtschaftlich-technischen Reichsanstalt für Bakteriologie und Pythopathologie« in den SB des Reichstages, 9. LP, 4. Session, 198. Sitzung vom 24.3.1897.
7 Vgl. Beller/Dunken, Reichsforschungsstelle 1930.

Gründe führt er an, dass das Roggenbrot eine längere Haltbarkeit aufweise, »bekömmlicher« sei und die Darmperistaltik anrege, eine nachhaltigere Sättigung erziele und sich durch seine größere »Billigkeit« auszeichne. »Ein Faktor, mit dem leider in der häuslichen Wirtschaft meist nicht gerechnet wird«. Aus reiner Genusssucht würde man für den Konsum von Weizengebäck »zum Schaden des Haushaltsbudgets horrende Summen« verschwenden. Schließlich wies Neumann darauf hin, dass diese Vergeudung auch die Volkswirtschaft und den Staat treffe, da man den Bedarf für Weizen aus dem Ausland beziehen müsse, während einheimischer Roggen in ausreichendem Maß vorhanden sei.[8]

Die nationalökonomischen Aspekte ihrer Forschungen wurden nicht nur bei der Neugründung von Institutionen bemüht, sondern auch bei der Bearbeitung einzelner Probleme sporadisch in Erinnerung gerufen. Friedrich Loeffler begründete seine Forschungen an der Rotzkrankheit mit der »hohe[n] volkswirtschaftliche[n] Bedeutung des Pferdes«,[9] Richard Julius Petri bezweifelte, ob der »Gesammtverlust an Geld, welchen Deutschland alljährlich durch den Schweinerothlauf erfährt«, sich überhaupt feststellen ließe.[10] Den durch die Maul- und Klauenseuche verursachten Schaden in der deutschen Landwirtschaft bezifferte Heinrich Kurth nach ausführlicher Darlegung der einzelnen Kostenpositionen auf mehrere Millionen Mark jährlich.[11] Die nationalökonomische Bedeutung der Bekämpfung der Kückenruhr begründet Karl Beller damit, dass die Hälfte des deutschen Eierbedarfs aus dem Ausland gedeckt werden müsse.[12] Man könnte die Beispiele noch beliebig fortsetzen.[13]

---

8 Vgl. Neumann, Untersuchungen 1926, S. 22 f. Schröder, Roggenbrot 1926. Ähnlich argumentierte auch Schröder, Deutsches Obst 1932, in seinem Bemühen, Südfrüchte durch deutsches Obst zu ersetzen.
9 Vgl. Loeffler, Aetiologie 1886, S. 141.
10 Vgl. Petri, Widerstandsfähigkeit 1890, S. 266.
11 Vgl. Kurth, Untersuchungen 1893, S. 439.
12 Vgl. Beller, Kückenruhr 1926, S. 482.
13 Ein besonders kurioses Beispiel sind die Schädigungen der deutschen Krebszucht durch die so genannte Krebspest, vgl. Weber, Krebspest, 1899, S. 222; empfindliche Schädigungen durch Getreideschimmel bei Scherpe, Veränderungen 1899, S. 387; die Schädigungen des »Volksvermögens« durch die Geflügelcholera und Hühnerpest werden bei Hertel, Geflügelcholera 1904, S. 453 beschworen; Ströse, Untersuchungen 1910, widmet der »wirtschaftlichen Bedeutung der Dasselfliege« in seiner Untersuchung zur Biologie und Bekämpfung der Dasselfliege fünf Seiten in einem eigenen Unterkapitel; ähnlich führt auch RGA, Fliegenplage 1927, S. 7 f. die wirtschaftlichen Schäden durch die Fliegenplage auf. Die Verbindung von Epitzootien und Nationalökonomie und die Berücksichtigung wirtschaftlicher Aspekte bei den Bekämpfungsstrategien der Rindertuberkulose bei Orland, Handeln 2001.

Man könnte analog zu den Zielen der veterinärpolizeilichen Maßnahmen nach den fiskalischen Vorteilen fragen, die sich aus der Verbesserung der Volksgesundheit für die Nationalökonomie ergeben. Das Prosperieren einer Volkswirtschaft hing wesentlich von der Gesundheit ihrer Arbeitskräfte ab. Besonders in der Hochindustrialisierungsphase war die Verfügbarkeit ausreichend gesunder Arbeitskräfte unabdingbar, sollte der ökonomische Aufschwung nicht ins Stocken geraten.[14] Friedrich Wilhelm Beneke sah die Aufgabe der öffentlichen Gesundheitspflege darin, jene die Lebensdauer beeinträchtigenden Ursachen zu beseitigen und die Leistungsfähigkeit des Einzelnen und der Gesamtheit zu erhöhen.[15]

Bei Gottfried Frey heißt es ein halbes Jahrhundert später: Die Volksgesundheit »ist der wichtigste Besitz des Einzelnen wie der Gesamtheit und eine der tragenden Säulen der Volkswirtschaft, mit der sie in Wechselwirkung steht«. Die öffentliche Gesundheitspflege habe daher die Aufgabe, die Leistungsfähigkeit des Einzelnen wie auch der Gesamtheit zu erhöhen.[16] Im *Gesundheitsbüchlein* wird dem Leser anhand umfangreicher Statistiken vorgerechnet, wie viel ein Krankheitstag pro Familie, wie viel die jährlichen Krankheitstage die »Volksgemeinschaft« kosten.[17] »Die Betrachtung dieser Zahlen aus der Wirtschaftsstatistik und ihre Bezugsetzung zu dem verschiedenen Verhalten von Krankheit und Sterblichkeit führt zu der großen und schwierigen Frage der Zusammenhänge von Wirtschaft und Gesundheit.«[18]

---

14   Vgl. Labisch, Homo 1992, S. 170-187; Keiner, Sozialhygiene 1927 spricht von jährlichen Gesamtschäden in Höhe von mehreren Hundert Millionen Goldmark, die die Arbeitskraft des deutschen Volkes durch Krankheit und Betriebsunfälle einbüßt.
15   Vgl. Beneke, Frage 1872, S. 12. An anderer Stelle hebt er die nationalökonomische Bedeutung der Ernährung hervor, Beneke, Ernährungslehre 1878, S. 277.
16   Vgl. Frey, Gedanken 1927, S. 3. Ähnlich hatte 1926 der preußische Wohlfahrtsminister die ökonomische Bedeutung der sozialen Hygiene in Beantwortung der rhetorischen Frage »Ist soziale Hygiene wirtschaftlich?« hervorgehoben. In dieser Hinsicht auch zahlreiche Artikel in BA Berlin, R 86/2306.
17   Für die 17 durchschnittlichen Krankheitstage eines Arbeitnehmers zahlten die Krankenkassen 1891 89,5 Millionen Mark. Bei einer Hochrechnung veranschlagte das KGA bei 44 Millionen Einwohnern im Deutschen Reich an Krankheitskosten insgesamt 500 Millionen Mark. Aus der Abnahme von Krankheitstagen für die Stadt München errechnete das KGA eine Minderausgabe in Höhe von 2,5 Millionen Mark, das Rechenexempel im KGA, Gesundheitsbüchlein, S. 1 f. Die Pflegekosten in Heilanstalten des Deutschen Reiches errechnete Dr. Struve aus Kiel, um damit einen Initiativantrag im Gemeindeausschuss des Preußischen Staatsrates zu begründen, die Berechnung bei Jäckle, Ärzte 1988, S. 43-45.
18   Gottstein, Statistik 1928, S. 251, 255 f., das Zitat S. 255.

Unter Berufung auf Hufelands Makrobiotik sieht Frey den Erfolg der privaten und öffentlichen Gesundheitspflege in einer Lebensverlängerung. Durch den späteren Eintritt in die Leistungsunfähigkeit gewinne die »Wirtschaft einen Zuwachs an Arbeitsjahren. Durch Verminderung von Krankheit, Erhöhung des Invaliditätsalters und Herabsetzung der Sterblichkeit verringert sie [die öffentliche Gesundheitspflege, ACH] die Kosten der Sozialversicherung. Sie ist also die beste Kapitalanlage für den Einzelnen und die Gesamtheit.«[19] Über die Gesundheit als Kapitalanlage hinaus ließe sich auch nach dem Wert des einzelnen Menschen für die Gemeinschaft fragen und die »Menschenökonomie« als Teil der Nationalökonomie in die Wirtschafts- und Bevölkerungspolitik integrieren.[20] Umso mehr, als die Ökonomisierung der Sprache und das Aufrechnen von Bevölkerungsüberschüssen und Bevölkerungsbewegung mehr an eine volkswirtschaftliche Gesamtrechnung und eine betriebswirtschaftliche Bewegungsbilanz erinnert denn an originäre gesundheitspolitische Ziele.[21]

Säuglingsfürsorge und Schulhygiene gewinnen nationalökonomisch Bedeutung, wenn man die Kosten für Nahrung und Erziehung in Beziehung setzt zu den erwarteten Erträgen der potentiellen Arbeitskraft des Erwachsenen.[22] Erst wenn die Produktivität der menschlichen Arbeitskraft größer ist als die Kosten der Erziehung, könne man von »rentabler Menschenzucht« im volkswirtschaftlichen Sinne sprechen.[23] An die Entwicklungswerttheorie Rudolf Goldscheids angelehnt, spinnt der Reichstagsabgeordnete Heinz Potthoff 1911 den Faden weiter: »Man wird nie-

19 Frey, Gedanken 1927, S. 3.
20 Zur Menschenökonomie Goldscheid, Entwicklungswerttheorie 1908; ders., Höherentwicklung 1911; Roeder, Menschenökonomie 1929; die Grundzüge der »Menschenökonomie« zusammengefasst bei Weingart u. a., Rasse 1996, S. 254-262; Vögele/Woelk, Wert 2002; »Menschenökonomie« und Bevölkerungspolitik Heim/Schaz, Berechnung 1996; als Diskursgeschichte Steinecke, Menschenökonomie 1996.
21 Vgl. die Statistik »Bevölkerungsbewegung im Deutschen Reich« des RGA. Die Kritik bezieht sich allerdings vornehmlich auf die historische Literatur, die die Begrifflichkeiten unreflektiert übernehmen. Reulecke, Geschichte 1985, S. 69 spricht beispielsweise von »Geborenenüberschuss«. Was jedoch bedeutet Überschuss? Welche Konsequenzen sind daraus zu ziehen? Welche Implikationen birgt die Verwendung dieser Begriffe? Kritik an dieser Sprache äußern Heim/Schaz, Berechnung 1996. Die Bewegungsbilanz stellt Mehrung und Minderung von Vermögen und Kapital in einer Rechnungsperiode gegenüber. Zur volkswirtschaftlichen Gesamtrechnung Samuelson/Nordhaus, Volkswirtschaftslehre 1998, S. 472-493.
22 Ebenso hatte die Schulhygiene bei der stets lamentierten Verschlechterung der Rekrutierungsstatistik auch ihre Berechtigung und Bedeutung für die Wehrkraft einer Nation, siehe Hahn, Einflüsse 1994.
23 Vgl. Goldscheid, Entwicklungswerttheorie 1908.

mals zu einer richtigen Wirtschafts- und Bevölkerungspolitik kommen, wenn man es nicht lernt, auch das Menschenleben mit dem Auge des rechnenden Kaufmannes zu betrachten und sich zu fragen: Was kostet der einzelne Mensch die Gesellschaft?«[24] Von diesen fiskalischen Aspekten abgesehen, ging es nicht nur um den monetären Schaden. Bei der »Menschenökonomie« standen weniger die im Begriff suggerierten ökonomischen Aspekte im Vordergrund als vielmehr die »sozialbiologische Grundlegung«.[25]

4.2 Militär, Medizin, Militärmedizin – Medizin und der nationale »Kampf ums Dasein«

Hygiene im Einzelnen habe zum Ziel, die Leistungsfähigkeit des Menschen zu sichern. So wie für den Einzelnen die Leistungsfähigkeit die unabdingbare Voraussetzung sei, um im »Kampf ums Dasein« bestehen zu können, so hätten auch die einzelnen Völker in der Volksgemeinschaft ihren »Kampf ums Dasein« auszufechten. Dem Staat obliege daher die Pflicht, die Leistungsfähigkeit der Einzelnen zu erhalten und zu verbessern, um als Volksganzes – in Konkurrenz zu anderen Volksgemeinschaften – bestehen zu können.[26]

»Nach meiner Meinung ist die Verbesserung des Gesundheitszustandes des Volkes diejenige soziale Aufgabe welche allen anderen voranzugehen hat und welche in erster Linie die Aufmerksamkeit des Staatsmannes und Politikers jeder Partei in Anspruch nehmen muß. [...] Ich wiederhole es, die hygienischen Fragen überragen an Wichtigkeit alle anderen Fragen und darf für den praktischen Staatsmann keine höher stehen. Es kann nicht oft und nicht energisch genug entwickelt werden, daß wenn es sich um Größe und Bedeutung einer Nation handelt, die hygienischen Verhältnisse derselben zuerst in's Auge gefaßt werden müssen. Wenn in einem Lande die Volkszählung eine Abnahme der Bevölkerung nachweist, ja wenn nur eine Abnahme in der Durchschnittsgröße der männlichen Bevölkerung nachgewiesen wird, kann man, ohne zu irren, vorhersagen, daß diese Nation ihre große historische Bedeutung allmälig einbüßen und selbst ganz verlieren wird. Ich muß darum nachdrücklich wiederholen, daß die hygienischen Fragen weit über alle Fra-

---

24 Potthoff, Soziale Rechte 1911 zitiert in Weingart u. a., Rasse 1996, S. 257.
25 Den Link zwischen »Menschenökonomie« und Sozialbiologie bei Goldscheid, Höherentwicklung 1911.
26 Vgl. Orth, Aufgaben 1904, S. 3-5.

gen stehen, welche das Staatsinteresse zum Gegenstande haben, Sie müssen bedenken, daß die Größe dieses Landes in erster Reihe von der physischen Entwicklung seiner Bewohner abhängt, und daß Alles, was zur Verbesserung des Gesundheitszustandes geschieht, auch zur Grundlage wird für die Größe und für den Glanz unserer Nation.«[27]

Die oberste Medizinalbehörde im Deutschen Reich wirkte an der Realisierung dieser Gemeinschaftsaufgabe auf mannigfaltige Weise mit. In Friedenszeiten zielte die Arbeit des Gesundheitsamtes auf die gesundheitliche »Aufrüstung« der Bevölkerung ab. Im Ersten Weltkrieg »kämpfte« das Gesundheitsamt an der Front konkret gegen ausbrechende »Volksseuchen«. Hinter den Frontlinien sicherte das Gesundheitsamt die Versorgung der Soldaten mit (Ersatz-)Nahrungsmitteln. Doch der »Kampf ums Dasein« wurde fern weltgeschichtlicher Ereignisse auf unterschiedlichen Ebenen ausgefochten.

Das Gesundheitsamt führte einen Zweifrontenkrieg. Die erste Front verlief in den Reagenzien der bakteriologischen Laboratorien. In diesem *bellum contra morbum* galt es, die Geißeln der Menschheit – »die kleinsten, aber gefährlichsten Feinde des Menschengeschlechts« – zu bezwingen und auszurotten. Der »Kampf ums Dasein« wurde im Mikrokosmos der Bakterien sowohl zwischen den Bakterien als auch zwischen den Bakterien und dem Infizierten geführt. Auf beiden Schlachtfeldern war es ein Kampf auf Leben und Tod.[28] Christoph Gradmann beobachtet in seiner Untersuchung zum Gebrauch kriegerischer Metaphern in der Bakteriologie eine Militarisierung der medizinischen Sprache. Die angreifenden Bakterien wurden zu Feinden, die Ärzte zu Verteidigern. Die Vernichtung dieser Feinde war Konsens in Wissenschaft und Politik, und zur Bekämpfung der Infektionskrankheiten wurden bereitwillig – zumindest in den 1890er Jahren – die notwendigen Mittel zur Verfügung gestellt. Im Krieg gegen die Bakterien forderte der Ministerialdirektor Friedrich Althoff die »vollständige wissenschaftliche Mobilmachung«.[29]

27 Emmert, Gesundheitspflege 1877, S. 3 zitiert den englischen Premierminister Benjamin Disraeli mit Vorbildfunktion in einer Rede zur öffentlichen Gesundheitspflege als wichtige Aufgabe der Staatsregierung. Auf diese Rede hat sich auch Heinrich Struck in seiner Denkschrift bezogen, der Entwurf in BA Berlin, R 86/9, der Hinweis in Holsten, Gesundheitsamt 1977, S. 28 f. Ebenso bezieht sich Keiner, Sozialhygiene 1927 auf Disraeli.
28 Vgl. Mendelsohn, Cultures 1996, Teil I passim, besonders S. 99-109.
29 Die »vollständige wissenschaftliche Mobilmachung« forderte Friedrich Althoff im preußischen Landtag anlässlich der Etatberatung für das neu zu gründende Institut für Infektionskrankheiten, vgl. Gradmann, Collegen 1994; Gradmann, Bazillen 1996. Ein spätes Beispiel de Kruif, Mikrobenjäger 1927; oder Drigalski,

Die Mobilmachung an der zweiten Front begann 1902. Diese Front verlief bis 1918 entlang des »Aufmarschgebietes« im Südwesten des Deutschen Reiches und ab 1914 auch an den Krankenlazaretten an der Kriegsfront in Ost und West. Die gemeinsame Schnittmenge beider Kriegsschauplätze lag dort, wo es um »Die Bekämpfung der Infektionskrankheiten, insbesondere der Kriegsseuchen« ging. Heeresseuchen schlichen schon im Frieden umher und zehrten am »Mark der Armee, aber wenn die Kriegsfackel lodert, dann kriechen sie hervor aus ihren Schlupfwinkeln, erheben das Haupt zu gewaltiger Höhe und vernichten alles, was ihnen im Wege steht. Stolze Armeen sind schon oft durch Seuchen dezimiert, selbst vernichtet worden; Kriege und damit das Geschick der Völker sind durch sie entschieden.«[30]

Die Bedeutung der Bakteriologie und der bakteriologischen wissenschaftlichen Forschungsinstitutionen für die Wehrkraft und die hinter einer aufwendig angelegten Kampagne im Südwesten des Reiches zur Bekämpfung des Typhus stehenden Ziele analysiert J. Andrew Mendelsohn im zweiten Teil seiner Dissertation.[31] Die Verkettung zahlreicher Ereignisse führte schließlich dazu, dass sich Bakteriologie und Militär, motiviert durch die Symbiose von persönlichen Forschungsinteressen und Reichsinteressen, in Einklang miteinander mit einem enormen Aufwand an personellen und finanziellen Ressourcen der Bekämpfung der eher unbedeutend gewordenen Typhuserkrankung widmeten.[32]

Um die Jahrhundertwende war im Südwesten des Reiches eine Typhusepidemie ausgebrochen. In Gelsenkirchen erkrankten im Oktober 1901 dreitausend Menschen an Typhus, von denen über dreihundert Personen der Krankheit erlagen.[33] Der Typhusausbruch in Gelsenkirchen beschäftigte auch das Preußische Institut für Infektionskrankheiten. Ro-

---

Männer 1951. Sich an Susan Sontag abarbeitend Briese, Defensive 1997; und Briese, Angst 2003, S. 281, 286-289. Sontag, Krankheit 2003 (OA 1977) stellte die These auf, dass militärische Metaphern in der Medizin erstmals seit den 1880er Jahren in Gebrauch gekommen seien. Briese belegt, dass die Durchdringung der Medizin mit militärischen Metaphern schon seit dem Absolutismus erfolgt sei. Allgemein zu Metaphern als Diskursanalyse der Beitrag »Infizierte Körper, kontaminierte Sprachen. Metaphern als Gegenstand der Wissenschaftsgeschichte« in Sarasin, Geschichtswissenschaft 2003; ders., Visualisierung 2004.

30 Robert Koch, Die Bekämpfung der Infektionskrankheiten, insbesondere der Kriegsseuchen (1888), in: ders., Werke 1912, Bd. 2/1, S. 276-289, das Zitat S. 277.
31 Vgl. Mendelsohn, Cultures 1996.
32 Zur Verbindung von staatlichen, gesellschaftlichen, militärischen und persönlichen Interessen am Beispiel Frankreichs: Latour, Pasteurization 1988. Die gegenseitige Bedingung von Militär und Medizin in Briese, Angst 2003, insbesondere Kap. 4.
33 Vgl. Mendelsohn, Cultures 1996, S. 594-599.

MILITÄR, MEDIZIN, MILITÄRMEDIZIN 275

Abb. 9 Bruno Paul, »Die Pest in Südafrika« [1901]
© *VG Bild-Kunst, Bonn 2008*

bert Koch, zwischen seinen zahlreichen Forschungsexpeditionen im Deutschen Reich weilend, wurde vom preußischen Kultusminister zur Berichterstattung über die Epidemie aufgefordert.[34] Gleichzeitig bot die Typhusepidemie Koch Gelegenheit, sich neu zu positionieren und von der eigenen Forschungskrise abzulenken.

Die deutsche Bakteriologie erlebte um 1900 eine Krise.[35] Robert Koch brauchte eine neue Basis, wollte er seine Führungsstellung in der deutschen Bakteriologie behaupten. Pocken, Pest und Cholera schienen als öffentliche Gesundheitsgefahr vorerst gebannt, das spektakuläre Forschungsfeld Diphtherie war schon durch Behring und Émile Roux vom Institut Pasteur »besetzt«, die Tuberkulose schien kurzfristig nicht erfolgversprechend, der Übertragungsweg der Malaria via Mücke war trotz mehrjähriger deutscher Expeditionen von dem Engländer Ronald Ross »entdeckt« worden. In dieser Situation boten die Typhuserkrankungen willkommenen Anlass zur Positionierung bzw. für Robert Koch zur Re-Profilierung.[36]

Im August 1901 – noch vor der Gelsenkirchener Typhusepidemie im Oktober desselben Jahres – entwarf Robert Koch in einem Brief an den preußischen Kultusminister eine Strategie zur »Bekämpfung des Typhus«. Diese immer wieder im Deutschen Reich ausbrechende »Volksseuche« gelte es vollständig auszurotten.[37] Das besondere Augenmerk sei auf die »Bazillenträger« zu richten, die die Typhuserreger, ohne zu erkranken, in sich trügen, als »Dauerausscheider« den Krankheitserreger verbreiten halfen und andere Menschen infizierten. Man müsse auch den leichteren Fällen von Typhus seine Aufmerksamkeit schenken. Die »Bazillenträger« stellten ein unkalkulierbares Infektionspotential und -risiko dar. Koch beendete sein Strategiepapier mit einem Antrag zur Bewilligung einer Forschungsexpedition in den Südwesten des Reiches für vier Bakteriologen in Höhe von 30.000 Mark.[38] Unerwartete Unterstützung fand der Antrag durch den Typhusausbruch wenige Monate später. Trotz der Tatsache, dass Koch nur ein Drittel der beantragten Summe bewilligt bekam, konnte die Expedition ihre Arbeit in dem Bewusstsein aufnehmen, dass es ihr weder an Ressourcen noch an Unterstützung jedweder Art mangeln würde. Sie hatte einen mächtigen Verbündeten gefunden: das Militär.[39]

34 Ebd., S. 595.
35 Zur Krise der Bakteriologie ebd.
36 Zu diesem Abschnitt ebd., S. 522-536, 575-607.
37 Mendelsohn weist S. 18 darauf hin, dass Koch immer wieder von ausrotten gesprochen hat, ebd., passim.
38 Vgl. Mendelsohn, Cultures 1996, S. 592-594.
39 Ebd., S. 606, 609, 622.

Dem Militär war die strategische Bedeutung von Infektionskrankheiten im Kriegsgeschehen auch vor der Möglichkeit der Herstellung bakteriologischer Waffen durchaus bewusst. Das Prinzip war jedoch seitenverkehrt: Ihre Siegesaussichten konnte nicht die Partei verbessern, die eine Seuche in den Reihen des Gegners auslöste, sondern die Partei, die den Ausbruch einer Seuche in den eigenen Reihen verhinderte. Im Österreichisch-Preußischen Krieg 1866 mussten durch Kampfhandlungen 4.008 Soldaten ihr Leben lassen, wohingegen 4.529 Soldaten an der Cholera starben.[40] Die Pockenerkrankung war im Deutsch-Französischen Krieg ein strategischer Faktor, der den deutschen Sieg begünstigt hatte. Während in der deutschen Armee Impfzwang herrschte, gab es im französischen Militär nur einen mangelhaften Impfschutz. Begünstigt durch die Kriegsverhältnisse brach 1870 in Frankreich eine Pockenepidemie aus, die unter der Zivilbevölkerung und dem Militär 200.000 Menschenleben forderte.[41] Die Einführung der Pockenschutzimpfung 1874 erschien den Initiatoren dieses Gesetzes besonders unter dem Verteidigungsaspekt notwendig.[42] Die Typhusforschungen in den Vereinigten Staaten hatten unter anderem aus den Erfahrungen im Spanisch-Amerikanischen Krieg ihren Anstoß erhalten. 1898 war ein Fünftel der stationierten amerikanischen Truppen an Typhus erkrankt.[43] Ebenso trat Typhus endemisch in

---

40 Vgl. Labisch, Homo 1992, S. 136. In Böhmen und Mähren starben insgesamt 93.257 Menschen an der Cholera. In Bismarcks Erinnerungen wird von 6.427 Soldaten gesprochen, die der Seuche erlegen waren, Bismarck, Gedanken (OA 1898) 1928, Bd. 2, S. 370. Winkle, Kulturgeschiche 1997, S. 211 spricht von 4.450 Todesopfern durch Kampfhandlungen. Insgesamt seien in Preußen 120.000 Todesopfer zu beklagen gewesen; zum »Trauma von 1866« Briese, Angst 2003, S. 294-298. Bismarck erinnerte den preußischen König »als warnendes Beispiel« an den Feldzug von 1792 in der Champagne, »wo wir nicht durch die Franzosen, sondern durch die Ruhr zum Rückzug gezwungen wurden«, siehe Bismarck, Gedanken 1928, Bd. 2, S. 371.
41 Vgl. Labisch, Homo 1992, S. 137; KGA, Blattern 1896, S. 62-66 beziffert 90.000 Opfer.
42 Durch französische Kriegsgefangene kam es im Deutschen Reich 1871 bis 1873 zu einer Pockenepidemie, der mehr als 175.000 Menschen zum Opfer fielen, vgl. Labisch, Homo 1992, S. 137, 150. Auf die militärmedizinische Bedeutung der Serumforschung im Hinblick auf die Gründung des Instituts für Serumprüfung und Serumforschung macht Lenoir, Tempel 1992, S. 128 f. aufmerksam.
43 Vgl. Mendelsohn, Cultures 1996, S. 524. Im Burenkrieg erkrankten von 209.000 britischen Soldaten 58.000, von denen 8.000 starben. Infolge dessen wurden alle britischen Soldaten geimpft, und das britische Heer verzeichnete im Ersten Weltkrieg von zwei Millionen Soldaten insgesamt 20.000 Erkrankungen, von denen 1000 der Krankheit erlagen, vgl. Winkle, Kulturgeschichte, S. 417 f.

Deutsch-Südwest-Afrika auf.[44] Aus diesem militärstrategischen Grund fand die Bekämpfung des Typhus die volle Unterstützung des Generalstabsarztes Rudolph von Leuthold, Leibarzt Wilhelms I. und seines Enkels und Direktor der militärärztlichen Kaiser-Wilhelm-Akademie. Er spielte dem Kaiser den Bericht zur Typhusbekämpfung direkt zu.[45]

Der Typhusepidemie vorausgegangen war ein unangenehmer Zwischenfall am Tag des kaiserlichen Geburtstages. Während der Feierlichkeiten zum 39. Geburtstag seiner Majestät des Kaisers Wilhelm II. am 27.1.1898 erkrankten 250 Soldaten im dritten Bataillon des 17. Regiments in Saarbrücken an Typhus. Infolge der Erkrankung starben 31 Soldaten. Zur Vermeidung zukünftiger – aus der Sicht des Kaisers – Peinlichkeiten wurde ein Untersuchungsausschuss eingesetzt, der die Ursachen der plötzlich auftretenden Erkrankung ergründen sollte. Nach dessen Ermittlungen wurde die Erkrankung verursacht durch einen als Küchenhilfe abkommandierten Soldaten, der zuvor die Latrinen gereinigt und anschließend die Typhuserreger unter den kaiserlichen Geburtstagskartoffelsalat gemischt hatte.[46]

In dem von Koch erstellten Bericht zur Typhusbekämpfung offenbarte sich der peinliche Zwischenfall nicht als Ausnahme, sondern als regelmäßige Erkrankung, die zu einem verteidigungsstrategischen Fiasko ausufern konnte. Allein während des Deutsch-Französischen Krieges waren 73.000 deutsche Soldaten an Typhus erkrankt.[47] Die besondere Brisanz der versprenkelt auftretenden Erkrankungen lag in ihrer Konzentration im Reichsland Elsass-Lothringen und in der Rheinpfalz, in der Gegend um Köln, Trier und Saarbrücken. Die Gegend an der Westgrenze des Reiches war jedoch in dem seit 1898 entwickelten Schlieffenplan als »Aufmarschgebiet« vorgesehen.[48] Ein Typhusausbruch in der Armee gefähr-

---

44 Was nach Ausbruch des Herero-Nama-Aufstandes 1904 die Bedeutung der Kampagne zur Bekämpfung des Typhus bestätigt haben wird.
45 Die Unterstützung von Leuthold in Mendelsohn, Cultures 1996, S. 617-626; der Hinweis für das »entschiedene[…] Eintreten des Generalstabsarztes v. Leuthold« in einem Brief von Koch an Frosch am 28.6.1902, abgedruckt in Möllers, Koch 1950, S. 262 f.
46 Die Feierlichkeiten zum Kaisergeburtstag bei Mendelsohn, Cultures 1996, S. 568-575. Auf S. 570 eröffnet Mendelsohn weitere Übertragungsmöglichkeiten. Eine Infizierung schien auch durch eine Küchenhilfe möglich, die im Dezember des Vorjahres an Typhus erkrankt und jetzt wieder in die Küche abkommandiert war. Drittens schienen die Kartoffeln selbst die »carriers of the typhoid germs« zu sein, die außerhalb Saarbrückens mit dem Latrineninhalt gedüngt wurden.
47 Vgl. Robert Koch, Die Bekämpfung des Typhus (1902), in: ders., Werke 1912, Bd. 2/1, S. 296-305.
48 Zum Schlieffenplan Ritter, Schlieffenplan 1956.

dete die Verteidigung des Reiches und wurde zu einem nationalen Sicherheitsproblem. Die »Bekämpfung des Typhus« wurde somit Teil einer übergeordneten Strategie – des Schlieffenplans – mit dem Ziel, das Aufmarschgebiet zu sanieren und von Typhuskeimen zu befreien.[49] An dieser Sanierung wirkten federführend das Preußische Institut für Infektionskrankheiten, das Kaiserliche Gesundheitsamt und militärmedizinische Institutionen mit.[50] Das Resultat der einjährigen Expedition in einem kleinen Dorf nahe Trier war die Bestätigung der Latenz von Typhusbakterien. Typhus konnte unter Verschlechterung der äußeren Umstände immer wieder ausbrechen.[51] Das von Koch in der Kaiser-Wilhelm-Akademie skizzierte Programm zur Bekämpfung der Typhuserkrankung sah als ersten Schritt vor, die Personen im »Aufmarschgebiet« zu identifizieren, die als »Infektionsträger« die »Volksgesundheit« schädigten. In einem weiteren Schritt sollte die Bekämpfung des Typhus auf das ganze Reich ausgedehnt werden. Alle »verdächtigen« Personen – Angehörige von Typhuskranken, Nachbarn und medizinische Helfer – sollten regelmäßig auf den Typhuserreger untersucht werden. Eine weitere Zielgruppe bildeten Personen mit typhusähnlichen Erkrankungen wie Diarrhö und Magen-Darm-Infekten – selbst Kinder mit Durchfall und »even individuals in perfect health, [...] danger enough in peacetime to the troops stationed nearby, were living in the hot zone of the Schlieffen plan«.[52] Zu diesem Zweck wurden im »Aufmarschgebiet« allein zwischen 1905 und 1909 neben zahlreichen mobilen Laboratorien elf Untersuchungsstationen – so genannte Seuchenwachen – errichtet, die über 263.000 Proben von 80.350 Personen zu untersuchen hatten.[53] Aus diesem Kreis der »Verdächtigen« waren 9.300 mit dem Erreger infiziert und mussten sich einer medizinisch kurativen Behandlung unterziehen.[54]

49 Die Verbindung Typhus und Schlieffenplan bei Mendelsohn, Cultures 1996, S. 560-568, 607-613, 624-629, 663, hier S. 561, 526; basierend auf Mendelsohn Briese, Angst 2003, S. 298-310. »Die Bakteriologie und das Militärsanitätswesen« kurz bei Labisch, Homo 1992, S. 137-139.
50 Vgl. hierzu die vom KGA hg. Denkschrift über die seit dem Jahre 1903 unter Mitwirkung des Reichs erfolgte systematische Typhusbekämpfung im Südwesten Deutschlands (AKGA 41, 1912).
51 Vgl. Mendelsohn, Cultures 1996, S. 613-624.
52 Ebd., S. 626 zitiert von Leutholds Bericht vom 10.5.1902 an den preußischen Kriegsminister und an den Kaiser.
53 Die hohe Zahl der zu versendenden Blut-, Urin- und Stuhlproben habe schließlich zu einer »Rebellion« der Postbeamten geführt; vgl. RK an StsdI, 13.1.1905, zitiert in Mendelsohn, Cultures 1996, S. 673.
54 Ebd., S. 672-674.

Um sicherzustellen, dass ein typhusverdächtiges Gebiet wirklich nicht mehr kontaminiert war, griffen die Wissenschaftler bei der Gegenprobe zu unkonventionellen Versuchsmethoden. In ländlichen Gebieten wurden die Felder zumeist mit menschlichen Exkrementen gedüngt. Den Soldaten drohte daher eine Gefahr der Typhusinfektion nicht nur über die Nahrungsaufnahme, sondern allein aufgrund der Tatsache, dass sie durch die Felder des Aufmarschgebietes marschierten. Nachdem das Dorf G nach einer vorherigen Erkrankung als »Typhusfrei« deklariert wurde, stellte man ein besonderes Experiment zur Bestätigung dieser Deklaration an. Bei einer Düngung mit Inhalten aus dem Dorf G geriet »versehentlich« ein Teil der Fäkalien in die offene Trinkwasserspeisung des Dorfes F. Das Trinkwasser war für mehrere Tage verdorben, »the water was so filthy that even the ›none too touchy farmers and hill people‹ had to throw out food that came into contact with it.« Selbst nach Tagen beschwerten sich die Bewohner über den grauenerregenden Geschmack des Wassers, berichtete der mit dem Projekt betraute Bakteriologe Wilhelm von Drigalski. Trotz geschmacklicher Empfindlichkeiten konnte er allerdings berichten: Das Experiment war gelungen. Im Dorf F war niemand an Typhus erkrankt.[55]

Im Frühjahr 1907 bewertete der Vorsitzende der Typhus-Kommission im Reichsgesundheitsrat und Präsident des Kaiserlichen Gesundheitsamtes Franz Bumm die Bekämpfung des Typhus vom militärischen Standpunkt aus als Erfolg. Im militärisch sensiblen Bereich an der Westgrenze des Reiches sei ein Informationssystem installiert, das die Namen und Adressen aller kontaminierten »Keimträger« erfasst habe und bei erneutem Ausbruch einer typhusverdächtigen Krankheit dem Urheber der Erkrankung nachforsche und alle »kontaminierten Krankheitsträger« sofort einer Behandlung zuführe. Während der vergangenen Manöver des VIII., XV. und XVI. Armeekorps habe es nur drei Fälle von Typhus gegeben und die »Bekämpfung des Typhus« sei auf weitere Gebiete auszudehnen.[56] Im Aufmarschgebiet war man für den eventuellen Ernstfall bakteriologisch gerüstet.

---

55 Ebd., S. 680-682.
56 Vgl. Aufzeichnung über die Sitzung des Reichsgesundheitsrates (Unterausschuß für Unterleibstyphus) vom 26.4.1907, BA Berlin, R 86/2827, S. 17. Die Typhusbekämpfung sollte sukzessive auf das ganze Deutsche Reich ausgedehnt werden. Nach dem Krieg wurden die »Bekämpfungsmaßnahmen« auf »Mitteldeutschland« ausgedehnt, aufgrund Geldmangels aber Mitte der 1920er Jahre endgültig eingestellt. Die günstigen Erfahrungen, die man bei der Bekämpfung des Typhus im Südwesten des Reiches gemacht hatte, sollten zudem auch auf die Ruhr ausgedehnt werden, siehe RK an PKGA, 18.8.1911, BA Berlin, R 86/1192. Die Kam-

Im Ernstfall – dem Ausnahmezustand des Krieges – war man an der Heimatfront bereit, bis an die Grenzen des guten Geschmacks zu gehen. Während des Ersten Weltkrieges wurde die Suche nach »Ersatzstoffen« und »Ersatzlebensmitteln« enorm forciert. Auf Anfrage des Kriegsernährungsamtes arbeitete die Chemisch-Hygienische Abteilung unter Wilhelm Kerp 1916 an Verfahren zur Entbitterung von Rosskastanienmehl, um daraus Mehl für Suppenfabrikate zu gewinnen, an der Herstellung von Süßmehl aus Zuckerrüben und an der Verwendung von Süßholz als Zuckersurrogat. Weiterhin wurde die Brauchbarkeit von Seegras für die menschliche Ernährung und die Wiedergewinnung von Spiritus in Krankenhäusern geprüft.[57] Im Januar 1917 berichtete Wilhelm Kerp im »Kriegsausschuss für pflanzliche und tierische Oele und Fette« über Arbeitsprojekte zur Prüfung von Raffinationsverfahren zur Herstellung von Margarine aus pflanzlichen Ersatzstoffen, zur Verwendung von Pferdeknochen zur Speisefettgewinnung oder als Zwiebackersatz und schließlich zur Weiterverarbeitung von Kaffeesatz zu Kaffeeextrakt.[58]

Weitere – weniger deliziöse – Projekte des »Kriegsausschusses für pflanzliche und tierische Oele und Fette« waren die Gewinnung von Fett aus Fliegenmaden, die auf einem Nährboden von »Blut, Fleisch- und Futterabfällen, verdorbener Lebensmittel oder dergleichen« herangezüchtet werden sollten. Ein ähnlich konzipiertes Projekt, aber ohne den Katalysator Fliegenmaden, war die Fettgewinnung aus Fischeingeweiden, schließlich die Gewinnung von Fett aus Ratten, Mäusen und Hamstern.

»Der Antragsteller regt an, lediglich die Ratten und Mäuse, welche in den Schützengräben und hinter der Front eine wahre Plage bilden, zu diesem Zwecke zu verwerten. Nach Mitteilungen aus dem Felde ist die Grösse dieser Tiere infolge der reichlichen Nahrung, die sie an der Front finden, eine teilweise ganz erstaunliche, und Ratten von der Grösse kleiner Hunde sind keine Seltenheit. Eine Konservierung mit

---

pagne zur Typhusbekämpfung in »Mitteldeutschland« nach dem Ersten Weltkrieg resümiert Wotke, Bekämpfung 1925.
57 Vgl. hierzu die handschriftliche Tabelle über die vorliegenden Eingänge aus dem KEA, BA Berlin, R 86/2049.
58 9. Sitzung des Wissenschaftlichen Ausschusses, 10.1.1917 – Tätigkeitsbericht, BA Berlin, R 86/2049. Auch im RGR wurden Alternativen zum herkömmlichen Brot als Kartoffelbrot, Brot mit Holzmehl und Blutbrot sowie zu Butter und Salat vorgestellt, vgl. RGR, Gutachten 1915; Glaser, Reichsgesundheitsrat 1960, S. 23. Zum Strohmehl Kerp u. a., Untersuchungen 1917; Ersatzfaserstoffe in Spitta/Förster, Eigenschaften 1919; zu Ersatzfetten Rost, Beurteilung 1920. Von der Kunstbutter über das Ersatzmittel zum Markenartikel Pelzer/Reith, Margarine 2001.

Ferisulfat erscheint nach den Ausführungen von Exzellenz [Emil] Fischer durchführbar.«[59]

Zur Fortführung des Projektes solle sich der Antragsteller mit der Heeresverwaltung in Verbindung setzen. Die Projekte zur Fettgewinnung aus Fliegenmaden und Fischeingeweiden sowie der Zwiebackersatz aus Pferdeknochenmehl wurden vom Unterausschuss abgelehnt.[60] Aller Experimentierfreudigkeit der Forscher zum Trotz stellt sich die Frage nach der praktischen Verwendung solcher Produkte, wenn die Gäste einer Volksküche bereits nach dem Auffinden einer Made in der Suppe das Lokal fluchtartig verlassen haben sollen.[61]

Im Reichsgesundheitsrat standen neben der Beurteilung von Ersatzlebensmitteln und Konservierungsmitteln fernerhin Fragen zur Massenspeisung und Lebensmittelrationierung sowie die Auswirkungen der Mangelernährung auf die Konstitution des Menschen zur Debatte.[62] Über die Auswirkungen der Mangelernährung auf die Gesundheit bei Kleinkindern, Schulkindern und Erwachsenen sowie über den Gesundheitszustand der Stadt- und Landbevölkerung im Endjahr des Krieges war das Kaiserliche Gesundheitsamt über die Berichte der einzelnen Bundesstaaten hinlänglich informiert. Die Berichte schilderten die schlechte Versorgung der Bevölkerung mit Lebensmitteln und Heizmaterial, das Auftreten von Mangelerkrankungen wie Ödemen und Tuberkulose sowie als Zeichen einer zunehmenden sittlichen Verwahrlosung das vermehrte Auftreten von Geschlechtskrankheiten und eine steigende Anzahl von Abtreibungen.[63]

Schließlich galt es, den täglichen Mindestbedarf an »Nahrungsmitteln für Gesunde und Kranke sowie für Kriegsgefangene zu ermitteln«.[64] Die im Gesundheitsamt vorgenommene Unterteilung in »Gesunde und

---

59 Vgl. die 9. Sitzung des Wissenschaftlichen Ausschusses, 10.1.1917 – Tätigkeitsbericht, BA Berlin, R 86/2049.
60 Ebd.
61 Vgl. Allen, Hungrige Metropole 2002, S. 47. Ebenso berichtet Remarque, Westen 1975, S. 11, 31 von der nur verhaltenen Begeisterung über die Ersatzlebensmittel bei den Soldaten an der Front und von Brot aus Sägemehl.
62 Vgl. die Tagesordnung für die Beratung der vereinigten Ausschüsse für Ernährungswesen, Seuchenbekämpfung und Heilwesen am Mittwoch, den 7. und Donnerstag den 8. Juni 1916, vormittags 9 Uhr, im Dienstgebäude des Kaiserlichen Gesundheitsamts, Berlin NW 23, Klopstockstr. 18, BA Berlin, R 86/931, Bd. 6. Zur Volksspeisung und den Auswirkungen der Ersatzlebensmittel auf die Bevölkerung am Beispiel Berlins Allen, Hungrige Metropole 2002, S. 59-81.
63 Vgl. die Berichte aus den Jahren 1917 und 1918 in BA Berlin, R 86/2062 und R86/5400. Für den Hinweis auf die Akten danke ich Matthias Meissner vom Bundesarchiv Berlin.
64 Vgl. RGA, Festschrift 1926, S. 17.

Kranke« bedarf allerdings noch einer weiteren Differenzierung in Gesunde und Gesunde sowie Kranke und Kranke, denn der Mindestbedarf wurde unterschiedlich bemessen. Arbeiter in der Rüstungsindustrie und das Militär fielen aus dem zivilen Versorgungsnetz heraus und wurden besser verpflegt als die übrige Bevölkerung.[65] Bei den Kranken wurde gleichfalls zwischen Kranken und Kranken unterschieden. Beispielsweise sollten Zuckerkranke bevorzugt Fleisch erhalten, da sie nur in begrenztem Maße Kohlenhydrate verzehren konnten,[66] während Geisteskranke oder allgemein »Menschen in totalen Institutionen« dem Rationierungssystem ausgeliefert waren und mit einem Mindestbedarf auskommen mussten, der weit unter der Grenze des Existenzminimums lag. Die Auswirkungen dieser Rationierungen, das so genannte Hungersterben in den Anstalten, nahmen die Tagungsteilnehmer und die damit betrauten Mitglieder des Reichsgesundheitsamtes billigend in Kauf.[67]

Aufgrund der »kompetenten« Beratung häuften sich die Anfragen aus dem Kriegsernährungsamt und anderen amtlichen Stellen derart, dass sich der Präsident des Gesundheitsamtes schließlich im September 1916 veranlasst sah, eine Beschwerde an den Präsidenten des Kriegsernährungsamtes zu verfassen und diesem den Vorschlag zur unterbreiten, bei weniger grundsätzlichen Fragen den »kürzeren Weg mündlicher Besprechungen zu wählen«.[68]

Im Krieg verfolgte das Militär eine doppelte Strategie. Einerseits war man bemüht, ein unkalkulierbares Massensterben durch den Ausbruch von Seuchen in der eigenen Armee zu verhindern. Gelang dies auf beiden Seiten der Front, ging mit Erreichen des Status quo der strategische Vor-

---

65 Vgl. Ullmann, Kaiserreich 1995, S. 241.
66 Vgl. Tagesordnungspunkt 2: Inwieweit empfiehlt es sich, Personen, die an gewissen Krankheiten, insbesondere an Tuberkulose oder an Zuckerkrankheit leiden, bei der Nahrungsmittelverteilung vorzugsweise zu berücksichtigen? Tagung des Reichsgesundheitsrates, Beratung der vereinigten Ausschüsse für Ernährungswesen, Seuchenbekämpfung und Heilwesen am Mittwoch, den 7. und Donnerstag den 8. Juni 1916, vormittags 9 Uhr, im Dienstgebäude des Kaiserlichen Gesundheitsamts, Berlin NW 23, Klopstockstr. 18, BA Berlin, R 86/931, Bd. 6.
67 Zum massenhaften Sterben in den Anstalten ausführlich Faulstich, Hungersterben 1998, S. 25-68. Das KGA war über die hohe Sterblichkeit in den bayerischen Heil- und Pflegeanstalten Ansbach, Eglfing, Erlangen, Gabersee, Günzburg, Haar, Homburg, Kaufbeuren, Klingenmünster, Kutzenberg, Mainkofen, Regensburg, Werneck und Wöllershof sowie über die Gesundheitsverhältnisse der Heil- und Pflegeanstalt Königslutter, die Sterblichkeit in der Irrenpflegeanstalt Hördt (Elsass) und der Neuerköder Anstalten im Jahr 1917 informiert, siehe BA Berlin, R 86/2062.
68 Vgl. den Briefentwurf von PKGA an den PKEA, 19.9.1916, BA Berlin, R 86/2049.

teil verloren. Mit dem »kleinsten, aber gefährlichsten Feind« des Menschen war man durchaus bereit ein Bündnis einzugehen, um andere Schädlinge oder Parasiten zu bekämpfen.[69] Mit biologischen Waffen wollte C. Kornauth beispielsweise die Mäuseplage bekämpfen,[70] und im Reichsgesundheitsamt arbeitete man Mitte der 1920er Jahre an Vorschriften über die Herstellung und den Vertrieb bakterienhaltiger Mittel zur Vernichtung tierischer Schädlinge.[71] Die biologischen Waffen waren jedoch vorerst auf die Bekämpfung tierischer Schädlinge beschränkt. Weiter ging man jedoch bei der Verwendung chemischer und toxischer Substanzen. Zur Vernichtung feindlicher Truppen entwickelten deutsche Chemiker im Ersten Weltkrieg andererseits breitenwirksame toxische Kampfgasstoffe.[72] Das auf die »unsichtbaren« Krankheitserreger angewandte Prinzip der »Ausrottung« und »Vernichtung« durch Desinfektion ließ sich gleichfalls auf die »sichtbaren« Feinde übertragen. Im April 1915 brachten so genannte Desinfektionskompagnien in Ypern erstmalig Giftgas zum Einsatz.[73] Nach der »erfolgreichen« Anwendung während des Ersten Weltkrieges wurden die chemischen Kampfstoffe in der Weimarer Republik weiterentwickelt. An der Verbesserung der Kampfstoffe wirkten auch einige Mitglieder des Reichsgesundheitsamtes mit.

Die Mitglieder des Reichsgesundheitsamtes waren nicht nur mit Maßnahmen zum Schutz der Bevölkerung an der »Heimatfront« und zum Schutz der Soldaten im Feld betraut. Während sich das Reichsgesundheitsamt in Friedenszeiten um den »Schutz der Arbeiter« vor gewerblichen Vergiftungen[74] und den Schutz der Bevölkerung vor Vergiftungen mit Gebrauchsgegenständen verdient gemacht hatte, beschäftigten sich

---

69 Hysterisch mutmaßte die nationalkonservative *Preußische Kreuzzeitung*, dass sich hinter der Abschiebung verlauster und fleckfieberverdächtiger deutscher Kriegsgefangener in das Deutsche Reich im Sinne eines Trojanischen Pferdes ein polnisches Kampfmittel verbergen könne, die Zeitungsmeldung vom 16.4.1919 in BA Berlin, R 1501/111366.
70 Kornauth, Bekämpfung 1894; die Verwendung von Bakterienkulturen zur »Vernichtung der Ratten« siehe KGA, Rattenvertilgung 1915.
71 Siehe die Tätigkeitsberichte des RGA seit 1926 in BA Berlin, R 86/4274.
72 Zur Entwicklung chemischer Waffen im Ersten Weltkrieg vgl. Martinetz, Gaskrieg 1996; Szöllösi-Janze, Haber 1998, S. 316-373; Schmaltz, Kampfstoff-Forschung 2005, S. 17-23.
73 Vgl. Sarasin, Visualisierung 2004, S. 273.
74 Beispielsweise Wutzdorff, Chromatfabriken 1897; ders., Thomasschlackenmühlen 1899; ders., Zinkhüttenbetriebe 1900; Rasch, Bleivergiftungen 1898; Beck, Bestimmung 1909; Pfyl/Rasenack, Verbrennungsprodukte 1909; Beck/Stegmüller, Löslichkeit 1910; Beck u. a., Kenntnis 1910; Heise, Bleigehalt 1919; Leymann/Weber, Ursachen 1931; Engelhardt/Mayer, Chromekzeme 1932.

die Chemiker der Behörde im nationalen »Kampf ums Dasein« spätestens seit Mitte der 1920er Jahre mit Giftgasen und Kampfgasstoffen. Aus ihrer Erfahrung bei der Festlegung von Toxizitätsgrenzwerten wussten die Mitglieder des Amtes nur zu gut: *Sola dosis facit venenum* – allein die Dosis macht das Gift. Die Experten schienen dem Reichswehrministerium daher hervorragend geeignet, an Maßnahmen zum Gasschutz an der weiteren Entwicklung von Gaskampfstoffen mitzuarbeiten. Die Mitglieder des Reichsgesundheitsamtes Balthasar Pfyl, Friedrich Konrich, Rudolf Kölliker und Karl Beck wurden gleichzeitig auch als wissenschaftliche Mitarbeiter im Reichswehrministerium geführt. In dieser Funktion stellten sie Untersuchungen an zur Analyse und Konzentrationsbestimmung von Kampfstoffen im geschlossenen Raum und im freien Feld, zum »Nachweis und der Bestimmung von Kampfstoffen in der Luft«, zum Verhalten der Kampfstoffe nach Art des Versprühens, Vergasens, Vernebelns« sowie zu verschiedenen technischen Lost-Kampfstoffen.[75] Weiterhin wurde zur Schutzwirkung von Gasmasken im Gleichschritt mit den Forschungen zu neuen Gaskampfstoffen[76] oder zur Keimübertragung durch Atemgeräte gearbeitet.[77]

4.3 Denken und Selbstverständnis der Medizinalbeamten

Das Kaiserliche Gesundheitsamt verkörperte idealiter die symbiotische Allianz von Militär und Medizin. Die Tradition beginnt mit dem ersten Direktor, Oberstabs- und Regiments-Arzt des Kaiser Franz-Garde-Grenadier-Regiments No. 2, Heinrich Struck. Nahezu alle Mitglieder des Gesundheitsamtes hatten vor ihrer Einstellung den Militär(ärztlichen)-dienst abgeleistet. Kochs Befehlsgewalt resultierte nicht nur aus seiner Zusammenarbeit mit der militärärztlichen Verwaltung, sondern sein Einfluss beruhte auf seinem Rang als Königlicher Generalarzt à la suite

---

75 Vgl. die »Jahresbesprechungen der wissenschaftlichen Mitarbeiter für die Forschung auf dem Gebiet der Gaskampfstoffe« aus den Jahren 1925-1931 in BA-MA Freiburg, RH 12-4; zum Beispiel Konrich/Muntsch, Wirkung 1932.
76 Vgl. die Niederschrift über die Jahresbesprechung am 28.4.1928, Geheime Kommandosache, in dem Bericht Bl. 23, BA-MA Freiburg, RH 12-4. Die Einordnung der Studien in den Zusammenhang der Kampfgas- und Gasschutzforschung in Schmaltz, Kampfstoff-Forschung 2005. Florian Schmaltz möchte ich für die Einsicht in die Akten des Militärarchivs Freiburg danken.
77 Vgl. Konrich, Möglichkeit 1929; ferner Konrich, Kombinierung 1932; ders., Beziehungen 1929.

des Sanitätskorps. Koch selbst und seine engsten Mitarbeiter gehörten dem aktiven Sanitätskorps an.[78] Die Stellen der besoldeten Beamten am Gesundheitsamt waren Militäranwärtern vorbehalten. Für Mitarbeiter ohne militärische Dienstzeit musste eine Sondergenehmigung eingeholt werden.[79] Im Gesundheitsamt nahmen zahlreiche Militärärzte an Fortbildungskursen teil, oder sie waren an das Gesundheitsamt abkommandiert worden und dort als »Hülfsarbeiter« tätig.[80] Die Bedeutung eines solchen militärärztlichen Hülfsarbeiters lässt sich daran ermessen, dass Stabsarzt Dr. Weisser und sein Nachfolger Adolf Dieudonné während ihrer Zeit am Kaiserlichen Gesundheitsamt Leiter des bakteriologischen Labors waren. Die Zahl der Aufsätze, die in den *Arbeiten aus dem Kaiserlichen Gesundheitsamte* von abkommandierten Militärärzten verfasst worden waren, geht in die Hunderte.[81] Der Anteil der während der Typhusbekämpfung eingesetzten Militärärzte war in Gelsenkirchen so immens, dass die zivilen Ärzte befürchten mussten, gegenüber jenen in den Hintergrund gedrängt zu werden, und im Reichsland Elsass-Lothringen kritisierte man die erneute Annexion durch die uniformierten Militärärzte.[82]

Die Symbiose beschränkte sich nicht allein auf die Zusammenarbeit zwischen Militär und Medizin. In seiner Dissertation analysiert J. Andrew Mendelsohn die Ursachen für die innige Beziehung zwischen Militär

---

78 Vgl. Möllers, Koch 1950, S. 368, 400-403.
79 Vgl. beispielsweise den Fall des Laboratorienaufwärters Oskar Schwerdtner, der nur eingestellt wurde, weil die für den Unterbeamtendienst des Gesundheitsamtes vorgemerkten Militäranwärter es abgelehnt hatten, die Stelle anzunehmen, und der eine gesonderte kaiserliche Einstellungsberechtigung benötigte, vgl. GStA PK Berlin, I. HA, Rep. 89, Nr. 24185, Bl. 153 f.; ähnlich die Anstellung des Laboratorienaufwärters Paul Albrecht, vgl. GStA PK Berlin, I. HA, Rep. 89, Nr. 24186, Bl. 43 f.; Laboratorienaufwärter Franz Linde, vgl. GStA PK Berlin, I. HA, Rep. 89, Nr. 24184, Bl. 88 f.
80 »Es verdient noch hervorgehoben zu werden, daß die Militär-Medizinalverwaltung dem Amte seit Jahren durch Kommandierung besonders tüchtiger Militärärzte ein werthvolles Entgegenkommen gezeigt hat.« KGA, Festschrift 1886, S. 10. Im Reichs-Medizinal-Kalender werden über mehrere Jahrzehnte jährlich fünf bis sieben abkommandierte Militärärzte meist aus Preußen, Bayern, Sachsen, Baden und Württemberg angeführt. Der Austausch war bilateral. Mitglieder des Gesundheitsamtes dozierten im Gegenzug an die Militärärztliche Bildungsakademie, vgl. beispielsweise den Hinweis über die von Eugen Sell im Friedrich-Wilhelm-Institut für das militärärztliche Bildungswesen abgehaltenen Hygiene-Kurse, BA Berlin, R 86/752, Bd. 1.
81 Es wurden die Jahrgänge von 1881 (MKGA) bis 1933 durchgesehen.
82 Brief von Drigalski an Koch, 25.10.1901, BA Berlin, R 86/2827; vgl. zur Annexion im Elsass Mendelsohn, Cultures 1996, S. 608, 652-664.

und Bakteriologie im Deutschen Reich im Vergleich zu Frankreich. Während für den Chemiker Louis Pasteur Bakterien im Gärungsprozess den ewigen Lebenszyklus der Natur symbolisierten, hatten die Bakterien bei dem Stabsarzt Robert Koch ihren gedanklichen Ursprung in den todbringenden Wundinfektionskrankheiten. J. Andrew Mendelsohn verbindet Pasteur mit den Vergärungsprozessen in Käse und Wein, während er Koch mit den Sterbenden und Verwundeten des Deutsch-Französischen Krieges assoziert. Aus den auf den Schlachtfeldern gesammelten Erfahrungen habe Robert Koch in den folgenden Jahren neben seiner Tätigkeit als Kreisphysikus in Wollstein die bahnbrechende und seinen Ruhm begründende Ätiologie der Wundinfektionskrankheiten herausgearbeitet. Für Pasteur seien Bakterien gleichbedeutend mit Leben. Bakterien hätten im natürlichen Prozess des Lebens nicht nur ihre Berechtigung zum Dasein, sie seien notwendige Voraussetzung für das Leben. Ohne Bakterien gäbe es kein Leben, keine Verwesung, keine Umwandlung, keine Wiedergeburt und kein Weiterleben. Louis Pasteur habe daher das Konzept der Immunisierung (weiter)entwickelt. Robert Koch dagegen gestand Bakterien keine positive Bedeutung zu. Sein Ziel war die »Ausrottung« von Bakterien. Aus Kochs Verständnis heraus entstand das Konzept der Vernichtung von Krankheitskeimen durch Desinfektion und Sterilisation.[83]

Die militärische Denktradition der Bakteriologen war keine Ausnahmeerscheinung, sondern im Denken des wilhelminischen Kaiserreichs verwurzelt.[84] Paradoxerweise beanspruchten die Bakteriologen für ihre Forschungen eine von der politisch-sozialen Sphäre unbeeinflusste Objektivität und Wahrhaftigkeit. Der Koch-Schüler Emil von Behring verurteilte Rudolf Virchow für seine soziale Sichtweise von Krankheit. Virchow denke nicht in wissenschaftlichen und medizinischen, sondern in sozialen und sozialpolitischen Kategorien. Die bakteriologische Epidemiologie dagegen hielt Behring für wissenschaftlich korrekt und politisch neutral.[85]

Albert Moll riet dem lesenden Mediziner in seiner *Ärztlichen Ethik*,

---

83   Ebd., Teil 1; zur Terminologie und Technik der Ausrottung Briese, Angst 2003, S. 293.
84   Vgl. Ziemann, Sozialmilitarismus 2002; sprachlich aufgeladen Briese, Angst 2003, S. 291; allgemein Wehler, Kaiserreich 1988.
85   Emil von Behring in Weindling, Diseases 1992, S. 308; Schlich, Einführung 1999, S. 17. Nach Labisch habe Behring den berühmten Bericht Virchows über die Typhusepidemie in Oberschlesien aus ätiologischer Sicht »zerfetzt«, vgl. Labisch, Hygiene 1986, S. 277. Ferner das Exzerpt Behrings zu Rudolf Virchows Cellularpathologie im Behring-Archiv, 8-04.

sich von der Politik fernzuhalten, da einem alten Wort nach »Politik den Charakter verdirbt« und diese ergo einem »wahrhaft menschenfreundlichen Berufe fremd sein« sollte.[86] Georg Sticker, Teilnehmer der Expedition zur Erforschung der Pest in Indien, postulierte 1913, die medizinische Wissenschaft habe mit politischer Geographie nichts zu tun.»Der deutsche Arzt, der im Namen seiner Wissenschaft und Kunst spricht und handelt, weiß nichts von Nebenabsichten; er dient der Wahrheit.«[87] Dem liegt nach Foucault die Annahme zugrunde, dass das Wissen dort aufhöre, wo die Macht beginne. Innerhalb der »reinen wissenschaftlichen Forschung« sei man fern von den Beeinflussungen und dem Tagesgeschäft der Politik. Nur diejenigen, die von der Macht weit weg sind, »die mit der Tyrannei nichts zu tun haben, die in ihre Gelehrtenstube und in ihre Meditationen eingeschlossen sind, können die Wahrheit entdecken.« Jedoch ist nach Foucault Macht immer mit Wissen und Wissen immer mit Macht in wechselseitiger Einwirkung verknüpft.[88]

Der Medizinalbeamte verkörpert sowohl den Mediziner als auch den Beamten. Besonders die letztgenannten zeichneten sich im deutschen Kaiserreich durch ihre apolitische Denkweise aus. Der (Medizinal-)Beamte hatte, im Verständnis des Reichskanzlers, nach außen hin politisch neutral,[89] nach innen konservativ, loyal zur Reichsregierung und dem Kaiser ergeben zu sein. »Die Pflichten des Beamten«, schreibt Otto Hintze in seiner 1911 verfassten Abhandlung zum Öffentlichen Dienst, »erschöpfen sich keineswegs in der Besorgung seiner Amtsgeschäfte«, sondern neben den »besonderen Amtspflichten stehen die allgemeinen Amtspflichten: Treue und Gehorsam gegenüber den obersten Dienst-

---

86 Vgl. Moll, Ethik 1902, S. 396 f. Jeschal, Politik 1978, S. 18-22 weist darauf hin, dass die »Ärztliche Ethik« des Berliner Psychiaters Albert Moll das einzige Werk dieser Art bis zum Ersten Weltkrieg war. Es stellt sich daher die Frage, wie repräsentativ Molls Ansichten waren. Trotz der spärlichen Quellenlage soll jedoch an der These des unpolitischen Arztes – es werden sich viele gegenteilige Beispiele finden lassen – festgehalten werden. Die wenigen Angaben sind deckungsgleich und ergeben für die überwiegende Mehrzahl das Bild des nach außen hin unpolitischen Arztes.
87 Georg Sticker in einer Rede zum Kaisergeburtstag, das Zitat in Seidler, Standort 1977, S. 87.
88 Die Zitate aus dem Interview Räderwerke des Überwachens und Strafens, in: Foucault, Short Cuts 2001, S. 77 f. Vgl. zur gegenseitigen Bedingung von Macht und Wissen ferner die Beiträge in dem Sammelband von Ernst u. a. (Hg.), Wissenschaft 2004.
89 Politisch neutral und konservativ schließt sich in gewisser Weise gegenseitig aus. Politisch neutral meint die Enthaltung jedweder öffentlichen politischen Agitation während die verinnerlichten politischen Ansichten konservativ zu sein hatten.

herrn – gewissermaßen die Potenzierung der allgemeinen Untertanenpflichten«.[90] Max Weber charakterisierte den Eintritt des Beamten in den Staatsdienst als einen »Akt der Unterwerfung des Beamten unter die Dienstgewalt«.[91] Pflicht, Takt und Gehorsam dem Dienstherrn gegenüber geböten bei der Ausübung politischer Betätigungen eine gewisse Zurückhaltung, sofern sie nicht ohnehin durch dienstliche Grenzen eingeengt würden.[92]
De facto war die Einstellung der Beamten konservativ und staatstragend.[93] Besonders die höheren Beamten in den obersten Reichsbehörden wurden nach dem Kriterium konservativer Gesinnung und politischer Zuverlässigkeit ausgesucht.[94] Die konservative Grundhaltung der Beamtenschaft rettete sich über den Staatsformwechsel von 1918 hinweg.[95] Die Staatsbeamten stützten zwar die neue Regierung aus Angst vor Anarchie und »Liebe zum Vaterland«, blieben jedoch »Herzensmonarchisten«. Trotz der zahlreichen Entlassungen politischer Beamter in den höheren Hierarchieebenen und den Integrationsbemühungen seitens der Reichsregierung kann der Wandlungsprozess von einer monarchistisch und konservativ gesonnenen Beamtenschaft hin zu einer die Republik bejahenden Bürokratie nur als zäh bezeichnet werden.[96] Obwohl republikfeindliche höhere Beamte entlassen wurden, verrichteten gegen Ende der Weimarer Republik in der mittleren und unteren Hierarchieebene dieselben Beamten ihre Arbeit, die noch dem Kaiser die Treue geschworen hatten. Die überwiegende Mehrheit der Staatsdiener stand der Demokratie und dem Parlamentarismus in der Weimarer Republik abwartend und kritisch gegenüber.[97] Die geringe Unterstützung der Republik speiste sich neben ideologischen Vorbehalten und einem Prestigeverlust

---

90 Hintze, Beamtentum 1981 (OA 1911), S. 21; die politische Disziplinierung in Wunder, Geschichte 1986, S. 87-91.
91 Weber, Wirtschaft 1980 (5. Aufl.), S. 400.
92 Vgl. Hintze, Beamtentum 1981 (OA 1911), S. 44; siehe auch Süle, Bürokratietradition 1988. Das KGA/RGA grenzte sich auch von »privaten« wissenschaftlichen Publikationen seiner Mitarbeiter ab, während die Veröffentlichungen in den Zeitschriften der Behörde amtlichen Charakter trugen.
93 Die höheren deutschen Beamten als bürgerlich-konservative Elite in Föllmer, Verteidigung 2002.
94 Vgl. Morsey, Reichsverwaltung 1957, S. 262-270; Jeserich, Entwicklung 1984.
95 Die Konstanz der Bürokratie als Phänomen bei Weber, Wirtschaft 1980 (5. Aufl.), S. 570 f., 669; Breuer, Sozialdisziplinierung 1986, S. 46; Grotkopp, Beamtentum 1992.
96 Vgl. Fenske, Bürokratie 1985, S. 86 f.; Grotkopp, Beamtentum 1992, S. 1-83; Ellwein, Staat 1997, Bd. 2, S. 54-59.
97 Vgl. Grotkopp, Beamtentum 1992, S. 1-83.

auch aus einem materiellen Einkommensverlust. Detlev J. K. Peukert erklärt die Obstruktion der Beamten als staatstragende Elite gegen die neue Staatsform mit dem bisher undenkbaren drohenden Verlust des Arbeitsplatzes, dem gesunkenen Ansehen und den Einkommenseinbußen.[98] Das subjektive Krisenerlebnis bereitete den Beamten ein geradezu gefühltes körperliches Unbehagen an der Moderne.[99] Analog zur politischen Haltung der Beamtenschaft gilt es, den Mythos vom unpolitischen Arzt anzuzweifeln. »Die konventionelle Lehrmeinung, deutsche Ärzte seien in moderner Zeit vorwiegend unpolitisch gewesen, läßt sich nach sorgfältiger Prüfung der verfügbaren Quellen nicht mehr aufrecht erhalten.«[100] Die politische Rolle und Einflussnahme der Medizin im Nationalsozialismus wurde in den letzten zwanzig Jahren umfassend dargestellt.[101] Kater skizziert im ersten Teil seiner 1848 beginnenden Untersuchung die politische Einstellung der Ärzte. Links des politischen Spektrums gab es sozial engagierte Ärzte wie Virchow und Neumann. Doch sozialliberale und demokratische Ärzte wurden innerhalb des medizinischen Standes bis zur Reichsgründung ins Abseits gedrängt. Erwin Ackerknecht setzt den »Sieg des Kontagionismus mit dem Niedergang des Liberalismus und dem Aufstieg der Reaktion gleich«.[102] Die starke Anbindung der Mediziner an den preußischen Staat bis 1869 schuf das Fundament für eine prononciert konservative und königstreue Gesinnung sowie obrigkeitsstaatliche Hörigkeit.[103] Im Antagonismus zwischen Hartmannbund und gesetzlicher Krankenkasse verfestigte sich die politisch konservative Einstellung. Im Kaiserreich und in der Weimarer Republik fühlte sich die Mehrzahl der Mediziner von nationalkonservativen Parteien vertreten.[104] Alfred Grotjahn und Julius Moses waren Ausnahme-

---

98 Vgl. Peukert, Republik 1987, S. 75 f., 219-222.
99 Föllmer, Volkskörper 2001.
100 Kater, Ärzte 1987, S. 34.
101 So auch bei Kater, Ärzte 1987; ohne Anspruch auf Vollständigkeit die wichtigsten Untersuchungen: Baader/Schultz (Hg.), Medizin 1980; Kudlien, Ärzte 1985; Lifton, Ärzte 1988; Bleker/Jachertz (Hg.), Medizin 1993; Meinel/Voswinckel (Hg.), Medizin 1994; Kopke (Hg.), Medizin 2001; und der Literaturbericht von Sachse/Massin, Forschung 2000.
102 Zitiert nach Labisch, Hygiene 1986, S. 276 f.
103 Zum Wandel der Medizin zwischen 1848 und 1871 Hubenstorf, Refom 1987; Bayertz, Siege 1987. Emil Du Bois-Reymond stilisierte in seiner um Unterstützung in der deutschen Professorenschaft für den Deutsch-Französischen Krieg werbenden Rede »Der deutsche Krieg« die Wissenschaftler als das »geistige Leibregiment des Hauses Hohenzollern« und erneuerte das Bündnis zwischen Wissenschaft und Politik, vgl. Lenoir, Politik 1992, S. 45-48.
104 Als Beispiel nennt Kater, Ärzte 1987, S. 34-38 die der DNVP nahestehenden

erscheinungen. Die Berufung des Sozialdemokraten Grotjahn 1920 auf den ersten Lehrstuhl für Sozialhygiene in Berlin rief erbitterten Widerstand in der medizinischen Fakultät hervor. Dem sozialdemokratischen Ärzteverein traten im Deutschen Reich nur annähernd hundert Mediziner bei.[105]

Michael Hubenstorf bewertet die politische Gesinnung der Beamten im Reichsgesundheitsamt in der Weimarer Nachkriegszeit als republikfeindlich. Diese Haltung habe sich mit der Übernahme der Kaiser-Wilhelm-Akademie für das militärärztliche Bildungswesen und dessen Personal nachhaltig verfestigt. Durch die Aufnahme der stellungslosen Hygieniker und Bakteriologen, deren Forschungsinstitute durch die im Versailler Vertrag festgelegte Demobilisierung und durch die Gebietsabtretungen hatten geräumt werden müssen, sei das Reichsgesundheitsamt vornehmlich mit »nichtjüdischen« Wissenschaftlern, »zumeist aus dem Militär kommend und nach ›Versailles‹ auf Revanche getrimmt«, bevölkert gewesen.[106] Im Reichsgesundheitsamt habe es nach 1933 aufgrund der homogenen rechtskonservativen Strukur von 78 WissenschaftlerInnen nur zwei Entlassungen gegeben: Margarete Zülzer und Emil Eugen Roesle.[107] Der Widerspruch zwischen nationalkonservativer Einstellung und dem unpolitischen Selbstverständnis der Mediziner löst sich bei genauerer Analyse des Politikbegriffes der Mediziner auf. Als »politisch« galten die Ärzte, die einer Partei beigetreten waren oder die öffentlich Partei ergriffen. Jenseits der Öffentlichkeit definierte die Ärzteschaft den eigenen inneren Wertekanon als apolitisch.

Ärzte Gustav von Bergmann, Ferdinand Sauerbruch, Oswald Bumke, Franz Volhard und Emil Abderhalden. Den nationalkonservativen Standort der Ärzte zwischen Weltkrieg und Weimarer Republik auch bei Wolff, Interessen 1997; und basierend auf ihrer Untersuchung des *Deutschen Ärzteblattes* Jäckle, Ärzte 1988.

105 Vgl. Kater, Ärzte 1987, S. 34. Zur Ambivalenz Grotjahns die wegen ihrer Undifferenziertheit bei Evans, Tod 1990, S. 637 kritisierte Darstellung von Roth, Schein-Alternativen 1984; Grotjahn als SPD-Reichstagsabgeordneter bei Dieckhöfer/Kaspari, Tätigkeit 1986; Weindling, Verbreitung 1987.

106 Vgl. Hubenstorf, Exodus 1994, S. 374 f. Gottfried Frey beispielsweise war während des Krieges in Polen stationiert, siehe den Bericht von Frey, Gesundheitswesen 1919.

107 Vgl. Hubenstorf, Exodus 1994, S. 388. Margarete Zuelzer war die einzige Wissenschaftlerin im RGA und die einzige Person, die nach 1933 wegen ihres jüdischen Glaubens die Behörde verlassen musste. Sie wurde 1943 im KZ Westerbork/Niederlande ermordet. Emil Eugen Roesle, selbst Eugeniker, musste das RGA wegen seiner politischen Anschauungen verlassen bzw. wurde in den Ruhestand versetzt. Roesle wurde angesichts seiner Begeisterung für das sowjetische Gesundheitswesen politische Unzuverlässigkeit und Verstöße gegen die Beamtendienstzucht vorgeworfen, siehe Stöckel, Sozialhygiene 1994, S. 485.

Über den »scheinbaren Prototyp des ›unpolitischen Beamten‹« ist wenig bekannt.[108] Der ideale hohe Beamte im Kaiserreich und in der Weimarer Republik trat unter Zurückstellung seiner persönlichen Individualität und Meinung hinter sein Amt zurück – im Idealfall verschmilzt er mit seinem Amt.[109] Seine persönliche Individualität stellte beispielsweise der aus dem Amt scheidende Präsident Franz Bumm 1926 mit dem Verzicht auf die Aufstellung einer Marmorbüste im Gesundheitsamt »zur Verewigung seines Andenkens« hinter dem Amt zurück. Stattdessen richtete Bumm von den für die Büste zur Verfügung gestellten Mitteln eine Stiftung ein, aus deren Erträgen zukünftig Mitglieder des Gesundheitsamtes im Notfall unterstützt werden sollten.[110] Wenngleich sich keine konkreten programmatischen Äußerungen finden lassen, kann für die Direktoren und Präsidenten des Gesundheitsamtes der Typ des apolitischen Medizinalbeamten mit konservativem Wertekanon unterstellt werden. Die Behördenobersten wirkten als Repräsentanten einer beratenden Behörde im Hintergrund und hielten sich ihrem Selbstverständnis nach in der Öffentlichkeit mit politischen Äußerungen zurück.[111] In ihrem unauffälligen Wirken genossen sowohl Karl Köhler als auch Franz Bumm hohes Ansehen beim Kaiser, und beide hatten das Vertrauen des Staatsekretärs des Innern. Der als selbstlos, zuverlässig und gewissenhaft beschriebene Bumm, der in »echter deutscher guter Weise seine Pflichten erfüllte«, verkörperte idealiter diese Beamtentugend.[112]

Der Rückzug auf einen allein wissenschaftlichen Standpunkt reizte

---

108 Zumindest nach Aktenlage und Publikationsrecherche. Von der Bewertung her stimmt der Verfasser mit der Interpretation Hubenstorfs überein. Das Zitat in Hubenstorf, Exodus 1994, S. 386.
109 Hubenstorf, Exodus 1994, S. 386 löst das Problem einer Zuschreibung von persönlichen und politischen Eigenschaften durch die Heranziehung des familiären Hintergrundes: Die Ehefrau des Ministerialdirektors im Innenministerium, Bruno Dammann, war Vorsitzende des rechtskonservativen Deutschen Frauenbundes, der Bruder Parteigänger der DNVP. Ansonsten ist über Bruno Dammann nur wenig Persönliches bekannt. Was für Bruno Dammann während der Weimarer Republik gilt, lässt sich auch für die Beamten des Reichsgesundheitsamtes konstatieren.
110 Siehe den Bericht über die Jubiläumsfeier und zur Verabschiedung von Franz Bumm in der *Vossischen Zeitung* vom 1.7.1926. Die Mittel zum Erwerb der Büste waren von dem RGA nahestehenden Wirtschaftsverbänden zur Verfügung gestellt worden.
111 Bis 1933 hatten politische Positionierungen Seltenheitswert, vgl. die Festschrift RGA 1926, S. III; bereits in der 10-Jahres-Festschrift KGA, Festschrift 1886, S. 9. Nach 1933 Reiter, Ziele 1936; ders., Reichsgesundheitsamt 1939; Maitra, Reiter 2001.
112 Die Beschreibung des Amtes und des Präsidenten in BA Berlin, R 86/853.

bereits früh zur Kritik. Bebel konnte sich bei der Besprechung der Struck'schen Denkschrift die Übereinstimmung zwischen einem Sozialdemokraten und dem Vorsteher einer Reichsbehörde nur damit erklären, dass Struck in seinem Programmentwurf gesellschaftliche und sozialpolitische Probleme gemieden hatte.[113] Diese Vermeidungsstrategie wurde in der ersten Dekade des Gesundheitsamtes unter der Ägide Strucks mit der nachhaltigen Protegierung der Bakteriologie manifestiert. Mit der Entdeckung des Tuberkuloseerregers bestehe laut Koch umso weniger die Notwendigkeit zum politischen Engagement. »Bisher war man gewöhnt, die Tuberkulose als den Ausdruck des sozialen Elends anzusehen, und hoffte von dessen Besserung auch eine Abnahme dieser Krankheit.« Der »Kampf mit einem unbestimmten Etwas« sei nun überflüssig, man habe es nunmehr mit »einem faßbaren Parasiten zu tun«.[114]

Das Paradox liegt darin, dass die Bakteriologie fest im gesellschaftlichen Gefüge verankert war. Soziale und medizinische Fragestellungen wurden als Probleme an die Bakteriologie formuliert, in der Bakteriologie respektive im Gesundheitsamt bearbeitet und als wissenschaftliche Antworten in einem Austauschprozess der Gesellschaft als Lösungsstrategie angeboten. Der Austauschprozess und die Einflussnahme waren wechselseitig.[115] Die drängenden sozialen Probleme bildeten den Erfolgskatalysator für den rasanten Aufstieg der Hygiene und Bakteriologie. Gleichzeitig wiesen die Protagonisten der Bakteriologie eine soziale und politische Beeinflussung oder gar Vereinnahmung weit von sich – die Medizinalbeamten des Gesundheitsamtes blendeten die originäre soziale Fragestellung weitestgehend aus –, und die wissenschaftlichen Experten meinten einen apolitischen Standpunkt zu vertreten. Das apolitische Beharren auf wissenschaftlicher Objektivität manifestierte ihren politischen Standpunkt – die Verdoppelung des Paradoxons. Das Enigma Bakteriologie wird dechiffriert zur politischen Interessenvertretung.[116] Die Glaubwürdigkeit einer wissenschaftlichen und politisch »neutralen« Institution ließ sich von den Regierungsinstanzen beliebig instrumentalisieren.

113 Vgl. Bebel, Reichsgesundheits-Amt 1878, S. 7. Die Schrift Bebels zum Gesundheitsamt diskutiert Göckenjan, Kurieren 1985, S. 331-335.
114 Robert Koch, Die Ätiologie der Tuberkulose, zitiert in Schlich, Einführung 1999, S. 17. Die politische Einflussnahme wird besonders bei Koch deutlich, vgl. Gradmann, Money 1998.
115 Innen- und Außenverhältnisse der Wissenschaft und ihre gesellschaftliche Bedeutung und Funktion bei Bayertz, Siege 1987, S. 169; Sarasin, Visualisierung 2004.
116 Analog das Enigma Biologismus: Soziale Probleme werden biologisiert und die biologisch konstruierten Probleme mit sozialen Mitteln zu lösen versucht.

4.4 Indirekte Herrschaft und öffentliche Hygiene – Das Gesundheitsamt als institutionalisierte Biopolitik

Die »Versachlichung« von Herrschaft ist – nach Max Weber – das Spezifikum moderner Gesellschaften. »›Herrschaft‹ interessiert uns hier in erster Linie, sofern sie mit ›Verwaltung‹ verbunden ist. Jede Herrschaft äußert sich und funktioniert als Verwaltung.«[117]

»Eine einmal voll durchgeführte Bürokratie gehört zu den am schwersten zu zertrümmernden sozialen Gebilden. Die Bürokratisierung ist *das* spezifische Mittel, ›Gemeinschaftshandeln‹ in rational geordnetes ›Gesellschaftshandeln‹ zu überführen. Als Instrument der ›Vergesellschaftung‹ der Herrschaftsbeziehung war und ist sie daher ein Machtmittel allerersten Ranges für den, der über den bürokratischen Apparat verfügt. [...] Wo die Bürokratisierung der Verwaltung einmal restlos durchgeführt ist, da ist eine praktisch so gut wie unzerbrechliche Form der Herrschaftsbeziehung geschaffen.«[118]

Betrachten wir das Gesundheitsamt als oberste Medizinalbehörde. Im banalen bürokratischen Sinne erleichterte das Gesundheitsamt dem Reichskanzleramt durch die geschulte Sachkenntnis seiner Medizinalbeamten die Arbeit. Eine wesentliche Tätigkeit des Gesundheitsamtes bestand in der Erstellung von Gutachten und der Vorbereitung von Gesetzestexten. In mehrfacher Hinsicht fungierte die oberste medizinalpolizeiliche Zentralbehörde im Weber'schen Sinne als Instrument zur Herrschaftssicherung und -ausweitung. Erstens trotzte das Reich in Konkurrenz mit den Einzelstaaten diesen die Hoheit über medizinalpolizeiliche Angelegenheiten ab und konnte seinen Einflussbereich geographisch auf einen neuen Machtraum ausdehnen. Die Ausdehnung blieb zweitens nicht auf die Zentralisierung von Staatsgewalt beschränkt, sondern bedeutete auch eine fachlich-inhaltliche Ausweitung auf Angelegenheiten der öffentlichen Gesundheitspflege.

Drittens galten die Aufgaben der »Polizey« auch für das Gesundheitsamt. Eine zentrale Aufgabe stellte die Herrschaftssicherung durch die

---

117 Weber, Wirtschaft 1980 (5. Aufl.), S. 545; zur Disziplin bei Weber in Abgrenzung zu Oestreich, Elias und Foucault Breuer, Sozialdisziplinierung 1986; Lemke, Weber 2001; zu Webers Analyse der Bürokratie Kieser, Analyse 1993, S. 37-62. Zur bürokratischen Herrschaft Schluchter, Aspekte 1985 (OA 1972); Raphael, Recht 2000.
118 Weber, Wirtschaft 1980 (5. Aufl.), S. 569 f., Hervorhebung im Original.

Vermeidung von Unruhen dar.[119] »Von rein politischen Momenten wirkt in der Richtung der Bürokratisierung besonders nachhaltig das steigende Bedürfnis einer an feste absolute *Befriedung* gewöhnten Gesellschaft nach Ordnung und Schutz (›Polizei‹) auf allen Gebieten.«[120] Das Gesundheitsamt sollte soziale Risiken – als Herrschaftsrisiken – analog zur Konzipierung der Sozialversicherung vorbeugend befrieden und ausschalten helfen.[121] Im Ersten Weltkrieg wurde dies im vergeblichen Bemühen deutlich, die »Kräfte der Widersetzung«[122] durch die Rationierung von Lebensmitteln, durch propagandistische Beschwichtigung (die Überernährung der Vorkriegszeit sei ungesund)[123] und Verharmlosung (der Hunger in Erwartung des Sieges sei unbedeutend im Vergleich zu den Opfern an der Front)[124] zu verringern, um Hungerunruhen zu vermei-

119 Der Ausbruch von Unruhen war ein immer wieder geäußerter Topos, vgl. die ständig befürchtete Umsturzgefahr bei Frevert, Krankheit 1984, S. 123 f., tätlicher Widerstand bei Ausbruch der Cholera S. 130 f., sozialer Sprengstoff S. 230; »Die Bedrohung von unten« bei Evans, Tod 1990, S. 115-150; die Kartoffelrevolution 1847 bei Hachtmann, Berlin 1997, S. 82-84. Generell galten der bürgerlichen Elite die revolutionären Umtriebe von 1848 als Schreckgespenst. Im Ersten Weltkrieg drohten Hungerunruhen aufgrund Mangelernährung, vgl. Jeschal, Politik 1978, S. 80. Der Zusammenhang von Polizei, Sicherheit und Wohlfahrt in Lüdtke, Einleitung 1992.
120 Vgl. Weber, Wirtschaft 1980 (5. Aufl.), S. 561, Hervorhebung im Original. Der Innenminister verteidigte Anfang der 1920er Jahre seine Zuständigkeit für die Angelegenheiten des Veterinärwesens und der Veterinärpolizei mit der Begründung, dass das Polizeiministerium und das Gesundheitspolizeiministerium das Reichsministerium des Innern sei, RMI an RMEL, 15.10.1921, BA Berlin, R 86/4266.
121 »Die spezifische Innovation lag dabei im Ansatz der Prophylaxe, der Vorbeugung, der Verhütung.« Sachße/Tennstedt, Sicherheit 1986, S. 30. Die präventiven Vermeidungsstrategien könnte man auch in Anlehnung an Power, Uncertainty 2007, als staatliches Risikomanagement charakterisieren, als eine Strategie, um Situationen der Unsicherheit beherrschbar zu machen, indem man das mögliche Auftreten einer Epidemie oder von Nahrungsmangel mitdenkt und zu vermeiden sucht, und bei Ausbruch einer Epidemie durch ein Set von Aktivitäten Handlungsmacht suggeriert.
122 Vgl. Lüdtke, Einleitung 1991, S. 36.
123 Max Rubner in seinem Vortrag *Unsere Ernährung* zitiert in Jeschal, Politik 1978, S. 74 f. Das Perfide an der Argumentation Rubners ist die Tatsache, dass er als Mitglied des RGR Kenntnis über das Hungersterben in den Anstalten gehabt haben wird, die Berichte der Einzelstaaten zu den fatalen gesundheitlichen Zuständen in den Anstalten in BA Berlin, R 86/2062 und R 86/5400.
124 Max Rubner in seinem Vortrag *Unsere Ernährung* zitiert in Jeschal, Politik 1978, S. 79. Franz Bumm hatte im Reichstag 1914 und 1917/1918 trotz Ernährungsengpässen das »siegreiche Durchhalten« beschworen, vgl. die Kritik des Abgeordneten Fritz Kunert (KPD), SB des RT, 1. LP, 303. Sitzung vom 20.2.1923.

den.¹²⁵ Im Sinne einer Befriedung wirkte das Gesundheitsamt besonders bei der erfolgreichen »Bekämpfung der Volksseuchen«.¹²⁶ Die Gründung des Gesundheitsamtes bot viertens die Möglichkeit, die verlustig gegangenen Macht- und Einflussverhältnisse zu kompensieren. Durch die 1869 auf Betreiben der Deutschen Ärzteschaft erlassene Gewerbeordnung verlor der Staat den rechtlich gesicherten Einfluss auf die Ärzte. Die Gründung des Gesundheitsamtes kann als Versuch gewertet werden, einen Teil der Macht über sie zurückzugewinnen.

Fünftens bot das Gesundheitsamt die Möglichkeit, der Demokratisierung von Machtstrukturen Rechnung zu tragen. Auf politischer Ebene schien das monarchische System durch die zunehmende Parlamentarisierung gefährdet. Diese Bedrohung sollte durch die Ausdehnung der Einflusssphäre auf die Wohlfahrts- und Sozialpolitik kompensiert werden. Die Entstehung und Entwicklung des Gesundheitsamtes fiel nicht zufällig in eine Zeitspanne der sozialen Befriedung – die Gründung des Amtes unter Bismarck erfolgte kurz vor seinem nationalkonservativen Kurswechsel, und der »Boom« der Behörde fiel in die Ära des »Neuen Kurses« unter Caprivi –, sondern das Amt sollte auch in diesem Sinne wirken. Öffentliche Sozialpolitik beinhaltete neben subsistenzsichernden und fürsorgerischen Maßnahmen auch ein umfassendes Kontrollnetz unterschiedlicher Einrichtungen, Gesetze, Normen und Verhaltensmaßregeln, die sich in einer Vielzahl unterschiedlicher Formen und gesellschaftlicher Praktiken manifestierten.¹²⁷

Mit der demographischen Expansion im 18. und 19. Jahrhundert veränderte sich die Regierungsstrategie des Staates. Der Transformationsprozess vollzog sich in einer Verschiebung von formellen zu informellen Formen der Regierung, in deren Mittelpunkt die Bevölkerung stand. Die Bevölkerung galt es zu beobachten, »um tatsächlich rational und reflektiert regieren zu können«.¹²⁸ Die auf das Leben der Bevölkerung fokussierte Biopolitik umfasst Prozesse und Instrumente der Steuerung, Beeinflussung und der »sanften Übermächtigung«,¹²⁹ die auf die Optimierung

---

125   Mit Bezug auf Rubner im Lehrbuch der Hygiene Sarasin, Maschinen 2001, S. 246.
126   Vgl. Evans, Tod 1990; die durch die Cholera im 19. Jahrhundert ausgelöste gesellschaftliche Unruhe in Evans, Epidemics 1988.
127   Vgl. Sachße/Tennstedt, Sicherung 1986, S. 11-14; Ewald, Vorsorgestaat 1993; Raphael, Recht 2000.
128   Foucault, Gouvernementalität 2000, S. 61 f.
129   Vgl. Lüdtke, Einleitung 1991, S. 10, auf S. 29 spricht Lüdtke auch von den »sanften« Formen herrschaftlicher Gewalt. Sachße/Tennstedt, Sicherheit 1986, S. 30 sprechen von »sanfter« Disziplinierung.

des Lebens selbst abzielen. Dies führte u. a. zur Modifizierung der Medizin als öffentlicher Hygiene »mitsamt den Organismen zur Koordinierung der medizinischen Versorgung, der Zentralisierung der Information, der Normalisierung des Wissens und die auch das Aussehen einer Aufklärungskampagne in Sachen Hygiene und medizinische Versorgung der Bevölkerung annimmt«. Es handelt sich um Probleme der Geburten- und Sterberate, der Stadt, der Arbeit, der Wissenschaft und der Politik.[130]

Die Sammlung und Organisation von umfassenden Informationen über das Leben der Bevölkerung wie Prognosen oder Statistiken waren die Voraussetzung zur Regulation der Bevölkerung. In diesem Sinne sollte das Gesundheitsamt das notwendige Wissen über das Objekt Bevölkerung generieren oder die Wissensgenerierung unterstützen. Bei diesem Wissen handle es sich nach Michel Foucault um die Kenntnis der Dinge, »welche eben die Realität des Staates sind, das ist genau das, was man ›Statistik‹ nennt«. Die Statistik liefere die »Kenntnis des Staates, die Kenntnis der Kräfte und der Ressourcen« sowie Kenntnis über die Bevölkerung, deren Mortalität und Natalität. Der administrative – das Wissen verwaltende – Apparat und der Apparat des Wissens waren somit eine wesentliche Dimension der Machtausübung.[131] Die vom Reichskanzler installierte Commission zur Vorbereitung einer Reichs-Medicinalstatistik erinnerte eingangs an den Zweck und das Ziel einer Medizinalstatistik.

»Die geistige und sittliche, wirthschaftliche und politische Kraft eines Volkes [ist] wesentlich von dem Maaße und der Ausdauer der physischen und psychischen Gesundheit abhängig [...]. Wie die Gesundheit des Leibes und der Seele des einzelnen Menschen seine ganze Lebensentwicklung und Richtung bestimmt, ebenso ist die Gesundheit der Bewohner eines Staates eine der Grundbedingungen und Grundursachen seiner Machtstellung. Jede Staatsverwaltung muß daher bestrebt sein, sich genau über den Gesundheitszustand der Staatsbürger zu unterrichten und fortwährend unterrichtet zu erhalten, um allen, der öffentlichen Gesundheit schädlichen Einflüssen rasch und energisch entgegen treten zu können.«[132]

Die »Staatsverwaltung« musste nicht nur über den »Gesundheitszustand der Staatsbürger« unterrichtet sein, sondern diese auch über ihren Ge-

---

130 Foucault, Verteidigung 1999/1976, S. 287 f.; ders., Wille 1983, S. 161-190; und die Einleitung in Stinglin (Hg.), Biopolitik 2003.
131 Vgl. Foucault, Sicherheit 2004, S. 396 f.; siehe auch Kap. 5.3.
132 Bericht der Commission 1874, S. 1.

sundheitszustand unterrichten und Wege aufzeigen, wie dieser verbessert werden konnte. Erfolge in der öffentlichen Gesundheitspflege konnten nicht allein über disziplinierende Maßnahmen oder die Assanierung der Städte erreicht werden, sondern die Bevölkerung war in die Regierungsstrategie einzubeziehen. Aufgeklärt über gesundheitsschädigende Risiken und die Möglichkeiten zur Verbesserung der individuellen Gesundheit sollte der Einzelne motiviert werden, sich selbst zu transformieren und zu optimieren.[133] Dem Einzelnen wurden/werden Alternativen aufgezeigt, er wird zu Handlungen motiviert oder in seinem Gestaltungsspielraum eingeschränkt und im Grenzfall behindert. Eine effektive Regierung operiert nicht mit Repression, sondern mit der »Erfindung und Förderung von Selbsttechnologien, die an Regierungsziele gekoppelt werden können«.[134] Hierbei gestatten es die Taktiken des Regierens, jederzeit zu bestimmen, »was in die Zuständigkeit des Staates gehört, was öffentlich ist und was privat ist, was staatlich ist und was nichtstaatlich ist.«[135]

Um die Bevölkerung über die Möglichkeiten zur Verbesserung des (individuellen und öffentlichen) Gesundheitszustandes oder etwaiger Gesundheitsrisiken (und den damit verbundenen ökonomischen Kosten oder gesellschaftlichen Sanktionen) aufzuklären, war das Gesundheitsamt als Regierungsinstitution an der Generierung und Normierung hygienischen Wissens sowie an der Verbreitung und Durchsetzung von hygienischen Rationalisierungsstrategien beteiligt. Als zentrales Element zur wissenschaftlichen Ideenverbreitung diente dem Gesundheitsamt der Multiplikator »Volksbelehrung«.[136]

»Ein wirklich leistungsfähiger totalitärer Staat wäre ein Staat, in dem die allmächtige Exekutive politischer Machthaber und ihre Armee von Managern eine Bevölkerung von Zwangsarbeitern beherrscht, die zu gar nichts gezwungen zu werden brauchen, weil sie ihre Sklaverei lie-

---

133 Der »verständige Mensch« sollte sich bereits bei Adolphe Quételet an dem normierten *homme moyen* messen und auf Unregelmäßigkeiten hin beobachten. Die ständige Beobachtung des eigenen Körpers vertrete »gewissermassen die Stelle der Tabelle«, vgl. Quételet, Menschen 1838, S. 571. Besser hätte Foucault die Selbsttechnologie auch nicht beschreiben können, vgl. Foucault, Mikrophysik 1976, S. 83-88, 105-123. Zu Quételets anthropometrischer Normalität Link, Versuch 1998, S. 205 f.
134 Zusammenfassend Lemke/Krasmann/Bröckling, Gouvernementalität 2000, die Zitate S. 30; Lemke, Gouvernementalität 2001.
135 Foucault, Gouvernementalität 2000, S. 66.
136 Vgl. den Einfluss der Volkserziehung auf die Volksgesundheit in Anlehnung an Rousseaus *Emile* Finkelnburg, Einfluss 1873; zu den Aufgaben der Volksaufklärung Kap. 3.2.8.

ben. Ihnen die Liebe zu ihr beizubringen, ist in heutigen totalitären Staaten die den Propagandaministerien, den Zeitungsredakteuren und Schullehrern zugewiesene Aufgabe.«[137]

Bei der »Aufklärung der weitesten Volkskreise« arbeitete das Gesundheitsamt unauffällig im Hintergrund, um die Medizinalbehörde vor dem Vorwurf der Parteinahme zu schützen.[138] Die wissenschaftlich objektivierte und legitimierte Volksbelehrung war breit angelegt und wurde in fünfzig Jahren über zahlreiche Ausstellungen, Broschüren, Hefte, Merkblätter,[139] öffentliche Vorträge und im Schulunterricht[140] mit Inhalten zur privaten und öffentlichen Hygiene sowie zur Krankheitslehre und Seuchenbekämpfung verbreitet.[141] Die Normierung der Bevölkerung war jedoch keine einseitig aufoktroyierte Maßnahme, sondern wurde von der Bevölkerung eindringlich gefordert und deren langsame Umsetzung kritisiert.

Mit dem notwendigen Wissen ausgestattet erwuchs aus dem Recht auf Gesundheit die Pflicht zur Gesundheit.[142] Aus der wissenschaftlichen und praktischen Hygiene möge »zunächst jedermann für sich und die Seinen Belehrung und verstärkten Gesundheits-Willen schöpfen«, jeder sei »aber zugleich auch in das Bewußtsein und die Verpflichtung der nationalen Hygiene hineingestellt: Die Gesundung der Nation gehört ja zu den dringenden Aufgaben!«[143] Die Verteidigung des Reiches und seiner

---

137 Auf den Punkt gebracht in dem utopischen Roman von Huxley, Welt 2003 (OA 1932/1946), S. 16.
138 Vgl. beispielsweise die Beschwerde Strucks, dass die Behörde für Reklamezwecke verwendet würde, DKGA an PRKA, 26.7.1879, BA Berlin, R 1501/110849. Gegen die Vereinnahmung wehrte sich das KGA mit Klagen und Gegendarstellung. Ferner das Antwortschreiben des RAI an die königlich sächsische Gesandtschaft in Berlin, 12.8.1910, BA Berlin, R 86/15.
139 Zu den Merkblättern und Ausstellungen RGA, Festschrift 1926, S. 12 f., 145-147.
140 Finkelnburg, Einfluss 1878; Frey, Gedanken 1927, S. 7-11; Vogel, Volksbildung 1925, S. 16-24.
141 Vgl. zur Bedeutung der Volksbelehrung Vogel, Volksbildung 1925; Frey, Gedanken 1927.
142 Vgl. Fritz von Calker im Deutschen Reichstag: »Wer geschlechtskrank ist, hat im Interesse unseres Volkes die Pflicht, sich heilen zu lassen«, zitiert in Sauerteig, Krankheit 1999, S. 352; allgemein die Pflicht zur Gesundheit Abderhalden, Recht 1921; Gottstein, Heilwesen 1924, S. 10 f.; mit zahlreichen Beispielen aus der Gewerbehygiene Hoegl, Recht 1991. Bei Hoegl auch der Link zwischen Menschenökonomie, Gesundheitserziehung, Selbsttechnologien und Sozialdisziplinierung. Zur Macht der Normierung auf das Individuum Hark, Subjekte 1999.
143 Vgl. den Klappentext zu Alfred Grotjahns *Hygienischen Forderung*, Hervor-

Verbündeten könnten im Krisenfall »nur gesunde Menschen leisten«.[144] Von dieser Verpflichtung in Kenntnis gesetzt, konnte sich kein Bürger aus der Verantwortung ziehen. Gesundheitsschädliches Verhalten richtet sich gegen die Volksgesundheit und wurde gesellschaftsschädlich.

Die vom Reichskanzler im Vorfeld der Gründung des Gesundheitsamtes geforderte Klärung der Frage, »bis zu welchem Grad der Staat befugt sei, im Interesse der öffentlichen Gesundheitspflege in die Privatrechte der Einzelnen einzugreifen«,[145] wurde bereits mit der Implementierung des Reichsimpfgesetzes »im Namen des Staates« eindeutig entschieden. Auch Anfang der 1920er Jahre, als die Impfgegner die Einführung einer individuellen Gewissensklausel forderten, beharrte der Präsident des Reichsgesundheitsamtes auf der ausnahmslosen Anwendung des Impfgesetzes. Gegen den Ausbruch einer Pockenepidemie könne nur eine flächendeckende Impfung einen wirksamen Schutz des »Volkskörpers« leisten. Bei der Abwehr von Krankheiten stehe das Gemeinwohl vor dem Recht des Individuums.[146]

Im Untersuchungszeitraum veränderten sich die Konzepte der öffentlichen Hygiene. Wenngleich bereits die Initiatoren des Gesundheitsamtes dessen Notwendigkeit damit begründet hatten, nicht mehr nur Krankheiten heilen, sondern präventiv verhüten zu wollen, so stand doch bis zur Jahrhundertwende die Bekämpfung epidemisch auftretender Krankheiten wie Pocken, Diphtherie, Cholera oder Typhus im Vordergrund. Mit der Verbesserung von Desinfektionsverfahren, einem professionelleren Krisenmanagement und der Entwicklung breitenwirksamer Therapeutika und Impfstoffe verlagerte sich das Set von Maßnahmen zunehmend auf die Prävention. Der Ausbruch einer Seuche war vorausplanend zu verhindern und etwaige Sicherheits- und Gesundheitsrisiken zu minimieren.[147] Zeit-

---

hebung im Original; die Pflicht des Einzelnen bei Grotjahn, Forderung o.J. [ca. 1910], S. 8.
144 Mit konkretem Bezug auf die Annexionskrise auf dem Balkan Gruber, Pflicht 1909; Labisch, Hygiene 1986, S. 280.
145 Verhandlungen des Bundesrates des Deutschen Reiches, Session 1872, DS Nr. 40, S. 5.
146 Vgl. den Wortbeitrag des PRGA im Reichstag, Stenographische Berichte des Reichstages, 1. Legislaturperiode, 204. Sitzung am 6.4.1922; sowie die für den Reichstag bestimmte »Denkschrift über die wissenschaftlichen Grundlagen des Impfgesetzes«, ein Bericht darüber in BA Berlin, R 86/4274. Die Argumentation wurde untermauert durch die Statistik von Prinzing, Zunahme 1926.
147 Analog galt es, präventiv die Ernährung der Bevölkerung sicherzustellen oder das Auftreten von Berufskrankheiten zu verhindern.

lich parallel verschob sich auch die Bedeutung des Konzeptes der Gesundheit von der Gesundheitspflege zur Gesundheitsvor- und fürsorge.[148] Die vom Gesundheitsamt beförderte öffentliche Hygiene als institutionalisierte Biopolitik hatte für den Staat aus mehreren Gründen Vorteile. Als indirekte Form der Regierung ermöglichte die öffentliche Hygiene über Maßnahmen wie die »Volksaufklärung« und die Vermittlung hygienischer Verhaltensnormen die regulierende Beeinflussung der Bevölkerung. Die Verbesserung hygienischer Standards hatte zudem befriedende und systemstabilisierende Auswirkungen, weil durch risikominimierende Maßnahmen der Ausbruch von Epidemien verhindert wurde. Darüber hinaus hatte die öffentliche Hygiene nationalökonomisch positive Auswirkungen. Wie Richard J. Evans am Beispiel der Hamburger Choleraepidemie gezeigt hat, erwiesen sich die für die Implementation präventiver Maßnahmen aufzubringenden Kosten als geringer als die aus dem Ausbruch einer Epidemie resultierenden nationalökonomischen Aufwendungen und Folgeschäden. Für die Zeitgenossen waren außerdem menschenökonomische Aspekte und der Verlust von Lebensarbeitsjahren einzukalkulieren.[149] Schließlich ist unter nationalökonomischen Gesichtspunkten in der *longue durée* unter Einbeziehung von Opportunitätskosten und Alternativszenarien die Installation von Technologien der Selbstoptimierung durch breitangelegte Aufklärungskampagnen günstiger als die Durchsetzung umfassender disziplinierender Einrichtungen wie ein Seuchenkordon.

4.5 Zusammenfassung IV:
Krieg und Frieden

Das Gesundheitsamt führte einen Mehrfrontenkrieg. Jenseits wechselseitiger metaphorischer Übertragungen zwischen wissenschaftlicher und politischer Sprache war es die praktische Bedeutung der Gesundheitspolitik, die die Medizin im Krieg zwischen den Nationen unentbehrlich machte. Der Ausbruch einer Epidemie konnte entscheidenden Einfluss auf den weiteren Kriegsverlauf nehmen, wie sich in der Vergangenheit

---

148 Vgl. Canguilhem, Grenzen 1989, S. 81.
149 Siehe hierzu Kap. 4.1. Die gegenwärtigen Debatten zur Ökonomisierung des menschlichen Lebens, zur ertragsoptimalen Ausbeutung des *human capital* und die Abwälzung gesundheitlicher Risiken auf das als solches definierte unternehmerische Selbst bei gleichzeitigem Rückzug des Staates aus der öffentlichen Verantwortung und der Liberalisierung öffentlicher Güter weist in vielerlei Hinsicht ungute Parallelen zu den menschenökonomischen Diskursen in der ersten Hälfte des 20. Jahrhunderts auf.

gezeigt hatte. Die wissenschaftlichen Mitglieder des Reichsgesundheitsamtes rangen nicht nur im Reagenzglas und im Labor mit den kleinsten und gefährlichsten Feinden der Menschheit, sondern sie beteiligten sich im Zusammenhang mit dem Schlieffenplan Seite an Seite mit dem Militär an der »Sanierung« und »Entseuchung« des »Aufmarschgebietes« im Südwesten des Deutschen Reiches. Während des Ersten Weltkrieges bekämpften die Bakteriologen des Gesundheitsamtes ausbrechende Epidemien.

Selbst im Frieden herrschte Krieg. Die drohende Gefahr einer Epidemie wurde ständig aufrechterhalten und in Erinnerung gerufen. Dieses virtuelle Bedrohungsszenario war nach »innen« und nach »außen« gerichtet. Nach außen sollte das Gesundheitsamt die »Volksgesundheit« heben helfen und die Wehrfähigkeit des Deutschen Reiches sichern. Das letztendliche Ziel dieser »Stärkung des Volkskörpers« war die Kräftigung und »gesundheitliche Aufrüstung« der nationalen Wehrhaftigkeit vor dem Hintergrund einer immer aggressiveren Außenpolitik und eines imperialen Nationalismus.

Neben dieser außenpolitischen Komponente hatte die Gesundheitspolitik eine befriedende Wirkung nach »innen«. Politik in Zeiten der Cholera muss die Medizin in ihre politischen Strategien einbinden. Die Stadt Hamburg hatte dies bis 1892 versäumt und lernte die politische Dimension dieser Krankheit schmerzhaft kennen. Wie der Krieg ist auch die Epidemie eine Bedrohung der staatlichen Ordnung. Zur Vermeidung einer solchen Gefahr musste man die öffentliche Hygiene als zentrales politisches Element – quasi als friedensichernde Maßnahmen – berücksichtigen, wollte man nicht Gefahr laufen, der Seuche mit allen bedrohlichen Begleiterscheinungen ausgeliefert zu sein. Vor dem Bedrohungsszenario einer ausbrechenden Seuche ließen sich problemlos Maßnahmen realisieren, für die sonst Jahre mühevoller Verhandlungen und Zugeständnisse erforderlich waren. Die Verabschiedung des Reichsseuchengesetzes vor dem Hintergrund der Pestepidemie im Mittelmeerraum belegt die neu gewonnene Handlungsmacht eindrucksvoll. Die Verzahnung von Politik und Medizin zeigt sich auch in der Anbindung des Gesundheitsamtes an das Reichskanzleramt und später das Reichsamt des Innern.

Innerhalb der Gesellschaft sicherte das Gesundheitsamt die staatliche Ordnung und das herrschende politische System durch soziale Befriedung. Der Ausbruch von Unruhen sollte präventiv durch die Abmilderung sanitärer Missstände vermieden werden. Selbst Bebel konnte dem Programm des Gesundheitsamtes 1878 inhaltlich zustimmen und befürwortete dessen Umsetzung ausdrücklich. Das Gesundheitsamt einte im Prinzip mit seinen Zielen konservative, liberale, sozialdemokratische Politiker, Landwirtschaft, Wissenschaft und Wirtschaft. Nur bei der praktischen Umsetzung kollidierten die unterschiedlichen Interessen miteinander. Das Gesundheitsamt vereinte die innen- und außenpolitischen Aspekte in seinen Aufgaben. Das Reichsamt des Innern brauchte das Gesundheitsamt gerade wegen seiner integrativen Wirkung, da es alle politischen Parteiungen und sozialen Schichten einen konnte. Darüber hinaus galt das Gesundheitsamt bis in die 1920er Jahre als unangefochtene Autorität, deren gesundheitspolitische Expertise nicht angezweifelt wurde, und die auf der Basis der Gutachten erlassenen Maßnahmen konnten problemlos durchgeführt werden. Als personelle Verkörperung dieser Behörde agierte der Medizinalbeamte.

Das Perfide dabei war die Annahme der Bakteriologen, sie seien apolitisch. Gerade durch ihre wissenschaftliche Objektivität ließen sich die Strategien des Gesundheitsamtes besser staatlich instrumentalisieren als die Strategien Virchows oder der Sozialdemokraten, die mit einer Veränderung der Herrschaftsverhältnisse oder der Eigentumsverhältnisse verbunden waren. Es ist in diesem Zusammenhang vehement Robert Koch und Emil von Behring zu widersprechen, die sich im Gegensatz zu Rudolf Virchow als unpolitisch wähnten. Mit den Konzepten der Bakteriologie ließen sich soziale Missstände in ihrer extremsten und bedrohlichsten Ausprägung – durch Epidemien hervorgerufene Massenunruhen – verhindern helfen und langsam durch sukzessive Sanierung beseitigen. Innerhalb des Modernisierungsprozesses konnte das Gesundheitsamt seinen Beitrag leisten und Nutzen daraus ziehen.

Gemessen an den personellen, materiellen und monetären Wachstumsraten des Gesundheitsamtes wertete die vorgesetzte Reichsbehörde und die Gesellschaft die Tätigkeit des Gesundheitsamtes als Erfolg. Der Erfolg des Gesundheitsamtes beruhte auf der breiten gesellschaftlichen Akzeptanz seiner Arbeit. Die Sozialdemokraten maßen den vordergründigen Aufgaben des Gesundheitsamtes – der Verbesserung hygienischer Missstände und der Hebung der Volksgesundheit – hohe Bedeutung bei. Die dem Gesundheitsamt vorgesetzte Reichsbehörde dagegen wird gerade die Durchsetzung der langfristigen Ziele der Herrschaftssicherung für sich als Erfolg verbucht haben. Die »Vielseitigkeit« des Gesundheitsamtes war ein Faktor, der die Durchsetzung der eigenen Interessen begünstigt haben wird.

Die an das Gesundheitsamt herangetragenen Ziele waren die Sicherung der öffentlichen Ordnung durch Praktiken der sanften Übermächtigung, die Sicherung der Wettbewerbsfähigkeit im nationalen »Kampf ums Dasein« vermittels der Aufrüstung des »Volkskörpers« durch die Hebung der Volksgesundheit und die Ausweitung des Einflussbereiches des Reiches über die Einzelstaaten und den Einzelnen. Schließlich waren die biopolitischen Zielsetzungen die Generierung von Informationen über die Bevölkerung und deren hygienische Regulation. Diese Ziele müssen sich notwendigerweise in den Handlungsstrategien spiegeln.

5 Die Handlungsstrategien des Gesundheitsamtes

»Sache des Kaiserlichen Gesundheits-Amtes würde es dann ferner sein können, im Fall dass die Einzelstaaten nicht gegentheiliger Ansicht sein sollten, eine Pflanzschule von sachverständigen Gesundheitsbeamten höheren und minderen Grades zu bilden und deren Prüfung selbst in die Hand zu nehmen.«[1] Heinrich Struck hatte ein klares Bild über die Ziele und Wege der ihm unterstellten Behörde vor Augen, als er 1877 die Denkschrift für den Reichstag entwarf. Zuerst gelte es, eine Gesundheitswissenschaft zu installieren, auf deren verlässlichen Daten und objektiver wissenschaftlicher Expertise die Beratung der Behörde basieren sollte. Darüber hinaus plante Struck, die Medizinalbeamten im Gesundheitsamt auszubilden, um deren Qualifikation im Sinne einer von ihm entworfenen Gesundheitswissenschaft sicherzustellen.[2]

Die Handlungsstrategien des Gesundheitsamtes hatten sich an drei Tatsachen auszurichten. Erstens musste die Behörde die ihr zugedachten gesellschaftlichen Aufgaben erfüllen, die in der Verfassung des Deutschen Reiches fixiert und in den Denkschriften zur Gründung des Gesundheitsamtes formuliert waren. Dies war die Generierung einer Medizinalstatistik, weiterhin, abstrakt formuliert, die Verbesserung der Volksgesundheit und schließlich die Beratung des Reichskanzlers. Zweitens hatten sich die Handlungsstrategien des Gesundheitsamtes an dessen Zielvorgaben zu orientieren. Dies waren die Sicherung der öffentlichen Ordnung nach innen und die »Aufrüstung« des »Volkskörpers« nach außen. Drittens mussten die Handlungsstrategien des Gesundheitsamtes den eigenen beschränkten Möglichkeiten Rechnung tragen. Dies waren die eigene Ohnmacht, die mangelnde Durchsetzungsfähigkeit bei der Exekution gesundheitspolitischer Maßnahmen und schließlich die prekäre Figuration als Reichsbehörde, die auf Landesbehörden angewiesen war, die sich wiederum zum Reichsgesundheitsamt in einem genuinen Konkurrenzverhältnis wähnten.

Während des Untersuchungszeitraumes haben sich drei Handlungsstrategien herausgebildet, die sowohl die einschränkenden Parameter berücksichtigten als auch die an das Gesundheitsamt herangetragenen Anforderungen weitestgehend zu erfüllen vermochten. Die Hebung der Volksgesundheit ließ sich über die Verwissenschaftlichung der Hygiene,

---

1 Vgl. den Entwurf zu der Denkschrift vom 22.9.1877 in BA Berlin, R 1501/110849.
2 Ebd.; sowie Struck, Denkschrift 1877.

die Zielvorgabe der Herrschaftssicherung über die Verwissenschaftlichung des Sozialen realisieren. Der Prozess der Verwissenschaftlichung ging einher mit der zweiten Strategie: der Sammlung, Koordination, Bewertung und Verwaltung von Informationen, die über eine Vielzahl von Statistiken erhoben wurden. Durch den Aufbau einer »Datenbank« war es dem Gesundheitsamt möglich, Auskünfte zu erteilen, Prognosen abzugeben, Bewertungen gesundheitspolitischer Sachverhalte vorzunehmen und den Reichskanzler zu beraten. Auf einer organisationalen Ebene stellte die dritte Handlungsstrategie das Knüpfen von Netzwerken dar. An diese drei Strategien ist der Aufbau des folgenden Kapitels angelehnt.

5.1 Innenleben und Netzwerke

Um die Vielzahl der an das Gesundheitsamt gestellten Aufgaben bewältigen zu können, musste das Gesundheitsamt aus der Not eine Tugend machen. Die Überwindung der begrenzten Verhältnisse eröffnete sich durch die Bildung von Netzwerken – wie der Präsident Carl Hamel im Geschäftsbericht für das Jahr 1927 betont:

>»Die rechtzeitige Bewältigung seiner vielseitigen Aufgaben war dem Amte nur durch äußerste Anspannung aller Kräfte möglich. Dabei kamen ihm seine, ein reibungsloses Zusammenarbeiten begünstigenden freundlichen Beziehungen zu allen auf dem Gebiete der öffentlichen Gesundheitspflege mitarbeitenden Dienststellen der Reichs-, Landes- und Kommunalverwaltungen besonders zugute. Die schon bisher bestehenden engen Beziehungen zu solchen halbamtlichen oder privaten gemeinnützigen beruflichen und ähnlichen Verbänden, Vereinigungen, Gesellschaften usw., die sich auf gesundheitlichem oder veterinärem Gebiete bestätigen, wurde von dem neuen Leiter des Amtes in Fortsetzung der ihm von seinen Amtsvorgängern überkommenen Übung weiter gepflegt, ausgebaut und vertieft.«[3]

5.1.1 Das Netzwerk – ein Hybrid

Der Netzwerkbegriff, konstatiert Johannes Weyer in seiner Einleitung zu *Soziale Netzwerke*, erfreue sich seit etlichen Jahren einer ungebrochenen Popularität und dehne sich unaufhaltsam auf alle Lebens- und Wissens-

---

[3] Geschäftsbericht des Reichsgesundheitsamtes für das Kalenderjahr 1927, BA Berlin, R 86/4274.

bereiche aus.⁴ Während einige Autoren die inflationäre Verwendung des Begriffes beklagen,⁵ beschwört Manuel Castells mit dem Aufstieg der Netzwerkgesellschaft den Anbruch eines neuen Informationszeitalters.⁶ Der Begriff des Netzwerkes wird in nahezu allen erdenklichen Wissenschaften verwendet. Das Netzwerk ist ein Hybrid, ein Quasiobjekt, das nicht eingeordnet werden kann: eine Kreuzung aus Wissenschaft, Politik, Kultur, Ökonomie, Technik und Fiktion.⁷ Seit den 1970er Jahren findet die Netzwerkanalyse als Modell zur Erklärung sozialer Beziehungen und Systeme in der Soziologie, Anthropologie, Psychologie, Pädagogik und den Kommunikationswissenschaften Verwendung. Die Ursache dieser Popularität läge in der »zunehmenden Bedeutung des Netzwerkkonzeptes für die Untersuchung und Erklärung staatlichen Handelns.⁸ Schließlich hat der Begriff Netzwerk auch in die Geschichts- und Kulturwissenschaft als Modell zur Erklärung historischer Beziehungsmuster Eingang gefunden.⁹

Die Attraktivität des Netzwerkbegriffes liegt in der Grenzüberschreitung etablierter Prozesse begründet und dem Verweis auf Formen interorganisationaler Kooperation. »Als Netzwerke werden Zusammenhänge beschrieben, die sich jenseits der Grenzen operational geschlossener Systeme ausbilden.« Besonders die Analyse von Interorganisations-Netzwerken versteht sich als ein Beitrag zur Theorie moderner Gesellschaften, die sich auf eine spezifische Form der selbstorganisierten Koordinaten strategisch handelnder Akteure konzentriert.¹⁰

In der Soziologie bezeichnet das Netzwerkkonzept »die Tatsache, daß Menschen mit anderen verknüpft sind und vermittelt für dieses Faktum eine bildhafte Darstellungsmöglichkeit. Menschen werden als Knoten dargestellt, von denen Verbindungsbänder zu anderen Menschen laufen, die wiederum als Knoten symbolisiert werden. Bei der Rekonstruktion des sozialen Zusammenhangs mehrerer Menschen ergibt sich auf diese

---

4 Vgl. Weyer, Einleitung 2000, S. 1; ähnlich beginnen ebd. auch die Beiträge von Knill und Schulz-Schaeffer.
5 Vgl. das Vorwort in Keupp/Röhrle (Hg.), Soziale Netzwerke 1987, S. 7; ähnlich Sydow, Strategische Netzwerke 1992, S. 2.
6 Vgl. Castells, Informationszeitalter 2003.
7 Die dieses Objekt Bearbeitenden nennen sich in Ermangelung eines Besseren Soziologen, Historiker, Ökonomen, Politologen, Philosophen, Anthropologen, vgl. Latour, Versuch 2002, S. 8 f.
8 Vgl. Knill, Policy-Netzwerke 2000.
9 Vgl. Weißbach, Aspekte 2000, S. 255-284; die Hanse als Netzwerk Selzer/Ewert, Verhandeln 2001; ferner Barkhoff u. a. (Hg.), Netzwerke 2004; Becker, Netzwerke 2004; Giessmann, Netze 2006.
10 Vgl. Schulz-Schaeffer, Akteur-Netzwerk-Theorie 2000, das Zitat S. 187.

Weise das Bild ›schlampig geknoteter Fischnetze mit einer Vielzahl von Knoten oder Zellen unterschiedlicher Größe, von denen jede mit allen anderen entweder direkt oder indirekt verbunden ist.‹«[11] Eine alternative Sichtweise zum Verständnis von Netzwerken stellt die Akteur-Netzwerk-Theorie dar. Akteure sind in dieser Theorie alle Entitäten mit einer eigenen Geschichte, Identität und Wechselbeziehungen zu anderen Akteuren. Die Akteur-Netzwerk-Theorie strebt eine internalistische Erklärung von Wissenschaft an. Jedem Akteur wird eine eigene Rolle innerhalb des Netzwerkes zugeschrieben. Durch dieses so genannte *Enrolement*, die zahlreichen in dem Netzwerk verbundenen Aktanten und die Beschränkung des Forschers auf ihre Übersetzungsfunktion, gibt es keinen externen Standpunkt, von dem aus das Maß der Realität bestimmt werden könnte. Die Netzwerkakteure müssen ihre Standpunkte aufeinander beziehen und miteinander kooperieren. Die Akteure müssen hierbei als Agenten und als Resultat des Netzwerkes analysiert werden, da sie einer ständigen prozessbedingten Veränderung unterliegen. Aussagen über das Netzwerk können daher nur Momentaufnahmen sein.[12]

Netze seien immer Netzwerke – egal ob von Bakterien, Spinnen, Ingenieuren, Nachbarschaften oder von Zellen, die in einem konnektiven System mit anderen Zellen einen Organismus bilden. »Vernetzen« sei, Hartmut Böhme zufolge, ein basaler *modus operandi* von Natur und Kultur. Die Kant'sche »Technik der Natur« fände man vor allem in der natürlichen und artifiziellen Produktion von Netzen. »Nur was vernetzt ist, ist überlebensfähig und produktiv, in Natur wie Gesellschaft, vom Einzeller bis zum Computer.«[13] Hartmut Böhme definiert als Netz respektive als Netzwerk:

»Netze sind biologische oder anthropogen artifizielle Organisationsformen zur Produktion, Distribution, Kommunikation von materiellen oder symbolischen Objekten. Netze bilden komplexe zeiträumliche dynamische Systeme. Sind die Objekte homogen, so sind die Netze

---

[11] Keupp, Soziale Netzwerke S. 11 f. Jansen, Einführung 2003, S. 58 definiert eine »abgegrenzte Menge von Knoten oder Elementen und der Menge der zwischen ihnen verlaufenden sogenannten Kanten« als ein Netzwerk. Die Knotenpunkte stellen die Akteure, beispielsweise Personen oder korporative Organisationen, und die Kanten die zwischen den Akteuren verlaufenden Beziehungen dar. Das Konzept der Netzwerkanalyse zielt auf die Integration von Strukturen und Akteuren ab.
[12] Vgl. Schulz-Schaeffer, Akteur-Netzwerk-Theorie 2000, S. 199; zur Akteur-Netzwerk-Theorie auch Law (Hg.), Sociology 1991; Law/Hassard (Hg.), Aktor Network Theory 1999.
[13] Vgl. Böhme, Einführung 2004, S. 17 f., das Zitat S. 18.

konnektiv; sind sie inhomogen, so sind die Netze interkonnektiv. Netze synthetisieren sowohl die Einheit des Mannigfaltigen wie sie auch eine Vielfalt ohne Einheit ausdifferenzieren. Sie tun dies nach stabilen Prinzipien, doch in instabilen Gleichgewichten, selbstgenerativ, selbststeuernd, selbsterweiternd, also autopoietisch und evolutionär.«[14]

Das Netzwerkkonzept sei von bemerkenswerter Schlichtheit und beruhe auf einfachen Prinzipien, weise klare Funktionsziele auf und verfüge über hervorragende Fähigkeiten zur Serialität, Variation, Hybridität und zeichne sich durch ein hohes Potential zur Selbststabilisierung und zur Adaption an veränderte Bedingungen aus. Netzwerke differenzieren sich weiter aus und können sowohl auf sich selbst als auch auf ihre Umwelt bezogen sein. Hartmut Böhme beschreibt die perfekte Superorganisation: Netzwerke seien durch ihr Reflexions- und Rückkopplungsvermögen lernfähig und entwickelten unentwegt neue Beziehungen, sie »verarbeiten Fehler, Störungen, Krisen, Katastrophen. Und dabei emergieren sie eine dynamische Identität, die nicht aus einer Reihe fixierter Elemente und Entitäten besteht, sondern aus der Gesamtheit autopoietischer Verfahren und *flows*. Die Einfachheit ihrer Prinzipien steht nicht im Widerspruch dazu, dass Netze in Natur wie Gesellschaft die komplexesten Gebilde überhaupt darstellen.«[15]

Allgemein werden Netzwerke in Abhängigkeit von der Perspektive nach bestimmten Kriterien vermessen. Hinsichtlich der Größe lässt sich das totale Netzwerk vom partiellen unterscheiden, und weiterhin ist die Analyse persönlicher Netzwerke möglich. Innerhalb des Netzwerkes können ferner die Offenheit, Stabilität, Dichte und Hierarchien in der Gruppe, die Anzahl der Netzwerkteilnehmer, die Eigenschaften der Verbindungen, die Intensität der Beziehungen und schließlich Schlüsselrollen der so genannten Knotenpunkte analysiert werden. In den Darstellungen geht es zumeist um Fragen, wie Beziehungsnetze konkret im Alltag aussehen und wie sie sich verändern, welche Funktionen die einzelnen Netzwerkteilnehmer haben, durch welche gesellschaftlichen Prozesse die Netzwerkteilnehmer gestärkt oder geschwächt werden und wie man diesen Prozess bewusst steuern kann.[16]

»Der Netzwerkbegriff, der den substantiellen Charakter der Interaktion in den Mittelpunkt rückt, ist zudem oftmals verknüpft mit der Annahme, dass die zunehmende Bedeutung netzwerkartiger Prozesse der

---

14 Ebd., S. 19.
15 Ebd., S. 22 f., das Zitat S. 23, Hervorhebung im Original.
16 Vgl. Schenk, Soziale Netzwerke 1984; Keupp, Soziale Netzwerke 1987, S. 24-29.

Handlungskoordination ein Indiz für gesellschaftliche Modernisierung ist und damit eine Perspektive aufzeigt, wie die Integration und Steuerung hochentwickelter, funktional differenzierter Gesellschaften zu gewährleisten sei.[17] Die funktionale Differenzierung, die steigende Organisiertheit und die Komplexität moderner Gesellschaften führten zwangsläufig zu einem Verlust der inneren Souveränität des Staates. Staatliche Steuerung müsse daher über souveräne Entscheidungen und Befehle hinausgehen und sich weicherer Techniken bedienen: verhandeln, Anreize bieten, koordinieren, wolle der Staat den komplexen gesellschaftlichen Kausalzusammenhängen Rechnung tragen und langfristig einen Legitimitätsverlust vermeiden.[18]

Für das Gesundheitsamt bot die Netzwerkorganisation einen idealen Ausweg aus seinem ökonomischen Dilemma, mit gegebenen geringen Mitteln eine Vielzahl von Aufgaben bewältigen zu müssen, und die Möglichkeit, einem drohenden Legitimitätsverlust Einhalt zu gebieten.

5.1.2 Aus der Not eine Tugend machen – Das Gesundheitsamt als Lehranstalt

Auf willige und helfende Hände angewiesen, griff das Gesundheitsamt seit seiner Gründung auf die Anfragen von Studenten und Ärzten aus dem Friedrich-Willhelm-Institut, der späteren Kaiser-Wilhelm-Akademie für das militärärztliche Bildungswesen zurück, die sich um ein Volontariat beworben hatten. Man solle »wenigstens eine Auswahl der am besten veranlagten Studierenden« in den Stand versetzen, »auf dem Gebiet der Hygiene praktische Erfahrungen zu sameln [sic!]«, und ihnen die Arbeitstechniken nahebringen.[19] Mit der Ausbildung von Studenten und Gesundheitsbeamten kam das Gesundheitsamt den originären Aufgaben nach, die dem Gesundheitsamt in der Gründungsdebatte zugedacht worden waren. Die Petenten Richter, Spiess, Varrentrapp, Wasserfuhr und Hobrecht hatten als Aufgabe einer zu schaffenden Behörde, die »Heranbildung, Prüfung und Anstellung tüchtiger Gesundheitsbeamten« gefordert.[20]

17 Weyer, Einleitung 2000, S. 17.
18 Vgl. Knill, Policy-Netzwerke 2000, S. 111.
19 Bericht von Eugen Sell an den DKGA, 21.8.1877, BA Berlin, R 86/752.
20 »Die Petition an den Reichstag, betreffend die Verwaltungsorganisation der öffentlichen Gesundheitspflege im Norddeutschen Bund« nebst Motiven und einer kurzen Erläuterung in der DVÖG 2 (1870), S. 132-139, die zugedachten Funktionen S. 133.

Wissenschaftler waren allgemein in ein engmaschiges und multiplexes Netzwerk eingebunden. Bereits während des Medizinstudiums konnten die Studenten in kleinen Seminaren, über Praktika oder Studienortwechsel weitreichende Beziehungen knüpfen. Die Biographien der Ärzte verweisen auf eine äußerst hohe Kontaktdichte, sowohl zwischen den Studierenden untereinander als auch zwischen Lehrenden und Studierenden. Über Kongresse, gegenseitige Besuche und Briefe blieben die Kontakte lange erhalten – die Netzwerkbeziehungen zeichneten sich durch eine hohe Stabilität aus.[21] Der Kontakt blieb nicht auf das Inland beschränkt, sondern bezog auch das Ausland mit ein.[22] Aus diesem persönlichen und publizistischen Austausch bezogen die Wissenschaftler Anregungen und Forschungsimpulse. Einen impulsgebenden, zentralen Wissens- und Kommunikationsknotenpunkt innerhalb des wissenschaftlichen Netzwerkes stellte seit seiner Gründung und bis zum Ausbruch des Ersten Weltkrieges das Kaiserliche Gesundheitsamt dar.

Die in einer Haushaltsdebatte im Reichstag geäußerte Befürchtung des Abgeordneten Reichensperger, das Gesundheitsamt entwickle sich zu einer »finanziellen Aufsaugmaschine«, parierte der Direktor des Gesundheitsamtes mit der im Gesundheitsamt obwaltenden Sparsamkeit. Obwohl nur das Geld für einen Laboranten bewilligt worden sei, finde man »des Abends 9 bis 10 Herren dort beschäftigt«, die als Volontäre arbeiteten und mit hinreichenden Kenntnissen ausgerüstet seien.[23] Besonders nach der Entdeckung des Tuberkuloseerregers durch Robert Koch stiegen die »Gesuche um Zulassung zu den experimentellen Arbeiten am Kaiserlichen Gesundheitsamt« – besonders aus dem Ausland – erheblich an,[24] so dass die Arbeiten beeinträchtigt zu werden drohten und sich der Direktor des Gesundheitsamtes im November 1883 zu einer an den Staatssekretär des Innern adressierten Beschwerde veranlasst sah.[25] Gleichfalls wurden aus der militärärztlichen Bildungsanstalt Ärzte zum Gesundheitsamt kommandiert und in den Laboratorien in bakteriologischen Arbeitstechniken unterwiesen. Die materiellen sowie ideellen Verbin-

---

21 Vgl. die achtbändigen biographischen Selbstdarstellungen, hg. von Grote, Medizin 1923-1929; Zeiss/Bieling, Behring 1941; Bäumler, Paul Ehrlich 1979; Goschler, Virchow 2002.
22 Vgl. die zahlreichen ausländischen Gesuche, im Labor des Gesundheitsamtes arbeiten zu dürfen, BA Berlin, R 86/752.
23 Vgl. die SB des Reichstages, 3. LP, 2. Session, 12. Sitzung vom 2.3.1878, die Wortmeldungen des Abgeordneten Dr. Reichensperger und der Kommissarius des Bundesrathes Dr. Struck.
24 Vgl. hierzu die zahlreichen Gesuche ab 1882 in BA Berlin, R 86/752.
25 DKGA an den StsdI, 21.11.1883, BA Berlin, R 86/752.

dungen zwischen Militär und Gesundheitsamt wurden bereits ausführlich dargestellt.

Über Volontariate und Praktika hinaus bot das Gesundheitsamt Schulungskurse für Mediziner, Militärmediziner, Polizeibeamte und kommunale Verwaltungsbeamte in bakteriologischen Arbeitspraktiken an. In den ersten Jahren bis zur Errichtung einer ausreichenden Anzahl von Lehrstühlen im Fachbereich Hygiene entwickelte das Gesundheitsamt eine rege Lehrtätigkeit. Besonders nach der Cholera-Katastrophe 1892 in Hamburg und einer drohenden reichsweiten Choleraepidemie sowie um die Jahrhundertwende bei Ausbruch der Pest in Portugal führte das Gesundheitsamt zahlreiche Fortbildungskurse in seinen Räumen durch. Die teilnehmenden Ärzte sollten in Grundkenntnisse der Bakteriologie eingeweiht und mit den Krankheitserregern vertraut gemacht werden. Die Diagnostik der Cholera war die Voraussetzung, um die notwendigen »Schutzmaßregeln« – Desinfektion, Anzeige- und Meldepflicht, Isolierung von Kranken – einleiten zu können.[26] Die exotischen Epidemien Cholera und Pest waren den meisten Medizinern in ihrer Alltagspraxis fremd, gerade die jüngeren Ärzte kannten Choleraepidemien nur aus Lehrbüchern. Die Forschungsexpeditionen versetzten die über ein Wissensmonopol verfügenden Mitglieder des Gesundheitsamtes in eine herausragende Position. Mit der Weitergabe ihres Wissens indoktrinierten sie die teilnehmenden Ärzte mit den Methoden der Bakteriologie und trugen so zu deren Verbreitung bei.[27]

Für das Gesundheitsamt ergab sich im Laufe der Zeit aus der Lehrtätigkeit und den Remunerationen ein Pool kompetenter Wissenschaft-

---

26 Vgl. Petri, Cholerakurs 1893; zu den von Petri veranstalteten Cholerakursen siehe auch die Akten im BA Berlin, R86/2641. Cholerakurse gab es im Gesundheitsamt bereits seit der Entdeckung des Erregers, siehe Möllers, Koch 1950, S. 159-161.

27 Der zweiwöchige Cholerakurs begann mit einem »Bakteriologischen Theil«: der Methodik zur Herstellung, Züchtung und dem Nachweis von Cholerakulturen im Labor sowie einem »Epidemiologischen Theil«: der Aetiologie, der Naturgeschichte und Biologie des Cholerabazillus, den Verbreitungswegen der Cholera, dem Verlauf der Epidemie, der rechtzeitigen Ermittlung des Seuchenausbruchs und schließlich der einzuleitenden Maßnahmen. Die Maßnahmen zur Bekämpfung der Cholera waren in Hamburg nicht nur willentlich verschleppt worden, sondern es mangelte auch an befähigtem Personal, das die Koch'schen Methoden beherrschte. Während im preußischen Altona der Choleraerreger von einem in bakteriologischen Untersuchungen geschulten Arzt innerhalb eines Tages identifiziert werden konnten, benötigte Dr. Erman im Eppedorfer Krankenhaus mehr als sechs Tage zur Züchtung des Erregers in Reinkultur, vgl. Evans, Tod 1990, S. 368-370. Die Bedeutung der Cholerakurse bei der Verdrängung der »Bodentheorie« Pettenkofers ebd., S. 343.

ler, der das Amt in die Lage versetzte, bei der Einstellung von Mitgliedern nach seinen Bedürfnissen den besten Bewerber aussuchen zu können.[28] Dieser Pool musste dem Reichsamt des Innern und dem Direktor des Gesundheitsamtes nach den anfänglichen Schwierigkeiten bei den Stellenbesetzungen umso wertvoller für das Gesundheitsamt erscheinen.

5.1.3 Fluktuation als Diffusion von bakteriologischem Wissen

In den Jahren zwischen 1885 und 1905 herrschte unter den Mitgliedern des Kaiserlichen Gesundheitsamtes eine rege Fluktuation. Die Mitgliedschaft im Gesundheitsamt dichtete bei geringem Ansehen und Besoldung[29] in den ersten Jahren eine Versorgungslücke der Wissenschaftler ab, und mit zunehmender nationaler und internationaler Reputation diente die Stellung im Gesundheitsamt als Sprungbrett und Katalysator für eine universitäre Karriere. Förderlich für den Karrieresprung war seit Mitte der 1880er Jahre die Einrichtung zahlreicher Lehrstühle für Hygiene, für deren Besetzung die Mitglieder des Gesundheitsamtes geradezu prädestiniert schienen.[30] Die personelle Situation beruhigte sich nach

---

28 Die Auswahl äußert sich besonders in den kürzer werdenden Einstellungsempfehlungen des RAI an den Kaiser. Wurden in den ersten Jahren seitenlang der Lebenslauf und die besonderen Befähigungen der jeweiligen Person für die zu besetzende Stelle aufgezählt, hieß es später knapp, die betreffende Person sei dem Direktor aus seiner Stellung als Hilfsarbeiter bekannt und der Direktor habe die Arbeit schätzen gelernt, vgl. die Einstellungen im GStA PK Berlin, I. HA, Rep. 89, Nr. 24184-24186, passim.

29 So bemerkt der Abgeordnete Emanuel Mendel, das Gehalt im Gesundheitsamt – 5.700 Mark und Wohngeldzuschuss p. a. – sei viel zu niedrig, um »unantastbare Autoritäten« einstellen zu können, die Wortmeldung des Abgeordneten Mendel in den SB des Reichstages, 3. LP, 2. Session, 12. Sitzung vom 2.3.1878; vgl. auch die Klagen von Paul Börner, Das Reichsgesundheitsamt, in: DMW vom 27.11.1875.

30 Der nach zähen Verhandlungen 1876 eingestellte Roloff wurde bereits 1878 zum Leiter des »bedeutendsten veterinärwissenschaftlichen Instituts in Preußen und Deutschlands« und zum Professor der Tierarzneischule in Potsdam ernannt. Karl Maria Finkelnburg verließ das KGA 1880 aus gesundheitlichen Gründen, wurde allerdings in Bonn zum Professor ernannt. Robert Koch verließ 1885 das KGA nach fünf Jahren und wurde als Professor für Hygiene auf den eigens für ihn eingerichteten Lehrstuhl der Berliner Universität berufen. 1887 verließ der 1879 eingestellte Gustav Wolffhügel das KGA und wurde zum Professor für Hygiene in Göttingen ernannt. Kochs Nachfolger Georg Gaffky wurde bereits 1888 auf den neu eingerichteten Lehrstuhl für Hygiene in Gießen berufen. Bereits zwei Jahre nach seiner Einstellung schied der Nachfolger Wolffhügels, Friedrich Renk, aus dem KGA aus und wurde Professor in Halle. Dr. J. Brandl schied bereits nach einem Jahr Mitgliedschaft aus dem KGA aus und wurde 1897 zum Professor für Pharmakologie ernannt. Dessen Nachfolger Johann Karl Jacoby verließ das

1905 mit der Auskopplung der Kaiserlichen Biologischen Anstalt für Land- und Forstwirtschaft. Während die Inhaber der Führungsposition der forschungsrelevanten bakteriologischen Abteilung bis 1915 häufiger wechselten, blieben die Direktoren der Chemisch-Hygienischen, der Medizinischen, der Bakteriologischen und der Veterinärmedizinischen Abteilung dem Gesundheitsamt über eine längere Zeitdauer erhalten.[31] Die Beruhigung lag einerseits an dem sich bemerkbar machenden Finanzmangel – es wurden nur noch selten neue Mitgliedsstellen bewilligt – und andererseits an der zunehmenden wissenschaftlichen Konkurrenz. Die in den 1880er und 1890er Jahren neu geschaffenen Lehrstühle für Hygiene und die staatlichen Hygieneinstitute waren mit qualifizierten Personen hinreichend besetzt, und die Lehrstühle rekrutierten ihren Nachwuchs aus den eigenen Reihen.

Wenngleich die ordentlichen Mitglieder nach einiger Zeit das Gesundheitsamt verließen, weil ihnen ein Lehrstuhl oder eine andere hoch-

KGA ebenfalls nach einem Jahr 1898 und wurde Professor an der Universität Göttingen. Das Mitglied Nröse verließ noch im Jahr seiner Einstellung das KGA, um die Leitung des bakteriologischen Instituts in Bremen zu übernehmen. Karl Freiherr von Tubeuf verließ das KGA nach zwei Jahren, weil ihm eine Professur in München angetragen wurde. Hermann Kossel wurde nach fünf Jahren 1904 die Nachfolge von Georg Gaffky als Professor für Hygiene in Gießen angetragen. Theodor Paul wurde nach drei Jahren eine Professur in München angeboten. 1905 wechselten die Mitglieder des KGA Aderhold, Moritz, Rörig, Appel und Maassen an die aus dem KGA hervorgegangene KBA. Bereits um die Jahrhundertwende wurden die Entlassungen bzw. die Neubesetzungen unspezifischer. Es heißt oft Neubesetzung einer erledigten Stelle. Nicht berücksichtigt werden konnten besonders in den ersten Jahren des Gesundheitsamtes die Karrieren der Hilfsarbeiter, die nicht eingestellt werden konnten, weil keine Mittel bewilligt wurden. So wurden die Hilfsarbeiter Kochs am KGA, Friedrich Loeffler, Carl Flügge und Ferdinand Hueppe Professoren für Hygiene in Greifswald (1888 – Loeffler wird 1913 Direktor des umbenannten Robert-Koch-Instituts), in Göttingen (1883, 1887 geht Flügge nach Breslau) und in Prag (1889).

31 Der Nachfolger als Direktor der Chemisch-Hygienischen Abteilung von Theodor Paul, Willhelm Kerp, blieb von 1905 bis 1933 Direktor dieser Abteilung und ging mit 67 Jahren in den Ruhestand, siehe BA Berlin, R 86/331 und 4328. Edgar Wutzdorff blieb von der Gründung der Medizinischen Abteilung bis 1920 dessen Direktor und wurde durch Gottfried Frey abgelöst, dieser wechselte 1933 in das preußische Innenministerium, siehe BA Berlin, R 86/183. Der erste Direktor der veterinärmedizinischen Abteilung, Johann Georg Röckl, ging nach über zwanzigjähriger Dienstzeit 1907 in den Ruhestand und wurde von Robert von Ostertag abgelöst. Dessen Nachfolge trat 1920 der seit Jahren im KGA arbeitende Erwin Wehrle an, vgl. RGA, Festschrift 1926, S. 8-12. Ludwig Händel, der als Direktor der Bakteriologischen Abteilung 1915 die Nachfolge des nur kurzzeitig verweilenden Otto Lentz antrat, wurde 1934 in den Ruhestand versetzt, siehe BA Berlin, R 86/231 und 4326.

gestellte Position beispielsweise als Referent in den Landesministerien oder in einer anderen staatlichen Gesundheitsinstitution angetragen wurde, so gereichte dies dem Gesundheitsamt langfristig zum Vorteil. Die ordentlichen Mitglieder wurden nach ihrem Wechsel zu außerordentlichen Mitgliedern ernannt und blieben dem Gesundheitsamt somit verbunden.[32] An ihrer neuen Wirkungsstätte konnten sie die Lehrmeinung des Gesundheitsamtes – die wissenschaftliche Hygiene und die Bakteriologie – verbreiten helfen.[33] Das Gesundheitsamt pflegte den Kontakt zu seinen ehemaligen ordentlichen Mitgliedern und Hilfsarbeitern und deren »Schulen« und bemühte sich um enge Beziehungen zu allen »hygienischen« Lehrstühlen. Vice versa arbeiteten Koch, Gaffky und die »großen« Hygieniker während ihrer aktiven wissenschaftlichen Schaffenszeit bei vielen Projekten mit dem Gesundheitsamt zusammen.[34] Die wissenschaftliche Zusammenarbeit des Gesundheitsamtes mit den Hygiene-Lehrstühlen und den staatlichen Hygieneinstituten konstituierte und festigte die Stellung des Gesundheitsamtes in der *scientific community*.

Das Gesundheitsamt nutzte die Gelegenheit, vakante Lehrstühle oder hohe Positionen in der Gesundheitsverwaltung mit Mitgliedern der Behörde zu besetzen und die eigenen Mitglieder im Sinne einer Personalentwicklung nicht nur zu befördern,[35] sondern sie auch in ihrem

---

32 Zum Teil blieben die aus dem Amt scheidenden Mitglieder dem Gesundheitsamt im Nebenamt verpflichtet, so bis zu seinem Tod Friedrich Roloff und von 1885 bis 1892 Robert Koch. Koch wurde 1892 zum außerordentlichen Mitglied ernannt, wie zuvor schon bei ihrem Ausscheiden Wolffhügel, Gaffky, Renk. Ebenso wurden die ehemaligen Hilfsarbeiter am Gesundheitsamt Carl Flügge, Ferdinand Hueppe und Friedrich Loeffler zu außerordentlichen Mitgliedern ernannt.
33 Mit den Professuren für Hygiene in Berlin, Breslau, Gießen, Göttingen, Greifswald und Prag und mit der Herausgabe der *Zeitschrift für Hygiene* als »Forum für die Verbreitung seiner Vorstellung« besetzten die Vertreter der Bakteriologie die Schlüsselstellungen auf dem Gebiet der Hygiene; vgl. Evans, Tod 1990, S. 342. Die Bedeutung der »Schule« am Beispiel von Robert von Ostertag Bulling, Ostertag 1992.
34 Koch hat eine bakteriologische Schule – auch auf internationaler Ebene – systematisch auf- und ausgebaut. Zur Schulenbildung Mendelsohn, Cultures 1996, S. 289: »Supported and seconded by the German Government, he has made his laboratory into a school of research and of technique to which a large number of German, Austrian, Italian, Russian, American, and some French physicians have come in the last few years to instruct and educate themselves.«
35 Die verbeamteten Mitglieder der Behörde erhielten in regelmäßigen Abständen – meist zwischen zwei bis vier Jahren – eine monetäre Gehaltserhöhung, eine Beförderung oder eine Auszeichnung.

beruflichen Werdegang zu fördern.³⁶ Zudem konnten die ehemaligen Mitarbeiter auf ihren neuen Positionen die Interessen des Gesundheitsamtes vertreten. Beispielsweise bewarben sich nach dem Ausscheiden Friedrich A. Webers als Direktor der Bakteriologischen Abteilung 1913 zahlreiche Bakteriologen auf die zu besetzende Position. Erkundigungen empfahlen besonders den bisherigen Direktor des Saarbrückener Hygieneinstituts Otto Lentz als Webers Nachfolger. Protegiert wurde Lentz u. a. von Martin Kirchner, Ministerialrat und Leiter der Medizinalabteilung des preußischen Innenministeriums, der seinen »jungen Freund« nachdrücklich empfahl.³⁷ Mit seiner Bewerbung konkurrierte Otto Lentz mit Ludwig Händel aus dem Kaiserlichen Gesundheitsamt, dem es allerdings noch an Erfahrung mangeln würde.³⁸ Zudem wurden leitende Positionen bevorzugt mit externen Fachleuten besetzt.³⁹ Franz Bumm schlug daher vor, dass Händel die Nachfolge von Lentz in Saarbrücken antreten solle, um sich für eine höhere Stellung zu qualifizieren.⁴⁰ Die personelle Rochade hatte nicht nur Vorteile für die beförderten Wissenschaftler, sondern fortan versorgte Händel den Präsidenten des Kaiserlichen Gesundheitsamtes mit detaillierten Berichten und Informationen über seine Tätigkeit in Saarbrücken.⁴¹ Als Otto Lentz

36 Vgl. Hüntelmann, Netzwerke (im Erscheinen).
37 Martin Kirchner an PKGA, 18.3.1913, BA Berlin, R 86/397.
38 Die Bewerbungsliste ebd.
39 Als beispielsweise 1906 die Bakteriologische Abteilung fertiggestellt worden war, bot Franz Bumm dem ehemaligen Mitglied des KGA, Hermann Kossel, der als Professor für Hygiene an der Universität Gießen die Nachfolge von Georg Gaffky angetreten hatte, die Position des Direktors an, der diese jedoch ablehnte, vgl. BA Berlin, R 86/363. Zwischen den staatlichen Instituten – dem Institut für Infektionskrankheiten, dem Institut für experimentelle Therapie und dem KGA – wurden die Mitarbeiter bevorzugt vermittelt, man könnte nachgerade von einem Beförderungskarussell sprechen. Otto Lentz war ebenso wie Martin Kirchner einige ›prägende‹ Jahre am Institut für Infektionskrankheiten tätig gewesen. Es ließen sich zahlreiche weitere Beispiele anführen beginnend bei Robert Koch selbst, Georg Gaffky, Friedrich Loeffler, Hermann Kossel, Julius Morgenroth, Wilhelm Dönitz, Hans Schlossberger, um nur einige zu nennen. Die Bewährung auf einer Stelle empfahl sie wiederum für eine weitere, höhere Aufgabe.
40 Der Wechsel nach Saarbrücken als Qualifizierungsmaßnahme in einem Antwortschreiben im Frühjahr 1913 an Paul Uhlenhuth, ehemaliger Direktor der Bakteriologischen Abteilung und jetzt Professor für Hygiene an der Reichsuniversität Straßburg, der sich für Händel eingesetzt hatte, BA Berlin, R 86/4326. Obwohl Kirchner sich mit dem Wechsel einverstanden erklärt hatte, gab es wegen finanzieller Unstimmigkeiten Schwierigkeiten bei der Besetzung, die erst nach massiver Intervention des PKGA erfolgte, der Vorgang ebd.
41 Händel empfand gegenüber Bumm eine tiefe Dankbarkeit, die er in Dankes-

kurze Zeit später vom Gesundheitsamt in das preußische Innenministerium wechselte, wurde Ludwig Händel Direktor der Bakteriologischen Abteilung.

5.1.4 Personelle Netzwerke

Friedrich Wilhelm Beneke zählte zu den vorrangigen Aufgaben des Gesundheitsamtes die Diskussion von Fragen der öffentlichen Gesundheitspflege und die Verbindung des Gesundheitsamtes zu den einzelnen Ärzten und Ärztevereinen.[42] Das Charakteristikum dieser Verbindungen war eine Zusammenarbeit, die traditionelle Grenzen überschreiten sollte.[43] Die Gründung wurde wesentlich von den Mitgliedern der Sektion für öffentliche Gesundheitspflege und Medizinalreform der Gesellschaft deutscher Naturforscher und Ärzte initiiert. Aus ihrer Mitte stammten später einige der ersten Mitglieder des Gesundheitsamtes – Karl Maria Finkelnburg und Eugen Sell. Die Verbindungen gingen über wissenschaftliche Interessen oder Lehrer-Schüler-Beziehungen hinaus. Über die freundschaftlichen und sozialen Beziehungen – oder persönlichen Fehden[44] – erfahren wir in den wenigen biographischen Lebenserinnerungen mehr. In den zu Lebzeiten veröffentlichten Erinnerungen von Ferdinand Hueppe finden die vielfältigen privaten Verbindungen und verwandtschaftlichen Beziehungen Raum zur Darstellung.[45]

Das *networking* soll an drei Personen exemplifiziert werden. Entscheidend für das Gesundheitsamt war, dass die Personen die Funktionen ausfüllten, die sie repräsentierten.[46] Bis auf wenige zentrale Personen waren

   briefen und Ehrbezeugungen zum Ausdruck brachte, die Briefe in BA Berlin, R 86/4236.
42 Vgl. Beneke, Frage 1872, S. 32 f.
43 Vgl. Labisch, Homo 1992, S. 128.
44 Derer gibt es reichlich: Als Antagonisten seien hier nur Varrentrapp–Virchow, Virchow–Koch, Koch–von Pettenkofer oder später Koch–Behring genannt.
45 Beispielsweise war das Mitglied des Gesundheitsamtes, der Chemiker Eugen Sell, der Schwager des Professors für Chemie an der Friedrich-Wilhelm-Universität und des späteren außerordentlichen Mitgliedes des KGA August Wilhelm Hofmann, vgl. die »Selbstdarstellung« Hueppes in Grote (Hg.), Medizin 1923, S. 6 (82). Ein anderes Beispiel wäre Robert von Ostertag. Als Professor für Veterinärmedizin mit dem Gebiet Hygiene und Fleischbeschau heiratete er die Tochter des Berliner Schlachthofdirektors Hertwig, vgl. Bulling, Ostertag 1992, S. 15. Die Arbeitsgemeinschaft der Wissenschaftler erstreckte sich weit in den privaten Bereich hinein. Die Mitglieder und Hilfsarbeiter des KGA waren zum Beispiel in nahe beieinanderliegenden Dienstwohnungen einquartiert.
46 Vgl. GStA PK Berlin, I. HA, Rep. 89, Nr. 24184-24186; BA Berlin, R 86/21; BA Berlin, R 1501/110934-110938.

die Personen austauschbar, insofern die aus dem Amt scheidenden Funktionsträger als außerordentliche Mitglieder des Gesundheitsamtes durch ihre Nachfolger im Amt ersetzt wurden. Ihre Bedeutung erlangten sie als Teil eines Denkkollektivs erst im Zusammenspiel mit anderen Wissenschaftlern und Institutionen. Als Beispiel solcher multifunktionaler Personen oder als personalisierte informative und informelle Verkehrsknotenpunkte sollen Robert Koch, Franz Bumm und Max Rubner vorgestellt werden.

Mit der Person Robert Kochs haben viele Autoren Schwierigkeiten. Richard J. Evans setzt während der Cholerabekämpfung Robert Koch mit dem Kaiserlichen Gesundheitsamt gleich.[47] J. Andrew Mendelsohn rechnet Robert Koch differenzierter als Mitglied des *Imperial Board of Health*, des *Imperial Health Office* und des Königlich Preußischen Instituts für Infektionskrankheiten zu.[48] Das Gesundheitsamt nahm die Reputation seines prominentesten Mitgliedes auch nach dessen Ausscheiden aus dem Amt gerne für sich in Anspruch,[49] und auch in dieser Arbeit kommt Robert Koch oft zu Wort.

Robert Koch vereinigte in sich eine Vielzahl von Ämtern und Funktionen. Er war in erster Linie Wissenschaftler und Bakteriologe, mehr noch: der Begründer der Bakteriologie mit zahlreichen Schülern, deren Lehrstühle sich über das ganze Reich erstreckten.[50] Er war von 1880 bis 1892[51] ordentliches Mitglied im Kaiserlichen Gesundheitsamt, seit 1884 Mitglied der Königlich Preußischen Deputation für das Medizinalwesen und von 1885 bis 1891 Professor für Hygiene an der Friedrich Wilhelms-Universität. Ab 1891 war Robert Koch Direktor des eigens auf seine Be-

47 Beispielsweise spricht Evans, Tod 1990, S. 343, 345, 356, 361, 372, 468, 621 von Robert Koch und dem KGA. Diese zwar richtige, aber undifferenzierte Zuschreibung greift etwas zu kurz.
48 Vgl. Mendelsohn, Cultures 1996, passim.
49 Vgl. RGA, Festschrift 1926, S. 30 f., BGA, 100 Jahre 1976, S. 28-32.
50 Vgl. bei Möllers, Koch 1950 das Kapitel »Koch und seine Schule« sowie die »Von seinen dankbaren Schülern« herausgegebene Festschrift zum sechzigsten Geburtstage von Robert Koch. Die bekanntesten Schüler Kochs – selbst Koryphäen – waren Georg Gaffky, Friedrich Loeffler, Ferdinand Hueppe, Emil von Behring, Richard Pfeiffer, Ludwig Brieger, Paul Ehrlich, Erwin von Esmarch, Bernhard Fischer, Paul Frosch, Wilhelm Kolle, Hermann Kossel, Bernhard Möllers, Paul Uhlenhuth, August von Wassermann, Friedrich August Weber. Als ein weniger prominentes Beispiel bezeichnet Siewert, Veterinärmedizin 1992, S. 4 die Mehrfachfunktion von Friedrich Roloff als Leiter der Tierarzneischule, als Mitglied des KGA und der technischen Deputation für das Veterinärwesen als nützlich.
51 Von 1885 bis 1892 war Koch nur noch im unbesoldeten Nebenamt am Gesundheitsamt beschäftigt.

dürfnisse ausgerichteten Preußischen Instituts für Infektionskrankheiten. Nach Niederlegung der Leitung im Oktober 1904 widmete sich Koch nur noch der wissenschaftlichen Forschung und den verschiedenen Forschungsexpeditionen. Von 1892 bis an sein Lebensende war Koch außerordentliches Mitglied des Gesundheitsamtes bzw. ab 1900 Mitglied des Reichsgesundheitsrates. Schließlich war Robert Koch Königlicher Generalarzt à la suite des Sanitätskorps mit Verbindungen zum kaiserlichen Leibarzt Rudolf von Leuthold.[52]

Sein Lebenswerk und seinen Ruf als führender Naturwissenschaftler Deutschlands galt es mit allen Mitteln zu verteidigen. In der Krisensituation um die Jahrhundertwende entwickelte er eine erstaunliche Aktivität zu deren Überwindung und zur Festschreibung seines persönlichen Mythos. Der Durchsetzung seiner Ziele förderlich war ihre Kongruenz mit den Zielen des Kaiserlichen Gesundheitsamtes und den Interessen des Deutschen Reiches. Es stellt sich bei Robert Koch stets die Frage, in welcher Funktion er handelt, wenn er als historische Person in Erscheinung tritt: als Direktor des Instituts für Infektionskrankheiten, als Mitglied des Gesundheitsamtes oder als privater, seine Interessen vertretender Wissenschaftler? Eine Aufspaltung der ›multiplen Persönlichkeit‹ Koch ist natürlich nicht möglich, doch rein formal kann die Zuständigkeit der Behörden Klarheit über die jeweilige Funktion Kochs schaffen. Innerhalb der Grenzen Preußens war Robert Koch ab 1891 als Direktor des Instituts für Infektionskrankheiten für Angelegenheiten der öffentlichen Gesundheitspflege zuständig. Trat Robert Koch im Rahmen der »Seuchenbekämpfung« außerhalb der Landesgrenzen Preußens in Erscheinung, agierte er verfassungsrechtlich als außerordentliches Mitglied des Kaiserlichen Gesundheitsamtes bzw. des Reichsgesundheitsrates. Als Beispiel für einen personellen Knotenpunkt eignet sich Robert Koch besonders, jedoch erschwert gerade diese Multifunktionalität eine differenzierte Abgrenzung.

Als nächstes Beispiel wird der Hygieniker und Physiologe Max Rubner vorgestellt. Max Rubner wurde 1891 als Nachfolger von Robert Koch auf den Lehrstuhl für Hygiene an die Berliner Universität berufen und wechselte dort 1909 auf den Lehrstuhl für Physiologie, 1895 wurde er zum außerordentlichen Mitglied des Kaiserlichen Gesundheitsamtes ernannt und als solches später stellvertretender Vizepräsident des Reichsgesundheitsrates. Ab 1913 war er neben seiner Position als Institutsdirektor an der Universität gleichzeitig Direktor des Kaiser-Wilhelm-Instituts für Arbeitsphysiologie. Neben vielen weiteren Ämtern war er Mitglied in der Akade-

---

52 Vgl. zum biographischen Werdegang Kochs Heymann, Koch 1932/1997; Möllers, Koch 1950; Brock, Koch 1988; Gradmann, Krankheit 2005.

mie der Wissenschaften sowie während des Ersten Weltkrieges Mitglied des wissenschaftlichen Senates für das Heereswesen und im Kriegsausschuss für Volksernährung. In seiner Position als Vizepräsident des Reichsgesundheitsrates verhandelte er 1919 mit Winston Churchill über die Aufhebung der Hungerblockade.[53] Max Rubner verkörpert als außerordentliches Mitglied des Gesundheitsamtes prototypisch einen neuralgischen Verknüpfungspunkt im Netzwerkgefüge des Gesundheitsamtes.

Besonders die außerordentlichen Mitglieder und der spätere Reichsgesundheitsrat waren eine »wirklich fruchtbringende« Einrichtung,[54] die dem Gesundheitsamt zu seinem Erfolg verhalf. Die außerordentlichen Mitglieder sollten mit ihrer Fachkompetenz das Gesundheitsamt in einzelnen Fragen beraten. Sie wurden explizit nach dem Kriterium ihrer Funktion und ihrer Stellungen ausgesucht und hatten sich auf dem Gebiet der öffentlichen Hygiene ausgezeichnet. In dieses Gremium wurden angesehene Universitätsprofessoren unterschiedlichster Fachbereiche[55] und Kommunalbeamte[56] sowie hohe Medizinalbeamte aus den Landesregierungen berufen. Die Namen der einzelstaatlichen Ministerialräte stehen unter fast allen Gesetzen, die auf dem Medizinalgebiet erlassen wurden.[57] Der ersten

53 Vgl. zur Vita Rubners Wildt/Wildt, Rubner 1978; Pietzka, Physiologe 1981.
54 KGA, Festschrift 1886, S. 8 f.
55 August W. Hofmann könne als Kapazität im Fach Chemie gelten, Georg Richard Lewin habe sich auf dem Fach der Geschlechtskrankheiten ausgezeichnet, Maximilian Jaffé und Dr. Reichardt seien bewährte Fachgelehrte für chemisch-pharmazeutische Angelegenheiten, insbesondere in der Nahrungsmittelchemie, später kamen gezielt Professoren aus dem Fach Hygiene hinzu – um nur einige Beispiele aus den weiteren Erläuterungen zu den Vorschlägen zu nennen, vgl. GStA PK Berlin, I. HA, Rep. 89, Nr. 24184 f.
56 Die Bürgermeister aus Frankfurt am Main und der spätere preußische Finanzminister Johannes von Miquel sowie der Münchener Oberbürgermeister Alois Erhardt und der Kölner Oberbürgermeister Wilhelm Becker, GStA PK Berlin, I. HA, Rep. 89, Nr. 24184 f.
57 Für die preußischen Regierungsräte und deren Nachfolger im Amt: im MGUMA Dr. Kersandt, Moritz Pistor, Karl Skrzeczka, Gustav Adolf Schönfeld, Adolf Schmidtmann, Martin Kirchner; und für die Ministerialräte im preußischen Innenministerium: von Kehler, von den Brincken, Dr. Höpker, Dr. Maubach wurden sporadisch folgende Akten im GStA PK Berlin eingesehen: die Akten betreffend das Apothekerwesen, die Akten betreffend die Bekämpfung des Typhus, die Akten betreffend die Pocken-Krankheit, die Akten zum Diphtherieheilserum und zur Bekämpfung der Diphtherie, die Akten betreffend Maßregeln gegen die Verbreitung ansteckender Krankheiten, die Akten betreffend ein Gesetz zur Dienststellung des Kreisarztes, Akten betreffend die Bekämpfung der Geschlechtskrankheiten, Akten betreffend das Desinfektionswesen und die Akten betreffend die Cholera-Konferenzen. Die Positionen des RAI vertrat Karl Köhler. Nach dessen Nominierung zum DKGA verzichtete man auf die Ernennung eines

Ernennung der außerordentlichen Mitglieder gingen dreijährige langwierige Planungen zwischen dem Gesundheitsamt und dem Reichsamt des Innern über die Auswahl der entsprechenden Persönlichkeiten voraus.[58] Bei der Auswahl der außerordentlichen Mitglieder des Gesundheitsamtes war Bismarck bemüht, wie bei der Personalauswahl der obersten Reichsbehörden, alle Bundesstaaten in den Reichsdienst einzubinden und deren jeweilige Interessen zu berücksichtigen.[59] Weiterhin wurden die Vorsitzenden des Deutschen Ärztevereinsbundes, des Deutschen Apotheker-Bundes und des Bundes Deutscher Irrenärzte und später auch führende Vertreter der chemischen Industrie zu außerordentlichen Mitgliedern ernannt.[60] Die Institutionalisierung der bereits bestehenden Zusammenarbeit, der Direktor des Gesundheitsamtes hatte die Experten

---

Nachfolgers. Erst mit der Umstrukturierung der außerordentlichen Mitglieder des KGA zum RGR wurde als Vertreter des RAI Franz Bumm – der Nachfolger Köhlers – ernannt.
58 Vgl. die Schriftwechsel und Vorschläge im BA Berlin, R 86/21.
59 Die Einbindung außerpreußischer Beamter in den Reichsdienst als Ziel der Bismarck'schen Strategie bei Morsey, Reichsverwaltung 1957, S. 253.
60 Als Vorsitzende des Direktoriums des deutschen Apotheker-Vereins Dr. Brunngräber und dessen Nachfolger Dr. Schacht; Eduard Graf und Eduard Lent, beide Vorsitzende des NVÖG. Eduard Graf war gleichzeitig Vorsitzender und Eduard Lent im Vorstand des Vereins deutscher Ärzte; als Industrievertreter ab 1892 der Fabrikdirektor von Schering, Julius Friedrich Holtz und als weiteres Mitglied ab 1901 Louis Merck aus Darmstadt, vgl. GStA PK Berlin, I. HA, Rep. 89, Nr. 24184 f. In den RGR wurden nach Protesten aus der Industrie, die ihre Interessen ungenügend vertreten sahen, weitere acht Großindustrielle hinzugezogen, vgl. Hickel, Gesundheitsamt 1977, S. 80. Die Ernennung von Delegierten des Ärztevereinsbundes und des Apotekerbundes zu außerordentlichen Mitgliedern des Gesundheitsamtes wurde besonders von Struck betrieben. Der PRKA trug Bedenken, Delegierte aus einem Ärzteverein zu benennen. Man habe bereits eine Deputation für das Medizinalwesen. Wünschenswert sei die Benennung einer einzelnen herausragenden wissenschaftlichen Persönlichkeiten – allerdings unter zweierlei Voraussetzungen: »Erstens würde ich [PRKA, ACH] es für bedenklich erachten, die zu berufenden Persönlichkeiten durch Wahl, oder auch seiner Organe bezeichnen zu lassen; die Berufung würde vielmehr auf Grund von Vorschlägen zu erfolgen haben, welche der Direktor des Gesundheits-Amts unter eigener Verantwortlichkeit zu machen hätte. Abgesehen hiervon aber müßte feststehen, daß die Maßregel ausführbar wäre auch ohne Hintansetzung anderer, bei Auswahl der außerordentlichen Mitglieder des Gesundheits-Amts zu beachtender Rücksichten – namentlich also der Herstellung genügender Verbindung und Fühlung mit dem Königlich Preußischen Ministerium der Medizinal-Angelegenheiten und der von demselben ressortirenden wissenschaftlichen Deputation für das Medizinalwesen.« PKGA an DKGA, 27.6.1878, BA Berlin, R 86/21. Das Schreiben offenbart die Grenzen der Professionalisierung. Die Ärzte werden von den Reichsbehörden bestimmt und für ihre Zwecke eingespannt.

bereits vor 1880 in Einzelfragen sporadisch um Rat ersucht oder um eine gutachterliche Äußerung gebeten, regelte nach innen die Beziehungen zwischen den ordentlichen Mitgliedern der Behörde und den externen Sachverständigen und hatte zudem eine nicht zu unterschätzende Außenwirkung. Für die auswärtigen Experten war die im Reichsanzeiger publizierte kaiserliche Ernennung als Auszeichnung gedacht, um ihre Mitarbeit zu honorieren.[61] Mit Schaffung dieses Gremiums versuchte das Gesundheitsamt auch, frühere Gegner des Amtes in die Prozesse und Handlungen einzubeziehen. Die Hälfte der Deputationsmitglieder, die die Gründung des Amtes ursprünglich abgelehnt hatten, wurden später außerordentliche Mitglieder des Gesundheitsamtes[62] – gleichzeitig wurden die Mitglieder des Gesundheitsamtes auch zu Mitgliedern der preußischen Medizinaldeputation ernannt.[63]

Als letztes Beispiel ist der Präsident des Gesundheitsamtes Franz Bumm zu nennen. Seine biographischen Daten lassen sich nur spärlich rekonstruieren.[64] Nach dem Rücktritt Köhlers wurde er vom Staatssekretär des Innern nachdrücklich protegiert. In seinem Empfehlungsschreiben hob Graf Arthur von Posadowsky-Wehner Bumms gesellschaftliche Verbindungen hervor. Sein Bruder Ernst war ein berühmter Gynäkologe und Direktor der Frauenklinik der Charité, sein Bruder Anton Ordinarius für Psychiatrie in München und sein geadelter Bruder Karl Ministerialdirektor und Leiter des Unterrichtswesens im Bayerischen Kultusministerium.[65] Franz Bumm zeichnete sich nicht nur durch diese familiären Verbindungen aus, sondern er hatte sich ferner bei der Typhusbekämpfung im Südwesten des Deutschen Reiches als Regierungsrat des Reichsamtes des Innern bewährt.

61 Die Ernennung außerordentlicher Mitglieder u. a. im Sinne einer Auszeichnung erfolgte gleichfalls im Institut für experimentelle Therapie oder in der Kaiser-Wilhelm-Gesellschaft.
62 Bei der Ernennung spielte wahrscheinlich auch die Möglichkeit zur Befriedung der Kritik eine Rolle. Ein Nebeneffekt könnte zudem die Schweigepflicht über die Verhandlungsgegenstände gewesen sein, die es den Teilnehmern untersagte, sich öffentlich über die Beratungen zu äußern. Auch für die Beratungen des RGR galt eine Verschwiegenheitsklausel, die »überstrapaziert wurde und nur eine spärliche Informierung der Öffentlichkeit über die Tätigkeit des Gremiums zuließ«, vgl. Saretzki, Reichsgesundheitsrat 2000, S. 508 f.
63 Im März 1879 wurde Karl Maria Finkelnburg und im Juni 1884 Robert Koch zum Mitglied der Königlich Preußischen Deputation für das Medizinalwesen ernannt, GStA PK Berlin, I. HA, Rep. 89, Nr. 24184.
64 Ebenso bemerkt Bulling, Ostertag, S. 23, dass Robert von Ostertag bei aller Produktivität und mehreren hundert Veröffentlichungen kaum biographische Angaben über sich und seine Zeitgenossen hinterlassen habe.
65 Vgl. Goerke, 100 Jahre 1976, S. 189.

5.1.5 Institutionelle Netzwerke

Losgelöst von persönlichen Bindungen und reduziert auf seine Funktion als Vorsteher einer medizinalpolizeilichen Zentralbehörde saß der Direktor respektive Präsident des Gesundheitsamtes zur Unterstützung des quantitativ eingeschränkten Mitarbeiterstabes zahlreichen Kommissionen von Sachverständigen vor, um die mannigfaltigen Aufgaben bewältigen zu können. Eine solche war die Pharmakopöe-Kommission, die das 1872 erlassene reichsweite Arzneibuch, die *pharmacopoea germanica*, überarbeiten sollte.[66] Die Ernennung des Vorsitzenden des Deutschen Ärztevereinsbundes zum außerordentlichen Mitglied des Gesundheitsamtes war auf Gegenseitigkeit ausgelegt. Dem Direktor des Gesundheitsamtes schwebte »eine organische Verbindung des Gesundheits-Amts mit dem Deutschen Aerzte-Vereinsbunde« vor.[67] Gleichzeitig wurden ordentliche Mitglieder des Gesundheitsamtes in den Vorstand des Deutschen Ärztevereinsbundes und des Deutschen Apothekervereins entsandt.[68] »In engen Beziehungen und gegenseitiger steter Hilfsbereitschaft« arbeitete das Gesundheitsamt mit zahlreichen Vereinen zusammen und hatte den Vorsitz des Deutschen Zentralkomitees zur Bekämpfung der Tuberkulose[69] und der Reichsanstalt zur Säuglings- und Kleinkindersterblichkeit inne und war im Vorstand der Deutschen Gesellschaft zur Bekämpfung der Geschlechtskrankheiten.[70] Der Präsident des Gesundheitsamtes war in Personalunion Vorsitzender des Reichsgesundheitsrates.[71] Neben dieser permanenten Einrichtung nahm der Vorsteher des Gesundheitsamtes den Vorsitz zahlreicher ständiger oder temporärer Kommissionen wahr: der Kommission zur Vorbereitung des Nahrungsmittelgesetzes, der Kommissionen zur Revision der Prüfungsordnungen, der Reichs-Cholera-Kommission und der ständigen Impfkommission.[72] Wesentlicher als die

---

66 Vgl. KGA, Festschrift 1886, S. 13; Holsten, Gesundheitsamt 1977.
67 Vgl. DKGA an PRKA, 18.6.1878, BA Berlin, R 86/21.
68 Die mittelbaren und unmittelbaren Beziehungen zu Vereinen in KGA, Festschrift 1886, S. 9.
69 Den Vorsitz des Deutschen Zentralkomitees zur Bekämpfung der Tuberkulose hatten bis 1920 die jeweiligen StsdI und der Reichsinnenminister inne, vgl. Generaloberst a. D. Dr. Helm, Die Tätigkeit des Deutschen Zentralkomitees zur Bekämpfung der Tuberkulose, in: Gesundheitswesen 1928, S. 231-246, hier S. 233.
70 Siehe die Tätigkeit des RGA und des RGR bei der Erarbeitung des Gesetzes zur Bekämpfung der Geschlechtskrankheiten bei Sauerteig, Krankheit 1999, passim. Zu den zahlreichen Verbindungen des RGA, Festschrift 1926, S. 23.
71 Die Tätigkeit und Bedeutung des RGR Glaser, Reichsgesundheitsrat 1960; für die Weimarer Republik Saretzki, Reichsgesundheitsrat 2000.
72 Vgl. KGA, Festschrift 1886, S. 13.

Teilnahme an zahllosen Kommissionen war die Zusammenarbeit mit anderen Behörden und Forschungseinrichtungen. Michael Hubenstorf zufolge waren die meisten der auf dem Reichsgebiet wirkenden gesundheitspolitischen Behörden direkt oder indirekt aus dem Reichsgesundheitsamt hervorgegangen. Als Paradebeispiel könne die Biologische Reichsanstalt für Land- und Forstwirtschaft gelten, die »ursprünglich aus einer Abteilung des KGA entstanden« sei.[73] Wenngleich Robert Koch das von ihm geplante Reichsinstitut für Hygiene nicht direkt aus dem Gesundheitsamt heraus verwirklichen konnte, so wurde 1891 das auf seine Person zugeschnittene Preußische Institut für Infektionskrankheiten gegründet. Nachdem das Kaiserliche Gesundheitsamt die Kontrolle des von Emil Behring entwickelten Diphtherieserums an das Institut für Infektionskrankheiten delegiert hatte, entstand dort 1895 als eine gesonderte Abteilung die Kontrollstation für Diphtherieserum. Diese wurde bereits 1896 verselbständigt und 1899 nach Frankfurt am Main verlegt und in Institut für experimentelle Therapie umbenannt.[74]

Ebenso hat das 1900 gegründete Institut für Schiffs- und Tropenkrankheiten in Hamburg eine Vorgeschichte, die gleichfalls auf das Gesundheitsamt verweist. Wenige Monate nach der verheerenden Choleraepidemie in Hamburg wurde im April 1893 das Amt des Hafenarztes geschaffen, welches Bernhard Nocht bekleidete. Nocht genoss aufgrund seiner Choleraerfahrungen in der Südsee im Kaiserlichen Gesundheitsamt großes Vertrauen. Im Zusammenhang mit dem Reichsseuchengesetz und vor dem Hintergrund der drohenden Pestepidemie um 1900 wurde in Hamburg ein Reichsinstitut für Schiffs- und Tropenhygiene gegründet, das fortan einige der bislang im Gesundheitsamt bearbeiteten Aufgaben übernahm, und Bernhard Nocht zu dessen Leiter ernannt.[75]

In der Festschrift anlässlich des fünfzigjährigen Jubiläums zog das Reichsgesundheitsamt stolz Bilanz. Neben der Zusammenarbeit mit zahl-

---

73 Vgl. Hubenstorf, Exodus 1994, S. 372 f.; ausführlich Sucker, Anfänge 1998; Sucker, Phytomedizin 1999.
74 Ausführlich Kap. 3.3.3. Eigentlich hätte das KGA die Serumkontrolle selbst ausführen müssen, da die Behörde für den Verkehr von Arzneimitteln zuständig war. Aus praktischen Gründen wurde die Serumkontrolle dem Institut für Infektionskrankheiten übertragen, vgl. Zeiss/Bieling, Behring 1941, S. 156. Zum Institut für Infektionskrankheiten siehe Gaffky, Institut 1907; Otto, Institut 1930; zum Institut für experimentelle Therapie Kolle, Staatsinstitut 1926.
75 Mannweiler, Geschichte 1998, S. 10-14, die Beziehungen Nochts zum KGA S. 10. Entgegen den Plänen Kochs, das Institut in Berlin anzusiedeln, entschied sich die Reichsregierung aus Kostengründen für Hamburg, weil die Hafenstadt unabhängig von einem Reichsinstitut ein Institut für Schiffshygiene hatte errichten wollen.

reichen Ministerien und deutschen Reichsbehörden wie dem Statistischen Reichsamt, dem Reichsmonopolamt für Branntwein, dem Reichsversicherungsamt und dem Patentamt stand das Gesundheitsamt in engem Kontakt mit ähnlichen staatlichen Forschungseinrichtungen, namentlich dem Königlich Preußischen Institut für Infektionskrankheiten, der Königlich Preußischen Versuchs- und Prüfungsanstalt für Wasserversorgung und Abwasserbeseitigung und nach 1905 auch mit der aus dem Gesundheitsamt hervorgegangenen Kaiserlich Biologischen Anstalt für Land- und Forstwirtschaft. Bei ihren Forschungen zur Übertragung von Krankheiten war sie auf Informationen des Vereins Deutscher Eisenbahn-Verwaltungen angewiesen und konnte auf die dort geführten Statistiken zurückgreifen.[76] Der personelle Austausch und die inhaltlichen Überschneidungen zwischen dem Reichsgesundheitsamt und den preußischen Forschungsinstituten ließen die Zusammenlegung der Forschungseinrichtungen 1935 unter dem Dach des Reichsgesundheitsamtes als logische Konsequenz erscheinen.[77]

5.1.6 Symmetrische Reziprozität – Wirtschaft und Wissenschaft

Das Gesundheitsamt pflegte darüber hinaus Kontakte zur Industrie. Insgesamt war das Verhältnis ambivalent. Einerseits drängte das Gesundheitsamt in seinen Gutachten auf die Verbesserung von Arbeitsbedingungen und auf ein Verbot von gesundheitsschädigenden Arbeitsverfahren.[78] Andererseits gingen die wissenschaftlichen Forschungen Hand in Hand mit wirtschaftlichen Interessen. Die Erfolge der Bakteriologie waren nicht unwesentlich der Farbenindustrie geschuldet, konkret den Anilin-

---

76 Vgl. KGA, Festschrift 1886, S. 31-33.
77 Zur Zusammenlegung und »Vereinheitlichung des Gesundheitswesens unter nationalsozialistischer Führung« Reiter, Ziele 1936, S. 23 f., 87.
78 Dies führte dazu, dass den Mitgliedern des KGA in den Anfangsjahren der Behörde der Zugang zu Produktionsanlagen verwehrt wurde, siehe die Beschwerde des DKGA an das RKA, 17.9.1879, BA Berlin, R 1501/110849. Die Gutachten über Flussverunreinigungen in den AKGA von 1889, 1890, 1898, 1900, 1902 und 1903, 1913, 1917, 1919 die das Resultat industrieller Verschmutzung waren; Renk, Untersuchungen 1889; Pannwitz, Untersuchungen 1896; Wutzdorff, Chromatfabriken 1897; ders., Thomasschlackenmühlen 1899; ders., Akkumulatorenfabriken 1899; ders., Zinkhüttenbetriebe 1900; Rasch, Bleivergiftungen 1898; Fischer, Beiträge 1903; Sackur, Kenntnis 1904; Heise, Fußbodenöle 1909; ders., Bleigehalt 1919; Pfyl/Rasenack, Verbrennungsprodukte 1909; Beck u. a., Kenntnis 1910; Weber/Heidepriem, Kenntnis 1930; Froboese/Brückner, Beitrag 1930; Leymann/Weber, Ursachen 1931.

farben, die ein Einfärben der Bakterien und deren Sichtbarmachung überhaupt erst ermöglichten.[79] Die Beziehungen zwischen chemisch-pharmazeutischer Industrie und Bakteriologie waren zweigleisig: Die Farbenindustrie lieferte die notwendigen Einfärbungsmittel, und aus den Neben- und Abfallprodukten wurden später in Zusammenarbeit mit der Wissenschaft Arzneimittel entwickelt. Aus den Vertrags- und Patentrechten auf Seren und Heilverfahren erzielten Emil von Behring, Paul Ehrlich und Emil Fischer enorme Einnahmen – aus dem mit Unterstützung der Farbwerke Hoechst gegründeten Marburger Laboratorium Emil Behrings gingen schließlich die Behringwerke hervor.[80] Mit der Präsentation eines Heilmittels gegen Tuberkulose, dem so genannten Tuberkulin, hoffte Robert Koch erhebliche Gewinne erwirtschaften zu können. Darüber hinaus nahm er die Gelegenheit zum Anlass, ein eigenes Institut zur Erforschung des Tuberkulins zu fordern. Das neu zu gründende Institut sollte das Heilmittel sowohl erforschen als auch produzieren – die Erlöse, prognostizierte viereinhalb Millionen Mark jährlich, sollten Koch und seinem Institut zufließen. Die Hoffnungen in das Tuberkulin erwiesen sich bereits nach wenigen Monaten als unbegründet, und die verfrühte Präsentation war ein wissenschaftliches Fiasko.[81]

Die Vereinnahmung von Wissenschaft und Wirtschaft war auf Gegenseitigkeit angelegt oder mit anderen Worten: symmetrisch reziprok.[82] Beispielsweise versuchten (agrar-)industrielle Lobbygruppen bei der Her-

79 Zur Bedeutung des Methylenblaus und guter optischer Mikroskope als Voraussetzung für die Koch'schen Entdeckungen Canguilhem, Wissenschaftsgeschichte 1979, S. 122-125; Evans, Tod 1990, S. 340 f.; Lenoir, Politik 1992, S. 116 f.; insbesondere Schlich, Gegenstand 1996; ders., Repräsentation 1997; Mendelsohn, Cultures 1996, S. 265-279. Die Beziehungen des KGA zur chemisch-pharmazeutischen Industrie bei Hickel, Gesundheitsamt 1977; Holsten, Gesundheitsamt 1977.
80 Zur Zusammenarbeit zwischen Industrie und Forschung am Beispiel Paul Ehrlichs und der Farbwerke Höchst Lenoir, Politik 1992, die Rolle des Gesundheitsamtes S. 128 f.; Travis, Science 1989; Liebenau, Ehrlich 1990.
81 Koch hatte das Heilserum auf dem X. Internationalen Medizinischen Kongress in Berlin vor mehr als fünftausend Medizinern vorgestellt, und die Bekanntgabe wurde enorm gefeiert. Zum Tuberkulin-Skandal Opitz/Horn, Tuberkulinaffäre 1984; Elkeles, Tuberkulinrausch 1990; Gradmann, Money 1998; ders., Krankheit 2005, Kap. III.
82 Symmetrisch reziprok bedeutet in der Netzwerktheorie, dass die Beziehungen sowohl in die eine als auch in die andere Richtung gehen und dass die Beziehungen ausgeglichen sind. Asymmetrisch wäre beispielsweise das Verhältnis zwischen einem Angestellten und seinem Vorgesetzten, vgl. Schenk, Soziale Netzwerke 1984, S. 30-78; Jansen, Einführung 2003, S. 53-67.

stellung und Vermarktung von Lebensmitteln über das Gesundheitsamt Einfluss auf die Nahrungsmittelgesetzgebung zu nehmen.[83] Gegenüber dem Präsidenten des Reichsgesundheitsamtes monierte der Bremer Senator Friedrich Nebelthan eine etwaige persönliche Befangenheit des Direktors der Chemisch-Hygienischen Abteilung, Wilhelm Kerp, im Zusammenhang mit der Erstellung eines Gutachtens über die Verschmutzung der Weser durch Kali-Abwässer. Entgegen früheren Ansichten im Reichsgesundheitsrat erachte Kerp nun höhere Abwasser-Konzentrationen nicht für gesundheitsschädlich. Diesen Gesinnungswechsel konnte sich Nebelthan nur durch die verwandtschaftlichen Beziehungen Kerps zu dem Direktor eines Kaliwerkes im Wesergebiet erklären, was Franz Bumm jedoch für ausgeschlossen erachtete. Er kenne Kerp als pflichtgetreuen und unparteiischen Beamten, der sich in einer amtlichen Stellungnahme nicht von niederen sachlichen Beweggründen leiten lassen würde.[84]

Die gegenseitige Einflussnahme und Vereinnahmung lässt sich besonders in der Zusammenarbeit mit der chemisch-pharmazeutischen Industrie beobachten.[85] In ihrer Untersuchung zur Beziehung zwischen dem Gesundheitsamt und der chemischen Industrie konstatiert Erika Hickel, »daß der massive Einfluß der Industrie auf die Arbeit des Gesundheitsamtes völlig außer Zweifel steht«.[86] Bei der Abfassung der zweiten Reichs-

---

83 Das künstliche Süßungsmittel verbietende und im KGA 1902 ausgearbeitete Zuckergesetz kam auf Betreiben der Zuckerindustrie zustande. Gleichfalls wurde das Margarinegesetz auf Betreiben der Landwirtschaftslobby erarbeitet. Ein Verbot konnte allerdings nicht durchgesetzt werden, weil die Versorgung der einkommensschwachen Bevölkerungsschichten mit dem preiswerten Nahrungsmittel sichergestellt werden sollte, siehe Strahlmann, Lebensmittelverarbeitung 1976, S. 204; Pelzer/Reith, Karriere 2001, S. 24-28. Schließlich wurde das Fleischschaugesetz weniger zum Schutz der Bevölkerung als vielmehr zum Schutz der deutschen Viehwirtschaft beschlossen, die der wachsenden Konkurrenz aus Übersee nicht mehr gewachsen war. Seit der Jahrhundertwende überschwemmte das mit den neu entwickelten Kühlschiffen aus Übersee importierte Fleisch den deutschen Markt, Treue, Aufkommen 1976, S. 105. Kooperationen gab es auch zwischen einzelnen Wissenschaftlern und der landwirtschaftlichen Industrie, so warb Pettenkofer bei dem weltweiten Vertrieb von Konserven mit Fleischextrakt mit seinem und Liebigs Schriftzug, vgl. Weindling, Diseases 1992, S. 310; Strahlemann, Lebensmittelverarbeitung 1976, S. 202 f.
84 Aktennotiz des PRGA über ein Gespräch mit dem Bremer Minister und Senator Nebelthan, 6.4.1925, BA Berlin, R 86/331.
85 Während der Choleraepidemie im Sommer 1892 attackierte ein Hamburger Sozialdemokrat die Praxis des Desinfizierens. Er stellte die Desinfektion als das Ergebnis von Machenschaften der chemischen Industrie dar, vgl. Evans, Tod 1990, S. 620.
86 Vgl. Hickel, Gesundheitsamt 1977, S. 78.

Pharmakopöe 1882 konnte das Gesundheitsamt eine gesetzgebende Tätigkeit entwickeln.[87] Die Anforderungen an die Arzneimittelreinheit wurden im Vergleich zur ersten Pharmakopöe drastisch erhöht – auf Anraten des »unter der Hand« befragten Fabrikanten Schering. Nach der Reform der zweiten Pharmakopöe 1882 beschwerten sich zahlreiche Konkurrenten Scherings in einem Rundschreiben an das Gesundheitsamt über die zu hohen Anforderungen, die allein Schering zu erfüllen in der Lage wäre. Bei der weiteren Überarbeitung saßen in der Pharmakopöe-Kommission auch Vertreter der Großindustrie.[88] Sie nutzten gleichfalls ihre Position. Sie setzten sich für eine Erhöhung des Reinheitsstandards der Arzneimittel ein, um ihrer eigenen Firma einen Wettbewerbsvorteil gegenüber der Konkurrenz zu verschaffen. Bei den Galenika[89] und anderen Arzneimitteln sah sich das Gesundheitsamt durch die massive Werbung der Pharmaindustrie bedrängt. »Man kann nur davon beeindruckt sein, wie perfekt und modern anmutend die Methoden der Industrie-Lobby damals bereits entwickelt waren.«[90]

5.1.7 Kommunale Gesundheitsämter und vertikale Netzwerke

In Relation zu den gestellten Aufgaben verfügte das Gesundheitsamt selbst mit Unterstützung außerordentlicher Mitglieder nur über eine geringe Anzahl an Personal. Die Unmengen statistischer Erfassungen und Detailuntersuchungen sollten mit Hilfe kommunaler »Gesundheitsämter«[91] und der Landesgesundheitsämter bewältigt werden. Das dieser

---

87 Ebd.
88 1890 das außerordentliche Mitglied des KGA, der Vorsitzende des Deutschen Apotheker-Vereins und der Apotheker-Fabrikant in Personalunion Dr. Brunngräber, seit 1900 das außerordentliche Mitglied des KGA und Teilhaber an den Scheringwerken J. F. Holtz, der Pharmaindustrielle Louis Merck, 1926 auch Carl Duisberg von der Firma Bayer.
89 Arzneizubereitungen, die sich analytischen Prüfungen entzogen, und Drogerieartikeln wie Salben, Pflaster, Pastillen.
90 Das Zitat bei Hickel, Gesundheitsamt 1977, S. 78. Der Einflussnahme der pharmazeutischen Industrie konnte sich das Gesundheitsamt nur schwer widersetzen.
91 Die Bezeichnung steht als Sammelbegriff für die Vielzahl von kommunalen Nahrungsmitteluntersuchungs- und Kontrollstationen, so genannten Gesundheitsämtern und Laboratorien. Die Bezeichnung variierte von Kommune zu Kommune. Kommunale Gesundheitsämter als einheitliche Institution wurden erst in der Weimarer Republik bzw. 1934 mit dem Gesetz zur Vereinheitlichung des Gesundheitswesens geschaffen, vgl. Labisch/Tennstedt, Weg 1985; Vossen, Gesundheitsämter 2001.

Zusammenarbeit zugrunde liegende Konzept ließe sich als Schleife beschreiben, an deren Kreuzung das Gesundheitsamt positioniert ist.

Die Scharnierfunktion des Gesundheitsamtes wurde im Zusammenhang mit dem Nahrungsmittelgesetz in der Denkschrift Heinrich Strucks entwickelt. Eine unter Vorsitz des Gesundheitsamtes tagende Kommission von Sachverständigen sah die Errichtung von kommunalen Untersuchungsstationen mit amtlichem Charakter vor, wobei das Gesundheitsamt bei der Errichtung dieser Organe »einen gewissen intellektuellen Einfluß auf dieselben« geltend machte. Diese sollten Nahrungsmittel und Gebrauchsgegenstände untersuchen, das Trinkwasser und die öffentlichen Wasserläufe kontrollieren und den Gehalt der Luft auf Schadstoffe prüfen. Für die Arbeiten würde das kaiserliche Gesundheitsamt ein Normalstatut entwerfen,[92] das die Arbeitsweise festlegen und exakte Grundwerte für Schadstoffe und Lebensmittel definieren sollte. Den Untersuchungsstationen waren Landeskontrollbehörden übergeordnet, die schließlich dem Reichsgesundheitsamt auskunftspflichtig waren.[93]

Die Informationsströme flossen von den Kontrollstationen zum Gesundheitsamt und lieferten Statistiken und Ergebnisse des örtlichen Gesundheits- und Hygienezustandes. Das Gesundheitsamt kontrollierte über die Landesbehörden, ob »die Einheitlichkeit in den anzuwendenden Untersuchungsmethoden« gegeben war, und wirkte »technisch unterstützend und unterweisend auf die örtlichen Organe der öffentlichen Gesundheitspflege«. Die Erfahrungen und Ergebnisse wurden im Gesundheitsamt gesammelt, »unter einem allgemeinen Gesichtspunkte« vereinigt und gegebenenfalls veröffentlicht. Aus den Ergebnissen ergab sich eventuell eine Handlungsnotwendigkeit, Gesetze wurden erlassen, deren Wirksamkeit über den steten Datenfluss aus den Untersuchungsstationen kontrolliert und gegebenenfalls korrigiert werden konnte.[94]

Abstrakt formuliert stellt sich die Arbeit des Gesundheitsamtes als ein Regelprozess dar. In der Gesellschaft wurden hygienische und gesundheitliche Missstände festgestellt und von verschiedenen Interessengruppen deren Lösung eingefordert. Die konstatierten Probleme wurden an das Gesundheitsamt herangetragen. Dieses formulierte konkrete Vorgehensweisen zur Problemlösung und leitete Arbeitsaufträge an die kommunalen Untersuchungsstationen weiter. Die Untersuchungsstationen lieferten die gewünschten Informationen an das Gesundheitsamt, und dieses verwandelte die ihm gelieferten Ergebnisse in Statistiken, Gutach-

---

92 Vgl. die Akten in BA Berlin, R 86/2105.
93 Vgl. zum Konzept Struck, Denkschrift 1878, S. 13–16.
94 Vgl. Struck, Denkschrift 1878, S. 13–16.

ten und Gesetzesvorlagen. Die Gesetzesvorlagen wurden in Gesellschaft und Politik diskutiert und in Gesetze und Verordnungen gegossen. Die Durchführung der Verordnung und deren Kontrolle wurden an die kommunalen Behörden delegiert. Die sich aus den Gesetzen ergebenden Verbesserungen schlugen sich in den kontinuierlichen statistischen Erhebungen nieder. Die statistische Protokollierung der Veränderungen wurde in einem kontinuierlichen Prozess an das Gesundheitsamt geleitet. Der Wirkungsgrad der eingeleiteten Maßnahmen und Gesetze zur Behebung der hygienischen Missstände konnte an den veränderten Ergebnissen abgelesen werden. Sofern die erwünschten Effekte ausblieben oder nur unvollständig eintraten, konnten die Verbesserungen an die notwendigen Erfordernisse angeglichen werden, bis das Problem zufriedenstellend beseitigt wurde. Bei Schwierigkeiten zwischen der Reichsbehörde und den kommunalen Ausführungsorganen wurde, in Ermangelung eigener Kompetenzen, die jeweilige Landesbehörde eingeschaltet.

Diese abstrakte Darstellung soll an einem Beispiel veranschaulicht werden. Die so genannte Verfälschung von Nahrungsmitteln wurde bereits in den 1870er Jahren als gravierendes Problem erachtet. Eine der ersten Aufgaben des Gesundheitsamtes war es daher, ein Gesetz gegen die Verfälschung von Lebensmitteln zu erarbeiten. Das Gesetz wurde im Mai 1879 im Reichstag verabschiedet. Die praktische Umsetzung sollte durch zahlreiche Untersuchungsstationen auf kommunaler Ebene gewährleistet werden, die in den folgenden Jahrzehnten eingerichtet wurden.[95] Darüber hinaus wurde in den Folgejahren ein Normalstatut für Lebensmittel definiert, welches die Richtlinien für die einzelnen Lebensmittel festlegte – beispielsweise: Wann ist Butter rein, wann ist sie verfälscht, welchen prozentualen Anteil an Buttersäure weist »Normalbutter« auf, und welche Abweichungen sind zulässig – und die Prüfverfahren standardisiert. Das Nahrungsmittelgesetz wurde in zahlreichen Einzeldarstellungen aktualisiert: die »Denkschrift über das Färben von Wurst«,[96] »Gemeinfaßliche Darstellung zum Kaffee«;[97] weiterhin Veröffentlichungsreihen wie die »Entwürfe zu Festsetzungen über Lebensmittel«,[98] die »Vereinbarungen zur einheitlichen Untersuchung und Beurteilung von Nahrungs- und Genußmitteln sowie Gebrauchsgegenständen für das Deutsche

---

95 Vgl. Meyer/Finkelnburg, Gesetz 1880.
96 KGA, Denkschrift 1888.
97 KGA (Hg.), Gemeinfaßliche Darstellung 1903.
98 Vgl. die Anlagen zu den Gesetzen und Verordnungen sowie Gerichtsentscheidungen betreffend Nahrungs- und Genußmittel sowie Gebrauchsgegenstände, Heft 1 (1912) bis Heft 6 (1915) über Honig, Speisefette und Speiseöle, Essig und Essigessenz, Käse, Kaffee, Kaffeeersatzstoffe.

Reich«[99] und schließlich Auszüge aus den Gerichtsentscheidungen betreffend das Nahrungsmittelgesetz.[100] Die Ahndung von »Nahrungsmittelfälschungen« zeigte langfristig Erfolg. Während Milchproben in den 1870er Jahren noch über die Hälfte verdorben, mit Wasser gestreckt oder durch Beimischungen wie Kalk verfälscht waren, stellt Richard Evans für Hamburg fest, dass sich die Verfälschungen von Milch in den 1920er Jahren auf weniger als drei Prozent beliefen.[101]

5.1.8 Standortpolitik als anthropographisches Netzwerk

Die Beziehung zu unterschiedlichen Behörden und Institutionen wurde begünstigt durch ein sorgfältig gesponnenes anthropogeographisches Netzwerk. Seit den ersten Jahren seines Bestehens war dem Gesundheitsamt bei der Standortwahl an kurzen Dienstwegen gelegen. Der Dienstsitz in der Luisenstraße erschien aus zweierlei Gründen ideal. Einerseits lag das Amt in unmittelbarer Nachbarschaft zur Charité und der Tierarzneischule. Aus der Charité bezog das Gesundheitsamt für seine Versuche Versuchsmaterial von Kranken wie Sputum und Organproben. Die Tierarzneischule stellte dem Gesundheitsamt Erreger zur Verfügung und beherbergte darüber hinaus einen Teil der Versuchstiere.[102] Nach dem Umzug auf die Schöneberger Wiesen an den Rand Moabits kompensierte die Nähe zum Krankenhaus Moabit und zu einer Anzahl von wissenschaftlichen Einrichtungen der Technischen Hochschule in Charlottenburg die Entfernung zur Charité, Tierarzneischule und zu den Reichsbehörden und -ämtern, die gleichzeitig durch die Nähe zur Stadtbahn abgemildert wurde.[103] Auch bei der Standortwahl der neuen Biologischen Abteilung des Gesundheitsamtes Ende der 1890er Jahre spielte die Nachbarschaft

---

99 KGA, Experimentelle und kritische Beiträge zur Neubearbeitung der Vereinbarungen: Zur einheitlichen Untersuchung und Beurteilung von Nahrungs- und Genußmitteln sowie Gebrauchsgegenständen für das Deutsche Reich, 3 Bde., Berlin 1911, 1914, 1923.
100 Die Gerichtsentscheidungen wurden auch in der wöchentlich erscheinenden VKGA abgedruckt.
101 Eine 1878 auf private Initiative durchgeführte Untersuchung von 47 Milchproben ergab, das 36 Proben – also achtzig Prozent – verfälscht waren, vgl. Evans, Tod 1990, S. 227, die Verbesserung in den 1920er Jahren S. 664. Die Installation der Nahrungsmittelkontrolle wird hier nur kurz skizziert. Der Prozess zog sich über Jahrzehnte hin und war durch zahlreiche Probleme gekennzeichnet, die allerdings sukzessive überwunden werden konnten, ausführlich Hüntelmann, Kooperation 2006.
102 Vgl. Zöbl, Zentrum, S. 204, 220.
103 Ebd., S. 224 f.

zum Botanischen Garten, zum Botanischen Museum und zur Botanischen Zentralstelle für die Kolonien eine Rolle.

Zweitens bestach der Standort des Gesundheitsamtes in der Luisenstraße abgesehen von der kartographischen Nachbarschaft zu wissenschaftlichen Einrichtungen durch seine Nähe zu den obersten Reichsbehörden: Das Gesundheitsamt lag keine fünfzehn Gehminuten vom Kanzleramt entfernt. Die Suche nach geeigneten Standorten zwischen 1889 und 1893 erwies sich auch deshalb als schwierig, weil Grundstücke in Regierungsnähe zu teuer waren und günstiges Bauland in der städtischen Peripherie als Alternative mit der Argumentation Köhlers ausschied, die »Geschäfte des Gesundheitsamtes bedingen täglich persönlichen Verkehr mit Behörden«. Das Gesundheitsamt pflege »Wechselbeziehungen zu den übrigen Reichsverwaltungsbehörden« und anderen Institutionen in der Stadt.[104]

Der neue Standort in Moabit war mit seinem Stadtbahnanschluss ein für alle Seiten akzeptabler Kompromiss. Eine seit der Teilung des Gesundheitsamtes auf die Standorte Moabit und Dahlem-Lichterfelde bis in die 1920er Jahre hinein immer wieder diskutierte vollständige Verlegung und Zusammenführung des Gesundheitsamtes nach Dahlem widersetzte sich der Präsident des Amtes erfolgreich. In einer handschriftlichen Notiz, angefertigt nach einer Unterredung im Reichsschatzamt, artikulierte der Präsident dezidiert seine Bedenken. Allen mit der Standortteilung verbundenen Nachteilen zum Trotz sorgte sich Franz Bumm um den Einfluss seiner Behörde beim Reichsamt des Innern, den »coordinierten Reichsbehörden« und zahlreichen preußischen Ministerien, zu denen das Gesundheitsamt in regem Austausch stand und eine stete Fühlungnahme zur Aufgabenbewältigung unerlässlich schien. Bumm befürchtete, bei einer vollständigen Verlagerung und Abschiebung »in die Provinz« nach Dahlem würden anstelle des Gesundheitsamtes andere Behörden zu Gehör gelangen. »Mit jedem Kilometer Entfernung von Berlin wird in geometrischer Progression der Einfluß u. die Bedeutung« des Gesundheitsamtes sinken.[105]

---

104 Briefentwurf DKGA an StsdI, 26.2.1889, BA Berlin, R 86/794; Zöbl, Zentrum, S. 223.
105 Geheim – Notiz zu den Akten, 18.2.1907, BA Berlin, R 86/797; Zöbl, Zentrum, S. 281.

5.1.9 Beziehungsverwaltung und Organisation

Das Kaiserliche Gesundheitsamt war eingebunden in ein filigranes vertikales (Reich, Kommunen, Länder), horizontales (Vereine, Institutionen, Militär, Industrie) und personelles Netzwerk. Die »Beziehungsverwaltung« dieser sensiblen Konstruktion erforderte Organisationstalent und diplomatisches Geschick. Betrachtet man das Gesundheitsamt aus einiger Entfernung, so ist die Vereinnahmung wechselseitig, und je nach Blickwinkel wird das Gesundheitsamt selbst von den *pressure groups* für deren Zwecke instrumentalisiert. Es galt in den wechselseitigen Beziehungen die Balance zu finden zwischen den Ansprüchen des Gesundheitsamtes und den Ansprüchen der verbundenen Institutionen und Personen.

Robert Koch, Max Rubner, die ordentlichen und außerordentlichen Mitglieder des Gesundheitsamtes instrumentalisierten das Gesundheitsamt vice versa für ihre eigenen Zwecke. Im Idealfall herrschte Interessenkongruenz. Robert Koch handelte bei der Bekämpfung des Typhus durchaus nicht altruistisch im »Namen des Staates« zum »Wohle des Deutschen Volkes«, des Gesundheitsamtes oder des Instituts für Infektionskrankheiten, sondern er suchte einen Ausweg aus seiner persönlichen wissenschaftlichen Krise. Die »Bekämpfung des Typhus« füllt gleichfalls ein Kapitel in einer Geschichte des Instituts für Infektionskrankheiten.[106] Die Vielzahl von Interessen galt es im Sinne des Gesundheitsamtes zu kanalisieren und die wechselseitigen Ansprüche auszugleichen, damit die Attraktivität des Gesundheitsamtes als Beziehungspartner auch zukünftig erhalten blieb.

Ein ausgeprägt wissenschaftspolitisches und -organisatorisches Geschick bestätigt Ulrich Sucker dem Direktor des Gesundheitsamtes Köhler bei der Gründung der Biologischen Abteilung im Gesundheitsamt. Köhler spielte »eine herausragende Rolle im Organisationsprozeß« in seinen Bemühungen zur Errichtung einer Reichsanstalt für Bakteriologie und Pflanzenschutz.[107] Diese Bemühungen sind umso höher einzuschätzen, als es Köhler gelang, die »Biologische Versuchsanstalt« vorerst unter die Fittiche des Gesundheitsamtes zu nehmen und die Einflusssphäre seiner Behörde auszudehnen.

Nach dem Ersten Weltkrieg versuchte gleichfalls Köhlers Nachfolger im Amt, Franz Bumm, den Einflussbereich seiner Behörde auszudehnen

---

106 Ein anderes Beispiel für die gegenseitige Vereinnahmung wäre die Schlafkrankheitsexpedition Kochs, vgl. Gradmann, Krankheit 2005, S. 297-336.
107 Vgl. Sucker, Anfänge 1998, S. 27-180, das Zitat S. 111.

und die Ersatzmittelabteilung des in Auflösung begriffenen Kriegsernährungsamtes in das Gesundheitsamt zu integrieren.[108] Dieser Versuch misslang ebenso, wie die Bemühungen scheiterten, die Medizinalstatistik vor dem Zugriff des Statistischen Reichsamtes zu schützen. Die Gründe für die relative Bedeutungsabnahme liegen in der Veränderung der Netzwerkkonstellation. Die Pensionierung Köhlers steht symptomatisch für den Generationswechsel, der kurz nach der Jahrhundertwende in den Gesundheitsinstitutionen einzusetzen begann. Ein Jahr vor Köhler ließ sich Robert Koch in den Ruhestand versetzen, und ihm folgten in den nächsten Jahren seine Schüler. Die Netzwerkbindungen waren zwar an die Funktion gebunden, die persönliche Bekanntschaft und die informellen Beziehungen verfestigten jedoch die formellen Verbindungen. Während der fachliche und persönliche Ursprungs- und Bezugspunkt der ersten Generation von Bakteriologen das Kaiserliche Gesundheitsamt war, so nahm diesen Bezugspunkt der jeweilige Lehrstuhl ein, das Hygieneinstitut, an dem die zweite Generation die prägende fachliche Initiierung erhalten hatte.

Zweitens konnte Köhler die Netzwerke virtuoser knüpfen, weil es zwischen Mitte der 1880er und Ende der 1890er neue Akteure gab, die ihre eigene Position erst finden mussten und über die Kooperation zu einem etablierten Akteur ihre eigene Position zu festigen beabsichtigten. Unter der Präsidentschaft Bumms gab es nicht nur keine neuen, Anschluss suchenden Institutionen mehr, sondern während des Krieges und in der Nachkriegszeit konkurrierten die Gesundheitsinstitutionen um die knappen Ressourcen.

Die Netzwerkstruktur des Gesundheitsamtes bestand aus einer Vielzahl von lose geknüpften Beziehungen. Um die Qualität eines Netzwerkes zu untersuchen, unterscheidet man in der soziologischen Netzwerktheorie zwischen starken Beziehungen (*strong ties*) und schwachen

---

108 In einer gutachtlichen Äußerung zur »Zukunft der Ersatzmittelabteilung« wurde die Zusammenarbeit zwischen dem KEA und dem KGA hervorgehoben. Die Verselbständigung der Ersatzmittelabteilung lehnte das Gesundheitsamt ab. »Eine Einreihung der Ersatzmittelabteilung in das Rmin.d.I. kommt wohl schon wegen des vorübergehenden Charakters ihrer Tätigkeit nicht in Betracht und würde zudem eine unmittelbare Ueberordnung dieser Abteilung über das GA [Gesundheitsamt, ACH] mit sich bringen, was in Anbetracht der jahrzehntelangen Erfahrungen des GA auf diesem Gebiete höchst unerwünscht wäre. Unter diesen Umständen würde es am zweckmäßigsten erscheinen, die Ersatzmittelabteilung für die Dauer ihrer noch bevorstehenden Tätigkeit und ihres Abbaus unmittelbar dem Gesundheitsamt anzugliedern.« Das Gutachten befindet sich im BA Berlin, R 86/2049. Der Versuch schlug allerdings fehl, die Ersatzmittelabteilung ging später in unterschiedlichen Ministerien auf.

Beziehungen (*weak ties*). *Strong ties* sind kennzeichnend für Solidargemeinschaften wie beispielsweise Familien oder religiöse Gemeinschaften. *Strong ties* schaffen Vertrauen, geben Rückhalt und sind die Grundlage für sozialen Einfluss. Die Anzahl der Akteure ist aufgrund der starken Verbindung beschränkt und nach außen hin oftmals abgeschlossen. Die Beziehungen der Akteure sind arbeitsintensiv und erfordern viel Zeit und Aufmerksamkeit. Zur Bewältigung umfangreicher Arbeiten oder zur Durchsetzung von Normen sind aufgrund der engen Beziehungen und der geringen Reibungsverluste, aber auch aufgrund der direkten Beobachtung und Sanktionierung *strong ties* unabdingbar. Andererseits können *strong ties* durch die äußerliche Abschottung soziale Konflikte mit anderen Netzwerken oder Teilgruppen schüren. Gleichwohl ist der Aufbau personeller und kollektiver Identitäten ohne *strong ties* kaum denkbar.[109]

Indes zeichnen sich *weak ties* durch lose Verbindungen zwischen den Akteuren aus, die den nachhaltigen Rückhalt zwischen den Beteiligten missen lassen. Der Vorteil von *weak ties* liegt vor allem im Austausch von verschiedenartigen und neuen Informationen. Zu diesem Zweck können *weak ties* auch große Distanzen in Netzwerken überbrücken und sind von Bedeutung für Innovations-, Modernisierungs- und Diffusionsprozesse.[110] Wegen der nur losen Verbindung müssen die Netzwerkakteure die Verbindlichkeit prüfen und gegebenenfalls an veränderte Entwicklungen angleichen. Der Netzwerkakteur muss seine Attraktivität für die anderen Netzwerkteilnehmer »pflegen« – wie Karl Köhler dies Ulrich Sucker zufolge gelungen ist.

Die Attraktivität des Gesundheitsamtes für institutionelle und individuelle Netzwerkteilnehmer bestand in der Aktualität der untersuchten Probleme, der wissenschaftlichen Innovationskraft und der Modernität der vertretenen Wissenschaft. Während sich die Bakteriologie in Köhlers Amtszeit auf dem Höhepunkt ihrer Wirkmächtigkeit befand, war der Stern der Bakteriologie in Konkurrenz mit der Sozialhygiene und der Vererbungslehre in den 1920er Jahren im Sinken begriffen. Durch das Festhalten an eine die soziale Umwelt vernachlässigende Bakteriologie verpasste die Behörde in der Amtszeit Bumms den wissenschaftlichen Anschluss. Sie verlor somit ihre Attraktivität für andere Netzwerkteilnehmer. Erst mit dem von Carl Hamel vollzogenen Richtungswechsel konnte auch die wissenschaftliche Bedeutung der Behörde wieder steigen. Diese Neuausrichtung wurde von Hans Reiter durch die Berücksichtigung der

---

109 Zusammenfassend Jansen, Netzwerke 2000, S. 38-42.
110 Zu *strong ties* und *weak ties* Jansen, Netzwerke 2000, S. 38-42.

Rassenhygiene weiterverfolgt – mehr noch: Auch der politische Stil und das Auftreten der Behörde wurde an die veränderten Rahmenbedingungen angepasst und durch politisches *Networking* untermauert. Konzeptionell war das Gesundheitsamt als eine kompetenzlose Behörde angelegt. Mit dem systematischen Ausbau seiner viel- und wechselseitigen Beziehungen hin zu einem engmaschigen Netzwerk vermochte die Behörde eine informelle Machtposition aufzubauen. Das Gesundheitsamt verfügte durch die Zusammenarbeit mit Reichs- und Landesbehörden, mit wissenschaftlichen Institutionen und Vereinen sowie durch die Kontakte zur chemischen Industrie über ein Netzwerk, mittels dessen es sich auch ohne eigene Kompetenzen Gehör verschaffen und seine Interessen, Aufgaben und Ziele durchsetzen konnte. Aus der organisatorischen Schwäche heraus entwickelte das Gesundheitsamt ein weit verzweigtes anthropogeographisches, interpersonelles, interdisziplinäres und multiinstitutionelles (Kommunikations-)Netzwerk, ein System der beratenden Unabkömmlichkeit, so dass man zur Jahrhundertwende Vertreter des Reichsgesundheitsamtes in den Schaltstellen biopolitischer Macht findet. Man könnte mit Mark Granovetter auch von der *Strength of weak ties* sprechen.[111]

Die Herbeiführung von Entscheidungen in Netzwerkstrukturen benötigte zwar mehr Zeit und einen höheren Koordinationsaufwand, um die einzelnen Interessen miteinander in Einklang zu bringen und auszutarieren, doch sind die föderal-konsensual erzielten Ergebnisse allumfassender und meist von längerer Dauer als aufoktroyierte Entscheidungen. Das Funktionieren solcher Netzwerke oszilliert dabei zwischen Kooperation, Konkurrenz und Kontrolle. Die Oszillation zeigt auch die Schwierigkeit auf, dass man nicht immer den aktiv Handelnden zu identifizieren vermag. Auf unterschiedlichen Ebenen gab es eine Vielzahl unsichtbarer Akteure, deren implizite Interessen und Vorgaben mitgedacht und die nur in einer differenzierten Analyse identifiziert werden können. Man könnte auch von einem modifizierten Modell des Fleck'schen Denkkollektivs sprechen, insofern, als die Entscheidungen und Prozesse nie von einigen handlungsleitenden Personen herbeigeführt werden, sondern immer von einem Kollektiv, in dem die impulsgebenden Kräfte sich abwechseln.

Diese Interpretation soll jedoch nicht suggerieren, das Gesundheitsamt habe bewusst ein Netzwerk konstruiert, auch wenn der Eindruck einer planvoll gestalteten Behörde entstehen mag, die sich von einem »Zeitschriftenauswertungsbüro« zu einem »Quasigesundheitsministerium«

---

111 Vgl. Granovetter, Strength 1973; ders., Strength 1982.

Abb. 10 Bacteriologen-Conferenz im Kaiserlichen Gesundheitsamt am 19. und 20. October 1899
Vordere Reihe sitzend von links nach rechts: Dirksen, Th. Thierfelder, Josef Forster, Franz Hofmann, Plagge, Karl Köhler, Battlehner, Carl Flügge, Max Rubner, Friedrich Loeffler, Franz Knauff, Martin Kirchner, Max Schottelius.
Zwischenreihe ganz links Paul Frosch und Carl Fraenkel, mittig Edgar Wutzdorff, Mitte rechts Georg Sticker.
Hintere Reihe von links nach rechts: Erich Wernicke, Ernst Scheuerlen, Ludwig Heim, Hermann Kossel, August Gärtner, Ruge, Eduard Pfuhl, Georg Gaffky, Wilhelm Renk, Karl Bernhard Lehmann, Paul Musehold, Albrecht Burkhardt, Kurtz, Albert Maassen, Paul Ehrlich, Bernhard August Weber, Wilhelm P. Dunbar.
Ganz hinten vereinzelt linke Hälfte: Kurse, Friedrich Fischer, Finkler, Beneke – und rechte Hälfte: Boeder, Jaeger, Overbeck, Hans Buchner, Martius, Richard Pfeiffer.

entwickelt hat. Eine solche Gradlinigkeit täuscht darüber hinweg, dass man Lösungen zu ganz konkreten Problemen gesucht hat. Netzwerke zeichnen sich vielmehr durch ihre ungeplante und gleichsam gewachsene Struktur aus. Das Gesundheitsamt musste die Strukturen aus einer Schwäche heraus aufbauen, um überhaupt agieren zu können. Erst im Nachhinein hat sich die engmaschige Struktur als tragfähig erwiesen. Dieses multiple Netzwerk soll nachfolgend um eine weitere Dimension erweitert werden: das Netzwerk Wissenschaft.

5.2 Gesundheit, Wissenschaft, Gesundheitswissenschaft – Die Verwissenschaftlichung der Hygiene

In seiner Denkschrift definierte Heinrich Struck die wissenschaftlichen Handlungsstrategien des Gesundheitsamtes. Die »Zweige der staatlichen Wohlfahrtsfürsorge« seien darauf angewiesen, »sich unter steter Ausnutzung der Ermittelungen der Gesundheitswissenschaft in zeitgemäßer Weise zu vervollkommnen und im Bedürfnißfalle ihre Arbeitsziele und Wege ganz umzugestalten«. Die öffentliche Gesundheitspflege müsse zu einer förmlichen Wissenschaft erhoben werden, damit »dieselbe in ausgiebiger Weise als Grundlage für Anbahnung besserer allgemein-sanitärer Verhältnisse zu verwerthen« sei. Struck sah die Notwendigkeit, »daß das Gesundheitsamt wissenschaftliche Untersuchungen anstellen muß und zwar in größtem Maßstabe«.[112] Eines der Hauptziele der medizinischen Zentralstelle im Reich müsse darin liegen, den Gedanken der Verwissenschaftlichung »zur Verwirklichung zu führen«. Primäres Ziel des Gesundheitsamtes war nach Struck die Manifestierung bestehenden hygienischen Wissens und die Generierung einer neuen Gesundheitswissenschaft.[113]

Zwischen dieser Gesundheitswissenschaft und der Politik sah sich das Gesundheitsamt als Mittler. »Das Gesundheitsamt bildet innerhalb der Reichsverwaltung das Vermittlungsorgan zwischen der reinen Wissenschaft und dem öffentlichen Leben.«[114] Es galt auf der einen Seite des Informationsflusses, die Probleme und Fragestellungen aus der Politik in die Wissenschaft hineinzutragen. Nach der Wissensgenerierung floss der »Wissensstrom« von der Wissenschaft über den Katalysator Gesundheitsamt zurück in die Politik. Der Katalysator generiert in einem Zwi-

---

112 Vgl. die Erwiderung des Kommissarius des Bundesrates Struck in der Reichstagsdebatte in den SB des Reichstages, 3. LP, 2. Session, 12. Sitzung vom 2.3.1878.
113 Vgl. Struck, Denkschrift 1878, S. 2 f., 19.
114 So auch bei Möllers (Hg.), Gesundheitswesen 1923, S. 4.

schenschritt Vorschläge für Handlungsanweisungen zur Bekämpfung von Krankheiten und letztlich zur Hebung und Verbesserung der »Volksgesundheit«.[115] Das Gesundheitsamt fungierte in diesem Rückfluss als Berater der Politik. Die Durchführung der vorgeschlagenen und schließlich erlassenen Gesetze wurde vom Gesundheitsamt überwacht, etwaige Missachtungen angezeigt und durch eine medizinalpolizeiliche Kontrollinstanz geahndet. Der Erfolg der Maßnahmen konnte über installierte statistische Erhebungen kontrolliert und möglichen Fehlentwicklungen entgegengesteuert werden. Es handelte sich um ein geschlossenes System, an dessen zentraler Schalt- und Vermittlungsstelle das Gesundheitsamt positioniert war, das seine Stellung durch zahlreiche Netzwerke verfestigte und absicherte.

5.2.1 Die Ausdifferenzierung der Bakteriologie

Die zentralen lebenswissenschaftlichen Paradigmen im Betrachtungszeitraum waren die Hygiene und die Bakteriologie.[116] Den Bezug zwischen dem Gesundheitsamt einerseits und der wissenschaftlichen Hygiene und Bakteriologie andererseits gilt es zu skizzieren und die diffusen Begriffsfelder voneinander abzugrenzen. »Die Hygiene ist eines der Zauberworte der Moderne.«[117] Die Hygiene ist zu unterscheiden in private und öffentliche Hygiene. Die private Hygiene als individuelle Körperhygiene und Reinlichkeitsnorm beschreibt Manuel Frey; als Diskursgeschichte beschreibt sie Philipp Sarasin in seiner Geschichte des Körpers.[118] Beide Monographien beginnen mit ihren Untersuchungen in der Mitte des 18. Jahrhunderts. Gemeinsam ist den Werken auch die Beschreibung der Hygiene im Vergesellschaftungsprozess als Sujet der Selbst- und Fremddisziplinierung. Die Mechanismen der Selbst- und Fremdkontrolle sind dabei eng miteinander verknüpft. Die bürgerliche Hygiene wurde ab

---

115 Die Gesetze wurden in den VKGA veröffentlicht. In einigen wissenschaftlichen Arbeiten wurde direkt im Anschluss an die Forschungsergebnisse oder Gutachten ein Gesetzesentwurf präsentiert, beispielsweise Wolffhügel, Gebrauchsgegenstände 1887; Sell, Erläuterungen 1887; ders., Erläuterungen 1889; Windisch, Erläuterungen 1896; Schmidt, Beiträge 1903; im Sonderband AKGA 10 (1896) zur Choleraepidemie im Reich; Wutzdorff, Akkumulatorenfabriken 1899; ders., Thomasschlackenmühlen 1899; ders., Zinkhütten 1900; Musehold, Untersuchungen 1899; im Sonderband AKGA 16 (1899) zur Pest; KGA, Belehrung 1912.
116 Zum Begriff des Paradigmas Kuhn, Struktur 1976 (OA 1962).
117 Sarasin, Maschinen 2001, S. 17; ähnlich auch Frevert, Belagerung 1985, S. 421.
118 Frey, Bürger 1997; Sarasin, Maschinen 2001; vgl. auch die kulturwissenschaftlichen Aufsätze von Gosmann, Spieker, Sippel, Rinke und Ohlsen in dem Sammelband Löneke/Spieker (Hg.), Reinliche Leiber 1996.

1800 zur einheitlichen sozialen Praxis und zu einem normativen Deutungsmuster. Die Mediziner wollten über die »Kontrolle der Köpfe« die »Normierung des Körpers« erreichen. Reinlichkeit wurde zum sozialen Ordnungsmodell.[119] Die private Hygiene ließ sich über die *sex res non naturales* aus der galenischen Humoralmedizin in die Naturphilosophie einbinden. Objekt der Hygiene war im Gegensatz zur Medizin nicht die Krankheit, sondern die Gesundheit des Menschen. Die Hygiene hatte den Anspruch, nicht weniger als eine »Glückseligkeitslehre für das physische Leben des Menschen zu sein«.[120] Carl Emmert definierte in der Gründungszeit des Gesundheitsamtes Hygiene als Gesundheitslehre oder Gesundheitspflege, die alles umfasst,

> »was sich auf die Erhaltung der Gesundheit, des physischen Wohls der Menschen bezieht, und bildet so gewissermaßen einen Gegensatz zu der Krankheitslehre, welche sich mit der Besorgung und Heilung der Krankheiten befasst; jene sucht also die Krankheiten oder Gesundheitsstörungen zu vermeiden und zu verhüten, diese, wenn sie da sind, zu beseitigen und zu heilen; besser ist es natürlich, wenn letzteres nicht nothwendig wird, und ist deßhalb der Hygiene jedenfalls die größte Aufmerksamkeit zuzuwenden, ohne jedoch die Krankheitslehre zu vernachlässigen, da diese ja das zu verbessern und zu korrigieren die Aufgabe hat, was die Hygiene nicht zu verhüten im Stande war und das ist einstweilen noch sehr Vieles.«[121]

Die Autoren unterschieden in »Hygieine für den Einzelnen wie für eine Bevölkerung« – zwischen privater und öffentlicher Hygiene.[122] Als normatives Deutungsmuster entfaltete sich der Begriff Gesundheit »im zentralen Spannungsfeld Öffentlichkeit – Privatsphäre und eignet sich dazu, die Entwicklung von Individuen und Gesellschaften in ihrer Gesamtheit zu umschreiben«.[123] Der Verknüpfungspunkt zwischen privater und öffentlicher Hygiene lag in der Beschränkung der privaten Hygiene durch den sozialen Industrialisierungs- und Modernisierungsprozess. Stimmten die sozialen und ökologischen Rahmenbedingungen nicht, waren auch

---

119 Frey, Bürger 1997, S. 121; bei Sarasin, Maschinen 2001, S. 265 wird die Normierung der Reinlichkeit als Verstaatlichungsprozess beschrieben.
120 Vgl. die sechste gänzlich von Moritz Schreber umgearbeitete und vermehrte Neuauflage des Werkes von Philipp Hartmann von 1808, Schreber, Glückseligkeitslehre 1863.
121 Emmert, Gesundheitspflege 1877, S. 5. Emmert kann hier angeführt werden als eine Definition von vielen.
122 Vgl. Oesterlen, Handbuch 1851, S. 2; Emmert, Gesundheitspflege 1877, S. 5.
123 Frey, Bürger 1997, S. 12.

die privathygienischen Bemühungen des Einzelnen zum Scheitern verurteilt. Dem Staat oblag daher die Aufgabe, die Rahmenbedingungen durch die öffentliche Gesundheitspflege zu gewährleisten.

Friedrich Oesterlen befand sich nach Labisch mit seinem Handbuch der Hygiene bereits im »Scheidewasser der experimentellen Hygiene«. Diese wollte die Hygiene losgelöst wissen von sittlich-moralischer Diätetik und an die Erkenntnisse der wissenschaftlich-empirischen Naturwissenschaften anknüpfen. Die »Naturhygiene« wurde besonders in der Sektion für öffentliche Gesundheitspflege und Medizinalreform in der Gesellschaft deutscher Naturforscher und Ärzte und dem Deutschen Verein für öffentliche Gesundheitspflege protegiert.[124] Die hinlänglich bekannten Protagonisten dieser Sektion betrieben kontinuierlich die weitere Verwissenschaftlichung der Hygiene. Die Initiierung des Gesundheitsamtes und die Verwissenschaftlichung der Hygiene waren Teil der Professionalisierungsstrategie der deutschen Ärzteschaft. Die Strategie der Mediziner wurde jedoch sowohl in dem einen als auch im anderen Fall durchkreuzt. Die Mediziner sahen sich nach Gründung des Gesundheitsamtes für die Zwecke des Staates vereinnahmt. Die Konstituierung der Hygiene ließ sich nur im Verbund mit Kommunalbeamten, Ingenieuren und Chemikern verwirklichen, und manche Mediziner bangten um ihr Deutungsmonopol. Virchow kritisierte anlässlich der Teilnahme von Architekten und Ingenieuren an den »Naturforscher-Versammlungen« fragend: Ob sich Techniker so gut auf die Lehre von epidemischen und ansteckenden Krankheiten verständen, dass man meine, die Medizinalpolizei sei ohne Ingenieure nicht mehr zu handhaben?[125] Die fächerübergreifende Zusammenarbeit führte jedoch zum gewünschten Ziel. In den 1880er und 1890er Jahren entstanden zahlreiche Lehrstühle für Hygiene. An der Entwicklung der wissenschaftlichen Hygiene lassen sich exemplarisch die Merkmale des Fleck'schen Denkkollektivs aufzeigen.[126]

In der *Geschichte der Associationsbestrebungen auf dem Gebiete der wissenschaftlichen und praktischen Heilkunde* werden zahlreiche vergangene Bemühungen der Ärzteschaft auf dem Gebiet der öffentlichen Gesundheitspflege angeführt, denen kein Erfolg beschieden war. Doch seit Mitte der 1860er Jahre meinte der Autor Friedrich Wilhelm Beneke, Licht am Ende des Tunnels erkennen zu können. Mit der Gründung des Niederrheinischen Vereins für öffentliche Gesundheitspflege und der Sektion

---

124 Vgl. Labisch, Homo 1992, S. 120-123; Brand, Vierteljahresschrift 1986, S. 17-20.
125 Vgl. Virchow, Bemerkungen 1872, S. 91 f.
126 Vgl. Fleck, Entstehung 1999 (OA 1935).

für öffentliche Gesundheitspflege in der Gesellschaft deutscher Naturforscher und Ärzte sei ein vielversprechender Anfang gemacht.[127]
Die Forschungs- und Diskussionsergebnisse der Vereine drängten an die Öffentlichkeit. Peu à peu wurde 1869 die *Deutsche Vierteljahrsschrift für öffentliche Gesundheitspflege*, nach einem gescheiterten Versuch 1872 das *Correspondenz-Blatt des Niederrheinischen Vereins für öffentliche Gesundheitspflege*, im gleichen Jahr die *Verhandlungen der Deutschen Gesellschaft für Öffentliche Gesundheitspflege zu Berlin* und später zahlreiche ähnlich lautende Zeitschriften kommunaler Gesundheitsvereine[128] von den jeweiligen Interessenvertretern publiziert. Als bedeutende überregionale Zeitschrift erschien ferner 1875 die Zeitschrift *Gesundheit. Zeitschrift für öffentliche und private Hygiene*, 1877 die *Veröffentlichungen des Kaiserlich Deutschen Gesundheitsamtes*, 1881 die *Mittheilungen aus dem Kaiserlichen Gesundheitsamte* (ab 1886 als *Arbeiten aus dem Kaiserlichen Gesundheitsamte* fortgeführt) und 1883 das von Pettenkofer gegründete *Archiv für Hygiene*, 1885 das *Centralblatt für Parasitenkunde* (ab 1896 auch für Infektionskrankheiten) und 1886 die von Robert Koch herausgegebene *Zeitschrift für Hygiene*, die 1892 in *Zeitschrift für Hygiene und Infektionskrankheiten, medizinische Mikrobiologie, Immunologie und Virologie* umbenannt und die nach mehreren Namensänderungen bis heute fortgeführt wird.

In den 1890er Jahren wurden zahllose Zeitschriften gegründet, die sich auf unterschiedliche Bereiche spezialisiert hatten. Auf die Periodika folgte eine unüberschaubare Zahl von Literatur zum Thema Hygiene, öffentliche Gesundheitspflege und Bakteriologie[129] sowie umfangreiche Hand- und Lehrbücher zur Hygiene.[130] Mit der Implementierung des Faches Hygiene in den Lehr- und Prüfungsplan der Medizin 1883 entstanden zahlreiche neue Ordinariate für Hygiene und Forschungseinrichtun-

---

127   Vgl. Beneke, Geschichte 1870, S. 26-29; zum 1866 gegründeten NVÖG Labisch, Homo 1992, S. 127 f. Kein Erfolg war der *Zeitschrift für Hygieine* (1860), dem *Monatsblatt für medicinische Statistik und öffentliche Gesundheitspflege* (1856-1870), dem *Bericht des Comites für Öffentliche Gesundheitspflege* in Köln (1867/1868), der *Zeitschrift für Epidemiologie und öffentliche Gesundheitspflege* (1866-1870) beschieden.
128   Magdeburg (1872), Hannover (1875), Elsass-Lothringen (1876), Wien (1877), Nürnberg (1877), Braunschweig (1878).
129   Vgl. die KGA, Verzeichniß 1886; dass., Verzeichniß 1902.
130   Nowak (1881), Pettenkofer (1882-1894), Flügge (1889), Uffelmann (1890), Rubner (1890) Weyl (1893-1901), Hueppe (1899), Rubner (1911-1923), Fischer (1912), Abel (1915). Gesundheitskonzeption und Handbücher in der Weimarer Republik und im Nationalsozialismus bei Maitra, Reiter 2001.

gen.¹³¹ Allen institutionellen Neugründungen voran ging die Gründung des Kaiserlichen Gesundheitsamtes 1876. In München war für Max von Pettenkofer 1879 das Institut für Hygiene errichtet worden, dem folgte 1891 das auf Robert Koch zugeschnittene Preußische Institut für Infektionskrankheiten in Berlin und 1900 das Institut für Schiffs- und Tropenkrankheiten in Hamburg. Die zur Bekämpfung des Typhus eingerichteten so genannten Seuchenwachen wurden in eigenständige Forschungsinstitute umgewandelt. Neben den größtenteils für Mediziner und Spezialisten bestimmten Tagungen wurden etliche populärwissenschaftliche Ausstellungen veranstaltet.¹³² Schließlich kam es zur Ausdifferenzierung der Hygiene als universitäres Lehrfach in Bakteriologie, Sozialhygiene, Rassenhygiene und Ernährungslehre.

5.2.2 Bakteriologische Denkstilbildung

Die Denkstilbildung in der Bakteriologie soll am Beispiel des Gesundheitsamtes konkretisiert werden. In der Geschichte der obersten Gesundheitsbehörde des Reiches lassen sich die ersten Dekaden als eine Phase der Bestandsaufnahme charakterisieren: als Generierung von Wissen. »Schon frühzeitig ergab sich für das Gesundheitsamt die Nothwendigkeit, auf experimentellem Wege an der Erforschung der Ursachen der Infektionskrankheiten selbstthätig Theil zu nehmen, zumal besondere hygienische Institute, welche diesen Zweig der Forschung sich zur Hauptaufgabe hätten machen können, zur Zeit nicht bestanden.«¹³³

In diesem Sinne wurden in den ersten Jahren zahlreiche experimentelle Forschungen über Mikroorganismen begonnen, die geeignet erschienen, »der bis dahin auf diesem Gebiete herrschenden Unsicherheit eine verlässliche wissenschaftliche Unterlage für praktische Maßnahmen zu schaffen und damit dem Gesundheitsamt für seine gutachtliche Thätigkeit die erforderliche sichere Basis zu geben«.¹³⁴ In Ermangelung wissen-

---

131 Seit 1865 existierte ein Lehrstuhl für Hygiene in München und seit 1878 in Leipzig. Nach der Prüfungsrevision wurden, ohne Anspruch auf Vollständigkeit, Lehrstühle 1883 in Göttingen, 1885 in Berlin, 1887 in Breslau und Marburg, 1888 in Greifswald und Gießen, 1889 in Prag und 1894 in Basel gegründet.

132 Die Teilnahme an den Weltausstellungen, die Hygiene-Ausstellung in Berlin 1907 und in Dresden 1911 und 1930/1931, die Gesolei in Düsseldorf 1926 und Ausstellungen zur Hygiene und zum Sanitätswesen.

133 KGA, Festschrift 1886, S. 35.

134 KGA, Festschrift 1886, S. 35 f.; vgl. im ersten Band der MKGA Koch, Aetiologie 1881; ders., Untersuchung 1881; im zweiten Band der MKGA Koch, Aetiologie 1884; Gaffky, Aetiologie 1884; im ersten Band der AKGA Loeffler, Aetiologie 1886; der gesonderte dritte Band der AKGA 1887 zur Erforschung der Cholera.

schaftlicher Grundlagen sah sich das Gesundheitsamt veranlasst, »die Rolle einer hygienischen Versuchsanstalt zu übernehmen und sich die Wege für seine experimentelle Thätigkeit theilweise selbst zu bahnen und zu ebnen, bevor es sich für fähig halten konnte, nach allen Richtungen hin für die Praxis der öffentlichen Gesundheitspflege Verwerthbares und Massgebendes zu leisten«.[135] Doch mit den Entdeckungen möchte das Gesundheitsamt nicht in Konkurrenz treten »mit anderen für die Verfolgung lediglich wissenschaftlicher Ziele gegründeten Lehr- und Versuchsanstalten«, sondern nur die Basis für die weitere, darauf aufbauende Arbeit schaffen.[136]

Die vom Direktor des Gesundheitsamtes beschriebenen Entdeckungen waren ein neuer wissenschaftlicher Kontinent: die Mikrobiologie – die Bakteriologie. Der französische Chemiker Louis Pasteur konnte 1857 in Gärungsprozessen erstmals zweifelsfrei nachweisen, dass es die seit Jahrhunderten diskutierten Mikroorganismen wirklich gab. Im Deutschen Reich war Robert Koch mit dem Nachweis des Erregers der Wundinfektion der wissenschaftliche Durchbruch gelungen. Die bisherigen vielfältigen Krankheitsursachen wurden durch eine Krankheitsursache – einen spezifischen Krankheitserreger – abgelöst. »Lebensweise und soziale Verhältnisse z. B. sind nur noch mittelbar für das Seuchengeschehen interessant. Der entscheidende Ansatzpunkt für alles Handeln ist der Mikroorganismus.«[137] Der Durchbruch beruhte im Wesentlichen auf der neuen technischen Anwendung optischer Mittel: der Einfärbung von Bakterien, deren Sichtbarmachung unter dem Mikroskop und der photographischen Repräsentation der Ergebnisse in der Öffentlichkeit.[138] Um den Krankheitserreger eindeutig als Krankheitsursache nachweisen zu können, entwickelte Koch eine feststehende Folge von Verfahrensanweisungen. Diese wurden in den Koch'schen Postulaten kodifiziert. Der Dreischritt begann mit dem Nachweis eines spezifischen Erregers in einem kranken Organismus, zweitens hatte man den Erreger zu isolieren und in Reinkultur zu züchten, um drittens im (Tier-)Experiment die

---

135 Vorrede, MKGA 2 (1884).
136 Vgl. Vorwort, MKGA 1 (1881). So wies RGA, Festschrift 1926, S. 32 darauf hin, dass man bei der Protozoenforschung erst auf theoretischem Gebiet habe forschen müssen, bevor man praktischen Nutzen erwarten konnte.
137 Schlich, Gegenstand 1995, S. 144.
138 Vgl. die photographische Abbildung von Mikroorganismen Koch, Untersuchung 1881; die Entwicklung chronologisch Möllers, Koch 1950, Kap. XIV. Zur Photographie als Ausdruck einer wissenschaftlich objektiven Wiedergabe tatsächlicher Gegebenheiten, die »wichtiger als der Gegenstand selbst sein konnten«, Schlich, Gegenstand 1995; ders., Repräsentation 1997.

Krankheit mittels der gezüchteten Kultur wieder zum Ausbruch zu bringen.[139] Mit der auf dieser Weise erfolgten Identifizierung weiterer Krankheitserreger am Gesundheitsamt erlangte das Verfahren als notwendige Voraussetzung für den Nachweis spezifischer Krankheitserreger allgemeine Gültigkeit. Mit der Identifizierung eines spezifischen Erregers als Krankheitsursache konnten seine Lebens- und Verhaltensweisen und seine Pathogenität erforscht werden mit dem Ziel, ein geeignetes Desinfektionsmittel zur sicheren Abtötung des Krankheitserregers oder ein spezifisch wirksames Therapeutikum zu finden.[140]

Die Methoden zum Nachweis von Mikroorganismen wurden in den darauf folgenden Jahren kontinuierlich verbessert. Über die einzelnen Verfahrensschritte hinaus wurden die Techniken der Darstellung und des Betrachtens von Bakterien sowie die Deutung der Ergebnisse standardisiert. Die identifizierten Erreger wurden kartographiert bzw. photographiert, um das Erkennen in der Praxis zu erleichtern und zu objektivieren.[141] Gleichfalls wurden die Verfahren der Kulturation und die Färbetechniken zur Visualisierung der Bakterien vervollkommnet.[142] Die normierten Techniken wurden über Handbücher verbreitet, in Kursen vermittelt und mit der Implementierung der Hygiene als medizinisches Lehrfach an den Universitäten gelehrt. Während sich beispielsweise Friedrich Loeffler noch mühsam die einzelnen Arbeitstechniken erarbeiten musste, bis er einwandfrei den spezifischen Erreger der Diphtherie nachweisen konnte, und in der Publikation jeder Arbeitsschritt detailliert ausgeführt werden musste, um ihn objektiv nachvollziehbar zu machen, konnten sich Medizinstudenten diese Fertigkeiten nur wenige Jahre später über das *Bakteriologische Taschenbuch* oder andere Lehrbücher rasch

---

139 Vgl. Evans, Tod 1990, S. 330-363; Labisch, Homo 1992, S. 132-141; ausführlich über die exakte Vorgehensweise als Voraussetzung für valide Ergebnisse Carter, Postulates 1985; ders., Rise 2003; Schlich, Gegenstand 1995; kulturwissenschaftlich die Erfolgsbedingungen Kausalität, Artkonstanz und Repräsentatio reflektierend Briese, Angst 2003, S. 316-348.
140 Zur Spezität und spezifischen Wirksamkeit Mazumdar, Species 1995. Als idealtypisches Therapeutikum, als so genannte Zauberkugeln, die sich chemotherapeutisch unmittelbar gegen den Krankheitsverursacher, aber nicht gegen den Organismus richteten, galten die im Diphtherieserum enthaltenen Antitoxine.
141 Vgl. Fraenkel/Pfeiffer, Mikrophotographischer Atlas 1892; Kolle/Wassermann (Hg.), Handbuch 1902-1909; Kraus/Uhlenhuth (Hg.), Handbuch 1923-1924; Crary, Techniken 1996; die Repräsentation und Visualisierung als »mechanische Objektivität« in Daston/Galison, Objektivität 2007.
142 Beispielsweise Hueppe, Methoden 1891 (OA 1885); Ehrlich (Hg.), Encyklopädie 1903.

aneignen.¹⁴³ Mit der Archivierung bakteriologischer »Tatsachen« in den Hand- und Lehrbüchern wurde nicht nur der Fortschritt in der Medizin dokumentiert, sondern unbekannte Krankheitserreger von bereits verifizierten Ergebnissen abgegrenzt und neue Arbeitsfelder erschlossen. Durch die Standardisierung und Normierung der Verfahren konnten die experimentellen Arbeiten rationeller ausgeführt und die wissenschaftliche Publikation der Forschungsresultate kürzer dargestellt werden, da die in den Handbüchern kodifizierten Arbeitsschritte nicht mehr en détail erläutert werden mussten. Damit veränderten sich auch das Erscheinungsbild und der Status der Artikel in den *Mittheilungen* und *Arbeiten aus dem Kaiserlichen Gesundheitsamte*. In den ersten Jahrgängen wurden in umfangreichen Aufsätzen die Arbeiten ausführlich dargestellt und nur wenige und überwiegend Publikationen aus den 1860er, 1850er und 1840er Jahren, teils passagenweise wörtlich und in der Originalsprache, zitiert. Es fanden sich kaum Tabellenwerke beigefügt – dafür allerdings aufwendige photolithographische Tafeln und Photogramme – und die Ergebnisse wurden insgesamt eher in einem narrativen Stil verfasst.

Dies änderte sich Anfang der 1890er Jahre. Die Aufsätze waren vom Seitenumfang geringer, die Themen spezialisierter und weniger grundlegend, der Stil wissenschaftlich knapp, die Aufsätze erhielten einen fortlaufend nummerierten Anmerkungsapparat und teilweise eine Literaturliste, die Zitationsangaben waren meist nur wenige Jahre alt, und der Anlass zur Publikation war oft der direkte Bezug zu einer vorherigen Forschungsarbeit.¹⁴⁴ In den nachfolgenden Jahren wurden die Artikel immer kleinteiliger. Zur Übersichtlichkeit wurden unterschiedliche Serien eingerichtet,¹⁴⁵ und umfangreichere Themen und statistische Erhebungen erschienen in gesonderten Bänden.¹⁴⁶ In der Weimarer Republik verloren

---

143 Vgl. Loeffler, Untersuchungen 1884; ausführlich in Kap. 3.3.2. Das bakteriologische Taschenbuch mit den wichtigsten technischen Vorschriften zur bakteriologischen Laboratoriumsarbeit erschien in fast dreißig Auflagen bis in die 1920er Jahre, Abel, Taschenbuch (12. Aufl.) 1908; zum bakteriologischen Denkstil und zur Geschichte der Bakteriologie Berger, Bakterien 2007, Teil I.
144 Vgl. MKGA und AKGA 1 (1886) bis 10 (1896).
145 So die Sammlung von Gutachten über Flussverunreinigungen, die Mitteilungen aus den Deutschen Schutzgebieten, die Mitteilungen aus den verschiedenen Laboratorien des Gesundheitsamtes.
146 Bereits AKGA 3 (1887) über die Cholera in Indien, AKGA 10 (1896) über die Cholera im Deutschen Reich, AKGA 16 (1899) über die Pest, AKGA 31 (1911) über die Schlafkrankheit, AKGA 37 (1911) über die Syphilis, AKGA 41 (1912) über die Typhusbekämpfung sowie die zahlreichen Sonderbände zu den Ergebnissen der amtlichen Weinstatistik, vgl. AKGA 35 (1910), 39 (1911), 42 (1912), 46 (1913), 49 (1914).

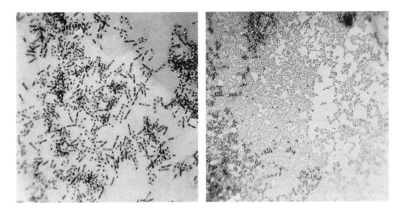

Abb. 11 Lithographische Darstellungen von Krankheitserregern

die *Arbeiten aus dem Reichsgesundheitsamt* ihren Status als Originalmitteilungen – sie bildeten nur noch eine Sammlung von Sonderdrucken unterschiedlichster Periodika, die unter dem Dach der behördeneigenen Zeitschrift vereinigt wurden.[147]
An der Vielzahl der Zeitschriften lässt sich die ganze Bandbreite der Tätigkeit, aber auch die Ausdifferenzierung der Hygiene ablesen.[148] Insgesamt war man im Gesundheitsamt bemüht, alle Forschungsergebnisse,

147 So hieß es in einer undatierten Notiz von Wilhelm Kerp im Geschäftsbericht gegen Ende des Jahres 1922, die ungünstigen Verhältnisse ließen es nicht mehr zu, dass die Bände wie bisher gedruckt würden. Sie erschienen zukünftig erst in den einschlägigen Fachzeitschriften. Die Sonderdrucke würden dann zu Sammelheften unter dem bisherigen Titel *Arbeiten aus dem Reichsgesundheitsamt* vereinigt, vgl. BA Berlin, R 86/4273; die »Ungunst der Verhältnisse« im Vorwort der ARGA 53 (1923), S. I.
148 In den Jahrgängen von 1930 und 1931 befinden sich im medizinisch-hygienischen Bereich Sonderdrucke aus dem *Archiv für Hygiene*, dem *Archiv für soziale Hygiene und Demographie*, dem *Zentralblatt für Gewerbehygiene und Unfallverhütung*, der DMW und der *Münchener Medizinischen Wochenschrift*, der Medizinischen und *Klinischen Wochenschrift*, der *Medizinischen Welt – Ärztliche Wochenschrift*, der *Deutschen Zeitschrift für Chirurgie*, der *Zeitschrift für Urologie*, der *Zeitschrift für Tuberkulose*, der *Zeitschrift für Desinfektions- und Gesundheitswesen*; aus dem hygienisch-chemischen Bereich und der Gebiet der Lebensmittelhygiene die *Zeitschrift für Untersuchung der Lebensmittel*, die *Chemiker-Zeitung*, die *Chemische Fabrik*, die *Pharmazeutische Zeitung*, dem *Gesundheits-Ingenieur*, die *Zeitschrift für Fleisch- und Milchhygiene*; aus dem bakteriologischen Bereich ist anzuführen das *Zentralblatt für Bakteriologie, Parasitenkunde und Infektionskrankheiten*, die *Zeitschrift für Immunitätsforschung und experimentelle Therapie*, das *Archiv für experimentelle Zellforschung*; aus dem veterinärmedizinischen Bereich die *Zeitschrift für Infektionskrankheiten, parasitäre Krankheiten und Hygiene der Haus-*

Denkschriften und Gutachten sowie die statistischen Erhebungen der Öffentlichkeit zu präsentieren. Unterbliebe die Veröffentlichung der experimentellen Forschung und »Bekanntgabe des Ergebnisses dieser Forschungen, da geht deren Gesamtzweck verloren«.[149]

Wichtig war nicht nur die Generierung von Wissen, sondern auch die Verankerung des neu gewonnenen Wissens in der *scientific community*. Die wesentliche Aufgabe des Gesundheitsamtes bestand darin, maßgeblich auf die Umwandlung bestehender und die Generierung neuer Wissenszweige hinsichtlich der öffentlichen Erfordernisse Einfluss zu nehmen. Diese Manifestierung geschah unter anderem über Netzwerke. Die verschiedenen Interessengruppen – Gesundheitsbewegungen, Ärzte und Politiker – forderten gleichzeitig die Ergebnisse aus dem Gesundheitsamt ein. Die Wissensgenese ist daher weniger als Implantat in die Gesellschaft durch das Gesundheitsamt, sondern vielmehr als ein wechselseitiger Prozess der Vergesellschaftung zu verstehen. Die Wissensgenese galt es durch Formalisierung von persönlichen Bindungen unabhängig zu machen und die Etablierung der neuen Gesundheitswissenschaft im Sinne des Gesundheitsamtes in den bestehenden Wissenskanon abzusichern. Dies geschah konkret durch die Wandlung des pharmazeutischen, veterinär- und humanmedizinischen universitären Lehrplanes und die nachhaltige Kontrolle der herbeigeführten Veränderung auf deren Einhaltung. In ihrem 1877 erstellten Gutachten zur Revision der Prüfungsordnung im Fach Medizin betonten die Mitglieder des Gesundheitsamtes, dass »der praktische Arzt in der Hygiene ausgebildet sei und sich über sein Wissen in derselben legitimiert«.

»Alles in der Heilwissenschaft drängt darauf, Krankheiten nicht blos zu heilen, wo sie sich uns entgegenstellen, sondern sie zu verhüten, wo sie zu verhüten sind und ihre äußeren Ursachen zu erkennen. Dazu ist aber vor Allem der Arzt berufen. Ihm ist es vorläufig nur allein möglich, die Schäden zu verfolgen und kennen zu lernen, welche sich dem gesundheitlichen Leben der Menschen entgegenstellen und eine Abhülfe dagegen zu vermitteln. Die dafür nothwendige Kenntniss lässt sich jedoch nur an einer gediegenen Hochschule gewinnen und nicht durch Privatstudien. Sie bildet daher einen nothwendigen integrierenden Theil des allgemeinen medicinischen Studiums und muß umso-

---

tiere, das *Archiv für Tierheilkunde*, die *Zeitschrift für Veterinärkunde*, die *Deutsche* und die *Berliner Tierärztliche Wochenschrift* oder das *Archiv für Geflügelkunde*.

149 PRGA an den RMF, 28.12.1920 in Erwiderung auf die Forderung zur Reduzierung der Druckkosten für die Veröffentlichungsorgane des Gesundheitsamtes, BA Berlin, R 86/768.

mehr als Prüfungsgegenstand mit gelten, als die Zukunft der Medizin in den Händen dieser jungen Wissenschaft liegt und es Sache der Aerzte sein wird, diesen Wissenschaftszweig mit fördern und praktisch ausbilden zu helfen.«[150]
Die Hygiene wurde 1883 als Prüfungsfach in die Prüfungsordnung aufgenommen. Die Ausführung der neuen Prüfungen war zwar Ländersache, allerdings wurden die Akten über die Prüfungen nach Beendigung des jeweiligen Prüfungsjahres zur Kontrolle dem Reichskanzler zugesandt und dem Gesundheitsamt zur Durchsicht überwiesen. Bei der Durchsicht der ersten Jahrgänge traten »mannigfaltige Ungleichheiten in der Ausführung der Prüfungsvorschriften zu Tage«. Diese Missstände konnten durch eine erneute Revision beseitigt werden.[151]

5.2.3 Wissenschaftliche Widersprüche und konkurrente Konflikte

Der Denkstil »Hygiene« war kein widerspruchsfreies kohärentes System. Lange vor Etablierung des ersten Lehrstuhles war bei Ausbruch der Cholera 1831/1832 der Jahrhunderte währende Streit zwischen Kontagionisten und Lokalisten voll entbrannt. Wurde die Krankheit durch ortsgebundene Miasmen ausgelöst oder durch kleinste unsichtbare Mikroorganismen?[152] Mit der Bestallung Kochs zum ordentlichen Mitglied des Gesundheitsamtes wurden die Koch'schen Postulate das Dogma der obersten Reichsbehörde – spätestens nach der Identifizierung des Tuberkuloseerregers. In gleichem Maße, wie die Bakteriologie am Gesundheitsamt gefördert und ausgebaut wurde, verringerte sich der Anteil der Untersuchungen und Statistiken zur klimatischen Bedingtheit von Infektionskrankheiten.[153] Nahmen die Mitteilungen zur klimatischen Lage im Reich in den ersten Jahrgängen der *Veröffentlichungen des Kaiserlich Deutschen Gesundheitsamtes* einen prominenten Platz ein, so erfuhren bei der Umgestaltung des Blattes 1885 »vor Allem die meteorologischen Mittheilungen eine erhebliche Einschränkung«.[154]

---

150 Abänderungsvorschläge zu dem vom MGUMA aufgestellten Entwurfe zu einer Bekanntmachung betreffend die Prüfung der Ärzte, 17.6.1877, BA Berlin, R 86/1495, das Zitat auf S. 18 f.
151 Vgl. KGA, Festschrift 1886, S. 15.
152 Vgl. Göckenjan, Kurieren 1985, S. 112.
153 Vgl. KGA, Festschrift 1886, S. 33-46.
154 Ebd., S. 19.

Trotz des Nachweises zahlreicher Krankheitserreger blieben Zweifel an der Gültigkeit der Erregerlehre bestehen.[155] Die Konflikte zwischen Koch und Pasteur[156] oder Koch und Virchow sind mittlerweile legendär.[157] Rudolf Virchow hatte die Bakteriologie abgelehnt, weil die Fokussierung auf einen Krankheitserreger den Blick auf die Zelle als die Grundlage aller Lebenserscheinungen verstelle.[158] Erst in den 1890er Jahren näherte sich Virchow – wohl letztlich auch unter dem Druck des wissenschaftlichen Erfolges – der kontagionistischen Theorie an und nahm Constantin Goschler zufolge eine Mittelposition zwischen Koch und Pettenkofer ein.[159] Die wissenschaftlichen Streitigkeiten zwischen der Dispositionslehre Pettenkofers und der Erregerlehre Kochs sollten schließlich Anfang des 20. Jahrhunderts vor Gericht ausgetragen werden.[160]

Das Gesundheitsamt sah sich in seiner wissenschaftlichen Arbeit – und Denkstilbildung – in den ersten Jahren mannigfaltiger Kritik ausgesetzt. Die Herausgabe der *Mittheilungen aus dem Kaiserlichen Gesundheitsamte* rief im Reichstag scharfe Kritik hervor.[161] Dem Vorwurf des Abgeordneten Dr. Reichensperger, die Arbeiten seien zu wissenschaftlich und nicht für das breite Publikum – allein schon des Preises von 15 Mark wegen –

---

155 Zu den Erstbeschreibungen der Erreger Eckart, Geschichte 1994, im Anhang Tab. 1-5.
156 Der Gegensatz Koch–Pasteur bei Schlich, Gegenstand 1995, S. 146 f.; Mendelsohn, Cultures 1996, passim.
157 Vgl. Lammel, Virchow 1982.
158 Vgl. Sarasin, Visualisierung 2004, S. 250-253.
159 Vgl. Gradmann, Fehlschlag 1999, S. 47; anekdotisch die Darstellung bei Jaeckel, Charité 2001, S. 518-520; Goschler, Virchow 2002, S. 291.
160 Nach der Gelsenkirchener Typhusepidemie wurden die Direktoren der Wasserwerke für das nördlich-westfälische Kohlenrevier vor dem Essener Landgericht angeklagt, weil sie in den Sommermonaten die Einleitung ungefilterten Ruhrwassers in die Trinkwasserversorgung zu verantworten hatten. Die wissenschaftlichen Gutachter sollten nun klären, ob die Verbreitung des Typhuserregers über Trinkwasser möglich ist (Erregerlehre) oder nicht (Dispositionslehre). Die Anklage berief sich auf die Schule Kochs, die Verteidigung auf die Experten der Dispositionslehre. Das Gericht legte in seinem Urteilsspruch erstmalig fest, dass Trinkwasser kein Naturstoff, sondern ein Nahrungsmittel sei und unter das NMG falle. Die Direktoren wurden zu einer Geldstrafe wegen fahrlässiger, aber nicht vorsätzlicher Verfälschung von Trinkwasser verurteilt, siehe Weyer-von Schoultz, Typhusepidemie 2000.
161 Dagegen bezeichnete Carl Flügge in einer Rezension die Aufsätze in den *Mittheilungen* unter wissenschaftlichen Gesichtspunkten als das Beste, »was auf den berührten Gebieten von irgend einem wissenschaftlichen Institute geleistet« worden sei, die Rezension in der DVÖG 14 (1882), S. 488-499, das Zitat S. 488. In der DVÖG wurden auch die später erscheinenden Bände der *Arbeiten aus dem Kaiserlichen Gesundheitsamte* besprochen.

geeignet, vermochte der Direktor des Gesundheitsamtes problemlos mit dem notwendigen Zwang zur Wissenschaftlichkeit Paroli zu bieten.

Die Angriffe des Reichstagsabgeordneten und der anerkannten medizinischen »Celebrität« Virchow dagegen kränkten Heinrich Struck »in seiner persönlichen Ehre« so sehr, dass er sich im Anschluss an die Reichstagsdebatte zu einer Beschwerde beim Reichskanzler selbst veranlasst sah und »Genugtuung« und im Reichstag eine Richtigstellung der gegen das Gesundheitsamt erhobenen Vorwürfe forderte.[162] Virchow erklärte sich das »Durcheinander« der wechselnden Beantwortung der einzelnen Anfragen aus dem Reichstag durch den Direktor des Gesundheitsamtes Struck und den Kommissar des Bundesrates Köhler als Beamter des Reichsamtes des Innern[163] »aus der Unsicherheit der Kompetenz«.[164]

Ferner kritisierte Virchow den »polemischen Charakter« der wissenschaftlichen Arbeiten in den *Mittheilungen aus dem Kaiserlichen Gesundheitsamte*.[165] Die Arbeiten wären in mancher Beziehung zwar verdienstvoll, aber sie seien doch von sehr jungen Männern geschrieben worden und trügen »den Charakter der Jugend« in sich. Diese strittigen wissenschaftlichen Arbeiten würden durch ihr Erscheinen in einer behördeneigenen Publikation mit »einem autoritativen Charakter behaftet. Wenn eine solche unter der Firma des Reichsgesundheitsamtes publiziert wird, so sieht dies in der That nach viel mehr aus, als sie in Wirklichkeit ist«. Darüber hinaus schütze das Gesundheitsamt die Autoren, da man ihnen untersagt habe, sich an einer Diskussion der »hiesigen medizinischen Gesellschaft« über die strittigen Themen zu beteiligen.[166] Auf diese Weise komme man nicht »zur Findung der Wahrheit. Das Reichsgesundheitsamt hat nicht in erster Linie Autorität und erst in zweiter Linie Wahrheit zu suchen, sondern in erster Linie soll die Wahrheit stehen.« Wo die Wahrheit nicht an erster Stelle stünde, da sei »das Reichsgesundheitsamt

---

162 Vgl. den handschriftlichen Briefentwurf von Struck an den Reichskanzler, 9.12.1881, BA Berlin, R 86/2549.
163 Virchow vermochte – absichtlich? – keine unmittelbare Verbindung zwischen Karl Köhler und dem KGA herzustellen. Köhler war jedoch nicht nur im RAI für die Belange des KGA zuständig, sondern seit 1880 dessen außerordentliches Mitglied.
164 Siehe die Wortmeldung Virchows in den SB des Reichstages, 5. LP, 1. Session, 8. Sitzung am 2.12.1881.
165 Gemeint waren die Artikel von Koch, besonders die Untersuchung zu pathogenen Organismen.
166 Virchow lehnte Anfang der 1880er Jahre die Theorie von Mikroorganismen als Krankheitsursache ab. Die »jungen Autoren« wären in einer vom medizinischen Übervater Virchow geleiteten Diskussion gnadenlos bloßgestellt worden. Ein anekdotisches Beispiel können wir Jaeckel, Charité 2001, S. 518-520 entnehmen.

in der That ein Hemmniß für den Fortschritt der Wissenschaft«. Schließlich warf er dem Gesundheitsamt Langsamkeit bei der Bearbeitung der anstehenden Probleme vor.[167] Erst die erfolgreiche Bekämpfung der Cholera 1892 brachte die Kritiker der Bakteriologie zum Verstummen – der heroische Selbstversuch Pettenkofers konnte dem Siegeszug der Kontagienlehre nichts mehr entgegensetzen.[168] Die Lehre von Bakterien als Krankheitserregern – die das Gesundheitsamt maßgeblich vertreten und gegen vielfache Widerstände durchsetzen musste – hatte durch das Reichsseuchengesetz auch einen entscheidenden Sieg gegenüber der Pettenkofer'schen Dispositionslehre errungen.

5.2.4 Nationale wissenschaftliche Konkurrenz

Zu den innerwissenschaftlichen Kontroversen kamen die nationalen Rivalitäten zwischen Frankreich und dem Deutschen Reich. Zu einem persönlichen Zusammenstoß zwischen Koch und Pasteur kam es erstmals 1882 auf dem Kongress für Hygiene und Demographie.[169] Scharfe nationale Töne schlug Robert Koch auch bei der Vorstellung eines neuen Heilmittels gegen Tuberkulose auf dem X. Internationalen Medizinischen Kongress in Berlin an.[170]

Die Verbindung von Wissenschaft und Nationalismus wurde von Wissenschaft und Politik gleichermaßen forciert. Die jeweilige Regierung nutzte die Erfolge ihrer Wissenschaftler zur nationalen Profilierung. Als 1883 in Ägypten die Cholera ausbrach, schickten beide Regierungen gut ausgestattete Forschungsexpeditionen in das betroffene Gebiet.[171] Die Expeditionen kamen allerdings zu spät, die Epidemie war bereits erloschen. Während die französische Forschergruppe wieder nach Paris zurückkehrte, schiffte sich Robert Koch nach Kalkutta ein, wo die Cholera ende-

---

167 Virchow hatte wohl nicht vergessen, dass der preußischen Medizinaldeputation zehn Jahre zuvor derselbe Vorwurf in den Reichstagsdebatten zur Errichtung einer medizinischen Zentralbehörde gemacht wurde. Nun konnte er es mit gleicher Münze heimzahlen, vgl. zum Vorwurf Virchows die SB des Reichstages, 5. LP, 1. Session, 8. Sitzung am 2.12.1881. Ebenso hatte sich Virchow 1878 über die Denkschrift Strucks lustig gemacht, siehe die gegenüber dem PRKA geäußerte Klage Strucks über Virchows Bemerkungen in der preußischen Budgetkommission, 5.4.1878, BA Berlin, R 1501/110849.
168 Vgl. zum Choleracocktail Evans, Tod 1990, S. 618-638; Mendelsohn, Cultures 1996, S. 438-459; Briese, Angst 2003, S. 363.
169 Vgl. Möllers, Koch 1950, S. 134-136.
170 Vgl. Lenoir, Tempel 1992, S. 111.
171 Nationalismus als wissenschaftlicher Antriebsmotor bei Evans, Tod 1990, S. 344.

misch auftrat. Dort konnte er den Choleraerreger im Januar identifizieren und kultivieren. Seine wissenschaftliche Hartnäckigkeit dankten ihm das deutsche Volk und der deutsche Kaiser persönlich in einem öffentlichen Empfang und zahlreichen Auszeichnungen.[172]

Den wissenschaftlichen Wettlauf und den damit verbundenen Ruhm gewann die Forschergruppe, die als erste den gesuchten Krankheitserreger nachweisen konnte. Bei Ausbruch der Pest in Asien wurden 1894 gleichfalls deutsche und französische Forschergruppen nach Hongkong zur Erforschung des Krankheitserregers entsandt. Bei dieser »Erregerjagd« obsiegte der Pasteur-Schüler Alexandre Yersin. Er gilt seitdem als Entdecker des Pesterregers.

Der Wissensvorsprung sicherte den Forschern den öffentlichen Rückhalt und die notwendige staatliche Unterstützung – zumal die Forschungen enorme Summen verschlangen. Zur Schließung von Wissenslücken schreckten die Forscher auch vor zweifelhaften Methoden nicht zurück. Wissen wird im Austausch generiert und lässt sich nur schwer »wegschließen«. Zum Schutz seiner Arbeiten kontrollierte Louis Pasteur bei der Demonstration seiner unveröffentlichten Forschungsergebnisse die eintreffenden Zuschauer an der Eingangstür persönlich. Wer als Unbekannter keine schriftliche Einladung vorzeigen konnte, wurde abgewiesen.[173]

Auf deutscher Seite spionierte der Pasteur-Schüler André Chantemesse im November 1885 am Kaiserlichen Gesundheitsamt und im neuen Hygieneinstitut der Berliner Universität. Er verfasste einen detaillierten Bericht an Émile Roux in Paris über die Ausstattung der Räume, den Plan des neuen Laboratoriums und die Arbeitsmethoden.[174] Drei Jahre später schickte Roux seinen Assistenten Alexandre Yersin nach Berlin,[175] und 1891 folgte Waldemar Haffkine. Elias Metschnikow »besichtigte« in den 1890er Jahren regelmäßig bakteriologische Laboratorien deutscher Industrieunternehmen und deutscher Forschungseinrichtungen.[176]

---

172 Vgl. Evans, Tod 1990, S. 340-341; Gradmann, Labor 2003; ders., Krankheit 2005, S. 268-297; die biographischen Schilderungen bei Möllers, Koch 1950, S. 137-156.
173 Vgl. Mendelsohn, Cultures 1996, S. 277. Andererseits schreckte Pasteur nicht davor zurück, sich die Arbeitsergebnisse seiner Mitarbeiter anzueignen, siehe Geison, Private Science 1995.
174 Chantemesse an Roux, 4.11.1885, zitiert in Mendelsohn, Cultures 1996, S. 280.
175 Siehe den Reisebericht in den Tagebüchern Yersins, dort befindet sich auch ein Exzerpt des Loeffler-Artikels. Yersin hatte von 1888 bis 1890 zusammen mit Roux zur Diphtherie gearbeitet, vgl. die »Tagebücher« Yersins aus der Zeit im Archiv des Institut Pasteur, YER 1 und YER 2.
176 Vgl. Mendelsohn, Cultures 1996, S. 281 f.

Die Ergebnisse dieser »Forschungsreisen« konnten deutsche Wissenschaftler im Gegenzug in Paris besichtigen, denn das räumliche Forschungskonzept Kochs bildete die Grundlage für das 1888 errichtete Institut Pasteur. Vor dem Bau des neuen Instituts für Infektionskrankheiten besuchte ein Mitglied des Kaiserlichen Gesundheitsamtes zusammen mit einem Architekten das Institut Pasteur.[177] »The irony of this influence is now apparent, however, in light of the previous visits to and exhaustive analyses of Koch's university institute by Pastorians. Though the Prussian officials had no way of knowing it, they might have taken a much shorter trip – to the Hygienisches Institute in the Klosterstraße – in order to examine many of the distinguishing features of the Paris institution.«[178] Der wechselseitige »Austausch« hatte insbesondere »eine patriotische Seite«. Das neu zu errichtende Institut für Infektionskrankheiten musste sich mit der französischen Konkurrenz messen können und war eine nationale Angelegenheit.[179]

5.2.5 Ausdifferenzierung – Diffusion – Konkurrenz: Hygiene – Bakteriologie – Sozialhygiene – Rassenhygiene

Um die Jahrhundertwende befand sich die Bakteriologie in einer Krise. Der Enthusiasmus in dem Hochgefühl der 1880er Jahre war verflogen. Die Versprechen der Bakteriologie und die sich infolge dessen einstellenden Heilserwartungen der Öffentlichkeit konnten offensichtlich nicht erfüllt werden.[180] Ein Heilungserfolg in der Tuberkuloseforschung schien auf lange Zeit nicht absehbar, und das Vertrauen der Öffentlichkeit in die Fähigkeit Kochs war nach dem Tuberkulinskandal erschüttert.[181] Die Jagd nach immer neuen Krankheitserregern als »Forschungskonzept«, die Koch in immer entlegenere Landstriche der Erde führte, erwies sich mit

---

177 Bei Weindling, Elites 1992, S. 176 die irrige Annahme, Koch habe die Pläne aus Paris »kopiert«. Der an den DKGA adressierte Bericht wurde von Paul L. Friedrich nach einem Besuch im Institut Pasteur in Paris im Oktober 1890 verfasst, GStA PK, HA I, Rep. 76 VIII B, Nr. 3592.
178 Vgl. Mendelsohn, Cultures 1996, S. 298 f.
179 Althoff im preußischen Abgeordnetenhaus, 9.5.1891, zitiert in Eckart, Althoff 1991, S. 388-393.
180 Die Enttäuschung über ausbleibende Heilungserfolge betraf die Bakteriologen weltweit, vgl. Mendelsohn, Cultures 1996, 522-536, 575-579. Die enttäuschten Hoffnungen der bakteriologischen Hochzeit bei Adolf Gottstein, zitiert in Labisch, Hygiene 1986, S. 278.
181 Vgl. Opitz/Horn, Tuberkulinaffäre 1984; Elkeles, Tuberkulinrausch 1990; Gradmann, Money 1998; ders., Krankheit 2005, Kap. III.

zunehmender Konkurrenz als schwierig.[182] Zudem wurde Koch für die monokausale Fokussierung allein auf den Krankheitserreger als Krankheitsverursacher kritisiert. Mit der Ubiquität von Krankheitserregern – der Entdeckung von Tuberkulose- und Diphtherieerregern in augenscheinlich »Gesunden« – und der »Entdeckung der Toxine und der Anerkennung der pathogenen Funktion der artspezifischen und individuellen Disposition zerbrach dann die schöne Einfachheit einer Lehre«.[183]

Ein Kennzeichen moderner Gesellschaften ist die Arbeitsteilung. Wandte sich die Bakteriologie vermeintlich unpolitisch objektiver Laborforschung zu, reokupierte die Hygiene nach nur einer Forschergeneration moralische und politische Implikationen und bemängelte, »daß der Gesundheitssicherung eine offene Sinngebung« fehle.[184] Aus der Krise der Bakteriologie entwickelte sich die Sozialhygiene. Während die Bakteriologie auf die Vernichtung des Krankheitserregers abzielte, konzentrierte die Sozialhygiene ihren Blick auf die Pathogenität der sozialen Umwelt. Ihr populärster Vertreter war der 1920 auf den Lehrstuhl für Sozialhygiene in Berlin berufene Alfred Grotjahn.[185]

Dem Problem der latent virulenten Krankheitserreger traten die Bakteriologie und die Sozialhygiene mit unterschiedlichen Strategien entgegen. Die Bakteriologie konzentrierte sich ohne Berücksichtigung sozialer Bedingungen auf die Sanierung des so genannten Bazillenträgers, der, ohne selbst zu erkranken, unbemerkt den Erreger weitergeben konnte.[186] Mit der Identifizierung des Krankheitsträgers war es möglich, den diesem innewohnenden Krankheitserreger zu bekämpfen. Der Bazillenträger wurde isoliert und musste sich einer aufwendigen kurativen Behandlung unterziehen. Mit dem Keimnachweis der Tuberkulose im gesamten »Volkskörper« und der Allgegenwärtigkeit von Tuberkulosebazillen erschien dieser Kampf geradezu donquichottesque. Musste man auf den Bazillen- oder Parasitenträger keine Rücksicht nehmen, wie beispielsweise bei der Malaria oder der Kückenruhr, konnte man auch die Be-

---

182 Hueppe gebrauchte den Begriff »Bakterienjagd« in seiner »Selbstdarstellung«, vgl. Grote (Hg.), Medizin 1923, S. 11 (87); prominent de Kruif, Mikrobenjäger 1927. Zum forschungsstrategischen Problem der Erreger-Jagd Gradmann, Krankheit 2005, S. 26 f.
183 Vgl. Canguilhem, Normale 1974, S. 19.
184 Vgl. Labisch, Homo 1992, S. 123.
185 Zur Biographie Grotjahns siehe Roth, Schein-Alternativen 1984; Dieckhöfer/Kaspari, Tätigkeit 1986.
186 Vgl. in Mendelsohn, Cultures 1996, das Kapitel »The Golden Age of the Carrier, 1905-1925«; Wald, Contagious 2008, S. 68-113; die Metamorphosen des Carrier-Konzeptes in Rackham, Carrier 2001.

kämpfungskonzepte »effektiver« gestalten. Während die Malariabekämpfung den Vektor – die Anophelesmücke – ins Visier nahm,[187] zielte die Bekämpfung der Kückenruhr auf die »Ausmerzung aller klinisch kranken Kücken« ab. Unter epizootischen Gesichtspunkten habe eine Immunisierung zwar günstige Ergebnisse gebracht, jedoch würden die geimpften Hennen als »Bazillenträger« eine »dauernde Gefahr« für die gesunden Bestände darstellen. Daher müsse die Bekämpfung der Krankheit die Beseitigung aller Infektionsmöglichkeiten vorsehen.[188] Während bei der Bekämpfung des Typhus die Ausrottung der Krankheitserreger getrennt vom »Bazillenträger« durchgeführt wurde, ging man bei der Bekämpfung der Kückenruhr mit der »Ausmerzung« von Krankheitserreger und -träger wesentlich radikaler vor.[189]

187 Der Malaria-Erreger entwickelte sich im Zusammenspiel zwischen Mensch und Mücke. Mit der Vernichtung der Mücke konnte man diesen Kreislauf unterbrechen. Als »durchgreifende Sanierungsmaßnahmen« wurden die Trockenlegung von Sumpfflächen oder die Desinfektion von stehenden Gewässern mit Petroleum genannt, um präventiv die Weiterverbreitung des Malariaerregers zu verhindern. Zur Bekämpfung der Mücken wurde weiterhin die Verwendung von Insektenspritzmitteln wie beispielsweise »Nebeltod« empfohlen, vgl. KGA, Mückenplage 1911; Schuckmann, Versuche 1931.
188 Vgl. Beller, Kückenruhr 1926, S. 482 f.
189 Die konzeptionelle Verschiebung der Ausrottung des Krankheitserregers hin zur Ausrottung des (latent) Erkrankten – des Bazillenträgers – einerseits und die Verschiebung vom »Bazillenträger« hin zum Träger von Erbkrankheiten andererseits stellt ein Desiderat der Forschung dar. Hier sei auf die Verschiebung bei der Begründung zur Sterilisation von Tuberkulösen verwiesen. Während die Sterilisation oder die Schwangerschaftsunterbrechung im Kaiserreich in Erwägung gezogen und durchgeführt wurde, um die Tuberkulöse »zu schützen«, weil befürchtet wurde, dass sie die Schwangerschaft nicht überleben könnte, so zielten die Überlegungen von Otmar von Verschuer und Karl Diehl, die glaubten die erbliche Veranlagung von Tuberkulose nachzuweisen zu können, 1933 darauf ab, zukünftige Generationen und den »Volkskörper« und nicht mehr die Tuberkulöse zu schützen. In den besetzten polnischen Gebieten wurde 1941 schließlich die Ermordung von 20.000 bis 25.000 tuberkulosekranken Polen im »Warthegau« geplant, aber schließlich aus außenpolitischen Gründen nicht durchgeführt. Bei anderen als erblich erachteten Krankheiten wurde nach 1933 nicht nur der Krankheitserreger ausgerottet oder die Möglichkeit der Vermehrung durch Sterilisation unterbunden, sondern der Krankheitsträger physisch vernichtet, zur Sterilisation Tuberkulöser im Kaiserreich Hähner-Rombach, Sozialgeschichte 2000, S. 296-298, 303, 305; zur Sterilisation Tuberkulöser und zur »Tuberkulosefürsorge« im Nationalsozialismus Vossen, Gesundheitsämter 2001, S. 404-415, besonders 405, 415. Zur konzeptionellen Verschiebung von der Ansteckung zur Vererbung von Krankheiten und zur Einbindung von Faktoren der Disposition in die Epidemiologie siehe den Sammelband von Gaudillière/Löwy (Hg.), Heredity 2001.

Die Sozialhygiene richtete den Blick auf das auslösende Moment, denn obwohl ein Großteil der Bevölkerung mit dem Tuberkuloseerreger kontaminiert war, erkrankte nur ein geringer Prozentsatz. Als auslösendes Moment wurden die Lebens-, Nahrungs-, Wohnungs- und Arbeitsverhältnisse identifiziert – ursprünglich Themen der klassischen Hygiene. Über die Sozialhygiene hinaus bezog die Rassenhygiene in ihrer utopischen »Therapie« zukünftige Generationen und vermeintlich vererbbare Krankheiten mit ein.

Die schematische Gegenüberstellung von Bakteriologie hier und Sozial- und Rassenhygiene dort täuscht darüber hinweg, dass es Überschneidungen und konzeptionelle Zwischenstufen innerhalb der Bakteriologie und der Hygiene bei den einzelnen Vertretern gab und dass die Konzepte diachron einem Wandel unterworfen waren. Nach dem Ersten Weltkrieg wurde deutlich, dass die gegen den Erreger gerichteten bakteriologischen Bekämpfungskonzepte nur bedingt zum Erfolg führten. Zwar konnten die Tuberkulose- und Fleckfieberepidemien eingegrenzt werden, gleichwohl traten immer wieder spontan Erkrankungsfälle auf. Der Ausbruch der Influenza in Verbindung mit Erkrankungen wie Encephalitis oder Meningitis Ende des Ersten Weltkrieges und die Hilflosigkeit der Bakteriologen gegenüber der Pandemie führte zu Veränderungen in den bakteriologischen Bekämpfungskonzepten. Fred Neufeld, Mitarbeiter und seit 1917 Direktor des Instituts für Infektionskrankheiten, hatte bereits während des Krieges die rigiden Desinfektionsmaßnahmen gegenüber verdächtigen »Bazillenträgern« kritisiert.[190] Unter seiner Leitung wandte sich die preußische Einrichtung nach dem Ersten Weltkrieg insbesondere der Erforschung von Umweltfaktoren bei der Verursachung von Krankheit im Sinne einer experimentellen Epidemiologie zu.

Im Reichsgesundheitsamt beharrte man allerdings auf den traditionellen Ansichten zur Krankheitsbekämpfung. Der Sozial- und Rassenhygiene stand das Gesundheitsamt bis Mitte der 1920er Jahre distanziert gegenüber, und folglich wurden Themen zur Fürsorge, zur sozialen Bedingung und Umwelt von epidemischen Krankheiten oder zur Vererbung körperlicher oder »rassischer« Merkmale dort nur zögerlich und kritisch behandelt.[191] Eine von Mitarbeitern des Gesundheitsamtes ausgeführte Arbeit, die die gängigen sozial- und rassenhygienischen Thesen zur schädlichen »Wirkung des Alkohols auf die Keimzellen« und das Erbgut einer experimentellen Prüfung unterzogen hatte, kam zu einem vernich-

---

190 Zum Wandel der Bakteriologie Mendelsohn, Ausrottung 1999; Berger, Bakterien 2007.
191 Vgl. Thomann, Reichsgesundheitsamt 1983.

tenden Urteil über die bisherige Forschung auf diesem Gebiet.[192] Die vielfach zitierte Erbgutschädigung durch Alkohol sei experimentell in keinster Weise zufriedenstellend bewiesen.[193] Michael Hubenstorf zufolge habe die Zurückhaltung des Reichsgesundheitsamtes gegenüber sozialhygienischen Initiativen im Kaiserreich die Sozialhygieniker in die kommunalen Behörden und Ämter abgedrängt.[194] Die Reichsbehörde näherte sich zögerlich erst Mitte der 1920er Jahre unter dem Präsidenten Carl Hamel den therapeutischen Konzepten der Sozialhygiene an.[195] Anfang der 1930er Jahre erschienen einige Artikel zum Geburtenrückgang,[196] die sich der gängigen sozial- und rassenhygienischen Argumentationsmuster bedienten. Der Beitrag von Erich Hesse über »Volksentartung und Volksaufartung« ist bis 1933 der einzige Aufsatz in den *Arbeiten aus dem Reichsgesundheitsamt*, der mit der Forderung nach einer Sterilisation von »minderwertigen« Personen explizit rassenhygienische Positionen vertrat.[197]

In der Behörde begeisterte sich vornehmlich die Medizinische Abteilung für die in ihrem Ressort und ihrem Kompetenzbereich liegende Sozial- und Rassenhygiene.[198] Dies mag einerseits im Wechsel des Direk-

192 Vgl. Rost/Wolf, Frage 1925. Die bestehenden Tierversuche seien als Beweis für die keimzellenschädigende Wirkung angesehen worden: »man hat sich dabei aber nicht genügend vor Fehlschlüssen und Täuschungen geschützt. Keine der wissenschaftlichen Untersuchungen auf diesem Gebiet scheint auch nur annähernd einwandfrei, um Schlüsse so weitgehender Art zu ziehen, wie dies vielfach geschehen ist«, S. 579.
193 Ebd., S. 592. Die Autoren kamen zu dem Ergebnis, dass unter »so einwandfrei wie möglich gestalteten Versuchsbedingungen« eine Einwirkung des Alkohols auf das Allgemeinbefinden, die Tragedauer oder Gewicht der Versuchskaninchen sich nicht nachweisen ließ, »keimverderbende oder fruchtschädigende Wirkungen blieben aus«. Für die angebliche »Schädlichkeit des Alkohols auf die Nachkommen von Kaninchen hat sich experimentell auch nicht die geringste Stütze beibringen lassen.« Die Untersuchung zeigt letztlich, wie kritisch man den zumeist weitreichenden sozial- und rassenhygienischen Thesen gegenüberstand, die zudem aus Sicht der Bakteriologen nur deduktiv und nicht experimentell abgeleitet waren.
194 Hubenstorf, Exodus 1994, S. 378.
195 Vgl. RGA, Festschrift 1926, S. 130; BGA, 100 Jahre 1976, S. 40. Carl Hamel hatte in seiner Funktion als Vorsitzender des Reichsausschusses für hygienische Volksbelehrung die »Reichsgesundheitswoche« organisiert mit dem Ziel einer »systematischen ständigen sozialhygienischen Volksbelehrung«, resümierte lobend Keiner, 1927, S. 126.
196 Beispielsweise Dornedden, Geburtenrückgang 1931.
197 Vgl. Hesse, Volksentartung 1933.
198 Hier sind besonders die Mitarbeiter Gottfried Frey, Emil Eugen Roesle, Erich Hesse und Fritz Rott zu nennen, vgl. BA Berlin, R 86/2371.

torats der Medizinischen Abteilung begründet sein – auf Edgar Wutzdorff folgte Gottfried Frey.[199] Andererseits könnte die Interessenverschiebung im Sinne einer Neuorientierung auch durch die Abgabe der Medizinalstatistik an das Statistische Reichsamt und die damit frei gewordenen Kapazitäten in der Medizinischen Abteilung hervorgerufen worden sein. Franz Bumm als Präsident des Gesundheitsamtes stand »Zwangsmaßnahmen gegen entartete[n] Personen« – der Sterilisation – bis zum Ende seiner Amtszeit zurückhaltend gegenüber, »zumal die vorgeschlagenen Massnahmen ausserordentlich in die persönliche Freiheit des Einzelnen eingreifen würden.« Zunächst bedürfte noch eine Reihe von vererbungswissenschaftlichen Fragen der Klärung. Schließlich wolle man die Erfahrungen aus anderen Ländern abwarten.[200]

199 Biographische Daten zu Gottfried Frey in Labisch/Tennstedt, Weg 1985, S. 407 f.; die Personalakten in BA Berlin, R 86/183 und R 15.01/206414 f. Frey stand der Rassenhygiene positiv gegenüber. 1931 trat er in die NSDAP ein, und 1933 wechselte er ins preußische Innenministerium.

200 Das RMI habe sich im Benehmen mit dem RGA in den letzten Jahren wiederholt »mit der Frage einer etwaigen Sterilisierung von geistig Minderwertigen, verbrecherisch veranlagten und dgl. Personen« beschäftigen müssen, Abschrift RMI an das Auswärtige Amt betreffend »Zwangsmassnahmen gegen entartete Personen«, 23.4.1925, BA Berlin, R 86/2371. In einem Entwurf zur Änderung des Allgemeinen Deutschen Strafgesetzbuches zum § 228 trat das RGA zwar für eine freiwillige Sterilisation aus eugenischen Gründen durch den Arzt ein, lehnte aber eine Zwangssterilisation ab, der Entwurf ebd. Als ein Indiz für das mangelnde Interesse Bumms kann auch die Anfrage Bumms an das RMI am 16.11. 1920 gelten. Roesle hatte Bumm angezeigt, dass er vom preußischen Ministerium für Volkswohlfahrt in den seit einiger Zeit bestehenden Beirat für Rassenhygiene gewählt und zu einer Besprechung über die Gründung eines Beirats für Medizinalstatistik herangezogen worden sei. Bumm war von »einer solchen Einrichtung nichts bekannt«. Gleichwohl habe er Roesle zunächst die Erlaubnis erteilt, an einer Sitzung des Beirats für Rassenhygiene teilzunehmen. Das RMI solle klären, ob die Beiräte für Rassenhygiene und für Medizinalstatistik als ständige Einrichtungen geplant seien. Unter Umständen könne »Rösele durch eine stärkere Inanspruchnahme in diesen Vereinigungen seiner eigentlichen reichlichen Arbeit im RGA zu sehr entzogen« werden. Eine Anfrage über die Möglichkeit der Mitarbeit von Roesle sei Bumm vom preußischen Wohlfahrtsministerium nicht zugegangen. Das Schreiben zeigt m. E., dass Bumm über die rassenhygienischen Aktivitäten im preußischen Ministerium für Volkswohlfahrt weder informiert war noch informiert wurde, was für einen Leiter der obersten Medizinalbehörde ungewöhnlich ist. Dies belegt m. E. einerseits das Desinteresse Bumms an der Rassenhygiene, dem die medizinalstatistischen Arbeiten wichtiger waren, und andererseits auch, dass man sich dieses Desinteresses auch seitens der Rassenhygieniker bewusst war und es nicht für nötig befand, Bumm zu informieren, der Brief im BA Berlin, R 86/111653. Die Einstellung Franz Bumms kann hier nur hypothetisch formuliert werden, sein Bruder Ernst Bumm

Carl Hamel dagegen äußerte bereits als Ministerialdirigent im Reichsministerium des Innern »lebhaftes Interesse« für die Vorbereitung zum Internationalen Kongress für Vererbungswissenschaft. Kurz nach seiner Ernennung teilte der neue Präsident die Sorge des Ministerialrates Sperr, dass sich die farbigen »Mischlinge [die so genannten Rheinlandbastarde, ACH] in nicht ferner Zeit fortpflanzen können«. Er »verkenne die aus der Rassenvermischung hervorgehenden Gefahren nicht«. Im Gegensatz zu Bumm verwies Hamel in seiner Antwort darauf, dass für »eine Unfruchtbarmachung derartiger Mischlinge« im Reich noch keine Gesetzesgrundlage vorhanden sei und diese erst noch geschaffen werden müsse.[201]

Die vom Gesundheitsamt propagierte Hygiene verstand sich weniger als sanitäre oder eugenische Reform, sondern vielmehr als eine Unternehmung wissenschaftlicher Normsetzung.[202] Im Vordergrund der Untersuchungen standen die Verbreitung von Krankheiten und die Erforschung der Übertragungswege.[203] Das Gesundheitsamt wurde ex post da aktiv, wo sich Mängel offenbarten und Krankheitsherde ausbrachen.

kritisierte 1917 als Rektor der Berliner Universität die Eugenik. In der Beiratssitzung für Bevölkerungspolitik lehnte Ernst Bumm die Sterilisation ab, vgl. Weindling, Darwinsm 1991, S. 277. In einem am 29.3.1924 gehaltenen Referat über »Ehe und gesunde Nachkommenschaft« nahm Ernst Bumm dagegen mit Verve Partei für die neue Rassenhygiene. Zu dem Referat heißt es in einem für den PRGA angefertigten Protokoll, Erwin Baur, Koautor des rassenhygienischen Grundlagenwerkes Baur/Fischer/Lenz, habe die theoretische Seite erläutert, und Ernst Bumm ging auf die praktische Lösung der Fragen ein, das Protokoll in BA Berlin, R 86/2371, Bl. 215. Es könnte hypothetisch die Frage gestellt werden, ob Franz Bumm diese Wandlungen gleichfalls vollzogen hat. Gebunden an den Status als Medizinalbeamter und Vorsteher einer Reichsbehörde mag Franz die Meinung seines Bruders Ernst vielleicht geteilt haben, gleichwohl mussten die Aussagen erst wissenschaftlich einwandfrei – quasi bakteriologisch – bewiesen sein, bevor sie als Meinung des RGA öffentlich vertreten werden konnte. Zur Diskussion um die Sterilisation in der Weimarer Republik Bock, Zwangssterilisation 1986, Kap. I; Weindling, Health 1989, S. 441-457; Weingart u. a., Rasse 1996, S. 291-306; Vossen, Gesundheitsämter 2001, S. 155-172.
201 Der bayerische stellvertretende Bevollmächtigte zum Reichsrat, MR Sperr, an PRGA, 29.7.1927 und die Antwort Hamels als handschriftliche Notiz auf der Rückseite, BA Berlin, R 86/2371.
202 Vgl. Göckenjan, Kurieren 1985, S. 119.
203 Beispielsweise zur Übertragung durch den Eisenbahnverkehr Petri, Versuche 1894; zur Verbreitung der Tuberkulose über die Kuh in Milch und Butter Heim, Verhalten 1889; Petri, Nachweis 1898; zur Verbreitung in Gewässer und auf dem Boden Musehold, Widerstandsfähigkeit 1900; zur Verbreitung des Typhus Rimpau, Beitrag 1909; zur Übertragung durch Hühnereier Poppe, Frage 1910; zur Übertragung durch Insekten Schuberg/Kuhn, Übertragung 1911; KGA, Mückenplage 1911; RGA, Fliegenplage 1927.

Dies galt für die Tuberkulose und den Typhus ebenso wie für die Geschlechtskrankheiten. Nach dem gesellschaftlichen Schock über die Verbreitung der Geschlechtskrankheiten konzentrierte sich die Bekämpfungsstrategie des Gesundheitsamtes – wie bei der Tuberkulose auch – auf die Übertragungswege und deren Unterbrechung. Als Mitglied des Vorstandes der Deutschen Gesellschaft zur Bekämpfung der Geschlechtskrankheiten bildete der Präsident des Gesundheitsamtes die Opposition zu den Sittlichkeitsvereinen, deren Strategie auf Enthaltsamkeit und die moralisch-gesellschaftliche Stigmatisierung Geschlechtskranker gründete. Das Gesundheitsamt setzte sich für die Aufklärung und medizinische Gleichbehandlung bei der Versorgung Geschlechtskranker ein sowie in der Weimarer Republik für die Benutzung von so genannten Schutzmitteln.[204]

Ein innerer Widerspruch lag im Konzept der Bakteriologie und der Hygiene selbst. Das Konzept der deutschen Bakteriologie sah die Bekämpfung der Volksseuchen vor. Das Objekt der Bakteriologie war der Krankheitserreger – analog zum Konzept der Medizin, deren Objekt die Krankheit ist. Das Objekt der Hygiene dagegen ist – im Gegensatz zur Medizin – die Gesundheit.[205] Die Bakteriologie wird konzeptionell allerdings bei vielen Autoren der Hygiene zugerechnet – wie auch in dieser Arbeit die Ableitung der Bakteriologie aus der Hygiene unterstellt wurde. Hygiene und Bakteriologie standen jedoch wie ihre Protagonisten in einem Spannungsverhältnis zueinander.[206] Wie die Sozialhygiene sich nach 1900 mit der Krise der Bakteriologie sukzessive Wissensfelder der klassischen Hygiene zurückeroberte, hatten zuvor die Erfolge der Bakteriologie das Konzept der Hygiene delegitimiert und die Hygiene weitestgehend

---

204 Vgl. Sauerteig, Krankheit 1999, S. 131 f., 135, 235, 258, 273 f., zur Aufklärung und Schutzmittel versus moralische Enthaltsamkeit als Streitfrage innerhalb der Deutschen Gesellschaft zur Bekämpfung der Geschlechtskrankheiten S. 282 f. 1909 argumentierte Bumm noch gegen Schutzmittel, aber nicht aus moralischen Gründen, sondern weil Schutzmittel nicht zuverlässig handzuhaben seien und somit ein »unberechtigtes Gefühl der Sicherheit« erzeugen würden, S. 289, während des Ersten Weltkrieges kam es zu einem Stimmungsumschwung im RGR, S. 305 f. Trotz Skrupel verwies das RGA auf die »recht beträchtliche Schutzkraft« von Kondomen und befürwortete die Aufstellung von Kondomautomaten in öffentlichen Bedürfnisanstalten, S. 314 f.
205 Vgl. Canguilhem, Grenzen 1989, S. 81.
206 Wenngleich hier die Bakteriologie und die Sozialhygiene schematisch einander gegenübergestellt werden, so gab es natürlich inhaltliche und personelle Überschneidungen. Die Konzeptionen waren nicht statisch, sondern dynamisch und beeinflussten sich wechselseitig.

in den populärwissenschaftlichen Bereich abgedrängt.²⁰⁷ Die Einbindung der Bakteriologie in die übergeordnete Idee der Gesundheitspflege ließe sich m. E. erst unter Berücksichtigung eines zeitlichen Faktors schlüssig erklären. Mit der in die Zukunft gerichteten prophylaktischen »Ausrottung« von Krankheitskeimen ist die Bakteriologie im Sinne der Hygiene öffentliche Gesundheitspflege. Auf den »Volkskörper« bezogen wäre Bakteriologie im Sinne von Hygiene die präventive Vernichtung und die Desinfektion von Krankheitskeimen.²⁰⁸

5.2.6 Bakteriologische Deutungsmacht

Zurück zum Ausgangspunkt unserer Überlegung. Als Handlungsstrategie definierte Heinrich Struck die Generierung von Wissen. Dieses hygienische Wissen musste öffentlich kommuniziert und von den Adressaten angenommen werden.²⁰⁹ Im Untersuchungszeitraum schienen diese Voraussetzungen erfüllt: Politiker, Patienten und Wissenschaftler ließen sich auf die Handlungsanweisungen der Spezialisten des Gesundheitsamtes ein. »Um den Siegeszug der Bakteriologie zu verstehen, kann man eine Reihe von begünstigenden Kontext-Faktoren anführen. Dazu gehören neben innermedizinischen Entwicklungen auch gesellschaftliche Tendenzen außerhalb der Medizin. So wird häufig argumentiert, daß die Bakteriologie deshalb auf Akzeptanz stieß, weil sie mit politischen oder kulturellen Vorstellungen, mit professionellen und sozialen Interessen gut übereinstimmte.«²¹⁰

Das Gesundheitsamt produzierte seit seiner Gründung objektives, »wissenschaftliches, nicht parteiisches, nicht interessengeleitetes, um die Aufklärung der ›wirklichen‹ Zusammenhänge bemühtes Wissen«.²¹¹ Die Arbeiten Robert Kochs zeichneten sich mit ihrer wissenschaftlichen Praxis und ihrer innovativen Methodik und im Vergleich zu den Arbeiten anderer Wissenschaftler durch ihre Theorieabstinenz aus.²¹² Dieser

---

207 Vgl. Latour, Pasteurization 1988, S. 25 f., 43-51; Labisch, Homo 1992, S. 133 f., Sarasin, Maschinen 2001, S. 116 f.
208 Die präventive Funktion der Desinfektion bei Witzler, Großstadt 1995, S. 63 f.
209 Vgl. Shapin, Science 1990; Schwarz, Schlüssel 1999; Goschler, Wissenschaft 2000; auf die Komplexität von Öffentlichkeit und die notwendige Kommunikation zwischen den unterschiedlichen Öffentlichkeiten verweist Mah, Phantasies 2000.
210 Schlich, Gegenstand 1995, S. 145.
211 Abgewandelt Bröckling u. a., Gouvernementalität 2000, S. 19.
212 Vgl. Gradmann, Krankheit 2005, S. 10; Koch als Praktiker in Briese, Angst 2003, S. 373. Schlich, Gegenstand 1995, S. 154 hebt besonders die Bedeutung der Photographie in der Methodik Kochs hervor, die »von Anfang an als der Inbegriff

Zwang zur Wissenschaftlichkeit war das Erbe der empirisch-wissenschaftlichen Physiologie und Medizin in Anlehnung an die »exakten Naturwissenschaften«.[213] Die von Virchow geforderte wissenschaftliche Wahrhaftigkeit und objektive Expertise bildete das Fundament der Machtposition des Gesundheitsamtes. Auf diesem Fundament ließ sich nicht nur Krankheit erforschen, sondern auch in einem veränderten Umfeld die Krankheit bzw. vice versa der Zustand von Gesundheit neu definieren. Krank war nicht die Person, die sich krank fühlte, sondern die Krankheitskeime in sich tragende. Nicht mehr subjektives Empfinden war entscheidend, sondern objektiv messbare Laborwerte. In der Medizin konnte dies beispielsweise Volker Hess für die Praxis des »Fieber messens« aufzeigen. Fieber hatte nicht der sich fiebrig fühlende Kranke, sondern derjenige, bei dem sich eine erhöhte Temperatur nachweisen ließ.[214]

In dem weiten wissenschaftlichen Feld der Hygiene wurde der Zustand »Krankheit« neu konstruiert und definiert.[215] Läuse und geflügelte

einer objektiven Wiedergabe der Realität« galt; ebenso Daston/Galison, Objektivität 2007. Nach Sarasin, Maschinen 2001, S. 102 zeichnete sich die wissenschaftliche Hygiene in erster Linie durch das methodische Sammeln von Daten über eine als beherrschbar erscheinende Natur aus. Die Freiheit von der Theorie als Theorie löste die »medizinischen Theorien« ab, vgl. den Essay »Der Beitrag der Bakteriologie zum Untergang der ›medizinischen Theorien‹ im 19. Jahrhundert« in: Canguilhem, Wissenschaftsgeschichte 1979, S. 110-133.

213 Canguilhem spricht in Grenzen 1989, S. 82 von der kompromislosen Wissenschaftlichkeit der Bakteriologie. Zur Verknüpfung von Macht und Wissenschaft siehe das Interview »Räderwerke des Überwachens und Strafens« in: Foucault, Cuts 2001, S. 77 f. Der Mythos von den »exakten Naturwissenschaften« und der von jeder politischen Implikation »reinen Grundlagenforschung« bot nach dem Zweiten Weltkrieg zahlreichen »Grundlagenforschern« eine Ausflucht vor der eigenen Verantwortung, siehe Maier, Verantwortung 2004.

214 Vgl. Hess, Normierung 1997; ders., Ökonomie 1999; ders., Mensch 2000. Die Messung der Temperatur gab dem Arzt gegenüber dem Kranken wie auch dem Krankenversicherungsträger eine eindeutige Rechtfertigung der Diagnose. Gegenüber dem Kranken konnte der Arzt Simulation feststellen oder eine organische Dysfunktion, gegenüber der Krankenkasse konnte sich der Arzt rechtfertigen, er schreibe nicht zu viele Simulanten krank, weil diese eben nachweisbar Fieber hatten.

215 Vgl. Lachmund/Stollberg (Hg.), Construction 1992; zur Verknüpfung von Krankheit – Gesellschaft – Wissenschaft und zur Definierung von Krankheit – als Professionalisierungsstrategie pädiatrischer und orthopädischer Teildisziplinen – in der zweiten Hälfte des 20. Jahrhunderts Lenzen, Krankheit 1991. Das Feld der Hygiene war beliebig ausdehnbar. In der Bibliothek der Gesundheitspflege im Ernst Heinrich Moritz Verlag konnte man 1904 Bücher zur Hygiene sämtlicher Körperorgane, der Kleidung, der Kinder und zur Sexualhygiene be-

Insekten, deren Anwesenheit man in der Vergangenheit allenfalls als Belästigung und »unvermeidliches, aber verhältnismäßig harmloses Übel« empfunden hatte, wurden zu Krankheit übertragenden Todesengeln.[216] Ebenso wurde das soziale Problem Alkoholismus umgedeutet zu einer zu medikalisierenden (vererbbaren) Krankheit. Die Bakteriologie verlieh der unklar und weit gefassten Hygiene Struktur. Die Deutungsmacht über den Zustand krank/gesund fiel der Bakteriologie als Laborwissenschaft zu. Der »letzte und entscheidende Bezugspunkt« war immer das Labor[217] – selbst bei den zahllosen Forschungsexpeditionen und Feldstudien wurde das Reiselabor mitgenommen oder die Proben im Labor untersucht.[218]

Eine Person mit dem Symptom Dauerdurchfall hatte erst dann Cholera, wenn die Komma-Erreger in den Ausscheidungen eindeutig nachweisbar waren.[219] Mit der Allgegenwart von Bakterien wurde die Konstruktion von Krankheit komplex.[220] Umgekehrt konnte eine gesunde Person als so genannter Bazillenträger für krank und eine medizinische Behandlung für notwendig erachtet werden. Bei der Typhusbekämpfung unter der Regie von Robert Koch und dem Gesundheitsamt wurden elf feste – neben vor Ort einsetzbaren mobilen Laboratorien – bakteriologische Untersuchungsstationen errichtet, die auf Basis von 263.000 Proben von über 80.000 (gesunden) Personen 9.300 als krank und medikalisie-

ziehen. Darüber hinaus gab es noch die Militärhygiene, Nahrungsmittelhygiene, Gewerbe- und Arbeitshygiene, Verkehrshygiene, Lufthygiene, Leichenhygiene und Wohnungshygiene, vgl. auch RGA, Festschrift 1926. Das BGA kannte 1981 sogar die Strahlenhygiene, vgl. Kaul (Hg.), Strahlenhygiene 1981. Auch die Psychohygiene ist bis heute feststehender Begriff in der Psychiatrie, vgl. Rolf Degen, Wird schon schief gehen, in: Der Tagesspiegel vom 5.11.2002. Das Konzept und der Begriff der Hygiene ist letztlich ein Hybrid, unter den stellvertretend soziokulturelle Diskurse und Probleme subsumiert werden.
216 Vgl. KGA, Mückenplage, 1911; RGA, Fliegenplage 1927. Die Bekämpfung des Ungeziefers als medizinisches Problem bei Sarasin, Maschinen 2001, S. 277-279.
217 Vgl. Schlich, Gegenstand 1995, S. 144 f.
218 Zu den zahllosen Forschungsexpeditionen und Reisen als wissenschaftliche Praxis Gradmann, Labor 2003; Gradmann, Krankheit 2005, Kap. V.
219 Beispielsweise wurde in Gonsenheim und Finthen im Herbst 1886 durch den Kreisphysikus der Verdacht auf Cholera an das Gesundheitsamt gemeldet. Georg Gaffky wurde den Fällen nachzugehen beauftragt. Bevor weitere Maßnahmen eingeleitet wurden, prüfte Gaffky den Befund im Labor, ob es sich wirklich um Cholera handelte und eine weitergehende – detektivisch anmutende – Untersuchung notwendig sei, vgl. Gaffky, Cholera 1887.
220 Bei Reihenuntersuchungen in Grandkamp und in Waldweiler stellte man fest, dass ein Großteil der Bevölkerung mit Diphtherie-, Typhus und Tuberkuloseerregern infiziert war, vgl. Mendelsohn, Cultures 1996, S. 365-436, 536-555, 613-624.

rungsbedürftig definierten. Schließlich zeichnete sich das Bazillenträger-Konzept durch seine Flexibilität aus. Es ließ sich auch auf die Bekämpfung der Geschlechtskrankheiten übertragen und richtete sich gegen die Geschlechtskranken und vornehmlich gegen Prostituierte als potentielle Bazillenträgerinnen, die zu assanieren waren. Ihre moralische Verwerflichkeit wurde dadurch verdoppelt, da sie sowohl einem als unsittlich stigmatisierten Gewerbe nachgingen als auch eine Gefahr für den »Volkskörper« darstellten.

Protegiert wurde die bakteriologische Laborwissenschaft institutionell durch das Kaiserliche Gesundheitsamt als oberste Medizinalbehörde des Deutschen Reiches.[221] Das Koch'sche Konzept der Keimvernichtung lag aber auch im Interesse der kommunalen Verwaltungen. Max von Pettenkofer sah in der standortgebundenen Durchseuchung des Bodens eine zur Ausbreitung von Epidemien führende Hauptursache. Folglich bekämpfte Pettenkofer epidemische Krankheiten, indem er die Verbesserung der Umweltbedingungen durch den Kanalisationsausbau vorantrieb. Rudolf Virchow dagegen sah in dem Ausbruch einer Seuche die schlechten sozialen Lebens- und Arbeitsverhältnisse der so genannten Unterschichten. Sein Bekämpfungskonzept zielte auf die Verbesserung der Lebens- und Arbeitsbedingungen in den sozial schwächeren Arbeitervierteln. Die Konzepte Virchows und Pettenkofers waren jedoch nur unter großen politischen und sozialen Anstrengungen umzusetzen, deren Kosten die Kommunen zu bestreiten hatten.[222] Gleichzeitig bedrohte die Betonung ungleicher sozialer Verhältnisse als Krankheitsursache immer auch die bestehende politische Ordnung.[223] Diese politische Implikation stand dem Konzept Kochs fern – die Bakteriologie beanspruchte für sich, unpolitisch zu agieren. Als experimentelle Laborwissenschaft sollten die Arbeitsergebnisse jederzeit unabhängig von Ort und Zeit reproduzierbar und unabhängig vom untersuchten Objekt oder vom ausführenden Subjekt sein.

Die Bakteriologie war für den Nationalstaat in dreierlei Hinsicht von Bedeutung. Erstens verliehen die bakteriologischen Leistungen dem »Nationalstolz des jungen deutschen Reiches Auftrieb«.[224] Auf die Möglichkeit zur nationalen Profilierung im internationalen Wettbewerb

---

221 »Der Wandel der offiziellen Lehrmeinung wäre ohne das Bestehen einer zentralen, leitenden Behörde kaum so einfach von statten gegangen.« Evans, Tod 1990, S. 343.
222 Vgl. Mendelsohn, Cultures 1996, S. 597.
223 Die räumliche Planung und die Schaffung gesunder Wohnverhältnisse als Entgegenkommen der Kommunen zur Wahrung der »bürgerlich-kapitalistischen Ordnung« bei Rodenstein, Licht 1992, S. 156.
224 Evans, Tod 1990, S. 344.

wurde bereits hingewiesen. Zweitens korrespondierte die objektiv getarnte interventionistische Vorgehensweise der Bakteriologie mit der Tendenz der Regierung, sich seit den 1880er Jahren wieder stärker in sozialpolitische Fragen zu engagieren. Die Erregerlehre rechtfertigte obrigkeitsstaatliche Maßnahmen. Mit Ausbruch der Choleraepidemie im Reich ließen sich zahlreiche Eingriffe in die persönliche Freiheit legitimieren.[225] Das Bündel an Maßnahmen wurde schließlich mit dem Gesetz betreffend die Bekämpfung gemeingefährlicher Krankheiten vom 30. Juni 1900 zusammengefasst. Das Reichsseuchengesetz gab dem Gesundheitsamt ein umfassendes und vor allen Dingen wirksames Instrumentarium an die Hand, mit dem sich Epidemien reichsweit bekämpfen ließen. Im Reichsseuchengesetz manifestierte sich überdies die Rechtsverbindlichkeit der Koch'schen Erregerlehre. Schließlich bot die Bakteriologie drittens dem Gesundheitsamt und dem Deutschen Reich die Möglichkeit, sich gegenüber den Einzelstaaten zu profilieren und ihnen Kompetenzbereiche abzutrotzen. Die Dispositionslehre Pettenkofers reduzierte in ihrem Postulat einer ortsgebundenen Krankheitsursache (einzel)staatliche Tätigkeiten auf einen bestimmten lokalen oder regionalen Umkreis. Auf diese Lehre rekurrierten folglich auch besonders die beiden Staaten, die ihre Partikularinteressen gegenüber dem Reich am nachhaltigsten vertraten: Bayern und Hamburg. Die Bakteriologie negierte diese Ortsabhängigkeit. Durch ihre räumliche und soziale Unabhängigkeit erwies sich die Erregerlehre als besonders kompatibel mit einer zentralistischen Medizinalpolitik.

5.3 Macht und Zahl –
Die Rolle der Statistik in Verwissenschaftlichungsprozessen und Normalisierungsdiskursen

5.3.1 Die Medizinalstatistik

Im Pflichtenheft des Gesundheitsamtes genoss eine Aufgabe besondere Priorität – die Erstellung einer umfassenden Medizinalstatistik.[226] An ihrem Gelingen sollte sich der Erfolg des Gesundheitsamtes messen lassen.

---

225 Die staatlichen Eingriffe bei Evans, Tod 1990, passim.
226 Unter Bezug auf die zahlreichen Petitionen im Reichstag Wasserfuhr, Organisation 1872, S. 185 f. Die zu schaffende Zentralbehörde sollte entsprechend der Petition von 1869 als Punkt A folgende Funktionen übernehmen: »die Erhebung einer fortlaufenden Statistik der Gesundheits- und Sterblichkeitsverhältnisse«, vgl. Die Petition an den Reichstag, in: DVÖG 2 (1870), S. 132-139, hier S. 133.

Die Forderung nach einer Medizinalstatistik war einer der ausschlaggebenden Gründe, die zur Errichtung des Gesundheitsamtes geführt hatten. Folglich war die Einlösung dieser Hypothek erste Pflicht. Die Medizinalstatistik galt als integrativer Bestandteil der Hygiene.»Die Beziehung der Menschen untereinander [und zu ihrer Umwelt] soll in Beziehung gebracht werden zu den bei ihnen auftretenden Erkrankungen, zu ihrer Lebensdauer, zu ihrer Sterblichkeit, damit die Ursachen gefunden werden, welche etwa eine Abnahme der Kraft und Gesundheit der Bevölkerung« bedingen. Je weiter das Beobachtungsgebiet ist und »je größer die Erhebungszahlen sind, welche einer gleichmäßigen, einheitlichen Bearbeitung unterzogen werden«, umso sicherer müssen sich auch die Schlussfolgerungen gestalten«, welche den Endzweck aller statistischen Forschungen ausmachen«.[227]

Das »Bedürfnis [nach] einer exacten medicinischen Statistik«[228] resultierte aus der Anlehnung der wissenschaftlichen Medizin an die »exakten Naturwissenschaften«. Der Statistiker verfährt wie der »Forscher im Laboratorium, indem er große Versuchsreihen unter Kontrolle anstellt«.[229] Die naturwissenschaftlichen Untersuchungen basierten auf Empirie und einer logisch-epistemologischen Ableitung von Hypothesen – der Diagnose und dem prognostizierten Krankheitsverlauf. »Und damit stehen wir am Beginn der medizinischen Mathematik. Die Mediziner werden sich nunmehr eines bestimmten epistemologischen Zwangs bewußt, der in Kosmologie und Physik bereits Anerkennung gefunden hat: keine ernstzunehmende Vorhersage ohne quantitative Verarbeitung der vorgebenen Daten. Aber wie mag in der Medizin das Messen aussehen?«[230]

227 Vgl. Struck, Denkschrift 1878, S. 4.
228 Das Zitat Chalybäus, Morbiditätsstatistik 1872, S. 381. Ähnlich beginnt über ein halbes Jahrhundert später einleitend Gottstein, Statistik 1928, S. 206: »Die Statistik hat die Aufgabe der exakten zahlenmäßigen Untersuchung der Erscheinungen der menschlichen Gesellschaft.«
229 Der einleitende Abschnitt im Kapitel V. Die Statistik als Methode für wissenschaftliche Untersuchungen, vgl. Gottstein, Statistik 1928, S. 256. Gottstein sieht allerdings die Methode der Laborwissenschaft in Abhängigkeit zur Statistik.
230 Canguilhem, Grenzen 1989, S. 76 f. Zum Aufstieg der Statistik im 19. Jahrhundert Porter, Rise 1985. Die frühen Wurzeln der medizinischen Statistik in Großbritannien in Tröhler, Evidence 2000. Zur frühen Verbindung von Staat und Statistik am Beispiel Sachsens Schmidt, Staat 2003. Die medizinische Statistik in Anlehnung an die Physik und Astronomie zeitgenössisch bei Hirschberg, Grundlagen 1874, S. VI: »In der Astronomie und einigen Theilen der Physik hat die Anwendung der Wahrscheinlichkeitsrechnung seit etwa 50 Jahren zu einer vorher ungeahnten Schärfe in der Bestimmung der Constanten so wie auch zu anderen wichtigen Entdeckungen geführt. Diese Rechnungsart dient nicht nur zur Auffindung der wahrscheinlichsten Resultate aus einer grösseren Anzahl von

Über diese Frage zerbrachen sich seit Mitte des 19. Jahrhunderts zahlreiche Mediziner die Köpfe, u. a. der bereits mehrfach in Erscheinung getretene Friedrich Wilhelm Beneke. Dieser und andere Mediziner vereinigten sich in dem Verein für gemeinschaftliche Arbeiten zur Förderung der wissenschaftlichen Heilkunde. Eine der gemeinschaftlichen Arbeiten war die Organisation einer medizinischen Statistik. Das Ergebnis dieser Statistik war abhängig von dem Engagement der freiwillig beteiligten Mediziner. War Beneke 1857 – trotz erster sich abzeichnender Rückschläge – noch frohen Mutes, resignierte er 1870 endgültig und erklärte mit der Auflösung des Vereins die Aufgabe einer Medizinalstatistik als gescheitert.[231]

Auf der 44. Versammlung der deutschen Naturforscher und Ärzte 1871 in Rostock hielt der Geheime Medizinalrat Hermann Eulenberg einen Vortrag über Mortalitätsstatistik und regte erneut die Diskussion zur Organisation einer Medizinalstatistik an. Dieser Anregung folgten im vierten Band der *Deutschen Vierteljahrsschrift für öffentliche Gesundheitspflege* die Autoren Hermann Wasserfuhr, Robert Volz und Theodor Chalybäus. »Die Nothwendigkeit einer staatlichen Organisation der Mortalitätsstatistik ist jetzt in den weitesten Kreisen zur Anerkennung gelangt.«[232] Zusammen mit Friedrich Wilhelm Beneke wurden die organisatorischen Gründe für das Scheitern privater oder einzelstaatlicher Initiativen und die notwendigen Voraussetzungen für eine erfolgversprechende reichsweite Organisation analysiert.

Die Gründe für das Scheitern lagen erstens in der Vereinzelung der Beobachtungsorte und zweitens in der durch die Freiwilligkeit der Angabe hervorgerufenen Unregelmäßigkeit und Lückenhaftigkeit der Angaben.[233] Oft unterbleibe die Mitarbeit der Ärzte aus »Bequemlichkeit, Scheu und Hartnäckigkeit«.[234] Es mangelte grundsätzlich in den bestehenden Statistiken an einer Vergleichbarkeit der erhobenen Daten.[235] Dies

Beobachtungen, sondern sie läßt auch die gewonnene Sicherheit richtig beurtheilen. Sie beseitigt daher jede Willkür und lehrt die Zuverlässigkeit jedes Schrittes würdigen.«

231 Vgl. Beneke, Mittheilungen 1857; ders., Geschichte 1870.
232 Wasserfuhr, Organisation 1872, S. 185.
233 Vgl. Beneke, Geschichte 1870, S. 20, 30.
234 Vgl. den Bericht aus Sachsen-Gotha betreffend die Herstellung einer reichsweiten Medizinalstatistik, 27.10.1873, BA Berlin, R 1401/1023.
235 Vgl. Wasserfuhr, Organisation 1872, S. 186, 194. Dies beklagten ebenso die Berichte der Bundesregierungen bezüglich der Herstellung einer reichsweiten Statistik, BA Berlin, R 1401/1023.

lag einerseits am unterschiedlichen Aufbau der Statistiken,[236] andererseits auch an den Ärzten, die die Daten zu erheben hatten. Chalybäus sah sich veranlasst, die Ärzte zu beschwichtigen, die sich durch eine Krankheitsstatistik kontrolliert fühlten oder moralische Skrupel ihren Patienten gegenüber geltend machten. Man dürfe durch eine medizinische Statistik nicht »in die Discretion der Aerzte ihren Kranken gegenüber oder in die Geschäftsgeheimnisse der ärztlichen Praxis verlangen«.[237] Beneke verwies auch auf das Problem, dass gerade in ländlichen Gegenden viele Menschen ohne vorherige ärztliche Behandlung starben – der Eintritt des Todes vom Arzt unbemerkt bliebe und statistisch daher nicht erfasst werden könne.[238] Schließlich stand zu bezweifeln, dass alle Ärzte in der Lage seien, die richtige Diagnose zu treffen. Die statistischen Daten könnten dadurch verfälscht werden.[239]

Die Autoren verkannten freilich, dass durch die Vielzahl der zu erhebenden Daten die beklagten Fehler geradezu vorprogrammiert waren. Die Autoren nannten eine unterschiedlich umfassende Liste an »Krankheitsspecies« und weiteren Daten, deren Erfassung die genaue Kenntnis des Arztes über die familiären Verhältnisse des Patienten voraussetzte und einem subjektiven Ermessen großzügigen Spielraum ließ. Wasserfuhr wollte Angaben über die »Wohlhabenheit oder Dürftigkeit« des Patienten und die Wohnverhältnisse sammeln, bei verstorbenen Kindern sollten Angaben über die »stattgehabte Ernährung« erfolgen,[240] Beneke verlangte Angaben über die »Orts- und Lebensverhältnisse der Bewohner« – die Beschaffenheit des Bodens, der Luft, des Trinkwassers, der Ernährung – von den üblichen Angaben über die Person, den Todeszeitpunkt und die -ursache abgesehen.[241]

---

236 Zahlreiche Beispiele in Beneke, Mittheilungen 1857; Beneke, Vorlagen 1875. Jedes Bundesland habe seine eigene Statistik, beklagt Beneke, Frage 1872, S. 12.
237 Vgl. Chalybäus, Morbiditätsstatistik 1872, S. 382.
238 Vgl. Beneke, Mittheilungen 1857, S. 12 f.
239 Vgl. zur Unsicherheit der Diagnose Chalybäus, Mortalitätsstatistik 1872, S. 383. Der Bericht aus Sachsen-Gotha betreffend die Herstellung einer reichsweiten Medizinalstatistik vom 27.10.1873 bemängelte, dass die Ärzte nicht hinreichend statistisch ausgebildet seien, BA Berlin, R 1401/1023. Die Probleme der medizinischen Statistik im KGA, Festschrift 1886, S. 22-24; Jahrzehnte nach ihrer Etablierung Gottstein, Statistik 1928, S. 212-214.
240 Vgl. Wasserfuhr, Organisation 1872, S. 193-197.
241 Vgl. Beneke, Mittheilungen 1857, S. 10 f. Siehe auch den Bericht der oldenburgischen Regierung vom 27.11.1873, die ätiologische Momente wie terrestrische und atmosphärische Verhältnisse, Salubrität, bauliche Beschaffenheit, und die Beschaffenheit und Lage der Begräbnisplätze berücksichtigt sehen wollten, BA Berlin, R 1401/1023.

In den an das Reichskanzleramt adressierten Berichten der einzelnen Landesregierungen, in denen die Medizinalstatistik auf dem jeweiligen Staatsgebiet vorgestellt wurde, forderten grade die Staaten in blumiger Sprache die weitestgehenden Ansprüche und »Wünsche« an eine zu realisierende reichsweite Medizinalstatistik, in deren Staatsgebiet es selbst nur Fragmente einer Statistik gab. Dieser auffällige Gegensatz sollte einerseits über die eigene Untätigkeit und das Unvermögen hinwegtäuschen sowie den guten Willen demonstrieren, die Diskrepanz zwischen Anspruch und Wirklichkeit zeigte gleichzeitig aber auch, dass die entsprechenden Staaten bislang keine praktischen Erfahrungen bei der Erstellung einer Medizinalstatistik hatten.[242]

Bei der Todesursache waren die Krankheiten nicht nur unterschiedlich genau eingeteilt, sie unterlagen auch einer Veränderung durch den Erkenntnisprozess. Die Krankheiten differenzierten sich immer weiter aus. Mit Entdeckung des Tuberkulose-Erregers konnten Lungenschwindsucht, Knochenschwund und Skrofulose zu einer Krankheit – der Tuberkulose – zusammengefasst werden. Andererseits teilte sich Lues mit Entdeckung des Syphiliserregers in unterschiedliche Geschlechtskrankheiten wie Syphilis, Gonorrhö oder Ulcus molle auf. Als Prämisse des Gelingens einer Medizinalstatistik definierten die Autoren mit unterschiedlicher Gewichtung die Leichenschau durch kommunale Beamte und die Ausstellung eines Totenscheins auf Basis eines Civilstandsregisters. »Für den modernen Staat« sei die »Civilstandsführung« durch »Staatsverwaltungsbeziehungsweise Gemeindebeamte« unabdingbar.[243] Eine weitere Voraussetzung sei die bereits bei Eulenburg vorgeschlagene Trennung der Medizinalstatistik in eine Mortalitäts- und eine Morbiditätsstatistik.

Die Erstellung einer Medizinalstatistik wurde bereits 1873 vom Reichskanzleramt in Aussicht genommen und über die Organisation einer solchen Statistik zusammen mit dem preußischen Kriegsministerium (Mili-

---

242 Bemerkenswert sind insbesondere die Berichte aus Sachsen-Gotha und Oldenburg, BA Berlin, R 1401/1023.
243 Vgl. beispielsweise in den SB über die Verhandlungen des Reichstages des Norddeutschen Bundes, 1. LP, Session 1870, 36. Sitzung vom 6.4.1870 die Forderung des Abgeordneten Dr. Löwe, die »Civilstandsregister« von der Kirche an eine »Civil-Autorität, d. h. den Gemeinde-Beamten« zu übertragen; desgl. Beneke, Frage 1872, S. 49 f.; Wasserfuhr, Organisation 1872, S. 187-189; zur Gleichmäßigkeit auch Chalybäus, Morbiditätsstatistik 1872, S. 386. Die notwendige Voraussetzung Zivilstandsregister nannten auch die Berichte der Einzelregierungen betreffend die Erstellung einer reichsweiten Statistik, BA Berlin, R 1401/1022 f.

tär-Medizinalwesen) und dem Kaiserlichen Statistischen Amt beraten.²⁴⁴ Neben einer reichsweiten die Mortalität und Morbidität umfassenden Statistik sollte die Medizinalstatistik weiterhin eine Statistik des Heilpersonals, der Heilanstalten und des Apothekerwesens erstellt werden.²⁴⁵ Das Kaiserliche Statistische Amt wurde zur Vorbereitung einer umfassenden Medizinalstatistik beauftragt, deren Erstellung dem neu gegründeten Kaiserlichen Gesundheitsamt übertragen wurde.²⁴⁶ Kern der statistischen Erhebungen des Kaiserlichen Gesundheitsamtes bildete die Sterblichkeitsstatistik. In dieser wurden die Todesfälle aller Städte im Deutschen Reich mit mehr als 15.000 Einwohnern²⁴⁷ erfasst und nach Alter und Todesursachen²⁴⁸ in tabellarischen Übersichten zusammengestellt und publiziert. Eine reine Sterblichkeitsstatistik mit Daten über die Geburten- und Todeszahl innerhalb eines Jahres hatte es bereits in einigen Bundesstaaten und zahlreichen Städten vor der Gründung des Gesundheitsamtes gegeben, und bis Anfang der 1890er Jahre waren die bestehenden Statistiken mit Angaben über die verschiedenen Todesursachen vervollständigt worden.

Das Novum der so genannten Todesursachenstatistik des Kaiserlichen Gesundheitsamtes war die reichsweit vergleichende Mortalitätsstatistik,²⁴⁹

244 Vgl. die Protokolle zur Gründung des Gesundheitsamtes und das Protokoll der 7. Sitzung des Bundesrates, 7.2.1874, § 69; Protokoll der 22. Sitzung des Bundesrates, 29.3.1874, § 204; Protokoll der 26 Sitzung des Bundesrates, 6.5.1874, § 265; Protokoll der 27. Sitzung des Bundesrates, 24.10.1875, § 377 zusammengestellt in BA Berlin, R 86/919; die Protokolle der Kommission zur Vorberatung einer Reichs-Medizinalstatistik in BA Berlin, R 1401/1021; ferner den Bericht der Commission 1874.
245 Bericht der Commission 1874.
246 Vgl. Abschrift des »Berichtes betreffend die Herstellung einer Uebersicht als Grundlage für die Medizinalstatistik«, KSA an RKA, 9.12.1876, BA Berlin, R 86/919. Dieser Bericht enthält auch eine Übersicht über die bereits bestehenden einzelstaatlichen Statistiken. Es wird dort auf die bei Wasserfuhr, Volz, Chalybäus und Beneke diskutierten Probleme und die Notwendigkeit zur Einheitlichkeit hingewiesen. Zur Entwicklung der Medizinalstatistik Tutzke, Entwicklung 1968; zur Quellenlage Kohler, Quellen 1991. Allgemein zur Statistik bis 1860 Sachse, Statistik 1991; zur Gründung der ersten statistischen Ämter Hölder/Ehling, Entwicklung 1991; der Aufstieg der Statistik Porter, Rise 1986.
247 1877 war die Erhebungsgrundlage 149 Städte (1882: 173; 1886: 193). Vgl. später die jährlichen Statistiken in den AKGA und MSM.
248 Das Gros der Ursachen stellten Krankheiten dar. Neben den Kategorien »Infektionskrankheiten« und »Andere vorherrschende Krankheiten« gab es noch »Gewaltsamer Tod« und schließlich eine Rubrik »Nicht zu konstatierende Ursache«.
249 Anspruch und Wirklichkeit einer reichsweit vergleichenden Statistik klafften jedoch vorerst auseinander. Bei der ersten Todesursachenstatistik waren nicht

deren Zusammenstellung durch die uneinheitliche Bezeichnung und Anzahl der Todesursachen in den Einzelstaaten erschwert wurde. Erst nachdem das Kaiserliche Gesundheitsamt »mit Rücksicht auf die Beschlüsse internationaler statistischer Kongresse« ein einheitliches Erfassungsformular mit einem »möglichst genau und erschöpfend« festgestellten Begriff der Todesursachen konzipiert hatte, konnte eine umfassende Statistik erstellt werden.[250] Die Nomenklatur der Krankheiten und Todesursachen wurde mehrfach aktualisiert und in den 1920er Jahren an das internationale Todesursachenverzeichnis angepasst.[251]

An der ersten Statistik für das Jahr 1892 beteiligten sich bereits neun Bundesstaaten sowie Elsass-Lothringen. Die fortan jährlich erscheinende Statistik wurde territorial sukzessive komplettiert und 1905 inhaltlich reformiert und sachlich erweitert. Seitdem wurde in der ersten Spalte die Zahl der Bevölkerung des Deutschen Reiches erfasst, in den nächsten Spalten die Zahl der Lebend- und Totgeborenen sowie die Zahl der Gestorbenen in sechs verschiedenen Altersstufen. En détail wurden die Todesursachen in 23 verschiedene Ursachen klassifiziert[252] und jeweils nach Alter untergliedert – im Ganzen umfasste die Statistik 223 Spalten! Die Statistik wurde unterteilt nach Geschlecht zusammenfassend für das Deutsche Reich, die einzelnen Länder, die jeweiligen Regierungsbezirke

---

alle, sondern nur zehn Bundesstaaten – wenngleich die bevölkerungsreichsten – mit 93,8 % der Reichsbevölkerung beteiligt. In den folgenden Jahren wurde die Datenbasis beständig erweitert, vgl. RGA, Festschrift 1926, S. 150 f.

250 Vgl. Würzburg, Todesursachen-Statistik 1895, S. 217; in der Historisierung der Todesursachenstatistik verschwindet das KGA bereits 13 Jahre später hinter der vorgesetzten Behörde, bei Rahts, Ergebnisse 1908, S. 103 ging die Anregung zur Vereinheitlichung der Statistik auf den Reichskanzler zurück.

251 Siehe den Schriftwechsel in BA Berlin, R 1501/111653. Das internationale Todesursachenverzeichnis wurde alle zehn Jahre überarbeitet und an den Stand der Medizin angepasst. In der Nachkriegszeit wurden besonders auch die durch den Krieg verursachten Erkrankungen einbezogen. Der Berichterstatter Emil Eugen Roesle bemerkte, dass die deutschen Delegierten herzlich empfangen worden wären, jedoch sei man nicht aufgefordert worden, an den Beratungen über Kriegsverwundungen teilzunehmen. Mit Befremden hatte die deutsche Delegation auch zur Kenntnis genommen, dass neben einer gesonderten Kategorie »Kriegsverwundungen« weiterhin auf »Antrag des belgischen Vertreters eine weitere Nr. für ›Hinrichtung von Zivilpersonen durch kriegführende Armeen‹« dem Verzeichnis zugefügt worden war, Erwin Roesle/Eugen Würzburger, Bericht über die Tagung der Internationalen Kommission zur Revision der Nomenklatur der Krankheiten und Todesursachen in Paris am 11. bis 15. Oktober 1920, BA Berlin, R 1501/111653.

252 Das internationale Todesursachenverzeichnis sah 205 Krankheitsursachen vor, ebd.

und schließlich differenziert für die Kommunen – derer weit über eintausend – erstellt.

Die textliche Zusammenfassung der Todesursachenstatistik für 1912 umfasste allein 148 Seiten, der tabellarische Anhang weitere 490 Seiten.[253] Die detaillierte Aufschlüsselung in kleinste kommunale Einheiten hatte theoretische und praktische Gründe. Praktisch sollten die wöchentlich erfassten Daten Aufschluss über das gehäufte Auftreten von Todesfällen geben. Es galt die Epidemien zu lokalisieren und auf eine kleinstmögliche Einheit einzukreisen, um die Epidemie gezielt bekämpfen zu können. Theoretisch wollte man ex post Kenntnisse über die Ausbreitung von Epidemien gewinnen, um zukünftig die Ausbreitung durch gezielte Maßnahmen verhindern zu helfen.

Das besondere Augenmerk richtete sich schon früh auf die Sterblichkeit der Kinder. Die Statistik der Kindersterblichkeit differenzierte nach Geschlecht und im Hinblick auf das Alter der Verstorbenen – mit Schwerpunkt auf die ersten Lebenstage, -wochen und -monate.[254] Quellenbasis waren die im Gesundheitsamt entwickelten und von den Gemeindeverwaltungen ausgefüllten Erfassungsformulare. Voraussetzung dieser Erhebungskette war das 1875 erlassene Gesetz über die obligatorische Zivilehe. Dieses »Kulturkampfgesetz« legt bis heute die Beurkundung des Personenstandes von der Geburt bis zum Tod fest und übertrug die Zuständigkeit – bisher den Kirchen obliegend – dem jeweiligen Standesamt der Kommunalverwaltung.[255] Auf diesem Gesetz basierte auch die Erfassung von Geburten und Totgeburten. Geburten und Todesfälle ließen sich zueinander in Bezug setzen und chronologisch und örtlich vergleichen. Die Relation zwischen der Geburtenerfassung und der Sterblichkeitsstatistik generierte schließlich die Bevölkerungsbewegung – ein Sinken oder Steigen der Bevölkerung innerhalb eines Zeit-Raum-Gefüges.[256]

Während die Erfassung der Todesfälle und der Geburten sich durch das Personenstandsgesetz eindeutig bestimmen ließ, bereitete die Kategorisierung der Todesursachen Probleme. Eine dezidierte Einteilung

---

253 Vgl. Roesle, Ergebnisse 1915; die Anzahl der Spalten bezieht sich auf die Todesursachenstatistik von 1906; die Reform der Statistik wird beschrieben in RGA, Festschrift 1926, S. 150 f.
254 Vgl. KGA, Festschrift 1886, S. 20 f., Würzburg, Säuglingssterblichkeit 1887; ders., Säuglingssterblichkeit 1888. Gottstein, Statistik 1928 unterteilte die Statistik in eine Statistik der Säuglingssterblichkeit und eine der »Übereinjährigen«.
255 Vgl. zum Kulturkampf und zum Gesetz über die obligatorische Zivilehe Winkler, Deutsche Geschichte 2000, S. 222-226, besonders S. 224.
256 Zur Methodik kurz Gottstein, Statistik 1928, S. 221.

gewähre nur die obligatorische Leichenschau durch den Arzt und die Regelung des Leichenwesens.[257] Chalybäus hatte, das Problem der Komparatistik berücksichtigend, in seinem Vorschlag zur Organisation einer Morbiditätsstatistik darauf hingewiesen, dass bereits vergleichbare statistische Aufzeichnungen bei öffentlichen Institutionen bestünden. Als solche Institutionen führte er Versorgungsanstalten, Krankenhäuser, Waisenhäuser, das Militär, Schulen, Krankenkassenvereine und halbstaatliche öffentliche Einrichtungen wie die Eisenbahn, die Post oder die Polizei an.[258] Bei der Verwirklichung einer Morbiditätsstatistik nahm das Gesundheitsamt den Vorschlag von Chalybäus auf. Die ersten medizinalstatistischen Versuche wurden in Zusammenarbeit mit dem Verein deutscher Eisenbahn-Verwaltungen begonnen, die bereits über statistische Erhebung zu den Erkrankungen des Eisenbahnpersonals verfügten.[259] Eine weitere Morbiditätsstatistik wurde zusammen mit den Heilanstalten des Deutschen Reiches erstellt.[260]

Neben der Konzentration auf abgrenzbare Beobachtungsfelder ließen sich weiterhin Statistiken zu einzelnen Erkrankungen und »Gebrechen« erstellen.[261] Ein klar umrissenes Untersuchungsfeld bot die Statistik der Blinden und Taubstummen. Bei der Volkszählung am 1. Dezember 1900 waren erstmalig die »Erhebungen auf die Feststellung der Blinden und Taubstummen auszudehnen«.[262] Durch die Ausdehnung der Volkszäh-

---

257 Die Kritik des Abgeordneten Dr. Mendel zum mangelnden Engagement des KGA in dieser Angelegenheit in den SB des Reichstages, 3. SP, 2. Session, 12. Sitzung vom 2.3.1878. Ähnlich lautend die Kritik in der *Vossischen Zeitung* vom 7.2.1878. Retrospektiv RGA, Festschrift 1926, S. 73.
258 Vgl. Chalybäus, Morbiditätsstatistik 1872, S. 384.
259 Vgl. die »Verhandlungen des Reichsgesundheitsamts behufs Einführung einer gleichmässigen Erkrankungsstatistik des deutschen Eisenbahnpersonals« in den DVÖG 10 (1878); KGA, Festschrift 1886, S. 31-33.
260 Vgl. KGA, Festschrift 1886, S. 27-31. Auf die Heilanstalten als Basis von Statistiken und die zwingend notwendige Einbeziehung der Anstaltsärzte bei der Konzipierung der Listen hatte der Vorstand des Vereins der deutschen Irrenärzte in einem Brief an das RKA im Dezember 1873 hingewiesen, eine Abschrift in BA Berlin, R 86/919. Die den Heilstätten zu Grunde liegenden Statistiken bildeten fortan einen Grundstock der Medizinalstatistik, vgl. KGA, Ergebnisse der Morbiditäts-Statistik 1886; Rahts, Heilanstalten 1888; ders., Zahl der Geisteskranken 1889; nach 1893 die Statistiken in den MSM; zu den Tuberkulose-Heilanstalten die Statistiken in den TAKGA.
261 Vgl. zur Tuberkulose die eigene Zeitschriftenreihe TAKGA. Zu ausgewählten Krankheiten Rahts, Erkrankungsstatistik 1890; ferner die Statistiken in den Sonderbänden der AKGA (Cholera, Pest, Typhus, Syphilis etc.).
262 Engelmann, Taubstummen 1905, Tabelle S. 71-244, hier S. 8; die Statistik der Blinden im selben Band, vgl. Engelmann, Blinden 1905, Tabelle S. 245-419.

lung sei es »erst möglich geworden, ein vollständiges und eingehendes Bild von der Verbreitung der Taubstummheit in dem gesamten Reichsgebiete zu gewinnen«.[263] Bei der Volkszählung wurden in 18.165 Gemeinden insgesamt 48.750 Taubstumme identifiziert,[264] die in verschiedenen Tabellen auf 173 Seiten unter den Kategorien Geschlecht und Alter, Staatsangehörigkeit geographische Herkunft, Familienstand, Entstehung der Taubstummheit, Religionsbekenntnis, Stellung der Taubstummen in der Familie und Berufsart rubriziert wurden.[265]

Im Gegensatz zu vielen anderen Krankheiten stellten »Blindheit« oder »Taubstummheit« klar umgrenzte und auch für den Laien erfassbare Kategorien dar – obzwar Engelmann beklagte, dass erfassungsbedingt die Angaben einen Anspruch auf »unbedingte Genauigkeit« missen lassen würden.[266] Darüber hinaus waren viele Blinde und Taubstumme in entsprechenden Taubstummen- und Blindenanstalten untergebracht. Die Unterbringung in Anstalten ermöglichte die differenzierte Auskultierung des zu untersuchenden Personenkreises, um genauere Einblicke und Kenntnisse über die Ursachen der Taubstummheit zu erlangen und »namentlich den Einfluß erkennen zu lassen, welchen Vererbung, Blutsverwandtschaft, wirtschaftliche Verhältnisse oder vorausgegangene Erkrankungen auf die Entstehung des Gebrechens vermutlich ausüben«.[267]

Die von Engelmann beklagte Unsicherheit bei der erstmaligen Erhebung wurde durch die Zusammenarbeit zwischen den Medizinalstatistikern und dem Fachpersonal – die Sondererhebungen waren auf Anregung des Bundes deutscher Taubstummenlehrer durchgeführt worden – nivelliert. Die Anstalt wurde zu einem medizinalstatistischen Laboratorium, in dem das Untersuchungsobjekt dem Zugriff der Medizinalstatistiker preisgegeben und der absoluten Kontrolle ausgeliefert war. Der auszufüllende Fragebogen umfasste zwanzig Einzelpunkte, neben Fragen zum ophthalmoskopischen Befund – »Hört das Kind noch Töne?«

---

263 Engelmann, Taubstummen 1905, S. 9.
264 Von 55.670.000 Einwohnern des Deutschen Reiches sind dies 0,876 ‰ der Gesamtbevölkerung, oder auf 10.000 Einwohner kamen im Deutschen Reich 8,6 ortsanwesende Taubstumme, vgl. Engelmann, Taubstummen 1905, S. 14, die Einwohnerzahl im tabellarischen Anhang S. *2.
265 Vgl. das Tabellenwerk im Anhang der MSM 9 (1905). Analog wurde diese Statistik auch für die Blinden erstellt.
266 Ferner müsse man berücksichtigen, dass die Werte zu niedrig angesetzt seien, da die Neigung bestehe, die geistigen oder körperlichen Gebrechen von Familienmitgliedern zu verschweigen, Engelmann, Taubstummen 1905, S. 9.
267 Engelmann, Ergebnisse 1909, Tabelle S. 1-241, hier S. 1. Es wurden insgesamt 7.487 Fragebögen auf 241 Seiten ausgewertet.

– vor allem Erkundigungen über den Familienstand: Religionsbekenntnis, Stand oder Beschäftigung der Eltern, Ehelichkeit – und zielte vornehmlich auf die Vererbung von Taubstummheit ab: Gab es ähnliche Gebrechen bei den Großeltern, Eltern, Geschwistern.[268]

Eine weitere Besonderheit stellte die Pockenstatistik dar. Die Errichtung des Gesundheitsamtes stand im Zusammenhang mit der Einführung des Impfzwanges für die »Blattern« und den sich über Dekaden hinziehenden Streit mit den »Impfkritikern«.[269] Die technische Überwachung des Impfgeschäftes – die Kontrolle über die Auswirkungen des Impfgesetzes – gehörte seit Errichtung des Gesundheitsamtes zu den fortwährenden Aufgaben der Behörde.[270] Bereits in der ersten Ausgabe der *Arbeiten aus dem Kaiserlichen Gesundheitsamte* wurden die Ergebnisse des Impfgeschäftes im Deutschen Reich veröffentlicht und erschienen fortan für jedes weitere Jahr. Die Ergebnisse des Impfgeschäftes bildeten zusammen mit den Tätigkeitsberichten der staatlichen Impfanstalten und der so genannten amtlichen Pockentodesfallstatistik den Grundstock der seit 1893 erscheinenden *Medizinalstatistischen Mitteilungen*. Die Pockentodesfallstatistik erschien seit 1905 bezeichnenderweise nur noch als Pockenstatistik.[271]

Die so genannte Pockenstatistik erfasste jährlich alle im Deutschen Reich aufgetretenen Erkrankungen und Todesfälle an Pocken. Ergänzend hierzu stellten die Ergebnisse des Impfgeschäftes alle Erkrankungen und Todesfälle dar, die mittelbar oder unmittelbar nach einer Impfung aufgetreten waren und die man mit der Inokulation in Verbindung brachte.

268 Vgl. die Anordnung des Reichskanzlers mit dem Fragebogen und den Auswertungen, Engelmann, Ergebnisse 1909.

269 Vgl. die Protokolle über die Verhandlungen des Bundesrates des Deutschen Reiches, Session 1874, § 207; KGA, Blattern 1896.

270 Die Statistiken zu den Pockenfällen im Reich, zum technischen Impfgeschäft im Reich, die Tätigkeitsberichte der Anstalten zur Gewinnung der Tierlymphe und die zahlreichen Einzelartikel zur Verbesserung des Impfverfahrens in den AKGA und nach 1893 in den MSM. Zuletzt wurde die Aufhebung des Impfgesetzes im BGA beraten, hierzu Weise (Hg.), Voraussetzungen 1973.

271 Im zehnten Band der MSM erschienen die Ergebnisse von 1904 noch als Pockentodesfallstatistik, während die Ergebnisse von 1905 in demselben Band als Pockenstatistik publiziert wurden. Die »Ergebnisse einer Statistik der Pockentodesfälle für das Deutsche Reich« erschien für 1886 erstmalig in den AKGA 2 (1887); die Tätigkeitsberichte der staatlichen Anstalten zur Herstellung von Tierlymphe erschienen erstmals in den AKGA 5 (1889). Die Ergebnisse des Impfgeschäftes wurden aus den Mitteilungen der Bundesregierungen zusammengestellt und zusammen mit der Pockentodesfallstatistik zumeist von einem an das KGA abkommandierten Militärarzt zusammengestellt. Die Tätigkeitsberichte wurden aus den Geschäftsberichten der Impfanstalten generiert.

Die meisten der Todesfälle stünden, der Meinung der Gutachter folgend, in keinerlei Beziehung zu der erfolgten Impfung, da die zum Tode führende Krankheit erst Wochen später aufgetreten war.[272]

»Alle diese zufällig nach der Impfung eingetretenen Todesfälle kleiner Kinder haben der Vollständigkeit halber in den Impfberichten Erwähnung gefunden, sind jedoch nach sachverständigem Ermessen [...] mit dem Impfvorgange in ursächlichen Zusammenhang nicht zu bringen gewesen. Wie in jeder Woche des Jahres – zumal während der Sommermonate – unter der Bevölkerung des Deutschen Reiches Tausende von Kindern der ersten Lebensjahre sterben, so sind auch die Erstimpflinge in den auf die Impfung folgenden Wochen von Todesfällen aus mannigfacher Ursache nicht verschont geblieben.«[273]

Es wurde detailliert darüber berichtet, ob gehäuft Erkrankungen[274] und welche Nebenwirkungen – Rötungen, Randentzündungen, Verschwärungen der Impfpustel, Hautausschläge, Lymphknotenentzündungen, Ekzeme oder Eryhteme – nach den Impfungen auftraten. Über die Impfschädigungen hinaus informierte der Jahresbericht über die stattgehabten Impfungen: die Räumlichkeiten, die Impfärzte, die Führung der Impflisten durch die Ortspolizei, die Impftechnik und den Impfstoff, sowie Störungen der Impfungen und etwaiger Widerstand gegen das Impfgesetz.[275] Die Tätigkeitsberichte über die staatlichen Impfanstalten gaben Einblick in die Impftechnik, die Pflege und den ordnungsgemäßen Zustand der Tiere sowie den gewonnenen Impfstoff. Das statistische Drei-

---

272 Vgl. den Fall von Willy Otto, der am 17.5.1909 geimpft worden war. Eine Woche später befiel den Knaben fieberhafter Ausschlag und drei Tage darauf erkrankte er an einer Lungenentzündung, an der er am 6.6.1909 starb. Während die Impfgegner die Impfung für den Tod des Jungen verantwortlich machten, hieß es in der Erklärung der Behörden, dass ein »ursächlicher Zusammenhang zwischen Krankheit und Impfung« ausgeschlossen ist, vgl. Kirchner, Schutzpockenimpfung 1911, S. 136. Martin Kirchner war vortragender Rat im preußischen Kultusministerium und Mitglied des RGR. Zum Tod von Willy Otto siehe Wolff, Medizinkritik 1996, S. 87-89.
273 KGA, Ergebnisse des Impfgeschäftes 1893, S. 26.
274 Es wurde zuweilen nach der Impfung Rotlauf bei den Patienten beobachtet, oft mit tödlichem Ausgang; nach dem Ersten Weltkrieg trat nach der Impfung (postvakzinale) Encephalitis auf, vgl. die Tätigkeitsberichte im RGA in den 1920er Jahren in BA Berlin, R 86/4273 und 4274; Gildemeister, Encephalitis 1930; die Akte Encephalitis *post vaccinationem*, BA Berlin, R 86/1185 sowie den zweiten Band 4624.
275 Als Störungen wurden in dem Bericht von 1893 über das Jahr 1889 Witterungseinflüsse empfunden. Widerstand gegen das Impfgesetz in den Bundesstaaten sei nur vereinzelt zur Anzeige gelangt.

gestirn sollte die Impfpolitik der Reichsregierung flankieren und besonders die Argumente und Angriffe der »Impfgegner« entkräften helfen.[276] Die wöchentlichen statistischen Erhebungen bildeten den Grundstock der seit 1877 herausgegebenen *Veröffentlichungen des Kaiserlich Deutschen Gesundheitsamtes*. Sie wurden von der medizinischen Publizistik dankbar aufgenommen und fortan rezipiert. Die Taxonomie der Tabellen änderte sich in den folgenden Jahrzehnten nur wenig. Sie wurde sukzessive einerseits um die anzeigepflichtigen Krankheiten, andererseits um neue Städte ergänzt.[277] Nach dem Ersten Weltkrieg wurden die Krankheiten nach einem »Internationalen Todesursachen-Verzeichnis« angeordnet und um die Rubrik »Eheschließungen« erweitert. Die wöchentlichen Statistiken wurden monatlich und jährlich in den *Arbeiten aus dem Kaiserlichen Gesundheitsamte* zusammengefasst. Seit 1893 wurden die Auswertungen in einem eigenen Periodikum, den *Medizinal-statistischen Mittheilungen aus dem Kaiserlichen Gesundheitsamte* mit zahlreichen Sonderheften, publiziert.[278]

Im April 1922 beschwerte sich Alfred Grotjahn im Reichstag darüber, dass die Medizinal- und die Bevölkerungsstatistik von zwei unterschiedlichen Behörden bearbeitet und getrennt voneinander veröffentlicht würden. »Ich glaube, dass die Todesursachenstatistik nicht von der Bevölkerungsstatistik, die Bevölkerungsstatistik wieder nicht von dem allgemeinen Statistischen Amt losgelöst werden kann. Ich möchte deshalb den Herrn Reichsminister des Innern bitten, sich zu überlegen, ob es nicht besser wäre, auch die Todesursachenstatistik dem Reichsgesundheitsamt wieder zu nehmen und sie in das Statistische Reichsamt zu überführen.«[279]

Den Vorschlag griff der Präsident des Statistischen Reichsamtes im Herbst 1922 auf und regte beim Reichswirtschaftsministerium als der vorgesetzten Behörde an, die bislang im Reichsgesundheitsamt erstellte

---

276 Die Pockenstatistik in KGA, Festschrift 1886, S. 21-23, 41-44; zusammenfassend KGA, Blattern 1896.
277 Vgl. beispielsweise den Hinweis, dass bisher »die Angaben bezüglich des Grossherzogtums Sachsen [in den VKGA] fehlten«. In der Annahme, dass die Mitteilungen über wöchentliche Erkrankungsfälle in Sachsen willkommen seien, »legen wir eine Gesamtnachweisung für die Zeit vom 3. Januar bis 25. September 1915 ergebenst bei« und »werden wir die Zusammenstellung wöchentlich nach beiliegendem Muster einsenden«, Sächsische Staatsministerium an KGA, 15.10.1915, BA Berlin, R 86/919, Bd. 6.
278 Zu den medizinischen Statistiken KGA, Festschrift 1886, S. 16-33; RGA, Festschrift 1926, Kap. VIII; Gottstein, Statistik 1928.
279 SB des Deutschen Reichstages, 204. Sitzung vom 6.4.1922, Wortmeldung Alfred Grotjahn.

Medizinalstatistik in den Korpus des Statistischen Reichsamtes zu überführen. Als Gründe wurden die Langsamkeit des Gesundheitsamtes bei der Erstellung der Statistik, das durch eine institutionelle Vereinigung aller statistischen Arbeit sich ergebende Einsparungspotential und die notwendig geforderte Verschmelzung der Bevölkerungs- mit der Medizinalstatistik genannt.[280]

Vom Reichsinnenminister zur Stellungnahme aufgefordert, bekräftigte der Präsident des Reichsgesundheitsamtes die Bedeutung der Medizinalstatistik für die »Reichsmedizinalverwaltung« und strich den Anteil des Gesundheitsamtes an der Entwicklung der Statistik heraus. Einleitend bemerkte Bumm, dass die Bearbeitung der Medizinalstatistik dem Reichsgesundheitsamt bereits »bei seinem Inslebentreten übertragen worden« war, obwohl das Kaiserliche Statistische Amt damals schon bestanden habe.[281] Nachdem Bumm die in der Behörde bearbeiteten Statistiken aufgeführt hatte,[282] verteidigte er das Reichsgesundheitsamt gegen die vorgebrachten Einwände.

Schneidend kritisierte Bumm, dass es »schon seit längerer Zeit der Wunsch der statistischen Behörden« sei, »Zentralen der gesamten Statistik auf ihrem Gebiet zu werden«. Der Präsident des Gesundheitsamtes bestätigte, dass sich aus der Zusammenlegung der Statistik sicherlich eine organisatorische Vereinfachung und Vereinheitlichung ergeben würde. »Es fragt sich nur, ob bei einer solchen Vereinheitlichung, soweit sie die Medizinalstatistik im Reiche betrifft, auch den praktischen Bedürfnissen der Medizinalverwaltung besser als bisher entsprechen wird; denn die Statistik soll doch sicherlich nicht Selbstzweck sein.« Vielmehr sollte die Medizinalstatistik »für die Reichsmedizinalverwaltung fortlaufend zur Erkennung bringen [...], wo Anlass zu weiteren Abwehr- und Bekämpfungsmassnahmen gegen totbringende Krankheiten gegeben ist.«[283]

»Die fortlaufenden wöchentlichen und monatlichen Statistiken sind besser verwertbar, wenn sie in der Hand derjenigen Behörde, die daraus ihre Schlussfolgerungen für Beantragung praktischer Massnahmen ziehen soll, sich befänden. Oft geben diese statistischen Mitteilungen

---

280 PSRA an RWM, 10.11.1922, BA Berlin, R 1501/111653.
281 Spitzfindig korrigierte Bumm Grotjahns Appell. Die Forderung, man solle dem RGA die Statistik wieder nehmen, sei sachlich unrichtig, denn dies impliziere, dass die Behörde die Statistik bereits schon einmal nicht bearbeitet habe, PRGA an RMI, 10.3.1923, BA Berlin, R 1501/111653.
282 Vgl. Kap. 3.2.9.
283 PRGA an RMI, 10.3.1923, BA Berlin, R 1501/111653. Hervorhebungen im Original.

Anlass zu Massregeln, bevor sie statistisch verarbeitet oder in zusammengestellten Übersichten veröffentlicht werden. Wenn das Reichsgesundheitsamt immer erst abwarten soll, bis das Statistische Reichsamt die betreffenden Übersichten allgemein bekannt gegeben hat, wird manchmal kostbare Zeit verloren gehen.«[284]

Die Begründungen Bumms überzeugten das Reichsinnenministerium. Der Minister machte sich die Argumentation der ihr technisch unterstellten Behörde voll und ganz zu eigen und rezitierte die von Bumm vorgebrachten Einwendungen.

»Aus den Darlegungen des Reichsgesundheitsamtes geht meines Erachtens mit Deutlichkeit hervor, daß sich aus einer Überführung der Todesursachenstatistik auf das Statistische Reichsamt kaum ein Nutzen, aus einer Fortnahme auch der übrigen Medizinalstatistik vom Reichsgesundheitsamt aber nur Nachteile ergeben würden. [...] Es genügt wohl in dieser Hinsicht auf die Notwendigkeit der rechtzeitigen Einleitung seuchenhygienischer Maßnahmen hinzuweisen.«[285]

Zwar konnte der Präsident des Reichsgesundheitsamtes seine vorgesetzte Behörde überzeugen, doch aufhalten konnte er die Demontage letztlich nicht. Das ausschlaggebende Moment war schließlich die anarchische Finanzlage Ende 1923 und die Direktive des Präsidenten des Rechnungshofes, jedes Einsparungspotential zu nutzen.[286] Trotz der feindlichen Übernahme oder grade wegen der Begehrlichkeiten, die die Reichsmedizinalstatistik geweckt hat, kann die Arbeit des Gesundheitsamtes auf diesem Gebiet als ein voller Erfolg gewertet werden.

Adolf Gottstein bezeichnete ein halbes Jahrhundert nach ihrem erstmaligen Erscheinen die »wöchentlichen Veröffentlichungen des Reichsgesundheitsamtes, welche regelmäßige Zusammenstellungen über die Bevölkerungszahl, die Geburten, die Eheschließungen, die Sterblichkeit nach Krankheiten geordnet, und das Auftreten der meldepflichtigen Krankheiten« als das wichtigste amtliche Quellenwerk im Deutschen Reich und die Darstellungen der Tuberkulosesterblichkeit im europäischen Vergleich als »mustergültig« und »sehr sinnfällig«.[287]

---

284 Ebd.
285 RMI an den Rechnungshof, 23.4.1923 mit Kopie an das RWM, BA Berlin, R 1501/111653. Hervorhebung im Original.
286 Ebd.; Runderlaß des Präsidenten des Rechnungshofes an alle Reichsministerien, 29.10.1923, BA Berlin, R 1501/111653.
287 Die Zitate in Gottstein, Statistik 1928, S. 211, 219. Biographische Angaben zu Gottstein, neben Grotjahn und Alfons Fischer einer der Hauptvertreter der So-

Der Erfolg des Gesundheitsamtes bei der Erstellung einer Medizinalstatistik im Vergleich zu den gescheiterten Versuchen der 1860er und 1870er Jahre basierte auf vier Gründen. Erstens wurde durch das Personenstandsgesetz 1875 eine die zentrale Erhebung der Geburts- und Sterbedaten erst möglich machende infrastrukturelle Voraussetzung geschaffen. Die informationstechnische Infrastruktur wurde später durch die Konzipierung des Kreisarztes und die Gründung kommunaler Gesundheitsämter weiter verbessert. Zweitens war die Abgabe der notwendigen Informationen nicht von dem Gutdünken der freiwillig beteiligten Ärzte abhängig, sondern die Anzeige zahlreicher Krankheiten wurde mit der Einführung des Reichsimpfgesetzes seit 1874 (Pocken), zur Jahrhundertwende mit dem Reichsseuchengesetz (die so genannten gemeingefährlichen Krankheiten), mit der Bekämpfung des Typhus ab 1901 (Typhus) und während des Ersten Weltkrieges bzw. seit 1927 mit dem Gesetz zur Bekämpfung der Geschlechtskrankheiten verpflichtend.[288] Eine Vernachlässigung der Anzeigepflicht konnte vor Gericht geahndet und mit dem Entzug der Approbation bestraft werden.[289]

Drittens war die Statistik des Gesundheitsamtes nicht auf die Erfassung aller wünschenswerten Daten angelegt – was einer Sisyphusarbeit gleichgekommen wäre –, sondern auf die Erfassung aller möglichen Daten.[290] Einer 1880 begonnenen »Statistik der Erkrankungen an ansteckenden und gemeingefährlichen Krankheiten« traten »nicht zu überwindende Schwierigkeiten entgegen«. Die Schwierigkeiten – zweifelhafte Diagnose, Systematisierung und Schematisierung, Unvollständigkeit der

zialhygiene, in Grote (Hg.), Medizin 1925, Bd. 4; Gottstein, Erlebnisse 1999; Labisch/Tennstedt, Weg 1985, S. 416 f.
288 Der Hinweis, dass nur durch ein Gesetz die Pflicht der Ärzte zur Mitarbeit konstituiert werden kann KGA, Festschrift 1886, S. 4, 24.
289 Durch die Verschleppung der Typhusepidemie im Regierungsbezirk Zabern musste sich der Arzt Georg Karl Lewit 1900/1901 in einem aufsehenerregenden Prozess vor dem Gericht verantworten. Die ausführliche Darstellung der »Lewit-Affäre« bei Mendelsohn, Cultures 1996, S. 579-588, 601-604. Die Termine für die Abgabe der Meldepostkarten an das RGA am 10. eines jeden Monates waren im »Kalender für Medizinalbeamte« im Terminkalender fest eingetragen. Zu den Schwierigkeiten bei der Einführung der regelmäßig abzuleistenden Meldungen siehe die Mahnungen der Regierungspräsidenten an die Landräte zur Meldung von Diphtherieerkrankungen in GStA PK, 1. HA, Rep. 76 VIII B, Nr. 3762.
290 Bereits die Kommission zur Vorbereitung der Statistik hatte »zur Vermeidung späterer Enttäuschungen« in ihrem Bericht vorangestellt, dass man bei der Konzipierung der Statistik »den Bedürfnissen der Verwaltung in erster Linie, denen der Wissenschaft erst in zweiter Linie« gerecht zu werden versuche, vgl. Bericht der Commission 1874.

Angaben und die aufzubringenden Kosten – einer sehr weit gespannten Statistik konnten erst im Laufe der folgenden Jahrzehnte überwunden werden.[291] Man beschränkte sich daher nach dieser Erfahrung auf eine relativ einfach konzipierte Mortalitätsstatistik und bei einer Morbiditätsstatistik auf die Auswertung bestehender Daten oder einzelner »Volkskrankheiten«. Bei der späteren statistischen Erfassung nahm man Ungenauigkeiten en détail in Kauf, da der Aussagewert im Ganzen nicht beeinträchtigt wurde. Man beschränkte sich auf ein optimales ›so genau wie möglich und nötig‹ und erleichterte die Tätigkeit des Gesundheitsamtes ungemein.

Ebenso pragmatisch wurde bei der Erstellung einer reichsweiten Todesursachenstatistik verfahren. Sachlich beschränkte sich diese allein auf die epidemischen Infektionskrankheiten. Darüber hinaus war die »reichsweite« Mortalitätsstatistik in den ersten Jahren territorial nur auf einen Teil des Reiches reduziert – neun Bundesstaaten und das Reichsland Elsass-Lothringen mit insgesamt 93,8 % der Gesamtbevölkerung – und wurde sukzessive erweitert.[292] Erst 1924 steuerten alle Bundesstaaten statistische Daten zur Todesursachenstatistik bei.[293] Durch dieses Prinzip der kleinen Schritte konnte die Behörde einerseits selbst beständig Erfolge und Fortschritte produzieren. Andererseits entwickelte die Publikation der Ergebnisse eine gewisse eigene Dynamik. Die Staaten, deren Daten nicht in der Statistik enthalten waren, wurden meist explizit genannt, was indirekt einer öffentlichen Rüge gleichkam und das Unvermögen der jeweiligen Staaten bloßstellte.[294]

291 Vgl. KGA, Festschrift 1886, S. 22-24.
292 Vgl. RGA, Festschrift 1926, S. 150. 1894 wurden bereits 94,6 % der Bevölkerung erfasst, Rahts, Ergebnisse 1897, S. 35; und 1905 wurden 15 Bundesstaaten mit 99,83 % der Bevölkerung in der Mortalitätsstatistik erfasst, Rahts, Ergebnisse 1908, S. 103.
293 Vgl. RGA, Festschrift 1926, S. 151; Stöckel, Sozialhygiene 1994, S. 474. Dies lag sicher auch in der Zusammenfassung der thüringischen und sächsischen Kleinstaaten zu einem größeren Bundesstaat nach Ende des Ersten Weltkrieges begründet.
294 Beispielsweise die positive Hervorhebung der beteiligten Staaten in der Todesursachenstatistik von 1892 in Würzburg, Todesursachen-Statistik 1895, S. 217; für die Todesursachenstatistik von 1894 konnte Rahts, Ergebnisse 1897, S. 35 verkünden, dass sich Braunschweig den beteiligten Staaten angeschlossen habe und weitere Bundesstaaten ihre Mitarbeit in Aussicht gestellt hätten. Eine indirekte Bloßstellung über die einleitenden statistischen Erläuterungen in Rahts, Ergebnisse 1905, S. 1: »Es fehlten solche Angaben, wie für das Jahr vorher, noch aus Sachsen-Weimar, Mecklenburg-Strelitz, Schwarzburg-Rudolfstadt, Reuß i. L., d. i. für nur 1,238 % der am 1. Dezember 1900 nachgewiesenen Gesamtbevölkerung des Reiches. Hinsichtlich der Ursachen der 10.444 in Mecklenburg-Schwe-

Ein vierter Grund, warum das Gesundheitsamt die Medizinalstatistik letztlich durchsetzen konnte, ist in der gesellschaftlichen Akzeptanz zu finden. Die Medizinalstatistik bot sich auf der einen Seite als Herrschaftsinstrument an, auf der anderen Seite begrüßte August Bebel die Medizinalstatistik als ein Mittel, mit dem die »Erörterung der socialen Fragen […] in den Vordergrund gestellt« würden. Eine Medizinalstatistik sei ein »ungeheurer Gewinn«, lenke sie doch die Aufmerksamkeit auf die unzulänglichen Arbeits- und Lebensverhältnisse der Arbeiterklasse und die Mittel, die es zu ihrer Verbesserung zu ergreifen gelte.[295] Die Medizinalstatistik wurde sowohl von konservativer als auch von sozialdemokratischer Seite begrüßt und unterstützt.

Allgemein vermochte die Statistik für mancherlei Probleme Erklärungshilfen zu liefern und Lösungsstrategien anzubieten. Die Bedeutung der Statistik für das Gesundheitsamt unterlag einem Wandel. Von der deutschen Ärzteschaft und den Initiatoren des Gesundheitsamtes wurde an die Medizinalstatistik der Wunsch herangetragen, Aufschluss über die Ätiologie und die Epidemiologie bestimmter Krankheiten zu gewinnen – generell sollte die Medizinalstatistik die Vielzahl von möglichen Ursachen, empirischen Ergebnissen, Krankheitsverläufen und die sozialen und ökologischen Begleitumstände systematisieren helfen, sie in eine Beziehung zueinander setzen, sie beherrschbar machen.

Schon bald nach Gründung des Amtes trat eine andere Bedeutung der medizinischen Statistik in den Vordergrund. Sie sollte nicht nur wissenschaftliche Erklärungsmodelle liefern, sondern gleichfalls in strittigen politischen Fragen den Argumenten der Regierung – oder allgemein der sie instrumentalisierenden Partei – durch ihre objektiven und wissenschaftlichen Aussagen Legitimität verschaffen.[296] Die Richtigkeit des angefeindeten Impfgesetzes wurde mittels der Statistik über Pockenerkrankungen im Reich verteidigt und bestätigt. Die Sozialdemokratie führte die statistischen Ergebnisse als Beweis für die gesundheitsschädlichen Lebens- und Arbeitsverhältnisse der sozial benachteiligten Gesellschaftsschichten an.[297]

Die Medizinalstatistik legitimierte nicht nur politische Entscheidungen der vorgesetzten Behörde oder rivalisierender Parteien im Reichstag, son-

---

rin vorgekommenen Sterbefälle sind nicht so eingehende Angaben wie aus den anderen 21 Staaten gemacht, da dort die Eintragung nur einiger Todesursachen von besonderer Bedeutung vorgeschrieben ist.« Ähnlich Rahts, Ergebnisse 1908, S. 1.
295 Vgl. Bebel, Reichs-Gesundheitsamt 1878, S. 9.
296 Die statistischen Ergebnisse zusammenfassend KGA, Blattern 1896; Porter, Trust 1995.
297 Die demokratische Macht von Statistik bei Elsner, Macht o.J.

Abb. 1.
Anteil der Todesfälle an Tuberkulose, entzündlichen Krankheiten der Atmungsorgane, Magen- und Darmkatarrh und Neubildungen an der Gesamtzahl der Todesfälle in deutschen Großstädten, Mittelstädten, kleineren Gemeinden.

Auf je 1000 aus bekannter Ursache Gestorbene starben im Durchschnitte der Jahre 1900/04 in

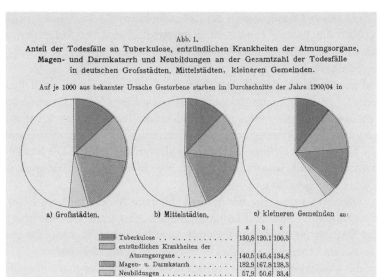

a) Großstädten, b) Mittelstädten, c) kleineren Gemeinden an:

	a	b	c
Tuberkulose	130,8	120,1	100,3
entzündlichen Krankheiten der Atmungsorgane	140,5	145,4	134,8
Magen- u. Darmkatarrh	182,9	167,8	128,3
Neubildungen	57,9	50,6	33,4

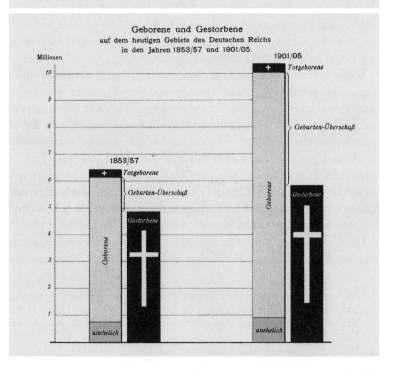

Geborene und Gestorbene auf dem heutigen Gebiete des Deutschen Reichs in den Jahren 1853/57 und 1901/05.

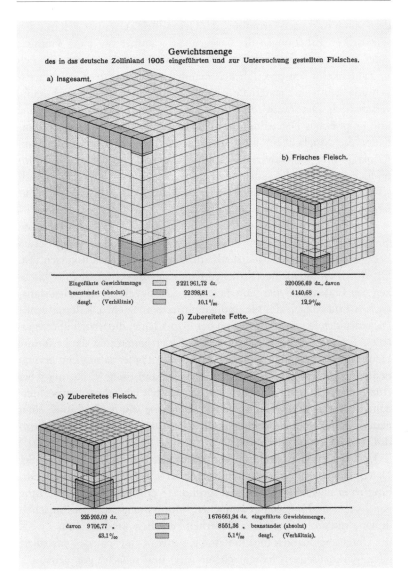

Abb. 12 Die graphische Umwandlung statistischer Datenreihen und Kurven in Kuchen, Säulen und Quader (siehe auch Abb. 4).

dern schon bald nach Gründung des Gesundheitsamtes bot sich mit den statistischen Erhebungen die Gelegenheit – immer unter der Prämisse eines Gelingens – kurzfristig Arbeitsergebnisse zu präsentieren, die sich in Zahlenkolonnen und Tabellen manifestierten und der Gesundheitsbehörde selbst eine materielle Grundlage für ihre Daseinsberechtigung verschafften. Die Statistik als Mittler zwischen empirischer Versuchsreihe und graphischer Darstellung bot den Gesundheitswissenschaften überhaupt die Möglichkeit, ihre Arbeiten darzustellen. Konnte die Bakteriologie ihre »objektiven« Ergebnisse über die Photographie versinnbildlichen, so war die »kurvenmäßige Darstellung« – die »Kurvenlandschaften« – die Methode der Wahl in der Statistik und Hygiene.[298] (Zur Umwandlung der Statistik siehe Abb. 12).

Beate Witzler stellt in ihrer Studie eine zeitliche Diskrepanz zwischen der tatsächlichen Bedrohung durch »Volksseuchen« und der suggerierten Bedrohung in den auf Medizinalstatistiken basierenden Diskursen fest. Die durch die »gemeingefährlichen Krankheiten« verursachte Sterblichkeit war Ende der 1870er Jahre bereits rückläufig, als die medizinalstatistischen Erfassungen des Gesundheitsamtes einsetzten. Die letzte große Pockenepidemie wütete zu Beginn der 1870er Jahre, die letzten überregionalen Typhusepidemien waren in den 1880er Jahren und die berühmte Hamburger Choleraepidemie zu Beginn der 1890er Jahre. Die permanente Bedrohung wurde jedoch durch die statistische Erfassung jedes einzelnen Krankheitsfalles auch in den nächsten Jahrzehnten aufrechterhalten. Jede endemisch auftretende Erkrankung wurde als Vorbote einer neuen reichsweiten Bedrohung interpretiert und untermauerte die Legitimität des Gesundheitsamtes.[299]

Eine wesentliche Funktion der Statistik ist die Bewältigung großer Datenmengen mittels Systematisierung und Schematisierung. Die Schaffung einer allgemeinen Vergleichsgrundlage ermöglicht die Bewertung von Daten, und mit den gewonnenen Informationen können Entscheidungen mit immer größerer Sicherheit getroffen werden. Zum Zweck der Unterscheidbarkeit und Einteilung werden Unterschiede konstruiert oder Merkmalseigenschaften schematisiert und schärfer gegeneinander abgegrenzt. Die Daten werden unter dem Aspekt verglichen, ob ein

---

298 Vgl. Gottstein, Statistik 1928, S. 217; Nikolow, Blick 2001; dies., Nation 2002; dies./Brecht, Displaying 2000.
299 Zur Diskrepanz Witzler, Großstadt 1995, S. 51-58; siehe hierzu auch das RSG als Strategie des Staates zur Ausweitung des Einflussbereiches gegenüber den Einzelstaaten, Kommunen und Individuen.

Merkmal vorliegt oder nicht, und entsprechend taxonomisch verortet.[300] Mit dem quantitativen Denken in der Medizin kam es zur Herausbildung des Normalwert-Konzeptes.[301] Die Medizinalstatistik beinhaltet Daten den Gesundheitsstatus eines Menschen betreffend, die über die Eingruppierung in gesund oder krank entscheidenden Einfluss haben. »Das Kranke« wird als das Jenseits der Gauß'schen Glocke vom Gesunden getrennt. Dieser statistischen Aussonderung vorgelagert ist die statistische Feststellung des Gesunden – des Normalzustandes.

5.3.2 Normalwissenschaft

Die Antipoden Devianz und Normalität werden statistisch in einem Dreisatz konstruiert.[302] Am Beginn der Untersuchung wird aus der statistischen Datenerhebung der Mittelwert – der Normalzustand, der Normalwert – als korrespondierender Vergleichs- und Referenzwert definiert.[303] In einem nächsten Schritt werden die Streubreite festgelegt und die Grenzen gezogen zwischen Varianz und Devianz. In einem letzten Schritt können die erhobenen und zukünftigen Daten geprüft und ihre Zugehörigkeit zur Normalität eindeutig zugeordnet werden. Je nachdem, ob der Normalzustand absolut fixiert oder relativ gesetzt wird, ist ein Regelmechanismus einzubeziehen. Dieser Regelmechanismus passt den Normalzustand an Veränderungen an. Nehmen die Abweichungen in die eine oder andere Richtung zu, wird der Mittelwert neu ausgerichtet oder die Varianz verändert.[304]

Krankheit definierte Jacob Henle als »Abweichung vom normalen, typischen d. h. gesunden Lebensprocesse«.[305] Ergo kann Krankheit nur über die Beziehung zum »Normalen« und »Gesunden« beschrieben werden. Gesundheit war der homöostatische Normalzustand, an dessen Grenze Krankheit die Lebensprozesse bedrohte. Als biopolitische Institution oblag dem Gesundheitsamt die Aufgabe, eine bestehende Streubreite von Gesundheit zu stabilisieren oder den Zustand von Gesundheit zu verbessern bzw. auszuweiten. Das langfristige Ziel war die Hebung der »Volks-

---

300 Vgl. Hirschberg, Grundlagen 1874; Weingarten/Gutmann, Taxonomie 1994, S. 25.
301 Vgl. Büttner, Herausbildung 1997, S. 17.
302 Zur Bedeutung der Wahrscheinlichkeitsrechnung und Statistik für den Normalitätsdiskurs unter Bezug auf Hacking Link, Versuch 1998, S. 165-168.
303 Vgl. Büttner, Herausbildung 1997, S. 18 f.
304 Vgl. Hacking, Taming 1990; Link, Versuch 1998; ders., Normativ 1999.
305 Jacob Henle, Handbuch der rationellen Pathologie, zitiert in Büttner, Herausbildung 1997, S. 20.

gesundheit«. Die Regulation erfolgte in zwei verschiedenen Richtungen. Einerseits sollten die den Gleichgewichtszustand störenden Faktoren minimiert werden, beispielsweise durch die Bekämpfung von Krankheiten, andererseits sollten die Variablen des Gesundheitszustandes verbessert werden. Die Hygiene sollte die auf den organischen Normalzustand einwirkenden Faktoren – die *sex res non naturales* – taxieren und auf den anzustrebenden Zustand hin justieren. Diesbezüglich musste man wiederum für die jeweiligen Faktoren Normwerte festlegen.[306] Als ein den Gesundheitszustand beeinflussender Faktor galt die Ernährung. Die Normalisierung der Nahrungsmittelqualitiät, die wissenschaftliche Konstruktion von Normalwerten als standardisierte Referenzwerte und deren Kodifizierung und Normierung als in Gesetze gegossene juristische Normen mit Erfüllungszwang soll am Beispiel des Nahrungsmittelgesetzes skizziert werden.[307]

Am 12. August 1877 erhielt der Direktor des Gesundheitsamtes ein Schreiben von Dr. Stutzer, Vorstand der agriculturchemischen Versuchsstation in Bonn.

»Der gehorsamst Unterzeichnete hat in letzter Zeit mehrfach Nahrungs- und Genussmittel auf Fälschungen untersucht und erlaubt sich die ganz ergebene Anfrage, ob vom Kaiserlichen Gesundheitsamte gewisse Normen darüber festgestellt werden unter welchen Bedingungen ein Nahrungsmittel als verfälscht zu betrachten ist. Die Prüfung der Lebensmittel wird jetzt in allen größeren Städten Deutschlands den verschiedensten Chemikern in die Hand gegeben und werden bei Beurtheilung, ob eine Ware verfälscht ist oder nicht, oft subjektiven und verschiedenartigen Ansichten maßgebend sein, die nur dazu beitragen, das Vertrauen zu die erst im Entstehen begriffenen Untersuchungsämtern zu schwächen.«[308]

Im September 1877 traf ein weiteres Schreiben im Gesundheitsamt ein mit der Bitte, man möge einen auf Sachkenntnis beruhenden Leitfaden veröffentlichen, damit einerseits die Untersuchungsstationen eine Richtschnur für ihre Untersuchungen hätten, andererseits die Verkäufer vor amtlicher Willkür geschützt seien.[309] Durch die öffentliche Diskussion

---

306 Analog zur Normaltemperatur Wunderlichs, zum Normalblutzuckerwert Bernards, die Blutanalyse Schmidts, zum Normalurin bei Berzelius, vgl. Büttner, Herausbildung 1997; Hess, Messen 1999; Sarasin, Maschinen 2001.
307 Zu den Begriffen Link, Versuch 1998; ders., Normativ 1999.
308 Dr. A. Stutzer an DKGA, 12.8.1877, BA Berlin, R 86/2105.
309 Dr. Clemens Sels an DKGA, 10.9.1877, BA Berlin, R 86/2105.

zu den Nahrungsmittel-Verfälschungen und die Gründung zahlreicher kommunaler Untersuchungsstationen sah sich der Direktor des Gesundheitsamtes veranlasst, in einem an den Präsidenten des Reichskanzleramtes adressierten Schreiben die Errichtung einer Kommission zur Feststellung der Nahrungsmittel-Beschaffenheit anzuregen. Struck glaubte, die Bewegung der »niederen Verwaltungsämter« nicht aus den Augen verlieren zu dürfen, damit »eine gewisse Gleichförmigkeit bei der Errichtung und in der Arbeitsweise dieser Anstalten hergestellt wird«.[310]

Die von Struck im Herbst 1877 vorgeschlagene Kommission erarbeitete in den folgenden zwei Jahren das Nahrungsmittelgesetz. Nach Inkrafttreten des Gesetzes im Mai 1879 folgten die Ausführungsverordnungen der Einzelregierungen an die nachgeordneten Behörden. Um überhaupt wirksam werden zu können, sah das Nahrungsmittelgesetz auf kommunaler Ebene die Errichtung öffentlicher Anstalten zur technischen Untersuchung von Nahrungs- und Genussmitteln vor.[311] Das Gesundheitsamt wies auf die Notwendigkeit zur gleichgearteten Organisation und Arbeitsweise dieser Untersuchungsstationen hin. Der Direktor des Gesundheitsamtes bat den Präsidenten des Reichskanzleramtes deshalb, die »Aufstellung der Normen für die technische Ausrüstung und Arbeitsweise der genannten Untersuchungsstationen« erarbeiten zu dürfen.[312] Eugen Sell entwarf daraufhin im Gesundheitsamt die »Rathschläge für eine einheitliche Organisation des Untersuchungswesens und ein Normalstatut für die Errichtung und Arbeitsweise der Untersuchungsstellen«.

»Erst wenn bestimmte Methoden der Untersuchung einheitlich gutgeheissen werden, erscheint es möglich, Normen über die Herstellung von Nahrungsmitteln etc. aufzustellen. Denn in Anbetracht der verschiedenen Resultate, welche man bei Anwendung verschiedener Methoden für den einzelnen Fall erhält, darf die Aufstellung von Normen dieser Art nur unter Bezeichnung der Untersuchungsmethode geschehen, wenn nicht die Bestimmung der Verordnung zu vielen Unzuträglichkeiten und Verlegenheiten in der Ausführung des Gesetzes führen soll.«[313]

---

310 DKGA an PRKA – Geheim, 19.8.1877, BA Berlin, R 89/2105. Die Berichte und Beschlüsse der Kommission in BA Berlin, R 1501/110035.
311 Vgl. die Abschrift eines Artikels aus dem Reichsanzeiger Nr. 223 von 1879, BA Berlin, R 86/2105.
312 DKGA an PRKA, 17.9.1879, BA Berlin, R 86/2105.
313 Sell an DKGA, 22.10.1879, BA Berlin, R 86/2105. Hervorhebung durch den Empfänger Struck.

Die Erarbeitung eines Normalstatutes erwies sich als schwierig, da man bei der Prüfung auch »der menschlichen Unvollkommenheit Rechnung« tragen wollte und sich die Prüfungsmethoden als zeitraubend darstellten.[314] Gleichwohl wurden zu wichtigen und von Verfälschungen besonders betroffenen Nahrungsmitteln – Milch, Butter, Mehl, Brot, Wein, Bier, Tee, Kaffee, Kakao, Fleisch, Zucker und schließlich Wasser – allgemeine Prinzipien zur Prüfung zusammengetragen.[315] In den folgenden Jahren traten jedoch immer wieder Schwierigkeiten bei der Prüfung von Nahrungsmitteln und der Eindeutigkeit und juristischen Anerkennung der Ergebnisse auf.

Die sachgemäße Durchführung der Lebensmittelprüfungen erforderte ein fachlich vorgebildetes Personal. Das »Bedürfnis nach solchen Sachverständigen« sollte mit der »Schaffung eines besonderen Berufsstandes, der Nahrungsmittelchemiker«, befriedigt werden.[316] Seit 1888 fanden unter dem Vorsitz des Kaiserlichen Gesundheitsamtes in einer Kommission Beratungen über die Prüfung der Lebensmittelchemiker statt, und im Februar 1894 wurden im Bundesrat die Vorschriften zur reichseinheitlichen Prüfung der Nahrungsmittelchemiker beschlossen.[317] Im Herbst 1897 wurde erneut eine Kommission gebildet mit dem Anliegen, einheitliche Normativbestimmungen für die öffentlichen Anstalten zur Untersuchung von Nahrungs- und Genussmitteln zu erarbeiten. Auf Einladung des Direktors des Kaiserlichen Gesundheitsamtes nahmen an der Zusammenkunft Vertreter von 34 Untersuchungsanstalten in privater, kommunaler und staatlicher Trägerschaft teil. Die Organisation der Untersuchungsstationen wurde detailliert erörtert: die allgemeine Einrichtung der Anstalten, die Einrichtung der Laboratorien (Art und Anzahl der Räume, Apparate, verwendete Utensilien und Chemikalien) und der innere Dienstbetrieb (Menge, Entnahme, Untersuchung und Aufbewahrung der Proben).[318]

---

314 Ebd.
315 Vgl. Meyer/Finkelnburg, Gesetz 1880.
316 RGA, Festschrift 1926, S. 83.
317 Ebd., Grüne, Anfänge 1996, S. 137-146.
318 Vgl. die zahlreichen Rundschreiben des DKGA und die Protokolle der Kommissionssitzungen aus dem Jahr 1898 in BA Berlin, R 86/2105; ferner die Vereinbarungen zur einheitlichen Untersuchung und Beurtheilung von Nahrungs- und Genussmitteln sowie Gebrauchsgegenständen für das Deutsche Reich. Ein Entwurf festgestellt nach den Beschlüssen der auf Anregung des Kaiserlichen Gesundheitsamtes einberufenen Kommission deutscher Nahrungsmittel-Chemiker, Bd. 1-3, Berlin 1897, 1899, 1902 und die Überarbeitung der Vereinbarungen 1911. Zur Kommission Grüne, Anfänge 1996, S. 180-185.

Die Abstimmung der Kontrollstationen unter der Regie des Gesundheitsamtes sollte die Vergleichbarkeit der Untersuchungsergebnisse durch die Einheitlichkeit der Prüfverfahren garantieren und für zukünftig zu errichtende Untersuchungsstationen normative Regularien hinsichtlich der apparativen Ausstattung, der Vorbildung der Mitarbeiter und der Prüfprozeduren aufstellen. Das Funktionieren von Normalität erfolgt bei Herbert Mehrtens durch Techniken, die Etablierung effektiver Schemata in eintrainierten Routinen, tayloristische Verfahren sowie habitualisierte und ritualisierte Handlungen.[319] Erst mit der Implementierung statischer Untersuchungsroutinen konnten Normalwerte ermittelt werden, die allgemeingültig als Referenzwert anerkannt wurden. Die Ergebnisse der Nahrungsmittelproben sollten unabhängig von der Person, dem Ort und der Zeit jederzeit nachvollziehbar und reproduzierbar sein – analog zu den experimentellen Versuchen in der Bakteriologie – die auch vor Gericht unanfechtbare Beweiskraft hatten.

Darüber hinaus stellte die Unsicherheit, wann eine Ware als verfälscht zu betrachten sei, ein schwerwiegendes Problem dar. In dem Nahrungsmittelgesetz hatte man es unterlassen, zentrale Begriffe wie »Verfälschung« oder »Nachahmung« zu bestimmen. Wie Henle Krankheit in Beziehung zur Gesundheit setzte, konnte man auch die Verfälschung von Nahrungsmitteln nur relational in Bezug auf eine Normgröße, und zwar als Abweichung von dieser Norm, definieren. Zur Klärung waren daher Normen für einzelne Lebensmittel und Varianzbreiten festzulegen und zu entscheiden, welche Zusätze erlaubt und welche verboten werden sollten. Der sachverständige Mitarbeiter im Gesundheitsamt beklagte dabei die Schwierigkeit, mit wissenschaftlicher Genauigkeit »die Grenzen zu fixieren, wo die Gefahr einer Schädigung der Gesundheit durch eine Verfälschung« überhaupt beginne.[320]

Die 1880 noch relativ vagen und subjektiven Prüfungsverfahren wurden im Gesundheitsamt sukzessive objektiviert, vervollständigt und normiert. Bereits 1881 veröffentlichte der zum Gesundheitsamt abkommandierte Stabsarzt Dr. Preusse einen Artikel über die Zusammensetzung und Definition der Milch.

»Milch ist die in den Milchdrüsen weiblicher Thiere während der Milchbildungszeit nach dem Gebären durch eigenthümliche Umwandlung des Drüsengewebes entstehende Flüssigkeit. Unter Milch als

---

319 Vgl. Mehrtens, Kontrolltechnik 1999, S. 52.
320 Eugen Sell an den Direktor des KGA, 22.10.1879, BA Berlin, R 86/2105.

Handelswaare wird die durch völliges Ausmelken des Euters einer oder mehrerer Kühe gewonnene, gut gemischte Milch verstanden.«[321]

Die Analysewerte ließen sich exakt beziffern. Eine so gewonnene Milch enthält 87,25 % Wasser und 12,75 % feste Bestandteile (3,5 % Butterfett, 3,5 % Kasein, 0,4 % Eiweiß, 4,6 % Milchzucker, 0,75 % Asche). Das spezifische Gewicht liegt bei 15 °C zwischen 1,028 und 1,04. Im Anschluss wurden die Varianzwerte aufgrund von Messungen in verschiedenen deutschen Städten und europäischen Ländern vorgestellt und das »Verhalten der normalen Milch« gegenüber »abnormer Milch« oder »verfälschter Milch« abgegrenzt.[322]

»Eine gute ganze Milch als Marktmilch ist [...] fürs blosse Auge eine mattweisse, selten schwach ins Bläuliche, öfter mehr ins Gelbliche spielende Flüssigkeit von reinem, mildem, süsslichem Geschmack und schwachem, an die Hautausdünstung der Rinder erinnerndem, jedoch nicht unangenehmen Geruch. Sie fühlt sich fettig an und ist von ziemlicher Consistenz: der einzelne Tropfen auf den Fingernagel gegeben bleibt daselbst prall und hochgewölbt liegen und hat völlig undurchsichtige, weisse Ränder. Ihre Reaction ist amphoter, d. h. sie bläut rothes Lakmuspapier und röthet blaues, sie hat ein specifisches Gewicht von 1029-1033 bei 15 °C., sie gerinnt beim Erhitzen nicht. Sie soll nicht weniger als 11,5 pCt. fester Bestandteile, mindestens 2,5 pCt. Fett und nicht mehr als 0,8 pCt. Asche enthalten. Als eine fernere Charakteristik guter Milch glauben die Verfasser der Basis für die Verordnungen, betreffend Milch das Mengenverhältnisses des Eiweisses zum Fett betrachten zu sollen, welches sie vorläufig bei 100:80 annehmen.«[323]

Ähnlich ausführlich werden wir über das Verhalten abgerahmter und abnormer Milch sowie über die Verfälschungen von Milch informiert. Im Anschluss an die Definition von Milch wurden die »Instrumente für die Controlle der Marktmilch« und die einzelnen Kontrollmethoden vorgestellt, die eine einheitliche und personenunabhängige Kontrolle und Vergleichsgrundlage garantieren sollten.[324] Aufgrund stattgehabter Untersuchungen veröffentlichte das Gesundheitsamt im ersten Band der

---

321 Preusse, Grundlagen 1881, S. 382 f.
322 Ebd.
323 Ebd.
324 Ebd. Petri/Maassen, Herstellung 1891, S. 132 messen der Untersuchung Preusses bereits zehn Jahre später historischen Wert zu. »Das Studium der Zersetzungsvorgänge der Milch, unter denen man schon früh sogenannte ›normale‹ von

Arbeiten aus dem Kaiserlichen Gesundheitsamte technische Anhaltspunkte für die Handhabung der Milchkontrolle, die mit einer Vorschrift über die Konsistenz von Handelsmilch schlossen.[325] Mit dieser Verordnung war eindeutig definiert, was unter Handelsmilch zu verstehen sei – egal ob diese von Kühen aus Mecklenburg oder aus Bayern stammte. Analog zur Milch wurden für alle weiteren Grundnahrungsmittel und »Volks-Lebensmittel« Normalwerte konstruiert, die als Referenzwerte zur Abgrenzung gegenüber Verfälschungen herangezogen werden konnten.[326] Die Untersuchungsmethoden wurden permanent geprüft, und bei einer Verbesserung der Verfahren wurden diese geändert.[327] Ebenso wurden die Erläuterungen zum Nahrungsmittelgesetz bereits 1885 in einer vermehrten Auflage neu herausgegeben.[328] Die Kontrollfunktion in Normalisierungsprozessen wurde bereits institutionell über die vertikale Vernetzung zwischen dem Gesundheitsamt und den kommunalen Untersuchungsstationen beschrieben. Die im Gesundheitsamt ermittelten Normalwerte wurden qua Verordnung[329] rechtlich fixiert, und bei deren Missachtung drohten staatliche Sanktionen. In der »Kritischen Bespre-

›abnormalen‹ und ›krankhaften‹ unterschied, füllt eins der bedeutsamsten Kapitel der Bakteriologie aus.«
325 Vgl. KGA, Technische Anhaltspunkte 1886.
326 Die spezifischen Angaben zum Wein wurden in den Moststatistiken gewonnen. Die Weinstatistik wurde erstmals für das Jahr 1892 erstellt. Die kurzen Artikel der ersten Jahre weiteten sich zu umfangreichen Kompendien aus, vgl. beispielsweise AKGA Bd. 35, 39, 42, 46, 49. Für Alkohol Sell, Branntwein 1888; ders., Cognak 1890; ders., Cognak 1891; Windisch, Untersuchung 1890; ders., Zusammensetzung 1893; ders., Zusammensetzung 1895; ders., Bestimmung 1897; ders., Zusammensetzung 1898. Für Butter und Kunstbutter Eugen Sell, Beiträge 1886; ders., Kunstbutter 1886. Zur Milch und Milchprodukten Heim, Versuche 1889; Petri/Maaßen, Herstellung 1891; zur sterilisierten Milch Weber, Bakterien 1900; zum Käse Windisch, Erläuterung 1896; ders., Margarinekäse 1898; ders., Veränderung 1900. Zum Brot Sell, Beiträge 1893. Zu Gewürzen Sell, Beiträge 1894-1896, 1899; und Buchwald, Gewürze 1899; zum Kaffee KGA, Darstellung 1903. Zum Zucker anlässlich der Einführung einer Zuckersteuer Schmidt, Bestimmung 1903; ders., Beiträge 1903; Sonntag, Versuche 1903. Vgl. darüber hinaus die zahlreichen Untersuchungen zur Fleischqualität und KGA, Denkschrift 1888. Siehe ferner die Anlagen zu den Gesetzen und Verordnungen sowie Gerichtsentscheidungen betreffend Nahrungs- und Genußmittel sowie Gebrauchsgegenstände, Heft 1 (1912) bis Heft 6 (1915) über Honig, Speisefette und Speiseöle, Essig und Essigessenz, Käse, Kaffee, Kaffeeersatzstoffe.
327 Vgl. Windisch, Untersuchung 1894; Sell, Butterprüfungsverfahren 1895.
328 Weitere Auflagen erschienen 1892, 1901, 1913. Sie wurden seit 1901 von Theodor von der Pfordten in der Reihe »Deutsche Reichsgesetze« herausgegeben.
329 So bei Preusse, Grundlagen 1881; KGA, Technische Anhaltspunkte 1886.

chung des Materials zur Weinstatistik« fasste Julius Moritz die Entwicklung zusammen.

»Bereits nach Erlaß des Gesetzes, betreffend den Verkehr mit Nahrungsmitteln, Genußmitteln und Gebrauchsgegenständen, vom 14. Mai 1879, macht sich allmählig das Bedürfniß geltend, bei der chemischen Beurtheilung der Reinheit der Weine auf bestimmte Zahlenverhältnisse bezüglich ihrer Zusammensetzung zurückgreifen zu können. In Folge dessen wurde schon vor einer längeren Reihe von Jahren von den hervorragendsten Weinchemikern auf Grund ihrer Erfahrungen für gewissen Weinbestandtheile Grenzwerthe aufgestellt. Insbesondere wurden derartige Zahlen von der Kommission vereinbart, welche im Jahre 1884 im Kaiserlichen Gesundheitsamte behufs Ausarbeitung einheitlicher Verfahren zur Untersuchung von Wein versammelt war. [...] Am 20. April 1892 wurde das Gesetz betreffend den Verkehr mit Wein, weinhaltigen und weinähnlichen Getränken erlassen. In der am 29. April 1892 zur Ausführung dieses Gesetzes ergangenen Bekanntmachung (RGBl. S. 600) sind [...] einheitliche Grenzzahlen für das ganze Reichsgebiet festgelegt.«[330]

An der so genannten Nahrungsmittelhygiene lässt sich exemplarisch die Konstruktion von Normalität im Gesundheitsamt nachzeichnen. Den Anstoß für das Nahrungsmittelgesetz lieferten die Nahrungsmittelverfälschungen. Zum Schutz der Bevölkerung wurde das Nahrungsmittelgesetz verabschiedet, das die Verfälschung von Lebensmitteln unter Strafe stellte. Doch die praktische Umsetzung des Gesetzes erwies sich als schwierig und langwierig.[331]

Über die Vorstellung eines Nahrungsmittels herrschte zwar ein allgemeiner Konsens, dieser war jedoch nicht objektiv definierbar. Mit dem Gesetz mussten Bezugswerte installiert werden, an denen sich die Untersuchungsstationen orientieren konnten. Diese Bezugswerte mussten erst über statistische Versuchsreihen ermittelt werden. Die allgemeine Norm wurde zu einem statistischen Mittelwert umgewandelt. Diese definierte Norm berücksichtigte die unterschiedliche Qualität der Milch und die verschiedenen Meßmethoden durch die Einräumung von Varianzbreiten. Die Nahrungsmittel wurden normiert, und in einem nächsten Schritt

---

330 Moritz, Besprechung 1894, S. 541.
331 Vgl. hierzu die Beschwerde Strucks an Bismarck mit dem Vermerk »Sekret!« 16.10.1879, BA Berlin, R 86/21. Zu den Konflikten ausführlich Hüntelmann, Kooperation 2006.

wurde die Standardisierung in eine juristische Norm festgeschrieben.[332] Diese gesetzliche Norm diente als Referenzwert für alle späteren Untersuchungen. In einem Regelprozess konnte die gesetzliche Norm optional an etwaige Veränderungen, beispielsweise die Verbesserung der Nahrungsmittelqualität, angepasst werden.[333]

Auf einen weiteren normierenden Arbeitsbereich des Gesundheitsamtes verweist Herbert Mehrtens. Die Verunreinigung von Flüssen und Trinkwasserquellen konnte bis zur zweiten Hälfte des 19. Jahrhunderts an dem Bioindikator »Bevölkerung« abgelesen werden. Der Einleitung ungefilterter Abwässer folgte alsbald die Erkrankung der umliegenden Gewässeranrainer. Seit den 1880er Jahren wurden zahlreiche Flussläufe auf ihren Schadstoffgehalt untersucht. Das Kaiserliche Gesundheitsamt hat im Auftrag des Reichsamtes des Innern, zahlreicher Kommunalverwaltungen und verschiedener Landesregierungen mehr als zwanzig Gutachten über Flussverunreinigungen durch städtische oder industrielle Abwässer publiziert. Der referentielle Normalwert wurde in einem Zeit-Raum-Vergleich ermittelt. Die Proben wurden räumlich oberhalb und unterhalb der Stadt bzw. der Abflusseinspeisung in den Fluss entnommen und die Werte miteinander über einen längeren Zeitraum verglichen, um Normalwerte für die jeweilige Entnahmestelle zu gewinnen.[334]

Die ermittelten Werte dienten weniger einem wissenschaftlichen Erkenntniswert – die Verunreinigungen waren offensichtlich und wurden von den ›Bioindikatoren‹ geäußert –, sondern vielmehr wie bei der Nahrungsmittelkontrolle der (juristischen) Beweisführung. Mit dem objektiven Vergleich zwischen dem Referenzwert (räumlich/zeitlich vor der Stadt/Einleitungsstelle) und dem Schadstoffwert (räumlich/zeitlich hinter der Stadt/Einleitungsstelle) konnte eine industrielle Filteranlage, ein

---

332 Das NMG war erst der Anfang. Es folgten zahlreiche weitere Lebensmittelgesetze, vgl. Kap. 3.2.2.4. Das NMG wurde 1927 im Lebensmittelgesetz umfassend revidiert. Die Metamorphose von der allgemeinen Norm über die Normierung zur gesetzlichen Norm Link, Normativ 1999, S. 34.

333 Eine Anpassung an die steigenden Qualitätsnormen wurde auch im Deutschen Arzneibuch vorgenommen. Zwischen 1872 und 1926 wurde das Deutsche Arzneibuch fünfmal überarbeitet und neu herausgegeben. Bei der Erstellung und Revision der Pharmakopöe wurden Normalwerte mit gesetzlichem Charakter festgeschrieben. Der normierenden Wirkung des Arzneibuches waren sich die pharmazeutischen Unternehmen durchaus bewusst. Mit der Verschärfung der Reinheitsstandards – der Normalwerte – wurden die Unternehmen begünstigt, die eine definierte Reinheit zu produzieren in der Lage waren, vgl. Hickel, Gesundheitsamt 1977; Holsten, Gesundheitsamt 1977.

334 Vgl. die Sammlung von Gutachten über Flussverunreinigungen in den AKGA und ARGA.

Klärwerk, die Einrichtung von Rieselfeldern oder der Ausbau einer Kanalisationsanlage gefordert werden.[335] Die Wirksamkeit der eingeleiteten Maßnahmen wurden gegebenenfalls zu einem späteren Zeitpunkt kontrolliert und die Entnahme von Gewässerproben wiederholt.[336]

Weiterhin lässt sich an der so genannten Nahrungsmittelhygiene der Wandel von der qualitativen zur quantitativen Statistik sowie zur Verdatung und Objektivierung von Informationen feststellen.[337] In den Erläuterungen zum Nahrungsmittelgesetz wurde die Beschaffenheit der Nahrungsmittel allgemeinfasslich narrativ beschrieben. Preusse schlug zur Kontrolle der Milchqualität neben objektiven Merkmalen (Ermittlung des spezifischen Gewichtes, Reaktion gegen Lakmuspapier) die Prüfung der Farbe, Konsistenz, des Geruchs und des Geschmacks vor.[338] In den wenigen Tabellen, die sich in den ersten Jahrgängen der *Mittheilungen* und *Arbeiten aus dem Kaiserlichen Gesundheitsamt* zur Veranschaulichung oder Herleitung der Untersuchungsergebnisse finden lassen, spielten qualitative Beschreibungsmerkmale noch eine große Rolle. Die Milch riecht säuerlich oder käsig, sie wird blau oder nimmt einen rosafarbigen Schimmer an,[339] die Konsistenz ist schleimig; Fleisch riecht brandig, faulig und wird blau oder grün; auf anderen Proben bildet sich pelziger Schimmel. In dem II. Gutachten zur Flussverunreinigung wurde dem Geruch und der Farbe der entnommenen Probe noch Bedeutung beigemessen. Die Farbe ist gelblich, bräunlich oder farblos; der Geruch modrig, faulig oder geruchlos; und die Konsistenz flockig, schwach getrübt oder klar.[340] In den bakteriologischen Untersuchungen wurden die

---

335 Vgl. die Sammlung von Gutachten über Flussverunreinigungen in den AKGA; die Untersuchungen als Beweis- und Druckmittel in Mehrtens, Kontrolltechnik 1999, S. 58 f. Die Durchsetzung der Vorschläge und die Verwirklichung von Klärwerken und Filteranlagen in dem vom Gesundheitsamt geforderten Ausmaß ließen auf sich warten oder scheiterten oftmals an den Widerständen industrieller Interessengruppen.
336 Vgl. zu Schwerin Renk, Residenzstadt Schwerin 1889; Ohlmüller, Residenzstadt Schwerin 1898; ders., Residenzstadt Schwerin 1904; zu Magdeburg ders., Wasserversorgung 1890; ders., Magdeburg 1893; zur Verunreinigung der Innerste ders., Verunreinigung 1902; ders., Ergänzungs-Gutachten 1902.
337 Zum Wandel von der qualitativen zur quantitativen Statistik Canguilhem, Normale 1974, S. 25-38; die Objektivierung durch Quantifizierung Porter, Trust 1995.
338 Vgl. Preusse, Grundlagen 1881, S. 394.
339 Die farbliche Veränderung beschrieb nicht nur den Verfallsprozess, sondern sie war ebenso von der Untersuchung abhängig. Wurde beispielsweise das Verhalten von Cholera- oder Tuberkuloseerregern in Milch untersucht, konnte die Färbung der Milch auch das Wachsen der Bakterienkulturen anzeigen.
340 Vgl. Renk, II. Gutachten 1889, Tabelle S. 404 f.

Ergebnisse mit entzündlich, eitrig, brandig, geschwollen, knotig, fiebrig notiert oder lapidar durch ein Kreuz: Das Meerschweinchen starb an den typischen Krankheitssymptomen.

Besonders in der Land- und Forstwirtschaft beharrte man lange auf einem qualitativen Verständnis von Statistik. Nach Gründung der Biologischen Abteilung am Kaiserlichen Gesundheitsamt stieß der Plan des Direktors Aderhold zur Organisation einer phytopathologischen Statistik auf Widerstand. Der dem Beirat der biologischen Abteilung angehörende Paul Sorauer verstand unter Statistik »die Zusammenfassung der Einzelbeobachtungen und Einzelerfahrungen zu einem Gesamtbilde«. Die Sammlung von Einzelbeobachtungen machte eine Auswertung der Beobachtungen jedoch unmöglich. In der Biologischen Abteilung des Gesundheitsamtes verstand man unter Statistik jene wissenschaftliche Methode oder Wissenschaft, »die mit der Durchzählung verwandter Fälle und Vorgänge arbeite, um aus den gewonnenen Zahlen Regelmäßigkeiten und Gesetzmäßigkeiten abzuleiten.«[341]

Den Vorteil und die Effizienz der quantitativen Methode erläuterte in einem Artikel »Ueber eine schnell auszuführende quantitative Bestimmung des Arsens« der technische Hilfsarbeiter im chemischen Laboratorium des Gesundheitsamtes Eduard Polenske.[342]

»Es war nun nahe, diese Methode bezüglich ihrer Brauchbarkeit zur quantitativen Bestimmung des Arsens in Nahrungsmitteln und Gebrauchsgegenständen [...] zu prüfen, da dieselbe anderen Methoden gegenüber den Vortheil einer schnelleren Ausführbarkeit hat, was in dem Fall, wo eine sehr große Anzahl von Untersuchungsgegenständen der Prüfung harrt, von nicht zu unterschätzendem Werth ist.«[343]

Die quantitative Methode war vermeintlich frei von subjektiver Interpretation und ließ sich nach Erstellung einer strukturierten tabellarischen Organisation rationell und schnell durchführen und lieferte eindeutige Vergleichswerte. Die qualitativen Beschreibungen wurden im Gesundheitsamt schon bald durch quantitative Werte ersetzt. In den Gutachten zu Flussverunreinigungen wurde nicht mehr die Farbe und der Geruch des Wassers, sondern die Keimzahl pro cm^3 Wasserprobe angegeben. Und in den medizinischen Versuchen wurde nicht mehr die Konsistenz des

---

341 Alle Angaben zur Biologischen Abteilung und die Zitate aus Jansen, Schädlinge 2003, Kap. 6.3.3.
342 Polenske veröffentlichte in den AKGA insgesamt 49 meist kleinere Untersuchungen zur so genannten Lebensmittelhygiene.
343 Polenske, Bestimmung 1889, S. 361.

Gewebes oder des Nährbodens beschrieben, sondern die Anzahl der Krankheitserreger beziffert. Die Konstruktion von Normalität ließe sich neben dem exemplarisch dargestellten Bereich der so genannten Nahrungsmittelhygiene beliebig um die Wohnungshygiene, die Gewerbehygiene, die Schulhygiene, die Kleidungshygiene oder die so genannte Sexualhygiene erweitern. Sie waren verschiedene Parameter in der komplexen Gleichung ›Gesundheit‹. Entsprechend normiert und auf einen Standard fixiert, sollten sie den Gesundheitszustand stabilisieren oder heben helfen.[344]

5.3.3 Volk – Gesundheit – Volksgesundheit. Die Geburt des »Volkskörpers«

Zur medizinischen Statistik gehörten nach dem Verständnis von Adolf Gottstein nur Krankheit und Krankheitstod. Wie allerdings die Pathologie auf die Physiologie zurückgreifen müsse, um das Zerfallen biologischer Vorgänge in solche des normalen und solche des pathologischen Lebensablaufs zu erklären, so könne auch die medizinische Statistik nur im Zusammenhang mit der die normalen Vorgänge beschreibenden Bevölkerungsstatistik dargestellt werden.[345] Die Bevölkerungsstatistik »beschäftigt sich mit dem Zustand und den Veränderungen einer Bevölkerung. Diese Veränderungen können durch biologische oder gesellschaftliche Vorgänge veranlaßt werden«.[346] Die Bevölkerungsstatistik beinhaltet die Geburten- und Sterblichkeitsstatistik sowie die Statistik der Eheschließungen, der Säuglingssterblichkeit und der Kindersterblichkeit. Schließlich folgt die Krankheits- und Sozialstatistik.[347] Die Bevölkerungsstatistik wurde im Statistischen Reichsamt erstellt.

Während es in Großbritannien bereits zur Mitte des 19. Jahrhunderts eine umfassende Medizinal- und Bevölkerungsstatistik gab, vielfach in

---

344 Der Erfolg der Hygiene in Weindling, Health 1989; Labisch, Homo Hygienicus 1992; Frey, Bürger 1997; Sarasin 2001.
345 Auch Adolf Gottstein kann das Pathologische, das Kranke, nur in Bezug zu normalen physiologischen Vorgängen, dem Gesunden, erklären.
346 Gottstein, Statistik 1928, S. 206. Die Verzahnung von Medizinal- und Bevölkerungsstatistik geht bei Gottstein so weit, dass nicht mehr ersichtlich ist, in welcher Beziehung die Statistiken zueinander stehen. Im ersten Teil seines Absatzes auf S. 206 stellt Gottstein die Bevölkerungsstatistik als Teil der Medizinalstatistik dar, wird doch die Bevölkerungsbewegung aus der Sterblichkeits- und Geburtenstatistik gewonnen. Im letzten Teil des Absatzes wird die Medizinalstatistik zu einem Pendant der Bevölkerungsstatistik – wie das Pathologische ohne das Normale nicht zu erklären ist.
347 Vgl. Gottstein, Statistik 1928, S. 221-256.

den deutschen Publikationen als Vorbild gepriesen,[348] kam es bis auf Baden[349] in den deutschen Einzelstaaten nicht über private Versuche zur Erstellung einer Bevölkerungsstatistik hinaus. Die Vielzahl der beschriebenen fachlichen Probleme und die Zergliederung in Einzelstaaten verhinderte eine kleindeutsche oder großdeutsche Statistik.[350] Erst dem Kaiserlichen Statistischen Amt und dem Gesundheitsamt war der Erfolg vergönnt, eine reichsweite Bevölkerungs- und Medizinalstatistik zu erstellen.[351] Diese wurden ergänzt durch die seit 1875 in einem fünfjährigen Turnus stattfindenden Volkszählungen.[352] In Zusammenarbeit mit dem Kaiserlichen Statistischen Amt wurde die Sterbetafel für das Deutsche Reich erstellt, die nach einem Verfahren von Richard Boeckh und Karl Rahts, Letzterer Mitglied des Kaiserlichen Gesundheitsamtes, errechnet wurde.[353]

Mit der Erstellung einer Bevölkerungsstatistik durch das Kaiserliche Statistische Amt wurde überhaupt erst ein »Volksganzes« generiert.[354] Die Metapher von der »Volksgemeinschaft« gründete auf dem Fundament bevölkerungsstatistischer Arbeiten. Doch erst durch eine umfassende Medizinalstatistik wurde der »Volkskörper« geschaffen. Die Symbiose der sich in der »Bevölkerungsstatistik« generierenden Natalität mit der sich in der »Medizinalstatistik« manifestierenden Mortalität und Morbidität brachte schließlich den »Volkskörper« hervor, der dann sein diskursives Eigenleben entfaltete. Oder, um die vitalistisch aufgeladene Sprache der Hygieniker ad absurdum zu führen: Die Geburt des »Volkskörpers« wurde durch das symbiotische Zusammengehen von Bevölkerungs- und Medizinalstatistik ermöglicht.[355] Leben und Sterben sowie Krankheit und

---

348 Zum Vorbild Englands Beneke, Mittheilungen 1857; ders., Geschichte 1870; ders., Vorlagen 1875; Finkenburg, Gesundheitspflege 1874. Zur britischen Statistik MacKenzie, Statistics 1981.
349 Das Beispiel Baden preist Volz, Einführung 1872. Zu den zahlreichen Statistiken Badens siehe auch die Äußerung der Regierung Badens über die Herstellung einer medizinischen Statistik in BA Berlin, R 1401/1022.
350 Zur frühen Geschichte der Statistik und Volkszählung in Österreich Pircher, Population 2003; die preußischen Versuche zur Erstellung einer Bevölkerungsstatistik in Schneider, Medizinalstatistik 2006.
351 Die lange Zeit einträchtige Zusammenarbeit spiegelt sich auch in der Festschrift zum Internationalen Kongress für Hygiene und Demographie in Berlin wider, siehe KGA/KSA, Deutsche Reich 1907.
352 Vgl. vom Brocke, Bevölkerungswissenschaft 1998, S. 49 f.
353 Der Hinweis auf Rahts in Gottstein, Statistik 1928, S. 231.
354 Der Zusammenhang von Volkszählung und Nationalstaatsbildung in Anderson, Erfindung 1996, S. 164-172.
355 Siehe auch Le Bras, Naissance 2000.

Gesundheit des deutschen Volkes wurden wie in einer Fieberkurve in einem statistischen Auf und Ab ausgedrückt. Insofern war die Forderung des Präsidenten des Statistischen Reichsamtes nach der Verschmelzung beider Statistiken unter einem Dach nur die logische Konsequenz aus diesem schöpferischen Akt.

Die Feststellung des Gesundheitszustandes des »Volkskörpers« soll am Beispiel der wöchentlich im Kaiserlichen Gesundheitsamt herausgegebenen Mortalitäts- und Morbiditätsstatistik skizziert werden. In der Akte »Der Gesundheitszustand im Reich« im Bundesarchiv in Berlin verbergen sich keine medizinalpolizeilichen Berichte, sondern Akten füllende Konvolute mit statistischen Tabellen.[356] Diese Tabellen wurden wöchentlich in den *Veröffentlichungen aus dem Kaiserlichen Gesundheitsamte* publiziert. Die wöchentlichen Meldungen wurden monatlich und jährlich in ausführlichen Tabellenwerken zusammengefasst und in den *Medizinalstatistischen Mittheilungen aus dem Kaiserlichen Gesundheitsamte* abgedruckt. In einem Anhang oder in gesonderten Artikeln wurde auf besondere Vorkommnisse hinsichtlich der Bevölkerungsentwicklung und der »Volksgesundheit« hingewiesen.

Die Auswertungen wurden immer weiter verdichtet. So fasste Karl Rahts das hundertseitige Konvolut aus Text und Tabellen einleitend kurz zusammen: »Das Jahr 1894 ist gegenüber den beiden Vorjahren ein recht günstiges für das Leben der Bewohner des Reiches gewesen, denn, obgleich nach dem letzten Volkszählungsergebniß die Zahl der lebenden in den zehn Staaten des Reiches jährlich um etwa 1,15 % zugenommen hat, ist die Zahl der Sterbefälle im Berichtsjahr um 97.354, d. i. um 8,27 % geringer als im Jahre 1893 gewesen, auch um 63.552 geringer als im Jahre 1892.«[357] Die Ergebnisse wurden in gesonderten Sammelbänden den Fachkreisen vorgestellt, in Graphiken und Kurvenlandschaften veranschaulicht und einem breiten Publikum in Ausstellungen und Wandtafeln dargeboten.[358] Schließlich konnte man in verschiedenen Tageszeitungen wöchentlich die Meldung finden: »Die Gesundheitsverhältnisse haben sich im allgemeinen gebessert, wenn auch in einzelnen Städten wieder eine gewisse Vermehrung [der Sterblichkeitskennziffer] eingetreten ist.«[359] Ganze Akten mit statistischen Zahlenkolonnen, die Arbeit einer ganzen Abteilung im Gesundheitsamt wurden auf einen Satz reduziert.

356 BA Berlin, R 86/931.
357 Vgl. Rahts, Ergebnisse 1897, S. 35.
358 Vgl. Nikolow/Brecht, Displaying 2000; Nikolow, Blick 2001; Nikolow, Darstellung 2001; Nikolow, Nation 2002.
359 Vgl. die meist mit Gesundheits- und Sterblichkeitsverhältnisse in Deutschland

In den medizinalstatistischen Erhebungen wurde jede einzelne Person im Reich erfasst.[360] Bei Ausbruch des Rückfallfiebers in einem russischen Kriegsgefangenenlager wurde der Krankheitsfall unverzüglich an das Gesundheitsamt gemeldet und die für notwendig befundenen Maßnahmen – Isolierung, Desinfektion, Quarantäne, Heilbehandlung – eingeleitet.[361] Die Krankheit einer Person verschlechterte den Gesundheitszustand des »Volkskörpers«. Wie die kranke Zelle als Ursache der Krankheit in der Virchow'schen Zellularpathologie den Organismus schädigte, so schädigte jeder einzelne Kranke quasi als potentieller Krankheitserreger den »Volkskörper« – er wurde zur Gefahr für die Gemeinschaft.

Zusammen mit der Bevölkerungsstatistik des Kaiserlichen Statistischen Amtes und der Medizinalstatistik des Gesundheitsamtes wurde das neu geschaffene Reich auch statistisch zu einer einheitlich gegliederten Bevölkerungsmasse. Das Gesundheitsamt leistete über die alle einzelstaatlichen Unterschiede nivellierende Reichsstatistik ihren Beitrag zum Zusammenwachsen der Nation. Die Generierung des »Volkskörpers« war hierbei nur die letzte Stufe in einem Prozess der Normalisierung, Schematisierung und Vereinheitlichung. Gleichzeitig lieferte die Medizinalstatistik der Reichsregierung ein Herrschaftsinstrument, mit dem den sich abzeichnenden Entwicklungen entgegengesteuert werden konnte.[362]

Mit der Erstellung der Mortalitäts- und Morbiditätsstatistik im Deutschen Reich war dem Kaiserlichen Gesundheitsamt ein institutioneller Erfolg beschieden. Die im Gesundheitsamt aufbereiteten und veröffentlichten Statistiken waren zwar nur »amtliche Quellenwerke« und die »Ableitung von Schlußfolgerungen ist nicht unmittelbare Aufgabe der

    titulierten Artikel, beispielsweise Berliner Blatt Nr. 105 vom 6.5.1909; Deutsche Tageszeitung Nr. 208 vom 5.5.1909; Deutsche Tageszeitung Nr. 177 vom 9.4.1913; Deutsche Tageszeitung Nr. 180 vom 8.4.1914; Deutsche Tageszeitung Nr. 280 vom 6.6.1914; Deutsche Tageszeitung Nr. 253 vom 19.5.1915; vgl. ferner weitere Zeitungsausschnitte in BA Berlin, R 86/931.

360 So gingen sporadisch Meldungen im Gesundheitsamt ein, man habe sich in der Kennziffer geirrt oder eine Krankheit habe sich nicht als Fleckfieber herausgestellt, beispielsweise das Telegramm am 20.11.1920 vom Regierungspräsidenten Stade, BA Berlin, R 86/1181. Hieraus geht hervor, dass die Meldungen ernst genommen und eventuelle Fehler für korrekturbedürftig erachtet wurden.

361 Vgl. beispielsweise den Brief über einen Fall von Rückfallfieber im Kreis Zossen, RR Dr. Breger an den StsdI, 25.4.1915; oder die Meldung des Kreisarztes in Lübeck an das KGA über fünf Fälle von Rückfallfieber, beides BA Berlin, R 86/931, Bd. 5. Die eingeleiteten Maßnahmen wurden am 31.5.1915 vom preußischen Kriegsministerium an das Gesundheitsamt gemeldet. Der erkrankte Gefangene aus Zossen wurde in ein größeres Krankenhaus überführt und die Krankheit auch »mikroskopisch festgestellt«.

362 Zur Bedeutung der Statistik für die Staatsführung Burgdörfer, Statistik 1940.

beruflichen Statistik«.³⁶³ Die Entstehung statistischer Tabellenwerke wurde jedoch aus der Politik und der Gesellschaft an die Statistiker herangetragen, was sich in der Taxonomie sowie den zu erhebenden Daten widerspiegelt und eine Erwartungshaltung an die Ergebnisse impliziert,³⁶⁴ die jedoch hinter der in Zahlen gekleideten Objektivität und mathematischen Exaktheit verborgen bleibt. »Wo die Statistik mißt und wertet, müssen willkürliche Meinungen und Vorurteile weichen«.³⁶⁵

5.4 Zusammenfassung V: Wissen ist Macht – Hygiene als Wissenschaft

»Wissen ist Macht«, so leitete der Oberregierungsrat im Reichsgesundheitsamt Johannes Breger seine kurze Übersicht zum Reichsseuchengesetz ein.³⁶⁶ Mit diesen wenigen Worten ließe sich auch die Handlungsstrategie des Gesundheitsamtes knapp zusammenfassen. Abstrakt formuliert ging es darum, gesundheitsrelevante Informationen zu sammeln, auszuwerten, zu verwalten, in praktisch verwertbares Wissen zu transformieren und die Weiterleitung von Informationen über Netzwerke zu koordinieren. Bei dem Knüpfen von Netzwerken waren die Generierung von Wissen über Gesundheit und Krankheit des Menschen, die Institutionalisierung der Hygiene (als universitäre Disziplin) und die Professionalisierung ihrer Vertreter eng miteinander verbunden.

Die ersten Jahre als Direktor des Kaiserlichen Gesundheitsamtes müssen für Heinrich Struck mitunter deprimierend gewesen sein. Auf der Agenda eine schier unbegrenzte Fülle von Aufgaben, zu deren Erledigung Struck aber nur eine eng begrenzte Anzahl von Mitarbeitern zur Verfügung stand. Mag er sich anderen Illusionen hingegeben haben, wird ihn ein Rundgang durch die nur wenige Räume zählende Behörde in einem Mietshaus in der Berliner Luisenstraße rasch ernüchtert haben. Da mag die Idee, eine Pflanzschule von sachverständigen Gesundheitsbeamten zu bilden, ein Trost für die Zukunft gewesen sein. Eine Pflanzschule bedarf jedoch steter Pflege und bedeutet, dass erst nach einer Phase des Wachstums geerntet werden kann.

Eine Erleichterung bei der Erledigung der Arbeiten mag die Hinzuziehung von auswärtigen Sachverständigen und hohen Medizinalbeam-

---

363 Gottstein, Statistik 1928, S. 208.
364 »Indes liegt es nahe, daß im Textteil der Quellenwerke der Bericht aus dem Tabellenteil die hauptsächlichsten Folgerungen zusammenstellt.« Ebd.
365 Das Vorwort in Burgdörfer, Statistik 1940, S. V.
366 Vgl. Breger in Möllers (Hg.), Gesundheitswesen 1923, S. 216.

ten, die zu außerordentlichen Mitgliedern des Gesundheitsamtes ernannt wurden, verschafft haben. Da weder Struck eine »Celebrität« war noch die »jungen Wissenschaftler« – wie Virchow sie nannte – Rückhalt in der *scientific community* hatten, mag die Einbindung autorativer Experten der öffentlichen Gesundheitspflege zudem eine Möglichkeit gewesen sein, die gegen das Gesundheitsamt gerichteten Angriffe abzuwehren. Bei der täglichen Erledigung der Aufgaben wird die Einbeziehung von Studierenden und Militärmedizinern eine weitere Hilfe gewesen sein.

Abgesehen von den gesammelten Erfahrungen und den eigenen in der Behörde geknüpften Verbindungen profitierten die freiwilligen und remunerierten Hilfsarbeiter wiederum von dem Ruf des Gesundheitsamtes als staatliche Forschungsanstalt. Später mag die Aussicht auf eine Festeinstellung in der Behörde einen Anreiz geboten haben.

Ende der 1870er Jahre vermehrte sich – erst sehr langsam, aber seit Anfang der 1890er Jahre immer schneller – die Anzahl der im Gesundheitsamt tätigen Mitarbeiter. Diese wechselten bereits in den 1880er Jahren an die Universitäten, wo sie auf die neu errichteten Lehrstühle für Hygiene berufen wurden. Deren vermehrte Errichtung hing u. a. auch mit der im Gesundheitsamt bearbeiteten Reform des Medizinstudiums zusammen, nach der Hygiene als verpflichtendes Lehrfach vorgesehen war. Die Mitarbeiter des Gesundheitsamtes brachten die besten Voraussetzungen für die zu besetzenden Stellen mit. Noch vor der Jahrhundertwende verteilten sich die ehemaligen Mitarbeiter des Gesundheitsamtes über das Deutsche Reich und bildeten ein interpersonelles und institutionelles Netzwerk. Mit der Etablierung der neuen (Gesundheits-)Wissenschaft und dem Aufstieg der Hygieniker und Bakteriologen in die entsprechenden akademischen Positionen wurden schließlich die von Struck geforderten unantastbaren Autoritäten geschaffen, die die formulierten Probleme zu lösen imstande sein sollten oder dies zumindest glaubhaft vorgeben konnten.

Über die ehemaligen Mitarbeiter der Behörde wurden gleichzeitig das hygienische Wissen und die experimentellen Labortechniken distribuiert. Die Anfang der 1880er Jahre Schritt für Schritt erarbeiteten Techniken der Zerlegung und Zergliederung von Gewebe, der Sichtbarmachung und des Erkennens, der Repräsentation und der Kulturation von Krankheitserregern bzw. von Mikroorganismen wurden erst direkt in Kursen weitervermittelt und konnten schon wenige Jahre später über Handbücher erlernt werden. Nach der Identifizierung von Krankheitserregern wurde deren Verhalten studiert und sicher keimtötende Methoden entwickelt, so dass entsprechende Desinfektionsmaßnahmen eingeleitet werden konnten. Flankierend wurden allerorten Ausbildungsstätten für staatliche Desinfektoren gegründet.

Die gleiche Folge von Verfahrensbildung, Wissensdistribution, Prozessstandardisierung und professioneller Disziplinierung kann man auch in der Nahrungsmittelhygiene und -chemie beobachten. Auch hier war erst die Erforschung der Mikrostruktur der Nahrungsmittel vonnöten, um Verfälschungen eindeutig erkennen zu können. Als Folge des Nahrungsmittelgesetzes musste ein Standard für normale Lebensmittel festgelegt werden, um anschließend die vielfältigen Techniken und Verfahren der Bestimmung von Nahrungsmittelbestandteilen zu normieren. Ebenso verständigte man sich über valide Techniken, deren Abfolge und räumliches Arrangement, so dass die analytischen Verfahren nicht immer en détail beschrieben werden mussten. Die Anwendung in der Praxis wurde wiederum über die staatliche Regulierung der Ausbildung des Nahrungsmittelchemikers sichergestellt. Allgemein wurden die Techniken der Bakteriologie und der Nahrungsmittelchemie rationalisiert, standardisiert und mit der zahlenmäßigen Darstellung objektiviert, so dass jeder Hygieniker an jedem beliebigen Ort ›objektiv‹ die gleichen Krankheitserreger identifizieren, die gleichen Nahrungsmittelbestandteile ermitteln konnte. Sowohl in der Bakteriologie als auch in der Nahrungsmittelhygiene trugen die beschriebenen Prozesse wesentlich zur Verwissenschaftlichung der Hygiene und ihrer Durchsetzung als universitäre Disziplin bei.

Über die Verwissenschaftlichung der Hygiene als eigene universitäre Disziplin konnten im naturwissenschaftsgläubigen Zeitalter alle als solche definierten hygienischen Mißstände erfasst und die zu ihrer Bekämpfung notwendigen Maßnahmen angeordnet werden. Die Unterscheidung in private und öffentliche Hygiene ermöglichte den Experten und Medizinalbeamten einen doppelten Zugriff. Während die private Hygiene den Zugriff auf den Einzelnen absicherte, kontrollierte die öffentliche Hygiene die Gemeinschaft der Einzelnen – den »Volkskörper«. Die Überlappung von privat und öffentlich ergab sich da, wo die zu ergreifenden Maßnahmen sowohl den Einzelnen als auch die Ganzheit betrafen, beispielsweise bei der Errichtung der Kanalisation oder der Bekämpfung der so genannten Volksseuchen. Die begriffliche Unklarheit und der umfassende Anspruch der Hygiene ermöglichten den Lebenswissenschaften, ihren Einfluss auf alle Bereiche der menschlichen Existenz auszuweiten. Über die Bakteriologie, die Schulhygiene, die Sozialhygiene, die Nahrungsmittelhygiene, die Gewerbehygiene und die Rassenhygiene wurden alle Bereiche des täglichen Lebens – Arbeit, Erziehung, Ernährung, Sexualität – auskultiert und der gläserne Mensch nicht nur Modell, sondern Wirklichkeit.

Gemeinsam erfolgte in der (Nahrungsmittel-)Hygiene und in der Medizinalstatistik die Definition und Abgrenzung des Kranken vom Gesunden, der Verfälschung vom Original bzw. des Anormalen vom Normalen – nur über die Physiologie ließen sich pathologische Erscheinungen definieren, nur über eine definierte Gesundheit könne das Kranke beschrieben und erst nach der Definition von Normal-Lebensmitteln könne deren Verfälschung festgestellt werden. In der Hygiene wird die Definition von Gesundheit als Normalzustand und deren Varianz verhandelt, um in Abgrenzung zu dieser Normalität deren Abweichung bzw. Devianz festzustellen. Der Normalzustand wird über die Sammlung und Auswertung empirischer Daten und deren statistische Häufung ermittelt.

Neben der Hygiene leistete das Gesundheitsamt auf dem Gebiet der Medizinalstatistik Pionierarbeit. In der Medizinischen Abteilung des Gesundheitsamtes wurden Daten über die aufgetretenen anzeigepflichtigen Krankheiten, die Todesursachen, das Heilpersonal oder die Wirkung therapeutischer Behandlungen (Pocken, Diphtherie, Typhus, Tuberkulose) gesammelt, verdichtet und sinnstiftend angeordnet, so dass verschiedene Perioden, Regionen oder Alterskohorten miteinander verglichen werden konnten. Der räumlich-zeitliche Vergleich sollte Informationen über die Ursachen von Erkrankungen und über den Verlauf von Epidemien liefern, um rechtzeitig geeignete Gegenmaßnahmen ergreifen zu können. Weiterhin lieferten die medizinalstatistischen Daten Informationen über den Gesundheitszustand der Bevölkerung.

Zahlen erwecken den Eindruck von Objektivität und Wahrhaftigkeit. Durch Zahlen ausgedrückte Fakten erhalten Gewicht, und die in Statistiken vermittelten Zahlen helfen, Daten und Fakten zu sortieren, besonders dann, wenn die Krankheitsdefinition so unklar wie die Ursachen vielfältig erscheinen. Mit der Medizinalstatistik wurden gesellschaftliche Massenerscheinungen quantifiziert und mathematisiert. Durch die Erfassung von Krankheiten und die Veröffentlichung der Morbiditätsstatistiken baute sich ein Bedrohungspotential auf, das die Existenz des Gesundheitsamtes nachhaltig legitimierte. Die Bevölkerung wurde über Krankheiten und Infektionswege »aufgeklärt«, die es so zuvor nicht gegeben hatte. Die konstatierten Probleme mussten anschließend durch die Medizin bzw. die Hygiene gelöst werden. Besonders die Statistik vermochte dem allgemein gefassten Begriff Hygiene eine klare Struktur zu verleihen und zur Durchsetzung zu verhelfen. Mit der quantitativen Statistik setzte sich jene wissenschaftliche Methode durch, die mit der Durchzählung ähnlicher Fälle arbeitet, um aus den gesammelten Daten Regelmäßigkeiten abzuleiten. Verdichtet und hochaggregiert erhalten die einzelnen Beobachtungen eine neue Bedeutung als Element eines statistischen Kollektivs.[367] Eine weitere Funktion der Medizinalstatistik stellte die Sichtbarmachung von Epidemien in Karten, Säulen und Diagrammen dar. Während die Färbetechniken der Bakteriologie den einzelnen Erreger im Gewebe des kranken Körpers sichtbar zu machen in der Lage waren, veranschaulichte die Medizinalstatistik kollektive Erkrankungen wie Epidemien, die in ihrer Häufung eine eigene Bedeutung bewannen. Doch während die Bakteriologen des Gesundheitsamtes die Krankheitserreger und die Medizinalstatistiker die Epidemien sichtbar machten, blieb das Gesundheitsamt weitestgehend unsichtbar. Die Tätigkeit des Gesundheitsamtes bei der Erarbeitung von Gesetzen und bei der Generierung von Wissen blieb der Allgemeinheit verborgen, denn die Behörde agierte abseits der Öffentlichkeit. Die Bedeutung der Behörde gilt es daher wieder sichtbar zu machen.

Man kann die Manifestierung statistischen Denkens als die Etablierung einer Professionsmacht lesen, die beruhend auf Quantifizierung, Verdatung und Objektivierung Vertrauen in ihre Fähigkeit suggerieren sollte. Mit der Generierung neuen Wissens differenzierten sich aus bestehenden Professionen neue Spezialgebiete heraus. Das Gesundheitsamt sollte die Professionalisierungsbestrebungen der deutschen Ärzteschaft, der Veterinärmediziner und der Nahrungsmittelchemiker unterstützen und ihre Interessen durchsetzen helfen. Analog zur Professionalisierung ging mit dem Modernisierungsprozess die Tendenz der Verstaatlichung und Bürokratisierung einher, die sich neben vielen anderen staatlichen Behörden exemplarisch im Gesundheitsamt ausbildete. Als staatliches Forschungsinstitut profitierte das Gesundheitsamt sowohl vom Aufstieg der Bürokratie wie der Wissenschaft. Als nationales Identifikationsmoment erfuhr das Gesundheitsamt als bakteriologische Forschungsstätte im Zeitalter des Nationalismus ideelle wie auch finanzielle Unterstützung, um im internationalen wissenschaftlichen Wettbewerb reüssieren zu können.

Die skizzenhaft zusammengefassten Handlungsstrategien erwecken das Bild eines zielgerichteten und gradlinigen Erfolges, der die wechselhafte Geschichte des Gesundheitsamtes nur unzureichend widerspiegelt. Ergänzend sei daher auf die geschilderten Rückschläge, Sackgassen und Umwege bei der tagtäglichen Arbeit der Behörde hingewiesen. Erst über einen Zeitraum von fünfzig Jahren ergibt sich zusammenfassend das Bild einer Reichsbehörde, deren Handlungsstrategien sich als erfolgreich er-

---

367 Hierzu Jansen, Schädlinge 2003, Kap. 6.3.

wiesen haben. Diese Handlungsstrategien wurden nicht ex ante geplant, sondern haben sich jeweils aus kontingenten Situationen heraus entwickelt, beispielsweise aus der Notwendigkeit, unzählige Aufgaben mit einem kleinen Mitarbeiterstab erfüllen zu müssen oder gegen eine kritische medizinische Öffentlichkeit ein überzeugendes Beweissystem zu entwickeln. Ebenso müssen die Handlungsstrategien eingebettet werden in die allgemeineren (wissenschafts)historischen Prozesse. Die Strategien des Reichsgesundheitsamtes haben sich auch deshalb als erfolgreich erwiesen, weil die Geschichte der Behörde korrelierte mit der Geschichte der Hygiene, der Professionalisierungsbestrebungen der Mediziner, der Nahrungsmittelchemiker, der Statistiker oder allgemeiner Prozesse wie denen der Bürokratisierung und Verwissenschaftlichung. Schließlich haben sich die Strategien des Gesundheitsamtes auch deshalb als erfolgreich erwiesen, weil die Behörde Erfolge in der Bekämpfung von Epidemien, der sinkenden Sterblichkeit bzw. Verlängerung der Lebensdauer oder der Verbesserung der Lebensmittelqualität erzielen konnte bzw. diese Erfolge glaubhaft für sich reklamieren konnte.

Das Netzwerk wird von Bruno Latour als ein Hybrid, ein Quasiobjekt beschrieben. Eine Mischung aus Wissenschaft, Politik, Kultur, Ökonomie, Technik und Fiktion. Das Gesundheitsamt spielte auch deshalb so virtous auf der Beziehungsklaviatur, weil auch das Gesundheitsamt und die Hygiene ein Hybrid ist: eine Mischung aus Wissenschaft, Verwaltung, Politik, Ökonomie, Gesellschaft, Kultur, Technik und in der Fremd- und Selbstkonstruktion von Festschriften, Zeitschriften und Akten auch eine Fiktion.

Resümee
Medizin und Politik – Ambivalenz und Moderne

»Nur mittels der Wissenschaften vom Leben kann die Beschaffenheit des Lebens von Grund auf verändert werden.«[1] Das Leben von Grund auf zu verändern war seit Mitte des 19. Jahrhunderts das erklärte Ziel der Mediziner, Hygieniker und Bakteriologen. Das Leben von Grund auf zu verändern ist auch heute das erklärte Ziel der Biotechniker und Genforscher. Die hinter diesem Ziel stehende Utopie eines »gesunden«, »geregelten«, »schönen«, »perfekten« und »normierten« Menschen hat Aldous Huxley 1932 in seiner »Schönen neuen Welt« in all seinen Ambivalenzen und Abgründen bedrohlich karrikiert und ad absurdum geführt. Dank umfassender Informationen aus der »Normzentrale Berlin-Dahlem« sind die Menschen »nicht länger anonym, sondern bekannt und identifiziert«.

»›Achtundachtzig Kubikmeter Karteikarten‹, erklärte Päppler mit Hochgenuß, als sie den Raum betraten.
›Sämtliche notwendigen Angaben enthaltend‹, ergänzte der Direktor.
›Jeden Morgen auf den letzten Stand gebracht.‹
›Und jeden Nachmittag in Tabellen zusammengefaßt.‹
›Anhand deren die Berechnungen angestellt werden.‹«[2]

Zu dem Zeitpunkt, als Huxleys »Schöne neue Welt« erstmals in den Bücherauslagen erschien, soll die Geschichte des Gesundheitsamtes vorerst enden. In der vorliegenden Arbeit wurde die institutionelle Geschichte der obersten Medizinalbehörde im Deutschen Reich und deren historische Kontextualisierung in der Klassischen Moderne in einer bei Peukert definierten Sattelzeit zwischen 1870 und 1933 nachgezeichnet. Die Medizinalstatistik, die Bekämpfung der »Volksseuchen« und die so genannte Nahrungsmittelhygiene durchziehen die Geschichte des Gesundheitsamtes wie einen roten Faden. Sie waren bereits das die Gründung der Behörde stiftende Moment und bestimmten fortan während des Betrachtungszeitraumes das Betätigungsfeld der Behörde. Nach der personellen und materiellen Entwicklung der Behörde zu schließen, wurde die Tätigkeit des Gesundheitsamtes als Erfolg gewertet. Ein solcher Erfolg schien besonders in den ersten Jahren der Behörde fraglich.

1 Huxley, Welt 2003 OA 1932/1946, S. 13.
2 Ebd., S. 26 f.

Ebenso schließt der langfristig konstatierte Erfolg Rückschläge und kurzfristige Niederlagen nicht aus. Thomas Saretzki stellt in seiner Untersuchung zum Reichsgesundheitsrat in der Weimarer Republik fest, dass dem Gesundheitsamt kein Erfolg beschieden war.[3] Dieses Urteil verwundert, spricht er doch dem Reichsgesundheitsrat zu, fördernd auf das öffentliche Gesundheitswesen eingewirkt zu haben.[4] Saretzkis Urteil kann nur darin begründet liegen, dass er den der Behörde angegliederten Reichsgesundheitsrat in den 1920er Jahren untersucht hat, in einer Zeit, in der die Bedeutung des Gesundheitsamtes erodierte. Weiterhin konzentriert sich Saretzki auf die unmittelbare Umsetzung der in den Gremien beratschlagten Maßnahmen und nicht auf die mittelbaren Erfolge der öffentlichen Gesundheitspflege. Während die Behörde politisch gescheitert sei, habe sie in der Forschung Weltruhm erlangt.[5] Dass Wissenschaft und Politik aber nicht getrennt voneinander und dekontextualisiert betrachtet werden können, konnte hoffentlich deutlich gemacht werden.

Ebenso ist die These von Mitchell G. Ash zu erweitern. Ash beschreibt Wissenschaft und Politik als Ressourcen füreinander.[6] Obzwar Mitchell G. Ash fließende Übergänge zwischen den beiden Polen vorsieht, impliziert seine Annahme politikferne und politikfreie Zonen der Wissenschaft – beispielsweise der Grundlagenforschung – und vice versa. Vielmehr ist zu konstatieren, dass Wissenschaft und Politik in der Moderne einander bedingen und eine untrennbare Einheit bilden. Wissenschaft war (und ist) essentieller Bestandteil politischer Strategien und vice versa. Ein Problem stellt sich allerdings bei der Annahme einer Einheit von Wissenschaft, Politik, Kultur und Gesellschaft: Wie bezeichnet man den Komplex, der Wissen institutionell produziert und bedingt?

Gerade die gegenseitige Vereinnahmung machte den Erfolg des Gesundheitsamtes aus. Dieser konnte organisatorisch nur durch die Generierung eines multiinstitutionellen, interpersonellen und wissenschaftlich-politisch-kulturellen Netzwerkes erzielt werden. Der Erfolg war jedoch weder selbstverständlich noch vorgezeichnet. Die Möglichkeit eines Scheiterns blieb jederzeit virulent. Die Schwierigkeit bestand darin, dieses fragile Netzwerk in der Balance zu halten. Die Austarierung im Netzwerkgefüge war ein kontinuierlicher und komplexer Prozess.

---

3 Vgl. Saretzki, Reichsgesundheitsrat 2000, S. 20.
4 Ebd., S. 506.
5 Ebd., S. 20.
6 Vgl. Ash, Wissenschaft 2002.

An der Entwicklung des Gesundheitsamtes lässt sich exemplarisch die Geschichte des Deutschen Reiches nachzeichnen und dessen Modernität aufzeigen. Die Gründung des Gesundheitsamtes ging zurück auf die Professionalisierungsbestrebungen der Ärzteschaft, die ihren gesellschaftlichen Einflussbereich auszuweiten gedachten. Das Reich indes war in den 1870er und 1880er Jahren selbst bestrebt, Einfluss zu gewinnen und diesen zu erweitern. Als Reichsbehörde profitierte das Gesundheitsamt von der zunehmenden Ausformung des Reiches und seiner Verwaltungsinstanzen, der Ausweitung der Gesetzgebungskompetenzen, dem Zugewinn von machtpolitischem Einfluss und dem Prozess der Nationalstaatsbildung. Gleichzeitig unterstützte das Gesundheitsamt durch seine Tätigkeit den Prozess der Nationalisierung und wirkte identitätsstiftend. An den Forschungsinhalten des Gesundheitsamtes werden – als Begleiterscheinung der Industrialisierung – die sozialen Probleme der Zeit und deren Lösungsstrategien sichtbar.

Neben der Reichsentwicklung lässt sich auch die Ausdifferenzierung und Spezialisierung der Humanwissenschaften verfolgen. Im Besonderen waren es die wissenschaftlich-experimentelle Hygiene und die Bakteriologie, die vom Gesundheitsamt befördert wurden, dieses in einem Rückkopplungsprozess durch den wissenschaftlichen Erfolg bestätigten und auf das Gesundheitsamt zurückwirkten.

In der Geschichte des Gesundheitsamtes lassen sich Kontinuitäten herauskristallisieren. Zum einen fällt die starke Bindung an das Reichsamt des Innern auf. Nach Heinrich Struck waren alle Vorsteher der Behörde zuvor leitende Beamte im Reichsamt des Innern und dort für die öffentliche Gesundheitspflege zuständig. Eine weitere Kontinuität innerhalb des Betrachtungszeitraumes ist die Arbeitsweise des Gesundheitsamtes. Das Gesundheitsamt blieb stets beratend im Hintergrund. Wenn in der offenkundigen Politisierung des Gesundheitsamtes nach 1933 ein Bruch im Vergleich zur vorherigen öffentlichen Repräsentation festgestellt werden kann, so zeigt sich mit diesem Einschnitt zugleich eine andere Kontinuität: die Staatsrelevanz, die Ergebenheit zum politischen System, die Arbeit im Sinne der vorgesetzten Reichsbehörde. Nach dem Zusammenbruch der Monarchie unterstützte das Gesundheitsamt, wie viele andere Behörden auch, die neue Reichsregierung aus Angst vor den drohenden gesellschaftlichen Umwälzungen.

Die These der spiegelbildlichen Entwicklung von Reich und Gesundheitsamt läuft Gefahr, Opfer eines selbst gesetzten Zirkelschlusses zu werden. Wenn die These vertreten wird, Hygiene und Bakteriologie seien nachhaltig vom Gesundheitsamt protegiert worden, so muss sich der Erfolg der Bakteriologie unweigerlich in der Entwicklung des Gesundheitsamtes abbilden. Es ist daher notwendig, die Bedeutung des Gesundheitsamtes zu relativieren. Aus der Perspektive des Reiches erscheint das Gesundheitsamt als eine Behörde von vielen, die mit anderen Institutionen um die Haushaltsmittel des Staates konkurrierte. Der Etat des Gesundheitsamtes lag im oberen Mittelfeld zwischen Normal-Eichungskommission und Reichsversicherungsamt. Das Gesundheitsamt war formal eine dem Reichsamt des Innern untergeordnete, kompetenzlose Behörde, die mit der Medizinalabteilung des preußischen Kultusministeriums und dessen nachgeordneten Exekutivorganen nicht konkurrieren konnte. Es war auf die Mitarbeit der einzelstaatlichen Regierungen angewiesen und musste sich mit diesen arrangieren. Aus dem Blickwinkel der Bakteriologie nimmt das Gesundheitsamt bei der Formierung der Bakteriologie als wissenschaftliche Disziplin zwar eine herausragende Stellung ein, aber das Gesundheitsamt war auch hier nur Teil eines Denkkollektivs – zusammen mit einzelstaatlichen Forschungsinstituten und universitären Lehrstühlen. Das Gesundheitsamt erscheint als ein Initiator von vielen – eben als Teil der Entwicklung in Reich und Wissenschaft.

Schließlich suggeriert die historische Darstellung der obersten Medizinalbehörde im Reich eine lineare Entwicklung, die es zu brechen und deren Widersprüche und Reibungskonflikte es aufzuzeigen gilt. Nachfolgend sollen die Ambivalenzen in der Entwicklung des Gesundheitsamtes – Ambivalenzen der Moderne – zusammengefasst werden.[7] Das Gesundheitsamt verdankt seine Entstehung der Ambivalenz zwischen Industrialisierung und den damit einhergehenden sozialen Problemen.

Abseits großer Modernisierungstrends begannen die Schwierigkeiten mit der Gründung des Amtes. Die Kontroversen innerhalb der Ärzteschaft sollen hier stellvertretend für die vielen Reibungskonflikte stehen. Wenn zuvor meist von »der Ärzteschaft« gesprochen wurde, konnte die Vielschichtigkeit dieses Berufsstandes nur angedeutet werden. Die Pauschalisierung blendet die unterschiedlichen politischen Schattierungen, den historischen Wandel innerhalb der Ärzteschaft und die medizinkritische Bewegung im Kaiserreich – mehr oder weniger – notwendigerweise aus. Doch gerade die Vielschichtigkeit innerhalb der Ärzteschaft führte zu den die Gründung des Gesundheitsamtes begleitenden Streitigkeiten. Die Ambivalenz zeigt sich besonders in der Person Virchows. Obwohl

---

7 Die Ambivalenzen als Ungleichzeitigkeiten im Modernisierungsprozess und Grundproblem der deutschen Geschichte bei Hartwig, Nationalismus 1994, S. 165-190; zur Gleichzeitigkeit im Ungleichzeitigen Koselleck, Zeitschichten 2003.

der Revolutionär von 1848 ein Reichsgesundheitsministerium gefordert hatte, lehnte er als Mitglied der Medizinaldeputation die Verwirklichung einer zentralen Reichsbehörde für öffentliche Gesundheitspflege zwanzig bzw. dreißig Jahre später ab. Nach der Gründung des Gesundheitsamtes sollte er keine Rolle mehr in der Geschichte der Reichsbehörde spielen. Er trat fortan lediglich als dessen Widerpart und als Gegner der Bakteriologie in Erscheinung.

Initiiert wurde das Gesundheitsamt von der nationalliberalen Majorität der Ärzte, die jedoch weniger die sozialdemokratische Reform der Medizin im Auge hatten als vielmehr praktische Probleme der kommunalen Verwaltung und standespolitische Professionsbestrebungen. Selbst innerhalb dieser Gruppe gab es unterschiedliche Vorstellungen über die Umsetzung der öffentlichen Gesundheitspflege. Zu diesen innermedizinischen Konflikten kamen die Konflikte zwischen der Ärzteschaft und dem Staat. Sahen die Ärzte das Gesundheitsamt als eine Möglichkeit zur reichsweiten Interessenvertretung, so wurden sie bald eines Besseren belehrt. Nicht sie selbst konnten den Staat für ihre Zwecke einspannen, sondern sie sahen sich vom Staat übermächtigt und in seine Interessen eingebunden; vor allem jedoch entwickelte sich das Gesundheitsamt anders, als sich die Promotoren der Behörde dies vorgestellt hatten.

Die in Zusammenhang mit dem Gesundheitsamt stehende Ausbildung und Ausdifferenzierung unterschiedlicher Professionen – der Ärzteschaft, der (Nahrungsmittel-)Chemiker, der Beamten – wurden bislang getrennt voneinander dargestellt. Doch die Professionen konkurrierten in ihrem Streben nach Macht und Einfluss untereinander. Den Interessenkonflikt zwischen Ärzteschaft und Beamtentum um den Einfluss auf das Gesundheitsamt entschieden die Verwaltungsbeamten zu ihren Gunsten. Da mochten die Ärzte Greve und Zinn im Reichstag noch orakeln, kein Mediziner würde sich unter die »Fuchtel eines Verwaltungsbeamten« stellen, mit Karl Köhler als Verwaltungsjuristen an der Spitze des Gesundheitsamtes gewann die positive Entwicklung der Institution eigentlich erst ihren Aufschwung – und zahlreiche Mediziner nutzten die Reputation des Amtes und die Sicherheit einer Anstellung für ihre persönliche Karriere.

Aber auch die Beziehungen zwischen der vorgesetzten Reichsbehörde und dem Gesundheitsamt waren nicht spannungsfrei. Das Verhältnis zwischen Heinrich Struck und dem Präsidenten des Reichskanzleramtes Hofmann oder dem Staatssekretär des Innern von Boetticher war fraglos schlecht. Wurden die ausgiebigen experimentellen Versuche auch scharf gerügt und begegnete man Kochs wissenschaftlichem Ansinnen mit Misstrauen und Skepsis, so verbuchte man die sich einstellenden wissenschaftlichen Erfolge der Behörde, gerade basierend auf den zuvor kritisierten umfangreichen Experimenten, gerne auch auf das eigene Konto. Von Konflikten geprägt war auch das Verhältnis zwischen Reich und Einzelstaaten. Hatte Bismarck sich der Hoffnung hingegeben, mit dem Gesundheitsamt eine Reichsbehörde zu schaffen, mit der er in seinem Sinne auch in die einzelstaatliche Medizinalpolitik eingreifen konnte, sah er sich getäuscht. Den Einzelstaaten mussten die Kompetenzen auf dem Gebiet der öffentlichen Gesundheitspflege langwierig abgerungen werden. Die in der Kompetenz der Einzelstaaten liegende Konstituierung von Gesetzen zog sich über Jahre hin. Nur in den Bereichen, in denen Reich und Länder nicht konkurrierten, konnten rasche Erfolge erzielt werden, so beim Nahrungsmittelgesetz und der Pharmakopöe. Doch beim Reichsseuchengesetz, beim Gesetz zur Bekämpfung der Geschlechtskrankheiten oder anderen Gesetzen dauerten die Gesetzgebungsverfahren Jahre. Die Ausweitung der Reichskompetenzen auf dem Gebiet der Gesundheitspolitik ging meist mit Zugeständnissen einher. Selbst nach dem Ersten Weltkrieg wehrten sich die Landesregierungen erfolgreich gegen ein Reichsgesundheitsministerium.

Das Gesundheitsamt als Institution erscheint selbst uneindeutig, ambivalent, widersprüchlich. Auf der einen Seite war das Gesundheitsamt eine kompetenzlose Behörde, Spielball zerstrittener Fraktionen und Professionen, ein »Zeitschriftenauswertungsbüro mit Anhörungsrecht« bei der Ministerialbürokratie. Auf der anderen Seite wurde hier eine machtvolle Behörde dargestellt, eine international renommierte Forschungseinrichtung, ein »Großbetrieb der Wissenschaft«, ein Quasiministerium, das geschickt seine Interessen durchzusetzen vermochte. Ebenso war die Beurteilung der Behörde vom politischen oder wissenschaftlichen Standpunkt abhängig. In der Weimarer Republik wurde das Gesundheitsamt einerseits als Hochburg der Hygiene gefeiert und andererseits im Reichstag als untätig abgekanzelt. Dieser vermeintliche Widerspruch soll aufgelöst werden. Das Gesundheitsamt war in seiner Machtlosigkeit auf einen Konsens angewiesen, auf den Willen und den Rückhalt des Reichskanzlers und der vorgesetzten Reichsbehörde, schließlich auf die mit dem Gesundheitsamt wechselseitig verbundenen zahllosen Interessengruppen. Gegen den Willen der Einzelregierungen ließ sich keine Gesundheitspolitik machen. Ebenfalls war das Gesundheitsamt bei der Durchführung konsensual getroffener Entscheidungen auf Exekutivorgane angewiesen. Die Durchführung konnte es nicht unmittelbar beeinflussen und selbst organisieren. Die Entscheidungen konnten daher auch in einem anderen Sinne als in dem vom Gesundheitsamt vertretenen ausgeführt werden. Es kam daher darauf an, dass die Meinungsbildung eindeutig war, um Missverständnissen und Unstimmigkeiten zu vermeiden. Die Schwäche seiner Ausgangsposition konnte das Gesundheitsamt in eine Stärke ummünzen. Aus der Einbindung unterschiedlicher Kräfte und Interessengruppen erwuchs – das ist die hier vertretene These – die Machtstellung des Gesundheitsamtes. Das Gesundheitsamt verstand es, die ihm zur Verfügung stehenden offiziellen und inoffiziellen Verbindungen virtuos zu nutzen und eine weitestgehende Interessenkongruenz zwischen den eigenen Zielen und denen der Verbundpartner zu schaffen. Mit der Einbindung unterschiedlicher Kräfte ließen sich zwar nicht ad hoc Erfolge realisieren, aber langfristig konnte das Gesundheitsamt so seine Position ausbauen. In der Weimarer Republik kam es jedoch zu Friktionen mit Teilen der hygienischen *scientific community*, die die Position des Gesundheitsamtes als oberste Medizinalbehörde des Reiches in Frage stellten. In der zweiten Hälfte der 1920er Jahre bemühte sich das Gesundheitsamt, sich den Positionen der Sozialhygiene anzunähern, um als Netzwerkteilnehmer nicht an Attraktivität zu verlieren.

Das Gesundheitsamt stand in einem Spannungsverhältnis zur ›Öffentlichkeit‹. Die unterschiedlichen Öffentlichkeiten – die Fachöffentlichkeit, die sich über Medien artikulierende Öffentlichkeit gesellschaftlicher Interessengruppen, die sich in den gesellschaftlichen Diskursen manifestierende allgemeine Öffentlichkeit – nahmen die Reichsbehörde auch unterschiedlich wahr. Einerseits bestand die Tätigkeit der Behörde in der Sichtbarbarmachung von Krankheit und Krankheitserregern, und die Maßnahmen der öffentlichen Hygiene betrafen breite gesellschaftliche Schichten oder die Gesellschaft als Ganzes. Dem Lamento der Festschriften zufolge wurde das Gesundheitsamt andererseits nur von einer kleinen Fachöffentlichkeit wahrgenommen. Diese ungleichgewichtige Wahrnehmung wird dann zu einem Problem, wenn die Anerkennung und Bewertung der Tätigkeit der Behörde nicht mehr von einer kleinen informierten Fachöffentlichkeit abhängt, sondern durch eine breite Öffentlichkeit evaluiert und legitimiert wird. Insofern veränderte das Gesundheitsamt nach dem Staatsformwechsel 1918 und 1933 seine Öffentlichkeitsarbeit. Seit Mitte der 1920er Jahre verfasste das Gesundheitsamt zahlreiche an die Abgeordneten des Reichstages adressierte Rechenschaftsberichte und trug somit den neuen demokratischen Machtverhältnissen und der Verantwortlichkeit gegenüber dem Parlament Rechnung, während der Präsident des Gesundheitsamtes Hans Reiter nach 1933 in öffentlichen Reden und Ansprachen nicht mit ideologischen Verortungen sparte.

Ambivalent war auch der Gegenstand des Gesundheitsamtes: Medizin und Gesundheit. Die Verbesserung der Gesundheit breiter Volksschichten, vor allem derer, um die sich sonst niemand kümmerte, ist sicherlich positiv zu bewerten. Auch der Ausbau der städtischen Kanalisation, die Bekämpfung von Infektionskrankheiten, die Einführung der gesetzlichen Krankenversicherung sowie die wohlfahrtsstaatliche Fürsorge sind außer Frage stehende Leistungen, auf die niemand verzichten möchte. Die sinkende Mortalitätsrate und die Steigerung der Lebensdauer der breiten Masse der Bevölkerung beruht wesentlich auch auf den Bemühungen der Bakteriologie und des Gesundheitsamtes.

Betrachtet man die hygienischen Bemühungen unter einem anderen Blickwinkel, erweisen sich die sozialstaatlichen Motive als weniger altruistisch. Soziale Fürsorge einerseits und soziale Disziplinierung, Überwachung und Normierung andererseits sind zwei Seiten ein und derselben Medaille. Gesundheitsfürsorge impliziert nicht nur die Sorge für die Gesundheit und das Wohlergehen der Menschen, sondern die Fürsorgeempfänger hatten die hygienischen Anforderungen zu erfüllen und sich den Zielen einer Hygiene »im Namen des Staates« unterzuordnen – aus dem Recht auf Gesundheit erwuchs die Pflicht zur Gesundheitspflege und zu gesundheitsfördernden Verhaltensweisen. Bei Zuwiderhandlungen drohten Strafmaßnahmen, gesellschaftliche Stigmatisierung oder der Entzug/die Vorenthaltung von Fürsorgeleistungen. In dem Betrachtungszeitraum oszillierte die Gesundheit im Spannungsfeld zwischen Einzel- und Gemeininteresse, zwischen den Forderungen nach Individualität und der Vereinnahmung durch die »Volksgemeinschaft« als Teil des »Volkskörpers«. Das Einzel- und Gemeinwohl mag bei der Umsetzung einer Hygiene »im Namen des Staates« im Betrachtungszeitraum mal mehr und mal weniger zu Deckung gebracht worden sein, in ökonomischen und politischen Krisensituationen jedoch galt das Primat des Gemeinwohls und die Orientierung der Gesundheit des Einzelnen auf einen menschenökonomischen Fluchtpunkt hin.

Ebenso ist das Objekt der Bakteriologie – der Krankheitserreger – ambivalent. Einerseits beteiligte sich das Gesundheitsamt aktiv an der Kolonialisierung der Kolonialgebiete durch die Erforschung von Krankheiten. Es boten sich neue wissenschaftliche Felder und Aufgabengebiete. Andererseits wurden die Kolonialherren durch die Krankheiten »reokkupiert« und »rekolonialisiert«. Bislang unbekannte tropisch-exotische Krankheiten bedrohten die Sicherheit der deutschen Flora und Fauna.

Der Ambivalenz des Gegenstandes trug die Handlungsstrategie Rechnung. Zur Kurierung der augenscheinlich unpolitischen hygienisch-medizinischen Probleme wurde eine augenscheinlich unpolitische Arznei – die Wissenschaft – verabreicht. War sich Virchow seiner eigenen Politisierung bewusst, stritten dies die Medizinalbeamten des Gesundheitsamtes vehement ab und waren damit in ihrer staatstragenden Funktion umso politischer. Im Labor ist der Wissenschaftler von den Konsequenzen seines Handelns weitestgehend losgelöst. ›Entpolitisierte‹ Wissenschaft lässt sich umso problemloser für die jeweiligen politischen Ziele instrumentalisieren, wie dies besonders für die Geschichte der Natur-, Techno- und Lebenswissenschaften im Nationalsozialismus deutlich geworden ist.

Die Geschichte des Gesundheitsamtes hat daher nicht allein deswegen ihre Berechtigung, weil sie bisher noch nicht geschrieben worden ist und sich in ihr die Entwicklung des Kaiserreiches wie in einem Brennglas fokussiert. Die Untersuchung des Gesundheitsamtes, seiner Entstehung, seiner Entwicklung, seiner Handlungsstrategien und seiner Bedeutung für den Staat ist deswegen aufschlussreich, weil mit der gegenwärtigen Unterwerfung des Menschen unter gouvernementale Verwertungsinteressen mehr denn je Fragen nach den Rechten des Einzelnen gegenüber der Gesellschaft und der Bedeutung der Gesundheit des Menschen in dem Kräftefeld Gesundheit – Politik – Wissenschaft – Gesellschaft – Verwaltung und der Rolle biopolitischer Institutionen wie dem Gesundheitsamt aufgeworfen und Fragen nach dem Wert des Menschen immer unverhohlener gestellt werden. War das erklärte Ziel der öffentlichen Hygiene im Untersuchungszeitraum die Hebung der Volksgesundheit, um im internationalen »Kampf ums Dasein« bestehen zu können, so sind die gegenwärtigen biopolitischen Bestrebungen unter den veränderten Bedingungen eines zunehmend globalen Marktes auf die Sicherung der nationalökonomischen Wettbewerbsfähigkeit ausgerichtet.

Dank

Die vorliegende Arbeit wurde im Herbst 2005/2006 am Institut für Geschichte des Fachbereiches Sozialwissenschaften der Universität Bremen als Dissertation eingereicht. Ich möchte mich besonders herzlich bei meiner Betreuerin und der Vorsitzenden der Prüfungskommission Doris Kaufmann und meinem Zweitgutachter Volker Hess bedanken. Als BeisitzerInnen des Rigorosums gilt mein Dank weiterhin Susanne Heim, Svenja Goltermann, Eva Kudrass und Kay Wenzel.

Für die Möglichkeit zur Teilnahme an ihren Kolloquien, für Diskussionen, Anregungen und Förderung möchte ich Wolfgang Hardtwig und Alf Lüdtke herzlich danken. Zahlreiche Anregungen verdanke ich auch meinen KollegInnen des Forschungsprojektes der Max-Planck-Gesellschaft zur »Geschichte der Kaiser-Wilhelm-Gesellschaft im Nationalsozialismus« und am Institut für Geschichte der Medizin in Berlin und Heidelberg, besonders Christoph Gradmann, Anne I. Hardy, Marion Hulverscheidt, Ulrike Klöppel, Birgit Kolboske, Anja Laukötter, Martina Schlünder und Jonathan Simon. Eric J. Engstrom hat mich zudem nicht nur durch viele Leseseminare begleitet und inspiriert, sondern stand bei Fragen jederzeit als Ansprech- und Diskussionspartner zur Verfügung. Ina Heumann und Johannes Vossen sind mir von der ersten bis zur letzten Seite des Manuskriptes gefolgt – für die Korrekturen, Ratschläge, Anregungen möchte ich mich gleichfalls herzlich bedanken. Florian Schmaltz möchte ich für die mehrfach gewährte Gastfreundschaft und freundliche Aufnahme in Frankfurt danken.

Die Grundlage für diese Arbeit verdanke ich den Mitarbeitern zahlreicher Archive und Bibliotheken: dem Bundesarchiv in Berlin-Lichterfelde (namentlich Matthias Meissner), dem Geheimen Staatsarchiv Preußischer Kulturbesitz und dem Archiv des Institut Pasteur in Paris (Stéphane Kraxner). Ebenso möchte ich mich für die Nutzung der Bibliothek im Robert-Koch-Institut bedanken, die alle Zeitschriftenreihen und die zeitgenössische Literatur zum Reichsgesundheitsamt enthält. Das bibliographische Paradies habe ich in der Bibliothek des Max-Planck-Instituts für Wissenschaftsgeschichte erleben dürfen – für die Möglichkeit zur Nutzung der Bibliothek in der Frühphase der Arbeit möchte ich dem Leiter Urs Schöpflin und den unermüdlichen MitarbeiterInnen – besonders Ellen Garske und Ruth Kessentini – danken.

Außerordentlich freundliche Aufnahme habe ich zudem im Rockefeller Archive Center in Tarrytown, im Emil-von-Behring-Archiv und im Archiv/Bibliothek des Paul-Ehrlich-Instituts in Langen erfahren, hier möchte ich ganz besonders Darwin Stapleton, Kornelia Grundmann, Christine Pauli-Kloeppinger und dem Präsidenten des Paul Ehrlich-Instituts, Johannes Löwer, für die erhaltene Unterstützung und ihr Entgegenkommen danken. Schließlich möchte ich dem Wallstein Verlag für die Möglichkeit zur Veröffentlichung und besonders Diane Coleman Brandt danken, mit der ich das Vergnügen hatte, bei der Redaktion zahlreicher Publikationen zusammenzuarbeiten und die auch meine eigene Publikation vorbildlich betreut hat. Für die Gewährung eines Druckkostenzuschusses möchte ich mich besonders bei der FAZIT-Stiftung bedanken.

Ganz besonders möchte ich Carola Sachse danken, die für Fragen jederzeit ein offenes Ohr und die stets die richtigen Antworten und Ratschläge parat hatte. Für Ausgleich haben meine soziale Bezugsgruppe »Familie Tietze« und meine Wohngemeinschaft gesorgt: danke an Manuel Heichlinger, Frank Jödicke, Kay Kutschkau, Klaus Müller-Siegel, Andreas K. Schmidt, Christian-Peter Schultz, Markus Werner und Thorben Zoeger.

Mein letzter Dank geht an meine Familie und besonders an meine Mutter Margret Hüntelmann, der ich dieses Buch widme.

Verzeichnisse

Abkürzungen

AKGA	Arbeiten aus dem Kaiserlichen Gesundheitsamte
ARGA	Arbeiten aus dem Reichsgesundheitsamte
BGA	Bundesgesundheitsamt
BGBl	Bundesgesundheitsblatt
BKW	Berliner Klinische Wochenschrift
BWG	Berichte zur Wissenschaftsgeschichte
DKGA	Direktor des Kaiserlichen Gesundheitsamtes (ab 1900 Präsident)
DMW	Deutsche Medizinische Wochenschrift
DS	Drucksache
DVÖG	Deutsche Vierteljahrsschrift für öffentliche Gesundheitspflege
GG	Geschichte und Gesellschaft
GOMR	Geheimer Obermedizinalrat
GORR	Geheimer Oberregierungsrat
GRR	Geheimer Regierungsrat
GSR	Geheimer Sanitätsrat
HA	Hauptabteilung
IE	Immunisierungseinheit
KBA	Kaiserlich Biologische Anstalt für Land- und Forstwirtschaft
KEA	Kriegsernährungsamt
KGA	Kaiserliches Gesundheitsamt
KSA	Kaiserlich Statistisches Amt
KWI	Kaiser-Wilhelm-Institut
LP	Legislaturperiode
MGG	Medizin, Gesellschaft und Geschichte
MGUMA	Ministerium für geistliche, Unterrichts- und Medizinalangelegenheiten in Preußen (abgekürzt Kultusministerium)
MHJ	Medizinhistorisches Journal
MKGA	Mittheilungen aus dem Kaiserlichen Gesundheitsamt
MMW	Münchener Medizinische Wochenschrift
MR	Medizinalrat
MSM	Medizinal-Statistische Mitteilungen aus dem Kaiserlichen Gesundheitsamt/Reichsgesundheitsamt
NMG	Nahrungsmittelgesetz
NTM	NTM – Schriftenreihe für Geschichte der Naturwissenschaften, Technik und Medizin
NVÖG	Niederrheinischer Verein für öffentliche Gesundheitspflege
OMR	Obermedizinalrat
PKEA	Präsident des Kriegsernährungsamtes
PKGA	Präsident des Kaiserlichen Gesundheitsamtes
PRGA	Präsident des Reichsgesundheitsamtes
PRKA	Präsident des Reichskanzleramtes

PSRA	Präsident des Statistischen Reichsamtes
PTR	Physikalisch-Technische Reichsanstalt
RAI	Reichsamt des Innern
RGA	Reichsgesundheitsamt
RGBl.	Reichsgesundheitsblatt
RGR	Reichsgesundheitsrat
RK	Reichskanzler
RKA	Reichskanzleramt
RMEL	Reichsministerium für Ernährung und Landwirtschaft
RMF	Reichsministerium für Finanzen
RMI	Reichsministerium des Innern
RMR	Regierungs- und Medizinalrat
RWM	Reichswirtschaftsministerium
SB	Stenographische Berichte
SR	Sanitätsrat
StsdI	Staatssekretär des Innern
TAKGA	Tuberkulose-Arbeiten aus dem Kaiserlichen Gesundheitsamt
VKGA	Veröffentlichungen aus dem Kaiserlichen Gesundheitsamt
VRGA	Veröffentlichungen aus dem Reichsgesundheitsamt
WGOMR	Wirklicher Geheimer Obermedizinalrat

Abbildungen

Abb. 1, S. 80   Heinrich Struck, Direktor des Kaiserlichen Gesundheitsamtes (1876-1884), Quelle: RGA, Festschrift 1926.

Abb. 2, S. 103   Karl Köhler, Direktor bzw. Präsident des Kaiserlichen Gesundheitsamtes (1885-1905), Quelle: RGA, Festschrift 1926.

Abb. 3, S. 109   Das Hauptgebäude in der Klopstockstraße 18 in Berlin, Quelle: RGA, Festschrift 1926.

Abb. 4, S. 113   Großstadtbevölkerung im Vergleich zur Gesamtbevölkerung, Quelle: KGA/KSA (Hg.), Deutsche Reich 1907.

Abb. 5, S. 125   Franz Bumm, Präsident des Kaiserlichen Gesundheitsamtes/Reichsgesundheitsamtes (1905-1926), Quelle: BA Berlin, R 86/839.

Abb. 6, S. 187   Die Bakteriologische Abteilung des Reichsgesundheitsamtes in Berlin um 1908, Quelle: RGA, Festschrift 1926.

Abb. 7, S. 191   Die Präparatesammlung des Gesundheitsamtes in der Zweigstelle Scharnhorststraße, Quelle: BA Berlin, R 86/839.

Abb. 8, S. 191   Die Präparatesammlung des Gesundheitsamtes in der Zweigstelle Scharnhorststraße, Quelle: BA Berlin, R 86/839.

Abb. 9, S. 275   Karikatur von Bruno Paul mit dem Titel »Die Pest in Südafrika« [1901], © VG Bild-Kunst, Bonn, Quelle: Andreas Strobl/Barbara Palmbach: Bruno Paul, Simplicissimus. Begleitheft zur Ausstellung von Bruno Paul in der Pinakothek der Moderne, München 2002.

Abb. 10, S. 337   Bacteriologen-Conferenz im Kaiserlichen Gesundheitsamt am 19. und 20. October 1899, Quelle: Staatsbibliothek Berlin PK, NL 156.

Abb. 11, S. 347   Lithographische Darstellungen von Krankheitserregern, Quelle: MKGA 1881.

Abb. 12, S. 384 f.   Darstellungsformen Statistik, Quelle: KGA/KSA (Hg.), Deutsche Reich 1907.

Archivalien

Archiv zur Geschichte der Max-Planck-Gesellschaft, Berlin
Abt. 1, Rep. 1 A, Nr. 1352 KWI für Arbeitsphysiologie
            Hauptakten (1923-1924)
Archiv des Institut Pasteur, Paris
   DR-DOS   Le fonds Institut Pasteur – Direction
   ROUX   Le fonds Émile Roux
   YER   Le fonds Alexandre Yersin
Archiv des Paul-Ehrlich-Instituts, Langen
   Abt. IV   Akten betreffend allgemeine wissenschaftliche
                Angelegenheiten
   Abt. Va   Akten betreffend die Prüfung des Diphtherieserums
   Abt. A   Akten betreffend die Einrichtung, Betrieb und
                Verwaltung des Instituts
   Abt. B   Akten betreffend wissenschaftliche Angelegenheiten
Behring-Archiv, Marburg
   8   Aufzeichnungen, Briefe, Manuskripte von Emil von
                Behring
Bundesarchiv Berlin (BA Berlin)
   R 86   Bestand Reichsgesundheitsamt
   R 14.01   Bestand Reichskanzleramt
   R 15.01   Bestand Reichsamt des Innern
Bundesarchiv-Militärarchiv (BA-MA) Freiburg
   RH 12-4   Kampfstoffe. Forschung. Sitzungsberichte über
                Gaskampf- und Schutzfragen (1925-1931)
Geheimes Staatsarchiv Preußischer Kulturbesitz (GStA PK) Berlin
   1. HA, Rep. 89   Königliches Geheimes Civil-Cabinet (Rep. 89)
   1. HA, Rep. 76   Ministerium für geistliche, Unterrichts- und
                    Medizinalangelegenheiten in Preußen
Höchst-Archiv, Höchst
   GL 18.1/3   Serobakteriologische Präparate
Rockefeller Archive Center
   650 Eh 89   Nachlass Paul Ehrlich
Staatsbibliothek Berlin – Preußischer Kulturbesitz
   NL 156   Nachlass Erich Wernicke

Periodika

Arbeiten aus dem Kaiserlichen Gesundheitsamte (1886-1918)
Arbeiten aus dem Reichsgesundheitsamte (1919-1942)
Bundesgesundheitsblatt – einzelne Bände
Medizinal-Statistische Mitteilungen aus dem Kaiserlichen Gesundheitsamt (1893-1918)
Medizinal-Statistische Mitteilungen aus dem Reichsgesundheitsamt (1918-1925)
Reichsgesundheitsblatt (1926-1944)
Tuberkulose-Arbeiten aus dem Kaiserlichen Gesundheitsamt (1904-1918)
Veröffentlichungen aus dem Kaiserlichen Gesundheitsamt (1877-1918)
Veröffentlichungen aus dem Reichsgesundheitsamt (1919-1925)

Veröffentlichungen bis 1945

Abderhalden, Emil, Das Recht auf Gesundheit und die Pflicht sie zu erhalten. Die Grundbedingungen für das Wohlergehen von Person, Volk, Staat und der gesamten Nationen, Leipzig 1921.

Abel, Rudolf, Bakteriologisches Taschenbuch enthaltend die wichtigsten technischen Vorschriften zur bakteriologischen Laboratoriumsarbeit, 12. Aufl., Würzburg 1908.

Ders., Gutachten des Reichs-Gesundheitsrathes über das duldbare Maß der Verunreinigung des Weserwassers durch Kali-Abwässer, ohne seine Verwendung zur Trinkwasserversorgung von Bremen unmöglich zu machen, in: AKGA 50 (1917), S. 279-306.

Alzheimer, Alois, Ist die Einrichtung einer psychiatrischen Abteilung im Reichsgesundheitsamt erstrebenswert? In: Zeitschrift für die gesamte Neurologie und Psychiatrie 6 (1911), S. 242-246.

Aust, Oskar, Deutsches Wohnungselend, in: RGBl. 1 (1926), S. 670-673, 687-689.

Ders., Die Stellung der Eugenik in der Sozialhygiene, in: RGBl. 1 (1926), S. 748-751.

Ders., Landwirtschaft und Sozialhygiene (Bevölkerungspolitik), in: RGBl. 1 (1926), S. 967-969, 981-983.

Ders., Wohnungsnot und Volksgesundheit, in: RGBl. 1 (1926), S. 365-367.

Ders., Zur Verbreitung der Tuberkulose, in: RGBl. 2 (1927), S. 7-11.

Bebel, August, Das Reichs-Gesundheitsamt und sein Programm vom sozialistischen Standpunkt beleuchtet, Berlin 1878.

Beck, Karl, Über die Bestimmung und den Gehalt von Schwefelsäure in der Luft von Akkumulatorenräumen, in: AKGA 30 (1909), S. 77-80.

Beck, Karl/Ph. Stegmüller, Über die Löslichkeit von Bleisulfat und Bleichromat für sich, in Gemischen und in Form von Ölfarben in verdünnter Salzsäure, sowie über das Gleichgewicht von Chromat und Bichromat in Lösung, in: AKGA 34 (1910), S. 446-483.

Beck, Karl u. a., Zur Kenntnis der bleihaltigen Glasuren und deren Bleiabgabe an saure Flüssigkeiten, in: AKGA 33 (1910), S. 203-249.

Beller, Karl, Bakterielle Kückenruhr (sog. weiße Ruhr) und ihre Beziehungen zum Hühnertyphus, in: ARGA 57 (1926), S. 462-483.

Ders./B. Dunken, Eine Reichsforschungsstelle für Geflügelkrankheiten, in: ARGA 61 (1930), S. 595-604.

Beneke, Friedrich Wilhelm, Mittheilungen und Vorschläge betreffend die Anbahnung einer wissenschaftlich brauchbaren Morbiditäts- und Mortalitäts-Statistik für Deutschland als eines Mittels zur wissenschaftlichen Begründung der Aetiologie der Krankheiten, Oldenburg 1857.

Ders., Zur Geschichte der Associationsbestrebungen auf dem Gebiete der wissenschaftlichen und praktischen Heilkunde. Ein Beitrag zur Förderung der öffentlichen und privaten Gesundheitspflege, Marburg 1870.

Ders., Zur Frage der Organisation der öffentlichen Gesundheitspflege in Deutschland. Ein zweiter Beitrag zur Förderung derselben, Marburg 1872.

Ders., Vorlagen zur Organisation der Mortalitäts-Statistik in Deutschland, Marburg 1875.

Ders., Zur Ernährungslehre des gesunden Menschen, Kassel 1878.

Biesalski, Konrad, Krüppelfürsorge, in: RGBl. 1 (1926), S. 45-47.

Bismarck, Otto von, Gedanken und Erinnerungen, Stuttgart 1928 (OA 1898).

Boehncke, K. E., Die Serumprüfung und ihre theoretischen Grundlagen, in: Hugo Apolant u. a. (Hg.), Paul Ehrlich. Eine Darstellung seines wissenschaftlichen Wirkens. Festschrift zum 60. Geburtstage des Forschers, Jena 1914, S. 292-331.
Bogusat, Hans, Die Influenza-Epidemie 1918/19 im Deutschen Reiche, in: ARGA 53 (1923), S. 443-466.
Börner, Paul (Hg.), Das deutsche Medicinalwesen, Berlin 1885.
Breger, Johannes, Die Pocken nach dem Kriege, in: ARGA 54 (1924), S. 547-554.
Ders., Zur Internationalen Sanitäts-Konferenz, Paris 1926, in: ARGA 57 (1926), S. 629-651.
Ders., Was lehrt uns die Statistik der Geschlechtskrankheiten? In: RGBl. 1 (1926), 1. Beiheft.
Ders., Die soziale Bedeutung der Geschlechtskrankheiten, in: RGBl. 1 (1926), 1. Beiheft.
Bretonneau, Pierre, Des inflammations spéciales du tissu muqueux et en particulier de la diphtérie. Ou inflammation pelliculaire, connue sous le nom de croup, d'angine maligne, d'angine gangrénneuse, Paris 1826.
Buchwald, J., Ueber Gewürze. 5. Ingwer, in: AKGA 15 (1899), S. 229-250.
Bumm, Franz (Hg.), Deutschlands Gesundheitsverhältnisse unter dem Einfluss des Weltkrieges (= Wirtschafts- und Sozialgeschichte des Weltkrieges – Deutsche Serie hg. von James T. Shotwell), 2 Bde., Stuttgart 1928.
Busse, Walter, Ueber Gewürze. 1. Pfeffer, in: AKGA 9 (1894), S. 509-536.
Ders., Ueber Gewürze. 2. Muskatnüsse, in: AKGA 11 (1895), S. 390-410.
Ders., Ueber Gewürze. 3. Macis, in: AKGA 12 (1896), S. 628-660.
Ders., Ueber Gewürze. 4. Vanille, in: AKGA 15 (1899), S. 1-113.
Chalybäus, Theodor, Ueber Morbiditätsstatistik, in: DVÖG 4 (1872), S. 381-386.
Damann, Karl, Die Gesundheitspflege der landwirtschaftlichen Haussäugetiere. Praktisches Handbuch, 3. Aufl., Berlin 1902.
Ders./Friedrich Müssemeier, Untersuchungen über die Beziehungen zwischen Tuberkulose des Menschen und der Tiere. Im Auftrag des Herrn Minister für Landwirtschaft, Domänen und Forsten, Hannover 1905.
De Kruif, Paul, Mikrobenjäger, Leipzig 1927.
Dold, Hermann, Über Methoden, Möglichkeiten und Grenzen der Schutzimpfungen gegen Diphtherie, in: ARGA 57 (1926), S. 81-93.
Ders., Zur Einführung einer neuen Antitoxineinheit für das Tetanusserum, in ARGA 59 (1928), S. 637 f.
Dornedden, Hans, Vorläufiges Ergebnis der Reichszählung der Geschlechtskranken 1927, in: RGBl. 3 (1928), S. 372-374.
Ders., Der Einfluß der Seuchen auf die deutsche Bevölkerungsentwicklung, in: ARGA 63 (1931), S. 111-144.
Ders., Zum Geburtenrückgang, in: ARGA 62 (1931), S. 267-280.
Ders. (Bearb.), Denkschrift der Reichsregierung über die gesundheitlichen Verhältnisse des deutschen Volkes, in: ARGA 64 (1932), S. 469-500.
Ders., Leibesübungen zur Förderung der Volksgesundheit, in: RGBl. 7 (1932), S. 192-199.
Du Bois-Reymond, Emil, Der physiologische Unterricht sonst und jetzt. Rede bei Eröffnung des neuen Physiologischen Instituts der Königl. Friedrich-Wilhelms-Universität zu Berlin am 6. November 1877, Berlin 1878.
Durkheim, Émile, Die Methode der Soziologie, Leipzig 1908.
Ehrlich, Paul, Die Wertbemessung des Diphtherieheilserums und deren theoretisches Grundlagen, in: Klinisches Jahrbuch 6 (1897), S. 299-332.

Ders. (Hg.), Encyklopädie der mikroskopischen Technik. Mit besonderer Berücksichtigung der Färbelehre, 2 Bde., Berlin 1903.

Eiermann, Arnold, Die Einrichtung zur Darstellung des Diphtherie-Heilserums in den Höchster Farbwerken, in: MMW (1894), S. 1038-1040.

Emmert, Carl, Ueber öffentliche Gesundheitspflege als akademisches Lehrfach und als Gesundheitsamt, Bern 1877.

Engel, Hans, Über die Gesundheitsgefährdung bei der Verarbeitung von metallischem Blei mit besonderer Berücksichtigung der Bleilöterei, in: ARGA 56 (1926), S. 441-484.

Engelhardt, Wilhelm E., Vergleichende Tierversuche über die Blutwirkung von Benzin und Benzol, in: ARGA 64 (1932), S. 221-256.

Ders./R. L. Mayer, Über Chromekzeme im graphischen Gewerbe, in: ARGA 64 (1932), S. 1-30.

Engelmann, Dr., Die Blinden im Deutschen Reiche nach den Ergebnissen der Volkszählung von 1900, in: MSM 9 (1905), S. 156-183, Tabelle S. 245-419.

Ders., Die Taubstummen im Deutschen Reiche nach den Ergebnissen der Volkszählung von 1900, in: MSM 9 (1905), S. 8-31, Tabelle S. 71-244.

Ders., Die Ergebnisse der fortlaufenden Statistik der Taubstummen während der Jahre 1902 bis 1905, in: MSM 12 (1909), S. 1-26, Tabelle S. 1-241.

Erban, Dr., Über den Nachweis des Milzbrandes an Häuten mit Hilfe des Präzipitationsverfahrens, in: ARGA 57 (1926), S. 445-461.

Festschrift zum sechzigsten Geburtstage von Robert Koch, herausgegeben von seinen dankbaren Schülern, Jena 1903.

Fetscher, Rainer, Zur Frage der Erblichkeit krimineller Anlagen, in: RGBl. 1 (1926), S. 227-229.

Ders., Zum Ausgleich der Familienlasten, in: RGBl. 1 (1926), S. 1013-1015.

Finkelnburg, Karl Maria, Ueber den Einfluss der Volks-Erziehung auf die Volks-Gesundheit, in: Correspondenz-Blatt des NVÖG 2 (1873), S. 177-182.

Ders., Die öffentliche Gesundheitspflege Englands nach ihrer geschichtlichen Entwicklung und gegenwärtigen Organisation nebst einer vergleichenden Übersicht der sanitarischen Institutionen in anderen Culturstaaten, Bonn 1874.

Ders., Einfluss der heutigen Unterrichtsgrundsätze in den Schulen auf die Gesundheit des heranwachsenden Geschlechts, in: DVÖG 10 (1878), S. 23-50.

Fischer, Carl/Franz Koske, Untersuchungen über die sogenannte »rohe Karbolsäure« mit besonderer Berücksichtigung ihrer Verwendung zur Desinfektion von Eisenbahnviehtransportwagen, in: AKGA 19 (1903), S. 577-671.

Flaig, J., Trinkerfürsorge und -heilung (Grundsätzliches und Allgemeines), in: RGBl. 1 (1926), S. 471-473.

Ders., Wesen und Ursachen der Trunksucht, in: RGBl. 1 (1926), S. 290 f.

Flügge, Carl, Die Wohnungsdesinfektion durch Formaldehyd, in: Zeitschrift für Hygiene und Infektionskrankheiten 29 (1898), S. 276-308.

Fraenkel, Carl/Richard Pfeiffer, Mikrophotographischer Atlas der Bakterienkunde, Berlin 1892.

Frey, Gottfried, Das Gesundheitswesen im Deutschen Verwaltungsgebiet von Polen in den Jahren 1914-1918, in: ARGA 51 (1919), S. 583-733.

Ders., Moderne Gesichtspunkte beim Grenzeuchenschutz, in: ARGA 53 (1923), S. 585-594.

Ders., Gedanken über hygienische Volksbelehrung, ihre Wege und Hilfsmittel, Berlin 1927.

Froboese, Victor, Über das Chlorbindungsvermögen von Wasser und Abwasser, in: ARGA 52 (1920), S. 211-222.

Ders., Beitrag zur Bestimmung von Blei in organischen Substanzen, besonders in Kot und Harn, in: ARGA 58 (1927), S. 165-170.
Ders., Beitrag zur Frage der Anreicherung der Straßenluft an Auspuffgasen, besonders Kohlenoxyd, durch den Kraftwagenverkehr und Bestimmung des Kohlenoxyds in Garagen und Betrieben, in: ARGA 64 (1932), S. 371-382.
Ders./H. Brückner, Beitrag zur gewerbehygienischen Methodik: Versuche zur Beatmung von Tieren mit dosierbaren Mengen von luftkolloidem Bleioxyd und Luft, in Anlehnung an die Entstehung der Bleivergiftung bei Bleilötern, in: ARGA 61 (1930), S. 297-308.
Frosch, Paul/Hermann Kossel, Ueber die Pest in Oporto, in: AKGA 17 (1900), S. 1-55.
Gaffky, Georg, Zur Aetiologie des Abdominaltyphus, in: MKGA 2 (1884), S. 372-420.
Ders., Die Cholera in Gonsenheim und Finthen im Herbst 1886, in: AKGA 2 (1887), S. 39-66.
Ders., Das Königliche Institut für Infektionskrankheiten in Berlin, in: Medizinische Anstalten auf dem Gebiete der Volksgesundheitspflege in Preußen, hg. vom Preußischen Minister der geistlichen, Unterrichts- und Medizinal-Angelegenheiten, Jena 1907, S. 23-66.
Gärtner, August u. a., Gutachten des Reichs-Gesundheitsrathes, betreffend die Verunreinigung der großen Röder durch die Abwässer der Zellulosefabrik von Kübler und Niethammer in Grödlitz in Sachsen, in: AKGA 44 (1913), S. 188-226.
Gärtner, August/Max Rubner, Sammlung von Gutachten über Flußverunreinigung. XIV. Gutachten des Reichs-Gesundheitsrathes über die Einleitung der Abwässer Dresdens in die Elbe, in: AKGA 19 (1903), S. 458-507.
Gildemeister, Eugen, Zur Frage der postvakzinalen Encephalitis. Experimentelle Untersuchungen über das Verhalten des kutan verimpften Vakzinevirus zum Gehirn des Versuchstieres, in: ARGA 57 (1926), S. 290-295.
Ders., Über Encephalitis post vaccinationem, in: ARGA 61 (1930), S. 157-162.
Ders./K. Herzberg, Experimentelle Untersuchungen über Herpes. II. Mitteilung. Immunitätsbeziehungen zwischen Herpes und Pocken, in: ARGA 56 (1926), S. 569-578.
Goldscheid, Rudolf, Entwicklungswerttheorie, Entwicklungsökonomie, Menschenökonomie. Eine Programmschrift, Leipzig 1908.
Ders., Höherentwicklung und Menschenökonomie. Grundlegung der Sozialbiologie, Leipzig 1911.
Gottstein, Adolf, Das Heilwesen der Gegenwart. Gesundheitslehre und Gesundheitspolitik, Berlin 1924.
Ders., Die medizinische Statistik, Berlin 1928.
Ders., Erlebnisse und Erkenntnisse. Nachlass 1939/1940, autobiographische und biographische Materialien, hg. von Ulrich Koppitz, Berlin 1999.
Grote, Louis Radcliffe (Hg.), Die Medizin der Gegenwart in Selbstdarstellungen, Bd. 2, Leipzig 1923 und Bd. 4, Leipzig 1925.
Grotjahn, Alfred, Die hygienische Forderung, Königstein o.J. [1910].
Gruber, Max von, Die Pflicht gesund zu sein. Vortrag, gehalten für die Studierenden der drei Hochschulen Münchens im Großen Hörsaal für Chemie der K. Technischen Hochschule am 5. Mai 1909, München 1909.
Grünewald, Max, Industrie und Tuberkulose, in: RGBl. 1 (1926), S. 363-365.
Günther, Adolf, Kleinere Mittheilungen aus den Laboratorien des Kaiserlichen Gesundheitsamtes. Chemische Untersuchung eines neuen im Handel befindlichen »Dauerwurstsalzes Borolin« und eines »Dauerwurstgewürzes«, in: AKGA 19 (1903), S. 446.
Guttmann, Samuel (Hg.), Das deutsche Medicinalwesen, Leipzig 1887.

Händel, Ludwig/Ludwig Lange, Beitrag zum biologischen Verhalten der Pneumokokken, in: ARGA 61 (1930), S. 225-246.

Hailer, E., Über Kresole und Ersatzmittel für Kresolseife. I. Teil. Die Kresolalkali-Lösungen und ihre Desinfektionswirkung, in: ARGA 51 (1919), S. 556-576.

Ders., Über Kresole und Ersatzmittel für Kresolseife, in: ARGA 52 (1920), S. 253-277.

Ders., Vergleichende Versuche über die Einwirkung chemischer Mittel auf Kleiderläuse, in: ARGA 52 (1920), S. 278-338.

Ders., Zur Frage der Prüfung und Wertbestimmung der Desinfektionsmittel, in: ARGA 54 (1924), S. 347-354.

Hamel, Carl, Die Ursachen des Rückgangs der Tuberkulosesterblichkeit in den Kulturländern, in: ARGA 63 (1931), S. 163-184.

Harnack, Adolf von, Vom Großbetrieb der Wissenschaft, in: Preußische Jahrbücher 119 (1905), S. 193-201.

Heffter, Artur, Ueber den Einfluss der Borsäure auf die Ausnutzung der Nahrung, in: AKGA 19 (1903), S. 97-109.

Heim, L., Ueber das Verhalten der Krankheitserreger der Cholera, des Unterleibstyphus und der Tuberkulose in Milch, Butter, Molken und Käse, in: AKGA 5 (1889), S. 294-311.

Ders., Versuche über blaue Milch, in: AKGA 5 (1889), S. 518-536.

Heise, Robert, Die staubbindenden Fußbodenöle, ihre Zusammensetzung, Eigenschaften und Verwendbarkeit in Buchdruckereien und Schriftgießereien, in: AKGA 30 (1909), S. 93-177.

Ders., Der Bleigehalt der Luft oberhalb der Bleischmelzkessel in Schriftgießereien, in: ARGA 51 (1919), S. 15-24.

Heitzmann, Otto, Vergleichende pathologische Anatomie der experimentellen Gelbfieber-, Weil- und Sumatrainfektion, in: ARGA 57 (1926), S. 48-63.

Ders., Vergleichende pathologische Anatomie der experimentellen Benzol- und Benzinvergiftung, in: ARGA 64 (1932), S. 257-268.

Helmholtz, Hermann von, Das Denken in der Medicin. Rede, gehalten zur Feier des Stiftungstages der militärärztlichen Bildungs-Anstalten am 2. August 1877, Berlin 1877.

Henniger, E., Dipteren als Überträger von Tierkrankheiten, in: ARGA 60 (1929), S. 1-30.

Hertel, M., Über Geflügelcholera und Hühnerpest, in: AKGA 20 (1904), S. 453-511.

Herzberg, K., Zur Frage der postvakzinalen Encephalitis, Kuhpockenimpfstoff, Herpesvirus und postvakzinale Encephalitis, in: ARGA 57 (1926), S. 725-732.

Hesse, Erich, Volksentartung und Volksaufartung, in: ARGA 65 (1933), S. 339-343.

Hesse, W., Ueber quantitative Bestimmung der in der Luft enthaltenen Mikroorganismen, in: MKGA 2 (1884), S. 182-207.

Heymann, Bruno, Robert Koch 1843-1882, Leipzig 1932.

Ders., Robert Koch 1882-1908, Berlin 1997.

Hintze, Otto, Beamtentum und Bürokratie, hg. von Kersten Krüger, Göttingen 1981 (OA 1911).

Hirschberg, J., Die mathematischen Grundlagen der medizinischen Statistik, Leipzig 1874.

Hoffmann, Wilhelm (Hg.), Hygiene (Handbuch der ärztlichen Erfahrungen im Weltkriege 1914/1918, hg. von Otto von Schjerning, Bd. VII), Leipzig 1922.

Hueppe, Ferdinand, Die Methoden der Bakterienforschung. Handbuch der gesamten Methoden der Mikrobiologie, 5. Aufl., Wiesbaden 1891.

Huxley, Aldous, Schöne neue Welt. Ein Roman der Zukunft, Frankfurt am Main 2003 (OA 1932).
Kaiserliches Gesundheitsamt, Ergebnisse der Morbiditäts-Statistik in den Heilanstalten des Deutschen Reiches für das Jahr 1882, nebst einer vergleichenden Zusammenstellung der Hauptergebnisse für die Jahre 1877 bis 1881, in: AKGA 1 (1886), S. 222-375.
Dass., Technische Anhaltspunkte für die Handhabung der Milch-Kontrolle, in: AKGA 1 (1886), S. 24-45.
Dass., Das Kaiserliche Gesundheitsamt. Rückblick auf den Ursprung sowie auf die Entwicklung und Thätigkeit des Amtes in den ersten zehn Jahren seines Bestehens, Berlin 1886.
Dass., Verzeichniß der Büchersammlung des Kaiserlichen Gesundheits-Amtes, Berlin 1886.
Dass., Denkschrift über das Färben der Wurst sowie von Hack- und Schabefleisch, Berlin 1888.
Dass., Die Ergebnisse des Impfgeschäftes im Deutschen Reich für das Jahr 1889, in: MSM 1 (1893), S. 1-27.
Dass., Gesundheitsbüchlein. Gemeinfaßliche Anleitung zur Gesundheitspflege, 7. Aufl., Berlin 1895.
Dass., Blattern und Schutzpockenimpfung. Denkschrift zur Beurtheilung des Nutzens des Impfgesetzes vom 8. April 1974 und zur Würdigung der dagegen gerichteten Angriffe, 2. Aufl., Berlin 1896.
Dass. (Hg.), Catalogue des Traveaux et Objets Exposés dans la Classse Hygiène par le Kaiserliches Gesundheitsamt, Berlin 1900.
Dass., Verzeichniß der Büchersammlung des Kaiserlichen Gesundheits-Amtes, Berlin 1902.
Dass., (Hg.), Gemeinfaßliche Darstellung der Gewinnung, Verwertung und Beurteilung des Kaffees und seiner Ersatzstoffe, Berlin 1903.
Dass., Anleitung zur Gesundheitspflege auf Kauffahrteischiffen, 6. Aufl., Berlin 1906.
Dass., Die Mückenplage und ihre Bekämpfung, 3. Aufl., Berlin 1911.
Dass., Experimentelle und kritische Beiträge zur Neubearbeitung der Vereinbarungen: Zur einheitlichen Untersuchung und Beurteilung von Nahrungs- und Genußmitteln sowie Gebrauchsgegenständen für das Deutsche Reich, Berlin 1911, 1914, 1923.
Dass., Gemeinfaßliche Belehrung über die nach dem Viehseuchengesetze vom 26. Juni der Anzeigepflicht unterliegenden Seuchen, Berlin 1912.
Dass./Kaiserliches Statistisches Amt (Hg.), Das Deutsche Reich in gesundheitlicher und demographischer Beziehung. Festschrift, den Teilnehmern am XIV. Internationalen Kongresse für Hygiene und Demographie Berlin 1907, Berlin 1907.
Keeser, Eduard u. a., Toxikologie und Hygiene des Kraftfahrtwesens (Auspuffgase und Benzine), in: ARGA 63 (1931), S. 1-110.
Keiner, Oswald, Sozialhygiene und Wirtschaft, in: RGBl. 2 (1927), S. 126-129, 148-150.
Kerp, Wilhelm, Gutachten des Reichs-Gesundheitsrathes über das duldbare Maß der Verunreinigung des Weserwassers durch Kali-Abwässer, in: ARGA 51 (1919), S. 239-389.
Ders., Die Ausführungsbestimmungen zum neuen Lebensmittelgesetz, in: ARGA 60 (1929), S. 593-598.
Kerp, Wilhelm u. a., Chemische Untersuchungen zur Beurteilung des Strohmehls als Futter- und Nahrungsmittel, in: AKGA 50 (1917), S. 232-262.

Kirchner, Martin, Schutzpockenimpfung und Impfgesetz unter Benutzung amtlicher Quellen, Berlin 1911.
Koch, Robert, Ueber Desinfection, in: MKGA 1 (1881), S. 234-282.
Ders., Zur Aetiologie des Milzbrandes, in: MKGA 1 (1881), S. 49-79.
Ders., Zur Untersuchung von pathogenen Organismen, in: MKGA 1 (1881), S. 1-48.
Ders., Die Aetiologie der Tuberkulose, in: MKGA 2 (1884), S. 1-88.
Ders., Gesammelte Werke, 3 Bde., hg. von J. Schwalbe Leipzig 1912.
Koch, Robert/Georg Gaffky, Versuche über die Desinfection des Kiel- oder Bilgeraums von Schiffen, in: AKGA 1 (1886), S. 199-221.
Dies., Bericht über die Thätigkeit der zur Erforschung der Cholera im Jahre 1883 nach Egypten und Indien entsandten Kommission, in: AKGA 3 (1887), Sonderband.
Koch, Robert u. a., Versuche über die Verwerthbarkeit heisser Wasserdämpfe zu Desinfectionszwecken, in: MKGA 1 (1881), S. 322-340.
Koch, Robert u. a., Bericht über die Tätigkeit der zur Erforschung der Schlafkrankheit im Jahre 1906/07 nach Ostafrika entsandten Kommission, in: AKGA 31 (1911), S. 1-320.
Ders./Gustav Wolffhügel, Untersuchungen über die Desinfection mit heisser Luft, in: MKGA 1 (1881), S. 301-321.
Kohlmann, Benno, Die Errichtung pharmaceutischer Untersuchungsbüreaus und das Gesetz gegen die Verfälschung der Nahrungsmittel, Genussmittel und Gebrauchsgegenstände vom 14. Mai 1879, Leipzig 1880.
Kolle, Wilhelm, Das Staatsinstitut für experimentelle Therapie und das Chemotherapeutische Forschungsinstitut »Georg Speyer-Haus« in Frankfurt a. M. Ihre Geschichte, Organisation und ihre Arbeitsgebiete, nebst vollständigem Verzeichnis der in den Jahren 1896-1926 veröffentlichten Arbeiten, 2. Aufl., Jena 1926.
Ders./August von Wassermann (Hg.), Handbuch der pathogenen Mikroorganismen, 4 Bde. und 2 Ergänzungsbde., Jena 1902-1909.
Konrich, Friedrich, Über die Möglichkeit der Keimübertragung durch das Kalipatronen-Atemgerät, in: ARGA 61 (1929), S. 457-460.
Ders., Zur Sterilisierung von Konserven, in: ARGA 63 (1931), S. 329-339.
Ders., Über die Kombinierung keimdichter Filter mit Katadyn (oligodynamischer Wirkung), in: ARGA 64 (1932), S. 39-44.
Ders., Über die Beziehungen zwischen Temperatur und Durchdringskraft des Dampfes bei der Desinfektion und Sterilisation, in: ARGA 64 (1929), S. 167-172.
Ders./O. Muntsch, Zur biologischen Wirkung des Senföls, in: ARGA 64 (1932), S. 131-136.
Kornauth, C., Die Bekämpfung mittels des Bacillus typhi murium, in: Centralblatt für Bakteriologie und Parasitenkunde 16 (1894), S. 104-113.
Kraepelin, Emil, Irrenfürsorge und Wissenschaft, in: RGBl. 1 (1926), S. 307-311.
Kraus, Rudolf/Paul Uhlenhuth (Hg.), Handbuch der mikrobiologischen Technik, Berlin 1923-1924.
Kurth, Heinrich, Bakteriologische Untersuchungen bei Maul- und Klauenseuche, in: AKGA 8 (1893), S. 439-464.
Küster, Emil, Die bakteriologische Abteilung des Reichsgesundheitsamtes, in: Rudolf Kraus/Paul Uhlenhuth (Hg.), Handbuch der mikrobiologischen Technik, Berlin 1924, S. 2543-2559.
Laband, Paul, Das Staatsrecht des Deutschen Reiches. Bd. 1, 5. Aufl., Tübingen 1911.
Lange, Ludwig, Versuche über die Verwendbarkeit des Holzessigs als Ersatz für den Sabadillessig bei der Läusebekämpfung, in: ARGA 52 (1920), S. 554-572.

Ders., Die Tuberkuloseschutzimpfungen in Lübeck, in: ARGA 62 (1931), S. 593-602.
Ders., Zu den Tuberkuloseschutzimpfungen in Lübeck, in: ARGA 62 (1931), S. 663-668.
Ders./Karl Wilhelm Clauberg, Tierexperimentelle Nachprüfung der Schutzimpfung gegen Tuberkulose mit BCG, in: ARGA 60 (1929), S. 497-507.
Lange, Ludwig/G. Heuer, Über die neue Wassermannsche Tuberkulosereaktion, in: ARGA 25 (1925), S. 301 f.
Dies./H. Cl. Müller, Weitere Erfahrungen über die Wassermannsche Tuberkulosereaktion, in: ARGA 57 (1926), S. 746-776.
Lange, Ludwig/G. Reif, Bestimmung von Methylalkohol neben Äthylalkohol in Branntweinen, Arznei- und kosmetischen Mitteln und dergl. mit Hilfe des Zeißschen Eintauchrefraktometers, in: ARGA 53 (1923), S. 96-107.
Leinhaas, Gustav A., Kaiserin Friedrich. Ein Charakter- und Lebensbild, Diessen bei München 1914.
Leymann, H./H. Weber, Die Ursachen der Vergiftungen beim Reinigen von Schwefelsäurebehältern und Schwefelsäurekesselwagen, in: ARGA 62 (1931), S. 613-618.
Dies., Die Zerknalle beim Überdrücken von Teerölen mit Preßluft, in: ARGA 62 (1931), S. 547-552.
Loeffler, Friedrich, Untersuchungen über die Bedeutung der Mikroorganismen für die Entstehung der Diphterie beim Menschen, bei der Taube und beim Kalbe, in: MKGA 2 (1884), S. 421-499.
Ders., Die Aetiologie der Rotzkrankheit auf Grund der im Kaiserlichen Gesundheitsamte ausgeführten experimentellen Untersuchungen dargestellt, in: AKGA 1 (1886), S. 141-198.
Manteufel, Paul, Neueres zur Serodiagnostik der Syphilis, in: ARGA 55 (1925), S. 559-564.
Ders./H. Beger, Die Serodiagnose der Kaninchensyphilis, in: ARGA 55 (1925), S. 37-40.
Ders./A. Richter, Untersuchungen zur Frage der Abänderung der amtl. Anleitung für die Ausführung der Wassermannschen Reaktion, in: ARGA 58 (1927), S. 201-214.
Martin, Louis, Le fonctionnement de l'hôpital Pasteur, in: Revue d'hygiène et de police sanitaire 25 (1903), S. 256-281.
Meyer, Friedrich/Karl Maria Finkelnburg (Hg.), Gesetz betreffend den Verkehr mit Nahrungsmitteln, Genußmitteln und Gebrauchsgegenständen vom 14. Mai 1879, Berlin 1880.
Moll, Albert, Ärztliche Ethik. Die Pflichten des Arztes in allen Beziehungen seiner Thätigkeit, Stuttgart 1902.
Möllers, Bernhard (Hg.), Gesundheitswesen und Wohlfahrtspflege im Deutschen Reiche. Ein Ratgeber für Ärzte, Sozialhygieniker, Kommunal- und Versicherungsbehörden, Krankenkassen, Wohlfahrtsämter, Gewerkschaften und die öffentlichen und privaten Fürsorgeorgane, Berlin 1923.
Ders., Der heutige Stand der Tuberkulose in Deutschland, in: ARGA 55 (1925), S. 303-318.
Ders., Abschließender Bericht über die in den Jahren 1903-1918 unter Mitwirkung des Reiches erfolgte systematische Typhusbekämpfung im Südwesten Deutschlands. 2. Teil, umfassend die Jahre 1912-1918, in: ARGA 56 (1926), S. 261-273.
Ders., Die Tuberkulosebekämpfung im Deutschen Reich und ihre Auswirkungen während der letzten 25 Jahre, in: ARGA 59 (1928), S. 647-661.

Ders., Die Tuberkulosegesetzgebung im Deutschen Reich und ihr weiterer Ausbau, in: ARGA 62 (1931), S. 367-376.
Ders., Die Abnahme der Tuberkulosesterblichkeit in den letzten 50 Jahren, in: ARGA 65 (1933), S. 175-180.
Moritz, Julius, Kritische Besprechung des Materials zur Weinstatistik für 1892, in: AKGA 9 (1894), S. 541-567.
Mueller, Herbert Clemens, Ärztliches und Wirtschaftliches zur Bekämpfung der Tuberkulose im Kindesalter, in: RGBl. 1 (1926), S. 152 f.
Müller, Arnold/Ludwig R. Fresenius, Die Beeinflußung der biologischen Abwasserreinigung durch Endlaugen aus Chlorkaliumfabriken, in: AKGA 45 (1913), S. 491-521.
Müller, Prof. Dr., Leibesübungen und Training, in: RGBl 1 (1926), S. 547-549.
Musehold, Paul, Untersuchungen zu dem Dampf-Desinfektionsverfahren, welches im § 2, 1 der unter dem 28. Januar 1899 erlassenen Vorschriften über die Einrichtung und den Betrieb der Roßhaarspinnereien u. s. w. für die Desinfektion des Rohmaterials vorgeschrieben ist, in: AKGA 15 (1899), S. 476-486.
Ders., Ueber die Widerstandsfähigkeit der mit dem Lungenauswurf herausbeförderten Tuberkellbazillen in Abwässern, in Flusswasser und im kultivierten Boden, in: AKGA 17 (1900), S. 56-107.
Ders./Prof. Dr. Dubar, Untersuchungen über das von der Societé chimique des usines du Rhône für Haare und Borsten empfohlene Desinfektionsverfahren mit Formaldehyd in luftverdünnten Räumen, in: AKGA 15 (1899), S. 114-130.
Neisser, Albert, Bericht über die unter finanzieller Beihilfe des Deutschen Reiches während der Jahre 1905-1909 in Batavia und Breslau ausgeführten Arbeiten zur Erforschung der Syphilis, in: AKGA 37 (1911), Sonderband.
Neumann, Rudolf O., Ueber den Einfluss des Borax auf den Stoffwechsel des Menschen, in: AKGA 19 (1903), S. 89-96.
Ders., Untersuchungen über die Ausnutzung von Weizenbrot und Roggenbrot aus Mehlen von verschiedener Ausmahlung (Nach Stoffwechselversuchen an Menschen), in: ARGA 57 (1926), S. 1-23.
Neumann, Salomon, Die öffentliche Gesundheitspflege und das Eigenthum. Kritisches und Positives mit Bezug auf die preußische Medizinalverfassungs-Frage, Berlin 1847.
Nocht, Bernhard/G. Giemsa, Über die Vernichtung von Ratten an Bord von Schiffen als Massregel gegen die Einschleppung der Pest, in: AKGA 20 (1904), S. 91-113.
Oesterlen, Friedrich, Handbuch der Hygieine für den Einzelnen wie für eine Bevölkerung, Tübingen 1851.
Ohlmüller, Wilhelm, Sammlung von Gutachten über Flußverunreinigung. VI. Gutachten, betreffend die Einführung der Abwässer aus der chemischen Fabrik von A und B zu C bei D in die Weser, in: AKGA 6 (1890), S. 305-318.
Ders., Sammlung von Gutachten über Flußverunreinigung. VII. Gutachten, betr. die Wasserversorgung Magdeburg's, in: AKGA 6 (1890), S. 319-334.
Ders., Sammlung von Gutachten über Flußverunreinigung. VIII. Weiteres Gutachten, betreffend die Wasserversorgung der Stadt Magdeburg, in: AKGA 8 (1893), S. 409-429.
Ders., Sammlung von Gutachten über Flußverunreinigung. IX. Nachtrag zum II. Gutachten, betreffend die Kanalisation der Residenzstadt Schwerin, in: AKGA 14 (1898), S. 453-462.
Ders., Sammlung von Gutachten über Flußverunreinigung. X. Gutachten, betreffend die Verunreinigung der Kötschau und der Orla, in: AKGA 14 (1898), S. 462-479.

Ders., Sammlung von Gutachten über Flußverunreinigung. XII. Gutachten, betreffend die Verunreinigung von Quellen im Innerstethale und der Innerste, in: AKGA 18 (1902), S. 169-193.
Ders., Sammlung von Gutachten über Flußverunreinigung. XIII. Ergänzungs-Gutachten, betreffend die Verunreinigung der Innerste, in: AKGA 18 (1902), S. 194-205.
Ders., Sammlung von Gutachten über Flußverunreinigung. XV. Weiteres Gutachten, betreffend die Beseitigung der Kanalabwässer der Residenzstadt Schwerin, in: AKGA 20 (1904), S. 243-257.
Oidtmann, Heinrich, Mehr Licht in die Diphtheritis-Theorien. Die kranke Backhefe und die gesundheitsgefährlichen Wirkungen der niederen Backhefe. Ein weiterer Beitrag zur Erforschung der Ursache der Diphtherie-(Rachenfäule)-Epidemien (Die Ursache der Diphtheritis II), Leipzig 1880.
Orth, Johannes, Aufgaben, Zweck und Ziele der Gesundheitspflege, Stuttgart 1904.
Otto, Richard, Die staatliche Prüfung der Heilsera, in: Arbeiten aus dem Königlichen Institut für experimentelle Therapie zu Frankfurt a. M. 2 (1906), S. 1-86.
Ders., Das Institut für Infektionskrankheiten »Robert Koch«, in: Ludolf Brauer u. a. (Hg.), Forschungsinstitute. Ihre Geschichte, Organisation und Ziele, Hamburg 1930, Bd. 2, S. 89-97.
Pannwitz, Gotthold, Hygienische Untersuchungen im Buchdruckgewerbe, in: AKGA 12 (1896), S. 686-720.
Petri, Richard Julius, Ueber die Widerstandsfähigkeit der Bakterien des Schweinerothlaufs in Reinkulturen und im Fleisch rothlaufkranker Schweine gegen Kochen, Schmoren, Braten, Salzen, Einpökeln und Räuchern, in: AKGA 6 (1890), S. 266-293.
Ders., Der Cholerakurs im Kaiserlichen Gesundheitsamte. Vorträge und bakteriologisches Praktikum, Berlin 1893.
Ders., Versuche über die Verbreitung ansteckender Krankheiten, insbesondere der Tuberkulose durch den Eisenbahnverkehr, und über die dagegen zu ergreifenden Maßnahmen, in: AKGA 9 (1894), S. 111-120.
Ders., Zum Nachweis der Tuberkelbazillen in Butter und Milch, in: AKGA 14 (1898), S. 1-35.
Ders./Albert Maassen, Ueber die Herstellung von Dauermilch, unter Anlehnung an Versuche mit einem bestimmten, neueren Verfahren, in: AKGA 7 (1891), S. 131-199.
Pfyl, Balthasar/P. Rasenack, Über die Verpuffungs- und Verbrennungsprodukte von Zelluloid, in: AKGA 32 (1909), S. 1-34.
Polenske, Eduard, Kleinere Mittheilungen aus den Laboratorien des Kaiserlichen Gesundheitsamtes. 32. Ueber den Borsäuregehalt des amerikanischen Trockenpökelfleisches, in: AKGA 17 (1900), S. 561-564.
Ders., Kleinere Mittheilungen aus den Laboratorien des Kaiserlichen Gesundheitsamtes. 33. Ueber das Verhalten des Borax bei der Destillation mit Methylalkohol, in: AKGA 17 (1900), S. 564-568.
Ders., Kleinere Mittheilungen aus den Laboratorien des Kaiserlichen Gesundheitsamtes. 34. Ueber das Verhalten von Borsäure, schwefliger Säure und künstlichen Farbstoffen in Dauerwurst, in: AKGA 17 (1900), S. 568-571.
Ders., Kleinere Mittheilungen aus den Laboratorien des Kaiserlichen Gesundheitsamtes. Ueber den Borsäuregehalt von frischen und geräucherten Schweineschinken nach längerer Aufbewahrung in Boraxpulver oder pulverisierter Borsäure, in: AKGA 19 (1903), S. 167 f.

Poppe, Kurt, Zur Frage der Übertragung von Krankheitserregern durch Hühnereier. Zugleich ein Betrag zur Bakteriologie des normalen Eies., in: AKGA 34 (1910), S. 186-221.
Preusse, Dr., Ueber technische Grundlagen für die polizeiliche Controle der Milch, in: MKGA 1 (1881), S. 378-394.
Preußischer Minister der geistlichen, Unterrichts- und Medizinalangelegenheiten (Hg.), Medizinische Anstalten auf dem Gebiete der Volksgesundheitspflege in Preußen, Jena 1907.
Prinzing, Friedrich, Die Zunahme der Pocken in England, den Vereinigten Staaten und einigen anderen Ländern im Jahre 1924, in: RGBl. 1 (1926), S. 90 f.
Proskauer, Bernhard, Beiträge zur Bestimmung der schwefligen Säure in der Luft, in: MKGA 1 (1881), S. 283-300.
Quételet, Adolphe, Ueber den Menschen und die Entwicklung seiner Fähigkeiten, oder Versuch einer Physik der Gesellschaft, Stuttgart 1838.
Rahts, Karl, Die Heilanstalten des Deutschen Reiches nach den gemäß Bundesrathsbeschluß vom 24. Oktober 1875 stattgehabten Erhebungen der Jahre 1883, 1884 und 1885, in: AKGA 5 (1888), S. 224-370.
Ders., Die Zahl der Geisteskranken in den Heil- und Pflegeanstalten des Deutschen Reiches, verglichen mit den Ergebnissen der letzten Volkszählung, in: AKGA 5 (1889), S. 423-437.
Ders., Zur Erkrankungsstatistik der Jahre 1888 und 1889. Die Verbreitung des Typhus, der Diphtherie, der Masern, des Scharlach und des Kindbettfiebers in einigen Verwaltungsstellen des Deutschen Reiches, in: AKGA 6 (1890), S. 209-233.
Ders., Ergebnisse der Todesursachenstatistik. Die Sterbefälle im Deutschen Reiche während des Jahres 1894, in: MSM 4 (1897), S. 35-78, 65-123.
Ders., Ergebnisse der Todesursachenstatistik. Die Sterbefälle im Deutschen Reiche während des Jahres 1905, in: MSM 11 (1908), S. 103-134, Tabelle S. 1-177.
Ders., Ergebnisse der Todesursachenstatistik. Die Sterbefälle im Deutschen Reiche während des Jahres 1906, in: MSM 12 (1909), S. 51-108, Tabelle S. 243-417.
Rasch, Hermann, Ueber Bleivergiftungen der Arbeiter in Kachelofen-Fabriken, in: AKGA 14 (1898), S. 81-87.
Reichsausschuss für das Ärztliche Fortbildungswesen (Hg.), Gesundheitswesen und soziale Fürsorge im Deutschen Reich. Eine Sammlung von Ausarbeitungen und Leitsätzen für die von der Hygiene-Organisation des Völkerbundes veranstaltete Internationale Studienreise für ausländische Medizinalbeamte in Deutschland 1927, zusammengestellt im Reichsgesundheitsamt, Berlin 1928.
Reichsgesundheitsamt, Anweisung zur Bekämpfung des Fleckfiebers (Flecktyphus), Amtliche Ausgabe, Berlin 1920.
Dass., Das Reichsgesundheitsamt 1876-1926, Berlin 1926.
Dass., Die Fliegenplage und ihre Bekämpfung, Berlin 1927.
Reichsgesundheitsrat, Gutachten des Kaiserlichen Gesundheitsamts über die Verwertbarkeit von Kartoffelerzeugnissen zur Brotbereitung, in: AKGA 48 (1915), S. 595-630.
Reif, G., Ueber die Giftigkeit des Methylalkohols, in: ARGA 24 (1924), S. 135 f.
Ders., Über die Giftigkeit, den Nachweis und die Bestimmung des Methylalkohols, in: ARGA 58 (1927), S. 171-178.
Ders., Über den Methylalkohol von Tresterbranntweinen, in: ARGA 59 (1928), S. 481-486.
Reiter, Hans (Hg.), Ziele und Wege des Reichsgesundheitsamtes im Dritten Reich. Zum 60jährigen Bestehen des Reichsgesundheitsamtes, Leipzig 1936.

Ders., Das Reichsgesundheitsamt 1933-1939. Sechs Jahre nationalsozialistische Führung, Berlin 1939.
Remarque, Erich Maria, Im Westen nichts Neues, Frankfurt am Main 1975 (OA 1929).
Renk, Friedrich, Sammlung von Gutachten über Flußverunreinigung. I. Gutachten, betreffend die Verunreinigung der Werre bei Herford durch die Abwässer der H.'schen Stärkefabrik in Salzuflen, in: AKGA 5 (1889), S. 209-246.
Ders., Sammlung von Gutachten über Flußverunreinigung. II. Gutachten, betreffend die Kanalisirung der Residenzstadt Schwerin, in: AKGA 5 (1889), S. 395-405.
Ders., Untersuchungen über das Verstäuben und Verdampfen von Quecksilber mit Berücksichtigung der Verhältnisse in Spiegelbeleganstalten, in: AKGA 5 (1889), S. 113-138.
Rimpau, W., Beitrag zur Frage der Verbreitung der Bazillen der Paratyphusgruppe, in: AKGA 30 (1909), S. 330-340.
Roeder, Ernst, Menschenökonomie. Studie über das Verhältnis von Mensch und Wirtschaft, München 1929.
Roesle, Emil Eugen, Ergebnisse der Todesursachenstatistik im Deutschen Reiche für das Jahr 1912, in: MSM18 (1915), Sonderband.
Rost, E., Ueber die Wirkung der Borsäure und des Borax auf den thierischen und menschlichen Körper, mit besonderer Berücksichtigung ihrer Verwendung zum Konservieren von Nahrungsmitteln, in: AKGA 19 (1903), S. 1-69.
Ders., Zur gesundheitlichen Beurteilung einiger in der Neuzeit für Genußzwecke empfohlener Fette. I. Teil: Tierphysiologische und pharmakologische Untersuchungen gehärteter planzlicher Öle (Baumwollsamen-, Erdnuß-, Lein- und Sesamöl) und des ungehärteten Sesamöls, in: ARGA 52 (1920), S. 184-210.
Rubner, Max, Ueber die Wirkung der Borsäure auf den Stoffwechsel des Menschen, in: AKGA 19 (1903), S. 70-88.
Ders., Deutschlands Volksernährung im Kriege, Leipzig 1916.
Ders., Die Mitarbeit von Reichsgesundheitsamt und Reichsgesundheitsrat an der Wohlfahrt des deutschen Volkes in den letzten 50 Jahren, in: ARGA 58 (1927), S. 219-234.
Ders., Volksgesundheit und Leibesübungen, in: RGBl. 2 (1927), S. 710 f.
Ders., Das Ernährungswesen im Allgemeinen, in: Franz Bumm (Hg.), Deutschlands Gesundheitsverhältnisse unter dem Einfluss des Weltkrieges (= Wirtschafts- und Sozialgeschichte des Weltkrieges – Deutsche Serie hg. von James T. Shotwell), Teilbd. 2, Stuttgart 1928, S. 1-41.
Sackur, Otto, Zur Kenntnis der Blei-Zinklegierungen, in: AKGA 20 (1904), S. 512-544.
Scherpe, R., Die chemischen Veränderungen des Roggens und Weizens beim Schimmeln und Auswachsen, in: AKGA 15 (1899), S. 387-442.
Schmid, Bastian (Hg.), Deutsche Naturwissenschaft, Technik und Erfindung im Weltkriege, München 1919.
Schmidt, H., Beiträge zur Zuckerbestimmung nach Anlage B und E der Ausführungsbestimmungen zum Zuckersteuergesetz, in: AKGA 19 (1903), S. 337-361.
Ders., Die Bestimmung des Rohrohrzuckers in gezuckerten Früchten, in: AKGA 19 (1903), S. 284-299.
Schreber, Moritz/Philipp Karl Hartmann, Glückseligkeitslehre für das physische Leben des Menschen. Ein diätetischer Führer durch das Leben, 6. Aufl., Leipzig 1863.

Schreiber, W./E. Merres, Übersicht über die Gesetzgebung des Deutschen Reichs auf dem Gebiete des Verkehrs mit Lebensmitteln und Bedarfsgegenständen, in: RGBl. 8 (1933), S. 791-795.

Schröder, F., Das Roggenbrot als Volksnahrungsmittel, in: RGBl. 1 (1926), S. 88-90.

Ders., Deutsches Obst und Südfrüchte, in: ARGA 64 (1932), S. 367-370.

Schuberg, August, Naturschutz und Mückenbekämpfung. Versuche über die Einwirkung zur Vernichtung von Mückenlarven dienenden Flüssigkeiten auf Wassertiere und Vögel, in: AKGA 47 (1914), S. 252-290.

Ders., Das gegenwärtige und frühere Vorkommen der Malaria und die Verbreitung der Anophelesmücken im Gebiete des Deutschen Reiches, in: ARGA 59 (1928), S. 1-428.

Ders./W. Böing, Über die Übertragung von Krankheiten durch einheimische stechende Insekten. III. Teil, in: AKGA 47 (1914), S. 491-512.

Dies., Über den Weg der Infektion bei Trypanosomenerkrankungen, in: ARGA 57 (1926), S. 785-800.

Schuberg, August/Philalethes Kuhn, Über die Übertragung von Krankheiten durch einheimische stechende Insekten. I. Teil, in: AKGA 31 (1911), S. 377-393.

Dies., Über die Übertragung von Krankheiten durch einheimische stechende Insekten. II. Teil, in: AKGA 40 (1912), S. 209-234.

Schuckmann, W. von, Zur Morphologie und Biologie von Dietyostelium mucoroides Bref., in: ARGA 56 (1926), S. 25-34, 197-232.

Ders., Über Fliegen, besonders ihre Rolle als Krankheitsüberträger und Krankheitserreger und über ihre Bekämpfung (Ein Sammelbericht), in: ARGA 58 (1927), S. 59-122.

Ders., Über Versuche zur praktischen Fliegen- und Mückenbekämpfung, in: ARGA 60 (1929), S. 617-634.

Ders., Ueber weitere Versuche zur praktischen Fliegen- und Mückenbekämpfung, in: ARGA 62 (1931), S. 131-135.

Sell, Eugen, Beiträge zur Kenntnis der Milchbutter und der zu ihrem Ersatz in Anwendung gebrachten anderen Fette, in: AKGA 1 (1886), S. 529-545.

Ders., Ueber Kunstbutter. Ihre Herstellung, sanitäre Beurtheilung und die Mittel zu ihrer Unterscheidung von Milchbutter, in: AKGA 1 (1886), S. 481-528.

Ders., Technische Erläuterungen zu dem Entwurf eines Gesetzes, betreffend die Verwendung gesundheitsschädlicher Farben bei der Herstellung von Nahrungsmitteln, Genußmitteln und Gebrauchsgegenständen, in: AKGA 2 (1887), S. 232-297.

Ders., Ueber Branntwein, seine Darstellung und Beschaffenheit in Hinblick auf seinen Gehalt an Verunreinigungen, sowie über Methoden zu deren Erkennung, Bestimmung und Entfernung, in: AKGA 4 (1888), S. 109-223.

Ders., Technische Erläuterungen zu dem Entwurfe eines Gesetzes, betreffend Aufhebung der §§ 4 und 25 des Gesetzes vom 24. Juni 1887 über die Besteuerung des Branntweins, in: AKGA 5 (1889), S. 321-347.

Ders., Ueber Cognak, Rum und Arak. Erste Mittheilung. Ueber Cognak, das Material zu seiner Herstellung, seine Bereitung und nachherige Behandlung unter Berücksichtigung der im Handel üblichen Gebräuche, sowie seiner Ersatzmittel und Nachahmungen, in: AKGA 6 (1890), S. 335-373.

Ders., Ueber Cognak, Rum und Arak. Zweite Mittheilung. Ueber Rum, das Material zu seiner Herstellung, seine Bereitung und nachherige Behandlung unter Berücksichtigung der im Handel üblichen Gebräuche, sowie seiner Ersatzmittel und Nachahmungen, in: AKGA 7 (1891), S. 210-252.

Ders., Beiträge zur Brotfrage, in: AKGA 8 (1893), S. 608-677.

Ders., Ueber das Butterprüfungsverfahren von R. Brullé und die demselben zu Grunde liegenden Reaktionen, in: AKGA 11 (1895), S. 472-504.
Sinclair, Upton, Der Dschungel, Reinbek 2000 (OA 1905).
Sommer, Robert, Eine psychiatrische Abteilung des Reichsgesundheitsamtes, in: Psychiatrisch-Neurologische Wochenschrift 12 (1910/1911), S. 295-298.
Ders., Zur Frage einer psychiatrischen Abteilung des Reichsgesundheitsamtes, in: Psychiatrisch-Neurologische Wochenschrift 13 (1911/1912), S. 31-34.
Sonntag, G., Ueber die quantitative Untersuchung des Ablaufs der Borsäureausscheidung aus dem menschlichen Körper, in: AKGA 19 (1903), S. 110-125.
Ders., Versuche über Zuckerbestimmungen, in: AKGA 19 (1903), S. 447-457.
Spitta, Oskar, Kleinere Mitteilungen aus den Laboratorien des Reichsgesundheitsamtes: Weitere Untersuchungen über Wasserfilter, in: ARGA 51 (1919), S. 577-581.
Spitta, Oskar/Dr. Förster, Die hygienischen Eigenschaften einiger neuerer Erzeugnisse aus Ersatzfaserstoffen, in: ARGA 51 (1919), S. 460-475.
Sticker, Georg u. a., Bericht über die Thätigkeit der zur Erforschung der Pest im Jahre 1897 nach Indien entsandten Kommission, in: AKGA 16 (1899), Sonderband.
Stralau, J., Aufgaben und Ziele der Gesundheitsgesetzgebung aus der Sicht des Bundes, in: BGBl. 1 (1958), S. 81-84.
Ströse, Dr., Untersuchungen über die Biologie der Dasselfliege (*Hypoderma bovis* De Geer) und über die Bekämpfung der Dasselplage, in: AKGA 34 (1910), S. 41-76.
Struck, Heinrich, Denkschrift über die Aufgaben und Ziele die sich das kaiserliche Gesundheitsamt gestellt hat und über die Wege, auf denen es dieselben zu erreichen hofft, Berlin 1878.
Taute, Max u. a. (Hg.), Die Entwicklung des Deutschen Gesundheitswesens. Kulturhistorische Schau über hundert Jahre, Berlin 1931.
Vagedes, Karl von, Ueber die Pest in Oporto, in: AKGA 17 (1900), S. 181-206.
Varrentrapp, Georg, Bedeutung der Ortsgesundheitsräthe, in: DVÖG 2 (1870), S. 348-376.
Ders., Darf ein von Herrn Prof. Virchow verfasstes Gutachten kritisirt werden? in: Vierteljahrsschrift für gerichtliche Medicin und öffentliches Sanitätswesen 17 (1872), S. 372-377.
Ders., Werden wir ein deutsches Centralgesundheitsamt erhalten? in: DVÖG 4 (1872), S. 134-157.
Virchow, Rudolf, Antwort an Herrn Varrentrapp, in: Vierteljahrsschrift für gerichtliche Medicin und öffentliches Sanitätswesen 17 (1872), S. 378-383.
Ders., Bemerkungen über das Reichs-Gesundheits-Amt, in: Vierteljahrsschrift für gerichtliche Medicin und öffentliches Sanitätswesen 17 (1872), S. 88-93.
Ders., Noch einmal das Reichs-Gesundheits-Amt und Hr. Dr. G. Varrentrapp, in: Vierteljahrsschrift für gerichtliche Medicin und öffentliches Sanitätswesen 17 (1872), S. 136-143.
Vogel, Martin, Hygienische Volksbildung, Berlin 1925.
Volz, Robert, Zur Einführung einer Mortalitätsstatistik, in: DVÖG 4 (1872), S. 200-209.
Uhlenhuth, Paul/E. Hailer, Die Desinfektion tuberkulösen Auswurfs durch chemische Mittel. IV. Mitteilung. Die Verwendung des Chloramins, in: ARGA 54 (1924), 593-607.
Dies., Die Desinfektion tuberkulösen Auswurfs durch chemische Mittel. VI. Mitteilung. Leicht lösliche alkalische Kresolpräparate. Schlussbemerkungen, in: ARGA 54 (1924), S. 620-628.

Dies., Über die Desinfektion des tuberkulösen Auswurfs, in: ARGA 54 (1924), S. 267-272.
Dies./K. W. Jötten, Die Desinfektion tuberkulösen Auswurfs durch chemische Mittel. V. Mitteilung. Das Parmetol (Parol), in: ARGA 54 (1924), S. 609-619.
Wachsmuth, Georg Friedrich, Die Invasion der Diphtheritis-Bacillen, in: Allgemeine Medizinische Central-Zeitung (1891), S. 1605.
Wasserfuhr, Hermann, Zur Organisation der Sterblichkeitsstatistik, in: DVÖG 4 (1872), S. 185-199.
Weber, August, Zur Aetiologie der Krebspest, in: AKGA 15 (1899), S. 222-228.
Ders., Die Bakterien der sogenannten sterilisierten Milch des Handels, ihre biologischen Eigenschaften und ihre Beziehungen zu den Magen-Darmkrankheiten der Säuglinge, mit besonderer Berücksichtigung der giftigen peptronisierenden Bakterien Flügge's, in: AKGA 17 (1900), S. 108-155.
Weber, H./C. Heidepriem, Zur Kenntnis des Verhaltens aromatischer Amine im Organismus, in: ARGA 61 (1930), S. 605-608.
Weber, Max, Wirtschaft und Gesellschaft. Grundriss der verstehenden Soziologie, 5. Aufl., herausgegeben von Johannes Winckelmann, Tübingen 1980.
Wedemann, W., Ist die Kuhmilchdiastase zur Erkennung der schonenden Dauerpasteurisierung geeignet? In: ARGA 56 (1926), S. 359-362.
Weitzel, August, Ueber die Labgerinnung der Kuhmilch unter dem Einfluss von Borpräparaten und anderen chemischen Stoffen, in: AKGA 19 (1903), S. 126-166.
Windisch, Karl, Zur Untersuchung des denaturirten Branntweins, in: AKGA 6 (1890), S. 471-497.
Ders., Ueber die Zusammensetzung der Branntweine, in: AKGA 8 (1893), S. 140-228, 257-293.
Ders., Die Untersuchung von Tralles über die spezifischen Gewichte der Alkohol-Wassermischungen, in: AKGA 9 (1894), S. 1-75.
Ders., Ueber die Zusammensetzung der Trinkbranntweine, in: AKGA 11 (1895), S. 285-389.
Ders., Technische Erläuterungen zu dem Entwurfe eines Gesetzes, betreffend den Verkehr mit Butter, Käse, Schmalz und deren Ersatzmitteln, in: AKGA 12 (1896), S. 551-627.
Ders., Ueber die Bestimmung des Extraktes von Most und Süßweinen, Fruchtsäften, Likören, Würze und Bier, in: AKGA 13 (1897), S. 77-103.
Ders., Ueber die Zusammensetzung der Trinkbranntweine, in: AKGA 14 (1898), S. 309-406.
Ders., Ueber Margarinekäse, in: AKGA 14 (1898), S. 506-600.
Ders., Ueber die Veränderung des Fettes beim Reifen der Käse, in: AKGA 17 (1900), S. 281-440.
Winter, G., Der künstliche Abort im neuen Strafgesetzbuch, in: RGBl. 1 (1926), S. 508-511, 527-533.
Wodtke, A., Die planmäßige Bekämpfung des Typhus in Mitteldeutschland in den Jahren 1921-1923, in: ARGA 55 (1925), S. 320-336.
Wolffhügel, Gustav, Ueber den Werth der schwefligen Säure als Desinfectionsmittel, in: MKGA 1 (1881), S. 188-233.
Ders., Über blei- und zinkhaltige Gebrauchsgegenstände. Technische Erläuterung zu dem Entwurf eines Gesetzes betreffend den Verkehr mit blei- und zinkhaltigen Gegenständen, in: AKGA 2 (1887), S. 112-207.
Ders./Georg von Knorre, Zu der verschiedenen Wirksamkeit von Carbol-Oel und Carbol-Wasser, in: MKGA 1 (1881), S. 351-359.

Würzburg, Arthur, Die Säuglingssterblichkeit im Deutschen Reiche während der Jahre 1875 bis 1877, in: AKGA 2 (1887), S. 208-222, 343-446.
Ders., Die Säuglingssterblichkeit im Deutschen Reiche während der Jahre 1875 bis 1877, in: AKGA 4 (1888), S. 28-108.
Ders., Todesursachen-Statistik im Deutschen Reiche während des Jahres 1892, in: MSM 2 (1895), S. 217-451.
Ders., Die Verbreitung der pharmazeutischen Anstalten und des pharmazeutischen Personals im Deutschen Reiche nach den amtlichen Erhebungen vom 1. Juli 1895, in: MSM 4 (1897), S. 1-34, Tabelle S. 1-64.
Wutzdorff, Edgar, Die in Chromatfabriken beobachteten Gesundheitsschädigungen und die zur Verhütung derselben erforderlichen Maßnahmen, in: AKGA 13 (1897), S. 328-349.
Ders., Die in elektrischen Akkumulatorenfabriken beobachteten Gesundheitsschädigungen und die zur Verhütung derselben erforderlichen Maßnahmen, in: AKGA 15 (1899), S. 154-170.
Ders., Die in Thomasschlackenmühlen beobachteten Gesundheitsschädigungen und die zur Verhütung derselben erforderlichen Maßnahmen, in: AKGA 15 (1899), S. 487-499.
Ders., Die im Zinkhüttenbetriebe beobachteten Gesundheitsschädigungen und die zu ihrer Verhütung erforderlichen Maßnahmen, in: AKGA 17 (1900), S. 441-459.
Zeller, Herrmann u. a., Über die sog. niedrige Dauerpasteurisierung der Milch mit besonderer Berücksichtigung der Abtötung von Seuchenerregern, in: ARGA 61 (1930), S. 1-72.
Zeiss, Heinz/Richard Bieling, Emil von Behring. Gestalt und Werk, Berlin 1941.
Zuelzer, Margarete, Beiträge zur Biologie von *Argas persicus* Wldh., in: ARGA 52 (1920), S. 163-183.
Dies., Zur Kenntnis der Ökologie einiger Saprobien bei Helgoland, in: ARGA 54 (1924), S. 565-568.
Dies., Über eine Amöbeninfektion bei Diatomeen, in: ARGA 57 (1926), S. 821-835.
Dies., Bacterium spirilloides n. sp., ein bisher unbekanntes Bakterium, in: ARGA 58 (1927), S. 461-466.
Dies., Zur Hydrobiologie der Spirochaeta icterogenes syn. biflexa in den Tropen, in: ARGA 60 (1929), S. 143-154.

Veröffentlichungen nach 1945

Allen, Keith R., Hungrige Metropole. Essen, Wohlfahrt und Kommerz in Berlin, Hamburg 2002.
Anderson, Benedict, Die Erfindung der Nation. Zur Karriere eines folgenreichen Konzeptes, 2. Aufl., Frankfurt am Main 1996.
Andree, Christian, Rudolf Virchow. Leben und Ethos eines großen Arztes, München 2002.
Ash, Mitchell G., Wissenschaft und Politik als Ressourcen füreinander, in: Rüdiger vom Bruch/Brigitte Kaderas (Hg.), Wissenschaften und Wissenschaftspolitik. Bestandsaufnahmen zu Formationen, Brüchen und Kontinuitäten im Deutschland des 20. Jahrhunderts, Stuttgart 2002, S. 32-49.
Asmus, Gesine (Hg.), Hinterhof, Keller und Mansarde. Einblicke in Berliner Wohnungselend 1901-1920, Reinbek 1982.

Assmann, Aleida, Jahrestag – Denkmäler in der Zeit, in: Paul Münch (Hg.), Jubiläum, Jubiläum. Zur Geschichte öffentlicher und privater Erinnerung, Essen 2005, S. 305-314.
Baader, Gerhard/Ulrich Schultz (Hg.), Medizin und Nationalsozialismus. Tabuisierte Vergangenheit – Ungebrochene Tradition? Berlin 1980.
Baldwin, Peter, Contagion and the State in Europe, 1830-1930, Cambridge 1999.
Barkhoff, Jürgen u. a. (Hg.), Netzwerke. Eine Kulturtechnik der Moderne, Köln 2004.
Barry, John M., The Great Influenza. The Epic Story of the Deadliest Plague in History, New York 2004.
Bashford, Alison, Imperial Hygiene. A Critical History of Colonialism, Nationalism and Public Health, Basingstoke 2004.
Bäumler, Ernst, Paul Ehrlich. Forscher für das Leben, Frankfurt am Main 1979.
Baumunk, Bodo-Michael/Jürgen Riess (Hg.), Darwin und Darwinismus. Eine Ausstellung zur Kultur- und Naturgeschichte, Berlin 1994.
Bayertz, Kurt, »Siege der Freiheit, welche die Menschen durch die Erforschung des Grundes der Dinge errangen«. Wandlungen im politischen Selbstverständnis deutscher Naturwissenschaftler des 19. Jahrhunderts, in: BWG 10 (1987), S. 169-183.
Becker, Peter Emil, Sozialdarwinismus, Rassismus, Antisemitismus und Völkischer Gedanke. Wege ins Dritte Reich II, Stuttgart 1990.
Becker, Felicitas, Netzwerke vs. Gesamtgesellschaft: ein Gegensatz? Anregungen für eine Verflechtungsgeschichte, in: GG 30 (2004), S. 314-324.
Berger, Silvia, Bakterien in Krieg und Frieden. Eine Geschichte der medizinischen Bakteriologie in Deutschland, 1890-1933, Diss. phil., Universität Zürich 2007.
Biologische Zentralanstalt für Land- und Forstwirtschaft (Hg.), 50 Jahre Deutsche Pflanzenschutzforschung. Festschrift zum fünfzigjährigen Bestehen der Biologischen Zentralanstalt für Land- und Forstwirtschaft in Berlin-Dahlem, Berlin 1949.
Bleker, Johanna (Hg.), Der Eintritt der Frauen in die Gelehrtenrepublik. Zur Geschlechterfrage im akademischen Selbstverständnis und in der wissenschaftlichen Praxis am Anfang des 20. Jahrhunderts, Husum 1998.
Dies./Norbert Jachertz (Hg.), Medizin im »Dritten Reich«, 2. Aufl., Köln 1993.
Dies./Heinz-Peter Schmiedebach (Hg.), Medizin und Krieg. Vom Dilemma der Heilberufe 1865-1985, Frankfurt am Main 1987.
Bock, Gisela, Zwangssterilisation im Nationalsozialismus. Studien zur Rassenpolitik und Frauenpolitik, Opladen 1986.
Bödeker, Hans Erich u. a., (Hg.), Einleitung, in: dies. (Hg.), Wissenschaft als kulturelle Praxis, 1750-1900, Göttingen 1999, S. 7-12.
Böhme, Gernot/Nico Stehr (Hg.), The Knowledge Society. The Growing Impact of Scientific Knowledge on Social Relations, Dordrecht 1986.
Böhme, Hartmut, Einführung. Netzwerke. Zur Theorie und Geschichte einer Konstruktion, in: Jürgen Barkhoff u. a. (Hg.), Netzwerke. Eine Kulturtechnik der Moderne, Köln 2004, S. 17-36.
Boldt, Hans, Die Weimarer Reichsverfassung, in: Karl Dietrich Bracher u. a. (Hg.), Die Weimarer Republik 1918-1933. Politik – Wirtschaft – Gesellschaft, Düsseldorf 1987, S. 44-62.
Ders., Deutsche Verfassungsgeschichte. Politische Strukturen und ihr Wandel. Bd. 2: Von 1806 bis zur Gegenwart, 2. Aufl., München 1993.
Bonah, Christian/Philippe Menut, BCG Vaccination around 1930 – Dangerous Experiment or Established Prevention? Practices and Debates in France and Germany, in: Volker Roelcke/Giovanni Maio (Hg.), Twentieth Century Ethics of

Human Subjects Research. Historical Perspectives on Values, Practices, and Regulations, Stuttgart 2004, S. 111-127.
Borowy, Iris, Wissenschaft, Gesundheit, Politik. Das Verhältnis der Weimarer Republik zur Hygieneorganisation des Völkerbundes, in: Sozial.Geschichte 20 (2005), S. 30-56.
Botzenhart, Manfred, 1848/49. Europa im Umbruch, Paderborn 1998.
Bowler, Peter J., Darwinism, New York 1993.
Bracher, Karl Dietrich u. a. (Hg.), Die Weimarer Republik 1918-1933. Politik – Wirtschaft – Gesellschaft, Düsseldorf 1987.
Brand, Heinz-Jürgen, Die »Deutsche Vierteljahresschrift für öffentliche Gesundheitspflege« in den ersten Jahren ihres Erscheinens (1869-1885) und ihre Bedeutung in der ärztlichen Hygienebewegung am Ende des 19. Jahrhunderts, Diss. Med., Freie Universität Berlin, 1986.
Brecht, Christine, Das Publikum belehren –Wissenschaft zelebrieren. Bakterien in der Ausstellung »Volkskrankheiten und ihre Bekämpfung« von 1903, in: Christoph Gradmann/Thomas Schlich (Hg.), Strategien der Kausalität. Konzepte der Krankheitsverursachung im 19. und 20. Jahrhundert, Pfaffenweiler 1999, S. 53-76.
Breuer, Stefan, Sozialdisziplinierung. Probleme und Problemverlagerungen eines Konzeptes bei Max Weber, Gerhard Oestreich und Michel Foucault, in: Christoph Sachße/Florian Tennstedt (Hg.), Soziale Sicherheit und soziale Disziplinierung. Beiträge zu einer historischen Sozialpolitik, Frankfurt am Main 1986, S. 45- 69.
Breyer, Harald, Max von Pettenkofer. Arzt im Vorfeld der Krankheit, Leipzig 1980.
Briese, Olaf, Defensive, Offensive, Straßenkampf. Die Rolle von Medizin und Militär am Beispiel der Cholera in Preußen, in: MGG 16 (1997), S. 9-32.
Ders., Angst in Zeiten der Cholera. Über kulturelle Ursprünge des Bakteriums – Seuchen-Cordon I, Berlin 2003.
Brock, Thomas D., Robert Koch. A Life in Medicine and Bacteriology, Madison 1988.
Brocke, Bernhard vom, Bevölkerungswissenschaft – Quo vadis? Möglichkeiten und Probleme einer Geschichte der Bevölkerungswissenschaft in Deutschland, Opladen 1998.
Bröckling, Ulrich u. a. (Hg.), Gouvernementalität der Gegenwart. Studien zur Ökonomisierung des Sozialen, Frankfurt am Main 2000.
Dies., Gouvernementalität, Neoliberalismus und Selbsttechnologien. Eine Einleitung, in: dies. (Hg.), Gouvernementalität der Gegenwart. Studien zur Ökonomisierung des Sozialen, Frankfurt am Main 2000, S. 7-40.
Brown, John C., Wer bezahlte die hygienisch saubere Stadt? Finanzielle Aspekte der sanitären Reformen in England, USA und Deutschland um 1910, in: Jörg Vögele/ Wolfgang Woelk (Hg.), Stadt, Krankheit und Tod. Geschichte der städtischen Gesundheitsverhältnisse während der Epidemiologischen Transition (vom 18. bis ins frühe 20. Jahrhundert), Berlin 2000, S. 237-257.
Bruch, Rüdiger vom, Wissenschaft im Gehäuse. Vom Nutzen und Nachteil institutionengeschichtlicher Perspektive, in: BWG 23 (2000), S. 37-49.
Ders./Björn Hofmeister (Hg.), Kaiserreich und Erster Weltkrieg 1871-1918, Stuttgart 2000.
Ders./Brigitte Kaderas (Hg.), Wissenschaften und Wissenschaftspolitik. Bestandsaufnahmen zu Formationen, Brüchen und Kontinuitäten im Deutschland des 20. Jahrhunderts, Stuttgart 2002.
Bulling, Eberhard, Robert von Ostertag – Leben und Werk, in: Klaus Gerigk u. a. (Hg.), Die Veterinärmedizin im Bundesgesundheitsamt. Festschrift zur Einweihung des Neubaus des Robert von Ostertag-Instituts, Berlin 1992, S. 13-28.

Bundesgesundheitsamt (Hg.), 100 Jahre Forschung für die Gesundheit, Frankfurt am Main 1976.

Dass. (Hg.), Über ein Jahrhundert im Dienste der Gesundheit. Aus Anlaß der Einweihung des Instituts für Arzneimittel 1983, Frankfurt am Main 1983.

Dass. (Hg.), Das Reichsgesundheitsamt 1933-1945. Eine Ausstellung, Köln 1989.

Burgdörfer, Friedrich (Hg.), Die Statistik in Deutschland nach ihrem heutigen Stand. Ehrengabe für Friedrich Zahn, Berlin 1940.

Büttner, Johannes, Die Herausbildung des Normalwert-Konzeptes im Zusammenhang mit quantitativen diagnostischen Untersuchungen in der Medizin, in: Volker Hess (Hg.), Normierung der Gesundheit. Messende Verfahren der Medizin als kulturelle Praktik um 1900, Husum 1997, S. 17-32.

Cahan, David, Meister der Messung. Die Physikalisch-Technische Reichsanstalt im Deutschen Kaiserreich, Weinheim 1992.

Canguilhem, Georges, Das Normale und das Pathologische, München 1974.

Ders., Wissenschaftsgeschichte und Epistemologie. Gesammelte Aufsätze, herausgeben von Wolf Lepenies, Frankfurt am Main 1979.

Ders., Grenzen medizinischer Rationalität. Historisch-epistemologische Untersuchungen, Tübingen 1989.

Carter, K. Codell, Koch's Postulates in Relation to the Work of Jacob Henle and Edwin Klebs, in: Medical History 29 (1985), S. 353-374.

Ders., The Rise of Causal Concepts of Diseases. Case Histories, Aldershot 2003.

Castells, Manuel, Das Informationszeitalter. Bd. 1: Der Aufstieg der Netzwerkgesellschaft, Opladen 2003.

Chickering, Roger, Das Deutsche Reich und der Erste Weltkrieg, München 2002.

Cohen, William/Ryan Johnson (Hg.), Filth. Dirt, Disgust, and Modern Life, Minneapolis 2005.

Collin, Peter/Thomas Horstmann (Hg.), Das Wissen des Staates. Geschichte, Theorie und Praxis, Baden-Baden 2004.

Condrau, Flurin, Lungenheilanstalt und Patientenschicksal. Sozialgeschichte der Tuberkulose in Deutschland und England im späten 19. und frühen 20. Jahrhundert, Göttingen 2000.

Crary, Jonathan, Techniken des Betrachters. Sehen und Moderne im 19. Jahrhundert, Dresden 1996.

Czech, Herwig, Erfassung, Selektion und »Ausmerze«. Das Wiener Gesundheitsamt und die Umsetzung der nationalsozialistischen »Erbgesundheitspolitik« 1938-1945, Wien 2003.

Daniel, Ute, Kompendium Kulturgeschichte. Theorien, Praxis, Schlüsselwörter, 3. Aufl., Frankfurt am Main 2002.

Daston, Lorraine/Peter Galison, Objektivität, Frankfurt am Main 2007.

Deppe, Hans-Ulrich/Michael Regus (Hg.), Seminar: Medizin, Gesellschaft, Geschichte, Frankfurt am Main 1975.

Dieckhöfer, Klemens/Christoph Kaspari, Die Tätigkeit des Sozialhygienikers und Eugenikers Alfred Grotjahn (1869-1931) als Reichstagsabgeordneter der SPD 1921-1924, in: MHJ 21 (1986), S. 308-331.

Dierig, Sven, Engines for Experiment. Laboratory Revolution and Industrial Labor in the Nineteenth-Century City, in: ders. u. a. (Hg.), Science and the City (Osiris 18), Chicago 2003, S. 116-134.

Ders. u. a. (Hg.), Science and the City (Osiris 18), Chicago 2003.

Diessenbacher, Hartmut, Soziale Umbrüche und sozialpolitische Antworten. Entwicklungslinien vom 19. ins frühe 20. Jahrhundert, in: Gesine Asmus (Hg.), Hin-

terhof, Keller und Mansarde. Einblicke in Berliner Wohnungselend 1901-1920, Reinbek 1982, S. 10-31.
Dinges, Martin (Hg.), Medizinkritische Bewegungen im Deutschen Reich (ca. 1870 – ca. 1933), Stuttgart 1996.
Ders., Medicinische Policey zwischen Heilkundigen und »Patienten« (1750-1830), in: Karl Härter (Hg.), Policey und frühneuzeitliche Gesellschaft, Frankfurt am Main 2000, S. 263-295.
Ders./Thomas Schlich (Hg.), Neue Wege in der Seuchengeschichte, Stuttgart 1995.
Dipper, Christof/Ulrich Speck (Hg.), 1848. Revolution in Deutschland, Frankfurt am Main 1998.
Donhauser, Johannes, Das Gesundheitsamt im Nationalsozialismus. Der Wahn vom »gesunden Volkskörper« und seine tödlichen Folgen – Eine Dokumentation, Sonderheft S 1: Das Gesundheitswesen 69 (2007).
Douglas, Mary, Wie Institutionen denken, Frankfurt am Main 1991.
Dowe, Dieter u. a. (Hg.), Europa 1848. Revolution und Reform, Bonn 1998.
Drees, Annette, Die Ärzte auf dem Weg zu Prestige und Wohlstand. Sozialgeschichte der württembergischen Ärzte im 19. Jahrhundert, Münster 1988.
Drigalski, Wilhelm von, Männer gegen Mikroben. Pest Cholera, Malaria und ihre Verwandten in Geschichte und Leben, Berlin 1951.
Eckart, Wolfgang U., Friedrich Althoff und die Medizin, in: Bernhard vom Brocke (Hg.), Wissenschaftsgeschichte und Wissenschaftspolitik im Industriezeitalter. Das »System Althoff« in historischer Perspektive, Hildesheim 1991, S. 375-404.
Ders., Geschichte der Medizin, 2. Aufl., Berlin 1994.
Ders., Medizin und Kolonialimperialismus. Deutschland 1884-1945, Paderborn 1997.
Ders./Christoph Gradmann (Hg.), Die Medizin und der Erste Weltkrieg, Pfaffenweiler 1996.
Elkeles, Barbara, Der »Tuberkulinrausch« von 1890, in: DMW 115 (1990), S. 1729-1732.
Dies., Der moralische Diskurs über das medizinische Menschenexperiment im 19. Jahrhundert, Stuttgart 1996.
Ellwein, Thomas, Der Staat als Zufall und Notwendigkeit. Die jüngere Verwaltungsentwicklung in Deutschland am Beispiel Ostwestfalen-Lippe. Bd. 1: Die öffentliche Verwaltung in der Monarchie 1815-1918, Opladen 1993.
Ders., Der Staat als Zufall und Notwendigkeit. Die jüngere Verwaltungsentwicklung in Deutschland am Beispiel Ostwestfalen-Lippe. Bd. 2: Die öffentliche Verwaltung im gesellschaftlichen und politischen Wandel 1919-1990, Opladen 1997.
Elsner, Eckart, Macht und Zahl. Die Mächtigen, das Recht und die Statistik, Stuttgart o. J.
Engstrom, Eric u. a. (Hg.), Figurationen des Experten. Ambivalenzen der wissenschaftlichen Expertise im ausgehenden 18. und frühen 19. Jahrhundert, Frankfurt am Main 2005.
Enzweiler, Miriam, Das Reichsgesundheitsamt im Nationalsozialismus. Menschenversuche und »Zigeunerforschung« zwischen 1933 und 1945, Berlin 1998.
Ernst, Thomas u. a. (Hg.), Wissenschaft und Macht, Münster 2004.
Eulner, Hans-Heinz, Hygiene als akademisches Lehrfach, in: Walter Artelt u. a. (Hg.), Städte-, Wohnungs- und Kleiderhygiene des 19. Jahrhunderts in Deutschland, Stuttgart 1969, S. 52-69.
Evans, Richard J., Epidemics and Revolutions. Cholera in the Nineteenth-Century Europe, in: Past and Present 120 (1988), S. 123-146.

Ders., Tod in Hamburg. Stadt, Gesellschaft und Politik in den Cholera-Jahren 1830-1910, Reinbek 1990.

Ewald, Francois, Der Vorsorgestaat, Frankfurt am Main 1993.

Faulstich, Heinz, Hungersterben in der Psychiatrie 1914-1949. Mit einer Topographie der NS-Psychiatrie, Freiburg 1998.

Fenske, Hans, Bürokratie in Deutschland. Vom späten Kaiserreich bis zur Gegenwart, Berlin 1985.

Fisch, Stefan/Rudlloff, Wilfried (Hg.), Experten und Politik. Wissenschaftliche Politikberatung in geschichtlicher Perspektive, Berlin 2004.

Fleck, Ludwig, Entstehung und Entwicklung einer wissenschaftlichen Tatsache. Einführung in die Lehre vom Denkstil und Denkkollektiv, 4. Aufl., Frankfurt am Main 1999.

Föllmer, Moritz, Der »kranke Volkskörper«. Industrielle, hohe Beamte und der Diskurs der nationalen Regeneration in der Weimarer Republik, in: GG 27 (2001), S. 41-67.

Ders., Die Verteidigung der bürgerlichen Nation. Industrielle und hohe Beamte in Deutschland und Frankreich 1900-1930, Göttingen 2002.

Ders./Rüdiger Graf (Hg.), Die »Krise« der Weimarer Republik. Zur Kritik eines Deutungsmusters, Frankfurt am Main 2005.

Forsthoff, Ernst, Deutsche Verfassungsgeschichte der Neuzeit. Ein Abriß, 4. Aufl., Stuttgart 1972.

Foucault, Michel, Mikrophysik der Macht. Über Strafjustiz, Psychiatrie und Medizin, Berlin 1976.

Ders., Der Wille zum Wissen (Sexualität und Wahrheit), Frankfurt am Main 1983.

Ders., In Verteidigung der Gesellschaft. Vorlesungen am Collège de France (1975-76), Frankfurt am Main 1999.

Ders., Die Gouvernementalität, in: Ulrich Bröckling u. a. (Hg.), Gouvernementalität der Gegenwart. Studien zur Ökonomisierung des Sozialen, Frankfurt am Main 2000, S. 41-67.

Ders., Short Cuts, Frankfurt am Main 2001.

Ders., Sicherheit, Territorium, Bevölkerung. Vorlesung am Collège de France 1977-1978 (Geschichte der Gouvernementalität 1), Frankfurt am Main 2004.

Ders., Die Geburt der Biopolitik. Vorlesung am Collège de France 1978-1979 (Geschichte der Gouvernementalität 2), Frankfurt am Main 2004.

Freidson, Eliot, Der Ärztestand. Berufs- und wissenschaftssoziologische Durchleuchtung einer Profession, Stuttgart 1979 (OA 1970).

Frevert, Ute, Krankheit als politisches Problem 1770-1880. Soziale Unterschichten in Preußen zwischen medizinischer Polizei und staatlicher Sozialversicherung, Göttingen 1984.

Dies., »Fürsorgliche Belagerung«. Hygienebewegung und Arbeiterfrauen im 19. und frühen 20. Jahrhundert, in: GG 11 (1985), S. 420-446.

Frey, Manuel, Der reinliche Bürger. Entstehung und Verbreitung bürgerlicher Tugenden in Deutschland, 1760-1860, Göttingen 1997.

Fülgraff, Georges (Hg.), Bewertung von Risiken für die Gesundheit. Wissenschaftliches Symposium anläßlich der Hundertjahrfeier des Bundesgesundheitsamtes. Berlin, 17.-20. Mai 1976, Stuttgart 1977.

Galison, Peter/Bruce Hevly (Hg.), Big Science. The Growth of Large-Scale Research, Stanford 1992.

Gall, Lothar, Bismarck. Der weisse Revolutionär, 2. Aufl., München 2002.

Gantet, Claire, Das »kollektive Gedächtnis« in der Geschichtsschreibung und Öffentlichkeit Frankreichs, in: Paul Münch (Hg.), Jubiläum, Jubiläum. Zur Geschichte öffentlicher und privater Erinnerung, Essen 2005, S. 223-239.
Gaudillière, Jean-Paul/Ilana Löwy (Hg.), Heredity and Infection. The History of Disease Transmission, London 2001.
Geison, Gerald L., The Private Science of Louis Pasteur, Princeton 1995.
Geist, Johann Friedrich/Klaus Kürvers, Das Berliner Mietshaus 1862-1945. Eine dokumentarische Geschichte von »Meyer's Hof« in der Ackerstraße 131-132, der Entstehung der Berliner Mietshausquartiere und der Reichshauptstadt zwischen Gründung und Untergang, München 1984.
Gerigk, Klaus u. a. (Hg.), Die Veterinärmedizin im Bundesgesundheitsamt. Festschrift zur Einweihung des Neubaus des Robert von Ostertag-Instituts, Berlin 1992.
Giessmann, Sebastian, Netze und Netzwerke. Archäologie einer Kulturtechnik, 1740-1840, Bielefeld 2006.
Glaser, Kurt, Vom Reichsgesundheitsrat zum Bundesgesundheitsrat. Ein Beitrag zur Geschichte des Deutschen Gesundheitswesens, Stuttgart 1960.
Göckenjan, Gerd, Kurieren und Staat machen. Gesundheit und Medizin in der bürgerlichen Welt, Frankfurt am Main 1985.
Ders., Medizin und Ärzte als Faktor der Disziplinierung der Unterschichten: Der Kassenarzt, in: Christoph Sachße/Florian Tennstedt (Hg.), Soziale Sicherheit und soziale Disziplinierung. Beiträge zu einer historischen Sozialpolitik, Frankfurt am Main 1986, S. 286-303.
Goerke, Heinz, Wohnhygiene im 19. Jahrhundert, in: Walter Artelt u. a. (Hg.), Städte-, Wohnungs- und Kleiderhygiene des 19. Jahrhunderts in Deutschland, Stuttgart 1969, S. 52-69.
Ders., 100 Jahre Forschung für die Gesundheit. Vom Kaiserlichen zum Bundes-Gesundheitsamt, in: Georges Fülgraff (Hg.), Bewertung von Risiken für die Gesundheit. Wissenschaftliches Symposium anläßlich der Hundertjahrfeier des Bundesgesundheitsamtes, Stuttgart 1977, S. 187-196.
Goschler, Constantin, Wissenschaft und Öffentlichkeit in Berlin (1870-1930). Einleitung, in: ders. (Hg.), Wissenschaft und Öffentlichkeit in Berlin, 1870-1930, Stuttgart 2000, S. 7-29.
Ders., Rudolf Virchow. Mediziner – Anthropologe – Politiker, Köln 2002.
Gottweis, Herbert u. a., Verwaltete Körper. Strategien der Gesundheitspolitik im internationalen Vergleich, Wien 2004.
Gradmann, Christoph, »Auf Collegen, zum fröhlichen Krieg«. Popularisierte Bakteriologie im Wilhelminischen Zeitalter, in: MGG 13 (1994), S. 35-54.
Ders., Bazillen, Krankheit und Krieg. Bakteriologie und politische Sprache im deutschen Kaiserreich, in: BWG 19 (1996), S. 81-94.
Ders., Money, Microbes, and More. Robert Koch, Tuberculin and the Foundation of the Institute for Infectious Diseases in Berlin in 1891, Berlin 1998.
Ders., Ein Fehlschlag und seine Folgen. Robert Kochs Tuberkulin und die Gründung des Instituts für Infektionskrankheiten in Berlin 1891, in: ders./Thomas Schlich (Hg.), Strategien der Kausalität. Konzepte der Krankheitsverursachung im 19. und 20. Jahrhundert, Pfaffenweiler 1999, S. 29-52.
Ders., Das reisende Labor. Robert Koch erforscht die Cholera 1883/84, in: MHJ 38 (2003), S. 35-56.
Ders., A Harmony of Illusions. Clinical and Experimental Testing of Robert Koch's Tuberculin 1890-1900, in: Studies in History and Philosophy of Biological and Biomedical Sciences 35 (2004), S. 465-481.

Ders., Krankheit im Labor. Robert Koch und die medizinische Bakteriologie, Göttingen 2005.
Ders./Thomas Schlich (Hg.), Strategien der Kausalität. Konzepte der Krankheitsverursachung im 19. und 20. Jahrhundert, Pfaffenweiler 1999.
Granovetter, Mark, The Strength of Weak Ties, in: American Journal of Sociology 73 (1973), S. 1360-1380.
Ders., The Strength of Weak Ties. A Network Theory Revisted, in: Peter V. Marsden/ Nan Lin (Hg.), Social Structure and Network Analysis, Berverly Hills 1982, S. 105-130.
Groeben, Klaus von der, Reichsinnenministerium, in: Deutsche Verwaltungsgeschichte, Bd. 4: Das Reich als Republik und in der Zeit des Nationalsozialismus, Stuttgart 1985, S. 156-168.
Grotkopp, Jörg, Beamtentum und Staatsformwechsel. Die Auswirkungen der Staatsformwechsel von 1918, 1933 und 1945 auf das Beamtenrecht und die personelle Zusammensetzung der deutschen Beamtenschaft, Frankfurt am Main 1992.
Grüne, Jutta, Anfänge staatlicher Lebensmittelüberwachung in Deutschland. Der »Vater der Lebensmittelchemie« Joseph König (1843-1930), Stuttgart 1996.
Hachtmann, Rüdiger, Berlin 1848. Eine Politik- und Gesellschaftsgeschichte der Revolution, Bonn 1997.
Ders., Epochenschwelle zur Moderne. Einführung in die Revolution von 1848/49, Tübingen 2002.
Hacking, Ian, Biopower and the Avalanche of printed Numbers, in: Humanities in Society 5 (1982), S. 279-295.
Ders., The Taming of Chance, Cambridge 1990.
Hahn, Susanne, Militärische Einflüsse auf die Entwicklung der Schulhygiene im Kaiserlichen Deutschland, 1871-1918, in: Rolf Winau/Heinz Müller-Dietz (Hg.), »Medizin für den Staat – Medizin für den Krieg«. Aspekte zwischen 1914 und 1945. Gesammelte Aufsätze, Husum 1994, S. 18-34.
Hähner-Rombach, Sylvelyn, Sozialgeschichte der Tuberkulose. Vom Kaiserreich bis zum Ende des Zweiten Weltkrieges unter besonderer Berücksichtigung Württembergs, Stuttgart 2000.
Hammerstein, Notker, Die Deutsche Forschungsgemeinschaft in der Weimarer Republik und im Dritten Reich. Wissenschaftspolitik in Republik und Diktatur 1920-1945, München 1999.
Hammonds, Evelynn Maxine, Childhood's Deadly Scourge. The Campaign to Control Diphtheria in New York City, 1880-1930, Baltimore 1999.
Hardtwig, Wolfgang, Strukturmerkmale und Entwicklungstendenzen des Vereinswesens in Deutschland 1789-1848, in: Otto Dann (Hg.), Vereinswesen und bürgerliche Gesellschaft in Deutschland, München 1984, S. 11-50.
Ders., Nationalismus und Bürgerkultur in Deutschland 1500-1914. Ausgewählte Aufsätze, Göttingen 1994.
Ders. (Hg.), Revolution in Deutschland und Europa 1848/49, Göttingen 1998.
Ders./Hans-Ulrich Wehler (Hg.), Kulturgeschichte Heute, Göttingen 1996.
Hardy, Anne, The Epidemic Streets. Infectious Disease and the Rise of Preventive Medicine, 1856-1900, Oxford 1993.
Hardy, Anne Irmgard, Ärzte, Ingenieure und städtische Gesundheit. Medizinische Theorien in der Hygienebewegung des 19. Jahrhunderts, Frankfurt am Main 2005.
Dies., Der Arzt, die Ingenieure und die Städteassanierung. Georg Varrentrapps Visionen zur Kanalisation, Trinkwasserversorgung und Bauhygiene in deutschen Städten (1860-1880), in: Technikgeschichte 72 (2005), S. 91-126.

Hark, Sabine, deviante Subjekte. Normalisierung und Subjektformierung, in: Werner Sohn/Herbert Mehrtens (Hg.), Normalität und Abweichung. Studien zur Theorie und Geschichte der Normalisierungsgesellschaft, Opladen 1999, S. 65-84.
Hau, Michael, The Humane Expert. The Crisis of Modern Medicine during the Weimar Republic, in: Elke Kurz-Milcke/Gerd Gigerenzer (Hg.), Experts in science and society, New York 2004, S. 105-122.
Heim, Susanne/Ulrike Schaz, Berechnung und Beschwörung. Überbevölkerung – Kritik einer Debatte, Berlin 1996.
Heischkel-Artelt, Edith (Hg.), Ernährung und Ernährungslehre im 19. Jahrhundert, Göttingen 1976.
Herold-Schmidt, Hedwig, Ärztliche Interessenvertretung im Kaiserreich 1871-1914, in: Robert Jütte (Hg.), Geschichte der deutschen Ärzteschaft. Organisierte Berufs- und Gesundheitspolitik im 19. und 20. Jahrhundert, Köln 1997, S. 43-95.
Hess, Volker, (Hg.), Normierung der Gesundheit. Messende Verfahren der Medizin als kulturelle Praktik um 1900, Husum 1997.
Ders., Die Normierung der Eigenwärme. Fiebermessen als kulturelle Praktik, in: ders. (Hg.), Normierung der Gesundheit. Messende Verfahren der Medizin als kulturelle Praktik um 1900, Husum 1997, S. 169-188.
Ders., Die moralische Ökonomie der Normalisierung. Das Beispiel Fiebermessen, in: Werner Sohn/Herbert Mehrtens (Hg.), Normalität und Abweichung. Studien zur Theorie und Geschichte der Normalisierungsgesellschaft, Opladen 1999, S. 222-243.
Ders., Messen und Zählen. Die Herstellung des normalen Menschen als Maß der Gesundheit, in: BWG 22 (1999), S. 266-280.
Ders., Der wohltemperierte Mensch. Wissenschaft und Alltag des Fiebermessens (1850-1900), Frankfurt am Main 2000.
Hickel, Erika, Arzneimittel-Standardisierung im 19. Jahrhundert in den Pharmakopöen Deutschlands, Frankreichs, Großbritanniens und der Vereinigten Staaten von Amerika, Darmstadt 1973.
Dies., Das Kaiserliche Gesundheitsamt und die chemische Industrie im Zweiten Kaiserreich (1871-1914): Partner oder Kontrahenten?, in: Gunter Mann/Rolf Winau (Hg.), Medizin, Naturwissenschaft, Technik und das Zweite Kaiserreich. Vorträges eines Kongresses vom 6. bis 11. September 1973 in Bad Nauheim, Göttingen 1977, S. 64-86.
Hoegl, Lois, »Recht auf Gesundheit« oder »Pflicht zur Gesundheit«? Zur Entwicklung gesundheitserzieherischer Ansätze in der gewerbehygienisch ausgerichteten Dermatologie und deren Umsetzung in der Hygienischen Volksbelehrung in Deutschland bis 1933, Diss. med., Rheinischen Friedrich-Wilhelms-Universität, Bonn 1991.
Hohmann, Joachim S., Robert Ritter und Erben der Kriminalbiologie. »Zigeunerforschung« im Nationalsozialismus und in Westdeutschland im Zeichen des Rassismus, Frankfurt am Main 1991.
Hölder, Egon/Manfred Ehling, Zur Entwicklung der amtlichen Statistik in Deutschland, in: Wolfram Fischer/Andreas Kunz (Hg.), Grundlagen der Historischen Statistik von Deutschland. Quellen – Methoden – Forschungsziele, Opladen 1991, S. 15-31.
Holländer, Hans/Schering A. G. Berlin (Hg.), Geschichte der Schering Aktiengesellschaft, Berlin 1955.
Holsten, Jürgen, Das Kaiserliche Gesundheitsamt und die Pharmazie. Dargestellt an der Entstehung des Deutschen Arzneibuches, fünfte Ausgabe, Diss. med., Freie Universität, Berlin 1977.

Hong, Young-Sun, Welfare, Modernity and the Weimar State, 1919-1933, Princeton 1998.

Hubatsch, Walther, Entstehung und Entwicklung des Reichswirtschaftsministeriums 1880-1933. Ein Beitrag zur Verwaltungsgeschichte der Reichsministerien. Darstellung und Dokumentation, Berlin 1978.

Hubenstorf, Michael, Von der Medizinischen Reform zum »Leibregiment des Hauses Hohenzollern« – Ärzte, Krieg und Frieden im Jahre 1870/71, in: Johanna Bleker/ Heinz-Peter Schmiedebach (Hg.), Medizin und Krieg. Vom Dilemma der Heilberufe 1865-1985, Frankfurt am Main 1987, S. 45-89.

Ders., »Aber es kommt mir doch so vor, als ob Sie dabei nichts verloren hätten«, in: Wolfram Fischer u. a. (Hg.), Exodus von Wissenschaften aus Berlin. Fragestellungen – Ergebnisse – Desiderate. Entwicklungen vor und nach 1933, Berlin 1994, S. 355-460.

Huber, Ernst Rudolf, Deutsche Verfassungsgeschichte seit 1789. Bd. 4: Struktur und Krise des Kaiserreichs, 2. Aufl., Stuttgart 1969.

Ders., Deutsche Verfassungsgeschichte seit 1789. Bd. 3: Bismarck und das Reich, 3. Aufl., Stuttgart 1988.

Hudemann-Simon, Calixte, Die Eroberung der Gesundheit 1750-1900, Frankfurt am Main 2000.

Huerkamp, Claudia, Ärzte und Professionalisierung in Deutschland. Überlegungen zum Wandel des Arztberufs im 19. Jahrhundert, in: GG 6 (1980), S. 349-382.

Dies., Der Aufstieg der Ärzte im 19. Jahrhundert. Vom gelehrten Stand zum professionellen Experten: Das Beispiel Preußens, Göttingen 1985.

Dies., Bildungsbürgerinnen. Frauen im Studium und akademischen Berufen 1900-1945, Göttingen 1996.

Hüntelmann, Axel C., Zwischen Kooperation und Kontrolle. Das Kaiserliche Gesundheitsamt und die kommunalen Untersuchungsstationen, in: ders./Johannes Vossen/Herwig Czech (Hg.), Gesundheit und Staat. Studien zur Geschichte der Gesundheitsämter 1870-1950, Husum 2006, S. 27-48.

Ders., Biopolitische Netzwerke. Die interpersonellen und interinstitutionellen Verbindungen zwischen dem Institut für Infektionskrankheiten und dem Reichsgesundheitsamt vor 1935, in: Marion Hulverscheidt/Anja Laukötter (Hg.), Das Robert-Koch-Institut im Nationalsozialismus (im Erscheinen).

Imhof, Arthur E., The Implications of increased Life Expectancy for Family and Social Life, in: Andrew Wear, (Hg.), Medicine in Society. Historical Essays, Cambridge 1992, S. 347-376.

Jäckle, Renate, Die Ärzte und die Politik. 1930 bis heute, München 1988.

Jaeckel, Gerhard, Die Charité. Die Geschichte eines Weltzentrums der Medizin von 1710 bis zur Gegenwart, 4. Aufl., Berlin 2001.

Jansen, Christian, Einheit, Macht und Freiheit. Die Paulskirchenlinke und die deutsche Politik in der nachrevolutionären Epoche 1849-1867, Düsseldorf 2000.

Ders./Thomas Mergel (Hg.), Die Revolutionen von 1848/49. Erfahrung – Verarbeitung – Deutung, Göttingen 1998.

Jansen, Dorothea, Netzwerke und soziales Kapital. Methoden zur Analyse struktureller Einbettung, in: Johannes Weyer (Hg.), Soziale Netzwerke. Konzepte und Methoden der sozialwissenschaftlichen Netzwerkforschung, München 2000, S. 35-62.

Dies., Einführung in die Netzwerkanalyse. Grundlagen, Methoden, Forschungsbeispiele, 2. Aufl., Opladen 2003.

Jansen, Sarah, An American Insect in Imperial Germany. Visibility and Control in

Making the Phylloxera in Germany, 1870-1914, in: Science in Context 13 (2000), S. 31-70.
Dies., Schädlinge. Geschichte eines wissenschaftlichen und politischen Konstruktes, 1840-1920, Frankfurt am Main 2003.
Jeschal, Godwin, Politik und Wissenschaft deutscher Ärzte im Ersten Weltkrieg. Eine Untersuchung anhand der Fach- und Standespresse und der Protokolle des Reichstags, Pattensen 1978.
Jeserich, Kurt, Die Entwicklung des öffentlichen Dienstes 1871-1918, in: ders. u. a. (Hg.), Deutsche Verwaltungsgeschichte, Stuttgart 1984, S. 646-677.
Jessen, Ralph/Jakob Vogel, Die Naturwissenschaften und die Nation. Perspektiven einer Wechselbeziehung in der europäischen Geschichte, in: dies. (Hg.), Wissenschaft und Nation in der europäischen Geschichte, Frankfurt am Main 2002, S. 7-37.
Jütte, Robert (Hg.), Geschichte der deutschen Ärzteschaft. Organisierte Berufs- und Gesundheitspolitik im 19. und 20. Jahrhundert, Köln 1997.
Ders., Die Entwicklung des ärztlichen Vereinswesens und des organisierten Ärztestandes bis 1871, in: ders. (Hg.), Geschichte der deutschen Ärzteschaft. Organisierte Berufs- und Gesundheitspolitik im 19. und 20. Jahrhundert, Köln 1997, S. 15-42.
Kaelble, Hartmut, Industrialisierung und soziale Ungleichheit. Europa im 19. Jahrhundert. Eine Bilanz, Göttingen 1983.
Ders., 1848. Viele nationale Revolutionen oder eine europäische Revolution? in: Wolfgang Hardtwig (Hg.), Revolution in Deutschland und Europa 1848/49, Göttingen 1998, S. 260-278.
Kater, Michael H., Professionalization and Socialization of Physicians in Wilhelmine and Weimar Germany, in: Journal of Contemporary History 20 (1985), S. 677-701.
Ders., Ärzte und Politik in Deutschland, 1848 bis 1945, in: Jahrbuch des Instituts für Geschichte der Medizin der Robert-Bosch-Stiftung 5 (1987), S. 34-48.
Kaufmann, Doris (Hg.), Geschichte der Kaiser-Wilhelm-Gesellschaft im Nationalsozialismus. Bestandsaufnahme und Perspektiven der Forschung, Göttingen 2000.
Kaul, Alexander (Hg.), 20 Jahre Strahlenhygiene im Bundesgesundheitsamt. Wissenschaftliches Kolloquium Neuherberg, 3. April 1981, Berlin 1981.
Keupp, Heiner, Soziale Netzwerke. Eine Metapher des gesellschaftlichen Umbruchs? In: ders./Bernd Röhrle (Hg.), Soziale Netzwerke, Frankfurt am Main 1987, S. 11-53.
Ders./Bernd Röhrle (Hg.), Soziale Netzwerke, Frankfurt am Main 1987.
Kieser, Alfred, Max Webers Analyse der Bürokratie, in: ders. (Hg.), Organisationstheorien, Stuttgart 1993, S. 37-62.
Killy, Walther/Rudolf Vierhaus (Hg.), Deutsche Biographische Enzyklopädie (DBE), Bd. 6, Darmstadt 1997.
Klee, Ernst, Das Personenlexikon zum Dritten Reich. Wer war was vor und nach 1945, Frankfurt am Main 2003.
Knill, Christoph, Policy-Netzwerke. Analytisches Konzept und Erscheinungsform moderner Politiksteuerung, in: Johannes Weyer (Hg.), Soziale Netzwerke. Konzepte und Methoden der sozialwissenschaftlichen Netzwerkforschung, München 2000, S. 111-133.
Knorr-Cetina, Karin D. (Hg.), Science Observed. Perspectives on the Social Study of Science, London 1983.
Dies., Die Fabrikation von Erkenntnis. Zur Anthropologie der Naturwissenschaft, 2. Aufl., Frankfurt am Main 2002.
Kobrak, Christopher, National Cultures and International Competition. The Experience of Schering AG, 1851-1950, Cambridge 2002.

Kohler, Walter F., Quellen zur Statistik des Gesundheitswesens in Deutschland (1815-1938), in: Wolfram Fischer/Andreas Kunz (Hg.), Grundlagen der Historischen Statistik von Deutschland. Quellen – Methoden – Forschungsziele, Opladen 1991, S. 275-298.

Kopke, Christoph (Hg.), Medizin und Verbrechen. Festschrift zum 60. Geburtstag von Walter Wuttke, Ulm 2001.

Koselleck, Reinhart, Zeitschichten. Studien zur Historik, Frankfurt am Main 2003.

Kudlien, Fridolf, Ärzte im Nationalsozialismus, Köln 1985.

Kuhn, Thomas S., Die Struktur wissenschaftlicher Revolutionen, 2. Aufl., Frankfurt am Main 1976 (OA 1962).

Kurz-Milcke, Elke/Gerd Gigerenzer (Hg.), Experts in Science and Society, New York 2004.

Labisch, Alfons, »Hygiene ist Moral – Moral ist Hygiene«. Soziale Disziplinierung durch Ärzte und Medizin, in: Christoph Sachße/Florian Tennstedt (Hg.), Soziale Sicherheit und soziale Disziplinierung. Beiträge zu einer historischen Sozialpolitik, Frankfurt am Main 1986, S. 265-285.

Ders., Gesundheitskonzepte und Medizin im Prozeß der Zivilisation, in: ders./Reinhard Spree (Hg.), Medizinische Deutungsmacht im sozialen Wandel des 19. und frühen 20. Jahrhunderts, Bonn 1989, S. 15-36.

Ders., Homo Hygienicus. Gesundheit und Medizin in der Neuzeit, Frankfurt am Main 1992.

Ders./Reinhard Spree (Hg.), Medizinische Deutungsmacht im sozialen Wandel des 19. und frühen 20. Jahrhunderts, Bonn 1989.

Ders./Florian Tennstedt, Der Weg zum »Gesetz über die Vereinheitlichung des Gesundheitswesens« vom 3. Juli 1934. Entwicklungslinien und -momente des staatlichen und kommunalen Gesundheitswesens in Deutschland, Düsseldorf 1985.

Dies., Gesundheitsamt oder Amt für Volksgesundheit? Zur Entwicklung des öffentlichen Gesundheitsdienstes seit 1933, in: Norbert Frei (Hg.), Medizin und Gesundheitspolitik in der NS-Zeit, München 1991, S. 35-66.

Lachmund, Jens/Gunnar Stollberg (Hg.), The Social Construction of Illness. Illness and Medical Knowledge in Past and Present, Stuttgart 1992.

Lammel, Hans-Uwe, Virchow contra Koch? Neue Untersuchungen zu einer alten Streitfrage, in: Charité-Annalen N. F. 2 (1982), S. 112-121.

Lapresle, Claude, Le rôle de l'hôpital de l'Institut Pasteur dans l'application à la médecine de découvertes fondamentales, in: Michel Morange (Hg.), L'Institut Pasteur. Contributions à son histoire, Paris 1991, S. 45-51.

Latour, Bruno, Science in Action. How to Follow Scientists and Engineers through Society, Cambridge 1987.

Ders., The Pasteurization of France, Cambridge 1988.

Ders., Wir sind nie modern gewesen. Versuch einer symmetrischen Anthropologie, 2. Aufl., Frankfurt am Main 2002.

Ders./Steve Woolgar, Laboratory Life. The Construction of Scientific Facts, Princeton 1986.

Law, John (Hg.), A Sociology of Monsters. Essays on Power, Technology and Domination, London 1991.

Ders./John Hassard (Hg.), Actor Network Theory and after, Oxford 1999.

Le Bras, Hervé, Naissance de la Mortalité. L'Origine Politique de la Statistique et de la Démographie, Paris 2000.

Lemke, Thomas, Eine Kritik der politischen Vernunft. Foucaults Analyse der modernen Gouvernementalität, Hamburg 1997.

Ders., Gouvernementalität, in: Marcus S. Kleiner (Hg.), Michel Foucault. Eine Einführung in sein Denken, Frankfurt am Main 2001, S. 108-122.
Ders., Max Weber, Norbert Elias und Michel Foucault über Macht und Subjektivierung, in: Berliner Journal für Soziologie 11 (2001), S. 77-95.
Ders., Die politische Ökonome des Lebens – Biopolitik und Rassismus bei Michel Foucault und Giorgio Agamben, in: Ulrich Bröckling u. a. (Hg.), Disziplinen des Lebens. Zwischen Anthropologie, Literatur und Politik, Tübingen 2004, S. 257-274.
Lenoir, Timothy, Politik im Tempel der Wissenschaft. Forschung und Machtausübung im deutschen Kaiserreich, Frankfurt am Main 1992.
Lenzen, Dieter, Krankheit als Erfindung. Medizinische Eingriffe in die Kultur, Frankfurt am Main 1991.
Liebenau, Jonathan, Paul Ehrlich as a Commercial Scientist and Research Administrator, in: Medical History 34 (1990), S. 65-78.
Lifton, Robert Jay, Ärzte im Dritten Reich, Stuttgart 1988.
Link, Jürgen, Versuch über den Normalismus. Wie Normalität produziert wird, 2. Aufl., Opladen 1998.
Ders., »Normativ« oder »Normal«? Diskursgeschichtliches zur Sonderstellung der Industrienorm im Normalismus, mit einem Blick auf Walter Cannon, in: Werner Sohn/Herbert Mehrtens (Hg.), Normalität und Abweichung. Studien zur Theorie und Geschichte der Normalisierungsgesellschaft, Opladen 1999, S. 30-44.
Lisner, Wiebke, »Die Hüterinnen der Nation«? Hebammen in der Zeit des Nationalsozialismus am Beispiel des Landes Lippe, Diss. phil., Universität Hannover 2005.
Loetz, Francisca, Vom Kranken zum Patienten. »Medikalisierung« und medizinische Vergesellschaftung am Beispiel Badens 1750-1850, Stuttgart 1993.
Dies., »Medikalisierung« in Frankreich, Großbritannien und Deutschland, 1750-1850. Ansätze, Ergebnisse und Perspektiven der Forschung, in: Wolfgang U. Eckart/ Robert Jütte (Hg.), Das europäische Gesundheitssystem. Gemeinsamkeiten und Unterschiede in historischer Perspektive, Stuttgart 1994, S. 123-161.
Lohalm, Uwe, Die Wohlfahrtskrise 1930-1933. Vom ökonomischen Notprogramm zur rassenhygienischen Neubestimmung, in: Frank Bajohr (Hg.), Zivilisation und Barbarei. Die widersprüchlichen Potentiale der Moderne – Detlef Peukert zum Gedenken, Hamburg 1991, S. 193-225.
Löneke, Regina/Ira Spieker (Hg.), Reinliche Leiber – Schmutzige Geschäfte. Körperhygiene und Reinlichkeitsvorstellungen in zwei Jahrhunderten, Göttingen 1996.
Lüdtke, Alf (Hg.), Herrschaft als soziale Praxis. Historische und sozial-anthropologische Studien, Göttingen 1991.
Ders., Einleitung. Herrschaft als soziale Praxis, in: ders. (Hg.), Herrschaft als soziale Praxis. Historische und sozial-anthropologische Studien, Göttingen 1991, S. 9-63.
Ders. (Hg.), »Sicherheit« und »Wohlfahrt«. Polizei, Gesellschaft und Herrschaft im 19. und 20. Jahrhundert, Frankfurt am Main 1992.
Ders., Einleitung. »Sicherheit« und »Wohlfahrt«. Aspekte der Polizeigeschichte, in: ders. (Hg.), »Sicherheit« und »Wohlfahrt«. Polizei, Gesellschaft und Herrschaft im 19. und 20. Jahrhundert, Frankfurt am Main 1992, S. 7-33.
Lundgreen, Peter u. a., Staatliche Forschung in Deutschland 1870-1980, Frankfurt am Main 1986.
Mackensen, Rainer (Hg.), Bevölkerungslehre und Bevölkerungspolitik vor 1933, Opladen 2002.
MacKenzie, Donald A., Statistics in Britain 1865-1930. The Social Construction of Scientific Knowlege, Edinburgh 1981.

Maehle, Andreas-Holger, Präventivmedizin als wissenschaftliches und gesellschaftliches Problem: Der Streit über das Reichsimpfgesetz von 1874, in: MGG 9 (1990), S. 127-148.
Mah, Harold, Phantasies of the Public Sphere. Rethinking the Habermas of Historians, in: Journal of Modern History 72 (2000), S. 153-182.
Maier, Helmut, Aus der Verantwortung gestohlen? »Grundlagenforschung« als Persilschein für Rüstungsforschung am Kaiser-Wilhelm-Institut für Metallforschung vor und nach 1945, in: Werner Lorenz/Torsten Meyer (Hg.), Technik und Verantwortung im Nationalsozialismus, Münster 2004, S. 47 f.
Maitra, Robin T., »... wer imstande und gewillt ist, dem Staate mit Höchstleistungen zu dienen!« Hans Reiter und der Wandel der Gesundheitskonzeption im Spiegel der Lehr- und Handbücher der Hygiene zwischen 1920 und 1960, Husum 2001.
Mann, Gunter (Hg.), Biologismus im 19. Jahrhundert. Vorträge eines Symposiums vom 30. bis 31. Oktober 1970 in Frankfurt am Main, Stuttgart 1973.
Mannweiler, Erich, Geschichte des Instituts für Schiffs- und Tropenkrankheiten in Hamburg, 1900-1945, Keltern-Weiler 1998.
Marschalck, Peter, Zwischen Ökonomie und Biologie. Zur Entwicklung der Bevölkerungswissenschaft in Deutschland im 19. und 20. Jahrhundert, in: Rainer Mackensen (Hg.), Bevölkerungslehre und Bevölkerungspolitik vor 1933, Opladen 2002, S. 105-119.
Marten, Heinz-Georg, Sozialbiologismus. Biologische Grundpositionen der politischen Ideengeschichte, Frankfurt am Main 1983.
Martinetz, Dieter, Der Gaskrieg 1914-1918. Entwicklung, Herstellung und Einsatz chemischer Kampfstoffe, Bonn 1996.
Maset, Michael, Diskurs, Macht und Geschichte, Frankfurt am Main 2002.
Mazumdar, Pauline, M. H., Species and Specificity. An Interpretation of the History of Immunology, Cambridge 1995.
Mehrtens, Herbert, Kontrolltechnik Normalisierung. Einführende Überlegungen, in: Werner Sohn/Herbert Mehrtens (Hg.), Normalität und Abweichung. Studien zur Theorie und Geschichte der Normalisierungsgesellschaft, Opladen 1999, S. 45-64.
Meinel, Christoph/Peter Voswinckel (Hg.), Medizin, Naturwissenschaften, Technik und Nationalsozialismus. Kontinuitäten und Diskontinuitäten, Stuttgart 1994.
Mellinger, Nan, Fleisch. Ursprung und Wandel einer Lust, Frankfurt am Main 2000.
Mendelsohn, John Andrew, »Typhoid Mary« Strikes Again. The Social and the Scientific in the Making of Modern Public Health, in: Isis 86 (1995), S. 268-277.
Ders., Cultures of Bacteriology. Formation and Transformation of a Science in France and Germany, 1870-1914, Diss. Phil. Princeton University, Princeton, 1996.
Ders., Von der »Ausrottung« zum Gleichgewicht. Wie Epidemien nach dem Ersten Weltkrieg komplex wurden, in: Christoph Gradmann/Thomas Schlich (Hg.), Strategien der Kausalität. Konzepte der Krankheitsverursachung im 19. und 20. Jahrhundert, Pfaffenweiler 1999, S. 227-268.
Mochmann, Hanspeter/Werner Köhler, Meilensteine der Bakteriologie. Von Entdeckungen und Entdeckern au den Gründerjahren der Medizinischen Mikrobiologie, 2. Aufl., Frankfurt am Main 1997.
Möller, Horst, Weimar. Die unvollendete Demokratie, München 1985.
Möllers, Bernhard, Robert Koch. Persönlichkeit und Lebenswerk, 1843-1910, Hannover 1950.
Mommsen, Wolfgang J., 1848. Die ungewollte Revolution. Die revolutionären Bewegungen in Europa 1830-1849, Frankfurt am Main 1998.

Morsey, Rudolf, Die oberste Reichsverwaltung unter Bismarck 1867-1890, Münster 1957.
Ders., Zur Geschichte der obersten Reichsverwaltung im Wilhelminischen Deutschland (1890-1900), in: Deutsches Verwaltungsblatt 86 (1971), S. 8-16.
Müller, Winfried (Hg.), Das historische Jubiläum. Genese, Ordnungsleistung und Inszenierungsgeschichte eines institutionellen Mechanismus, Münster 2004.
Ders., Das historische Jubiläum. Zur Geschichtlichkeit einer Zeitkonstruktion, in: ders., (Hg.), Das historische Jubiläum. Genese, Ordnungsleistung und Inszenierungsgeschichte eines institutionellen Mechanismus, Münster 2004, S. 1-75.
Münch, Paul (Hg.), Jubiläum, Jubiläum. Zur Geschichte öffentlicher und privater Erinnerung, Essen 2005.
Ders., Einleitung. Geschichte und Erinnerung, in: ders. (Hg.), Jubiläum, Jubiläum. Zur Geschichte öffentlicher und privater Erinnerung, Essen 2005, S. 7-25.
Münch, Peter, Stadthygiene im 19. und 20. Jahrhundert. Die Wasserversorgung, Abwasser- und Abfallbeseitigung unter besonderer Berücksichtigung Münchens, Göttingen 1993.
Nadav, Daniel S., The »Death Dance of Lübeck«: Julius Moses and the German Guidelines for Human Experimentation, 1930, in: Volker Roelcke/Giovanni Maio (Hg.), Twentieth Century Ethics of Human Subjects Research. Historical Perspectives on Values, Practices, and Regulations, Stuttgart 2004, S. 129-135.
Nemitz, Kurt, Die Bemühungen zur Schaffung eines Reichsgesundheitsministeriums in der ersten Phase der Weimarer Republik 1918-1922, in: MHJ 16 (1981), S. 424-445.
Neumann, Hans-Joachim, Friedrich III. Der 99-Tage-Kaiser, Berlin 2006.
Nikolow, Sybilla, Der statistische Blick auf Krankheit und Gesundheit. »Kurvenlandschaften« in Gesundheitsausstellungen am Beginn des 20. Jahrhunderts in Deutschland, in: Ute Gerhard, u. a. (Hg.), Infographiken, Medien, Normalisierung. Zur Kartographie politisch-sozialer Landschaften, Heidelberg 2001, S. 223-241.
Dies., Die graphisch-statistische Darstellung der Bevölkerung. Bevölkerungskonzepte in der Gesundheitsaufklärung in Deutschland vor 1933, in: Rainer Mackensen (Hg.), Bevölkerungslehre und Bevölkerungspolitik vor 1933, Opladen 2001, S. 297-314.
Dies., Die Nation als statistisches Kollektiv. Bevölkerungskonstruktionen im Kaiserreich und in der Weimarer Republik, in: Ralph Jessen/Jakob Vogel (Hg.), Wissenschaft und Nation in der europäischen Geschichte, Frankfurt am Main 2002, S. 235-259.
Dies./Christine Brecht, Displaying the Invisable. Volkskrankheiten on Exhibition in Imperial Germany †, in: Pergamon 31 (2000), S. 511-530.
Nipperdey, Thomas, Deutsche Geschichte 1800-1866. Bürgerwelt und starker Staat, München 1998.
Ders., Deutsche Geschichte 1866-1918. Bd. 1: Arbeitswelt und Bürgergeist, München 1998.
Ders., Deutsche Geschichte 1866-1918. Bd. 2: Machtstaat vor der Demokratie, München 1998.
Nolan, Mary, Visions of Modernity. American Business and the Modernisation of Germany, Oxford 1994.
Nye, Mary Jo, Before Big Science. The Pursuit of Modern Chemistry and Physics, 1800-1940, New York 1996.
Oexle, Otto Gerhard (Hg.), Naturwissenschaft, Geisteswissenschaft, Kulturwissenschaft: Einheit – Gegensatz – Komplementarität? Göttingen 1998.

Opitz, Bernhard, Robert Kochs Ansichten von 1884 über die zukünftige Gestaltung des Kaiserlichen Gesundheitsamtes, in: MHJ 29 (1994), S. 363-377.

Ders./Herwarth Horn, Die Tuberkulinaffäre. Neue medizinhistorische Untersuchungen zum Kochschen Heilverfahren, in: Zeitschrift für die gesamte Hygiene und ihre Grenzgebiete 30 (1984), S. 731-734.

Orland, Barbara, Handeln in Zeit der Ungewißheit. Tuberkulose, Milch und Tierseuchenbekämpfung im 19. und 20. Jahrhundert, in: Internationaler Arbeitskreis für Kulturforschung des Essens. Mitteilungen (2001), S. 1-18.

Paul, Bruno, Simplicissimus, Begleitheft zur Ausstellung von Bruno Paul in der Pinakothek der Moderne in München, München 2002.

Paul, Norbert/Thomas Schlich (Hg.), Medizingeschichte. Aufgaben, Probleme, Perspektiven, Frankfurt am Main 1998.

Paulus, Julia, Kommunale Wohlfahrtspolitik in Leipzig. Autoritäres Krisenmanagement zwischen Selbstbehauptung und Vereinnahmung, Köln 1998.

Pelzer, Birgit/Reinhold Reith, Margarine. Die Karriere der Kunstbutter, Berlin 2001.

Peukert, Detlev J. K., Die Weimarer Republik. Krisenjahre der Klassischen Moderne, Frankfurt am Main 1987.

Pflanze, Otto, Bismarck. Der Reichsgründer, München 1998.

Ders., Bismarck. Der Reichskanzler, München 1998.

Pickering, Andrew (Hg.), Science as Practice and Culture, Chicago 1992.

Pietzka, Susanne, Der Physiologe und Hygieniker Max Rubner. Ein Vergleich des damaligen und heutigen Arbeitsbereiches der Hygiene, Diss. Med., Rheinisch-Westfälischen Technischen Hochschule, Aachen 1981.

Planert, Ute, Der dreifache Körper des Volkes: Sexualität, Biopolitik und die Wissenschaften vom Leben, in: GG 26 (2000), S. 539-576.

Porter, Theodore M., The Rise of Statistical Thinking 1820-1900, Princeton 1986.

Ders., Trust in Numbers. The Pursuit of Objectivity in Science and Public Life, Princeton 1995.

Power, Michael, Organized Uncertainty. Designing a World of Risk Management, Oxford 2007.

Rackham, Melinda, Carrier – becoming Symborg, in: Alison Bashford/Claire Hooker (Hg.), Contagion. Historical and Cultural Studies, London 2001, S. 217-226.

Raphael, Lutz, Die Verwissenschaftlichung des Sozialen als methodische und konzeptionelle Herausforderung für eine Sozialgeschichte des 20. Jahrhunderts, in: GG 22 (1996), S. 165-193.

Ders., Recht und Ordnung. Herrschaft durch Verwaltung im 19. Jahrhundert, Frankfurt am Main 2000.

Ders., Sozialexperten in Deutschland zwischen konservativem Ordnungsdenken und rassistischer Utopie (1918-1945), in: Wolfgang Hardtwig (Hg.), Utopie und politische Herrschaft im Europa der Zwischenkriegszeit, München 2003, S. 327-346.

Rath, Gernot, Die Hygiene der Stadt im 19. Jahrhundert, in: Walter Artelt u. a. (Hg.), Städte-, Wohnungs- und Kleiderhygiene des 19. Jahrhunderts in Deutschland, Stuttgart 1969, S. 70-84.

Reuland, Andreas, Humanexperimente in der Weimarer Republik und Julius Moses' »Kampf gegen die Experimentierwut«, Diss. med., Ruprecht-Karls-Universität, Heidelberg 2001, hier S. 124-137.

Ders., »100 Ratten und 20 Kinder!« – Julius Moses und die Debatte über Menschenexperimente in der Weimarer Republik, in: Wiener Medizinische Wochenschrift 152 (2002), S. 45-48.

Reulecke, Jürgen, Geschichte der Urbanisierung in Deutschland, Frankfurt am Main 1985.
Rheinberger, Hans-Jörg, Experiment – Differenz – Schrift. Zur Geschichte epistemischer Dinge, Marburg 1992.
Riess, Jürgen, Charles Darwin und die Entwicklungstheorie, in: Bodo-Michael Baumunk/Jürgen Riess (Hg.), Darwin und Darwinismus. Eine Ausstellung zur Kultur- und Naturgeschichte, Berlin 1994, S. 66-73.
Ritter, Gerhard, Der Schlieffenplan. Kritik eines Mythos, München 1956.
Ritter, Gerhard A., Sozialversicherung in Deutschland und in England. Entstehung und Grundzüge im Vergleich, München 1983.
Ders., Der Sozialstaat. Entstehung und Entwicklung im internationalen Vergleich, München 1989.
Ders., Großforschung und Staat in Deutschland. Ein historischer Überblick, München 1992.
Rodenstein, Marianne, »Mehr Licht, mehr Luft«. Gesundheitskonzepte im Städtebau seit 1750, Frankfurt am Main 1988.
Dies., »Mehr Licht, mehr Luft«. Wissenschaftliche Hygiene und Stadtentwicklung in Deutschland im 19. Jahrhundert, in: BWG 15 (1992), S. 151-162.
Roelcke, Volker/Giovanni Maio (Hg.), Twentieth Century Ethics of Human Subjects Research. Historical Perspectives on Values, Practices, and Regulations, Stuttgart 2004.
Roerkohl, Anne, Die Lebensmittelversorgung während des Ersten Weltkrieges im Spannungsfeld kommunaler und staatlicher Maßnahmen, in: Hans Jürgen Teuteberg (Hg.), Durchbruch zum modernen Massenkonsum. Lebensmittelmärkte und Lebensmittelqualität im Städtewachstum des Industriezeitalters, Münster 1987, S. 309-370.
Roth, Karl Heinz, »Erbbiologische Bestandsaufnahme« – ein Aspekt »ausmerzender« Erfassung vor der Entfesselung des Zweiten Weltkrieges, in: ders. (Hg.), Erfassung zur Vernichtung. Von der Sozialhygiene zum »Gesetz über Sterbehilfe«, Berlin 1984, S. 57-100.
Ders., Schein-Alternativen im Gesundheitswesen. Alfred Grotjahn (1869-1931) – Integrationsfigur etablierter Sozialmedizin und nationalsozialistischer »Rassenhygiene«, in: ders. (Hg.), Erfassung zur Vernichtung. Von der Sozialhygiene zum »Gesetz über Sterbehilfe«, Berlin 1984, S. 30-56.
Rudloff, Wilfried, Die Wohlfahrtsstadt. Kommunale Ernährungs-, Fürsorge- und Wohnungspolitik am Beispiel Münchens 1910-1933, 2 Bde., Göttingen 1998.
Rüschemeyer, Dietrich, Professionalisierung. Theoretische Probleme für die vergleichende Geschichtsforschung, in: GG 6 (1980), S. 311-325.
Sachse, Carola/Benoît Massin, Biowissenschaftliche Forschung an Kaiser-Wilhelm-Instituten und die Verbrechen des NS-Regimes. Informationen über den gegenwärtigen Wissensstand, Berlin 2000.
Sachse, Wieland, Die publizierte Statistik bis um 1860. Grundzüge und Entwicklungstendenzen, in: Wolfram Fischer/Andreas Kunz (Hg.), Grundlagen der Historischen Statistik von Deutschland. Quellen – Methoden – Forschungsziele, Opladen 1991, S. 3-14.
Sachße, Christoph/Florian Tennstedt, Krankenversicherung und Wohnungsfrage. Die Wohnungs-Enquête der Ortskrankenkasse für den Gewerbebetrieb der Kaufleute, Handelsleute und Apotheker, in: Gesine Asmus (Hg.), Hinterhof, Keller und Mansarde. Einblicke in Berliner Wohnungselend 1901-1920, Reinbek 1982, S. 271-297.

Dies. (Hg.), Soziale Sicherheit und soziale Disziplinierung. Beiträge zu einer historischen Sozialpolitik, Frankfurt am Main 1986.
Dies., Sicherheit und Disziplin. Eine Skizze zur Einführung, in: dies. (Hg.), Soziale Sicherheit und soziale Disziplinierung. Beiträge zu einer historischen Sozialpolitik, Frankfurt am Main 1986, S. 11-44.
Salewski, Michael, Der Erste Weltkrieg, Paderborn 2003.
Samuelson, Paul A./William D. Nordhaus, Volkswirtschaftslehre, 15. Aufl., Wien 1998.
Sarasin, Philipp, Reizbare Maschinen. Eine Geschichte des Körpers 1765-1914, Frankfurt am Main 2001.
Ders., Geschichtswissenschaft und Diskursanalyse, Frankfurt am Main 2003.
Ders., Die Visualisierung des Feindes. Über metaphorische Technologien der frühen Bakteriologie, in: GG 30 (2004), S. 250-276.
Saretzki, Thomas, Reichsgesundheitsrat und Preußischer Landgesundheitsrat in der Weimarer Republik, Berlin 2000.
Sauerteig, Lutz, Krankheit, Sexualität, Gesellschaft. Geschlechtskrankheiten und Gesundheitspolitik in Deutschland im 19. und frühen 20. Jahrhundert, Stuttgart 1999.
Schenk, Michael, Soziale Netzwerke und Kommunikation, Tübingen 1984.
Schlich, Thomas, »Wichtiger als der Gegenstand selbst« – Die Bedeutung des fotographischen Bildes in der Begründung der bakteriologischen Krankheitsauffassung durch Robert Koch, in: Martin Dinges/Thomas Schlich (Hg.), Neue Wege in der Seuchengeschichte, Stuttgart 1995, S. 143-174.
Ders., Die Repräsentation von Krankheitserregern. Wie Robert Koch Bakterien als Krankheitsursache dargestellt hat, in: Hans-Jörg Rheinberger u. a. (Hg.), Räume des Wissens. Repräsentation, Codierung, Spur, Berlin 1997, S. 165-190.
Ders., Einführung. Die Kontrolle notwendiger Krankheitsursachen als Strategie der Krankheitsbeherrschung im 19. und 20. Jahrhundert, in: Christoph Gradmann/Thomas Schlich (Hg.), Strategien der Kausalität. Konzepte der Krankheitsverursachung im 19. und 20. Jahrhundert, Pfaffenweiler 1999, S. 3-28.
Schluchter, Wolfgang, Aspekte bürokratischer Herrschaft. Studien zur Interpretation der fortschreitenden Industriegesellschaft, Frankfurt am Main 1985 (OA 1972).
Schlumberger, Otto, Wesen und Wirken der Biologischen Zentralanstalt für Land- und Forstwirtschaft 1898-1948, in: Biologische Zentralanstalt für Land- und Forstwirtschaft (Hg.), 50 Jahre Deutsche Pflanzenschutzforschung. Festschrift zum fünfzigjährigen Bestehen der Biologischen Zentralanstalt für Land- und Forstwirtschaft in Berlin-Dahlem, Berlin 1949, S. 7-28.
Schmaltz, Florian, Kampfstoff-Forschung im Nationalsozialismus. Zur Kooperation von Kaiser-Wilhelm-Instituten, Militär und Industrie, Göttingen 2005.
Schmidgen, Henning u. a. (Hg.), Kultur im Experiment, Berlin 2004.
Schmidt, Daniel, Staat und Statistik. Über Statistische Bureaus und statistisches Wissen im neunzehnten Jahrhundert, am Beispiel des Königreichs Sachsen, Diss. rer. pol., Universität Leipzig 2003.
Schmiedebach, Heinz-Peter, Sozialdarwinismus, Biologismus, Pazifismus – Ärztestimmen zum Ersten Weltkrieg, in: Johanna Bleker/Heinz-Peter Schmiedebach (Hg.), Medizin und Krieg. Vom Dilemma der Heilberufe 1865-1985, Frankfurt am Main 1987, S. 93-121.
Schmuhl, Hans-Walter, Arbeitsmarktpolitik und Arbeitsverwaltung in Deutschland 1871-2002, Nürnberg 2003.
Ders., Grenzüberschreitungen. Das Kaiser-Wilhelm-Institut für Anthropologie, menschliche Erblehre und Eugenik 1927-1945, Göttingen 2005.

Schneider, Michael C., Medizinalstatistik im Spannungsfeld divergierender Interessen. Kooperationsformen zwischen statistischen Ämtern und dem Kaiserlichen Gesundheitsamt/Reichsgesundheitsamt, in: Axel C. Hüntelmann/Johannes Vossen/Herwig Czech (Hg.), Gesundheit und Staat. Studien zur Geschichte der Gesundheitsämter in Deutschland, 1870-1950, Husum 2006, S. 49-62.
Schönberg, Arno, Schwerpunkte der Tierseuchenforschung im Kaiserlichen und Reichsgesundheitsamt, in: Klaus Gerigk u. a. (Hg.), Die Veterinärmedizin im Bundesgesundheitsamt. Festschrift zur Einweihung des Neubaus des Robert von Ostertag-Instituts, Berlin 1992, S. 33-48.
Schott, Heinz, Zur Biologisierung des Menschen, in: Rüdiger vom Bruch/Brigitte Kaderas (Hg.), Wissenschaften und Wissenschaftspolitik. Bestandsaufnahmen zu Formationen, Brüchen und Kontinuitäten im Deutschland des 20. Jahrhunderts, Stuttgart 2002, S. 99-108.
Schulte, Erika, Der Anteil Erich Wernickes an der Entwicklung des Diptherieantitoxins. Eine medizinhistorische Untersuchung zur Entwicklung der Serumtherapie am Beispiel des Diphtherieantitoxins unter Berücksichtigung der Bioergographie des Geheimen Medizinalrates Professor Dr. Erich Wernicke, Diss. med., Freie Universität, Berlin 2000.
Schulz-Schaeffer, Ingo, Akteur-Netzwerk-Theorie. Zur Koevolution von Gesellschaft, Natur und Technik, in: Johannes Weyer (Hg.), Soziale Netzwerke. Konzepte und Methoden der sozialwissenschaftlichen Netzwerkforschung, München 2000, S. 187-209.
Schütt-Abraham, Ingrid/Ina Schmädicke, Schwerpunkte der Lebensmittelhygiene im Kaiserlichen und Reichsgesundheitsamt, in: Klaus Gerigk u. a. (Hg.), Die Veterinärmedizin im Bundesgesundheitsamt. Festschrift zur Einweihung des Neubaus des Robert von Ostertag-Instituts, Berlin 1992, S. 49-58.
Schwarz, Angela, Der Schlüssel zur modernen Welt. Wissenschaftspopularisierung in Großbritannien und Deutschland im Übergang zur Moderne (ca. 1870-1914), Stuttgart 1999.
Seidler, Eduard, Der politische Standort des Arztes im Zweiten Kaiserreich, in: Gunter Mann/Rolf Winau (Hg.), Medizin, Naturwissenschaft, Technik und das Zweite Kaiserreich. Vorträges eines Kongresses vom 6. bis 11. September 1973 in Bad Nauheim, Göttingen 1977, S. 87-101.
Seier, Andrea, Macht, in: Marcus S. Kleiner (Hg.), Michel Foucault. Eine Einführung in sein Denken, Frankfurt am Main 2001, S. 90-107.
Selzer, Stephan/Ulf Christian Ewert, Verhandeln und Verkaufen, Vernetzen und Vertrauen. Über die Netzwerkstruktur des hansischen Handelns, in: Hansische Geschichtsblätter 119 (2001), S. 135-161.
Shapin, Steve, Science and the Public, in: R. C. Olby u. a. (Hg.), Companion to the History of Modern Science, London 1990, S. 990-1007.
Sieferle, Rolf Peter, Sozialdarwinismus, in: Bodo-Michael Baumunk/Jürgen Riess (Hg.), Darwin und Darwinismus. Eine Ausstellung zur Kultur- und Naturgeschichte, Berlin 1994, S. 134-142.
Siewert, Eike, Veterinärmedizin und veterinärmedizinische Arbeiten im Kaiserlichen und im Reichsgesundheitsamt (1876-1945). Mitarbeiter und Organisationsstruktur (1876-1945), in: Klaus Gerigk u. a. (Hg.), Die Veterinärmedizin im Bundesgesundheitsamt. Festschrift zur Einweihung des Neubaus des Robert von Ostertag-Instituts, Berlin 1992, S. 3-12.
Simon, Jonathan, Emil Behring's Medical Culture: From Disinfection to Serotherapy, in: Medical History 51 (2007), S. 201-218.

Sohn, Werner/Herbert Mehrtens (Hg.), Normalität und Abweichung. Studien zur Theorie und Geschichte der Normalisierungsgesellschaft, Opladen 1999.
Solla Price, Derek J. de, Little Science, Big Science. Von der Studierstube zur Großforschung, Frankfurt am Main 1974 (OA 1963).
Sontag, Susan, Krankheit als Metapher – Aids und seine Metaphern. Essays, München 2003.
Spree, Reinhard, Die Entwicklung der differentiellen Säuglingssterblichkeit in Deutschland seit der Mitte des 19. Jahrhunderts. Ein Versuch zur Mentalitätsgeschichte, in: Arthur e. Imhof (Hg.), Mensch und Gesundheit in der Geschichte, Husum 1980, S. 251-278.
Ders., Soziale Ungleichheit vor Krankheit und Tod. Zur Sozialgeschichte des Gesundheitsbereichs im Deutschen Kaiserreich, Göttingen 1981.
Ders., Der Rückzug des Todes. Der epidemiologische Übergang in Deutschland während des 19. und 20. Jahrhunderts, Konstanz 1992.
Steinecke, Verena, Menschenökonomie. Der medizinische Diskurs über den Geburtenrückgang von 1911 bis 1931, Pfaffenweiler 1996.
Stern, Fritz, Gold und Eisen. Bismarck und sein Bankier Bleichröder, Reinbek 2000.
Stichweh, Rudolf, Wissenschaft, Universität, Profession. Soziologische Analysen, Frankfurt am Main 1994.
Stinglin, Martin (Hg.), Biopolitik und Rassismus, Frankfurt am Main 2003.
Ders., Einleitung. Biopolitik und Rassismus. Was leben soll und was sterben muß, in: ders. (Hg.), Biopolitik und Rassismus, Frankfurt am Main 2003, S. 7-26.
Stöckel, Sigrid, Sozialhygiene und Rassenhygiene am Beispiel der Medizinalstatistik in Berlin, in: Wolfram Fischer u. a. (hg.), Exodus von Wissenschaften aus Berlin. Fragestellungen – Ergebnisse – Desiderate. Entwicklungen vor und nach 1933, Berlin 1994, S. 472-493.
Stolberg, Michael, Theorie und Praxis der Cholerabekämpfung im 19. Jahrhundert. Deutschland und Italien im Vergleich, in: Wolfgang E. Eckart/Robert Jütte (Hg.), Das europäische Gesundheitssystem. Gemeinsamkeiten und Unterschiede in historischer Perspektive, Stuttgart 1994, S. 53-106.
Ders., Heilkundige. Professionalisierung und Medikalisierung, in: Norbert Paul/ Thomas Schlich (Hg.), Medizingeschichte. Aufgaben, Probleme, Perspektiven, Frankfurt am Main 1998, S. 69-86.
Strahlmann, Berend, Lebensmittelverarbeitung im 19. Jahrhundert – Neue technische Verfahren und chemische Zusätze, in: Edith Heischkel-Artelt (Hg.), Ernährung und Ernährungslehre im 19. Jahrhundert, Göttingen 1976, S. 198-204.
Stürzbecher, Manfred, Aus der Geschichte des Städtischen Krankenhauses Moabit, in: 125 Jahre Krankenhaus Moabit, Berlin 1997, S. 15-102.
Sucker, Ulrich, Anfänge der modernen Phytomedizin. Die Gründungsgeschichte der Biologischen Bundesanstalt für Land- und Forstwirtschaft (1898-1919) – zugleich ein Beitrag zur Disziplingenese der Phytomedizin, Berlin 1998.
Ders., Die Phytomedizin kommt nach Dahlem. Zur Gründungsgeschichte der Kaiserlichen Biologischen Anstalt für Land- und Forstwirtschaft, in: Dahlemer Archivgespräche 4 (1999), S. 48-80.
Süle, Tibor, Preußische Bürokratietradition. Zur Entwicklung von Verwaltung und Beamtenschaft in Deutschland 1871-1918, Göttingen 1988.
Süß, Winfried, Der »Volkskörper« im Krieg. Gesundheitspolitik, Gesundheitsverhältnisse und Krankenmord im nationalsoziaIitschen Deutschland 1939-1945, München 2003.
Sydow, Jörg, Strategische Netzwerke. Evolution und Organisation, Wiesbaden 1992.

Szöllösi-Janze, Margit, Fritz Haber 1868-1934. Eine Biographie, München 1998.
Dies., Die institutionelle Umgestaltung der Wissenschaftslandschaft im Übergang vom späten Kaiserreich zur Weimarer Republik, in: Rüdiger vom Bruch/Brigitte Kaderas (Hg.), Wissenschaften und Wissenschaftspolitik. Bestandsaufnahmen zu Formationen, Brüchen und Kontinuitäten im Deutschland des 20. Jahrhunderts, Stuttgart 2002, S. 60-74.
Dies., Politisierung der Wissenschaften – Verwissenschaftlichung der Politik. Wissenschaftliche Politikberatung zwischen Kaiserreich und Nationalsozialismus, in: Stefan Fisch/Rudlloff, Wilfried (Hg.), Experten und Politik. Wissenschaftliche Politikberatung in geschichtlicher Perspektive, Berlin 2004, S. 79-100.
Dies., Wissensgesellschaft in Deutschland. Überlegungen zur Neubestimmung der deutschen Zeitgeschichte über Verwissenschaftlichungsprozesse, in: GG 30 (2004) S. 277-313.
Tenfelde, Klaus, Die Entfaltung des Vereinswesens während der Industriellen Revolution in Deutschland (1850-1873), in: Otto Dann (Hg.), Vereinswesen und bürgerliche Gesellschaft in Deutschland, München 1984, S. 55-114.
Tennstedt, Florian, Sozialgeschichte der Sozialpolitik in Deutschland. Vom 18. Jahrhundert bis zum Ersten Weltkrieg, Göttingen 1981.
Teuteberg, Hans Jürgen (Hg.), Durchbruch zum modernen Massenkonsum. Lebensmittelmärkte und Lebensmittelqualität im Städtewachstum des Industriezeitalters, Münster 1987.
Ders., Zum Problemfeld Urbanisierung und Ernährung im 19. Jahrhundert, in: ders. (Hg.), Durchbruch zum modernen Massenkonsum. Lebensmittelmärkte und Lebensmittelqualität im Städtewachstum des Industriezeitalters, Münster 1987, S. 1-36.
Ders./Günther Wiegelmann, Der Wandel der Nahrungsgewohnheiten unter dem Einfluß der Industrialisierung, Göttingen 1972.
Thomann, Klaus-Dieter, Das Reichsgesundheitsamt und die Rassenhygiene, in: BGBl. 26 (1983), S. 206-213.
Throm, Carola, Das Diphtherieserum. Ein neues Therapieprinzip, seine Entwicklung und Markteinführung, Stuttgart 1995.
Tilly, Richard H., Vom Zollverein zum Industriestaat. Die wirtschaftlich-soziale Entwicklung Deutschlands 1834 bis 1914, München 1990.
Toellner, Richard, »Die wissenschaftliche Ausbildung des Arztes ist eine Culturfrage ...«. Über das Verhältnis von Wissenschaftsanspruch, Bildungsprogramm und Praxis der Medizin, in: BWG 11 (1988), S. 193-205.
Toyka-Seid, Michael, Gesundheit und Krankheit in der Stadt. Zur Entwicklung des Gesundheitswesens in Durham City 1831-1914, Göttingen 1996.
Travis, Anthony, Science as the Receptor of Technology: Paul Ehrlich and the Synthetic Dystuffs Industry, in: Science in Context 3 (1989), S. 383-408.
Treue, Wilhelm, Haus und Wohnung im 19. Jahrhundert, in: Walter Artelt u. a. (Hg.), Städte-, Wohnungs- und Kleiderhygiene des 19. Jahrhunderts in Deutschland, Stuttgart 1969, S. 34-51.
Ders., Das Aufkommen der Ernährungsindustrie, in: Edith Heischkel-Artelt (Hg.), Ernährung und Ernährungslehre im 19. Jahrhundert, Göttingen 1976, S. 99-116.
Trischler, Helmuth, Geschichtswissenschaft – Wissenschaftsgeschichte: Koexistenz oder Konvergenz? in: BWG 22 (1999), S. 239-256.
Ders., Wachstum – Systemnähe – Ausdifferenzierung. Großforschung im Nationalsozialismus, in: Rüdiger vom Bruch/Brigitte Kaderas (Hg.), Wissenschaften und

Wissenschaftspolitik. Bestandsaufnahmen zu Formationen, Brüchen und Kontinuitäten im Deutschland des 20. Jahrhunderts, Stuttgart 2002, S. 241-252.

Tröhler, Ulrich, »To Improve the Evidence of Medicine«. The 18th Century British Origins of a Critical Approach, Edingburgh 2000.

Tutzke, Dietrich, Zur Entwicklung der allgemeinen Krankheitsstatistik, in: NTM 5 (1968), S. 83-100.

Ders., Zur geschichtlichen Entwicklung des Reichsgesundheitsamtes, in: NTM 13 (1976), S. 94-100.

Ullmann, Hans-Peter, Das Deutsche Kaiserreich 1871-1918, Frankfurt am Main 1995.

Ders., Der deutsche Steuerstaat. Geschichte der öffentlichen Finanzen vom 18. Jahrhundert bis heute, München 2005.

Vierhaus Rudolf/Bernhard vom Brocke (Hg.), Forschung im Spannungsfeld von Politik und Gesellschaft. Geschichte und Struktur der Kaiser-Wilhelm-/Max-Planck-Gesellschaft aus Anlaß ihres 75jährigen Bestehens, Stuttgart 1990.

Vögele, Jörg, Sozialgeschichte städtischer Gesundheitsverhältnisse während der Urbanisierung, Berlin 2001.

Ders./Wolfgang Woelk (Hg.), Stadt, Krankheit und Tod. Geschichte der städtischen Gesundheitsverhältnisse während der Epidemiologischen Transition (vom 18. bis ins frühe 20. Jahrhundert), Berlin 2000.

Dies., Stadt, Krankheit und Tod. Geschichte der städtischen Gesundheitsverhältnisse während der Epidemiologischen Transition – Eine Einführung, in: dies (Hg.), Stadt, Krankheit und Tod. Geschichte der städtischen Gesundheitsverhältnisse während der Epidemiologischen Transition (vom 18. bis ins frühe 20. Jahrhundert), Berlin 2000, S. 11-32.

Dies., Der »Wert des Menschen« in den Bevölkerungswissenschaften vom ausgehenden 19. Jahrhundert bis zum Ende der Weimarer Republik, in: Rainer Mackensen (Hg.), Bevölkerungslehre und Bevölkerungspolitik vor 1933, Opladen 2002, S. 121-133.

Vossen, Johannes, Gesundheitsämter im Nationalsozialismus. Rassenhygiene und offene Gesundheitsfürsorge in Westfalen 1900-1950, Essen 2001.

Wahrig, Bettina/Werner Sohn (Hg.), Zwischen Aufklärung, Policey und Verwaltung. Zur Genese des Medizinalwesens 1750-1850, Wiesbaden 2003.

Wald, Priscilla, Contagious. Cultures, Carriers, and the Outbreak Narrative, Durham 2008.

Wear, Andrew (Hg.), Medicine in Society. Historical Essays, Cambridge 1992.

Weber, Matthias M., Ein Forschungsinstitut für Psychiatrie. Die Entwicklung der Deutschen Forschungsanstalt für Psychiatrie München 1917-1945, in: Sudhoffs Archiv 75 (1991), S. 74-89.

Wehler, Hans-Ulrich, Das Deutsche Kaiserreich 1871-1918, 6. Aufl., Göttingen 1988.

Weindling, Paul J., Die Verbreitung rassenhygienischen/eugenischen Gedankengutes in bürgerlichen und sozialistischen Kreisen der Weimarer Republik, in: MHJ 22 (1987), S. 352-368.

Ders., Health, Race and German Politics between National Unification and Nazism, 1870-1945, Cambridge 1989.

Ders., Hygienepolitik als sozialintegrative Strategie im späten Deutschen Kaiserreich, in: Alfons Labisch/Reinhard Spree (Hg.), Medizinische Deutungsmacht im sozialen Wandel des 19. und frühen 20. Jahrhunderts, Bonn 1989, S. 37-55.

Ders., Darwinism and Social Darwinsim in Imperial Germany. The Contribution of the Cell Biologist Oscar Hertwig (1849-1922), Stuttgart 1991.

Ders., From infectious to chronic Diseases. Changing Patterns of Sickness in the Nineteenth and Twentieth Centuries, in: Andrew Wear (Hg.), Medicine in Society. Historical Essays, Cambridge 1992, S. 303-316.
Ders., From Medical Research to Clinical Practice. Serum Therapy for Diphtheria in the 1890s, in: John V. Pickstone (Hg.), Medical Innovations in historical Perspective, Basingstoke 1992, S. 72-83.
Ders., Scientific Elites and Laboratory Organisation in fin de siècle Paris and Berlin. The Pasteur Institute and Robert Koch's Institute for Infectious Diseases compared, in: Andrew Cunningham/Perry Williams (Hg.), The Laboratory Revolution in Medicine, Cambridge 1992, S. 170-188.
Ders., Die deutsche Wahrnehmung des Fleckfiebers als Bedrohung aus dem Osten im Ersten und Zweiten Weltkrieg, in: Michael Hubenstorf u. a. (Hg.), Medizingeschichte und Gesellschaftskritik. Festschrift für Gerhard Baader, Husum 1997, S. 324-339.
Ders., Epidemics and Genocide in Eastern Europe 1890-1945, Oxford 2000.
Weingart, Peter u. a., Rasse, Blut und Gene. Geschichte der Eugenik und Rassenhygiene in Deutschland, 2. Aufl., Frankfurt am Main 1996.
Weingarten, Michael, Darwinismus und materialistisches Weltbild, in: Bodo-Michael Baumunk/Jürgen Riess (Hg.), Darwin und Darwinismus. Eine Ausstellung zur Kultur- und Naturgeschichte, Berlin 1994, S. 74-81.
Ders./Mathias Gutmann, Taxonomie – Systematik – Naturgeschichte, in: Bodo-Michael Baumunk/Jürgen Riess (Hg.), Darwin und Darwinismus. Eine Ausstellung zur Kultur- und Naturgeschichte, Berlin 1994, S. 25-32.
Weißbach, Hans-Jürgen, Kulturelle und sozialanthropologische Aspekte der Netzwerkforschung, in: Johannes Weyer (Hg.), Soziale Netzwerke. Konzepte und Methoden der sozialwissenschaftlichen Netzwerkforschung, München 2000, S. 255-284.
Weise, Hans-Joachim (Hg.), Voraussetzungen zur Aufhebung des Impfgesetzes von 1874. Stellungnahme und Vorschläge der Ständigen Impfkommission des Bundesgesundheitsamtes nach dem Stand vom 15. Oktober 1973, Köln 1973.
Wendel, Günter, Die Kaiser-Wilhelm-Gesellschaft 1911-1914. Zur Anatomie einer imperialistischen Forschungsgesellschaft, Berlin (Ost) 1975.
Wengst, Udo, Staatsaufbau und Verwaltungsstruktur, in: Karl Dietrich Bracher u. a. (Hg.), Die Weimarer Republik 1918-1933. Politik – Wirtschaft – Gesellschaft, Düsseldorf 1987, S. 63-77.
Weyer, Johannes (Hg.), Soziale Netzwerke. Konzepte und Methoden der sozialwissenschaftlichen Netzwerkforschung, München 2000.
Ders., Einleitung. Zum Stand der Netzwerkforschung in den Sozialwissenschaften, in: ders. (Hg.), Soziale Netzwerke. Konzepte und Methoden der sozialwissenschaftlichen Netzwerkforschung, München 2000, S. 1-34.
Weyer-von Schoultz, Martin, Hygiène et Assainissement des Villes. Zur wissenschaftlichen Begründung der »Stadthygiene« des 19. Jahrhunderts und deren Konsequenzen, in: BWG 21 (1998), S. 231-236.
Ders., Die Gelsenkirchener Typhusepidemie und ihr gerichtliches Nachspiel, in: Jörg Vögele/Wolfgang Woelk (Hg.), Stadt, Krankheit und Tod. Geschichte der städtischen Gesundheitsverhältnisse während der Epidemiologischen Transition (vom 18. bis ins frühe 20. Jahrhundert), Berlin 2000, S. 317-335.
Ders., Max von Pettenkofer (1818-1901). Die Entstehung der modernen Hygiene aus den empirischen Studien menschlicher Lebensgrundlagen, Frankfurt am Main 2006.

Wildt, Sabine/Frank Wildt, Max Rubner und sein Beitrag zur Entwicklung der Hygiene und Physiologie, Diss. Med., Humboldt Universität, Berlin, 1978.

Winkle, Stefan, Kulturgeschichte der Seuchen, Düsseldorf 1997.

Winkler, Heinrich August, Deutsche Geschichte vom Ende des Alten Reiches bis zum Untergang der Weimarer Republik, Bonn 2000.

Winning, Erika von, Der Kartoffelkäfer, in: Biologische Zentralanstalt für Land- und Forstwirtschaft (Hg.), 50 Jahre Deutsche Pflanzenschutzforschung. Festschrift zum fünfzigjährigen Bestehen der Biologischen Zentralanstalt für Land- und Forstwirtschaft in Berlin-Dahlem, Berlin 1949, S. 112-122.

Witt, Peter-Christian, Wissenschaftsfinanzierung zwischen Inflation und Deflation. Die Kaiser-Wilhelm-Gesellschaft 1918/19 bis 1934/35, in: Rudolf Vierhaus/Bernhard vom Brocke (Hg.), Forschung im Spannungsfeld von Politik und Gesellschaft. Geschichte und Struktur der Kaiser-Wilhelm-/Max-Planck-Gesellschaft aus Anlaß ihres 75jährigen Bestehens, Stuttgart 1990, S. 579-656.

Witzler, Beate, Großstadt und Hygiene. Kommunale Gesundheitspolitik in der Epoche der Urbanisierung, Stuttgart 1995.

Wlasich, Gert J. u. a., Aus einem Jahrhundert Schering-Forschung, Berlin 1991.

Woelk, Wolfgang/Jörg Vögele (Hg.), Geschichte der Gesundheitspolitik in Deutschland. Von der Weimarer Republik bis in die Frühgeschichte der »doppelten Staatsgründung«, Berlin 2002.

Dies., Einleitung, in: dies. (Hg.), Geschichte der Gesundheitspolitik in Deutschland. Von der Weimarer Republik bis in die Frühgeschichte der »doppelten Staatsgründung«, Berlin 2002, S. 11-48.

Wolff, Eberhard, Medizinkritik der Impfgegner im Spannungsfeld zwischen Lebenswelt und Wissenschaftsorientierung, in: Martin Dinges (Hg.), Medizinkritische Bewegungen im Deutschen Reich (ca. 1870 – ca. 1933), Stuttgart 1996, S. 79-108.

Ders., Mehr als nur materielle Interessen. Die organisierte Ärzteschaft im Ersten Weltkrieg und in der Weimarer Republik 1914-1933, in: Robert Jütte (Hg.), Geschichte der deutschen Ärzteschaft. Organisierte Berufs- und Gesundheitspolitik im 19. und 20. Jahrhundert, Köln 1997, S. 97-142.

Worboys, Michael, Spreading Germs. Disease Theories and Medical Practice in Britain, 1865-1900, Cambridge 2000.

Wulf, Stefan, Das Hamburger Tropeninsitut 1919 bis 1945. Auswärtige Kulturpolitik und Kolonialrevisionismus nach Versailles, Berlin 1994.

Wunder, Bernd, Geschichte der Bürokratie in Deutschland, Frankfurt am Main 1986.

Ziemann, Benjamin, Sozialmilitarismus und militärische Sozialisation im deutschen Kaiserreich 1870-1914, in: GWU 53 (2002), S. 148-164.

Zimmermann, Clemens, Die Zeit der Metropolen. Urbanisierung und Großstadtentwicklung, Frankfurt am Main 1996.

Zöbl, Dorothea, Das periphere Zentrum. Ort und Entwicklung der Bundes- und Reichsbehörden im Groß-Berliner Stadtraum 1866/67-1914, Potsdam 2001.

Tabellenanhang

Tabelle 1: Die Organisationsstruktur des Reichsgesundheitsamtes von der Jahrhundertwende bis 1926

	Präsident				
Abteilung	I Chemisch-Hygienische Abteilung	II Medizinische Abteilung	III Bakteriologische Abteilung	IV Veterinärmedizinische Abteilung	KBA Biologische Abteilung[1]
Aufgaben	Lebensmittelhygiene Abwasserentsorgung und Trinkwasserversorgung Abfallentsorgung Arzneiwesen	Medizinalstatistik Medizinalrechtliche Fragen und Ausarbeitung von Gesetzen Angelegenheiten zur Sozial- und Gewerbehygiene Ausbildung des medizinischen Heilpersonals	Bakteriologische Forschung Serologische Forschung Tierexperimentelle Forschung	Bekämpfung von Epizootien Veterinärmedizinische Ausbildung Viehseuchenstatistik Probleme des Fleischverkehrs	Phytomedizin Entomologie Forschungen zur Land- und Forstwirtschaft Mikrobiologie des Bodens

Abteilung	I Chemisch- Hygienische Abteilung	II Medizi- nische Abteilung	III Bakterio- logische Abteilung	IV Veterinär- medizi- nische Abteilung	KBA Biologische Abteilung[1]
Direktoren	Theodor Paul 1902-1905 Wilhelm Kerp 1905-1933	Edgar Wutzdorff 1894-1920 Gottfried Frey 1920-1933	Johann Röckl 1898-1907 Robert v. Ostertag 1907-1920 Erwin Wehrle 1920-1934	Paul Uhlenhut 1906-1911 Friedrich A. Weber 1911-1913 Otto Lentz 1913-1915 Ludwig Händel 1915-1934	

Leiter der bis 1902 existierenden Naturwissenschaftlichen Abteilung waren Eugen Sell (1894-1896) und Gerhard von Buchka (1896-1902).

1 Seit 1905 eine eigene Reichsanstalt.

Tabelle 2: Etat des Gesundheitsamtes 1876-1931 – Fortlaufende Ausgaben

	1876	1 Vj 1877	1877/1878	1878/1879
Besoldung	Anm. 1			
Präsident				
Direktor	9.000	2.250	9.000	9.000
Mitglieder	11.400	2.850	11.400	22.800
a) Hilfsarbeiter	6.300	1.575	6.300	9.450
b) Bürobeamte				
Kanzleisekretär	1.500	375	1.650	3.900
Kanzleidiener	1.080	270	1.080	2.160
Summe Besoldung	29.280	7.320	29.430	47.310
Wohnungsgeldzuschüsse	4.860	1.215	4.620	7.740
Andere Ausgaben				
Remunerationen Hilfskräfte	2.000	500	12.000	20.000
Sonderzahlungen	300	75	300	525
Summe Andere Ausgaben	2.300	575	12.300	20.525
Sächliche Ausgaben	Anm. 2			
Kopialien				
Reisekosten				
Telegraphie etc.				
Sera und Impfstoffe				
Druckkosten				
Sonstiges				
Summe Sachausgaben	12.000	3.000	19.000	34.300
Dienstgebäude				
Gesamtsumme	48.440	12.110	65.350	109.875

Tabelle 2: Etat des Gesundheitsamtes 1876-1931. Forts.

	1879/1880	1880/1881	1881/1882	1882/1883
Besoldung				
Präsident				
Direktor	9.900	9.900	9.900	9.900
Mitglieder	23.400	23.400	22.800	22.800
a) Hilfsarbeiter	18.900	18.900	18.900	18.900
b) Bürobeamte				
Kanzleisekretär	5.850	5.850	5.850	5.850
Kanzleidiener	3.780	4.320	4.320	4.320
Summe Besoldung	61.830	62.370	61.770	61.770
Wohnungsgeldzuschüsse	9.660	9.180	9.180	9.180
Andere Ausgaben				
Remunerationen Hilfskräfte	15.000	15.000	15.000	15.000
Sonderzahlungen	1.000	1.050	1.050	1.050
Summe Andere Ausgaben	16.000	16.050	16.050	16.050
Sächliche Ausgaben				
Kopialien				
Reisekosten				
Telegraphie etc.				
Sera und Impfstoffe				
Druckkosten				
Sonstiges				
Summe Sachausgaben	35.250	35.250	35.250	35.250
Dienstgebäude	1.500	2.700	2.700	2.700
Gesamtsumme	124.240	125.550	124.950	124.950

Tabelle 2: Etat des Gesundheitsamtes 1876-1931. Forts.

	1883/1884	1884/1885	1885/1886	1886/1887
Besoldung				
Präsident				
Direktor	9.900	9.900	9.900	9.900
Mitglieder	23.400	23.400	23.400	22.800
a) Hilfsarbeiter	18.900	18.900	18.900	22.050
b) Bürobeamte				
Kanzleisekretär	5.850	5.850	5.850	5.850
Kanzleidiener	4.320	4.320	4.320	4.320
Summe Besoldung	62.370	62.370	62.370	64.920
Wohnungsgeldzuschüsse	9.180	9.180	9.180	9.720
Andere Ausgaben				
Remunerationen Hilfskräfte	15.300	15.300	15.300	15.900
Sonderzahlungen	1.050	1.050	1.050	1.050
Summe Andere Ausgaben	16.350	16.350	16.530	16.950
Sächliche Ausgaben				
Kopialien				
Reisekosten				
Telegraphie etc.				
Sera und Impfstoffe				
Druckkosten				
Sonstiges				
Summe Sachausgaben	35.250	35.250	35.250	35.500
Dienstgebäude	2.700	2.700	2.700	2.700
Gesamtsumme	125.850	125.850	126.030	129.790

Tabelle 2: Etat des Gesundheitsamtes 1876-1931. Forts.

	1887/1888	1888/1889	1889/1890	1890/1891
Besoldung				
Präsident				
Direktor	9.900	9.900	9.900	9.900
Mitglieder	22.800	28.500	28.500	28.500
a) Hilfsarbeiter	31.500	34.650	37.800	37.800
b) Bürobeamte				
Kanzleisekretär	5.850	5.850	5.850	5.850
Kanzleidiener	4.320	4.320	4.320	4.320
Summe Besoldung	74.370	83.220	86.370	86.370
Wohnungsgeldzuschüsse	11.340	12.780	13.320	13.320
Andere Ausgaben				
Remunerationen Hilfskräfte	15.900	15.900	15.900	15.900
Sonderzahlungen	1.275	1.350	1.425	1.425
Summe Andere Ausgaben	17.175	17.250	17.325	17.325
Sächliche Ausgaben				
Kopialien				
Reisekosten				
Telegraphie etc.				
Sera und Impfstoffe				
Druckkosten				
Sonstiges				
Summe Sachausgaben	35.500	35.500	39.000	39.000
Dienstgebäude	2.700	2.700	2.700	2.700
Gesamtsumme	141.085	151.450	158.715	158.715

Tabelle 2: Etat des Gesundheitsamtes 1876-1931. Forts.

	1891/1892	1892/1893	1893/1894	1894/1895
Besoldung				
Präsident				
Direktor	9.900	9.900	9.900	9.900
Mitglieder	28.500	34.200	34.200	46.600
a) Hilfsarbeiter	18.900	18.900	22.050	22.050
b) Bürobeamte	25.200	32.100	32.100	36.300
Kanzleisekretär	6.600	6.750	6.750	8.550
Kanzleidiener	6.250	6.250	7.200	8.200
Summe Besoldung	95.350	108.100	112.200	131.600
Wohnungsgeldzuschüsse	16.800	18.780	19.920	23.580
Andere Ausgaben				
Remunerationen Hilfskräfte	22.000	20.000	20.000	20.000
Sonderzahlungen	1.650	1.800	1.950	2.250
Summe Andere Ausgaben	23.650	21.800	21.950	22.250
Sächliche Ausgaben				
Kopialien				
Reisekosten				
Telegraphie etc.				
Sera und Impfstoffe				
Druckkosten				
Sonstiges				
Summe Sachausgaben	39.000	47.000	47.000	58.000
Dienstgebäude	2.700	2.700	2.700	2.700
Gesamtsumme	177.500	198.380	203.770	238.130

Tabelle 2: Etat des Gesundheitsamtes 1876-1931. Forts.

	1895/1896	1896/1897	1897/1898	1898
Besoldung				
Präsident				
Direktor	9.900	9.900	9.900	11.000
Mitglieder	46.600	54.300	58.800	62.100
a) Hilfsarbeiter	24.100	24.100	26.600	31.800
b) Bürobeamte	41.050	41.050	43.750	46.650
Kanzleisekretär	9.150	10.950	11.100	10.950
Kanzleidiener	8.200	8.300	8.400	10.500
Summe Besoldung	139.000	148.600	158.550	173.000
Wohnungsgeldzuschüsse	25.560	27.000	29.100	31.380
Andere Ausgaben				
Remunerationen Hilfskräfte	26.700	26.700	31.000	31.000
Sonderzahlungen	2.475	2.550	2.700	1.050
Summe Andere Ausgaben	29.175	29.250	33.700	32.050
Sächliche Ausgaben				
Kopialien				
Reisekosten				
Telegraphie etc.				
Sera und Impfstoffe				
Druckkosten				
Sonstiges				
Summe Sachausgaben	70.000	70.000	70.000	85.000
Dienstgebäude	2.700	2.700	2.700	2.700
Gesamtsumme	266.435	277.550	294.050	324.130

Tabelle 2: Etat des Gesundheitsamtes 1876-1931. Forts.

	1899	1900	1901	1902
Besoldung			Anm. 3	Anm. 4
Präsident			15.000	15.000
Direktor	11.000	11.000		
Mitglieder	90.500	98.600	101.900	105.300
a) Hilfsarbeiter	43.000	46.000	50.400	52.000
b) Bürobeamte	53.400	56.300	59.400	98.560
Kanzleisekretär	12.900	13.050	13.600	
Kanzleidiener	12.660	13.760	14.820	
Summe Besoldung	223.460	238.710	255.120	270.860
Wohnungsgeldzuschüsse	42.480	45.060	48.540	51.300
Andere Ausgaben				
Remunerationen Hilfskräfte	41.000	47.000	58.700	64.000
Sonderzahlungen	1.275			
Summe Andere Ausgaben	42.275	47.000	58.700	64.000
Sächliche Ausgaben				
Kopialien				
Reisekosten				
Telegraphie etc.				
Sera und Impfstoffe				
Druckkosten				
Sonstiges				
Summe Sachausgaben	110.000	160.000	180.000	220.000
Dienstgebäude	5.600	5.600	11.000	12.000
Gesamtsumme	423.815	496.370	553.360	618.160

Tabelle 2: Etat des Gesundheitsamtes 1876-1931. Forts.

	1903	1904	1905	1906
Besoldung			Anm. 5	
Präsident	15.000	15.000	15.000	15.000
Direktor				
Mitglieder	117.400	124.300	106.600	120.900
a) Hilfsarbeiter	48.800	51.600	34.400	38.800
b) Bürobeamte	105.940	108.580	109.200	119.560
Kanzleisekretär				
Kanzleidiener				
Summe Besoldung	287.140	299.480	265.200	294.260
Wohnungsgeldzuschüsse	53.280	52.980	46.740	49.380
Andere Ausgaben				
Remunerationen Hilfskräfte	63.000	63.000	73.000	85.000
Sonderzahlungen				
Summe Andere Ausgaben	63.000	63.000	73.000	85.000
Sächliche Ausgaben				
Kopialien				
Reisekosten				
Telegraphie etc.				
Sera und Impfstoffe				
Druckkosten				
Sonstiges				
Summe Sachausgaben	221.000	237.000	187.000	217.000
Dienstgebäude	12.000	12.000	11.700	18.200
Gesamtsumme	636.420	664.460	583.640	663.840

TABELLE 2

Tabelle 2: Etat des Gesundheitsamtes 1876-1931. Forts.

Besoldung	1908	1909	1910	1911
	Anm. 6			
Präsident	15.000	15.000	15.000	15.875
Direktor				40.250
Mitglieder	160.250	160.250	170.900	123.600
a) Hilfsarbeiter	45.500	45.500	57.525	55.075
b) Bürobeamte	149.420	107.300	121.550	128.275
Kanzleisekretär		17.000	18.250	18.850
Kanzleidiener		25.120	30.135	30.713
Summe Besoldung	355.170	355.170	398.360	412.638
Wohnungsgeldzuschüsse	58.680	58.680	83.280	85.380
Andere Ausgaben				
Remunerationen Hilfskräfte	95.000	95.000	112.000	112.000
Sonderzahlungen				
Summe Andere Ausgaben	95.000	95.000	112.000	112.000
Sächliche Ausgaben				
Kopialien				
Reisekosten				
Telegraphie etc.				
Sera und Impfstoffe				
Druckkosten				
Sonstiges				
Summe Sachausgaben	227.000	227.000	227.000	227.000
Dienstgebäude	18.200	18.200	18.200	18.200
Gesamtsumme	754.050	754.050	838.840	855.218

Tabelle 2: Etat des Gesundheitsamtes 1876-1931. Forts.

	1912	1913	1914	1915
Besoldung				
Präsident	17.000	17.000	17.000	17.000
Direktor	41.500	40.000	40.250	42.000
Mitglieder	124.050	126.750	130.800	125.850
a) Hilfsarbeiter	57.100	57.375	60.050	62.700
b) Bürobeamte	132.025	137.275	140.900	143.900
Kanzleisekretär	19.000	18.600	17.850	17.200
Kanzleidiener	31.053	32.555	32.753	33.268
Summe Besoldung	421.728	429.555	439.603	441.918
Wohnungsgeldzuschüsse	85.860	87.140	89.240	89.240
Andere Ausgaben				
Remunerationen Hilfskräfte	117.600	122.600	125.000	125.000
Sonderzahlungen				
Summe Andere Ausgaben	117.600	122.600	125.000	125.000
Sächliche Ausgaben				
Kopialien				
Reisekosten				
Telegraphie etc.				
Sera und Impfstoffe				
Druckkosten				
Sonstiges				
Summe Sachausgaben	227.000	240.000	270.000	270.000
Dienstgebäude	18.200	18.200	0	
Gesamtsumme	870.388	897.495	923.843	926.158

Tabelle 2: Etat des Gesundheitsamtes 1876-1931. Forts.

	1916	1917	1918	1919
Besoldung				
Präsident	17.000	17.000	17.000	17.000
Direktor	42.000	42.000	42.750	43.000
Mitglieder	129.300	132.450	135.450	139.050
a) Hilfsarbeiter	66.500	68.275	69.600	71.250
b) Bürobeamte	144.500	150.325	147.900	161.100
Kanzleisekretär	17.450	17.650	16.950	16.800
Kanzleidiener	33.515	35.637	35.730	36.075
Summe Besoldung	450.265	463.337	465.380	484.275
Wohnungsgeldzuschüsse	89.240	89.240	89.240	95.340
Andere Ausgaben				
Remunerationen Hilfskräfte	125.000	125.000	125.000	140.000
Sonderzahlungen				
Summe Andere Ausgaben	125.000	125.000	125.000	140.000
Sächliche Ausgaben				
Kopialien				
Reisekosten				
Telegraphie etc.				
Sera und Impfstoffe				
Druckkosten				
Sonstiges				Anm. 10
Summe Sachausgaben	270.000	270.000	270.000	300.000
Dienstgebäude				
Gesamtsumme	934.505	947.577	949.620	1.019.615

Tabelle 2: Etat des Gesundheitsamtes 1876-1931. Forts.

	1920	1921	1922	1922 NT
Besoldung	Anm. 7			Anm. 8
Präsident	31.260		30.720	101.000
Direktor	88.200		106.120	348.685
Mitglieder	440.990		622.747	1.757.785
a) Hilfsarbeiter	229.800		206.130	545.450
b) Bürobeamte				
Kanzleisekretär	478.900		554.045	1.257.800
Kanzleidiener	287.490		319.671	670.700
Summe Besoldung	1.556.640	1.653.900	1.839.433	4.681.420
Wohnungsgeldzuschüsse	778.320	826.950	1.782.726	936.284
Andere Ausgaben				
Remunerationen Hilfskräfte	460.668	375.000	542.200	764.520
	552.497	552.497	722.500	1.000.000
Sonderzahlungen	9.075			
Summe Andere Ausgaben	1.022.240	927.497	1.264.700	1.764.520
Sächliche Ausgaben	600.000	620.000	130.000	130.000
Kopialien				
Reisekosten	70.000	70.000	90.000	90.000
Telegraphie etc.	45.000	45.000	56.500	56.500
Sera und Impfstoffe	40.000	40.000	40.000	40.000
Druckkosten			250.000	250.000
Sonstiges	Anm. 11		80.500	80.500
Summe Sachausgaben	755.000	775.000	647.000	647.000
Dienstgebäude			444.000	444.000
Gesamtsumme	4.112.200	4.183.347	5.977.859	8.473.224

TABELLE 2 475

Tabelle 2: Etat des Gesundheitsamtes 1876-1931. Forts.

	1924	1925	1926	1927
Besoldung	Anm. 9			
Präsident				
Direktor				
Mitglieder				
a) Hilfsarbeiter				
b) Bürobeamte				
Kanzleisekretär				
Kanzleidiener				
Summe Besoldung	459894	607640	691.534	718.640
Wohnungsgeldzuschüsse				
Andere Ausgaben				
Remunerationen Hilfskräfte	56.700 96.190	92.600 164.160	90.000 226.099	96.802 280.039
Sonderzahlungen	4400	4.400	3.500	3.500
Summe Andere Ausgaben	157.290	261.160	319.599	380.341
Sächliche Ausgaben				
Kopialien				
Reisekosten	20.000	25.000	25.000	25.000
Telegraphie etc.	16.300	10.700	14.600	15.600
Sera und Impfstoffe	4.500	4.500	4.500	4.500
Druckkosten	30.500	26.500	50.000	40.000
Sonstiges	73.820	84.120	97.600	111.900
Summe Sachausgaben	145.120	150.820	191.700	197.000
Dienstgebäude	83.900	67.500	100.250	145.000
Gesamtsumme	846.204	1.087.120	1.303.083	1.440.981

Tabelle 2: Etat des Gesundheitsamtes 1876-1931. Forts.

	1928	1929	1930	1931
Besoldung				Anm. 12
Präsident				
Direktor				
Mitglieder				
a) Hilfsarbeiter				
b) Bürobeamte				
Kanzleisekretär				
Kanzleidiener				
Summe Besoldung	938.580	961.180	1.015.500	969.450
Wohnungsgeldzuschüsse				
Andere Ausgaben				
Remunerationen Hilfskräfte	120.740 / 383.090	90.740 / 403.090	86.750 / 400.500	31.200 / 377.550
Sonderzahlungen	5.000	5.000	5.000	4.000
Summe Andere Ausgaben	508.830	498.830	492.250	412.750
Sächliche Ausgaben				
Kopialien				
Reisekosten	35.000	34.200	31.500	29.450
Telegraphie etc.	16.100	14.500	14.500	16.200
Sera und Impfstoffe	4.500	4.500	3.000	3.000
Druckkosten	55.000	55.000	49.000	45.000
Sonstiges	123.200	137.500	225.200	191.000
Summe Sachausgaben	233.800	245.700	323.200	284.650
Dienstgebäude	133.000	133.600	138.100	123.100
Gesamtsumme	1.814.210	1.839.310	1.969.050	1.789.950

Tabelle 2 Etat des Gesundheitsamtes 1876-1931 – Anmerkungen

Die Daten basieren auf den Angaben aus den Akten BA Berlin, R 86/767, R 86/768 und R 86/4395-4402 und den Drucksachen des Bundesrates.

1. Die Rubrik »Besoldung« umfasste nur die Ausgaben für die Beamten. Angestellte und Hilfskräfte wurden unter der Rubrik »Hilfskräfte« aufgeführt. Die Anzahl der Mitarbeiter des Gesundheitsamtes – Angestellte, Arbeiter und Beamte zusammen – konnte bislang nicht ermittelt werden.
2. Die »Sächlichen Ausgaben« wurden erst 1920 differenziert aufgeführt.
3. 1900 wurde der Vorsteher des Gesundheitsamtes in den Stand eines Präsidenten erhoben. Erst 1901 wurde die neue Stelle planmäßig im Etat berücksichtigt.
4. Für die Jahre zwischen 1901 und 1908 weisen die Bestände im Bundesarchiv eine Lücke auf. Die Daten wurden zwischen 1901 und 1906 aus den Drucksachen des Bundestages erhoben.
5. Die gesunkene Gesamtsumme im Vergleich zum Vorjahr resultiert aus der Verselbständigung der Biologischen Abteilung als eigenständige Reichsbehörde.
6. Für das Jahr 1907 konnte weder in den Akten des Bundesarchivs noch in den Drucksachen des Bundesrates der Etat ermittelt werden.
7. Der Etat für die Jahre 1920 und 1921 wurde aus dem Bestand R 86/768 des Bundesarchivs erhoben.
8. In den Inflationsjahren wurden die Budgets erst monatlich und später wöchentlich angepasst. Für das Jahr 1923 konnte kein planmäßiger Etat ermittelt werden.
9. Der Etat wurde seit 1924 nach Personen und Beamtentarifen aufgeschlüsselt. Die einzelnen Beträge wurden nicht mehr aufgeführt.
10. Bis 1920 wurden interne Listen über die Sachausgaben geführt. In den Ausgaben sind Aufwendungen enthalten für Schreibmaterial, Bürobedarf, Aushilfskräfte, Krankenfürsorge, Heizung, Gas, Wasser, Strom, Reinigung, Mobiliar, Bücher für die Bibliothek, Druckkosten für die Veröffentlichung der Behörde, Reisekosten und Tagegelder (für die außerordentlichen Mitglieder/Reichsgesundheitsrat und die ordentlichen Mitglieder des Gesundheitsamtes) und Ausgaben für den Betrieb der Laboratorien (Apparate, Versuchstiere, Futtermittel).
11. Seit 1920 wurden die Sachausgaben auch im Etat dezidiert aufgeschlüsselt.
12. Die Akten existieren nur bis 1931. Für die Zeit danach waren keine Angaben auffindbar.

478 TABELLENANHANG

Tabelle 3: Außerordentliche Mitglieder des Kaiserlichen Gesundheitsamtes

	Titel	Name	Position		Ernennung	Ausscheiden
1.	GOMR	Dr. Kersandt	Vortragender Rat im MGUMA	Preußen	1880	1891
2.	GORR	von Kehler	Vortragender Rat im MdI	Preußen	1880	24.11.1883
3.	GRR	August Wilhelm Hofmann	Professor für Chemie	Berlin	1880	1893
4.		Georg Richard Lewin	außerordentlicher Professor	Dirigierender Arzt an der Charité	1880	1896
5.	RMR	Adolf Bockendahl	Professor	Kiel	1880	1898
6.	RMR	Moritz Pistor		Oppeln	1880	
7.		Maximilian Jaffé	Professor	Königsburg	1880	
8.		Robert Koch	Kreisphysikus	Wollstein/Posen	1880	1880
8.		Robert Koch	Institut für Infektionskrankheiten	Preußen	1892	
9.		Johannes von Miquel	Oberbürgermeister	Frankfurt am Main	1880	1891
10.	GSR	Friedrich Karl August Zinn	Leitender Chefarzt	Landes-Irrenanstalt in Eberswalde	1880	1898
11.	GSR	Georg Varrentrapp		Frankfurt am Main	1880	15.3.1886

TABELLE 3

Tabelle 3: Außerordentliche Mitglieder des Kaiserlichen Gesundheitsamtes, Forts.

	Titel	Name	Position		Ernennung	Ausscheiden
12.	SR	Eduard Graf	Vorstand Verein Deutscher Ärzte	Elberfeld	1880	1896
13.	SR	Eduard Lent	Vorstand Verein Deutscher Ärzte	Köln	1880	
14.	GR	Max von Pettenkofer	Professor für Hygiene	München	1880	1897
15.		Alois von Ehrhardt	Oberbürgermeister	München	1880	1888
16.	BR	Arnold von Zenetti	Baurat	München	1880	1891
17.		Dr. Reinhard	Präsident des sächs. Medizinal-Kollegiums	Sachsen	1880	1889
				Württemberg	1880	
19.	OMR	Robert Volz	Medizinalreferent im MdI	Baden	1880	22.1.1882
20.	OMR	Richard Pfeiffer	Vortragener Rat im MdI	Hessen	1880	1899
21.	OMR	Dr. Brunnengräber	Vorsitz Deutscher Apotheker Verein	Rostock	1880	1893
22.		Dr. Reichardt	Professor		1880	1891
23.	MR	Johann Caspar Theodor Kraus		Hamburg	1880	1893
24.		Karl Köhler		RAI	1880	2.2.1885

Tabelle 3: Außerordentliche Mitglieder des Kaiserlichen Gesundheitsamtes, Forts.

	Titel	Name	Position		Ernennung	Ausscheiden
25.		Dr. Siedamgrotzki	Professor Tierheilkunde	Tierarzneischule Dresden	1881	
26.	MR	Dr. Lydtin	Technischer Referent für Veterinärangelegenheiten im MdI	Baden	1881	
27.	OMR	Dr. Battlehner	Medizinalreferent im MdI, Nachfolger Volz	Baden	1883	
28.	WGOMR	Friedrich Theodor von Frerichs	Direktor Med. Klinik Charité	Preußen	1883	14.3.1885
29.		Johann Wilhelm Schütz	Mitglied des Medizinalkollegiums der Provinz Brandenburg		1883	
30.	GRR	von den Brincken	Vortragender Rat im MGUMA, Nachfolger Kehler	Preußen	1884	1889
31.		Ernst Schweninger	Professor	Leibarzt Bismarcks	1883	
32.	OMR	Joseph von Kerschensteiner	Referent im MdI	Bayern	1886	1896
33.	GMR	Rudolf Biedermann Günther	Referent im MdI, ab 1889 Präsident des sächs. Medizinal-Kollegiums	Sachsen	1886	
34.		Georg Gaffky	Professor für Hygiene	Giessen	1888	

Tabelle 3: Außerordentliche Mitglieder des Kaiserlichen Gesundheitsamtes, Forts.

	Titel	Name	Position		Ernennung	Ausscheiden
35.	GOMR	Karl Skrzeczka	Vortragender Rat im MGUMA	Preußen	1889	1898
36.	RR	Dr. Krieger	Ministerium für Elsaß Lothringen	Elsaß-Lothringen	1889	
37.	GRR	Dr. Höpker	Vortragender Rat im MGUMA, Nachfolger von den Brincken	Preußen	1889	1898
38.	GMR	Dr. Lehmann	Referent im MdI, Nachfolger Günther	Sachsen	1889	1896
39.	GOMR	Gustav Adolf Schönfeld	Vortragender Rat im MGUMA, Nachfolger Kersandt	Preußen	1892	1896
40.	GMR	Carl Gerhardt	Direktor Med. Klinik Charité, Nachfolger Frerichs		1892	
41.		Julius Friedrich Holtz	Fabrikdirektor von Schering		1892	
42.	ORR	Dr. Göring	Kgl. bay. Landestierarzt, ORR im MdI	Bayern	1892	
43.		Friedrich Georg Renk	Professor für Hygiene	Halle	1891	
44.		Gustav Wolffhügel	Professor für Hygiene	Göttingen	1892	1899
45.		Emil Fischer	Professor für Chemie	Berlin	1893	
46.	MR	Johann Julius Reincke	Nachfolger Dr. Kraus	Hamburg	1893	

482 TABELLENANHANG

Tabelle 3: Außerordentliche Mitglieder des Kaiserlichen Gesundheitsamtes, Forts.

	Titel	Name	Position		Ernennung	Ausscheiden
47.		Dr. Schacht	Vorsitz Deutscher Apotheker Verein, Nachfolger Brunnengräber		1893	
48.	GMR	Adolf Schmidtmann	Vortragender Rat im MGUMA	Preußen	1895	
49.		Max Rubner	Professor für Hygiene	Berlin	1895	
50.		Carl Flügge	Professor für Hygiene	Breslau	1895	
51.	OMR	Dr. Grashey	Referent im MdI, Nachfolger Kerschensteiner	Bayern	1897	
52.	MR	Ernst Friedrich Aub	Vorstand Verein Deutscher Ärzte, Nachfolger Graf		1897	
53.		Joseph König	Prof. Akademie/Vorsteher der agrikulturchemischen Versuchsstation	Münster	1897	
54.	GOMR	Hugo von Ziemßen	Direktor des städtischen Krankenhauses	München	1897	
55.	GOMR	Th. Thierfelder	Mitglied der Medizinalkommission	Großhzgt. Mecklenburg-Schwerin	1897	
56.		Wilhelm Becker	Oberbürgermeister	Köln	1897	
57.		Franz Andreas Meyer	Ober-Ing.	Hamburg	1897	

Tabelle 3: Außerordentliche Mitglieder des Kaiserlichen Gesundheitsamtes, Forts.

	Titel	Name	Position		Ernennung	Ausscheiden
58.	GORR	Dr. Maubach	Vortragener Rat im MdI, Nachfolger Höpker	Preußen	1898	
59.		Martin Kirchner	Vortragender Rat im MGUMA, Nachfolger Skrzeczka	Preußen	1898	
60.	MR	Friedrich Jolly	Leitender Chefarzt, Nachfolger Zinn	Landes-Irrenanstalt in Eberswalde	1898	
61.	RMR	Dr. Barnick			1898	
62.		Friedrich Loeffler	Professor für Hygiene	Göttingen	1899	
63.	GOMR	Dr. Neidhardt	Vortragener Rat im MdI, Nachfolger Pfeiffer		1899	
Ab hier RGR						
Quelle: GStA PK, I. HA, Rep. 2484 und BA Berlin, R 86/21						

Register

Kursiv gesetzte Seitenzahlen verweisen auf Erwähnungen in den Anmerkungen.

Abderhalden, Emil 291
Aderhold, Rudolf 314, 397
Albrecht [Prof. (Petersburg)] 234
Albrecht [von Preußen, Prinz von] 48, 51f., 268
Albrecht, Paul 286
Althoff, Friedrich 241, 243, 244f., 249f., 251, 252, 254, 273, 354
Altstaedt, Ernst 165f.
Alzheimer, Alois 128
Anselmio, Otto 160
Appel, Otto 314
Arendsee, Martha 136, 147, 155, 166
Aronson, Hans 239, 242f.
Aschoff, Ludwig 131
Aub, Ernst Friedrich 482
Aust, Oskar 163

Baginsky, Adolf 249
Barnick, Dr. 483
Battlehner, Dr. 249, 337, 480
Baumstark, Eduard 42, 267
Baur, Erwin 360
Bebel, August 92, 293, 302, 383
Beck, Karl 285
Beck, Max 183
Becker, Wilhelm 320, 482
Behring, Emil von 234, 238, 241-243, 244f., 246-248, 249, 252f., 276, 287, 303, 317f., 324, 326
Beller, Karl 269
Beneke 337
Beneke, Friedrich Wilhelm 27, 41, 43, 46, 49f., 73, 97, 270, 317, 341, 368f., 371
Bennigsen, Rudolf von 65, 66
Bergmann, Gustav von 291
Bernard, Claude 388
Berzelius, Jakob 388
Biesalski, Konrad 163
Bismarck, Otto von 45, 48, 54, 59f., 61, 62-68, 72-74, 81f., 83, 84, 87, 96, 100,

102, 107f., 171, 179, 260f., 277, 296, 321, 394, 413
Bockendahl, Adolf 478
Bodlaender, Emma 160
Boeckh, Richard 399
Boeder 337
Boetticher, Karl Heinrich von 99, 100, 107, 412
Bogusat, Hans 163
Börner, Paul 63, 68, 313
Brandl, J. 313
Breger, Johannes 163, 213, 401, 402
Bretonneau, Pierre 228
Brieger, Ludwig 249, 318
Brincken, von den 320, 480
Brockmann (Kreisphysikus) 218f., 222
Brühl, Dr. 216
Brüning, August von 250, 254
Brunnengräber, Chr. 321, 328, 479
Buchka, Gerhard von 462
Buchner, Hans 337
Bumke, Oswald 291
Bumm, Anton 322
Bumm, Ernst 322, 359f.
Bumm, Franz 24, 77, 123-125, 131, 140, 141, 143, 146, 156, 173, 179, 182, 249, 252, 257, 280, 292, 295, 316, 318, 321, 322, 327, 332-335, 359f., 361, 379f.
Bumm, Karl [von] 322
Bunsen, Georg von 49-51, 74
Burkhardt, Albrecht 337
Busse, [Hermann von] 84

Calker, Fritz von 299
Calmette, Albert 165f.
Caprivi, Leo von 108, 296
Chadwick, Edwin 34, 48
Chalybäus, Theodor 368f., 371, 374
Chantemesse, André 353
Christian, Max 163
Churchill, Winston 320
Cohnheim, Julius 93, 100

Dammann, Bruno *292*
Dammann, Carl 60, *267*
Darwin, Charles 121
Delbrück, Rudolph 60
Deycke, Georg *165* f.
Diehl, Karl *356*
Dieudonné, Adolf *249*, 251, *254*, *257*, 286
Dirksen 337
Disraeli, Benjamin *273*
Dönitz, Wilhelm *316*
Dornedden, Hans 149 f., *163*
Du Bois-Reymond, Emil *36*, *290*
Duisberg, Carl *328*,
Dunbar, Wilhelm P. 337

Ebstein, [Wilhelm] *249*
Ehrlich, Paul *182*, *228*, 239, 242 f., 246-248, *249*, *251*, 252, *253*, 256 f., *318*, *326*, 337
Eiermann, Arnold *237*, 254
Emmert, Carl *46*, 340
Engel, Hans *163*
Engelmann, Peter E. 241, 375
Erhardt, Alois von *320*, 479
Erman (Physikus Hamburg) *312*
Esmarch, Erwin von *318*
Eulenberg, Hermann 368

Falk, Adalbert 69
Fehleisen, Dr. *234*
Fetscher, Rainer *163*
Finkelnburg, Karl Maria 69 f., *82*, *83*, 93, 192, *313*, 317, *322*
Finkler, [Dittmar] 337
Fischer, Alfons *380*
Fischer, Bernhard *318*, 337
Fischer, [Emil] 282, *326*, 481
Flügge, Carl 95, 198, *314* f., 337, *350*, 482
Forster, Josef 337
Fraenkel, Carl 337
Frank, Dr. *234*
Fränkel, B[ernhard] *244*, *249*
Freckmann, Ernst 225,
Frerichs, Friedrich Theodor von 480
Frey, Gottfried 169, 270 f., *291*, *314*, 359, 462
Friedlaender, C. *234*
Friedrich III. 45
Friedrich, Paul L. *354*
Frosch, Paul *278*, *318*, 337

Gaffky, Georg *147*, *182*, 232, *313* f., 315, *316*, *318*, 337, *364*, 480
Galton, Francis 121
Gärtner, August *133*, 337
Gerhardt, Carl *249*, 481
Goldscheid, Rudolf 271
Göring, Dr. 481
Goßler, Gustav von 100
Gottstein, Adolf 135, 152 f., *163*, *354*, *367*, 380, 398
Götz, Ferdinand von 45, 74
Graf, Eduard 58, *59*, 69, 321, 479
Grashey, Dr. 482
Grawitz, [Paul] *234*
Greve, Heinrich Eduard 102, 412
Grotjahn, Alfred 135, *136*, 146, 152, 156, *163*, 290 f., 355, 378, *379* f.
Grundmann, Christoph *228*
Grünewald, Max *163*
Guérin, Camille 165
Günther, [Rudolf B.] *249*, 480
Guttmann, [Paul] *234*

Haeckel, Ernst 121
Hagedorn, Dr. 139
Haffkine, Waldemar 353
Hamel, Carl 13, *136*, 146, *154*, 157, 160, 168, 175, *182*, *184*, 306, 335, 358, 360
Hammerschmidt, Dr. (Landrat) *31*
Händel, Ludwig 257, *314*, 316 f., 462
Harnack, Adolf von 186
Hartmann, Philipp *340*
Hase, Albrecht *133*
Heim, Ludwig 337
Heinrich, Ernst 225
Helmholtz, Hermann von *36*, 121
Henneberg, Georg 188
Henkel (Wundarzt) 217 f.
Henle, Jacob *229*, 387, 391
Henoch, Eduard *234*
Hertwig (Schlachthofdirektor) 317
Hesse, Erich *163*, 169, 358
Hetsch, Heinrich *133*
Heubner, Otto *249*
Hindenburg, Paul von 145
Hintze, Otto 288
Hirsch (Professor) 83
Hirschfeld, Magnus 135
Hobrecht, James *44*, 310
Hofmann, August Wilhelm *317*, *320*, 478

Hofmann, Franz 337
Hofmann, Karl von *81*, 86, 412
Holtz, Julius Friedrich *321*, *328*, 481
Höpker, Dr. *320*, 481
Hornemann (Gerichtsassessor) 241, 243, *249*
Hueppe, Ferdinand *173*, 232, 314 f., 317, 318, *355*
Hufeland, Christoph Wilhelm 271
Hunaeus (Kreishauptmann) 218, *222* f.
Huxley, Aldous 408
Huxley, Thomas Henry 121

Jaeger, [Heinrich] 337
Jaffé, Maximilian *320*, 478
Jacoby, Johann Karl *313*
Jolly, Friedrich 483

Kameke, Georg von *68*
Kast, [Alfred] *249*
Kayser, [Heinrich] 199
Kehler, von *320*, 478
Kerp, Wilhelm 131, 159, 184, 281, *314*, 327, *347*, 462
Kersandt, Dr. *320*, 478
Kerschensteiner, Joseph von 241, *245* f., *249* f., *259*, 480
Kirchner, Martin 198, *257*, 316, *320*, 337, *377*, 483
Klebs, Edwin *229*
Knauff, Franz 337
Koch, Erich *136*
Koch, Robert 19, 93, 95-97, 99-101, *105*, 114, 124, 126, *129*, *147*, *170*, *172*, 173, *182*, 200, 205, 227 f., 234, *237*, 238, 240 f., 243, *245*, 246 f., *249*, 250, 252, 253, 260, 276, 278 f., 285-287, 293, 303, 311, *313* f., 315, *316* f., 318 f., 322, 324, 326, 333 f., 342-344, 349 f., *351*, 352, 354 f., 362, 364 f., 412, 478
Koch, von Dr. *249*, 479
Köhler, Carl Julius Wilhelm 24, 101-104, 107 f., 123, *124*, *157*, 173, 238, 241, *249*, *251* f., *254*, 258, *259*, 292, *320* f., 322, 332-335, 337, 351, 412, 479
Kohlmann, Benno *115*
Kolle, Wilhelm *182*, *258*, *318*
Köllen, Dr. *249*
Kölliker, Rudolf 285
König, Joseph *115*, 482

Königsfeld, G. A. *31*
Konrich, Friedrich 285
Kornauth, C. 284
Körte, Friedrich E. W. *249*
Kossel, Hermann *314*, *316*, *318*, 337
Köster, Adolf *136*, *157*
Kraepelin, Emil *128*, *163*
Kraus, Johann Caspar Theodor 479
Kraus, Rudolf 256 f.
Krieger, [Josef] *249*, 481
Kübler, Paul 241
Külz, Eduard *240*, *247*, *249*
Külz, Wilhelm *143*, 145
Kuhn, Richard *228*
Kunert, Fritz *146*, *152*, *295*
Kurse 337
Kurth, Heinrich 269
Kurtz 337

Laband, Paul 180
Lange, Ludwig 165
Langenbeck, [Bernhard] *249*
Laubenheimer, August *250*, *252*, *254*
Lehmann, Dr. (GMR Sachsen) *249*, 481
Lehmann, Karl Bernhard 337
Lent, Eduard 69, *321*, 479
Lentz, Otto *314*, 316, 462
Leubuscher, Rudolf 32
Leuthold, Rudolph von 123, *124*, 278, 279, 319
Lewin, Georg Richard *320*, 478
Lewit, Georg Karl *381*
Leyden, Ernst Viktor von *249*
Libbertz, Arnold *245*, *250*, *252*, *254*, *257*
Lichtheim, [Ludwig] *249*
Liebig, Justus von 36, 121
Linde, Franz *286*
Linden, Herbert *163*, 169
Loeb, James *128*
Loeffler, Friedrich 95, *182*, 227-238, *240*, 260 f., 269, *314-316*, *318*, 337, 345, 483
Löwe, Wilhelm *31*, 64, 67, *370*
Lucanus, Hermann von 123, *124*
Lucius, Eugen *250*, *254*
Lydtin, Dr. 480

Maassen, Albert *314*, 337
Malthus, Robert 121
Mannkopff, [Emil Wilhelm] *249*
Martius, [Friedrich] 337

Maubach, Dr. *320*, 482
Mendel, [Emanuel] *313*, *374*
Mennecke, H. 216 f., 223 f.
Merck, Louis *258*, *321*, *328*
Mering, [Joseph Freiherr von] *249*
Merkle, Matthias *11*, 49
Metschnikow, Elias 353
Meyer, Franz Andreas 482
Miquel, Johannes von *320*, 478
Mirbach, Ernst Freiherr von *226*
Moll, Albert 287, *288*
Möllers, Bernhard *144*, *318*
Mommsen, Theodor 186
Morgenroth, Julius *316*
Moritz, Julius *314*, 394
Moses, Julius 135, 146, 152 f., *163*, *166*, 167, 290
Mosler, [Karl Friedrich] *249*
Mühlens, Peter *169*
Müller, Friedrich von *249*
Müller, Johannes 36
Müller, Wilhelm 225
Musehold, Paul 337

Nebelthan, Friedrich 327
Neidhardt, Dr. 483
Neufeld, Fred *182*, 256, 357
Neumann, Rudolf O. 268, 269
Neumann, Salomon *30*, 290
Nocht, Bernhard 324
Nröse *314*

Oesterlen, Friedrich 341
Ohlmüller, Wilhelm 241, *249*
Oidtmann, Heinrich *216*, 225
Ostertag, Robert von *314* f., *317*, *322*, 462
Otto, Richard *133*
Otto, Willy *377*
Overbeck 337

Pasteur, Louis *97*, 287, 344, 350, 352 f.
Paul, Theodor *314*, 462
Petri, Richard Julius 269, *312*
Pettenkofer, Max von 64, 66 f., *68*, 70, 93, *99*, 112, *196*, 237, *312*, 327, 342 f., 350, 352, 365 f., 479
Petzold, Artur 147
Pfeiffer, Richard 45, *254*, *318*, 337, 479
Pfuhl, Eduard 337
Pfyl, Balthasar 285

Pistor, Moritz 243, *249*, *320*, 478
Plagge 337
Polenske, Eduard 397
Posadowsky-Wehner, Arthur von 123, *124*, 322
Potthoff, Heinz 271
Preusse (Stabsarzt) *391*, *392*, 396
Prinzing, Friedrich *163*

Quételet, Adolphe *298*
Quincke, [Heinrich I.] *249*

Rahts, Karl *399*, 400
Reichardt, Dr. *320*, 479
Reichensperger, Franz Peter 92, 311, 350
Reincke, Johann Julius *249*, 481
Reinhard, Dr. 479
Reiter, Hans 13, 16, *21*, 168-170, 335, 414
Remak, Robert 32
Renk, Friedrich Georg *313*, *315*, 481
Renk, Wilhelm 337
Richter, Hermann E. 44, 310
Ridder, August de *250*, 254
Rinne, Dr. *249*
Ritscher, Sigmund *233*
Ritter, Robert 170
Röckl, Johann Georg 243, *249*, *314*, 462
Roesle, Emil Eugen 291, *358*, *359*, 372
Röhl, Wilhelm *228*
Roloff, Friedrich 70, *82*, *83*, *313*, *315*, *318*
Rörig, Georg *314*
Rosenthal (Stabsarzt) *234*
Ross, Ronald 276
Rossius, Lina *160*
Rott, Fritz *358*
Roux, Émile *234*, 276, 353
Rubner, Max 131, 147, 240 f., 247, *249*, *295*, 318 f., 320, 333, 337, 482
Rüdin, Ernst *128*
Ruge 337

Saemisch, Friedrich *140*
Sander, Friedrich 69
Sauerbruch, Ferdinand 291
Sauter 219
Schacht, Dr. *249*, *321*, 481
Schaper, Hermann *249*, 254
Scheuerlen, Ernst 337
Schlossberger, Hans *316*
Schmaltz, Prof. *204*

Schmidtmann, Adolf *250*, 251, *252-254*, *320*, 482
Schönfeld, Gustav Adolf *320*, 481
Schottelius, Max 337
Schreber, Moritz *340*
Schreiber, Georg *147*
Schreiber, [Julius] *249*
Schuberg, August *126*
Schultz-Lupitz, Albert *268*
Schultze, [Friedrich] *249*
Schütz, Johann Wilhelm 69, 70, 480
Schwartz *45*
Schweninger, Ernst *68*, 480
Schwerdtner, Oskar *286*
Schwerin-Putzar, Maximilian H. K. Graf von *42*, 267
Sell, Eugen *82*, 93, 241, 243, *286*, *310*, 317, 389, *391*, 462
Senator *249*
Siedamgrotzki, Dr. 480
Siemens, Werner von 73
Sinclair, Upton *115*
Skrzeczka, Karl 61, 251, 252, *254*, *320*, 481
Sommer, Robert 128
Sorauer, Paul 397
Sparrer, Georg *147*, *166*
Spencer, Herbert 121
Sperr (Ministerialrat) 360
Spiess, Gustav Adolf *44*, 310
Starck *249*
Starke (GORR) 79 f.
Sticker, Georg 288, 337
Streiter, Georg *155*
Struck, Heinrich 15, 24, 64 f., 67 f., 78-82, *83*, 84-87, 89-92, 94, 96, 99-101, 146, *157*, 171-173, 208, *273*, 285, 293, *299*, 305, *311*, *321*, 329, 338, 351, *352*, 362, 389, *394*, 402 f., 410, 412
Struve, Dr. 270
Stutzer, Dr. 388

Tettenborn (Bürgermeister) 217 f., 222, *223*
Thierfelder, Th. *249*, 337, 482
Tubeuf, Karl Freiherr von *314*

Uhlenhuth, Paul 257, *316*, *318*, 462

Varrentrapp, Georg *44*, 47, 49-51, 54, *65*, 68, 72, 74, 310, *317*, 478
Verschuer, Otmar von *356*
Victoria, Kaiserin Friedrich 45
Virchow, Rudolf 32 f., 47, 53 f., 63-67, 71 f., 74, *100*, 135, 152, 171, *172*, *196*, 287, 290, 303, *317*, 341, 350 f., *352*, 363, 365, 403, 411, 415
Volhard, Franz *291*
Volz, Robert 368, *371*, 479

Wachsmuth, Georg Friedrich *216*, 226
Wasserfuhr, Hermann *44*, 310, *366*, 368 f., *371*
Wassermann, August von *318*
Wallace, Alfred Russel 121
Weber *249*
Weber, Friedrich August 316, *318*, 337, 462
Weber, Max 289, 294
Wehrenpfennig, Wilhelm 52, 53, 74
Wehrle, Erwin *314*, 462
Weilert (Magistratsdiener) 219 f.
Weismann, August 121
Weisser (Stabsarzt) 240-243, 246 f., 248, *249*, 252, 253, 261, 286
Wernicke, Erich *241*, 337
Wiebecke (Ministerialreferent) 217 f., 219-221, *223*
Wigard, Franz *45*, 53
Wilhelm I. 63 f.
Wilhelm II. 278
Windthorst, Ludwig 51
Winter, Leopold von 51 f., *53*, 74, 92
Wolffhügel, Gustav *82*, 93, *313*, *315*, 481
Wunderlich, Carl R. A. *388*
Würzburg, Arthur *249*
Wutzdorff, Edgar 241, *314*, 337, 359, 462

Yersin, Alexandre 353

Zenetti, Arnold von 479
Ziemßen, Hugo von 482
Zinn, Friedrich Karl August 63, 74, *79*, 92, 412, 478
Zuelzer, Margarete 160, 291
Zülzer, Wilhelm 45, 69